❖

자난, 도미닉, 대니얼, 조나스에게

❖

| 추천의 글 |

임베디드 리눅스는 미국의 옛 서부 지역과 어떤 면에서 조금 닮았다. 당시 서부 지역에는 여러 기술의 전초 기지들이 여기저기 흩어져 있었고, 그 사이에 불모지와 위험한 풍경들이 자리 잡고 있었다. 따라서 만일 그곳을 여행하려 한다면 잘 준비돼 있어야 했고 그 지역에 익숙해져야 했으며 믿을 만한 가이드가 필요했다.

1800년대 중반의 골드 러시 시대에 서부로 이주했던 사람들처럼, 개발자들은 사물 인터넷(IoT)에 집중하면서 임베디드 리눅스 세계로 이동하고 있다. 인구 증가가 서부에 법과 질서, 문명을 가져왔듯이, 새로운 오픈소스 소프트웨어 프로젝트가 임베디드 리눅스에 질서를 가져왔다.

욕토Yocto 프로젝트는 임베디드 리눅스에 질서를 가져온 의미 있는 프로젝트다. 이 도구들은 만들고자 하는 프로젝트의 디자인에 집중할 수 있게 해주고, 원하는 디자인으로 만드는 데 필요한 시간과 노력을 최소화해준다.

이 책은 신뢰할 만한 안내서로, 명확하고 완벽한 지침을 제공하고 논리적으로 정렬돼 여러분의 작업과 IoT 프로젝트를 완료할 수 있도록 도움을 준다. 그리고 운이 좋으면, 재미있게 즐길 수도 있다.

모험을 즐겨라!

아놀드 로빈스Arnold Robbins
피어슨 오픈소스 소프트웨어 개발 시리즈 에디터

욕토 프로젝트로 시작하는
임베디드 리눅스 시스템

욕토 프로젝트로 시작하는
임베디드 리눅스 시스템

루돌프 스트라이프 지음

김세영 · 정윤선 옮김

i!i
에이콘

| 지은이 소개 |

루돌프 스트라이프^{Rudolf Streif}

개발자이자 100명 이상의 팀원이 있는 크로스 개발 엔지니어링 팀을 이끄는 관리자며, 20년 이상의 소프트웨어 엔지니어링 경력을 보유했다. 현재 오픈소스 영역의 전문적인 소프트웨어 기술 및 시스템 아키텍처를 주로 다루는 개인 컨설턴트가 됐다.

이전에는 리눅스 재단의 임베디드 솔루션 디렉터로 공헌했으며, 리눅스 재단의 욕토 프로젝트 훈련 과정을 개발했다. 여러 회사에 이 과정을 배포하고 리눅스 재단의 이벤트 기간 동안 특강을 진행했다.

1990년대 초부터 리눅스와 오픈소스를 이용해 작업해왔으며 2000년대 이후로는 상업 제품을 개발해왔다. 참여했던 프로젝트로는 고속 산업 이미지 처리 시스템, IPTV 전파 중계소 시스템 및 고객 댁내 장치, 그리고 커넥티드 카와 차량용 인포테인먼트 장치가 있다.

2014년에는 「PC World」가 발표한 기술 세계의 가장 흥미 있는 사람들 50인 가운데 한 명으로 선정됐다(http://tinyurl.com/z3tbtns).

아내 및 세 명의 아이들과 함께 캘리포니아 샌디에이고에서 살고 있다.

| 감사의 말 |

여러분이 들고 있는 이 책은 내가 처음으로 시도해보는 기술 서적이다. 나는 이러한 프로 젝트를 위해 실험에 들어가는 시간, 작업에 대한 최적의 방법 탐색, 간결하고 이해하기 쉬 운 방식의 문서화 등 프로젝트를 위해 들어가는 노력에 대해 과소 평가했음을 겸허히 인정 한다. 또한 작업이 진행되는 동안 접한 책과 매뉴얼을 저술한 여러 저자와 기술 작가들의 노력에 진심으로 감사하게 됐다.

가장 먼저 나의 가족인 아내 자난Janan과 세 명의 멋진 아이들(도미닉Dominic, 다니엘Daniel, 조나스 Jonas)에게 감사를 표하고 싶다. 가족의 도움과 배려가 없었다면, 이 책을 저술하는 데 많은 시 간을 소요할 수 없었을 것이다.

욕토 프로젝트 팀에 특별한 고마움을 전한다. 욕토 프로젝트 관리자 데이브 스튜어트Dave Stewart와 욕토 프로젝트 커뮤니티 관리자 제프리 오사이어 믹손Jeffrey Osier-Mixon은 이 책의 아 이디어를 환영하고 지지해줬다. 몇몇 팀원들은 특별히 조언을 해주고 질의에 응답해줬다. 오 토빌더Autobuilder의 경우 베스 플라나간Beth Flanagan, 벨렌 바로스 페나Belen Barrros Pena를, 토스터 Toaster의 경우 에드 바토시Ed Bartosh를, 의문 사항을 조사하기 위해서는 폴 에글레톤Paul Eggleton 과 캄 라지Kehm Raj를 욕토 프로젝트 메일링 리스트에 올리고 메일을 보냈다.

내게 영감을 줬던 욕토 프로젝트 책 『Embedded Linux Primer: A Practical Real-World Approach』(Prentice Hall, 2006)의 저자 크리스토퍼 할리난Christopher Hallinan에게 감사한다.

책을 저술하는 동안 안내해주고 기다려줬던 편집자 데브라 윌리엄스 컬리Debra Williams Cauley에 게 감사한다. 작업 시간이 예상보다 길어졌고, 마감 시간을 놓친 것은 내 잘못이다.

수정 및 제안의 형태로 책의 질적 향상에 귀중한 공헌을 해준 나의 검수 팀 크리스 잔Chris Zahn, 제프리 오사이어 믹손Jeffrey Osier-Mixon, 로버트 버거Robert Berger, 브라이언 스미스Brayn Smith 에게 충분히 고마움을 표하지 못했다.

또한 프렌티스 홀Prentice Hall의 제작 팀인 줄 나힐Jule Nahil, 안나 파픽Anna Popick에게 감사한다. 이 들은 진행 과정 동안 조정과 안내를 해줬고, 특히 캐롤 랄리어Carol Lallier는 원고를 성실하게 정 리해줬다.

욕토 프로젝트로 내게 리눅스 재단 훈련 과정을 개발하는 기회를 제공해준 리눅스 재단과 제 리 코퍼스테인Jerry Copperstein에게도 감사한다. 내 수업의 학생들에게도 감사한다. 그들의 비판적인 질문과 피드백 덕분에 나는 임베디드 리눅스를 이용한 제품 개발 과정에서 직면할 수 있는 다른 많은 문제들에 대해 이해할 수 있었다. 그들로부터 받았던 질문 중 최고를 꼽자면 "욕토 프로젝트에 관한 책이 있는가?"였다. 나는 이제서야 "그렇다."라고 답할 수 있다.

| 옮긴이 소개 |

김세영(xtrusia@gmail.com)

성균관대학교 정보통신공학부와 기계공학부를 졸업했으며 웹, 서버, 커널 등 여러 분야에 관심이 많다. 어떻게 하면 지식을 효율적으로 습득, 저장, 관리할 수 있는지 늘 고민한다. 현재는 캐노니컬에서 근무하며, 우분투를 발전시키고 클라우드 환경의 버그를 잡는 데 집중하고 있다.

정윤선(puretopas@gmail.com)

성균관대학교 정보통신공학부를 졸업했으며 웹 기술과 서버 API, 하이퍼바이저에 관심이 많다. 아헴스, KT클라우드웨어, A2C를 거치며 웹, 가상화 등의 업무를 수행했다. 현재 육아하면서 단기 웹 프로젝트를 진행하거나 번역에 참여하고 있으며, 다시 개발자로 돌아갈 날을 손꼽아 기다리고 있다.

| 옮긴이의 말 |

욕토 프로젝트는 과거 제각각이던 임베디드 소프트웨어 개발 방법을 통합해서 초보자도 임베디드 시스템 개발에 쉽게 접근할 수 있도록 플랫폼을 제공한 솔루션입니다. 욕토 프로젝트가 소프트웨어 레시피뿐 아니라 커널 레시피도 지원하는 덕분에 응용 소프트웨어뿐 아니라 커널에 대한 구성도 개발자 입맛에 맞게 수정해 사용할 수 있습니다. 또한 욕토 프로젝트가 통합 플랫폼으로서 손대고 있는 분야가 많으므로 리눅스의 기본을 비롯해 빌드 시스템, 테스트를 위한 가상 머신의 사용 등 다양한 분야에 걸쳐 관련 지식을 습득하는 데 큰 도움이 됩니다.

이 책은 리눅스 임베디드 시스템의 기본 개념부터 시작해서 욕토 프로젝트를 시작하는 방법과 그 근간이 되는 오픈임베디드 빌드 시스템, 비트베이크 빌드 엔진을 차례로 설명하며, 여기에서 발생할 수 있는 사용상의 문제점을 해결하는 방법까지 다룹니다. 그 후, 리눅스 시스템 구조를 살펴보고 커스텀 리눅스 제작과 테스트, 배포 등을 둘러봅니다. 이를 기반으로 소프트웨어 패키지 및 커널을 제작하고 수정하기 위한 레시피도 보게 됩니다. 임베디드 시스템의 성능이 높아지면서 소프트웨어 개발 자체는 일반적인 소프트웨어와 다를 바 없어졌지만, 그 빌드와 배포에는 아직 차이가 있습니다. 욕토 프로젝트는 이를 단순한 작업으로 만들어주기 때문에 자동화를 쉽게 해서 업무의 부담을 줄여줍니다. 과거 분리된 작업으로 수행하던 것을 통합해 수행하는 것을 보면서 통합 환경의 발전을 느낄 수 있습니다.

끝으로, 번역 작업을 지원해주신 에이콘 임직원 분들께 감사하며, 쑥쑥 크고 있는 귀여운 두 아들과 힘든 상황에서도 물심양면으로 도와주시는 부모님, 하늘에 계시는 장인어른, 장모님께도 늘 감사합니다.

| 차례 |

| 들어가며 |

스마트 홈, 스마트 카, 스마트폰, 스마트 TV, 스마트 서모 스탯, 스마트 라이트, 스마트 시계, 스마트 세탁기, 스마트 드라이, 스마트 냉장고, 스마트 농구 등 모든 것이 스마트한 신세계에 온 것을 환영한다.

우리가 일상생활에서 접촉하고 상호 작용하는 거의 모든 것들에 임베디드 컴퓨터가 확산되면서, 임베디드 시스템 엔지니어링과 임베디드 소프트웨어 개발이 각광받고 있다. 사용자가 직접 볼 수 없는 임베디드 시스템에서는 호화로운 사용자 인터페이스를 가진 웹 애플리케이션의 매력이나 애니메이션 몰입형 그래픽을 가진 컴퓨터 게임의 시원함은 찾아보기 어렵다. 그런 까닭에, 컴퓨터공학도와 소프트웨어 개발자들이 첫 직업으로 임베디드 소프트웨어 엔지니어를 생각하지 않는다는 것은 놀라운 일이 아니다. 그러나 '스마트 혁명'과 IoT$^{Internet of Things}$(사물 인터넷)가 하드웨어와 소프트웨어 세계를 연결할 수 있는 전문가를 필요로 하고 있다. 따라서 전자적 도식 언어$^{electric shematics language}$와 프로그래밍 언어를 다루는 전문가들은 고용인에게 인기 있다.

리눅스는 폭발적으로 증가하는 임베디드 애플리케이션에 먼저 선택됐다. 이러한 선택에는 이유가 있으며, 이에 관해 앞으로 자세히 설명할 것이다. 다양한 산업 분야의 임베디드 소프트웨어 개발자로서 임베디드 시스템 리눅스를 배우는 과정은 결코 쉽지 않았다. 사실 모든 프로그래밍 언어를 위한 훌륭한 개발 도구들은 부족함이 없다. 리눅스를 위한 방대한 양의 라이브러리와 애플리케이션들의 도구를 사용하면 기본적으로는 쉽게 구축할 수 있다. 사전 지식 없이 리눅스 커널을 빌드하는 것조차 커널 자체의 빌드 시스템을 사용한다. 그렇지만 부팅 가능한 시스템에 모든 요소를 통합하는 것에 관한 선택 사항은 부족하다.

욕토 프로젝트는 오픈임베디드 빌드 시스템을 중심으로 하는 포괄적인 통합 도구 세트를 제공함으로써 그 격차를 좁혔다. 몇 시간 안에 소스 코드부터 부팅 가능한 시스템까지 구현할 수 있다. 내가 임베디드 리눅스를 시작했을 때, 이러한 것들이 있었으면 얼마나 좋았을까?

이 책에서 다루는 내용

처음부터 완전히 동작하는 리눅스 운영체제 스택을 생성하는 데 필요한 여러 단계를 통합해 놓은 빌드 시스템은 좀 더 복잡하다. 이 책은 빌드 시스템 그 자체를 소개하고 커스텀 리눅스 배포판 빌드를 효과적으로 할 수 있게 돕는 데 집중한다. 이 책은 임베디드 리눅스를 위한 튜토리얼이 아니다. 6장에서 기본적인 리눅스 시스템 아키텍처(빌드 시스템이 선택적으로 여러 가지 구성 요소를 통합시키는 방식을 이해하는 데 이 기초가 필수적이기 때문이다.)를 설명하기는 하지만, 엄밀히 말해 임베디드 리눅스에 대한 자세한 내용을 설명하지는 않는다. 만일 초보 임베디드 리눅스 개발자라면, 이 책과 함께 시리즈로 출간된 크리스토퍼 할리난Christopher Hallinan의 훌륭한 책 『Embedded Linux Primer』(Prentice Hall, 2010)를 강력히 추천한다.

이 책을 통해 오픈임베디드 빌드 시스템이 동작하는 방식, 자신만의 소프트웨어 구성 요소를 통합하기 위한 레시피를 작성하는 방식, 다른 하드웨어 플랫폼을 지원하기 위한 욕토 프로젝트 보드 지원 패키지를 생성하고 사용하는 방식, 그리고 실패한 빌드를 디버깅하는 방식을 배울 수 있을 것이다. 애플리케이션 개발을 위해 소프트웨어 개발 킷을 빌드하는 방식과 매끄러운 라운드트립round-trip 개발을 위해 인기 있는 이클립스 통합 개발 환경(IDE)과 통합하는 방식을 배울 수 있을 것이다.

이 책의 대상 독자

이 책은 리눅스 기반으로 작업하는 소프트웨어 개발자와 프로그래머들을 위한 책이다. 리눅스 명령어를 알고 있다면, 메이크Make와 C/C++ 컴파일러 같은 전형적인 툴을 사용해 리눅스 시스템에 프로그램을 빌드할 수 있으며, 기본적인 셸 스크립트를 보고 이해할 수 있다.

빌드 시스템은 거의 파이썬으로 만들어졌다. 작업 방식을 이해하거나 사용하기 위해 파이썬 전문가가 될 필요는 없지만, 파이썬에 대한 핵심 지식을 갖췄다면 경우에 따라 유리할 수 있다.

이 책의 구성

1장. 임베디드 시스템을 위한 리눅스 임베디드 시스템을 위한 리눅스 채택에 관해 간략히 설명한다. 임베디드 리눅스 환경의 개요와 커스텀 임베디드 리눅스 배포판 작성의 어려움에 대한 토론의 장을 마련했다.

2장. 욕토 프로젝트 빌드 시스템을 이용해 초기 리눅스 운영체제 스택 빌드를 시작하는 욕토 프로젝트를 소개한다.

3장. 오픈임베디드 빌드 시스템 빌드 시스템의 기본, 워크플로우, 아키텍처를 설명한다.

4장. 비트베이크 빌드 엔진 오픈임베디드 빌드 시스템의 핵심이 되는 빌드 엔진 비트베이크에 대해 알아본다. 레시피, 클래스, 환경 설정 파일의 메타데이터 개념과 문법에 대해 설명한다. 비트베이크^{BitBake} 스타일의 헬로 월드^{Hello World} 프로젝트는 빌드 워크플로우를 보여준다. 제공된 정보를 통해 이미 생성된 레시피를 이해하고 자신의 레시피를 작성하기 위한 필수 지식을 얻을 수 있다.

5장. 문제 해결 빌드 문제를 해결하는 데 이용 가능한 도구와 방법을 소개하고, 효과적인 도구 사용과 관련해 실용적인 조언을 제공한다.

6장. 리눅스 시스템 아키텍처 리눅스 운영체제 스택에 대한 기본 지식을 제공하고, 서로 다른 요소들이 어떻게 구분되는지 설명한다. 커널 영역과 사용자 영역의 개념에 대해 논하고, 표준 C 라이브러리가 제공하는 시스템 콜을 통해 리눅스 커널과 애플리케이션 프로그램이 소통하는 방식을 설명한다.

7장. 커스텀 리눅스 배포판 빌드 커스텀 리눅스 배포판을 생성하기 위해 욕토 프로젝트를 사용하는 방식을 자세히 살펴본다. 빌드 시스템을 이용한 리눅스 배포 설계와 커스터마이징(사용자 설정) 방식에 대해 검토한 후, 빌드 시스템 도구들을 사용해 리눅스 배포판을 처음부터 완전히 만드는 방법을 알아본다. 7장을 숙지하면, 자신만의 운영체제 이미지를 빌드하는 방법을 알게 될 것이다.

8장. 소프트웨어 패키지 레시피 비트베이크 레시피와 빌드 시스템을 통해 자신만의 소프트웨어 패키지를 생성하기 위한 레시피 작성법을 설명한다. 실습해볼 수 있도록 다양한 실제 레시피 예제도 제공한다.

9장. 커널 레시피 오픈임베디드 빌드 시스템을 이용한 리눅스 커널 빌드를 상세히 검토한다. 커널 환경 설정과 패치 적용을 위해 빌드 시스템 도구가 커널 빌드 환경과 어떻게 상호 작용하는지 설명한다. 그리고 빌드 프로세스를 통해 빌드 시스템이 트리 밖 커널 모듈을 다루는 방식과 장치 트리 빌드를 만드는 방법에 대해서도 논한다.

10장. 보드 지원 패키지 빌드 시스템이 다른 하드웨어(CPU 아키텍처 및 시스템)의 빌드를 지원하는 방식을 소개한다. 욕토 프로젝트 보드 지원 패키지의 개념을 설명한 후, 보드 지원 패키지를 사용해 프로젝트를 생성하는 방식에 대해 상세히 알아본다. 그리고 욕토 프로젝트 보드 지원 패키지의 내부를 살펴보고, 실질적으로 하드웨어에서 사용할 수 있는 실습용 예제를 통해 자신만의 프로젝트를 생성하는 방식을 설명한다. 이번 장은 다른 하드웨어 환경에서 부팅 가능한 미디어 이미지의 생성으로 마무리한다.

11장. 애플리케이션 개발 빌드 시스템을 이용해 생성된 리눅스 운영체제 스택에서 애플리케이션을 개발하기 위한 욕토 프로젝트 지원을 설명한다. 전체적인 애플리케이션 개발에 필수적인 모든 툴tool을 포함하고 있는 애플리케이션 개발 툴킷(ADT)을 빌드하는 방법은 수동으로 명령어를 실행하는 것이다. 예제들은 이클립스Eclipse IDE를 이용하는 것뿐만 아니라 명령행 도구를 사용해 애플리케이션을 개발하는 ADT 사용법을 설명한다. 실질적인 하드웨어 대상의 애플리케이션들을 원격으로 실행하고 디버깅하는 방식은 단계적 명령어들을 통해 알 수 있다.

12장. 라이선스 및 규정 준수 오픈소스 라이선스를 이용하는 경우 준수해야 할 요건과 이러한 사항이 준수되도록 제공된 욕토 프로젝트의 도구에 대해 논한다.

13장. 더 깊은 주제 욕토 프로젝트를 팀으로 확장하는 데 도움이 되는 몇몇 도구들을 소개한다. 토스터Toaster는 웹 브라우저에서 원격으로 조정 가능한 빌드 시스템을 생성하는 데 사용되는 웹 기반 그래픽 사용자 인터페이스다. 빌드 히스토리는 추적 및 검사 능력을 제공하는 도구다. 소스 미러를 이용하면, 반복적인 다운로드 없이 소스 패키지를 공유하고 배포 제품의 소스 버전을 관리할 수 있다. 마지막으로, 오토 빌더는 빌드 자동화, 품질 보증, 배포 프로세스까지 다루는 격이 다른 빌드 통합 프레임워크다. 이번 장을 통해 습득한 지식을 바탕으로 욕토 프로젝트를 위한 팀을 효과적으로 구성할 수 있다.

부록 일반적인 오픈소스 라이선스들을 살펴보고, 빌드 시스템 메타데이터 계층 및 머신들에 대한 참조를 알파벳 순서로 제공한다.

예제

이 책은 욕토 프로젝트를 사용해 직접 수행해볼 수 있게 한다. 예제를 따라 하고 테스트해보는 것은 매우 유익하며, 주요 예제들은 최신 리눅스 배포판이 실행되는 x86 기반 워크스테이션에서 간단히 작업할 수 있다(자세한 요구 사항은 2장에서 알아본다). 더 나은 실습을 위해 비글본BeangleBone, 미노우보드 맥스MinnowBoard Max, 완드보드Wandboard 같은 대중적인 개발 보드를 구비하는 것도 좋다. 비글본은 저가로 구입할 수 있는 훌륭한 실험용 플랫폼이다. 그 밖에 다른 두 보드는 더 나은 성능과 멀티코어 시스템을 경험할 수 있게 한다.

코드를 분석하고 이 책에 소개된 예제들을 이해해보자. 지시 사항대로 따르다가 임의대로 세팅하고, 환경 설정을 적용하면 된다. 이는 학습하기에 가장 좋은 방법이며, 그 과정은 매우 재미있을 것이다. 또한 자신이 선택한 하드웨어에서 작업해 처음으로 자신만의 리눅스 배포판을 만들어내기에도 유리하다.

다운로드, 업데이트, 제공된 정정 내용 등을 간편히 보려면 informit.com에서 Embedded Linux Systems with the Yocto Project에 등록한다. informit.com/register에서 계정을 등록하고 로그인한 후 원서의 ISBN 9780133443240을 입력하고, 등록 절차가 완료되면 Registered Products 메뉴에서 추가 콘텐츠를 찾을 수 있다.

한국어판의 정오표는 에이콘출판사 도서정보 페이지 http://www.acornpub.co.kr/book/embedded-linux-yocto-project에서 찾아볼 수 있다.

한국어판에 대해 문의할 점이 있다면 에이콘출판사 편집 팀(edit@acornpub.co.kr)으로 연락 주길 바란다.

1

임베디드 시스템을 위한 리눅스

사물 인터넷Internet of Things은 환상적인 상상을 이끌어내며, 엔지니어의 창의력을 자극한다. 다채로운 장치가 연결된 단일 컴퓨팅 네트워크는 실시간으로 데이터를 수집, 분석, 전달한다. 이는 정보 기술의 새로운 영역을 개척한다.

사물 인터넷을 구성하는 장치는 완전히 새로운 요구 사항을 만족해야 하며, 기존 임베디드 시스템에는 없던 기능을 제공해야 한다. 셀룰러 데이터 네트워크를 포함하는 연결이 바로 그것이다. 그러나 여기에는 원격 관리, 소프트웨어 설정 및 업데이트, 전력 효율, 수명, 보안 등도 필요하다.

이러한 임베디드 시스템 저변의 변화는 새로이 연결되는 하드웨어에서 동작하기 위한 소프트웨어 스택을 제작하는 접근법이 달라야 함을 요구한다.

1.1 왜 임베디드 시스템에 리눅스인가? ▮▮▮▮▮▮▮

리눅스는 인텔 x86 아키텍처를 갖는 PC 하드웨어를 위한 일반적인 목적의 운영체제 (GPOS)로 선보였다. 뉴스그룹 news:comp.os.minix에서 리눅스 제작자 리누스 토발즈[Linux Torvalds]의 가장 유명한 글을 보면, 명확하게 "자유 운영체제를 제작하고 있으며… 이동성은 없다(386 태스크 스위칭을 사용). 그리고 AT-하드디스크 이외의 것은 지원하지 않을 것이다."라고 언급돼 있다.

인터넷의 부흥과 함께 리눅스는 다양한 요구 사항에 맞는 웹 서버 및 네트워킹 서비스를 위한 제반을 제공하는 서버 운영체제로 빠르게 진화했다.

그럼에도 불구하고, 리눅스가 GPOS 본래의 모습으로 남을 수 있었던 이유는 엔지니어가 리눅스를 임베디드 운영체제로서 우선 고려하지 않도록 하는 세 가지 요소 때문이다.

- 파일시스템: 리눅스는 파일 기반 운영체제며, 읽고 쓰기가 가능한 블록 기반 대용량 저장 장치 위에 파일시스템을 필요로 한다. 블록 기반 대용량 저장 장치는 보통 회전 자기판을 갖는 하드디스크 드라이브를 말한다. 이는 일반적으로 임베디드 환경에서는 쓰이지 않는다.

- 메모리 관리 유닛(MMU): 리눅스는 멀티태스킹 운영체제다. 효율적인 태스크 전환은 개별 프로세스들이 각자의 고유한 메모리 주소 공간을 갖게 함으로써 CPU에서 동작할 때 물리 메모리로 매핑되는 것을 쉽게 한다.

- 실시간[realtime]: 중요한 애플리케이션을 수행하는 임베디드 시스템은 특정 오류가 발생할 때 보장되는 시간 내에 응답해야 할 수 있다. 프로그램이나 섹션의 실행에 따른 시간상 오류의 양은 지터[jitter]라 불린다. 어떤 동작을 수행하는 제한 시간을 완전하게 보장할 수 있는 운영체제는 경성 실시간 시스템[hard real-time system]이라 한다. 어떤 동작을 수행하는 제한 시간을 어느 정도 보장해주는 운영체제는 연성 실시간 시스템[soft real-time system]이라 한다. 리눅스에 실시간성을 제공하기 위한 다양한 해결책이 존재하지만, 가장 유명한 것은 PREEMPT-RT다. 이는 1996년 초에 개발됐지만, 여전히 리눅스 커널 메인라인[mainline]에 포함돼 있지 않다.

최근 몇 년간 반도체 기술의 발전은 리눅스를 임베디드 시스템으로 옮겨가는 데 방해가 되는 사항을 극복하게 해줬다. 디지털 카메라 같은 다양한 소비재를 필두로 해서, 어디에서나 사용 가능하고 비싸지 않으며 장기적인 신뢰성을 가지는 플래시 메모리 장치가 파일시스템을 위한 대용량 저장 장치를 제공한다. 하나 이상의 일반적인 목적의 CPU 코어와 MMU, 기타 주변 장치 등을 하나의 칩으로 합쳐 설계한 강력한 시스템 온 칩(SoC)은 임베디드 시스템 엔지니어가 선택한 프로세서가 됐으며, 임베디드 애플리케이션에서 마이크로컨트롤러를 점차 대체하게 됐다.

오늘날 우리는 임베디드 장치에 리눅스가 폭발적으로 적용되는 모습을 보고 있다. 실질적으로 모든 산업이 현재는 이 유행을 따르고 있다. 캐리어 등급 리눅스(CGL)의 경우, 공개 전화망이나 전역 데이터 네트워크의 상용 제품에도 채택됐다. 휴대전화를 들고 다니거나, 셋톱박스로 고화질 텔레비전을 보거나, 고대역 모뎀 또는 네트워크 스위치로 인터넷을 이용하거나, 개인 내비게이션을 이용해 길을 찾거나, 기타 여러 장치를 매일 사용하는 것은 모두 리눅스의 힘을 빌리고 있는 사례들이다.

임베디드 리눅스가 빠르게 성장하는 이유는 여러 가지다. 그중 일부는 다음과 같다.

- 로열티: 전통적인 운영체제와는 다르게, 리눅스는 로열티 없이 배포될 수 있다.

- 하드웨어 지원: 리눅스는 매우 다양한 종류의 하드웨어 장치를 지원한다. 여기에는 모든 크고 일반적인 CPU 아키텍처가 포함된다. ARM, 인텔 x86, MIPS, 파워 PC^{PowerPC} 등의 각 아키텍처가 지원하는 32비트, 64비트가 그것이다.

- 네트워킹: 리눅스는 다양한 네트워크 프로토콜을 지원한다. 잘 알려진 TCP/IP를 포함해서 사실상 어떤 물리적 미디어상의 모든 프로토콜이 구현돼 있다.

- 모듈화: 리눅스 운영체제 스택은 다양한 소프트웨어 패키지로 구성돼 있다. 엔지니어는 이 스택을 조작해 그들의 애플리케이션에 맞출 수 있다.

- 확장성: 리눅스는 단 하나의 CPU를 가진 제한적인 자원의 시스템부터 많은 코어를 가진 다중 CPU, 대용량 메모리, 여러 개의 네트워크 인터페이스 등을 가지고 있는 시스템에까지 확장된다.

- 소스 코드: 리눅스 커널의 소스 코드와 리눅스 운영체제 스택을 구성하는 모든 소프트웨어 패키지는 공개돼 있다.

- 개발자 지원: 이 공개성 덕분에 리눅스는 방대한 개발자의 활동을 이끌어낸다. 그리고 이러한 개발자는 새 하드웨어를 위한 지원을 빠르게 만들어낸다.

- 상용 지원: 독립적인 소프트웨어 제공자(ISV)와 함께 반도체 제조사를 포함한 하드웨어 및 소프트웨어 제공자의 수가 증가함에 따라 리눅스는 제품과 서비스를 통해

지원된다.

- 도구 사용: 리눅스는 사실상 모든 프로그래밍 언어를 위한 컴파일러에서부터 임베디드 시스템 개발에 중요한 성능 계측 도구나 프로파일링까지 무수히 많은 도구를 제공한다.

이를 비롯한 몇 가지 이유들 덕분에 리눅스는 임베디드 시스템 엔지니어의 첫 선택이 되고 있으며, 일반 고객 및 전문 제품으로의 적용이 가속화되고 있다.

1.2 임베디드 리눅스 지형

임베디드 시스템은 다양하다. 방대한 종류의 하드웨어는 필연적으로 소프트웨어 적용에 대한 부담을 가져온다. 가장 영향이 큰 것은 운영체제다. 즉, 이는 라이브러리나 애플리케이션 프로그래밍 인터페이스(API)를 통한 하드웨어의 추상화를 지원하기 위한 것이다. 이들은 하나로 모두를 처리할 수는 없다. 시스템 엔지니어로서 임베디드 리눅스 프로젝트의 특정 부분부터 시작해야 한다.

다음 문단에서는 임베디드 장치를 위한 오픈소스 프로젝트에서 사용되는 가장 공통적인 개요를 제공한다. 이러한 내용을 바탕으로, 운영체제 제공자(OSV)로부터 제공되는 상용 임베디드 리눅스를 볼 것이다.

1.2.1 임베디드 리눅스 배포판

데스크톱 및 서버 리눅스 배포판과 비슷하게 커뮤니티 프로젝트 및 상용 운영체제 제공자가 개발한 여러 종류의 임베디드 리눅스 배포판이 존재한다. 이중 몇몇은 임베디드 시스템의 특정 부분 또는 장치를 대상으로 한다. 다른 일반적인 운영체제가 완전한 시스템보다는 제반 구조를 제공해주는 것과는 비교된다.

안드로이드

안드로이드(www.android.com, http://developer.android.com, http://source.android.com)의 주 대상은 휴대전화나 태블릿 컴퓨터지만, 모든 종류의 임베디드 장치 운영체제 중에서 그 성장 속도가 가장 빠르다. 이것이 그다지 놀랍지는 않은데, 그 소스 코드 및 설정 도구를 포함한 빌드 시스템이 포함돼 있기 때문이다. 이런 설정 도구는 개발자가 서로 다른 하드웨어 장치에 시스템을 적용할 수 있게 한다.

특히 ARM 기반 SoC 및 터치스크린을 활용하는 타깃 장치의 경우, 이러한 시스템 엔지니어의 요구 사항(하드웨어 지원)이 안드로이드 시스템의 핵심 부분이기 때문에 가장 선호된다. 인텔 X86 아키텍처로의 포팅도 있지만, 매우 적은 수의 하드웨어만 사용 가능하다. 그리고 개발 비용은 비교적 높다.

그러나 안드로이드 역시 임베디드 장치의 요구를 모두 만족하지는 못한다. 이것이 리눅스 커널 및 리눅스 운영체제 스택에서 찾을 수 있는 일반적인 소프트웨어 패키지를 활용하기 때문에 기반 아키텍처는 전통적인 리눅스 운영체제 스택과는 다르다. 안드로이드는 함축된 API를 가진 고유의 C 라이브러리를 사용하며, 고유의 파일시스템 모양과 기타 확장을 갖는다. 이 수정 사항 때문에 표준 리눅스 소프트웨어 패키지를 안드로이드로 바로 포팅하기가 쉽지 않다.

비록 안드로이드의 소스 코드가 전체 시스템에도 사용 가능하고 사용, 수정, 일부 제한된 상태로 특정 목적을 위한 확장이 가능한 오픈소스 프로젝트이긴 하지만, 개발자는 그들의 변경점을 안드로이드로 적용할 수 없다. 오로지 구글만이 시스템의 로드맵을 다룬다. 구글 안드로이드 릴리스를 기반으로 하는 CyanogenMod(www.cyanogenmods.org, 개발 중단, 현재는 LineageOS) 커뮤니티 배포판은 이러한 부족함을 채우려 한다.

그럼에도 리눅스 커널은 안드로이드에 전력 관리라는 중요한 확장을 빚지는 셈이다. 그 단순한 아키텍처로 인해 몇몇 리눅스 커널 개발자들이 눈살을 찌푸리기는 하지만, 안드로이드 잠금 깨우기는 리눅스 전원 관리에서 사실상 표준이 됐다.

옹스트롬 배포판

www.angstrom-distribution.org를 홈페이지로 갖는 옹스트롬^{Ångström} 배포판은 프로젝트의 중요 자원으로 점차 발전했는데, 지원되는 개발 보드의 목록이 증가하고 있기 때문이다. 옹스트롬은 오픈임베디드, 오픈자우루스, 오픈심패드 프로젝트에서 작업한 개발자 집합에 의해 시작된 커뮤니티 배포판이다. 옹스트롬은 처음에는 오픈임베디드 도구를 사용해왔지만, 지금은 욕토 프로젝트의 아키텍처와 구조를 받아들이고 있다.

OpenWrt

OpenWrt(www.openwrt.org)는 광대역 모뎀, 라우터, 주거용 게이트웨이, 기타 소비자 장비

(CPE) 같은 네트워크 트래픽을 라우트해주는 임베디드 장치를 대상으로 하는 오픈소스 운영체제로 발표됐다. OpenWrt의 주 요소는 리눅스 커널, uClibc, 비지박스^{BusyBox}다.

OpenWrt의 첫 버전은 링크시스^{Linksys} GPL 소스를 기반으로 WRT53G 가정용 게이트웨이와 무선 라우터를 위해 제작됐다. 그리고 그 루트 파일시스템은 빌드루트^{Buildroot}(나중에 OpenWrt가 됨)를 이용해서 생성됐다.

OpenWrt는 넓은 범위의 하드웨어 장치와 평가 보드를 지원한다. OpenWrt의 주요 강점은 라우팅, 망 네트워크, 방화벽, 주소 변환, 포트 포워딩, 부하 분산 등 다양한 네트워킹 기술과 프로토콜을 설정하는 가능성을 제공한다는 것이다.

OpenWrt가 정기적으로 사람의 조작 없이 장치가 운영되도록 만들어지긴 했지만, 다양한 환경 설정 옵션에 쉽게 접근하기 위한 풍부한 웹 인터페이스를 제공한다.

연결성과 원격 관리에 대한 집중은 OpenWrt가 커넥티드 디바이스^{connected device}를 개발하는 시스템 엔지니어 사이에서 가장 유명해지도록 만들었다. 패키지 관리를 포함한 쓰기 가능 파일시스템은 시스템이 배포된 이후에도 기능을 추가할 수 있게 만들었다.

전체 리눅스 배포판의 임베디드 버전

데스크톱, 서버, 클라우드 등을 위한 완전히 성숙한 리눅스 배포판의 상당수는 임베디드 시스템을 대상으로 하고 있다.

- 데비안^{Debian}(www.emdebian.org)

- 페도라^{Fedora}(https://fedoraproject.org/wiki/Embedded)

- 젠투^{Gentoo}(https://wiki.gentoo.org/wiki/Project:Embedded)

- 수세^{SUSE}(https://tr.opensuse.org/MicroSUSE)

- 우분투^{Ubuntu}(https://wiki.ubuntu.com/EmbeddedUbuntu)

데스크톱이나 서버 버전의 특정 리눅스 배포판에 익숙한 시스템 빌더나 개발자의 경우, 위와 같은 임베디드 변종을 사용하면 익숙한 도구, 파일시스템 등의 이점을 얻을 수 있다.

1.2.2 임베디드 리눅스 개발 도구

임베디드 리눅스 배포판을 활용하는 것에 더해, 임베디드 리눅스 개발 도구로 여러분 고유의 커스텀 리눅스 운영체제 스택을 빌드할 수 있다. 이는 최고 수준의 제어와 유연성을 제공하지만, 대부분의 경우 많은 노력이 필요하다.

베이스락

베이스락Baserock은 리눅스 배포판 빌드 시스템, 개발 환경, 개발 워크플로우를 한 패키지로 제공하는 오픈소스 프로젝트다. 베이스락의 주 특징은 다음과 같다.

- 빌드 추적이 가능한 깃Git을 핵심 요소로 사용해 빌드 절차부터 빌드 가공까지 모든 것을 관리한다.
- 네이티브 컴파일을 통해 크로스 빌드 환경의 복잡성을 제거한다.
- 가상 머신을 이용해서 여러 시스템을 통한 분산 빌드를 제공한다.

현재 베이스락은 x86, x86_64, ARMv7 아키텍처의 빌드를 지원한다. 프로젝트 홈페이지는 http://wiki.baserock.org다.

빌드루트

빌드루트Buildroot는 GNU 메이크Make를 이용해서 임베디드 리눅스 시스템을 완성하기 위한 빌드 시스템이다. 그리고 크로스 컴파일 툴체인, 루트 파일시스템, 커널 이미지, 부트로더 이미지를 생성하기 위한 메이크파일makefile의 집합이기도 하다. 프로젝트 홈페이지는 http://buildroot.uclibc.org다.

빌드루트는 주로 작은 규모의 임베디드 시스템을 대상으로 하며, 다양한 CPU 아키텍처를 지원한다. 개발을 시작하기 위해 설정 옵션을 제한해보자. 그리고 임베디드 시스템에 가장 공통적으로 사용되는 것을 기본으로 해보자.

- uClibc는 크로스 컴파일 툴체인을 빌드하기 위한 타깃 라이브러리다. GNU C 라이브러리(glibc)와 비교해서 uClibc는 좀 더 간결하고, 작은 규모의 임베디드 시스템에 최적화돼 있다. uClibc는 사실상 공유 라이브러리와 스레딩뿐 아니라 모든 CPU 아키텍처를 지원한다.
- 비지박스BusyBox는 기본 명령행 유틸리티 애플리케이션이다.

이러한 기본 설정을 가지고 빌드루트를 통해 기본 임베디드 리눅스 시스템을 빌드하면 빌드 호스트에 따라 15분에서 30분 사이에 완료할 수 있다. 이러한 설정이 절대적인 것은 아니지만, 간단하고 유연한 빌드루트의 구조는 이해와 확장을 쉽게 한다. 내부 크로스 툴체인은 외부의 도구, 예를 들면 crosstool-ng 같은 것으로 교체할 수 있다. 그리고 uClibc는 다른 C 라이브러리로 교체될 수 있다.

빌드루트는 이미 X.org 스택, GStreamer, DirectFB, SDL^{Simple DirectMedia Layer} 같은 여러 표준 리눅스 패키지를 지원한다. 크로스 툴체인은 추가적인 패키지를 빌드하는 데 쓰일 수 있고, 이러한 추가적인 패키지를 루트 파일시스템에 포함시킬 수 있다.

빌드루트는 설정하기 매우 간결하고 직관적이다. 빌드 호스트에 하나의 파일(타볼^{tarball})을 다운로드하고 추가적인 몇몇 패키지만 설치하면 모든 준비가 끝난다. 타볼을 압축 해제하고 나면 `make menuconfig`를 통해 문자 기반 사용자 인터페이스가 열리며, 광범위한 지원 타깃과 설정 옵션을 확인할 수 있다. menuconfig뿐 아니라 빌드루트는 gconfig와 xconfig를 제공하며, 이는 그래픽 사용자 인터페이스를 제공한다.

빌드루트는 업스트림^{upstream} 프로젝트에서 직접 소스 코드 파일을 다운로드해 소스로부터 모든 것을 생성한다. 좋은 점이라면, `make source`를 이용해서 소스를 먼저 모두 다운로드해 놓고 오프라인 빌드도 가능하다는 것이다. 빌드루트는 미리 필요한 모든 파일을 받고, 추후 인터넷 연결이 돼 있지 않아도 설정 후 빌드한다.

오픈임베디드

오픈임베디드^{OpenEmbedded}(www.openembedded.org)는 임베디드 장치를 대상으로 리눅스 배포판을 생성하기 위한 도구, 환경 설정 데이터, 레시피로 구성된 빌드 프레임워크다. 오픈임베디드의 핵심에는 빌드 절차를 관리하는 비트베이크^{Bitbake} 작업 실행자가 있다.

역사적으로 오픈임베디드는 오픈자우루스^{OpenZaurus} 프로젝트의 작업과 친숙한 리눅스 및 오픈심패드^{OpenSIMpad} 같은 기타 프로젝트의 병합을 통해 생성됐다.

오픈임베디드는 다양한 오픈소스 임베디드 프로젝트를 개발하는 데 쓰였다. 유명한 것 중 하나는 오픈모코^{OpenMoko}(http://wiki.openmoko.org) 프로젝트며, 이 프로젝트는 휴대전화를 위한 완전한 오픈소스 소프트웨어 스택을 제공하기 위한 프로젝트다.

오픈임베디드, 욕토 프로젝트, 옹스트롬 배포판 모두는 같은 뿌리를 가지고 있으며 여러 방식으로 상호 보완적인 관계다. 다음 장에서는 욕토 프로젝트의 자세한 사항으로 넘어가면서 공통점과 차이점을 알아볼 것이다.

욕토 프로젝트

욕토 프로젝트는 물론 이 책의 주제며, 임베디드 리눅스 분야의 개요를 완전히 정리해 놓은 프로젝트다. 웹 페이지는 https://www.yoctoproject.org다.

욕토 프로젝트는 단일 오픈소스 프로젝트가 아니며, 욕토 아래에서 개발되고 유지 관리되는 프로젝트 전체 집합을 나타낸다. 이 책은 욕토 프로젝트와 특히 포키Poky에 관련된 프로젝트를 기술할 것이다. 포키는 욕토 프로젝트의 참조 배포며, 오픈임베디드 빌드 시스템과 포괄적인 메타데이터를 포함하고 있다.

임베디드 리눅스 분야는 다양하다. 따라서 이 목록이 관련 항목을 전부 포함하고 있는 것은 아니며, 리눅스로 개발 중인 임베디드 장치를 위한 해결책을 제공하는 오픈소스 프로젝트는 더 많이 있다. 여기서 언급되는 프로젝트는 가장 활동적이고 공통적으로 사용되는 프로젝트다. 더 읽어 내려가기 전에 시간을 좀 더 갖고 이 프로젝트의 웹 페이지를 방문해보고 싶을 수 있다. 이는 여러분이 이 프로젝트가 가지고 있는 목표를 이해하거나 서로 비교해보는 데 도움이 될 것이다.

임베디드 리눅스 분야를 보완하는 몇몇 상용 서비스도 존재한다. 공통적으로 이는 크로스 개발 툴체인, 배포판 빌더, 애플리케이션 개발 IDE 등을 제공한다. 더 많은 수의 임베디드 시스템 운영체제 제공자가 업스트림으로서 욕토 프로젝트를 사용한다. 그들은 욕토 프로젝트 도구를 그들의 제품을 제작하는 데 사용한다. 많은 수는 욕토 프로젝트의 일원이며, 엔지니어링과 재정적인 자원에 지원하고 있다.

1.3 리눅스 배포판 사용자화: 왜 어려운가?

운영체제를 만들고 유지하는 것은 기본적인 작업이 아니다. 완전히 동작하는 컴퓨터 시스템을 만들기 위해 고려돼야 하는 것들을 취하는 운영체제에는 여러 요소들이 존재한다.

- 부트로더: 부트로더는 하드웨어의 초기화를 담당하는 첫 소프트웨어며, 운영체제를 램으로 로딩한 후 커널을 시작한다. 부트로더는 일반적으로 여러 단계로 구성돼 있다. 그중 1단계는 비휘발성 메모리에 상주한다. 1단계는 2단계 부트로더를 플래시 메모리나 하드디스크 드라이브 등 저장소에서 읽어온다.

- 커널: 이름이 아주 단순한 커널은 운영체제의 핵심이다. 시스템의 하드웨어 자원을 관리하고 API를 소프트웨어에 제공함으로써 하드웨어 추상화를 이뤄낸다. 커널의

주 함수는 메모리 관리, 장치 관리, 그리고 각각에 대응되며 애플리케이션 소프트웨어에서 쓰이는 시스템 콜이다. 이러한 기능들이 프로세서 아키텍처나 주변 장치 및 기타 하드웨어 설정에 따라 어떻게 구현되는지 볼 것이다.

- **장치 드라이버**: 장치 드라이버는 커널의 일부다. 이는 커널 시스템 콜을 통해 하드웨어 장치에 접근하는 잘 구조화된 형태의 애플리케이션 소프트웨어를 제공한다. 이 장치 드라이버를 통해 애플리케이션 소프트웨어는 하드웨어 장치로부터 데이터를 읽거나 쓰고 설정할 수 있다.

- **생애주기 관리**: 전원을 켤 때부터 끌 때까지 컴퓨터 시스템은 서로 다른 애플리케이션 소프트웨어 집합을 제공하는 동안 여러 상태를 취한다. 생애주기 관리는 어떤 서비스가 어떤 상태에서 실행되고, 일관된 환경을 유지하기 위해 시작돼야 할 순서는 무엇인지 결정한다. 생애주기 관리에서는 물론 전력 관리가 중요하다. 최대 성능이 필요하지 않은 시스템을 에너지 절약 모드로 진입시키고 필요할 때 다시 동작시킨다.

- **애플리케이션 소프트웨어 관리**: 애플리케이션 소프트웨어와 라이브러리는 일반적인 시스템에 설치되는 소프트웨어의 대부분을 구성하며, 사용자에게 기능을 제공한다. 대부분의 경우, 잘 동작하는 시스템에 필요한 소프트웨어 패키지는 수백 가지에서 수천 가지에 달한다.

리눅스와 많은 오픈소스 소프트웨어 패키지는 집을 지을 때의 벽돌과도 같다. 하지만 불행하게도, 레고보다는 퍼즐에 가깝다. 이는 의존성, 비호환성, 서로 다른 패키지 사이의 충돌 등을 찾아내는 발굴 작업과 같을 수도 있다. 몇몇 패키지는 심지어 같거나 비슷한 기능을 제공한다. 어떤 것을 선택할지 결정하려면 결국 여러분이 손수 고유의 임베디드 프로젝트를 위한 리눅스 배포판 계획을 짜고 맞춰 나가야 할 것이다. 이론적으로 두 가지 길을 취할 수 있다.

- **위에서 아래로**Top-down: 이 접근법으로 여러분은 여러 리눅스 배포판 중 하나를 선택해서 여러분이 원하는 대로 소프트웨어 패키지를 추가하거나 삭제하는 등의 수정을 가해볼 수 있다. 나는 이 접근법을 몇 년 전 x86 서버 하드웨어에서 수행되는 초고속 이미지 처리 시스템에 이용했다. 이는 쓸 만한 방법인데, 테스트와 유지 보수가 되고 있는 배포판은 여러분 고유의 배포판을 빌드하고 유지하는 데 필요한 지루한 작업을 어느 정도 덜어주기 때문이다. 그리고 여러분은 지원을 받을 수 있다. 그

러나 이는 하드웨어의 선택을 제한할 수 있다. 기성 리눅스 배포판은 대부분 x86 하드웨어에 맞춰 빌드돼 있기 때문이다. 물론, 적당한 배포판을 선택해서 여러분의 타깃 장치에 맞게 권리를 부여하는 것 역시 쉬운 일이 아니다.

- 아래에서 위로^{Bottom-up}: 아래에서 위로 가는 접근법은 부트로더와 커널을 소스 코드로부터 빌드해 고유의 리눅스 배포판을 제작하는 것을 말한다. 그리고 나서 여러분의 타깃 장치에서 애플리케이션을 지원하기 위해 소프트웨어 패키지를 추가하게 된다. 이 접근법은 여러분에게 가장 높은 수준의 통제권을 주지만(또한 여러분은 리눅스와 운영체제 전반에 대해 많이 배울 것이다.) 도전적인 작업이다. 적절한 툴체인과 소프트웨어 패키지를 선택하기 위해 커널 환경 설정 옵션의 설정 등과 같은 많은 결정을 내려야 한다. 이러한 결정 중 일부는 상호 의존적이다. 예를 들면, 툴체인과 타깃 라이브러리의 선택 같은 것들 말이다. 또한 잘못된 선택은 여러분을 나락으로 떨어뜨릴 수도 있다. 여러분 고유의 배포판을 성공적으로 빌드하고 배포한 후에는 유지에 대한 부담을 져야 할 것이다. 여러분의 배포판에 포함된 커널과 기타 다른 패키지를 위한 패치를 찾고 보안 업데이트를 하는 것 등이 그 예다.

이 부분이 욕토 프로젝트가 강점을 보이는 부분이다. 이는 완벽한 도구 모음을 제공하며, 여러분 고유의 리눅스 배포판을 업스트림 프로젝트에서 다운로드한 후 바닥부터 시작해 생성할 수 있도록 블루프린트^{blueprint}를 제공한다. 욕토 프로젝트 도구가 제공하는 이 다양한 시스템을 위한 블루프린트는 여러분의 운영체제 스택을 몇 시간 내로 빌드하게 해준다. 여러분은 명령행 로그인을 통한 기본적인 시스템을 위한 타깃 시스템 이미지를 빌드하는 블루프린트, 휴대 장치를 위한 그래픽 사용자 인터페이스를 갖는 시스템, 리눅스 기본 규격 Linux Standard Base 호환 시스템 등을 선택할 수 있다.

여러분은 이런 블루프린트를 여러분의 배포판을 위한 시작점으로 사용할 수 있으며, 소프트웨어 패키지를 추가, 삭제함으로써 이를 수정할 수 있다. 이 책의 남은 장을 통해 빌드 절차 전체를 훑어보고, 욕토 프로젝트 도구와 함께 여러분의 리눅스 배포판을 조작하는 방법과 여러분만의 블루프린트를 만드는 법을 배울 것이다. 이는 여러분이 여러분의 시스템을 빌드할 때마다 항상 같은 결과를 도출하도록 도울 것이다.

1.4 오픈소스 라이선스에 대한 이야기

오픈소스 소프트웨어가 포함됐거나 그를 기반으로 시스템을 빌드할 때는 반드시 오픈소스 라이선스를 확인해야 한다. 소프트웨어의 원 저작자는 그들이 작업한 것에 대해 원하는 라이선스를 선택할 자유가 있다. 이는 곧 오픈소스 라이선스의 종류가 많아진다는 것을 의미한다. 이런 라이선스는 하나가 아니다. 그리고 여러분이 좋든 싫든, 이러한 것들과 대면해야 한다. 몇몇 오픈소스 프로젝트는 하나 이상의 소프트웨어 라이선스를 사용한다. 비지박스BusyBox도 그중 하나다

가장 잘 알려진 오픈소스 라이선스는 GNU 일반 공중 라이선스(GPL)[1]다. 현재는 세 번째 버전까지 나왔으며, 오픈소스 라이선스의 시초로 널리 알려져 있다. 비록 몇몇 자료에서는 1990년에 제작된 버클리 소프트웨어 배포(BSD) 라이선스가 처음이라 말하고 있지만, 리처드 스톨만이 GPL을 작성한 시기는 1989년으로 그보다 한 해 앞서 있다.

오픈소스에 대한 유명한 '오해' 중 하나는 오픈소스 소프트웨어가 무료라는 것이다. 그러나 GPL 문서의 두 번째 단락에서는 이러한 오해에 대해 잘 명시해 놓았다. "우리가 자유free 소프트웨어를 말할 때 그것은 자유를 의미하는 것이지, 비용을 말하는 것이 아니다." 전문 엔지니어 매니저는 아마 진심으로 이에 동의할 것이다. 여러분은 오픈소스 소프트웨어를 무료로 다운로드할 수 있지만, 이를 기반으로 한 제품의 개발과 배포에는 상당한 엔지니어링 비용이 발생한다.

상용이나 폐쇄적인 소프트웨어 라이선스와 비교할 때 오픈소스 라이선스는 관대하다. 즉, 이들은 여러분이 소프트웨어를 실행, 사용, 연구, 수정하고 본 코드 및 수정본을 배포하는 등에 대한 자유를 허용한다. 이러한 자유는 오픈소스를 손쉽게 다룰 수 있도록 해준다. 단, 상용 라이선스와 엮거나 강제하지는 말자.

대부분의 오픈소스 라이선스는 여러분이 오픈소스 기반 제품을 내보내기 위해 알아야 할 것을 명확히 규정하고 있다.

- 속성: 저작자는 작업의 생성자를 말한다. 소스 코드에 명시된 어떤 저작자나 저작권 관련 내용을 지워서는 안 된다.
- 양도: 양도는 일반적으로 소프트웨어의 소스 코드나 그 수정 버전, 바이너리나 펌웨어 같은 소스가 아닌 형태의 저작물 등과 같은 복제물을 전달하는 것을 말한다. 후

---

1 GPL 라이선스의 전문은 부록 A나 www.gnu.org/licenses/gpl.html을 확인하라.

자의 경우 GPL을 포함하는 많은 오픈소스 라이선스가 제품 및 해당하는 문서와 함께 소스 코드를 양도해야 한다.

- 파생 작업: 이 용어는 일반적으로 이전에 생성된 작업의 일부분이나 모든 부분을 포함한다. 오픈소스에서 이것이 의미하는 바는 아직 분명하지 않다. 아직 법적인 사례가 없기 때문이다. 대부분의 경우 소스 코드의 수정과 추가를 의미한다. 그러나 몇몇 라이선스의 경우에는 라이브러리로의 링크^{link}나 런타임^{runtime} 동적 링크를 말하기도 한다. 이러한 라이선스하에서 파생 작업의 저작자는 기존의 작업과 완전히 같은 라이선스하에 작업물을 배포해야 한다. 이는 라이선스를 영속적^{self-perpetuating}으로 만든다.

이 책은 오픈소스 라이선스에 대한 법적 고려 사항을 위해 작성되지는 않았다. 그러나 여러분이 제품을 실제로 배포하기 전에는 여러분이 포함시킨 소프트웨어 패키지와 관련해서 이 라이선스에 대한 내용을 반드시 살펴보길 권한다. 오픈소스 라이선스에 대한 법 적용 분야가 아직 새롭기는 하지만, 법 전문가의 수는 눈에 띄게 늘어나고 있다. 따라서 의심스러운 점이 있다면, 전문가에게 상담을 받도록 하라.

1.5 조직, 관련 단체, 표준

리눅스와 오픈소스가 컴퓨팅, 통신, 가전 기기, 산업 자동화 등 많은 분야에서 더 큰 시장 점유율을 차지하기 시작하면서 조직 및 표준은 리눅스와 오픈소스 기술의 적용뿐 아니라 열린 협업과 혁신을 나타내기 시작했다.

이 단락은 여러분이 익숙해지면 좋을 몇 가지 조직, 단체, 표준을 소개한다.

1.5.1 리눅스 재단

리눅스 재단(www.linuxfoundation.org)은 2000년에 발족한 리눅스 성장을 촉진하기 위한 비영리 컨소시엄이다. 리눅스 재단은 리눅스 제작자 리누스 토발즈의 업적을 기리고, 선두 기술 기업과 전 세계 개발자에 의해 지원된다.

리눅스 재단은 자원, 회원, 오픈소스 커뮤니티의 기여를 다음을 통해 안내한다.

- 협업 및 교육을 위해 중립 환경을 제공하고 리눅스를 권장한다.

- 리눅스 개발을 보호하고 지원한다.

- 기술적인 플랫폼으로서 리눅스를 발전시킨다.

리눅스 재단은 리누스 토발즈와 주요 리눅스 개발자들의 업무를 직접적으로 지원하며, 그들은 독립적이고 리눅스 발전에 집중할 수 있다. 리눅스 재단은 또한 특정 분야 및 산업에서의 표준 정의와 리눅스 발전을 위해 여러 워크그룹과 협업 프로젝트를 지원한다. 이러한 프로젝트 중 몇몇을 다음 단락에서 소개해본다.

1.5.2 아파치 소프트웨어 재단

140개 이상의 오픈소스 프로젝트가 아파치 소프트웨어 재단(ASF)에 의해 제공된다. 이런 프로젝트들을 위해 ASF가 협업 프레임워크를 지원하는데 재정 지원, 지적 재산권 관리, 법무 지원 등이 포함된다. ASF 웹사이트는 www.apache.org다.

ASF 프로젝트 중 가장 잘 알려진 프로젝트는 아마 아파치 HTTP 서버, 자바 앤트[Ant] 빌드 도구, 카산드라 클라우드 데이터베이스, 클라우드스택 클라우드 컴퓨팅 기반 구조, 하둡 분산 컴퓨팅 플랫폼, 자바 서블릿 및 자바 서버 페이지를 위한 톰캣 웹 서버 등일 것이다.

모든 ASF 프로젝트와 ASF하에 제작된 모든 소프트웨어는 아파치 라이선스[Apache Licenses]로 이뤄져 있다. 아파치 라이선스의 가장 중요한 속성은 본 기여물에 대한 기여자의 모든 권리가 프로젝트 외부에서나 어떤 목적으로도 유지된다는 것이며, ASF에는 배포와 빌드의 권리를 부여한다는 것이다.

1.5.3 이클립스 재단

이클립스 프로젝트(www.eclipse.org)는 2001년 IBM에 의해 만들어졌다. 이 프로젝트는 이클립스 플랫폼을 통해 소프트웨어 제공자나 개발자 커뮤니티의 지원을 제공하기 위한 것이다. 이클립스 플랫폼은 소프트웨어 개발 도구를 위한 유연한 IDE 프레임워크로 시작됐다. 2004년에는 프로젝트의 자원을 관리하기 위해 법적으로 이클립스 재단이 발족했다. 이클립스 재단은 품질과 프로젝트 투명성을 확보하기 위한 엔지니어링 절차와 개발에 관한 그들의 작업을 지원하며, 그 역할 아래 프로젝트를 진행하기 위해 IT 기반과 IP 관리를 제공한다.

이클립스 IDE와 더불어, 여러 프로젝트가 이클립스 재단의 원조 아래 제공되고 있다. 여기에는 사실상 모든 프로그래밍 언어, 소프트웨어, 데이터 모델링 도구, 웹 개발 도구 등을 위한 개발 도구가 포함된다.

임베디드 소프트웨어 개발 프레임워크는 주로 이클립스 IDE로 빌드되는데, 같은 IDE에서 타깃 디버깅, 프로파일링 등을 포함한 라운드트립round-trip 개발 방식을 제공한다. 욕토 프로 젝트는 IDE에서 직접 욕토 프로젝트 기반 툴체인을 사용할 수 있도록 이클립스 플러그인 을 제공한다.

1.5.4 리눅스 기본 규격

이전 단락에서 간단히 알아봤듯이, 리눅스 운영체제 스택을 빌드하기 위한 방법은 매우 많 다. 이런 유연성이 좋기는 하지만, 한편으로는 단편화에 따른 부담을 가져온다. 리눅스 기 본 규격(LSB)의 목적은 리눅스 배포판의 공통적인 표준을 정립하는 데 있다. 공통 표준은 애플리케이션 개발자가 한 리눅스 배포판에서 개발하더라도 그 코드를 다른 배포판에서 별도의 수정 없이 동작할 수 있도록 보장한다.

또한 LSB는 개발자로 하여금 특정 리눅스 배포판의 영속성에 대해 안심할 수 있게 한다. 어떤 배포판이 미래에 특정 LSB 버전과 호환된다면, 애플리케이션 역시 미래에 해당 배포 판에서 문제없이 돌아갈 것이다.

LSB 프로젝트는 명세, 문서, 특정 LSB 버전을 위한 배포판 테스트 등을 위한 여러 편리한 것들을 제공한다.

API나 애플리케이션 바이너리 인터페이스(ABI)의 호환이 임베디드 시스템 엔지니어가 고 려해야 할 최우선의 것일 필요는 없더라도, 개념과 명세에 익숙해지는 것은 길게 보면 여 러분의 임베디드 프로젝트에 도움이 될 것이다. 설령 여러분이 여러분의 임베디드 플랫폼 으로 서드파티third-party 개발자가 애플리케이션을 제공받길 원치 않는다 하더라도, LSB 프 로젝트와 비슷한 호환에 대한 고려는 의심할 바 없이 여러분 제품의 플랫폼 전략에 도움이 된다.

LSB는 리눅스 재단 워크그룹이다. 여러분은 www.linuxfoundation.org/collaborate/ workgroups/lsb 웹사이트를 통해 더 많은 정보를 얻을 수 있다.

1.5.5 가전 기기 워크그룹

가전 기기(CE) 워크그룹은 리눅스 재단 하위에 속한 워크그룹이다. 이 워크그룹의 임무는 리눅스 자체의 향상과 더불어, 가전 기기 내에 사용되는 임베디드 시스템에서 리눅스의 사용을 권장하는 것이다. CE 워크그룹은 2003년에 가전 기기 리눅스 포럼(CELF)으로 시작됐고, 2010년에 더 나은 리눅스 커뮤니티 조직 정리를 위해 리눅스 재단에 편입됐다. CE 워크그룹의 웹사이트는 www.linuxfoundation.org/collaborate/workgroups/celf다.

CE 워크그룹의 주 활동은 장기간 지원 계획(LTSI)을 수행하는 것이다. LTSI의 목표는 2~3년간 패치가 지원되는 안정화된 리눅스 커널 트리를 생성하고 유지 보수하는 것이다. 이 기간은 일반적으로 휴대전화, 게임기, TV 같은 가전 기기의 수명과 비슷하다. LTSI에 대한 자세한 사항은 http://ltsi.linuxfoundtion.org를 참고하라.

1.6 요약

임베디드 리눅스는 이미 여러분이 매일 사용하는 다양한 장치와 서비스에 녹아들어 있다. 일반적으로는 알아채기 어렵지만, 이것들은 인터넷 라우터를 통해 데이터 트래픽을 전달함으로써 TV 스크린에 고화질 영상이 나오게 하며, 내비게이션을 통해 길을 안내하고, 스마트 계량기를 통해 에너지 소비를 측정하고, 길가의 센서를 통해 교통 정보를 수집하는 등의 일을 한다. 리눅스와 오픈소스는 네트워크 제반 요소와 데이터 처리 센터에 연결된 장치를 통한 사물 인터넷에 기여한다. 1장에서는 다음과 같은 주제를 다루며, 앞으로 다가올 주제들에 대한 무대를 마련했다.

- 엔지니어 관점에서의 임베디드 시스템 정의와 설계에서 제품까지 임베디드 제품을 취하는 데 관련된 다양한 사항들
- 임베디드 장치를 위해 리눅스가 빠르게 받아들인 기술 개발 사항들
- 임베디드 리눅스 분야의 개요
- 운영체제 스택을 빌드하고 유지하는 데 관련된 도전
- 임베디드 프로젝트에서 오픈소스 라이선스의 중요성
- 임베디드 리눅스에 관련된 여러 조직 및 표준

1.7 참조

아파치 라이선스, www.apache.org/licenses

아파치 소프트웨어 재단, www.apache.org

이클립스 재단, www.eclipse.org

GNU GPL 라이선스, www.gnu.org/licenses/gpl.html

리눅스 재단, www.linuxfoudation.org

리눅스 기본 규격, www.linuxfoundation.org/collaborate/workgroups/lsb

2

욕토 프로젝트

욕토^{Yocto}는 국제 단위계(SI라 부르며, 불어로 Le Systeme International d'Unites의 약어다.)에서 정의한 측정 단위 중 가장 작은 단위의 접두사다. 여기서 이름을 따온 욕토 프로젝트는 임베디드 장치를 위한 커스텀 리눅스 배포판을 빌드하는 데 필요한 도구, 템플릿, 자원의 포괄적인 모음이다. 이름이 너무 작은 의미를 나타내는 것 아닌가라고 말한다면 그 자체를 과소 평가하는 것이다.

2장에서는 욕토 프로젝트의 포키 참조 배포를 통한 오픈임베디드 빌드 시스템을 설정하는 것으로 시작할 것이다. 그리고 포키가 기본적으로 제공하는 블루프린트^{blueprint}를 통해 첫 리눅스 운영체제 스택을 빌드해보자. 2장에서 수행하는 이 작업은 앞으로 다룰 장을 위한 준비 과정이다. 앞으로 다룰 내용에서는 포키 워크플로우부터 빌드 엔진인 비트베이크^{BitBake}를 포함한 오픈임베디드 빌드 시스템, 보드 지원 패키지$^{board\ support\ pacakage}$로의 운영체제 스택 사용자화 및 애플리케이션 개발 툴킷 등까지 다양한 요소를 분석할 것이다.

지금부터 욕토 프로젝트와 오픈임베디드의 관계 및 욕토 프로젝트 용어들을 살펴본다.

2.1 첫 욕토 프로젝트 빌드 시작하기

경험을 통해 배우는 것은 새로운 기술을 익히는 가장 좋은 방법이다. 따라서 QEMU (Quick Emulator의 약어로, 서로 다른 CPU 아키텍처를 지원하는 오픈소스 머신 에뮬레이터다.)를 사용한 첫 리눅스 운영체제 스택을 빌드해보자.

여러분의 컴퓨터를 욕토 프로젝트 개발 호스트로 바꾸는 방법, 빌드 시스템을 얻고 설치하는 방법, 마지막으로는 QEMU 에뮬레이터에서 여러분이 빌드한 리눅스 운영체제 스택을 부팅해봄으로써 빌드 결과를 검증하는 방법을 배울 것이다.

다음의 단락은 욕토 프로젝트 빌드 호스트를 위한 하드웨어 및 소프트웨어 요구 사항을 간략하게 소개해 놓은 내용이다. 만약 여러분이 직접 빌드 호스트를 만들어보길 원치 않는 경우를 위해 욕토 프로젝트는 빌드 도우미Build Appliance를 제공한다. 이는 가상 머신 안에 사전 설정된 시스템이며, 욕토 프로젝트 도구를 어떤 소프트웨어의 설치 없이도 시도해볼 수 있게 한다. 2.1.7절에서는 욕토 프로젝트 빌드 도우미로 경험할 수 있는 바를 간단하게 다룬다.

2.1.1 사전 내용

당연한 이야기지만, 욕토 프로젝트 도구로 리눅스 시스템을 빌드하기 위해서는 먼저 리눅스가 돌아가는 빌드 호스트가 필요하다.

하드웨어 요구 사항

리눅스 운영체제 스택을 빌드하는 능력을 가지고 있긴 하지만, 욕토 프로젝트 도구는 x86 아키텍처 CPU를 갖는 빌드 호스트를 필요로 한다. 32비트나 64비트 CPU 모두가 지원된다. 다만 64비트 CPU를 갖는 시스템이 더 선호되는데 성능 때문이다. 게다가 다중 CPU를 갖거나 멀티코어 CPU를 갖는 빌드 호스트는 빌드 시간을 현저히 줄인다. 물론 CPU 클럭 속도 또한 패키지 빌드를 빠르게 하기 위해 중요한 요소다.

메모리 역시 중요한 요소다. 욕토 프로젝트 빌드 엔진인 비트베이크는 수천 개의 레시피를 해석하고, 빌드 의존성과 관련된 캐시를 생성한다. 또한 컴파일러는 자료 구조 등에 메모리를 필요로 한다. 이 도구는 램이 1GB보다 작은 시스템에서는 돌아가지 않으며, 4GB 이상이 추천된다.

디스크 공간 역시 살펴봐야 한다. 현재 X11을 기반으로 하는 그래픽 사용자 인터페이스

(GUI)를 포함하는 이미지를 생성하기 위한 전체 빌드는 50GB의 디스크 공간을 소비한다. 나중에 여러분의 빌드에 추가적인 아키텍처나 패키지를 더 지원하고자 한다면, 더 많은 디스크 공간을 필요로 할 것이다. 권장되는 시스템 하드디스크 여유 공간은 최소 100GB 다. 대용량 하드디스크가 일반화됐기 때문에 욕토 프로젝트의 모든 빌드 환경을 위해서는 500GB 이상을 추천한다.

빌드 시스템이 많은 데이터를 디스크로부터 읽고 방대한 빌드 결과 데이터를 쓰기 때문에 더 높은 입출력 성능을 갖는 디스크의 사용은 빌드 속도를 현저히 증가시킨다. 솔리드 스 테이트 디스크(SSD)는 더욱더 그 속도를 빠르게 한다. 다만 이 장치를 대용량으로 사용하 려면 회전 플래터를 갖는 일반적인 디스크보다 높은 비용이 소요된다. 기존 하드디스크를 사용하든지, 솔리드 스테이트 디스크를 사용하든지 간에 RAID 0 같은 복수 배열 독립 디스 크^{Redundant Array of Independent Disk}(RAID) 설정을 사용하면 추가적인 성능 향상을 얻을 수 있다.

인터넷 연결

오픈임베디드 프로젝트 웹사이트에서 얻을 수 있는 빌드 시스템은 오직 그 자체(비트베이크 와 이에 관련된 메타데이터)만 포함한다. 이는 빌드돼야 할 소프트웨어 소스 패키지를 포함하 고 있지 않다. 이들은 빌드가 수행되는 동안 자동으로 다운로드한다. 그러므로 인터넷 연결 이 필요하다. 물론, 빠르면 더 좋다.

물론 다운로드된 소스 패키지는 여러분의 시스템에 저장되며, 추후 빌드를 위해 재사용된 다. 또한 모든 소스 패키지를 다운로드하고 나면 추후 인터넷 연결 없이 빌드를 수행할 수 있다.

소프트웨어 요구 사항

먼저, 최신 리눅스 배포판이 필요하다. 욕토 프로젝트 팀은 지속적으로 각 배포판의 릴리 스를 더 인증한다. 다음의 배포판에 대해서는 이전 버전이든 최신 버전이든 잘 동작할 것 이다.

- CentOS
- 페도라^{Fedora}
- 오픈수세^{openSUSE}
- 우분투^{Ubuntu}

일반적으로 32비트나 64비트 모두 검증됐다. 그러나 하드웨어가 지원한다면, 64비트 버전을 사용할 것을 권한다. 지원되는 배포판에 대한 정보는 www.yoctoproject.org/docs/current/ref-manual/ref-manual.html의 Yocto Project Reference Manual 단락에 나열돼 있다.

리눅스 배포판과 더불어, 빌드 시스템을 실행하기 위해 소프트웨어 패키지들을 설치해야 한다. 이에 대해서는 2.1.3절에서 다룰 것이다.

2.1.2 욕토 프로젝트 도구 얻기

욕토 프로젝트 도구, 정확히 말해서 욕토 프로젝트 참조 배포인 포키를 얻기 위한 방법은 여러 가지다.

- 욕토 프로젝트 웹사이트를 통해 현재 릴리스 다운로드
- 릴리스 리파지토리를 통한 현재 및 과거 릴리스 다운로드
- 오토빌더 리파지토리를 통한 최신 매일 밤 빌드Nightly build 다운로드
- 욕토 프로젝트 깃Git 리파지토리 서버에서 제공되는 포키 깃 리파지토리에서의 개발 브랜치 및 기타 브랜치 클론Clone

욕토 프로젝트 팀은 매 6개월마다 4~5월과 10~11월에 새 메이저 버전 빌드 시스템을 릴리스한다. 욕토 프로젝트 도구의 릴리스 모두는 품질 관리와 테스트를 거친다. 이들은 안정 버전이며, 릴리스 노트와 기능을 설명하는 업데이트된 문서를 포함하고 있다. 욕토 프로젝트 초심자를 위해서는 최신 안정 버전을 사용할 것을 추천한다.

마이너 버전 릴리스는 새 기능을 추가하지 않고 문제점을 수정한 것이며, 6개월 릴리스 주기 사이에 필요에 따라 제공된다. 새 기능이 포함돼 있지는 않기 때문에 일반적으로 문서는 변경되지 않는다.

이전 메이저 및 마이너 릴리스는 압축돼 있으며, 다운로드 리파지토리에서 여전히 다운로드할 수 있다. 때로는 새 메이저 릴리스가 새 계층 구조, 새 환경 설정 파일, 그 파일 안의 새 설정 등을 갖는다. 이미 존재하는 빌드 환경을 새 릴리스에 맞추려면 이전 작업이 필요하다. 이전 릴리스에 머무르는 것이 이전 작업에 대한 부담을 줄일 수 있다.

매일 밤 빌드는 욕토 프로젝트 깃 리파지토리 코드의 현재 개발 상태를 추적할 수 있게 해준다. 이 빌드는 기본적인 품질 관리와 오토빌더 테스트를 거친다. 이는 정규 메이저 및 마

이너 릴리스처럼 엄격하게 테스트를 거치지 않지만, 최소한 핵심 기능은 잘 동작한다고 생각해도 된다.

현재 개발 브랜치(master 브랜치)를 포키 깃 리파지토리로부터 클론하면, 현재 개발 상태에 직접 접근할 수 있다. 이 브랜치 수정의 경우 개발자가 제출 시 서명하기 전에 수행하는 테스트 말고는 어떤 테스트도 수행되지 않았다. 비록 품질이 비교적 높고 어떤 심각한 핵심 기능의 문제점이 개발자의 변경점 검사 이후에 빠르게 발견될 수는 있지만, 시스템이 원하는 대로 동작하지 않을 가능성은 있다. 여러분이 욕토 프로젝트 개발에 직접적으로 참여하고 있지 않는 한, 마스터 브랜치에 직접적으로 작업해야 할 필요는 없다.

마스터 브랜치와 더불어, 포키 깃 리파지토리는 다양한 버전을 위한 개발 브랜치인 마일스톤 브랜치 및 다양한 브랜치의 특정 리비전을 참조하는 태그의 목록을 갖는다.

앞으로 나올 장에서는 욕토 프로젝트 릴리스를 다양한 곳에서 다운로드하는 방법을 살펴볼 것이다. 또한 포키, 보드 지원 패키지, 리눅스 커널 등을 위한 욕토 프로젝트 깃 리파지토리를 탐색할 것이다.

현재 포키 릴리스 다운로드

https://www.yoctoproject.org/downloads에 가서 포키 최신 릴리스를 클릭하라. 이 URL은 상세 다운로드 사이트로 연결되며, 다양한 서버 및 미러를 안내한다. 이 사이트는 또한 릴리스 정보와 오류에 대한 정보도 포함하고 있다.

릴리스를 다운로드하면, poky-⟨codename⟩-⟨release⟩.tar.bz2라는 이름의 포키 참조 배포판이 압축된 형태로 여러분의 시스템에 위치한다.

2.1.3 빌드 호스트 설정

빌드 호스트 설정은 추가 소프트웨어 패키지의 설치를 필요로 한다. 네 개의 주요 리눅스 배포판은 모두 각 패키지 리파지토리에 패키지들을 준비시켜 놓았다. 그러나 배포판의 기본 설정으로 설치되는 패키지는 서로 다르다.

추가 패키지를 설치하고 나면, 포키 타볼tarball을 압축 해제해야 한다. 이 포키 타볼에는 필요한 설정 데이터, 레시피, 간편한 스크립트, 비트베이크 등이 포함돼 있다.

비트베이크는 파이썬 2.6 또는 2.7 버전이 필요하다. 비트베이크는 현재 파이썬 3를 지원하지 않는다. 파이썬 3로의 이전은 언어 문법과 하위 호환성을 깨는 새 라이브러리가 포함되므로, 이에 대한 변경이 필요하다.

추가 소프트웨어 패키지 설치

어떤 명령어를 사용하는지, 어떤 패키지를 추가로 설치하는지는 빌드 호스트에 설치돼 있는 리눅스 배포판에 따라 다르다.

CentOS 빌드 호스트에 필요한 패키지를 설치하려면 리스트 2-1에 있는 명령어를 사용한다.

리스트 2-1 CentOS

```
user@centos:~$ sudo yum install gawk make wget tar bzip2 gzip \
python unzip perl patch diffutils diffstat git cpp gcc gcc-c++ \
glibc-devel texinfo chrpath socat perl-Data-Dumper \
perl-Text-ParseWords perl-Thread-Queue SDL-devel xterm
```

페도라 빌드 호스트에서는 리스트 2-2에 있는 명령어를 실행한다.

리스트 2-2 페도라

```
user@fedora:~$ sudo dnf install gawk make wget tar bzip2 gzip python \
unzip perl patch diffutils diffstat git cpp gcc gcc-c++ glibc-devel \
texinfo chrpath ccache perl-Data-Dumper perl-Text-ParseWords \
perl-Thread-Queue socat findutils which SDL-devel xterm
```

리스트 2-3은 오픈수세 빌드 호스트를 위한 명령어다.

리스트 2-3 오픈수세

```
user@opensuse:~$ sudo zypper install python gcc gcc-c++ git chrpath \
make wget python-xml diffstat makeinfo python-curses patch socat \
libSDL-devel xterm
```

우분투 빌드 호스트에서는 리스트 2-4의 명령어를 실행한다.

리스트 2-4 우분투

```
user@ubuntu:~$ sudo apt-get install gawk wget git-core diffstat \
unzip texinfo gcc-multilib build-essential chrpath socat \
libsdl1.2-dev xterm
```

설치가 성공적으로 완료된 이후 파이썬이 올바른 버전으로 설치돼 있는지 python --version 명령을 통해 확인할 수 있다. 출력은 2.6이나 2.7로 나와야 한다.

포키 설치

포키를 설치하려면 욕토 프로젝트 웹사이트에서 전에 다운로드한 압축 타볼을 해제한다. 욕토 프로젝트 빌드에 관련된 모든 것을 위해 홈 디렉터리 하위에 디렉터리를 만들 것을 추천한다. 리스트 2-5는 필요한 단계를 보여준다.

리스트 2-5 포키 설치

```
user@buildhost:~$ mkdir ~/yocto
user@buildhost:~$ cd ~/yocto
user@buildhost:~$ tar xvfj <downloadpath>/poky-<codename>-release.tar.bz2
```

이제 빌드 시스템은 빌드 환경을 설정하거나 첫 리눅스 운영체제 스택을 생성할 준비가 됐다.

2.1.4 빌드 환경 설정

포키는 새 빌드 환경을 생성하기 위한 oe-init-build-env 스크립트를 제공한다. 이 스크립트는 빌드 환경 디렉터리 구조를 설정하며, 환경 설정 파일의 핵심 요소를 초기화한다. 또한 빌드 시스템에서 필요로 하는 일련의 셸 환경 변수를 설정한다. oe-init-build-env 스크립트를 직접 실행하지 말고, source 명령을 이용해서 셸 환경 변수를 현재 셸에 끌어오라.

```
$ source <pokypath>/oe-init-build-env <builddir>
```

위 명령을 실행하면 현재 디렉터리에 <builddir> 매개변수로 제공되는 이름을 갖는 새 빌드 환경을 생성한다. 이 매개변수가 없을 수도 있는데, 그러면 스크립트는 기본값으로

build를 사용한다. 빌드 환경을 설정한 이후, 스크립트는 디렉터리를 빌드 디렉터리로 변경한다.

리스트 2-6의 모습을 갖는 스크립트를 사용하면 새 빌드 환경을 생성할 수 있고, 이전에 생성한 빌드 환경을 초기화할 수도 있다. 새 빌드 환경을 설정할 때, 스크립트는 몇 가지 안내를 제공한다.

리스트 2-6 새 빌드 환경 설정

```
You had no conf/local.conf file. This configuration file has therefore been
created for you with some default values. You may wish to edit it to use a
different MACHINE (target hardware) or enable parallel build options to take
advantage of multiple cores, for example. See the file for more information, as
common configuration options are commented.

The Yocto Project has extensive documentation about OE including a reference
manual which can be found at:
    http://yoctoproject.org/documentation

For more information about OpenEmbedded see their website:
    http://www.openembedded.org/

You had no conf/bblayers.conf file. The configuration file has been created
for you with some default values. To add additional metadata layers into your
configuration, please add entries to this file.
The Yocto Project has extensive documentation about OE including a reference
manual which can be found at:
    http://yoctoproject.org/documentation
For more information about OpenEmbedded see their website:
    http://www.openembedded.org/
### Shell environment set up for builds. ###
You can now run 'bitbake <target>'
Common targets are:
    core-image-minimal
    core-image-sato
    meta-toolchain
    meta-toolchain-sdk
    adt-installer
    meta-ide-support
```

You can also run generated qemu images with a command like 'runqemu qemux86'

새로 생성된 빌드 환경 내에서 스크립트는 conf 디렉터리를 추가하고, 두 환경 설정 파일 bblayers.conf와 local.conf를 만든다. bblayers.conf에 대한 자세한 내용은 3장, '오픈임베디드 빌드 시스템'에서 설명한다. 지금은 빌드 환경의 주 환경 설정 파일인 local.conf를 살펴보자.

local.conf에는 비트베이크가 커스텀 리눅스 운영체제 스택을 빌드하는 데 영향을 주는 다양한 변수가 있다. 설정을 변경하거나 다른 환경 설정 파일에서 만들어진 설정을 덮어 쓰기 위해 새 설정을 파일에 추가할 수 있다. 이 책에서는 이런 상속과 그 사용 방법을 다양한 예제와 함께 살펴볼 것이다. 첫 빌드에 한정해서 몇 가지 설정에 집중하고, 나머지는 기본값으로 남겨둔다. local.conf 파일을 편집기로 열어보면, 리스트 2-7(사실 많은 설정이 존재하고 주석도 존재하지만, 여기서는 삭제했다.)에 보이는 변수 설정을 찾을 수 있다.

리스트 2-7 conf/local.conf

```
BB_NUMBER_THREADS ?= "${@bb.utils.cpu_count()}"
PARALLEL_MAKE ?= "-j ${@bb.utils.cpu_count()}"
MACHINE ??= "qemux86"
DL_DIR ?= "${TOPDIR}/downloads"
SSTATE_DIR ?= "${TOPDIR}/sstate-cache"
TMP_DIR = "${TOPDIR}/tmp"
```

해시 표시(#)로 시작되는 줄은 주석이다. 해시 표시가 줄 맨 앞에 있다면, 이 줄을 활성화하기 위해서는 해당 표시를 없애야 한다. 보이는 값은 기본값이다. 비트베이크는 설령 이 값을 명시적으로 활성화하지 않더라도, 적혀 있는 값을 사용한다. 리스트 2-7에 보이는 변수 설정은 새 빌드 환경을 생성하고 나서 일반적으로 변경하는 것들이며, 표 2-1에 설명돼 있다.

표 2-1 환경 설정 변수

변수	기본값	설명
BB_NUMBER_THREADS	${@bb.utils.cpu_count()}	동시 실행 비트베이크 작업 개수
PARALLEL_MAKE	-j ${@bb.utils.cpu_count()}	동시 실행 메이크 프로세스 개수
MACHINE	qemux86	타깃 머신
DL_DIR	${TOPDIR}/downloads	소스가 다운로드된 디렉터리
SSTATE_DIR	${TOPDIR}/sstate_cache	공유 상태 캐시 파일 디렉터리
TMP_DIR	${TOPDIR}/tmp	빌드 출력 디렉터리

두 동기 옵션 BB_BB_NUMBER_THREADS와 PARALLEL_MAKE의 기본값은 시스템의 CPU 코어 개수를 기반으로 자동 계산된다. 시스템 부하를 줄이기 위해 코어 개수보다 작은 값으로 설정할 수 있다. 물리적 코어 개수보다 큰 값을 사용할 수도 있지만, 빌드 절차의 속도를 향상시키지는 못한다. 비트베이크와 메이크Make는 그에 따라 스레드를 더 생성하지만 사용 가능한 CPU 코어에 맞춰 실행한다. 변수 설정을 둘러싼 중괄호를 잊지 말라. 또한 PARALLEL_MAKE의 경우, -j를 포함해야 한다. 예를 들면 "-j 4"처럼 말이다. 이 값은 make 명령어로 그대로 전달된다.

MACHINE 변수의 설정은 비트베이크가 리눅스 운영체제 스택을 빌드하려는 타깃 머신 형태를 선택하는 것이다. 포키는 QEMU를 위한 표준 머신 집합을 제공하며, 실제 하드웨어 보드 타깃 머신도 지원한다. 보드 지원 패키지(BSP)는 추가 타깃 머신을 지원할 수 있다. 이번 첫 빌드에서는 qemux86을 선택하자. 이는 x86 CPU를 에뮬레이션한 타깃 머신이다.

DL_DIR 변수는 비트베이크에게 소스가 다운로드돼 있는 곳을 알려주는 변수다. 기본값은 빌드 환경의 최상위 디렉터리 내에 있는 downloads 디렉터리다. TOPDIR은 빌드 환경의 전체(절대) 경로다. 소스 다운로드는 다중 빌드 환경 간 공유가 가능하다. 만약 이미 비트베이크가 다운로드 디렉터리에서 소스 다운로드를 발견했다면, 다운로드를 다시 하지는 않는다. DL_DIR의 값은 빌드 환경 외부의 디렉터리 경로로 할 것을 권장한다. 특정 빌드 환경이 더 이상 필요하지 않을 때, 모든 소스 파일 다운로드를 지우지 않고 환경만 지울 수 있다.

공유 상태 캐시를 가리키는 SSTATE_DIR 변수도 같다. 오픈임베디드 빌드 시스템은 리눅스 운영체제 스택을 구성하는 패키지를 빌드하는 과정에서 많은 작업을 처리할 때 다양한 중간 결과를 생성한다. 소스 다운로드와 비슷하게, 중간 결과는 추후 빌드에 쓰일 수 있으며 빌드 절차 속도를 높이기 위해 다중 빌드 환경 사이에 공유될 수 있다. 기본적으로 환경 설정은 빌드 환경의 최상위 디렉터리 아래에 있는 공유 상태 캐시 디렉터리에 위치한다. 이 역시 빌드 환경 외부에 지정할 것을 추천한다.

TMP_DIR은 비트베이크가 수행하는 모든 작업과 빌드 결과를 저장하는 디렉터리를 가리킨다. 이 디렉터리에 저장되는 결과물이 빌드 환경에 매우 한정적이기 때문에 빌드 환경의 하위 디렉터리로 두는 것도 괜찮다. 이 디렉터리에 저장되는 데이터의 양은 최종적으로 수 기가바이트에 이른다. 여기에는 압축 해제된 소스 다운로드, 크로스 컴파일 툴체인, 컴파일 출력, 커널 이미지, 루트 파일시스템 등이 포함되기 때문이다.

빌드하는 동안 디스크 공간을 절약하기 위해서는 다음을 추가하면 된다.

```
INHERIT += rm_work
```

이는 비트베이크에 패키지 빌드가 끝나면 다음 패키지 빌드를 위해 작업 디렉터리를 삭제하도록 한다.

2.1.5 빌드 시작

빌드를 시작하기 위해 빌드 환경의 최상위 디렉터리에서 비트베이크를 실행하자. 이때 빌드 타깃을 지정하라.

```
$ bitbake <build-target>
```

빌드 타깃이 무엇인지, 빌드 결과 제어를 위해 이를 어떻게 쓰는지 다음 장에서 자세히 알아볼 것이다. 우리 첫 빌드의 경우 GUI를 포함한 전체 리눅스 운영체제 스택을 생성하기 위한 빌드 타깃을 사용한다. 이전 단락에서 여러분이 생성하고 설정한 빌드 환경의 최상위 디렉터리에서 다음을 실행하라.

```
$ bitbake core-image-sato
```

core-image-sato 타깃은 휴대 장치를 위한 사용자 인터페이스를 갖는 루트 파일시스템을 생성한다. 여러분의 빌드 하드웨어와 소스 파일 다운로드를 위한 인터넷 연결 속도에 따라, 빌드는 한 시간에서 몇 시간까지 걸릴 수 있다.

또한 여러분은 비트베이크에 빌드하지 않고 소스만 다운로드하게끔 명령할 수 있다.

```
$ bitbake -c fetchall core-image-sato
```

다운로드가 완료되면, 빌드 시스템의 인터넷 접속을 끊고 추후에 오프라인으로 빌드를 실행할 수 있다.

비트베이크가 복구할 수 없는 오류 상황을 맞이하면 즉시 빌드 절차를 취소한다. 그러나 여러분은 비트베이크에게 오류 발생 시 작업이 해당 오류와 관련이 없으면 빌드를 계속하게끔 할 수 있다.

```
$ bitbake -k core-image-sato
```

-k 옵션은 비트베이크로 하여금 발생된 오류에 의존적이지 않은 작업이 있는 한 빌드를 계속하게 한다.

그림 2-1 core-image-sato 타깃으로 실행한 QEMU

2.1.6 빌드 결과 검증

우리 타깃 머신이 에뮬레이션 시스템이므로 우리의 빌드 결과는 QEMU 에뮬레이터를 통해 검증할 수 있다. 이를 위해 포키는 간편한 스크립트를 제공하는데, 이는 QEMU 실행 환경을 준비하며 적절한 커널과 루트 파일시스템 이미지를 가지고 에뮬레이터를 시작한다.

```
$ runqemu qemux86
```

가장 간단한 형태로, runqemu 스크립트는 머신 타깃 이름만 가지고 실행된다. 이는 자동으로 빌드 결과에 있는 타깃을 위한 적절한 커널 및 루트 파일시스템 이미지를 찾는다. 여기서 스크립트가 가상 네트워크 인터페이스를 설정하게 하기 위해 시스템 관리자(또는 sudo) 암호를 입력해야 한다. 그림 2-1은 실행 중인 시스템을 보여준다.

QEMU 가상 머신의 종료를 위해서는 Utilities 화면의 Shutdown 버튼을 클릭하면 된다. 이는 종료 절차를 통해 시스템을 적절하게 종료한다. 또 다른 방식으로는 Ctrl-C를 QEMU가 시작된 터미널에 입력하면 된다.

2.1.7 욕토 프로젝트 빌드 도우미

욕토 프로젝트와 포키를 리눅스 빌드 호스트의 설정 없이 간단하게 실행해보고자 한다면, 욕토 프로젝트 빌드 도우미^{Yocto Project Build Appliance}를 사용할 수 있다. 이 빌드 도우미는 완벽한 욕토 프로젝트 빌드 호스트로, 오픈임베디드 빌드 시스템이 요구하는 소프트웨어 패키지를 갖고 포키가 설치돼 있으며 가상 머신 이미지로 리눅스 운영체제를 포함한다. 이는 또한 모든 소스 패키지 다운로드를 포함하고 있으며, 여러분의 첫 빌드 속도를 향상시킬 수 있고 네트워크 연결 없이 오프라인 빌드를 가능하게 한다.

빌드 도우미 다운로드는 욕토 프로젝트 웹사이트(https://www.yoctoproject.org/download/build-appliance-0)에서 찾을 수 있다. 빌드 도우미는 압축된 ZIP 파일로 제공되며, 다운로드한 후 여러분의 시스템에서 압축 해제하면 된다.

빌드 도우미를 이용하기 위해서는 VMWare Player 또는 VMWare Workstation이 필요하다. 또한 VMWare 웹사이트 www.vmware.com의 다운로드 부분에서 여러분의 운영체제에 맞는 것을 다운로드할 수 있다. VMware가 제공하는 설치 안내를 따르자.

VMWare Player나 VMWare Workstation을 설치하고 나면, 빌드 도우미 매뉴얼을 https://www.yoctoproject.org/documentation/build-appliance-manual에서 찾아 읽어보고 가상 머신 설정 방법과 빌드 도우미 부트 방법을 자세히 알아보자.

빌드 도우미를 부팅시키면, 그림 2-2에서 보듯이 바로 비트베이크를 위한 홉^{Hob} 인터페이스(GUI)를 열 수 있다.

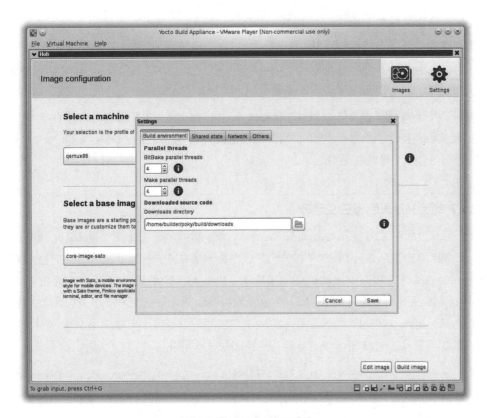

그림 2-2 욕토 프로젝트 빌드 도우미

머신은 qemux86, 기본 이미지는 core-image-sato를 선택하라. 그러고 나서 빌드를 시작하자. 호스트 시스템과 가상 머신 환경 설정에 따라 이미지 빌드에 몇 시간 정도 걸릴 수 있다. 홉의 로그 화면을 통해 빌드 절차를 관찰할 수 있으며, 로그 화면은 개별 작업으로 나뉘어진 런큐run-queue를 통해 빌드된 패키지를 보여준다. 현재 실행 중인 작업은 강조돼 보인다.

빌드가 끝나면, QEMU 에뮬레이터를 통해 여러분의 이미지를 홉에서 직접 실행할 수 있다.

2.2 욕토 프로젝트 구성 요소

욕토 프로젝트는 단순히 하나의 오픈소스 프로젝트가 아니라 다양한 프로젝트가 한 지붕 아래 모여 있는 형태다. 여러분은 이미 이 프로젝트의 가장 유명한 요소를 만나봤다. 오픈임베디드 코어 및 비트베이크를 포함하는 오픈임베디드 빌드 시스템, 포키, 욕토 프로젝트 참조 배포 등이 그것이다.

이 집합의 요소는 모두 오픈임베디드 빌드 시스템을 지원한다. 욕토 프로젝트 팀은 오픈임베디드 프로젝트와 같이 빌드 시스템을 별도의 조직으로 유지한다. 새 기능은 하위 프로젝트에 추가되며, 빌드 시스템을 진화하게 한다.

표 2-2는 욕토 프로젝트의 하위 프로젝트에 대한 개요를 보여준다.

표 2-2 **욕토 프로젝트 집합**

내부 프로젝트	설명
애플리케이션 개발 툴킷(ADT)	ADT는 사용자 영역 애플리케이션을 포키에 의해 빌드된 운영체제 스택에서 실행되게끔 하기 위해 완전한 개발 환경을 제공한다. ADT는 크로스 개발 툴체인, QEMU 에뮬레이터, 리눅스 커널, 루트 파일시스템 이미지로 구성돼 있다. 포키는 해당 빌드 환경에서 이러한 환경 설정을 이용해 ADT를 직접적으로 생성 및 패키징한다.
오토빌더(Autobuilder)	오토빌더는 빌드봇과 빌드 시스템의 통합을 통해 빌드를 자동화한다. 욕토 프로젝트 QA 팀은 표준 빌드 타깃과 함께 오토빌더를 지속적 통합 및 회귀 테스트에 사용한다.
비트베이크(BitBake)	비트베이크는 오픈임베디드 빌드 시스템의 빌드 엔진이다. 비트베이크는 소프트웨어 패키지나 운영체제 스택 빌드에 중점을 두는 메이크(Make)나 앤트(Ant)와 비슷한 빌드 도구다.
빌드 도우미(Build Appliance)	빌드 도우미는 VMWare 가상 머신 이미지로 제공되며, 포키 빌드 시스템이 저장돼 있는 우분투 리눅스다. 리눅스 빌드 호스트나 포키를 설정하지 않고 포키를 간단히 시도해보기에 매우 편리하다.
크로스-프리링크(Cross-Prelink)	공유 라이브러리의 메모리 주소 위치는 일반적으로 실행 중 라이브러리가 메모리에 처음 로드될 때 계산된다. 공유 라이브러리에 관련된 프로그램이 실행될 때마다, 로더는 이 라이브러리를 메모리에 위치시켜야 한다. 라이브러리가 메모리에서 돌아다닐 수 있기 때문에 이 작업은 공유 라이브러리 증가에 따른 성능 저하를 일으킨다. 프리링크는 주소를 먼저 계산해 실행 파일의 동적 링크를 수행하는 부하를 줄여준다. 크로스 프리링크는 이러한 작업을 크로스 개발 툴체인의 한 부분으로 수행하며, 수행 시간 링커를 에뮬레이션해서 이룬다.
이클립스 IDE 플러그인	이클립스 IDE 욕토 프로젝트 플러그인은 ADT를 이클립스에 통합하며, 사용자 영역 애플리케이션을 위한 크로스 개발 워크플로우를 제공한다. 이 플러그인은 에뮬레이션과 실제 하드웨어 타깃에서 사용되는 루트 파일시스템과 크로스 툴체인을 위한 통합을 제공한다.

(이어짐)

EGLIBC	EGLIBC는 GNU C 라이브러리(GLIBC)의 임베디드 버전이다. 이는 GLIBC와 같은 API를 제공하며 소스나 바이너리의 호환성을 맞추고자 한다. 또한 이는 임베디드 시스템에 최적화돼 있다. 최적화는 풋프린트(footprint) 축소, 크로스 빌드, 크로스 테스트, 설정 가능한 요소 지원 향상이 포함돼 있다. EGLIBC가 비록 GLIBC에 병합됐고 그 생명력이 다했지만, 여기서 그 내용과 역사를 언급한다.
홉(Hob)	홉은 비트베이크의 GUI 버전이다. 홉은 빌드 환경, 패키지 선택, 이미지 설정을 간편한 GUI를 통해 할 수 있게 한다. 빌드 절차는 홉에서 간단하게 시작되고 모니터링할 수 있다. 홉은 오픈임베디드 코어에 포함된 레이어다. 욕토 프로젝트 팀은 홉보다 토스터에 더 집중할 것이다.
매치박스(Matchbox)	매치박스는 임베디드 장치를 대상으로 하며, X 윈도우 시스템을 기반으로 하는 오픈소스 윈도우 매니저다. 이는 전체 스크린을 한 번에 하나의 윈도우만 보여주는 방식을 통해 스스로 전통적인 데스크톱 윈도우 매니저와 구분한다. 이 기능은 작은 폼팩터(form factor)를 갖는 장치에 맞도록 돼 있다.
오픈임베디드 코어	오픈임베디드 코어(OE 코어)는 오픈임베디드 빌드 시스템의 메타데이터의 핵심 모음이다. 이는 비트베이크 레이어와 클래스, 오픈임베디드 하위 시스템 간 공유되는 통합 및 유틸리티 스크립트로 구성돼 있다. OE 코어는 오픈임베디드 프로젝트와 욕토 프로젝트가 공동 개발한다.
포키	포키는 욕토 프로젝트의 참조 배포다. 이는 미리 설정된 임베디드 리눅스 운영체제 스택을 위한 블루프린트의 묶음을 예제로 제공한다. 이런 블루프린트는 실제 시스템 개발을 수행하는 데 사용된다.
수도(Pseudo)	소프트웨어 패키지 빌드는 자주 시스템의 루트 파일시스템에 파일 설치, 파일 권한 변경, 시스템 관리자로 실행되는 장치 노드 생성 같은 동작을 필요로 한다. 수도는 이러한 동작을 성공적으로 수행할 수 있도록 설령 사용자가 일반 사용자이더라도 시스템 관리자 권한을 갖는 것처럼 가상화된 환경을 제공한다.
스웨버(Swabber)	소프트웨어 패키지는 주로 네이티브 시스템에서 빌드되도록 설정된다. 크로스 개발 환경에서 이를 빌드하는 것은 설정의 변경을 요하고, 크로스 빌드 환경보다는 빌드 호스트에서의 구성 요소를 사용하게 되는 위험을 감내해야 한다. 예를 들어, 메이크파일 내의 경로는 크로스 빌드 환경보다는 호스트 시스템의 파일을 가리켜야 한다. 이러한 크로스 빌드의 호스트 오염(host pollution)은 빌드 때뿐 아니라 실행 중에도 발견하기 어려운 시스템 오류를 야기한다. 스웨버는 빌드 샌드박스(sandbox)의 경계 이면에서 크로스 빌드 접근을 발견하기 위한 기제(mechanism)를 제공한다.
토스터(Toaster)	토스터는 비트베이크와 빌드 시스템을 위한 새로운 GUI다. 웹 기반이며, 원격 접근이 가능한 분산 빌드 서비스를 제공할 수 있다.

비록 이들이 욕토 프로젝트 내에서 긴밀하게 연결된 하위 프로젝트이긴 하지만, 개발자는 상호 의존이 되지 않도록 해야 하며 하위 프로젝트들이 상호 운용 가능하고 빌드 시스템 없이 독립적으로 사용 가능하게 해야 한다.

2.3 역사

오픈임베디드와 욕토 프로젝트는 둘 다 그 뿌리가 오픈자우루스^{OpenZaurus} 프로젝트에 있다. 이는 오픈소스 프로젝트로, 리눅스 기반 개인 디지털 보조 장치인 샤프 자우루스 SL-5000D의 코드를 향상시키는 데 목적이 있었다. SL-5000D는 2001년에 처음 발표됐으며, 개발자를 대상으로 하는 장치였다. 그리고 샤프는 장치의 롬^{ROM} 코드 수정 및 갱신을 위한 도구를 제공했다. 처음에 프로젝트는 이미 존재하던 롬 코드를 개발자에게 더 친화적으로 재패키징하는 데 집중했다. 시간이 흐름에 따라 프로젝트가 발전해서, 샤프의 본래 코드는 전부 소스에서 빌드된 데비안 기반 리눅스 배포판 빌드로 교체됐다. 이는 그 빌드 시스템을 빠르게 성장시켰는데, 새 장치와 배포판에 독립적인 빌드 시스템을 생성하기 위한 프로젝트의 필요성으로 인해서였다. 그리하여 오픈임베디드 프로젝트가 탄생했다.

2.3.1 오픈임베디드

오픈임베디드 프로젝트는 오픈자우루스 프로젝트와 퍼밀리어^{Familiar} 리눅스나 오픈심패드 ^{OpenSIMpad}처럼 비슷한 목적을 가진 임베디드 프로젝트가 병합돼 2003년에 발족했다.

오픈임베디드 프로젝트는 빌드 시스템과 소프트웨어 패키지 빌드 방법 및 운영체제 이미지 생성 방법을 기술한 메타데이터를 관리한다. 패키지의 수는 메타데이터 인벤토리에 추가되며, 5,000개의 패키지를 빌드하기 위한 2,100개 이상의 레시피를 가지고 있다.

다양한 리눅스 배포판이 오픈임베디드를 그들의 빌드 시스템으로 사용하고 있기 때문에 그 지원을 받을 수 있다. 그중에는 옹스트롬, 오픈모코^{Openmoko}, 웹OS^{WebOS} 등이 있다. 상용에서도 이 시스템을 그들의 제품에 적용했다. 그중에는 몬타비스타 소프트웨어와 포키 리눅스 배포판을 개발한 오픈드핸드가 있다.

2.3.2 비트베이크

오픈임베디드와 욕토 프로젝트 포키 참조 배포의 핵심 빌드 엔진인 비트베이크는 젠투 리눅스의 빌드 및 패키지 관리 시스템인 포티지^{Portage}에서 파생됐다. 포티지는 두 구성 요소로 돼 있다.

- ebuild는 실제로 소스 코드에서 소프트웨어 패키지를 빌드하고 설치하는 빌드 시스템이다.

- emerge는 ebuild로의 인터페이스며, ebuild 패키지의 리파지토리 관리 및 의존성 해결 등을 하기 위한 도구다.

포티지 도구들은 모두 파이썬으로 돼 있다. 포티지에서 발전한 비트베이크는 네이티브 및 크로스 개발 툴체인으로, 소프트웨어 패키지 빌드, 다양한 패키지 관리 시스템 지원, 크로스 빌딩 등 여러 기능을 지원한다.

비트베이크는 포티지 빌드 스크립트와 같은 메타데이터 문법을 사용하지만 클래스, 추가 레시피, 전역 환경 설정 파일 등이 지원하는 상속 기제 같은 새 기능도 추가됐다.

2.3.3 포키 리눅스

오픈임베디드는 임베디드 장치를 위한 리눅스 운영체제 스택의 빌드를 눈에 띄게 간소화시켰다. 그러나 여전히 새 하드웨어에 시스템을 이전하거나 새로운 배포판을 생성하기 위해 시스템을 수정하고 적용하려면 도전이 필요하다.

소프트웨어 스타트업인 오픈드핸드는 포키 리눅스를 개발했다. 포키 리눅스는 휴대 장치를 위한 리눅스 배포판처럼 다재다능한 개발 플랫폼이다. 포키 리눅스는 임베디드 장치에 매치박스 윈도우 매니저를 위한 테스트 플랫폼을 제공한다. 매치박스는 노키아 770과 N800 태블릿 장치, 오픈모코 Neo1973, 원 랩톱 퍼 차일드One Laptop Per Child(OLPC) 프로젝트의 XO 랩톱에서 주로 사용됐다.

오픈임베디드에서 빌드된 포키 리눅스 배포판은 타깃 장치를 위한 운영체제 이미지를 설정하는 데 좀 더 직관적인 방법을 제공한다. 또한 타깃 장치 이미지의 수정 및 적용을 쉽게 해주는 여러 블루프린트를 제공한다. 포키 리눅스가 오픈소스였기 때문에 이는 임베디드 장치를 빌드하기 위해 빠르게 적용됐다.

인텔은 포키 리눅스를 보편적인 임베디드 장치를 위한 배포판처럼 발전시키기는 것을 목표로 오픈드핸드를 2008년에 인수했다.

2.3.4 욕토 프로젝트

서로 다른 아키텍처와 하드웨어 플랫폼을 지원하기 위한 포키 리눅스 증축과 프로젝트 지원 및 기여를 위해 인텔은 다른 상용 프로젝트를 찾고 있었다. 특히 반도체 생산자와 임베디드 리눅스 회사가 대상이었다. 반도체 시장에서 선도적 지위와 방대한 자원을 가진 인텔이었기 때문에 포키 리눅스를 발전시키는 데 노력을 기울인 회사로 인텔만한 회사를 찾기는 힘들 것이다.

2010년 인텔은 리눅스 재단에 접촉해 협력 프로젝트를 재단의 원조하에 만들 것을 제안했다. 이러한 노력에는 오픈소스 커뮤니티도 포함됐다. 특히 오픈임베디드 프로젝트가 그것이었다.

리눅스 재단은 2010년 10월 26일 욕토 프로젝트가 발족됐음을 공표했다. 2011년 3월 1일에는 욕토 프로젝트 기술을 오픈임베디드와 결합하고, 해당 프로젝트에 다양한 회사가 함께 협력한다는 것을 알렸다. 또한 2011년 4월 6일 욕토 프로젝트 운영 그룹의 형태와 첫 욕토 프로젝트 소프트웨어 릴리스를 발표했다.

2.3.5 오픈임베디드와 욕토 프로젝트 관계

오픈임베디드와 욕토 프로젝트에 결합된 기술은 두 프로젝트에 여러 향상점을 가져왔다.

- 협력 개발: 오픈소스 프로젝트의 일반적인 문제점 중 하나는 단편화다. 한 기반을 갖는 두 프로젝트나 같은 목적을 갖고 서로 다르게 커나가는 프로젝트처럼 말이다. 두 브랜치에서 비슷한 기능을 제공하기 위한 자원이 나뉘어지고, 노력이 두 배로 든다. 결국, 사용자나 지원자는 이 두 가지 사이에서 선택을 강요받는다. 오픈임베디드와 욕토 프로젝트의 긴밀한 협력은 사용자가 두 프로젝트 모두의 이점을 얻을 수 있게 한다.

- 비트베이크 메타데이터 레이어: 메타데이터 레이어는 레시피와 환경 설정 파일을 논리적으로 묶어 쉽게 구조에 포함되거나 다른 빌드 환경에 이전될 수 있게 한다. 메타데이터 레이어는 또한 운영체제 스택을 빌드할 때 꽤 복잡한 작업인 의존 관리를 간단하게 한다.

- 오픈임베디드 코어 메타데이터 레이어: 오픈임베디드와 욕토 프로젝트 개발 팀은 두 프로젝트 간 공유되는 공통 메타데이터 레이어를 만들고, 기본 레시피와 환경 설정을 포함시켰다. 각 프로젝트는 그 목적에 맞는 추가적인 메타데이터 레이어를 더했다.

오픈임베디드와 욕토 프로젝트 간의 협력이 매우 긴밀하긴 하지만, 이 두 프로젝트는 엄연히 분리된 프로젝트다. 둘 다 오픈소스 프로젝트며 오픈소스 개발자 커뮤니티 및 상용 업체에 의해 지원된다.

오픈임베디드는 최신 기술, 레시피, 서로 다른 하드웨어 플랫폼을 위한 보드 지원 패키지에 집중한다. 욕토 프로젝트는 빌드 시스템과 크로스 개발을 위한 도구에 집중한다. 욕토 프로젝트의 목적은 임베디드 시스템 개발을 시작할 수 있도록 하는 메타데이터 집합을 제공함으로써 강력하고 사용하기 쉬우며 검증된 도구를 제공하는 것이다. 추가 보드 지원 패키지와 기타 구성 요소들은 오픈임베디드와 욕토 프로젝트 생태계를 통해 제공된다.

오픈임베디드 프로젝트 또한 레이어, 레시피, 머신의 데이터베이스를 검색할 수 있는 레이어 인덱스를 유지한다. 특정 오픈소스 패키지를 빌드하기 위한 레시피를 찾고 있다면, 레이어 인덱스에 이름을 넣고 이미 만들어진 레시피가 있는지 찾아보라.

2.4 욕토 프로젝트 용어

표 2-3은 욕토 프로젝트에서 사용되는 공통적인 용어를 소개한다. 이를 통해 이 책에서 사용하는 용어의 의미들을 정리해 볼 수 있다.

표 2-3 욕토 프로젝트 용어

용어	설명
첨가 파일(Append file)	첨가 파일은 레시피를 확장한다. 비트베이크는 첨가 파일의 내용을 그대로 대응하는 레시피에 추가해 파싱하기 전에 하나의 파일을 생성한다. 첨가 파일의 변수는 본래 레시피에 정의된 같은 변수를 덮어 쓸 수 있다. 첨가 파일의 확장자는 bbappend다.
비트베이크(BitBake)	오픈임베디드 빌드 시스템에 포함된 빌드 엔진이다. 비트베이크는 작업의 실행 및 스케줄을 맡는다. 입력은 비트베이크 절차를 제어하는 환경 설정 파일이나 레시피 같은 메타데이터 파일이다.
보드 지원 패키지(BSP)	BSP의 문서, 바이너리, 코드, 기타 구현 특화 지원 데이터는 주어진 운영체제를 특정 타깃 하드웨어 플랫폼에서 실행할 수 있게 한다. 때로는 BSP가 타깃 하드웨어 플랫폼상 실행되는 애플리케이션 프로그램을 생성하기 위해 완전한 루트 파일시스템과 크로스 개발 환경을 갖기도 한다.
클래스(Class)	비트베이크 내에서 클래스는 논리 캡슐화와 기본 상속 기제를 제공하는 메타데이터 파일이며, 공통 사용되는 패턴을 한 번 정의한 후 여러 레시피에서 사용할 수 있다. 비트베이크 클래스는 bbclass 확장자를 사용한다.
환경 설정 파일	환경 설정 파일은 전역 정의와 빌드 절차에 영향을 주는 변수를 설정하는 메타데이터 파일이다.

크로스 개발 툴체인	크로스 개발 툴체인은 개발 호스트가 아닌 다른 아키텍처를 갖는 타깃 시스템에 소프트웨어 개발을 하게끔 하는 소프트웨어 개발 도구의 모음이다. 여기서 말하는 아키텍처는 서로 다른 CPU 인스트럭션 세트(예를 들어 ARM, MIPS, 파워 PC, x86) 및 서로 다른 비트 크기(예를 들어 8, 16, 32, 64비트 등)를 갖는 것들을 가리킨다. 보통 크로스 개발 툴체인은 하나 이상의 언어를 위한 컴파일러, 어셈블러, 링커, 디버거, 에뮬레이터 등 타깃 아키텍처에 관련된 도구를 갖는다.
이미지	주로 압축된 바이너리 파일이며 이미지는 부트로더, 운영체제 커널, 타깃 시스템이 부팅하고 실행하는 저장 매체에 복사할 루트 파일시스템을 갖는다. 이미지라는 용어는 주로 운영체제 커널(커널 이미지)과 루트 파일시스템(루트 파일시스템 이미지)을 뜻한다.
레이어	비트베이크 내에서 레이어는 파일 및 디렉터리 구조 내에 구조화된 메타데이터(환경 설정 파일, 레시피 등)의 모음이다. 비트베이크는 레이어를 그 기능을 확장하기 위해 포함할 수 있다. 욕토 프로젝트 BSP는 레이어로 제공된다.
메타데이터	비트베이크 내에서 메타데이터는 비트베이크가 빌드 절차를 수행하는 방법에 대해 정의하는 모든 파일을 포함한다. 비트베이크 메타데이터는 클래스, 레시피(첨가 파일 포함), 환경 설정 파일을 포함한다.
오픈임베디드 코어(OE 코어)	오픈임베디드 내의 메타데이터 핵심 집합이며, 오픈임베디드와 욕토 프로젝트 사이에 공유된다. OE 코어는 비트베이크 레이어로, 오픈임베디드 프로젝트와 욕토 프로젝트에 의해 협업으로 유지 관리된다.
패키지	패키지는 실행 가능 바이너리, 라이브러리, 문서, 환경 설정 정보, 운영체제의 패키지 관리 시스템이 설치 및 삭제를 할 수 있는 형태를 따르는 파일 등을 포함하는 소프트웨어 묶음이다. 패키지는 일반적으로 의존성 정보와 패키지 관리 시스템이 자동으로 해결하거나 사용자에게 그 정보를 전달할 수 있는 호환성 정보를 포함한다. 욕토 프로젝트는 또한 패키지라는 용어를 소프트웨어 묶음을 빌드하는 데 사용되는 레시피나 기타 메타데이터를 가리키는 데 사용한다. 내용에 따라서, 이 용어는 실제 소프트웨어 묶음을 가리키거나 소프트웨어 묶음을 빌드하기 위한 메타데이터를 가리키기도 한다.
패키지 관리 시스템	패키지 관리 시스템은 컴퓨터 운영체제를 위한 소프트웨어 패키지의 설치, 업그레이드, 설정, 삭제 절차를 자동화하는 소프트웨어 도구의 모음이다. 주로 컴퓨터에 설치된 소프트웨어의 데이터베이스를 유지한다. 해당 데이터는 버전 정보, 의존성, 호환성 등을 포함하며 소프트웨어가 불일치하고 사전 패키지가 없어 시스템에 문제가 생기는 것을 막는다.
포키(Poky)	욕토 프로젝트의 참조 배포판이며, 빌드 시스템에 생성하는 기본 리눅스 배포판의 이름이기도 하다. 포키를 다운로드하면 오픈임베디드 빌드 시스템과 포키라 불리는 예제 임베디드 배포판 생성을 위한 추가 메타데이터가 포함돼 있다.
레시피(Recipe)	레시피는 비트베이크가 특정 소프트웨어 패키지를 빌드하는 방법을 지정하는 메타데이터 파일이다. 레시피는 소스 코드를 어디서 다운로드하는지부터 시작해서 어떤 패치를 적용할지, 어떻게 적용할지, 바이너리와 연관 파일들을 어떻게 빌드할지, 빌드 결과를 타깃 시스템에 어떻게 설치할지, 패키지 소프트웨어 번들을 어떻게 생성할지 등을 기술한다. 레시피는 또한 빌드와 실행 중에 필요한 타 소프트웨어 패키지와의 의존성 및 빌드 절차에 필요한 논리적 계층도 기술한다. 레시피는 bb 확장자를 사용한다.

(이어짐)

태스크(Task)	비트베이크 레시피는 빌드 절차 중에 수행하는 실행 가능한 메타데이터나 코드를 포함한다. 실행 단계는 메타데이터 함수에 묶여 있다. 메타데이터 함수는 비트베이크 태스크 목록에 추가하는 방식으로 태스크로 정의할 수 있다.
업스트림(Upstream)	소프트웨어 개발, 특히 오픈소스에서 업스트림은 그 창조자, 즉 본 저작자나 메인테이너를 가리킨다. 일반적으로 이 용어는 업스트림 리파지토리, 업스트림 패치를 의미한다.

2.5 요약

욕토 프로젝트는 임베디드 리눅스 소프트웨어 개발에 관련된 프로젝트의 집합이다. 그 핵심에는 오픈임베디드 빌드 시스템과 포키 참조 배포판이 있다. 본래 오픈드핸드^{OpenedHand}에 의해 포키 리눅스로 개발됐지만, 포키는 욕토 프로젝트로 들어갔고 리눅스 재단의 원조하에 협력 프로젝트가 됐다. 또한 기업과 독립 소프트웨어 개발자의 지원으로, 개발 중인 임베디드 리눅스 시스템을 위한 첨단 도구를 제공하는 광범위한 커뮤니티를 형성하기 위해 오픈임베디드와 기술을 제휴한다.

욕토 프로젝트를 시작하는 것과 VMWare 가상 머신 관리자에서 부팅하는 것은 빌드 장치를 다운로드하는 것만큼 쉽다. 빌드 장치가 몇몇 개발에서 추천되지는 않지만, 리눅스 빌드 호스트의 설정 없이 오픈임베디드 빌드 시스템에 접근하기에는 좋다.

포키의 사용을 위한 리눅스 빌드 호스트의 설치는 몇 단계가 더 필요하다. 그러나 가상 머신의 추가적인 부하 및 성능 문제는 피할 수 있다.

2.6 참조

리눅스 재단, 리눅스 재단 및 가전 기기 리눅스 포럼 병합, www.linuxfoundation.org/news-media/announcements/2010/10/linux-foundationand-consumer-electronics-linux-forum-merge

리눅스 재단, 오픈임베디드를 비롯한 기술 정리 및 기업 협업을 얻기 위한 욕토 프로젝트, www.linuxfoundation.org/news-media/announcements/2011/03/yocto-project-aligns-technology-openembedded-and-gains-corporate-co

3

오픈임베디드 빌드 시스템

포키는 욕토 프로젝트에 대해 참조가 되는 배포판이다. 이는 오픈임베디드 빌드 시스템을 포함한다. 또한 리눅스 운영체제 스택을 빌드하는 데 필요한 모든 도구, 레시피, 설정 데이터를 제공한다. 2장에서 살펴봤듯이, 포키는 한 압축 파일에 모든 것이 들어있다. 빌드 호스트에서 포키를 사용하기 위해 설치해야 하는 추가 요소는 몇 개 되지 않는다.

3장에서는 오픈소스 소프트웨어 패키지를 위한 일반적인 워크플로우 분석으로 시작하자. 그리고 나서 오픈임베디드 워크플로우가 어떻게 개별 소프트웨어 패키지를 복잡한 리눅스 운영체제 스택과 부팅 가능한 파일시스템 이미지를 생성하기 위한 절차에 통합하는지 설명한다. 이러한 내용을 인지하고, 포키 구조와 그 구성 요소에 대해 자세히 살펴본다.

3.1 오픈소스 소프트웨어 패키지 빌드

이미 여러분이 리눅스 호스트 시스템을 위한 오픈소스 소프트웨어 패키지를 빌드해본 적이 있다면, 이 워크플로우가 특정 형식을 따르고 있다는 것을 눈치챌 수 있을 것이다. 이 워크플로우의 몇몇 단계는 여러분이 직접 수행한다. 그 외의 것들은 일반적으로 메이크^{Make}나 기타 소스에서 바이너리를 생성하는 빌드 시스템 등의 자동화 도구를 통해 제공된다.

1. 받기^{Fetch}: 소스 코드를 받는다.

2. 압축 해제^{Extract}: 소스 코드를 압축 해제한다.

3. 패치^{Patch}: 버그 수정이나 기능 추가를 위한 패치를 적용한다.

4. 설정^{Configure}: 환경에 맞게 빌드 절차를 준비한다.

5. 빌드^{Build}: 컴파일 및 링크를 수행한다.

6. 설치^{Install}: 바이너리와 그 보조 파일을 대상 디렉터리에 복사한다.

7. 패키지^{Package}: 다른 시스템에 설치하기 위해 바이너리와 보조 파일을 묶는다.

만약 빌드를 수행할 호스트 시스템만을 위해 소프트웨어 패키지를 빌드한다면, 여러분의 시스템에 바이너리를 설치한 이후의 작업은 하지 않아도 된다. 그러나 다른 시스템에 설치하고 사용하기 위한 바이너리 배포에 관심이 있다면, 패키징 단계에도 관심이 있을 것이다. 이 단계에서는 패키지 관리 시스템에서 사용될 수 있는 묶음 파일을 생성한다.

각각의 단계에 대해 살펴보자.

3.1.1 받기

소프트웨어 패키지를 위한 소스 코드를 다운로드하는 것부터 시작하자. 일반적으로 오픈소스 프로젝트는 소스 코드가 있는 곳에서 설명서, 문서, 기타 정보 등과 함께 압축된 형태로 다운로드할 수 있다. 이론적으로는 직관적인 과정처럼 보이지만, 세부적으로 주의가 필요하다. 소스 코드 패키지 다운로드에는 특별히 정해진 규칙이 없다.

물론 각 오픈소스 프로젝트는 웹사이트, 파일 서버, 다운로드 경로로 접근하는 고유 URL을 갖는다. 또한 다운로드는 HTTP, HTTPS, FTP, SFTP 등 하나 이상의 프로토콜을 지원하기도 한다. 어떤 프로젝트는 깃^{Git}, 서브버전^{Subversion}, 컨커런트 버전 시스템(CVS) 같은 소스 버전 관리 시스템(SCM)을 통해 개발 브랜치 및 릴리스 버전을 제공한다.

다운로드 사이트나 리파지토리를 통한 원격 위치에서의 소스 다운로드는 로컬 파일시스템에 저장된 패치나 기타 파일들에 의해 보충된다.

오픈임베디드 빌드 시스템 같은 자동화 빌드 시스템의 경우, 소스 코드를 얻기 위한 다양한 방법은 유연성과 개발자에게 이를 숨기는 기능을 필요로 한다.

3.1.2 압축 해제

소스 코드를 다운로드하고 나면, 압축을 해제하고 다운로드 위치에서 빌드 위치로 옮겨야 한다. 일반적으로 오픈소스 패키지는 묶음 상태로 돼 있으며, 대부분 압축된 타르tar 묶음 파일로 돼 있다. 그러나 여러 파일을 하나의 묶음으로 직렬화하는 CPIO와 기타 형식도 사용된다. 가장 많이 사용되는 형식은 GZIP과 BZIP이다. 그러나 몇몇 프로젝트는 기타 압축 방식을 사용한다. 빌드 시스템은 자동으로 소스 묶음의 형식을 탐지할 수 있어야 하고, 이를 풀기 위해 적절한 도구를 사용할 수 있어야 한다.

만약 코드가 SCM으로부터 다운로드된 경우, 묶음을 해제하는 것은 일반적으로 비트베이크가 빌드해야 할 위치로 체크아웃checkout하는 것을 의미한다.

3.1.3 패치

패치는 소스 파일의 추가, 삭제, 변경을 통해 점진적으로 소스 코드를 수정하는 절차다. 빌드하기 전에 패치를 해야 하는 이유는 다양하다. 버그 및 보안 수정 사항의 적용, 기능 추가, 환경 설정 정보 제공, 크로스 컴파일 적용 등이 그것이다. 예를 들어, 리눅스 커널은 커널 빌드 시스템에 수백 개의 환경 설정을 제공하는 파일이 필요하다. 여기에는 타깃 아키텍처, 하드웨어 정보, 장치 드라이버 등이 있다.

패치의 적용은 때로는 소스 코드 디렉터리에 파일을 복사하는 것처럼 쉬울 수 있다. 이 경우 빌드 시스템은 파일을 어디에 복사해야 하는지 알 필요가 있다. 일반적으로, 패치는 패치 유틸리티를 통해 적용된다. 패치 유틸리티는 diff 유틸리티로 생성된 패치 파일을 입력으로 받는다. diff는 원래의 파일과 수정된 파일을 비교하고, 그 변경점뿐 아니라 이름, 파일의 경로, 수정된 정확한 위치 등과 같은 메타데이터도 갖는다. 파일의 형식은 통일된 형태로 표준화돼 있다. 통일된 형태를 사용하는 패치 파일은 다양한 파일을 한 번에 패치하기 위한 정보를 포함하고, 파일 전체를 추가 및 삭제할 수 있다. 수정, 추가, 삭제돼야 할 파일에 대한 모든 정보가 패치 파일에 포함돼 있기 때문에 빌드 시스템이 패치될 코드의 디렉터리 구조에 대해 알지 못해도 상관없다.

적용되는 패치의 순서는 매우 중요한데, 패치가 서로 의존적이기 때문이다. 많은 수의 패치를 올바른 순서로 적용하는 것은 꽤나 힘든 작업이다. 퀼트Quilt 패치 관리 시스템은 순서를 관리하는 패치 스택을 생성함으로써 이러한 작업을 매우 효율적으로 다룬다. 퀼트는 서로 의존적으로 적용된 모든 패치 중 일부를 뒤로 돌릴 수 있다. 퀼트는 셀 스크립트의 집합으로, 본래 리눅스 커널을 위해 개발됐다. 그러나 지금은 다른 오픈소스 프로젝트에 널리 사용된다.

3.1.4 설정

서버에서 소스 코드로 소프트웨어 패키지를 제공함으로써, 사용자가 소프트웨어 자체를 다양한 범위의 타깃 시스템을 위해 빌드하게끔 한다. 이러한 다양성은 소프트웨어 패키지가 대상 시스템에 맞게 하는 다양한 빌드 환경을 요구한다. 정확한 설정은 크로스 빌드 환경에서 매우 중요한데, 빌드 호스트의 CPU 아키텍처와 타깃 시스템의 CPU 아키텍처가 서로 다르기 때문이다.

많은 소프트웨어 패키지는 설정을 위해 오토툴즈^Autotools라 알려진 GNU 빌드 시스템을 사용한다. 오토툴즈는 다양한 유닉스 호환 시스템에 포팅 가능한 소프트웨어 패키지 소스 코드를 생성하는 목적을 갖는 도구 모음이다. 오토툴즈는 다양하고 세분화된 타깃 시스템과 그 의존성을 반영한 복잡한 시스템이다. 내부적으로 오토툴즈는 특정 소스 코드를 규정하는 입력 파일의 집합에서 configure 스크립트를 생성한다. 몇 단계의 절차를 통해 configure는 타깃 시스템을 위한 특별한 메이크파일을 생성한다. 오토툴즈는 그 사용법이 어려운 탓에 종종 비난을 받는다. 물론 어렵다는 것은 관점에 따라 다르다. 사용자 입장에서, 하나의 스크립트를 사용해 타깃 시스템을 위한 소스 코드 패키지의 빌드 환경을 설정한다는 것은 확실히 엄청난 장점이다. 이러한 사용자에게 그들의 소프트웨어와 함께 이러한 편리함을 제공하고자 하는 개발자들은 오토툴즈의 동작을 이해해야 하며, 입력 파일을 정확하게 생성하는 방법을 알아야 한다. 그럼에도 불구하고, 서로 다른 다양한 타깃 시스템을 위한 오픈임베디드 빌드 시스템 같은 자동화된 빌드 시스템을 사용하는 소프트웨어 패키지 빌드의 간소화와 그 노력에는 가치가 있다.

몇몇 소프트웨어 패키지는 고유의 환경 설정 시스템을 사용한다. 이런 경우 자동화 빌드 시스템은 그 환경 설정 절차에 적응할 수 있는 융통성을 제공하는 것이 좋다.

3.1.5 빌드

엄청난 수의 소프트웨어 패키지는 메이크를 활용해서 바이너리(즉, 실행 프로그램 파일이나 라이브러리 및 기타 파일)를 빌드한다. 몇몇 소프트웨어 패키지는 CMake나 qmake(Qt 그래픽 라이브러리를 사용하는 소프트웨어 패키지의 경우) 같은 다른 유틸리티를 사용할 수 있다.

3.1.6 설치

설치 단계에서는 바이너리, 라이브러리, 문서, 환경 설정, 기타 파일 등을 타깃 파일시스템의 적절한 위치에 복사한다. 프로그램 파일은 일반적으로 사용자 프로그램의 경우 /usr/bin에 설치된다. 시스템 관리 프로그램인 경우 /usr/sbin에 설치된다. 라이브러리는 /usr/lib에, 애플리케이션에 관련된 하위 디렉터리는 /usr/lib에 존재한다. 환경 설정 파일은 /etc에 설치된다. 이렇듯 일반적으로 사용되는 위치가 존재하지만, 소프트웨어 개발자는 때로 다른 위치를 선택해서 소프트웨어 패키지를 설치하도록 할 수 있다. 파일시스템 계층 표준(FHS)[1]은 유닉스 운영체제를 위한 파일시스템의 레이아웃을 위한 명세다.

대부분의 소프트웨어 패키지는 메이크파일에 install 단락을 제공한다. 이는 설치 단계에서 수행된다. 적절히 쓰인 설치 타깃은 설치 유틸리티를 사용해서 빌드 환경의 파일을 대응되는 타깃 디렉터리에 복사한다. 설치 유틸리티는 복사 중에 파일 소유와 권한을 설정한다.

3.1.7 패키지

패키징은 타깃 시스템에 배포 및 직접 설치를 위해 소프트웨어, 바이너리, 부가 파일 등을 하나의 묶음 파일에 묶는 절차다. 패키징은 사용자가 타깃 시스템에 압축 해제할 수 있는 압축된 타르[tar] 묶음과 같이 간단할 수 있다.

편리함과 사용성을 위해 대부분의 소프트웨어 패키지는 그들의 파일을 인스톨러[installer]나 패키지 관리 시스템에 맞게 묶는다. 몇몇 시스템은 소프트웨어 묶음을 갖는 설치 소프트웨어를 포함하며 스스로를 설치하기 위한 실행 파일을 생성한다. 그 외에는 타깃 시스템에 이미 설치된 패키지 관리자에 의존적이고, 단지 패키지 관리자를 위한 메타데이터 정보를 갖는 실제 소프트웨어의 번들이다. 모든 시스템은 공통적으로 단지 타깃 시스템에 소프트웨어 패키지로부터 파일을 복사하는 것뿐 아니라, 그 의존성과 시스템 수행 불가를 야기할 수 있는 불합치를 피하기 위한 시스템 설정 검증 방법을 갖는다.

리눅스 시스템은 단일 설치 패키지를 사용하기보다는 배포판에 포함된 패키지 관리 시스템을 갖는다. 이 패키지 관리자를 이용하면, 시스템에 소프트웨어 데이터베이스를 두고 설치 소프트웨어를 스스로 가지고 있을 필요가 없으므로 크기가 더 작다는 장점이 따른다. 그러나 각 리눅스 배포판의 메인테이너는 서로 다른 타깃 시스템을 위해 여러 번 소프트웨

---

1 https://wiki.linuxfoundation.org/en/FHS

어 패키지를 묶은 후 그 패키지 관리 시스템에 둔다.

가장 많이 사용되는 리눅스 배포판의 패키지 관리 시스템은 RPM 패키지 관리자(RPM은 Red Hat Package Manager의 준말이다.)와 dpkg(데비안 패키지 관리 프로그램)다. 임베디드 장치에서는 Itsy 패키지 관리 시스템(ipkg)이 각광받고 있다. ipkg는 dpkg의 경량화된 시스템이다. ipkg는 더 이상 개발되지 않으며, ipkg를 사용하던 많은 임베디드 프로젝트는 이제 opkg를 사용한다. opkg는 ipkg를 오픈모코^{Openmoko} 프로젝트가 계승한 프로젝트다. opkg는 C로 작성돼 있고 욕토 프로젝트에 의해 유지 보수되고 있으며, 오픈임베디드와 기타 여러 프로젝트에 의해 사용된다.

설치와 패키징은 꼭 필요한 다음 단계가 아니며, 선택적이다. 재배포 목적이 아니라 로컬에서 사용하기 위한 소프트웨어 패키지를 빌드한다면, 소프트웨어를 패키징하지 않아도 된다. 재배포를 위해 패키지를 생성하거나 패키지의 메인테이너라면, 빌드 시스템에 소프트웨어 패키지를 설치하기 위해 이 단계를 수행해야 한다.

언급된 이 단계는 네이티브나 크로스 소프트웨어 패키지 빌드 모두에 해당된다. 그러나 크로스 빌드를 위한 패키지를 빌드하고 빌드 환경을 설정할 때는 다양한 사항을 고려해야 한다. 이 책 전반을 통해 소프트웨어 크로스 빌드의 복잡성에 대해 다룬다.

3.2 오픈임베디드 워크플로우

그림 3-1은 오픈임베디드 워크플로우를 그려 놓은 것이다. 워크플로우는 비트베이크의 고유의 것이 아니다. 비트베이크는 워크플로우를 전혀 초기화하지 않는다. 워크플로우와 그 환경 설정은 메타데이터에 의해 결정된다. 메타데이터는 서로 다른 파일 분류로 조직화돼 있다.

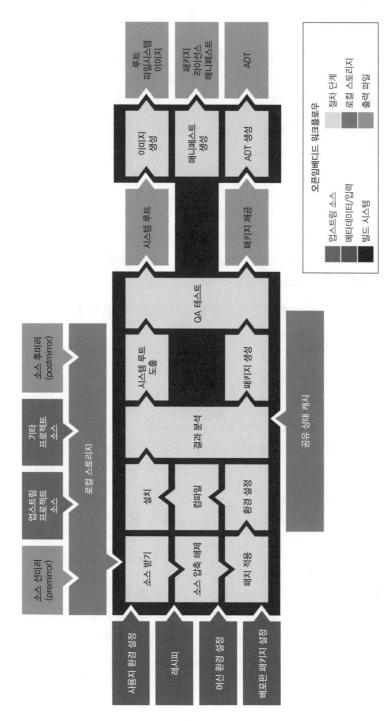

그림 3-1 오픈임베디드 워크플로우

3.2.1 메타데이터 파일

메타데이터 파일은 환경 설정 파일과 레시피 분류로 나뉘어진다.

환경 설정 파일

환경 설정 파일은 간단한 변수 할당 형태의 전역 빌드 시스템 설정을 갖는다. 비트베이크는 이 변수 설정을 전역 데이터 디렉터리에 유지하며, 모든 메타데이터 파일에서 접근할 수 있다. 변수는 한 환경 설정 파일에서 설정할 수 있으며, 다른 곳에서 덮어 쓰기가 가능하다. 레시피 역시 변수의 설정 및 덮어 쓰기가 가능하다. 그러나 레시피 안에서 작성된 할당은 레시피 내에서만 사용 가능하다. 비트베이크는 메타데이터 변수 할당을 위해 특별한 문법을 도입했다. 메타데이터 변수의 할당과 덮어 쓰기를 위한 우선순위는 레이어 구조, 레이어 우선순위, 파일 해석 순위, 할당 문법 등 다양한 요인에 의해 결정된다. 비트베이크 메타데이터 문법과 우선순위에 대한 자세한 내용은 4장, '비트베이크 빌드 엔진'에서 다룬다.

비트베이크는 몇 가지 다른 형태의 환경 설정 파일을 갖지만, 모두 확장자가 .conf인 공통 파일을 갖는다.

비트베이크 마스터 설정 파일(bitbake.conf)

비트베이크의 주 환경 설정 파일은 bitbake.conf다. 비트베이크는 이 파일이 메타데이터 검색 경로 내의 모든 디렉터리에 존재한다고 간주한다. 이 파일은 모든 기본 환경 설정을 갖는다. 기타 환경 설정 파일과 레시피는 일반적으로 이 파일에 있는 변수 설정 중 일부를 그 요구에 따라 덮어 쓴다.

bitbake.conf 파일은 오픈임베디드 코어(OE 코어) 메타데이터 레이어의 한 부분이며, 레이어의 환경 설정 파일 하위 디렉터리인 conf에서 찾을 수 있다.

레이어 설정(layer.conf)

오픈임베디드 빌드 시스템은 메타데이터를 관리하기 위해 레이어를 사용한다. 레이어는 디렉터리와 파일의 계층 구조다. 모든 레이어는 고유의 환경 설정 파일인 layer.conf를 가지고 있다. 이 파일은 경로 설정과 레이어의 레시피 파일을 위한 파일 형태를 포함한다. layer.conf 파일은 레이어의 하위 디렉터리 conf에서 찾을 수 있다.

빌드 환경 레이어 설정(bblayers.conf)

빌드 환경은 비트베이크에게 빌드 절차에 어떤 레이어가 필요한지 알려야 한다. bblayers. conf 파일은 어떤 레이어를 빌드 절차에 포함시킬지와 찾은 파일시스템 경로에 대한 정보를 비트베이크에 제공한다. 각 빌드 환경은 고유의 bblayers.conf 파일을 가지며, 이 파일은 빌드 환경의 conf 하위 디렉터리에서 찾을 수 있다.

빌드 환경 설정(local.conf)

빌드 환경의 로컬 환경 설정은 local.conf 환경 설정 파일에 의해 제공된다. local.conf 파일은 다운로드 위치 경로, 빌드 출력, 기타 파일(타깃 머신, 패키지 관리 시스템, 배포판 정책 등에 적용되는 환경 설정), 기타 다수의 설정 등 특정 빌드 환경에 적용되는 설정을 갖는다. local. conf 파일은 빌드 환경의 conf 하위 디렉터리에서 찾을 수 있다.

배포 설정(〈distirubion-name〉.conf)

배포 설정 파일은 오픈임베디드 빌드 시스템이 빌드한 특정 배포 빌드를 위해 적용되는 정책을 반영한 변수 설정을 갖는다. 포키 참조 배포의 경우 기본 이미지 이름 역시 포키^{Poky}다. 그리고 그 환경 설정은 poky.conf 파일에 포함돼 있다. 배포 정책 설정은 일반적으로 툴체인, C 라이브러리, 배포 이름 등을 포함한다. 배포는 빌드 환경의 local.conf 파일 내에 `DISTRO` 변수를 설정함으로써 선택할 수 있다. 물론, 포키가 제공하는 배포 정책에만 제한돼 있지는 않다. 여러분 고유의 배포 정책 파일을 생성하고 여러분의 빌드 환경에 그것을 사용할 수 있다.

배포 설정 파일은 일반적으로 `meta-yocto` 레이어와 같이 배포를 정의하는 레이어의 하위 디렉터리 conf/distro에서 찾을 수 있다.

머신 설정

오픈임베디드 워크플로우의 가장 강력한 기능 중 하나는 특정 하드웨어 시스템, 머신에 의존된 빌드 절차의 부분을 엄격하게 분리한 것과 의존적이지 않은 그 구조다. 이 기능은 보드 지원 패키지(BSP)의 생성을 극히 단순화한다. 하드웨어와 의존적인 필요 부분만 제공하게 함으로써 가능하며, 빌드 시스템의 머신 독립적인 부분을 보완한다. 결과적으로, 서로 다른 머신을 위한 같은 리눅스 배포를 빌드하는 것은 BSP를 다른 것으로 교체하는 것처럼 매우 직관적이다.

이 구조의 큰 부분은 머신 의존성을 위한 변수 설정을 담는 머신 환경 설정 파일로 구성돼 있다. 이때 머신 의존성은 머신에 관련된 적용 사항이 필요한 소프트웨어 패키지를 빌드하는 레시피에 의해 참조된다. 머신 환경 설정 파일은 머신 이름이 앞에 붙으며, BSP 레이어의 conf/machine 하위 디렉터리에서 찾을 수 있다.

레시피

비트베이크 레시피는 각 소프트웨어 패키지를 위해 빌드 워크플로우를 정의하는 빌드 시스템의 핵심 부분이다. 레시피는 비트베이크를 위해 3.1절에서 다루는 절차 단계를 통해 특정 소프트웨어 패키지를 빌드하는 법에 대한 안내를 담고 있다. 비트베이크 레시피는 .bb 확장자를 통해 식별된다.

레시피는 빌드 안내와 더불어 간단한 변수 할당을 실행 가능한 메타데이터 형태로 갖고 있다. 실행 가능한 메타데이터는 실제로 절차를 수행하는 함수들이다. 다음 장에서는 비트베이크 내부 구조를 다루면서, 이 실행 가능한 메타데이터를 자세히 다루고 비트베이크 태스크에 대해 살펴볼 것이다.

환경 설정 파일과는 대조적으로, 레시피 내에서 이뤄진 모든 변수 할당은 레시피에서만 사용 가능하다. 레시피가 일반적으로 환경 설정 파일에서 이뤄진 변수 설정을 참조하며 목적에 따라 덮어 쓰기를 하기 때문에 모든 설정은 레피시에서만 쓰이게 된다.

많은 소프트웨어 패키지는 사실상 같은 절차를 통해 비슷한 방식으로 빌드된다. 소프트웨어 패키지에 특정된 몇몇 부분을 적용하기 위해 같은 레시피를 반복하는 것은 중복된 노력을 야기한다. 그래서 비트베이크는 클래스class의 개념을 제공한다. 이 개념은 공통적인 워크플로우를 레시피 간에 쉽게 공유할 수 있게끔 하는 상속 기제를 갖는다. 클래스는 어떤 비트베이크 레이어에 의해서도 정의할 수 있고 .bbclass 확장자로 식별된다.

레시피 재사용을 위한 비트베이크의 또 다른 기제는 첨가append 파일이다. 이는 .bbappend 확장자로 식별된다. 첨가 파일은 일반적으로 다른 레이어의 상위에 있는 레이어에 의해 사용되며, 이들 레이어에 포함된 레시피를 특수한 요구 사항에 맞게 조작하기 위해 쓰인다. 대부분의 경우, 변수 설정을 덮어 쓰거나 수정한다. 첨가 파일은 추가할 다른 레이어의 핵심 레시피로 간주되며, 같은 기본 파일명을 갖는다.

3.2.2 워크플로우 절차 단계

워크플로우는 OE 코어 메타데이터 레이어에 의해 초기화되고, 비트베이크에 의해 수행된다. 핵심 절차는 3.1절에 언급했다.

소스 받기

레시피는 소스 파일 패키지, 패치, 부가 파일 등 소스의 위치를 호출한다. 비트베이크는 빌드 호스트나 원격 네트워크를 통한 외부 소스 리파지토리에서 소스를 로컬로 가져올 수 있다. 소스 파일은 평문에서 압축된 타볼^{tarball} 등 다양한 형태로 나타날 수 있다. 이들은 파일 전송 프로토콜을 통해 받을 수 있으며, 소스 제어 관리(SCM) 시스템(깃^{Git}, SVN 등)에서도 얻을 수 있다.[2]

레시피는 소스 파일의 위치를 **SRC_URI** 변수에 URI를 설정함으로써 명시한다. **SRC_URI**의 URI는 일반적으로 소프트웨어 패키지의 파일 다운로드 서버나 업스트림 프로젝트의 SCM 같은 업스트림 소스 리파지토리를 가리킨다.

레시피의 **SRC_URI** 변수에 명시된 업스트림 리파지토리에서 소스 소프트웨어 패키지를 다운로드하기 전에, 비트베이크는 먼저 로컬 디렉터리를 확인해 소스 파일이 이미 다운로드 돼 있는지 점검한다. 만약 로컬 다운로드 위치에서 소스를 찾지 못한다면, 비트베이크는 선미러^{premirror}라 불리는 파일 서버 미러 목록에서 소스 파일을 받으려 한다. 이 선미러에서 필요한 파일을 찾지 못한다면, **SRC_URI**에 명시된 실제 업스트림 리파지토리에서 시도한다. 파일을 찾을 수 없거나 업스트림 리파지토리가 접근 불가하다면, 비트베이크는 미러 서버 중 다음 서버에서 다운로드할 것이다. 이 책에서는 이러한 서버를 후미러^{postmirror}라 부른다. 단, 오픈임베디드 용어로는 그저 미러^{mirror}라고만 부른다.

욕토 프로젝트는 모든 업스트림 소프트웨어 패키지를 고사용성 파일 서버에 유지한다. 포키 배포 설정은 비트베이크로 하여금 업스트림 리파지토리에서 직접 파일을 다운로드하기 전에 욕토 프로젝트 미러를 사용하도록 한다. 욕토 프로젝트 미러의 사용은 업스트림 파일 서버의 사용성에 의존된 빌드를 줄여준다.

여러분도 고유의 빌드 환경에 미러를 설정해서 소스를 직접 관리할 수 있을 것이다.

---

2 프로토콜과 SCM 목록에는 HTTP, FTP, HTTPS, 깃, 서브버전(SVN), 퍼포스(P4), 머큐리얼 SCM(Hg), 바자(BZR), CVS, 오픈 빌드 서비스(OSC), 리포(REPO), SSH, SVK가 있다.

소스 압축 해제 및 패치

일단 소스가 로컬 디렉터리로 다운로드되면, 로컬 빌드 환경에서 압축이 해제된다. 만약 패치가 소스 다운로드로 명시돼 있다면 퀼트^{Quilt}로 해당 패치를 적용한다. 일반적으로 소스 패키지는 크로스 빌드에는 적합하지 않다. 그래서 대부분의 패치는 비트베이크 빌드에 적합하게 소스를 수정하는 통합 패치다.

설정, 컴파일, 설치

클래스를 통해 오픈임베디드는 메이크^{Make} 기반 패키지, GNU 오토툴즈 기반 패키지, CMake 기반 패키지 같은 표준 소프트웨어 패키지를 빌드하는 다양한 방법을 제공한다. 이러한 방법은 표준화된 방법을 제공해서 커스텀 환경 설정을 명시한다. 우리는 표준 방법을 사용하고 그것을 사용자화함으로써 비트베이크로 패키지를 빌드하는 자세한 방법을 8장, '소프트웨어 패키지 레시피'에서 다룰 것이다.

비록 설정, 컴파일, 설치가 빌드 절차에서는 분리돼 있지만, 이들은 일반적으로 같은 클래스에 위치해 있다. 이들 전부 패키지 고유의 빌드 시스템을 호출하는 것을 포함하기 때문이다.

설치 단계는 pseudo[3] 명령어를 사용해서 수행된다. 이는 특정 파일과 권한을 소유자, 그룹, 기타 사항을 적절하게 설정하도록 해서 생성되게 해주기 때문이다. 모든 파일은 특정 패키지를 위한 빌드 환경 내에 존재하는 사설 시스템 루트 디렉터리에 설치된다.

결과 분석 및 패키징

결과 분석을 하는 동안 이전 단계에서 생성되고 설치된 소프트웨어가 그 기능에 따라 분류된다. 실행 시간 파일, 디버그 파일, 개발 파일, 문서, 언어 관련 등이 그것이다. 이는 파일을 패키지 관리 시스템을 위해 여러 물리 패키지로 나눈다.

이 분석에 따라 패키지는 RPM, dpkg, ipkg 등의 일반적인 형태 중 하나 이상을 이용해서 생성된다.

비트베이크는 빌드 환경의 설정 파일 local.conf에 정의된 변수 **PACKAGE_CLASSES**에 명시된 패키지 관리 시스템 클래스를 위한 패키지를 생성한다. 비록 비트베이크가 하나 이상의 클

---

3 https://www.yoctoproject.org/tools-resources/projects/pseudo

래스를 위해 패키지를 생성할 수 있다 해도, 배포를 위한 최종 루트 파일시스템을 생성하기 위해서는 목록의 맨 처음 것만 사용한다.

이미지 생성

배포를 위한 루트 파일시스템의 다양한 이미지는 패키징 단계에서 패키지 피드feed를 이용해 생성된다. 이 패키지는 패키지 관리 시스템을 이용해 패키지 피드에서 루트 파일시스템 스테이징 구역으로 설치된다.

어떤 패키지가 이미지에 설치되는지는 정의된 요구 사항을 기반으로 작업 시스템을 위한 기능을 모아놓은 이미지 레시피에 의해 결정된다. 예를 들어, 최소 이미지는 단지 기본적인 애플리케이션 모음을 갖고 콘솔 동작을 위한 시스템 부팅을 위해 충분한 패키지만 포함할 수 있다. 반면에 그래픽 사용자 인터페이스를 갖는 이미지는 X 서버와 기타 더 많은 애플리케이션 패키지를 포함할 것이다.

이미지 생성은 core-image 클래스에 의해 처리된다. 이는 많은 작업을 처리하지만, 이미지에 포함되는 패키지 목록을 위한 변수 IMAGE_INSTALL을 검증한다.

이미지는 다양한 형태로 생성할 수 있다. ext2, ext3, ext4, 적정 저장 장치로 직접 비트 복사가 가능한 jffs 등의 형식에 압축 해제를 할 수 있는 tar.bz2도 포함된다.

SDK 생성

표준 빌드 절차가 아닌 추가적인 단계로, 부팅 가능한 운영체제 스택을 생성하는 목적을 위해 소프트웨어 개발 킷(SDK)을 만들 수 있다.

SDK는 크로스 툴체인, QEMU 에뮬레이터, 설치 스크립트 등 개발 호스트에 필요한 네이티브 애플리케이션을 포함한다. 또한 에뮬레이터와 함께 사용되는 이미지 생성 단계의 내용 기반 루트 파일시스템 이미지를 포함한다. SDK는 애플리케이션 개발자가 애플리케이션을 제작하고 테스트하는 데 사용될 수 있다. 이때 실제 오픈임베디드 빌드 시스템을 사용하지 않고도 타깃 시스템을 빌드하기 위해 사용된 것과 완전히 같은 환경을 이용한다.

SDK와 그 도구는 개발 호스트에서 직접 사용되며, 명령행은 물론이고 이클립스 IDE와 통합해서도 사용 가능하다. 후자를 위해, 욕토 프로젝트는 이클립스 워크벤치에서 직접 설치 가능한 이클립스를 위한 플러그인을 제공한다.

3.3 오픈임베디드 빌드 시스템 구조

오픈임베디드 빌드 시스템 구조는 세 개의 기본 구성 요소로 나눌 수 있다.

- 빌드 시스템
- 빌드 환경
- 메타데이터 레이어

그림 3-2는 각각의 관계와 그 요소를 보여준다.

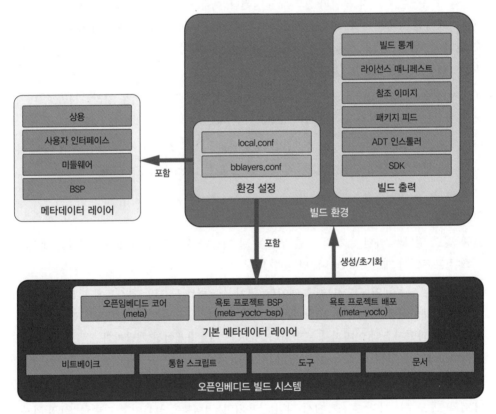

그림 3-2 포키 구조

오픈임베디드 빌드 시스템은 임베디드 리눅스 운영체제 스택을 빌드하기 위해 필요한 모든 요소(리눅스 배포판에 따라오는 소프트웨어 패키지뿐 아니라)를 제공한다. 여기에는 비트베이크 빌드 엔진, 편의성을 위한 추가 기능을 제공하는 통합 스크립트 모음, 다양한 도구, OE 코어, 비트베이크가 이미지를 빌드하는 데 사용하는 메타데이터 모음, 독북^{DocBook} 형식의 문서 등이 포함된다. 포키 참조 배포 또한 최소 기본 메타데이터 레이어를 포함한다. 욕토 프로젝트 BSP(meta-yocto-bsp)와 욕토 프로젝트 배포(meta-yocto)가 그것이다.

2장, '욕토 프로젝트'에서 봤듯이, 스크립트 oe-init-build-env는 빌드 환경을 생성하고 초기화한다. 이 스크립트는 빌드 시스템에 있는 스크립트 중 하나다. 빌드 시스템과 빌드 환경 형태는 1:n 관계다. 하나의 빌드 시스템은 여러 빌드 환경과 묶일 수 있다. 그러나 빌드 환경은 하나의 빌드 시스템에만 관련이 있다. 이는 하나 이상의 욕토 프로젝트 릴리스를 동시에 사용할 때 여러분이 알아둬야 할 중요한 한계점이다. 여러분은 처음 생성된 빌드 시스템 버전을 갖는 빌드 환경만 사용할 수 있다. 빌드 환경을 생성하기 위해 본래 사용된 것과 다른 빌드 환경을 초기화하는 빌드 시스템을 사용하면, 빌드 실패를 야기한다.

빌드 시스템은 항상 레시피와 환경 설정 파일을 제공하는 메타데이터 레이어를 포함하고 있어야 한다. 빌드 시스템의 oe-init-build-env 스크립트를 통해 빌드 환경을 생성할 때, 스크립트는 자동으로 meta, meta-yocto-bsp, meta-yocto 등 세 개의 기본 레이어를 포함하는 conf/bblayers.conf 파일을 설정한다. 이 기본 레이어는 표준 포키 참조 배포를 빌드하는 데 충분하다. 그러나 임베디드 리눅스 개발자로서 여러분은 결국 자신만의 배포판을 만들고, 자신만의 소프트웨어 패키지를 넣고, 타깃 하드웨어에 고유의 BSP를 제공하길 원할 것이다. 이 목표는 빌드 시스템에 기타 다른 메타데이터 레이어를 포함함으로써 이룰 수 있다.

다음 단락에서 빌드 시스템, 빌드 환경, 메타데이터 레이어의 구조를 더 자세히 살펴본다.

3.3.1 빌드 시스템 구조

포키 배포를 타볼 형태로 다운로드해서 풀었든, 욕토 프로젝트 깃 리파지토리에서 직접 클론했든, 두 경우 모두 리스트 3-1(디렉터리 이름은 파일명과 구별하기 위해 이탤릭체로 표기했다.)과 비슷하게 단일 디렉터리 아래에 하위 디렉터리와 파일들이 존재하는 형태로 설치한다.

리스트 3-1 오픈임베디드 빌드 시스템 구조

```
yocto@yocto-dev:~/yocto$ tree -L 1 poky
poky
├── bitbake
```

```
├── documentation
├── LICENSE
├── meta
├── meta-hob
├── meta-selftest
├── meta-skeleton
├── meta-yocto
├── meta-yocto-bsp
├── oe-init-build-env
├── oe-init-build-env-memres
├── README
├── README.hardware
└── scripts
9 directories, 5 files
```

오픈임베디드 빌드 시스템이 대부분 필요한 것들을 가지고 있고 빌드 호스트의 시스템 디렉터리에 구성 요소를 설치하지 않기 때문에 같은 빌드 호스트 내에서 다양한 버전의 빌드 시스템이 서로 다른 빌드 환경을 사용하기가 쉽다. 이는 매우 간편한 기능인데, 한 세대의 제품을 한 빌드 시스템 버전에서 개발하고 유지 관리하면서 새 기능과 특징을 갖는 다음 세대의 제품을 새로운 버전의 장점을 갖는 새 버전으로 개발할 수 있기 때문이다.

빌드 엔진인 비트베이크는 오픈임베디드 빌드 시스템의 핵심 요소다. 이는 빌드 시스템과 함께 성장했고, 빌드 시스템에서 요구되는 새 기능을 지원하기 위해 욕토 프로젝트 개발자가 새 기능을 비트베이크에 넣는다. 결국 비트베이크는 빌드 시스템과 함께 포함됐고 bitbake 하위 디렉터리에서 찾을 수 있다. 몇몇 리눅스 배포판의 경우 비트베이크 패키지를 배포판 패키지 관리 시스템을 이용해 설치할 수 있음을 알아두자. 배포판의 일부로 비트베이크가 여러분의 개발 호스트에 설치돼 있다면, 이를 삭제하길 권한다. 빌드 시스템에 포함돼 있는 버전과 충돌할 수도 있기 때문이다. 빌드 시스템과 비트베이크는 서로 연결돼 있다. 우연히 비트베이크 버전을 빌드 시스템과 맞지 않게 사용하면 빌드 실패가 발생할 수 있다.

bitbake 디렉터리는 doc 하위 디렉터리를 갖고 있으며, 이는 비트베이크 문서와 man 페이지를 포함한다. 문서는 독북 형태로 쓰여졌고 make 명령을 호출해서 PDF나 HTML로 변환할 수 있다. 다음 장에서는 비트베이크를 살펴보면서 이를 더 자세히 살펴보자.

documentation 디렉터리는 포키 빌드 시스템의 문서를 포함하고 있다. 욕토 프로젝트 웹

사이트에서 다음과 같은 다양한 매뉴얼을 찾아볼 수 있다.

- 애플리케이션 개발 툴킷 사용자 가이드(adt-manual)

- BSP 개발자 가이드(bsp-guide)

- 개발 매뉴얼(dev-manual)

- 리눅스 커널 개발 매뉴얼(kernel-dev)

- 프로파일링 및 추적 매뉴얼(profile-manual)

- 참조 매뉴얼(ref-manual)

- 욕토 프로젝트 빠른 시작(yocto-project-qs)

- 토스터 매뉴얼(toaster-manual)

각각의 매뉴얼은 독북 형태의 소스로서 각자 분리된 디렉터리로 제공된다. PDF나 HTML 형태로 변환하기 위해서는 다음의 명령을 사용하라.

```
$ make DOC=<manual>
```

<manual> 부분에 디렉터리 이름이 들어간다.

```
$ make DOC=mega-manual
```

예를 들어 위 명령에서 mega-manual은 한 파일에 매뉴얼 전부를 넣어 생성하라는 의미다.

LICENSE 파일은 포키 빌드 시스템의 라이선스 정보를 포함하며, MIT와 GPLv2 라이선스가 혼합된 형태의 라이선스를 사용한다. 비트베이크는 GPLv2 라이선스로 돼 있고 기타 메타데이터는 MIT 라이선스다. 패치처럼 개별 레시피를 위한 소스 코드가 포함된다면, 개별 레시피에서 정의된 라이선스에 영향을 받는다.

기타 다른 파일에 대한 라이선스 정보가 각각 파일에 명시돼 있다. 명시돼 있지 않다면 기본적으로 GPLv2다.

패키지 빌드를 위한 메타데이터(레시피)와 패키지의 소스 코드가 서로 다른 라이선스에 영향을 받을 수 있다는 것을 알아두자. 여러분이 개발 중인 제품에 영향이 있을 수 있으니 이 두 가지를 혼동하지 말자.

meta로 시작되는 디렉터리는 모두 메타데이터 레이어다.

- meta: OE 코어 메타데이터 레이어
- meta-hob: 비트베이크를 위한 홉^{Hob} 그래픽 사용자 인터페이스가 사용하는 메타데이터 레이어
- meta-selftest: oe-selftest 스크립트가 사용하는 비트베이크 테스트 레이어
- meta-skeleton: 고유의 레이어를 생성하는 데 사용되는 템플릿 레이어
- meta-yocto: 욕토 프로젝트 배포 레이어
- meta-yocto-bsp: 욕토 프로젝트 BSP 레이어

메타데이터 레이어의 구조에 대해서는 3.3.3절에서 다룬다.

스크립트 oe-init-build-env는 빌드 환경을 생성하고 초기화한다. 이는 두 방법으로 사용된다. 기본 설정으로 빈 빌드 환경을 생성하는 것이 그 첫 번째고, 이미 생성된 빌드 환경을 초기화하는 것이 그 두 번째다. 전자는 2장에서 우리의 첫 빌드 환경을 생성하기 위해 사용했었다. 스크립트 명령행은 다음과 같다.

```
$ oe-init-build-env <buildenv>
```

<buildenv>에는 빌드 환경의 이름이 들어간다. 만약 빌드 환경 이름이 들어가지 않으면, 스크립트는 기본값인 build를 사용한다. 스크립트는 주어진 빌드 환경 이름을 사용해서 현재 디렉터리에 하위 디렉터리를 생성한다. 이 디렉터리 내부에 conf 하위 디렉터리가 생성되고, 모든 빌드 환경에서 필수 환경 설정 파일인 bblayers.conf와 local.conf 파일이 들어간다. 그러고 나서 스크립트는 모든 필요 셸 환경 변수를 초기화하고, 디렉터리를 빌드 환경으로 변경한다.

만약 빌드 환경 디렉터리가 이미 존재하고 그것이 오픈임베디드 빌드 환경이라면, oe-init-build-env는 단지 셸 환경 변수를 초기화하고 디렉터리만 변경한다.

다음 스크립트는 oe-init-build-env-memres로, 이 역시 oe-init-build-env처럼 빌드 환경을 생성하고 초기화한다. 또한 TCP 포트로 연결을 기다리는 메모리 상주 비트베이크 서버를 구동한다. 이는 비트베이크를 원격 빌드 서버로 사용케 하며 네트워크를 통해 로컬 시스템에서 조작하게 해준다. 스크립트 명령행은 다음과 같다.

```
$ oe-init-build-env <buildenv> <port>
```

<port> 인자와 <buildenv> 모두 선택적이다. 따라서 명령행에 넣지 않으면 기본값으로 build와 12345가 사용된다.

마지막으로, 하위 디렉터리 scripts가 있다. 이는 욕토 프로젝트 빌드를 위한 지원 스크립트 모음을 갖고 있다. 가장 공통적인 스크립트는 다음과 같다.

- bitbake-whatchanged: 두 빌드 사이의 메타데이터 변경으로 인해 빌드가 다시 필요한 모든 컴포넌트 목록을 조회한다.
- cleanup-workdir: 빌드 환경에서 쓰지 않는 패키지 빌드 디렉터리를 삭제한다.
- create-recipe: 비트베이크에서 동작하는 레시피를 생성한다.
- hob: 그래픽 사용자 인터페이스인 홉Hob을 구동한다.
- runqemu: QEMU 에뮬레이터를 구동한다.
- yocto-bsp: 욕토 프로젝트 BSP 레이어를 생성한다.
- yocto-kernel: 욕토 프로젝트 BSP 레이어의 욕토 프로젝트 커널 레시피를 설정한다.
- yocto-layer: 비트베이크에서 동작하는 메타데이터 레이어를 생성한다.

이 책을 통해 scripts 하위 디렉터리에 있는 위 스크립트뿐만 아니라 더 많은 스크립트를 사용한다. 위 스크립트를 처음 사용해볼 때 그 자세한 내용을 설명할 것이다.

3.3.2 빌드 환경 구조

오픈임베디드 빌드 시스템은 모든 작업을 빌드 환경 내에서 수행한다. 빌드 환경 역시 특정 구조를 갖고 있다. 여기에서 볼 수 있는 디렉터리 및 파일의 모습은 빌드 시스템에 의해 자동으로 생성된다. 빌드 환경의 디렉터리 및 파일 구조는 깊이 중첩돼 있다. 리스트 3-2는 빌드가 시작되고 난 후의 두 단계까지를 보여준다.

리스트 3-2 빌드 환경 구조

```
yocto@yocto-dev:~/yocto$ tree -L 2 build
x86/
├── bitbake.lock
├── cache
│   ├── bb_codeparser.dat
│   ├── bb_persist_data.sqlite3
```

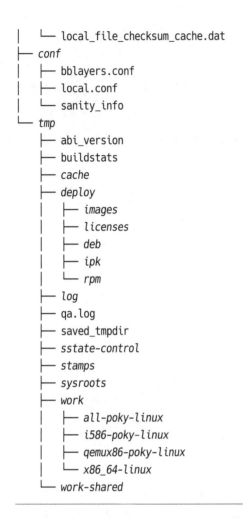

```
|   └── local_file_checksum_cache.dat
├── conf
|   ├── bblayers.conf
|   ├── local.conf
|   └── sanity_info
└── tmp
    ├── abi_version
    ├── buildstats
    ├── cache
    ├── deploy
    |   ├── images
    |   ├── licenses
    |   ├── deb
    |   ├── ipk
    |   └── rpm
    ├── log
    ├── qa.log
    ├── saved_tmpdir
    ├── sstate-control
    ├── stamps
    ├── sysroots
    ├── work
    |   ├── all-poky-linux
    |   ├── i586-poky-linux
    |   ├── qemux86-poky-linux
    |   └── x86_64-linux
    └── work-shared
```

새로 생성된 빌드 환경은 단지 conf 하위 디렉터리와 두 파일 bblayers.conf, local.conf만 갖고 있다. 후자에 대해서는 2장에서 첫 빌드 환경을 설정할 때 살펴봤다. 이 파일은 빌드 환경을 위한 모든 환경 설정 정보를 포함한다. 여러분은 또한 설정 변수를 추가함으로써 포함된 레이어의 설정을 덮어 쓸 수 있다.

bblayers.conf 파일은 빌드 환경을 위한 레이어 설정을 갖는다. 리스트 3-3은 전형적인 bblayers.conf 파일을 보여준다.

리스트 3-3 bblayers.conf

```
# LCONF_VERSOIN: bblayers.conf의 버전 번호
# build/conf/bblayers.conf 파일이 변경될 때마다 증가한다
LCONF_VERSION = "6"
BBPATH = "${TOPDIR}"
BBFILES ?= ""
BBLAYERS ?= " \
  /absolute/path/to/poky/meta \
  /absolute/path/to/poky/meta-yocto \
  /absolute/path/to//poky/meta-yocto-bsp \
  "
BBLAYERS_NON_REMOVABLE ?= " \
  /absolute/path/to/poky/meta \
  /absolute/path/to/poky/meta-yocto \
  "
```

이 파일에서 가장 중요한 변수는 **BBLAYERS**다. 이는 빌드 환경에 포함된 모든 레이어의 경로 나열이며, 스페이스로 분리돼 있는 목록이다. 여러분이 고유의 빌드 환경에 레이어를 추가하려면 이곳에 레이어를 넣어야 한다. 이 파일은 또한 **BBPATH**를 둬서 빌드 환경의 최상위 디렉터리를 설정하도록 하며, 레시피 파일 목록인 **BBFILES**를 빈 문자열로 초기화한다.

기타 디렉터리 및 파일은 빌드 절차 중에 생성된다. 모든 빌드 결과물은 tmp 하위 디렉터리에 위치한다. 이 위치는 conf/local.conf 파일의 **TMPDIR** 변수를 설정하면 변경할 수 있다. tmp 디렉터리의 빌드 결과물은 여러 하위 디렉터리로 정리된다.

- buildstats: 이 하위 디렉터리는 빌드 타깃에 의해 생성된 빌드 통계 정보를 저장한다. 타깃이 빌드된 날짜/시간 정보도 포함한다.

- cache: 비트베이크가 처음 메타데이터를 파싱parsing할 때, 의존성과 그 표현을 처리한다. 이 파싱 절차의 결과는 캐시에 쓰인다. 메타데이터가 변경되지 않는 한, 비트베이크는 이 캐시에서 메타데이터 정보를 얻는다.

- deploy: 타깃 파일시스템 이미지, 패키지 피드, 라이선스 정보 같은 배포에 필요한 빌드 결과물은 deploy 하위 디렉터리에 포함된다.

- log: cooker 프로세스에 의해 생성되는 비트베이크 로깅 정보를 찾을 수 있는 곳이다.

- sstate-control: 이 하위 디렉터리는 아키텍처/타깃과 태스크로 구축된 공유 상태 캐시의 매니페스트 파일을 포함한다.

- stamps: 비트베이크는 매 태스크를 위한 완료 태그와 서명 데이터를 배치한다. 아키텍처/타깃과 패키지 이름이 하위 디렉터리에 들어간다.

- sysroots: 이 하위 디렉터리는 아키텍처/타깃으로 구성된 루트 파일시스템을 포함한다. 그 내용은 빌드 호스트를 위한 것이며, 크로스 툴체인, QEMU, 기타 빌드 절차 중에 사용되는 많은 도구를 갖는 루트 파일시스템을 포함한다.

- work: 이 디렉터리 내에서 비트베이크는 아키텍처/타깃으로 구성된 하위 디렉터리를 생성해서 실제 소프트웨어 패키지를 빌드하는 데 쓴다.

- work-shared: 이 하위 디렉터리는 work와 비슷하지만 공유되는 소프트웨어 패키지를 위한 것이다.

tmp 디렉터리에는 언급할 만한 두 파일이 존재한다. abi_version과 saved_tmpdir이 그것이다. 전자는 tmp 디렉터리 구조의 버전 숫자를 포함한다. 이 숫자는 구조가 변경될 때 증가하며 빌드 환경이 빌드 시스템과 호환되는지 검증하는 데 쓰인다. 후자는 tmp 디렉터리의 절대 파일시스템 경로를 갖는다. tmp 디렉터리에는 절대 파일시스템 경로를 갖는 많은 파일이 있다. 이러한 것은 불행히도 디렉터리 위치를 바꾸기 어렵게 한다. 비록 이러한 한계점이 불편하지만, saved_tmpdir 파일은 본래의 위치에서 디렉터리가 옮겨갔는지 점검하는 것을 쉽게 해준다.

빌드 환경과 특히 그 안에 위치한 tmp 디렉터리가 쉽게 재배치될 수 없기 때문에 비트베이크는 tmp 디렉터리의 모든 내용물을 공유 상태 캐시에서 재생성할 수 있다. 공유 상태 캐시는 태스크 코드, 변수 등 입력 메타데이터에서 생성된 서명으로 식별되는 태스크의 중간 결과물을 저장한다. 입력이 변경되지 않는 한 서명은 변경되지 않는다. 이는 비트베이크가 태스크를 실행하기보다 공유 상태 캐시의 출력물을 사용하도록 한다. 이는 빌드 시간을 줄여준다. 특히 설정이나 컴파일처럼 실행하는 데 시간이 오래 걸리는 작업을 줄일 수 있다.

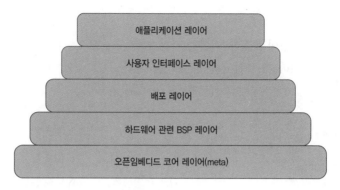

그림 3-3 레이어 아키텍처

3.3.3 메타데이터 레이어 구조

메타데이터 레이어는 레시피, 클래스, 환경 설정 파일, 기타 메타데이터를 논리 구조로 조직화하고 그룹화하는 컨테이너다. 레이어는 서로 쌓거나 확장한다. OE 코어 레이어는 포키 빌드 시스템의 레이어 아키텍처를 위한 기반을 형성한다. 이는 대부분의 리눅스 운영체제 스택이 필요로 하는 소프트웨어 패키지 모음을 위한 레시피를 제공한다. 이 리눅스 운영체제 스택에는 리눅스 커널은 물론 부트로더, 그래픽스, 네트워킹, 기타 다양한 패키지가 포함된다. OE 코어는 또한 소프트웨어 패키지 빌드, 패키지 관리 시스템에 맞게 소프트웨어 패키징, 파일시스템 이미지 생성, 비트베이크 기능 확장 등을 위한 기본 클래스를 제공한다.

비트베이크와 편리한 통합 스크립트로 강화된 OE 코어 레이어는 에뮬레이트된 장치를 위해 리눅스 운영체제 스택을 빌드하는 데 적합하다. OE 코어는 ARM, MIPS, 파워PC, x86, x86_64 아키텍처에 맞는 QEMU 에뮬레이터를 위한 머신 정의뿐 아니라 기본 이미지 타깃을 포함한다.

장치 운영체제 스택을 위한 빌드 환경은 실제 하드웨어를 위한 BSP 레이어 같은 기타 레이어를 포함한다. 배포 레이어는 사용자 계정, 시스템 구동 등을 위한 OS 설정을 명시한다. 사용자 영역 애플리케이션을 위한 사용자 인터페이스 레이어와 애플리케이션 레이어는 장치 기능을 제공한다. 그림 3-3에서 그 구조를 그려 놓았다.

레이어 구조

목적이 무엇이든 관계없이 모든 레이어는 같은 기본 구조를 갖는다. 리스트 3-4(디렉터리 이름은 이텔릭체로 돼 있다.)를 보자.

리스트 3-4 레이어 구조

```
meta-<layername>
├── conf
│   ├── layer.conf
│   ├── machine
│   │   ├── <machine 1>.conf
│   │   ├── <machine 2>.conf
│   │   ├── ...
│   │   └── <machine m>.conf
│   ├── distro
│   │   ├── <distro 1>.conf
│   │   ├── <distro 2>.conf
│   │   ├── ...
│   │   └── <distro r>.conf
├── classes
│   ├── class<1>.bbclass
│   ├── class<2>.bbclass
│   ├── ...
│   └── class<l>.bbclass
├── recipes-<category 1>
│   ├── <package a>
│   │   ├── <package a>_<version 1>.bb
│   │   └── <package a>_<version 2>.bb
│   ├── <package b>
│   │   ├── <package b>_<version 1>.bb
│   │   └── <package b>_<version 2>.bb
│   ├── ...
│   └── <package z>
├── recipes-<category 2>
│   └── ...
└── recipes-<category n>
    └── ...
```

메타데이터 레이어는 디렉터리와 파일로 구성돼 있다. 레이어의 최상위 디렉터리 이름은 그다지 중요하지는 않지만, 규약에 따라 meta-로 시작하고 그 뒤에 레이어의 이름을 붙이게 된다.

모든 레이어는 conf 하위 디렉터리를 포함해야 하며, 레이어 설정 파일인 layer.conf를 포함해야 한다. 비트베이크는 이 파일을 통해 메타데이터 파일을 위한 경로와 검색 방식을 설정한다. 리스트 3-5는 layer.conf 파일의 공통 내용을 보여준다.

리스트 3-5 layer.conf

```
# 레이어 디렉터리를 BBPATH에 추가하라
BBPATH =. "${LAYERDIR}:"
# 레이어의 레시피 파일을 BBFILES에 추가하라
BBFILES += "${LAYERDIR}/recipes-*/*/*.bb \
            ${LAYERDIR}/recipes-*/*/*.bbappend"
# 레이어의 이름을 레이어 컬렉션에 추가하라
BBFILE_COLLECTIONS += "layername"
# 레시피 파일 검색 패턴을 설정하라
BBFILE_PATTERN_layername = "^${LAYERDIR}/"
# 이 레이어의 우선순위를 설정하라
BBFILE_PRIORITY_layername = "5"
# 이 레이어의 버전을 설정하라(호환성이 깨진 경우에만 증가해야 한다.)
LAYERVERSION_layername = "2"
# 이 레이어가 의존성을 갖는 다른 레이어를 지정하라
# 이는 공백으로 구분된 레이어 이름의 리스트다
# 이 레이어가 특정 버전의 다른 레이어에 의존성이 있다면
# 해당 레이어 이름과 버전을 콜론으로 붙여서 지정하면 된다(예: anotherlayer:3)
LAYERDEPENDS_layername = "core"
```

첫 할당은 BBPATH 변수로 레이어 디렉터리를 추가한다. 변수 LAYERDIR은 비트베이크에 의해 레이어의 정규 경로 이름으로 확장됐다. 그러고 나서 레이어의 레시피는 BBFILES 변수에 추가됐다. 또한 와일드카드 표현이 레이어의 레시피 디렉터리 구조와 맞는 것을 볼 수 있다. 레시피와 레시피 첨가 파일 모두를 위한 와일드카드는 BBFILES에 추가돼야 한다.

BBFILE_COLLECTIONS는 공간으로 구분되는 레이어 이름의 나열이다. 각 레이어의 이름이 이 목록에 추가된다. BBFILE_PATTERN은 BBFILES 변수에 있는 레이어의 레시피와 맞는 정규 표현식을 담는다. 이 변수는 레이어에 조건부이므로 변수 이름은 레이어의 이름을 접두로

둔다.[4]

레이어들이 서로 의존성을 갖기도 하고 확장하기도 하기 때문에 처리 순서가 중요하다. 그러므로 각 레이어는 BBFILE_PRIORITY 변수를 설정함으로써 그 우선순위를 정리한다. 레이어 우선순위는 1부터 10까지 가질 수 있으며, 1이 가장 낮고 10이 가장 높다. 만약 두 레이어가 같은 우선순위를 가지면, bblayers.conf 파일의 BBLAYERS 변수에 들어간 순서로 우선순위를 결정한다.

추가적으로, 레이어는 LAYERVERSION 변수를 설정해서 버전을 정의할 수 있다. 레이어 버전은 LAYERDEPENDS 변수와 함께 레이어 버전의 호환성 불일치를 방지하는 데 사용된다. 만약 레이어가 다른 레이어에 의존성이 있다면, 이 의존성은 공간으로 구분된 레이어 이름 목록인 LAYERDEPENDS 변수에 레이어를 추가함으로써 설정할 수 있다. 만약 특정 버전의 레이어에 의존성이 있다면, 콜론과 버전 번호를 추가해서 명시할 수 있다.

conf 하위 디렉터리는 기타 파일 및 디렉터리를 가질 수 있는데, 특히 distro와 machine 하위 디렉터리를 보자. 이들은 선택적이고, 일반적으로 배포 레이어만 distro 하위 디렉터리를 갖는다. 그리고 BSP 레이어만 machine 하위 디렉터리를 갖는다. 만약 있다면, 이 두 하위 디렉터리 각각은 배포와 머신 설정을 위한 파일을 갖는다.[5]

만약 레이어가 고유의 클래스를 정의한다면, 이는 classes 하위 디렉터리에 위치한다. 레이어의 레시피는 카테고리 및 패키지로 묶인다. 카테고리는 논리적으로 함께하는 패키지의 모음이다. 예를 들어, OE 코어 메타데이터 레이어의 recipes-connectivity 카테고리는 네트워킹, 통신, 기타 연결 관련 소프트웨어를 위한 패키지를 빌드하는 레시피를 갖는다. 각 분류 하위 디렉터리에, 서로 다른 소프트웨어 패키지를 위한 하위 디렉터리가 존재한다. 이러한 패키지 하위 디렉터리는 레시피, 패치, 기타 소프트웨어 빌드를 위한 파일들을 포함한다. 일반적으로, 패키지 하위 디렉터리는 특정 패키지의 서로 다른 버전을 빌드하기 위한 레시피를 갖는다.

레이어 만들기

BSP, 애플리케이션 소프트웨어, 배포 정책 등을 위한 레이어의 사용은 여러분 고유의 프로젝트에 많은 장점을 가져다준다. 대부분의 프로젝트는 작게 시작해서 점점 더 기능을 추가

---

4 4장에서 조건 변수 설정을 다룬다.

5 추후에 배포 레이어와 BSP 레이어를 설명한다.

한다. 설령 여러분이 초반에 한 개나 두 개의 레시피를 가지고 시작한다 하더라도, OE 코어 레이어나 욕토 프로젝트 레이어에 레시피를 넣는 것보다는 여러분 고유의 레이어에 레시피를 넣는 것을 추천한다.

고유의 레이어는 여러분의 레시피를 공통 레시피로부터 분리한다. 이는 오픈임베디드 빌드 시스템의 한 버전에서 다음 버전으로 쉽게 이전할 수 있도록 해준다. 여러분은 오직 새로운 빌드 시스템으로 새 빌드 환경을 생성하면 되며, 여러분의 레이어를 그 빌드 환경에 넣으면 된다.

여러분의 레이어에 bbappend 파일을 사용함으로써, 중복 또는 재작성 작업을 하지 않고 공통 레이어로부터 레시피를 적용할 수 있다. 리눅스 커널을 빌드하려면 meta/recipies-kernel/linux 레시피를 사용하라. 대부분의 경우 커널 빌드에 필요한 모든 것이 이미 제공된다. 여러분만의 BSP 레이어의 경우, 타깃 하드웨어를 완전히 지원하기 위해 단지 몇 가지 설정만 바꾸면 될 것이다. 커널 레시피를 중복 작성하기보다는 bbappend 파일을 사용하거나 파일을 포함해서 기본 레시피를 요구 사항에 맞게 사용자화할 수 있다.

레이어를 만드는 것은 yocto-layer 스크립트를 사용하면 간단하고 직관적이다. 빌드 환경을 만들고 나면, 이 스크립트를 사용할 수 있다. 간단히 다음과 같이 호출하면 된다.

```
$ yocto-layer create <layername>
```

스크립트는 예제 레시피나 예제 bbappend 파일을 생성할 것인지 물어보고 conf/layer.conf와 예제 파일을 포함한 레이어를 현재 디렉터리에 생성한다. 여러분이 해야 할 것은 빌드 절차에 레이어를 포함하기 위해 빌드 환경의 conf/bblayers.conf 파일 내 BBLAYERS 변수에 넣는 것뿐이다. 물론, 필요에 따라 예제 레시피와 새 레시피, 환경 설정 파일, 클래스 등도 수정해야 할 것이다.

3.4 요약

3장에서는 빌드 시스템과 그 워크플로우, 그리고 그 구성 요소에 대한 개요를 살펴봤다.

- 오픈소스 소프트웨어 패키지는 대부분 표준 워크플로우를 통해 빌드됐다.
- 오픈임베디드 빌드 시스템은 완전히 동작하는 리눅스 운영체제 스택을 만들기 위해 소스 코드에서부터 빌드되는 많은 패키지의 워크플로우 단계를 자동화한다.

- 비트베이크는 단순히 소프트웨어 패키지를 빌드할 뿐 아니라 실행 파일, 라이브러리, 문서 등을 패키지로 묶는다. 이들은 dpkg, RPM, ipgk 등 패키지 관리 시스템에서 활용할 수 있다.

- 빌드 시스템은 타깃 시스템에 설치 가능한 루트 파일시스템 이미지를 만든다.

- 추가적으로, 비트베이크는 타깃 시스템을 위한 애플리케이션 제작에 필요한 개발자용 크로스 개발 도구를 포함하는 SDK를 빌드할 수 있다.

- 아키텍처를 구성하는 세 가지 핵심 요소는 오픈임베디드 빌드 시스템, 빌드 환경, 메타데이터 레이어다.

- 포키 참조 배포는 오픈임베디드 빌드 시스템과 세 메타데이터 레이어 OE 코어(meta), 욕토 배포(meta-yocto), 욕토 BSP(meta-yocto-bsp)를 포함한다. 이들은 빌드 환경이 생성될 때 자동으로 추가된다.

- 레이어는 BSP, 배포 레이어, 애플리케이션 레이어 등의 논리적 요소로 메타데이터를 묶는다.

3.5 참조

욕토 프로젝트 문서, https://www.yoctoproject.org/documentation/current

4

비트베이크 빌드 엔진

비트베이크는 메이크^{Make} 및 아파치 앤트^{Ant}와 호환되는 빌드 도구다. 그러나 그 융통성과 확장성 있는 구조 덕분에 비트베이크의 능력은 일반적인 소프트웨어 빌드 엔진이 제공하는 수준을 뛰어넘었다. 비트베이크의 메타데이터 문법은 단지 변수를 활성화하거나 간단한 명령을 수행하는 것뿐 아니라 셀 스크립트 전체나 파이썬 함수를 포함할 수 있다.

비트베이크는 포티지^{Portage}의 파생이다. 포티지는 젠투 리눅스 배포판에서 사용하는 빌드 및 패키지 관리 시스템이다. 비트베이크 전체는 파이썬으로 쓰여져 있다. 파이썬은 해당 실행 환경이 제공되는 플랫폼에서 플랫폼에 가장 독립적이다.

모든 소프트웨어 빌드 도구와 마찬가지로, 비트베이크는 그 자체로는 소프트웨어 빌드 기능을 제공하지는 않는다. 이는 메타데이터 파일 내에 포함된 빌드 순서에 의해 보완돼야 한다. 비트베이크 메타데이터 파일은 메이크의 메이크파일 및 앤트의 build.xml 파일과 비교된다. 오픈임베디드와 욕토 프로젝트는 수많은 소프트웨어 패키지의 빌드와 완전한 리눅스 운영체제 스택을 갖는 파일시스템 이미지로 통합하기 위해 필요한 메타데이터를 제공한다.

4.1 비트베이크 얻기 및 설치

이전 장에서 기술했듯이, 비트베이크는 오픈임베디드 빌드 시스템의 핵심 요소다. 비트베이크는 욕토 프로젝트의 하위 프로젝트로 오픈임베디드와 욕토 프로젝트가 협력해 유지 관리한다. 비트베이크 소스 리파지토리는 원래 http://developer.berlios.de/projects/bitbake에 있었으나, 욕토 프로젝트가 생겨난 이후 활성화된 개발 브랜치는 오픈임베디드 깃 리파지토리 http://git.openembedded.org/bitbake로 옮겼다.

욕토 프로젝트 웹사이트에서 받은 빌드 시스템이든, 욕토 프로젝트 깃 리파지토리에서 클론한 빌드 시스템이든 상관없이 포키의 메타데이터와 알맞은 비트베이크 버전이 포함돼 있다. 그러므로 포키를 사용할 때는 비트베이크[1]를 받고 설치하는 것에 대해 걱정하지 않아도 된다. 그러나 현재 비트베이크 개발 현황을 추적하거나 비트베이크에 기여하는 등 여러 가지 목적에서 비트베이크를 사용하고자 한다면, 오픈임베디드 리파지토리에서 이를 다운로드해 설치할 수 있다.

이제 비트베이크를 받고 설치하는 법을 살펴볼 것이다. 여러분은 비트베이크가 어떻게 동작하는지 볼 수 있다. 이는 또한 비트베이크를 가지고 시험 삼아 설치해보거나 오픈임베디드 빌드 시스템과 같이 사용하지 않고도 내부 동작을 배우는 데 도움이 된다.

4.1.1 릴리스 스냅샷의 사용

발표된 비트베이크 버전의 압축된 타르[tar] 묶음은 웹 브라우저를 통해 오픈임베디드 깃 리파지토리에서 받거나 wget 명령을 이용해 받을 수 있다.

```
wget https://git.openembedded.org/bitbake/snapshot/bitbake-1.17.0.tar.bz2
```

---

1 빌드 시스템에 포함된 것 외에 다른 비트베이크 버전을 사용하는 것은 추천하지 않는다. 비트베이크는 빌드 시스템과 밀접하게 연관되기 때문이다.

다음을 실행하면 홈 디렉터리에 묶음을 푼다.

```
tar xvjf bitbake-1.17.0.tar.bz2 -C ~
```

비트베이크 소스가 들어있는 하위 디렉터리 이름은 bitbake-1.17.0이다.

4.1.2 비트베이크 개발 리파지토리 클론

다음 명령어는 비트베이크 깃 리파지토리를 bitbake 디렉터리로 클론하고 master 브랜치로 체크아웃checkout한다.

```
git clone git://git.openembedded.org/bitbake.git ~/bitbake
```

깃 리파지토리에서는 보통 마스터 브랜치를 실제 개발 브랜치로 쓴다.

4.1.3 비트베이크 빌드 및 설치

비트베이크 소스 트리는 setup.py 스크립트를 포함하며, 비트베이크 파이썬 소스 모듈을 사전 컴파일하고 문서를 생성하고 시스템에 비트베이크를 설치한다.

비트베이크를 풀었거나 클론한 디렉터리에서 다음을 실행하면, 비트베이크를 컴파일하고 독북DocBook 소스에서 HTML 및 PDF 형태의 문서를 생성한다.

```
./setup.py build
```

비트베이크 컴파일을 위해서는 파이썬 렉스-야크Lex-Yacc(PLY) 패키지를 설치해야 한다. 사실상 모든 리눅스 배포판들이 이 패키지를 제공한다.

```
./setup.py install
```

위 명령을 실행하면, 비트베이크와 그 라이브러리들을 여러분 개발 시스템의 기본 파이썬 설치 디렉터리에 설치한다. 대부분의 경우 그 위치는 /usr/lib/python⟨version⟩/site-packages다. 비트베이크 설치는 물론 선택이다. 비트베이크를 그 소스 디렉터리에서 바로 사용할 수 있다.

4.2 비트베이크 실행하기

메이크^{Make}를 가지고 작업해본 적이 있다면, 아무 인자 없이 이를 수행할 수 있음을 알 것이다. 그리고 메이크는 GNUmakefile, makefile, Makefile 파일을 현재 디렉터리에서 찾아 그 파일 안에서 찾을 수 있는 기본 타깃을 빌드한다. 앤트^{Ant}도 비슷한데, 현재 디렉터리에서 build.xml을 찾는다. 두 도구 모두 명령행 인자와 같이 명시적으로 빌드 방법을 포함하는 파일을 지정하는 것을 허용한다.

비트베이크의 핵심도 같다. 그러나 비트베이크는 항상 타깃이나 레시피의 이름을 인자로 받아서 호출된다.

```
$ bitbake core-image-minimal
```

이 예에서 **core-image-minimal**은 레시피 core-image-minimal.bb에 대응된다. 메이크나 앤트와는 달리, 비트베이크는 현재 디렉터리에서 레시피를 자동으로 찾지 않는다. 비트베이크는 빌드 순서를 배치하고 실행하기 전에 그 실행 환경 설정을 필요로 한다.

4.2.1 비트베이크 실행 환경

구동되면, 비트베이크는 먼저 conf/bblayers.conf 환경 설정 파일을 현재 작업 디렉터리에서 찾는다(리스트 4-1 참조).

리스트 4-1 conf/bblayers.conf

```
BBPATH = "${TOPDIR}"
BBFILES ?= ""
BBLAYERS ?= " \
  /path/to/directory/for/layer1 \
  /path/to/directory/for/layer2 \
  /path/to/directory/for/layer3 \
  "
```

비록 이 파일이 선택적이지만, 레이어 구조를 사용하는 비트베이크 빌드 환경에는 항상 포함된다. 즉, 욕토 프로젝트 도구를 이용해 생성된 모든 빌드 환경이 해당된다. 비트베이크는 이 파일 안에 빌드 환경 안에 포함된 레이어를 찾을 수 있는 경로 목록을 갖는 **BBLAYERS** 변수가 있을 것이라 여긴다. 각각의 경로는 conf/layer.conf(리스트 4-2 참조)를 가지고 있어야 한다.

리스트 4-2 conf/layer.conf

```
# conf와 classes 디렉터리가 있다. 이를 BBPATH에 추가하라
BBPATH .= ":${LAYERDIR}"
# recipes-* 디렉터리가 있다. BBFILES에 추가하라
BBFILES += "${LAYERDIR}/recipes-*/*/*.bb \
        ${LAYERDIR}/recipes-*/*/*.bbappend"
BBFILE_COLLECTIONS += "layer1"
BBFILE_PATTERN_layer1 = "^${LAYERDIR}/"
BBFILE_PRIORITY_layer1 = "6"
```

레이어 환경 설정 파일 conf/layer.conf의 목적은 변수 BBPATH와 BBFILES를 적절하게 설정해서 비트베이크가 레이어의 레시피, 클래스, 환경 설정 파일을 찾을 수 있게 하는 것이다.

- **BBPATH**: 비트베이크는 이 변수를 이용해서 하위 디렉터리 classes에 클래스(.bbclass 파일)를 넣고, conf 디렉터리 및 그 하위 디렉터리에 환경 설정 파일(.conf 파일)을 배치한다. 이 변수는 콜론으로 구분되는 디렉터리 경로의 목록을 포함한다.

- **BBFILES**: 이 변수는 레시피 파일을 위한 와일드카드를 가지는 경로 목록을 포함한다.

레이어는 일반적으로 그 최상위 디렉터리 경로를 BBPATH의 경로 목록에 추가한다. 비트베이크는 자동으로 레이어의 파일을 파싱하기 시작할 때 LAYERDIR 변수를 레이어의 최상위 디렉터리 경로로 설정한다.

또한 레이어는 제공하는 레시피 파일의 경로를 BBFILES 변수에 포함된 파일 목록에 추가한다. 파일 경로는 레이어의 레시피를 포함하는 디렉터리 구조를 나타낸다. 이는 3장, '오픈 임베디드 빌드 시스템'에서 설명한 두 단계의 하위 디렉터리 구조를 말한다.

세 변수 BBFILE_COLLECTIONS, BBFILE_PATTHERN, BBFILE_PRIORITY는 비트베이크에 이 레이어의 레시피를 위치시키거나 다루기 위한 정보를 제공한다.

- **BBFILE_COLLECTIONS**: 설정된 레이어의 이름이 나열된 목록이다. 이 목록은 BBFILE_* 변수를 그 데이터 디렉터리에서 찾기 위해 쓰인다. 각 레이어는 일반적으로 리스트에 그 이름을 추가한다.

- **BBFILE_PATTERN**: BBFILES에 있는 레이어에서 레시피를 위치시키는 방법을 비트베이크에 알려주는 정규 표현식이다. 레이어가 이 변수에 넣는 값은 BBFILES 변수에 넣는 것과 같다. BBFILES의 모든 경로는 보통 레이어의 최상위 디렉터리로 시작되기 때문에 정규 표현식은 이 규약을 반영한다. 이 값의 이름은 언더스코어(_)에 레이어의 이름이 추가돼야 한다.

- **BBFILE_PRIORITY**: 이 레이어에 포함된 레시피의 우선순위를 나타낸다. 이 변수의 이름은 레이어의 이름을 붙여야 한다.

더 큰 우선순위 값은 더 높은 우선순위를 의미한다. 하나 이상의 레이어에 같은 이름을 가진 레시피가 나타나면 이 우선순위가 중요하다. 이 경우 비트베이크는 이 우선순위에 나열된 것 중에 높은 우선순위를 갖는 레시피를 선택한다. 비록 더 최신의 것이 낮은 순위로 나타난다 하더라도 말이다.

우선순위는 또한 비트베이크가 첨가 파일^{append file}을 레시피에 추가하는 순서를 정한다. 높은 우선순위를 갖는 레이어의 첨가 파일은 낮은 우선순위의 레이어 첨가 파일 뒤에 추가된다.

대부분의 경우에 실행 및 빌드 환경의 최상위 디렉터리에서 비트베이크를 직접 실행한다. 만약 어떤 이유로 인해 최상위 디렉터리에서의 실행을 피해야 한다면, **BBPATH** 변수를 설정한다.

```
$ BBPATH="/absolute/path/to/build_env" bitbake <target>
```

비트베이크는 **BBPATH** 변수가 절대 경로를 갖고 있다고 여긴다. 그렇지 않으면 conf/bblayers.conf 환경 설정 파일을 찾지 못할 것이다.

conf/bblayers.conf를 파싱하고 나서, 비트베이크는 빌드 시스템 설정을 제공하는 환경 설정 파일 conf/bitbake.conf를 찾는다. 만약 레이어가 사용되지 않아서 conf/bblayers.conf 파일이 없다면, **BBPATH** 변수는 이전처럼 설정돼야 하며 conf/bitbake.conf는 **BBFILES**를 위한 변수 할당을 갖고 있어야 한다.

conf/bitbake.conf 파일 및 기타 환경 설정 파일을 배치한 후 파싱하고 나면, 비트베이크는 모든 클래스를 배치하고 파싱한다. 적어도 한 클래스, base.bbclass 파일에 포함된 base 클래스는 비트베이크의 적절한 동작을 위해 반드시 필요하다. 이 클래스는 기본 **build** 태스크를 포함하는 기본적인 함수와 태스크를 제공한다.

4.2.2 비트베이크 명령행

--help 옵션과 함께 비트베이크를 실행하면 이 도구의 명령행 옵션 개요를 보여준다(리스트 4-3 참조).

리스트 4-3 비트베이크 명령행 옵션

```
$ bitbake --help
Usage: bitbake [options] [recipename/target ...]
    Executes the specified task (default is 'build') for a given set of
  target recipes (.bb files). It is assumed there is a conf/bblayers.conf
  available in cwd or in BBPATH which will provide the layer, BBFILES and
  other configuration information.
Options:
  --version            show program's version number and exit
  -h, --help           show this help message and exit
  -b BUILDFILE, --buildfile=BUILDFILE
                       Execute tasks from a specific .bb recipe directly.
                       WARNING: Does not handle any dependencies from
                       other recipes.
  -k, --continue       Continue as much as possible after an error. While
                       the target that failed and anything depending on it
                       cannot be built, as much as possible will be built
                       before stopping.
  -a, --tryaltconfigs  Continue with builds by trying to use alternative
                       providers where possible.
  -f, --force          Force the specified targets/task to run
                       (invalidating any existing stamp file).
  -c CMD, --cmd=CMD    Specify the task to execute. The exact options
                       available depend on the metadata. Some examples
                       might be 'compile' or 'populate_sysroot' or
                       'listtasks' may give a list of the tasks available.
  -C INVALIDATE_STAMP, --clear-stamp=INVALIDATE_STAMP
                       Invalidate the stamp for the specified task such as
                       'compile' and then run the default task for the
                       specified target(s).
  -r PREFILE, --read=PREFILE
                       Read the specified file before bitbake.conf.
  -R POSTFILE, --postread=POSTFILE
                       Read the specified file after bitbake.conf.
```

-v, --verbose	Output more log message data to the terminal.
-D, --debug	Increase the debug level. You can specify this more than once.
-n, --dry-run	Don't execute, just go through the motions.
-S, --dump-signatures	
	Don't execute, just dump out the signature construction information.
-p, --parse-only	Quit after parsing the BB recipes.
-s, --show-versions	Show current and preferred versions of all recipes.
-e, --environment	Show the global or per-package environment complete with information about where variables were set/changed.
-g, --graphviz	Save dependency tree information for the specified targets in the dot syntax.
-I EXTRA_ASSUME_PROVIDED, --ignore-deps=EXTRA_ASSUME_PROVIDED	
	Assume these dependencies don't exist and are already provided (equivalent to ASSUME_PROVIDED). Useful to make dependency graphs more appealing.
-l DEBUG_DOMAINS, --log-domains=DEBUG_DOMAINS	
	Show debug logging for the specified logging domains.
-P, --profile	Profile the command and save reports.
-u UI, --ui=UI	The user interface to use (e.g. knotty, hob, depexp).
-t SERVERTYPE, --servertype=SERVERTYPE	
	Choose which server to use, process or xmlrpc.
--revisions-changed	Set the exit code depending on whether upstream floating revisions have changed or not.
--server-only	Run bitbake without a UI, only starting a server (cooker) process.
-B BIND, --bind=BIND	The name/address for the bitbake server to bind to.
--no-setscene	Do not run any setscene tasks. sstate will be ignored and everything needed, built.
--remote-server=REMOTE_SERVER	
	Connect to the specified server.
-m, --kill-server	Terminate the remote server.
--observe-only	Connect to a server as an observing-only client.

처음 보기에는 명령행 옵션의 수가 많아 보인다. 그러나 몇 가지 기능으로 쉽게 분류해볼 수 있다.

프로그램 버전 및 도움말 표시

--version과 --help(또는 -h) 명령행 옵션은 프로그램 버전과 리스트 4-3에 있는 도움말을 콘솔에 출력한다.

의존성 처리를 포함한 빌드 수행

.bb 확장자 없이 레시피 파일의 기본 이름으로 비트베이크를 호출하면, BB_DEFAULT_TASK 변수에 정의된 대로 기본 태스크를 수행한다. 보통은 build다.

```
$ bitbake core-image-minimal
```

비트베이크는 타깃과 그 태스크의 모든 의존성을 확인하고 실제 타깃을 빌드하기 전에 의존성 체인에 명시된 적절한 순서에 맞게 의존성 작업을 모두 실행한다. 충족되지 않은 의존성은 오류를 낼 것이다.

모든 오류는 비트베이크의 수행을 멈추게 한다. 설령 다른 태스크가 수행할 준비를 마쳤다고 하더라도 말이다. -k 옵션을 사용하면,

```
$ bitbake -k core-image-minimal
```

비트베이크로 하여금 한두 태스크가 실패하더라도 빌드를 계속하게끔 한다. 비트베이크는 실패한 태스크나 그에 의존성이 있는 것을 만나게 되기 전까지 가능한 한 많은 빌드를 수행한다.

리비전이나 버전 없이 타깃을 사용하면 항상 소프트웨어 패키지의 최신 버전이나 PREFERRED_VERSION 변수에 명시된 버전을 사용한다. 또한 최신 버전이나 PREFERRED_VERSION에 명시된 값이 아닌 특정 버전과 리비전을 빌드하기 위해 타깃 이름에 붙일 수 있다.

```
$ bitbake editor-1.0
$ bitbake editor-2.0-r3
```

위 명령어는 편집기 소프트웨어 패키지의 각 버전 1.0과 버전 2.0/리비전 r3를 빌드한다.

의존성 처리를 포함하지 않은 빌드 수행

레시피 파일명(.bb 확장자 포함)과 함께 -b나 --buildfile 옵션을 사용하면 레시피의 기본 태스크를 빌드 의존성 없이 수행한다.

```
$ bitbake -b core-image-minimal.bb
$ bitbake --buildfile=core-image-minimal.bb
```

만약 core-image-minimal의 의존성 중 하나라도 충족되지 못하면, 비트베이크는 의존성 빌드를 수행하지 않고 오류 메시지와 함께 수행을 끝낼 것이다.

특정 태스크 수행

-c나 --cmd 옵션을 통해 타깃의 특정 태스크를 수행할 수 있다.

```
$ bitbake editor -c compile
$ bitbake editor --cmd=compile
```

기본 태스크를 실행하기 때문에, 의존성이 충족되지 않았다면 모든 의존성은 지켜져야 하고 빌드돼야 한다. 다음의 명령어를 사용하면

```
$ bitbake -b editor.bb -c compile
$ bitbake -b editor.bb --cmd=compile
```

의존성 빌드 없이 컴파일을 수행한다.

강제 수행

비트베이크는 각각 성공한 완성된 태스크를 위해 타임스탬프를 생성한다. 만약 뒤따라오는 태스크의 타임스탬프가 현재이거나 관련된 모든 태스크의 타임스탬프보다 나중이라면, 비트베이크는 태스크를 실행하지 않는다. 옵션 -C 또는 --clear-stamp는 비트베이크가 타임스탬프에 관계없이 태스크를 실행하게 한다.

```
$ bitbake zlib -C compile
$ bitbake zlib --clear-stamp=compile
```

이 옵션은 -b나 --buildfile 옵션과 함께 사용할 수 있다.

옵션 -C나 --clear-stamp는 명시된 태스크가 실행 체인의 마지막 태스크인 경우에 다음과 같은 옵션이다.

```
$ bitbake zlib -c compile -f
$ bitbake zlib -c compile --force
```

모든 빌드 시스템의 가장 중요한 함수는 입력이 변경된 경우 어떤 빌드 절차를 다시 수행할 것인지 결정하는 것이다. 이를 위해 비트베이크는 공유 상태 캐시를 구현한다. 공유 상태 캐시는 태스크 수준에서 수행되고 모든 레시피를 위한 작업의 입력이 무엇이었는지 결정하며 해당 태스크가 빌드 절차에 추가한 출력을 저장한다. 만약 태스크의 입력이 변하지 않으면, 그에 따라 출력이 변하지 않을 것이다. 이 경우 비트베이크는 실제로 태스크를 수행하지 않으며, 공유 상태 캐시로부터 태스크의 출력을 얻고 재저장한다. 공유 상태 캐시로부터 태스크의 출력을 얻고 재저장하는 동작을 세트 신set-scene이라 한다. 세트 신이 필요하지 않으면, --no-setscene 옵션으로 이를 끌 수 있다.

```
$ bitbake zlib -c compile --no-setscene
```

--no-setscene 옵션 역시 -b나 --buildfile 옵션과 함께 사용할 수 있다.

공유 상태 캐시는 캐시에서 이미 처리된 태스크를 재사용하기 때문에 빌드 절차의 속도를 엄청나게 향상시킬 수 있는 매우 강력한 기능이다.

메타데이터 표시

메타데이터 모두를 나열하는 것은 디버깅 목적으로 매우 유용하다. 옵션 -e나 --environment는 비트베이크가 파싱 절차를 수행한 이후의 모든 메타데이터, 변수, 함수를 보여준다.

```
$ bitbake -e
$ bitbake --environment
```

타깃이나 레시피 이름과 함께 사용하면, 해당 패키지를 빌드하는 데 적용하는 환경 설정을 표시해준다.

```
$ bitbake -e zlib
$ bitbake --environment zlib
```

이 옵션 역시 -b나 --buildfile 옵션과 함께 사용할 수 있다.

함수를 포함한 메타데이터 전부를 표시하면 많은 스크롤을 유발하는 방대한 출력을 내보내기 때문에 grep 같은 유틸리티를 사용해서 원하는 정보를 뽑아내는 것을 추천한다.

또 다른 유용한 옵션은 -s나 --show-versions로, 모든 레시피 목록과 그 버전을 표시한다.

```
$ bitbake -s
$ bitbake --show-versions
```

이 옵션은 항상 모든 레시피 목록을 출력한다. 필터 유틸리티를 사용하면 원하는 목록을 얻는 데 도움이 될 것이다.

의존성 그래프 생성

비트베이크는 DOT 언어로 패키지 의존성을 서술하는 그래프를 생성할 수 있다. DOT는 속성을 갖는 노드와 에지뿐 아니라 직간접 그래프 및 그에 대한 주석을 나타낼 수 있는 평문 그래프 서술 언어다. 그래프비즈Graphviz 패키지(www.graphviz.org)의 소프트웨어 애플리케이션은 DOT 파일을 읽고 그래픽 형태로 그려준다.

```
$ bitbake -g zlib
```

위 명령어는 현재 작업 디렉터리에서 DOT 언어를 사용해 zlib 패키지의 의존성을 서술하는 세 파일을 생성한다.

- pakcage-depends.dot: 실제 패키지 수준에서의 zlib-dev나 zlib-dgb 같은 하위 패키지에 대한 의존성 그래프
- task-depends.dot: 태스크 수준에서의 의존성 그래프
- pn-depends.dot: 하위 디렉터리는 제외한 패키지 이름 수준에서의 의존성 그래프

-g 옵션 대신에 --graphviz 옵션을 사용해도 된다.

만약 그래프비즈 패키지가 개발 시스템에 설치돼 있다면, 이 파일로부터 의존성 그래프를 그릴 수 있다.

```
$ dot -Tpng -o pn-depends.png pn-depends.dot
```

위 명령어는 의존성 그래프를 갖는 png 형식의 이미지 파일을 생성한다. 의존성 그래프는 컴파일러나 C 라이브러리 같은 일반적인 사항을 아우르는 모든 의존성을 포함하기 때문에 꽤 크다. -I나 --ignore-deps 옵션을 사용하면 공통 패키지를 뺄 수 있다.

```
$ bitbake -g zlib -I expat
$ bitbake -g zlib --ignore-deps="expat"
```

이 명령은 expat 패키지를 의존성 그래프에서 제거한다. 불행히도 의존성 그래프에서 지우려면 각 패키지를 개별적으로 명시해야 한다. 하나의 옵션으로 일반 의존성 모두를 한꺼번에 지우는 옵션은 없다.

비트베이크에 의해 생성되는 의존성 그래프는 의존성을 과도하게 포함하고 있다. 이는 그래프를 필요 이상으로 크게 만든다. 그래프비즈 패키지의 **tred** 명령을 사용하면 이러한 과도한 의존성을 없앨 수 있다.

```
$ tred pn-depends.dot > pn-depends-notrans.dot
```

비트베이크는 또한 의존성 그래프를 위한 내장된 시각화 도구 의존성 익스플로러를 포함하고 있다.

```
$ bitbake -g -u depexp zlib
```

위 명령은 그림 4-1과 같은 의존성 익스플로러를 구동한다.

의존성 익스플로러는 실행 시간, 빌드 시간, 패키지별 역의존성 등을 나열한다. 실행 시간 의존성은 소프트웨어 패키지가 실행 중에 필요로 하는 모든 의존성이다. 빌드 시간 의존성은 소프트웨어 빌드 시에 만족돼야 하는 의존성이다. 역의존성은 이 패키지에 의존적인 모든 패키지를 나열한다.

환경 설정 데이터 제공 및 덮어 쓰기

옵션 -r이나 --read, 그리고 -R이나 --postread는 추가적인 환경 설정 데이터를 제공하거나 빌드 시스템의 어떤 환경 설정 파일(bitbake.conf나 local.conf)을 수정하지 않고 현존하는 설정을 덮어 쓰는 편리한 방법을 제공한다.

명령행에서 셸을 통해 직접 변수를 설정하는 다른 방법으로는 이미 언급한 -r이나 --read를 사용할 수 있으며, 도구가 다른 파일을 읽기 전에 환경 설정 데이터를 비트베이크에 제공하는 데 사용한다.

```
$ bitbake -r prefile.conf <targewt>
$ bitbake --read prefile.conf <target>
```

이 방법은 자동 빌드 시스템을 위해 사용될 수 있는데, 빌드 환경을 동적으로 설정하기 위해 bblayer.conf의 BBPATH와 BBLAYERS를 설정하지 않아도 된다.

그림 4-1 의존성 익스플로러

```
$ bitbake -R postfile.conf <target>
$ bitbake --postread postfile.conf <target>
```

위 명령을 사용하면, 빌드 환경의 기타 환경 설정 파일에 의해 생성된 변수를 덮어 쓸 수 있다. 여기서 비트베이크는 다른 모든 환경 설정 파일을 파싱한 이후 postfile.conf를 처리한다. 예를 들어 머신이나 배포 설정이 동적으로 덮어 쓰여질 수 있으며, 디버깅 목적으로 변수가 설정될 수 있다.

비트베이크 서버 실행

비트베이크는 클라이언트–서버 애플리케이션이다. 여러분이 비트베이크를 실행할 때마다 서버와 쿠커^{cooker}라 불리는 백엔드 프로세스를 백그라운드로 실행하고, 클라이언트나 사용자 인터페이스를 위한 프론트엔드 프로세스를 시작한다. 쿠커 백엔드 프로세스는 실제 빌드와 더불어 모든 메타데이터 파일 처리를 수행하고, 끝에서는 다수의 스레드를 실행한다. 올인원^{all-in-one} 모드로 함께 구동하면, 백엔드와 프론트엔드 프로세스는 파이프 기반 인터프로세스 통신(IPC)을 이용해서 정보를 교환한다.

백엔드와 프론트엔드 프로세스는 또한 독립적으로 서로 다른 시스템에서 구동될 수 있는데, 이는 여러분에게 빌드 절차를 원격으로 시작하고 모니터링할 수 있게 한다. 비트베이크 서버 프로세스를 빌드 환경에 실행하기 위해서는 다음을 참고하라.

```
$ bitbake --server-only --servertype=xmlrpc --bind=<ip>:<port>
```

이 명령은 비트베이크 서버를 백그라운드 프로세스로 시작하게 하며, IP 주소 <ip>와 포트 <port>로 접속을 받게 한다. 이 서버에 어떤 IP 주소도 연결할 수 있는데, 로컬호스트^{localhost}나 여러분 빌드 시스템의 네트워크 인터페이스 IP 주소도 해당된다. 또한 포트도 권한이 없거나 이미 사용 중이지 않다면 어느 것이든 사용할 수 있다. 비트베이크 서버를 구동할 때는 --servertype=xmlrpc를 명시해야 한다. 중복처럼 보이기는 하지만, process와 xmlrpc가 현재 사용 가능한 유일한 IPC 방식이고, 프로세스는 서버 모드에서 사용할 수 없기 때문에 추후 비트베이크는 추가적인 IPC 방식을 지원해야 할 수도 있다.

실행 중인 비트베이크 서버에 기본 텍스트 터미널 형태의 사용자 인터페이스를 통해 접속하고자 한다면, 다음의 명령을 실행하라.

```
bitbake --servertype=xmlrpc --remote-server=<ip>:<port> <target>
```

이는 리모트 서버의 <target>을 위한 빌드 절차를 실행한다.

4.3 비트베이크 메타데이터 ▰▰▰▰▰▰▰▰▰

비트베이크는 빌드 절차를 제어하기 위해 메타데이터를 사용한다. 일반적으로 메타데이터는 소프트웨어 패키지를 어떻게 빌드할지, 그들이 서로 어떻게 관련되고 의존성이 있는지에 대해 서술한다. 비트베이크는 메타데이터를 두 종류로 나눈다.

- 변수: 변수는 할당된 값이며, 값을 검증하기 위한 표현식이다. 변수는 전체 빌드 시스템에 유효한 전역 값일 수도 있고, 현재 컨텍스트(예: 특정 레시피)에 유효한 로컬 값일 수도 있다. 많은 비트베이크 메타데이터 변수는 단일 값뿐 아니라 공백으로 구분된 값의 목록을 갖는다.

- 실행 가능한 메타데이터: 실행 가능한 메타데이터는 레시피의 컨텍스트에서 비트베이크가 수행하는 레시피나 클래스에 포함된 함수 또는 태스크다.

메타데이터는 다섯 종류의 파일로 구성돼 있다.

- 환경 설정 파일(.conf): 환경 설정 파일 내에 위치한 메타데이터는 전역이며, 이를 참조하는 모든 레시피가 영향을 받는다. 환경 설정 파일은 비실행 가능 메타데이터 변수만을 갖는다. 만약 같은 변수가 여러 환경 설정 파일에 할당돼 있다면, 레이어 우선순위에 의해 설정된 순서가 어떤 설정을 쓸지 결정한다. 환경 설정 파일 bitbake.conf는 가장 낮은 우선순위를 갖는다. 그리고 빌드 환경의 지역 환경 설정 파일인 local.conf는 가장 높은 우선순위를 갖는다.

- 레시피 파일(.bb): 레시피는 특정 소프트웨어 패키지에 대한 서술과 그 소프트웨어 패키지가 어떻게 빌드돼야 하는지에 대한 메타데이터를 포함한다. 레시피는 일반적으로 다운로드, 압축 해제, 패치, 컴파일, 패키징, 소프트웨어 패키지 설치 등을 위한 지시를 갖는 태스크의 형태로 실행 가능한 메타데이터를 제공한다.

- 클래스 파일(.bbclass): 클래스 파일은 같은 빌드 순서를 공유하는 레시피를 위한 간단한 상속 기제를 제공한다. 비트베이크는 레이어의 하위 디렉터리 classes 내에서 클래스 파일을 검색한다. 레시피는 간단히 inherit 지시자를 통해 이름을 참조하는 것으로 클래스 파일을 인클루드할 수 있다. 클래스는 전역이며, 이는 레이어 내의 레시피가 빌드 환경 내에 인클루드된 다른 모든 레이어의 클래스를 상속할 수 있다는 뜻이다.

- 첨가 파일(.bbappend): 첨가 파일은 레시피 파일의 확장이다. 일반적으로 레이어는

다른 레이어에 포함된 레시피를 확장하기 위해 첨가 파일을 쓴다. 첨가 파일은 반드시 확장하고자 하는 레시피와 같은 기본 이름을 가져야 하지만, 확장자는 .bb 대신 .bbappend다. 첨가 파일은 또한 추가할 레시피와 같은 레이어의 루트 디렉터리 기반 경로를 가져야 한다. 첨가 파일은 레시피에 메타데이터를 추가하거나 변경한다. 첨가 파일의 내용물은 문자 그대로 원래 레시피에 첨가된다. 서로 다른 레이어의 첨가 파일이 같은 레시피를 확장한 경우, 레이어 우선순위에 따라 비트베이크가 어떤 레시피에 파일을 추가할지 결정한다.

- 인클루드 파일(.inc): 모든 메타데이터 파일은 include와 require 지시자를 통해 다른 파일을 인클루드할 수 있다. 인클루드 파일은 일반적으로 다수의 메타데이터 파일 간에 공유되는 메타데이터를 제공한다. 인클루드 파일의 내용물은 각 지시자가 가리키는 위치의 메타데이터 파일에 들어간다. 인클루드 파일 스스로도 다른 파일을 인클루드할 수 있다. 물론 이러한 것은 순환 문제를 야기할 수 있지만, 비트베이크가 탐지해 알려준다. 파일 인클루드는 같은 레이어에 제한돼 있지 않고, 한 레이어의 레시피는 다른 곳의 파일을 인클루드할 수 있다. .inc 파일 확장자는 꽤나 명확한 규약이다. 메타데이터 파일은 다른 모든 메타데이터 파일을 인클루드할 수 있지만, 실행 가능한 메타데이터를 포함하는 파일은 레시피, 첨가 파일, 클래스에서만 인클루드할 수 있다.

비트베이크는 메타데이터 파일을 시작 즉시 파싱하고, 메타데이터 캐시를 생성한다. 이 캐시는 비트베이크 메타데이터 디렉터리의 형태로 영속적이다. 메타데이터에 변경이 없는 한, 비트베이크는 이를 캐시로부터 얻어내므로 시작 시간을 현저히 줄여준다.

4.4 메타데이터 문법

비트베이크 메타데이터 파일은 꽤 직관적인 특별한 문법을 차용한다. 몇 가지는 메이크파일makefile과 셸 스크립트에서 익숙하게 봤던 모습과 비슷할 것이다.

4.4.1 주석

메타데이터 파일의 주석은 해시 심볼 #을 접두에 붙이면 된다. 주석은 그것이 셸이나 파이썬 함수 내에 위치하는 것이 아닌 한, 가장 첫 열부터 시작돼야 한다(리스트 4-4 참조).

리스트 4-4 주석

```
# 이 부분이 주석이다
    # 이 부분은 유효하지 않은 주석이다. 오류가 날 것이다
SUMMARY = "Sample file with comments" # this comment is also invalid
helloworld ( ) {
    # 셸 함수 내의 주석은 어느 칼럼에서도 시작될 수 있다
    # 또한 구문 바로 뒤에도 사용된다
    echo "Hello World!" # this is okay in a shell function
}
python printdate ( ) {
    # 파이썬 함수 내의 주석도 어느 칼럼에서 시작해도 된다
    # 또한 구문 바로 뒤에도 사용된다
    import time
    print time.strftime("%Y%m%d", time.gettime( )) # ok too
}
```

모든 프로그래밍 언어와 마찬가지로, 의미 있는 주석을 자주 사용하면 다른 사람이 여러분의 코드를 읽고 이해하기 쉽게 하므로, 주석을 이용하는 것은 항상 권장된다.

4.4.2 변수

비트베이크 변수는 타입이 없다. 비트베이크는 모든 변수에 할당된 모든 값을 문자열로 다룬다.

변수 이름

비트베이크 변수 이름은 대문자와 소문자, 숫자, 그리고 특수문자인 언더스코어(_), 하이픈(-), 마침표(.), 플러스(+), 틸드(~) 등이 포함된다. 또한 이러한 문자로 시작할 수도 있다.

변수 이름에 위와 같은 문자들이 허용됨에도 불구하고, 규약에 따라 대문자와 언더스코어만 사용된다. 그리고 모든 변수 이름은 대문자로 시작된다.

변수 범위

환경 설정 파일(.conf 확장자를 갖는 파일)에서 정의된 변수는 전역 변수며, 모든 레시피에서 보인다. 레시피에서 정의된 변수는 지역 변수며, 레시피에서만 사용 가능하다. 레시피는 그만의 네임스페이스를 가지고 있으며, 레시피에서 새로운 값으로 할당된 전역 변수는 비트베이크가 그 레시피를 처리할 때만 그 값을 얻을 수 있다.

변수 할당

모든 비트베이크 변수 할당은 적정 구분자로 둘러싸인 문자열로 취급받는다. 지시자는 큰따옴표 또는 작은따옴표다. 규약에서는 큰따옴표를 더 선호한다.

직접 값 할당(=)

= 기호를 통해 변수에 값을 할당할 수 있다.

```
VAR = "value"
```

VAR 변수에 값을 할당하는 것이다. 변수 할당 내의 인용구는 이스케이프 문자escape character로 역슬래시(\)를 이용하거나 작은 따옴표를 사용하면 된다.

```
VAR1 = "This is a \"quotation\" inside a variable assignment"
VAR2 = "This is a second 'quotation' inside a variable assignment"
```

두 번째 방법이 가독성이 더 좋아서 선호된다.

기본값 할당(?=)

?= 할당 연산자를 이용하면 기본값을 할당할 수 있다.

```
A ?= "value1"
B ?= "value2"
B ?= "value3"
C ?= "value4"
C = "value5"
```

만약 변수가 이전에 설정되지 않았다면, 기본값으로 설정한다. 기본 변수 할당이 돼 있다면, 그 값을 얻는다. 위 할당 순서에서 A는 이전에 설정된 값이 없는 한 value1을, B는 ?=가 이미 사용됐기 때문에 value2를 갖는다.

= 연산자는 모든 기본값 할당을 덮어 쓴다. 따라서 C는 value5를 갖는다.

약한 기본값 할당(??=)

약한 또는 게으른 기본값 할당 연산자 ??=을 사용할 때, 값 할당은 파싱 절차가 끝날 때까지 이뤄지지 않는다. 따라서 첫 ??= 연산자보다 나중 ??= 연산자가 쓰인다.

```
A ??= "value1"
B ??= "value2"
B ??= "value3"
C ?= "value4"
C ??= "value5"
D = "value6"
D ??= "value7"
```

이 예에서 A가 이전에 설정되지 않았다면 value1, B가 이전에 설정되지 않았다면 파싱 절차가 끝날 때까지 할당이 이뤄지지 않으므로 value3, C와 D는 ?=과 = 연산자가 ??=을 덮어 쓰므로 각각 value4, value6를 갖는다.

변수 확장

비트베이크 변수는 다른 비트베이크 변수 내로 참조할 수 있다.

```
VAR1 = "jumps over"
VAR2 = "The quick brown fox ${VAR1} the lazy dog."
```

변수의 내용물은 ${} 참조 연산자와 변수 이름을 통해 참조된다. 위 예에서 VAR2 변수는 The quick brown fox jumps over the lazy dog 문자열을 갖는다.

즉시 변수 확장

변수 확장은 변수가 실제 사용되기 전까지는 발생하지 않는다. 간단히, 변수 확장을 포함한 표현식 할당은 참조된 변수를 확장하지 않는다. 그러나 할당 연산자 :=은 할당 시 즉시 확장을 야기한다.

```
VAR1 = "jumps over"
VAR2 = "${VAR1} the lazy dog. "
VAR1 = "falls on"
VAR3 = "The rain in Spain ${VAR1} the plain."
VAR4 := "The quick brown fox ${VAR2}"
```

변수 VAR4는 The quick brown fox falls on the lazy dog을 갖는다. VAR2의 할당에 포함된 VAR1이 VAR2가 쓰일 때인 := 연산자가 사용된 VAR4 할당까지는 확장되지 않기 때문이다. 그래서 VAR1의 값은 fails on이다.

파이썬 변수 확장

비트베이크는 파이썬 표현식을 변수 할당에 사용할 수 있다.

```
DATE = "${@time.strftime('%A %B %d, %Y', time.gmtime())}"
TODAY := "Today is: ${DATE}."
```

@ 연산자는 비트베이크에게 파이썬 코드로 이뤄진 표현식을 다루라고 알린다. 코드는 반드시 값을 뽑아내야 한다. 예에서 TODAY는 Today is: Friday April 1, 2016과 비슷한 값을 갖는다.

변수 후입 및 선입

변수 내용은 어떤 문자를 통하거나 후입 선입 연산자를 이용해 다른 변수 내용을 합칠 수 있다.

공백을 포함한 후입(+=)과 선입(=+)

+=과 =+ 연산자는 두 값 사이에 공간 하나를 추가하며, 두 값을 각각 뒤에 붙이거나 앞에 붙인다.

```
VAR1 = "12"
VAR1 += "34"
VAR2 = "89"
VAR2 =+ "67"
VAR3 = "5"
VAR3 =+ "${VAR1}"
VAR3 += "${VAR2}"
```

이 예에서 VAR1은 12 34를, VAR2는 67 89, VAR3는 12 34 5 67 89를 갖는다.

공백 없는 후입(. −)과 선입(=.)

.=과 =. 연산자를 사용하면, 공백이 두 값 사이에 붙지 않은 채 두 값을 각각 뒤에 붙이거나 앞에 붙인다.

```
VAR1 = "12"
VAR1 .= "34"
VAR2 = "89"
VAR2 =. "67"
VAR3 = "5"
VAR3 =. "${VAR1}"
VAR3 .= "${VAR2}"
```

이 예에서 VAR1은 1234, VAR2는 6789, VAR3는 123456789를 갖는다.

_append와 _prepend 연산자를 이용한 선입, 후입

또한 _append와 _prepend 연산자를 변수 이름 뒤에 붙이면, 값을 변수 앞에 붙이거나 뒤에 붙일 수 있다.

```
VAR1 = "12"
VAR1_append = "34"
VAR2 = "89"
VAR2_prepend = "67"
VAR3 = "5"
VAR3_prepend = "${VAR1}"
VAR3_append = "${VAR2}"
```

이 예의 결과를 보면 변수 VAR1은 1234, VAR2는 6789, VAR3는 123456789를 갖는다.

_append와 _prepend 연산자는 공백을 추가하지 않는다. 공백이 필요하면 추가할 문자에 공백을 추가해야 한다.

삭제(_remove)

공백으로 구분된 목록을 포함하는 변수에서 _remove 연산자를 이용하면 하나의 값을 삭제할 수 있다.

```
VAR1 = "123 456 789 123456789 789 456 123 123 456"
```

```
VAR1_remove = "123"
VAR1_remove = "456"
```

이 예의 결과로 변수 VAR1은 789 123456789 789를 갖는다.

조건부 변수 할당

변수 OVERRIDES는 콜론으로 구분된 값 목록을 갖고 있다. 각각의 값은 만족돼야 할 조건을 나타낸다.

```
OVERRIDES = "conda:condb:condc"
```

비트베이크는 오른쪽에서 왼쪽으로 이 조건을 처리한다. 즉 왼쪽의 것보다는 오른쪽의 것이 먼저 수행된다.

조건부 변수 설정

언더스코어(_)와 조건을 변수 이름에 붙이면 변수를 조건부로 설정할 수 있다.

```
OVERRIDES = "sun:rain:snow"
PROTECTION = "unknown"
PROTECTION_sun = "lotion"
```

이 예에서 PROTECTION은 lotion을 갖는다. 조건 sun이 OVERRIDES 목록에 있기 때문이다. 다음 예를 살펴보면 OVERRIDES 목록에 포함된 조건의 예를 볼 수 있다.

```
OVERRIDES = "sun:rain:snow"
PROTECTION_rain = "umbrella"
PROTECTION_snow = "sweater"
```

이 예에서 변수 PROTECTION은 조건 snow가 rain보다 높은 우선순위를 갖기 때문에 sweater를 갖는다.

다음 예에서 변수 PROTECTION은 hail이 OVERRIDES 목록에 없기 때문에 umbrella를 갖는다.

```
OVERRIDES = "sun:rain:snow"
PROTECTION_rain = "umbrella"
PROTECTION_hail = "duck"
```

다른 메타데이터처럼, 변수 OVERRIDES 역시 다른 변수의 내용을 참조할 수 있다.

```
OVERRIDES = "sun:rain:snow:${OTHER}"
OTHER = "hail"
```

조건적 변수 설정은 특정 조건이 만족되면 특정 값으로 덮어 쓰는 기본값 할당이 가능하게 한다. 이 방법은 빌드 시스템에 의해 자주 사용된다. 특히 머신에 의존적인 코드를 위한 컴파일러에 특정 매개변수를 전달하기 위해 필요하다.

조건부 후입, 선입

조건 역시 변수 선입 후입을 위해 사용할 수 있다.

```
OVERRIDES = "sun:rain:snow"
PROTECTION = "sweater"
PROTECTION_append_rain = " umbrella"
```

이 예의 결과로 PROTECTION은 sweater umbrella를 갖는다.

높은 우선순위(OVERRIDES 목록에서 우측일수록)와 함께 선입, 후입 처리는 조건적 변수 할당의 경우와 같이 우선 처리된다.

4.4.3 인클루드

메타데이터 파일은 설정 공유를 위해 다른 메타데이터 파일을 인클루드^{include}할 수 있다. 일반적인 용례에는 같은 소프트웨어 패키지의 다른 버전을 빌드하기 위한 레시피가 있다. 인클루드 파일은 빌드 순서, 설치 디렉터리 등 빌드돼야 할 버전을 위한 특정 설정(다운로드 위치, 소스 파일명 등)을 갖는 실제 레시피에 의해 보완되는 공유 설정을 제공한다.

비트베이크는 두 인클루드 지시자를 제공하는데, 하나는 선택적 인클루드고 다른 하나는 필수 인클루드다.

```
include optional.inc # 선택적 인클루드
require mandatory.inc # 필수 인클루드
```

include 지시자를 이용해서 선택적 인클루드를 할 때 비트베이크는 인클루드 파일을 찾으려 시도하지만, 설령 그 파일을 찾지 못한다고 해도 조용히 작업을 수행한다. 반면에

require 인클루드의 경우 비트베이크는 오류 메시지와 함께 실행을 종료한다.

대부분의 경우 require 지시자의 사용이 더 선호되는데, 비트베이크가 인클루드 파일을 찾지 못한 경우 경고해주기 때문이다. 이는 경로명이나 파일명에 오탈자가 있는 등의 실수를 방지하기도 한다. 그러나 메타데이터 파일을 직접 변경할 필요가 없는 사용자화 방법을 제공할 필요도 있다. 이러한 경우에 include 지시자를 메타데이터 파일에 넣어서 선택적 사용자화에 대한 기제^{mechanism}를 제공한다. 사용자화가 필요하면, 인클루드 파일이 제공될 수 있다. 그러나 필요하지 않거나 없는 경우 비트베이크는 이 인클루드를 무시한다.

include와 require 지시자는 상대 또는 절대 경로 모두 사용 가능하다.

```
include file1.inc
include meta-test/recipes-core/images/file2.inc
require /home/build/yocto/file3.inc
```

상대 경로의 경우 비트베이크는 BBPATH 변수에 명시된 파일 경로 목록을 사용해서 파일을 찾으려 한다. 비트베이크는 경로 구분과 파일명이 정확하게 맞는 가장 첫 파일을 사용한다.

비트베이크가 인클루드 파일을 찾은 이후, 그 내용을 파싱해 인클루드 지시자가 있는 곳에 삽입한다. 그러므로 인클루드 파일은 본 파일에서 이전에 설정한 것들을 덮어 쓰고, 그 반대의 경우도 가능하다. 그래서 본 파일의 적절한 위치에 인클루드 지시자를 두는 것이 중요하다.

물론, 인클루드 파일은 본 파일의 비트베이크 메타데이터 문법을 고수해야 한다. 레시피와 클래스는 실행 가능한 메타데이터와 환경 설정 등을 갖는 파일을 인클루드할 수 있다. 그러나 환경 설정 파일은 실행 가능한 메타데이터를 지원하지 않으므로, 실행 가능한 메타데이터가 아닌 환경 설정만 갖는 파일을 인클루드할 수 있다.

인클루드된 파일은 그 자신이 또 다른 파일을 인클루드할 수 있다. 이는 순환의 오류에 대한 위험을 안고 있다. 특히 상대 경로를 사용한 경우 가능한데, BBPATH에서 검색하기 때문이다. 그러나 비트베이크는 이러한 순환 오류를 발견하고 오류 메시지와 함께 실행을 종료한다.

4.4.4 상속

클래스를 통해 비트베이크는 간단한 상속 기제를 제공한다. 클래스는 레시피, 첨가 파일, inherit 지시자를 사용한 다른 클래스를 통해 상속 가능하다.

```
inherit myclass
```

클래스는 메타데이터 레이어의 하위 디렉터리인 classes에 위치한 .bbclass 확장자를 갖는 메타데이터 파일이다. inherit 지시자는 확장자를 뺀 클래스 이름에만 사용할 수 있다. 이는 레시피, 첨가 파일, 다른 클래스 파일에서만 사용 가능하다.

대충 보기에 상속은 인클루드와 매우 비슷해 보인다. 그러나 다른 점은 비트베이크가 클래스를 파싱하고 처리하는 방법에 있다.

- 비트베이크는 그 이름으로 클래스를 식별하며 파일명이나 경로로 식별하지 않는다. 이는 클래스 이름이 빌드 환경에 포함된 모든 메타데이터 레이어를 통틀어 유일해야 한다는 의미다.

- 비트베이크는 환경 설정 파일을 완전히 파싱한 후, 레시피를 파싱하기 전에 한 번 클래스를 파싱한다. 인클루드 파일은 비트베이크가 인클루드 지시자를 발견하면 파싱한다. 만약 같은 인클루드 파일이 다른 여러 파일에 인클루드돼 있으면, 비트베이크는 본 파일의 컨텍스트 내에서 같은 파일을 여러 번 파싱한다. 이것이 클래스를 서로 다른 레시피에 의해 공유되는 빌드 순서를 위한 더 효율적인 기제로 만든다. 그러나 같은 소프트웨어 버전의 서로 다른 버전을 빌드하는 레시피를 위한 인클루드 사용 역시 좋은 선택이다. 일반적으로 특정 소프트웨어 패키지의 한 버전만 한 번에 빌드되기 때문이다.

- 비트베이크의 데이터스마트^{DataSmart} 카피온라이트^{copy on write}(COW) 데이터 스토어는 클래스의 복제본 하나만 유지한다. 수백 개의 레시피가 이 클래스 파일을 사용한다 하더라도 말이다. 반면에 인클루드 파일의 사용은 데이터의 복제를 야기한다.

공통 클래스의 사용은 많은 레시피를 간소화한다. 예를 들어 GNU 오토툴즈 환경 설정 기제를 활용해 소프트웨어 패키지를 빌드하는 **autotools** 클래스는 레시피 코드를 줄여준다 (리스트 4-5 참조).

리스트 4-5 autotools 클래스 사용

```
SUMMARY = "GNU nano - an enhanced clone of the Pico text editor"
LICENSE = "GPLv3"
LIC_FILES_CHKSUM = "file://COPYING;md5=f27defe1e96c2e1ecd4e0c9be8967949"
DEPENDS = "ncurses"
```

```
PR = "r0"
PV_MAJOR = "${@bb.data.getVar('PV',d,1).split('.')[0]}\
.${@bb.data.getVar('PV',d,1).split('.')[1]}"
SRC_URI = "http://www.nano-editor.org/dist/v${PV_MAJOR}/nano-${PV}.tar.gz\
            file://ncursesw.patch"
SRC_URI[md5sum] = "af09f8828744b0ea0808d6c19a2b4bfd"
inherit autotools gettext
RDEPENDS_${PN} = "ncurses"
```

위 레시피는 오토툴즈를 활용한 소프트웨어 패키지인 GNU 나노^{nano} 에디터를 빌드한다. 레시피 자신은 단지 SRC_URI와 패키지 이름을 명시했을 뿐이다. 오토툴즈를 활용한 소프트웨어 패키지의 빌드 복잡성은 모두 autotools 클래스가 숨기고 있다.

4.4.5 실행 가능한 메타데이터

레시피, 첨가 파일, 클래스는 실행 가능한 메타데이터에 대한 정의를 포함할 수 있다. 실행 가능한 메타데이터는 비트베이크가 실행하는 셸이나 파이썬 함수다.

비트베이크는 실행 가능한 메타데이터를 변수와 완전히 같게 다룬다. 함수 이름은 할당된 값을 나타내는 함수 코드와 함께 데이터 딕셔너리에 저장된다. 결과적으로 함수는 보통의 변수와 같이 선입되거나 후입될 수 있고 메타데이터 속성을 가질 수도 있다.

레시피와 첨가 파일에 정의된 메타데이터 함수의 범위는 특정 파일에 지역적이며, 클래스에 정의된 함수는 전역적이다.

셸 함수

셸 함수는 메타데이터 파일에 정의되며, 셸 스크립트로 정의하면 된다(리스트 4-6 참조).

리스트 4-6 실행 가능한 메타데이터 셸 함수

```
helloworld( ) {
    echo "Hello, World!"
}
```

함수 본체의 코드는 일반적인 셸 문법을 따른다. 사실 비트베이크는 셸 함수를 실행할 때 셸 인터프리터인 /bin/sh를 호출한다. 이상적으로 모든 셸 함수는 시스템의 기본 셸 인터프리터가 무엇인지 알 필요 없이 작성돼야 한다. 모든 리눅스 배포판이 욕토 프로젝트에 의해 공식적으로 지원되기 때문에 기본 셸 인터프리터는 본 어게인 셸(bash)이다. 여러분의 코드가 이동성을 갖기 위해서는 특정 셸 고유의 확장 사용을 피해야 하며 .sh, .bash, .ksh, .zsh 같은 배시^{bash} 변형의 공통 분모만 사용해야 한다.

파이썬 함수

실행 가능한 메타데이터는 파이썬 함수로도 정의할 수 있다(리스트 4-7 참조).

리스트 4-7 실행 가능한 메타데이터 파이썬 함수

```
python printdate () {
    import time
    print time strftime('%Y%m%d', time.gettime())
}
```

키워드 python은 비트베이크에게 아래에 나오는 코드를 파이썬 코드로 해석할 것을 지시한다.

실행 가능한 메타데이터를 위해 파이썬을 사용하면 모든 파이썬 모듈을 가져올 수 있고, 다양한 함수 사용성에 대한 이점을 취할 수 있다. 함수 내에서는 파이썬의 들여쓰기를 주의해야 한다. 들여쓰기를 할 때는 탭^{tab} 대신에 공백^{space}을 사용할 것을 추천한다.

전역 파이썬 함수

함수는 def 키워드를 사용하면 어느 파일에서 정의되든지 간에 전역으로 정의될 수 있다. 리스트 4-8을 보라.

리스트 4-8 전역 파이썬 함수

```
def machine_paths(d):
    """지원되는 머신별 파일 경로 디렉터리를 나열한다."""
    machine = d.getVar("MACHINE", True)
    filespathpkg = d.getVar("FILESPATHPKG", True).split(":")
    for basepath in d.getVar("FILESPATHBASE", True).split(":"):
        for pkgpath in filespathpkg:
            machinepath = os.path.join(basepath, pkgpath, machine)
```

```
        if os.path.isdir(machinepath):
            yield machinepath
```

문법은 표준 파이썬 함수의 정의와 완전히 같다.

이 함수는 전역이기 때문에 모든 파이썬 메타데이터 함수에서 호출 가능하다.

익명 파이썬 함수

레시피, 첨가 파일, 클래스는 __anonymous 키워드를 함수명으로 사용하거나 함수명을 넣지 않음으로써 익명 파이썬 함수를 정의할 수 있다(리스트 4-9 참조).

리스트 4-9 익명 파이썬 함수

```
python __anonymous ( ) {
    # __anonymous 키워드를 사용한 익명 함수
    ...
}
python ( ) {
    # 함수명을 반환하는 익명 함수
    ...
}
```

비트베이크는 이 익명 함수를 특정 유닛의 파싱 절차 끝에서 실행한다. 예를 들어 레시피에서 정의된 익명 함수는 레시피가 파싱된 이후에 실행된다.

태스크

이전 단락에서는 실행 가능한 메타데이터로 셸과 파이썬 함수를 정의하는 법을 다뤘다. 문제는 비트베이크가 메타데이터 파일에서 함수를 어떻게 실행하는가다. 우리는 이미 비트베이크가 익명 함수를 레시피나 클래스의 파싱이 완료되면 실행한다고 봤다.

비트베이크는 태스크task라 불리는 특수 함수를 인지한다. 태스크는 레시피와 클래스에서 정의되며, 다음 사항을 갖는다.

- 특정 레시피를 위해 비트베이크 명령행에서 직접 호출
- 빌드 절차의 일부로 비트베이크에 의해 자동 실행

리스트 4-10은 그 예를 보여준다.

리스트 4-10 태스크 정의

```python
python do_clean ( ) {
    # 빌드 결과를 정리하는 태스크
    ...
}
addtask clean
do_build ( ) {
    # 소프트웨어 패키지를 빌드하는 태스크
    ...
}
addtask build
do_download ( ) {
    # 소스를 받는 태스크
    ...
}
addtask download before do_build
do_unpack ( ) {
    # 소스를 압축 해제하는 태스크
    ...
}
addtask unpack before do_build after do_download
do_compile ( ) {
    # 소프트웨어 패키지를 컴파일하는 태스크
    ...
}
addtask compile before do_build after do_unpack
do_install ( ) {
    # 바이너리, 라이브러리, 문서를 설치하는 태스크
    ...
}
addtask install after do_build
```

셸이나 파이썬 함수를 태스크로 정의하기 위해 그 이름에 **do_**가 접두로 붙어야 한다. 이 점을 제외하면, 태스크는 다른 모든 실행 가능한 메타데이터와 같다. 지시자 addtask는 태스크를 비트베이크 태스크 목록에 추가하고, 태스크 실행 체인을 정의하는 데 쓰인다.

리스트 4-10의 코드는 clean 태스크를 정의하고 이를 addtask를 통해 태스크 목록에 추가한다. 이 테크닉은 태스크가 비트베이크 명령행에서 호출되도록 한다. 리스트 4-10의 코드가 myrecpie.bb라 불리는 레시피에 있다고 가정해보자.

```
bitbake myrecipe -c clean
```

위 코드는 레시피의 clean 태스크를 호출한다. 레시피는 build, download, unpack, compile, install 태스크를 addtask 지시자와 함께 before와 after를 사용해 추가하며, 실행 체인을 생성한다.

```
bitbake myrecipe -c build
```

위 코드는 download 태스크를 먼저 실행하고, 다음으로 unpack 태스크를, 이어서 compile 태스크, build 태스크, 마지막으로 install 태스크를 실행한다.

비트베이크가 레시피는 매개변수로 지정했지만 어떤 태스크를 실행할지 지정하지 않은 상태로 호출되면, 기본 태스크를 실행한다. 기본 태스크는 변수 BB_DEFAULT_TASK에 의해 정의된다. 이 변수는 base 클래스에 의해 설정된다.

```
BB_DEFAULT_TASK ?= "build"
```

위 코드는 메이크파일^{makefile}의 all 타깃과 비슷하게 build를 기본 태스크로 만든다. 레시피와 클래스는 물론 BB_DEFAULT_TASK를 다른 태스크로 덮어 쓸 수 있다.

함수에서 비트베이크 변수 접근

비트베이크 변수는 셸 및 파이썬 함수 모두에서 접근할 수 있다.

셸 함수에서 변수 접근

셸 함수에서 비트베이크 변수는 변수 확장 표기를 이용해 직접 접근할 수 있다(리스트 4-11 참조).

리스트 4-11 셸 함수에서 변수 접근

```
BPN = "myapp-v1"
MAKE = "make"
```

```
EXTRA_OEMAKE = "CFLAGS='-W -Wall -Werror -Wundef -Wshadow ${CFLAGS}'"
do_compile () {
        bbnote ${MAKE} ${EXTRA_OEMAKE} "$@"
        ${MAKE} ${EXTRA_OEMAKE} "$@" || die "oe_runmake failed"
}
do_install () {
        BPN = "myapp"
        docdir = "docs"
        install -d ${D}${docdir}/${BPN}
}
```

변수는 셸 함수에서 읽고 쓰기가 가능하다. 그러나 변수의 쓰기는 셸 스크립트 범위 내에서 지역적으로만 그 값을 바꾼다. 리스트 4-11에서 BPN은 do_install 함수에서 덮어 쓰여진 비트베이크 변수다. 덮어 쓰여진 변수는 do_install 함수 내에서만 유효하다. 이 규칙은 비트베이크가 모든 변수 설정 및 확장을 사용해 do_install 함수를 위한 셸 스크립트를 작성한 후, 해당 스크립트를 실행하는 것을 생각하면 쉽게 이해할 수 있다.

파이썬 함수에서 변수 접근

파이썬 함수에서 비트베이크 변수 접근은 셸 함수의 그것보다 좀 더 복잡하다. 비트베이크 함수가 직접 읽고 쓸 수 없으며 특수한 함수를 이용해 비트베이크 데이터 딕셔너리를 통해 얻어오거나 조작돼야 하기 때문이다(리스트 4-12 참조).

리스트 4-12 파이썬 함수에서의 변수 접근

```
HELLO = "Hello, World!"
DATE = ""
python printhello () {
        hello = d.getVar('HELLO', True)
        print hello
}
python setdate () {
        import time
        date = time.strftime('%A %B %d, %Y', time.gettime())
        d.setVar('DATE', date)
}
```

함수 getVar와 setVar는 비트베이크 데이터 딕셔너리를 통해 변수 접근을 제공한다. 비트베이크 데이터 딕셔너리는 전역 파이썬 변수 d를 통해 참조된다. 비트베이크의 데이터 딕셔너리는 파이썬 클래스로 구현돼 있다. 함수 getVar와 setVar는 이 클래스의 메소드^{method}다. 이 두 함수를 위한 첫 매개변수는 접근해야 할 변수의 이름이다. getVar의 두 번째 매개변수는 불린^{Boolean} 값으로 함수에 변수의 표현식을 확장할 것인지 알린다. setVar의 두 번째 매개변수는 변수의 새 값이다.

로컬 데이터 딕셔너리 복제본의 생성

setVar를 전역 데이터 딕셔너리와 함께 사용하면 변수를 전역적으로 수정하거나 앞으로 나올 모든 동작에 대한 값도 바꿀 수 있다. 이것이 필요치 않으면, 데이터 딕셔너리의 복제본을 만들 수 있다.

```
localdata = d.createCopy()
```

createcopy 메소드는 데이터 딕셔너리를 위한 새 참조를 생성한다. 비트베이크의 데이터 딕셔너리가 COW를 사용하기 때문에 변수의 실제 복제본은 쓰기 동작이 이뤄지기 전까지는 바뀌지 않는다.

값 목록을 갖는 변수 접근

많은 비트베이크 변수는 구분자로 나뉘어진 값 목록을 갖는다. 일반적으로 이러한 목록 변수는 데이터 딕셔너리에서 얻은 이후에 파이썬 배열로 변환된다(리스트 4-13 참조).

리스트 4-13 목록으로 접근

```python
python do_download () {
        uris = (d.getVar('SRC_URI', True) or "").split(" ")
        for uri in uris:
           # 소스 URI 처리
           ...
}
```

리스트 4-13의 예제 코드는 **SRC_URI** 변수(공백으로 분리된 URI 문자열)를 데이터 딕셔너리로부터 얻는다. 그리고 나서 split 함수로 문자열의 배열을 나눈다. or "" 문법은 만약

SRC_URI 변수를 데이터 딕셔너리에서 찾을 수 없을 때 공백 문자열을 반환해 코드의 실패 안정성을 높인다.

목록을 얻거나 처리하는 이 예제 코드의 변형을 레시피나 클래스에서 자주 찾아볼 수 있다.

함수의 선입 및 후입

변수처럼 함수도 _append와 _prepend 연산자에 의해 선입하거나 후입할 수 있다(리스트 4-14 참조).

리스트 4-14 함수의 선입 및 후입

```
python printdate () {
    import time
    print time.strftime('%A %B %d, %Y', time.gettime())
}
python printdate_prepend () {
    print ('Today is: ')
}
python printdate_append () {
    print('MOTD: A good day for the Yocto Project.')
}
```

리스트 4-14의 코드는 printdate 함수를 병합한다(리스트 4-15 참조).

리스트 4-15 병합된 함수

```
python printdate () {
    print ('Today is: ')
    import time
    print time strftime('%A %B %d, %Y', time.gettime())
    print('MOTD: A good day for the Yocto Project.')
}
```

물론 여러분이 같은 파일에서 함수를 선입하거나 후입하지는 않을 것이다. 일반적으로 선입 및 후입을 위한 예는 클래스를 상속하고 그 클래스에 의해 정의된 함수에 추가하는 레시피거나 레시피에 의해 정의된 파일을 확장하는 첨가 파일이다.

선입과 후입 동작은 모두 셸 및 파이썬 함수에 대해 동작한다.

4.4.6 메타데이터 속성

모든 비트베이크 메타데이터(변수 및 함수)는 속성(플래그로 불리기도 함)을 갖는다. 속성은 메타데이터에 추가적인 정보를 다는 방법을 제공한다.

비트베이크 메타데이터 문법은 그 변수나 함수 이름에 괄호와 함께 이름을 추가함으로써 속성 설정을 할 수 있게 한다.

```
VAR[flag] = "flagvalue"
```

속성은 +=, =+, .=, =. 연산자를 사용해서 선입되거나 후입될 수 있다. 속성으로 값을 할당하기 위한 표현식은 변수 확장을 사용하기도 한다. 그러나 비트베이크 메타데이터 문법을 통해 속성의 값을 읽어낼 수는 없다.

파이썬 함수에서 속성의 값은 비트베이크 데이터 딕셔너리 메소드인 getVarFlag와 setVarFlag를 통해 읽고 쓸 수 있다(리스트 4-16 참조).

리스트 4-16 메타데이터 속성(플래그)

```
func[run] = "1"
python func () {
    run = d.getVarFlag('func', 'run')
    if run == 1:
        # 작업 수행
        ...
        d.setVarFlag('func', 'run', 0)
    else:
        # 지금은 수행하지 않음
}
```

getVarFlag 메소드의 첫 번째 매개변수는 변수의 이름이고, 두 번째 매개변수는 플래그의 이름이다. setVarFlag는 세 매개변수를 쓰는데 변수 이름, 플래그 이름, 플래그 값이 그것이다.

4.4.7 메타데이터 이름(키) 확장

메타데이터 이름도 확장할 수 있다. 실제 확장은 데이터 파싱 절차의 맨 끝, 조건부 할당, 선입, 후입 직전에 이뤄진다.

```
A${B} = "foo"
B = "2"
A2 = "bar"
```

A${B} = "foo" 표현식의 확인이 파싱 절차의 끝인 A2 = "bar" 이후까지 이뤄지지 않으므로, 변수 A2는 foo를 갖는다.

4.5 소스 받기

'태초에 소스가 있었다. 그는 어디에나 있고 어떤 모습으로도 존재한다.' 결과적으로, 수많은 소프트웨어 패키지로 구성된 리눅스 운영체제 스택을 빌드하는 빌드 시스템은 엄청나게 다양한 소스 업스트림 리파지토리^{upstream repository}로부터 받을 수 있어야 한다. 업스트림 리파지토리는 로컬이거나 원격 파일 서버, 깃^{Git}이나 서브버전^{Subversion} 등의 소프트웨어 환경 또는 리비전 제어 시스템일 수 있다. 소스 코드는 가장 널리 사용되는 형태인 타르^{tar}처럼 압축된 형태로 패키징돼 있을 수도 있다. 소스 제어 관리(SCM)를 사용할 때 소스 코드는 소스 트리의 형태로 파일별로 관리된다.

서로 다른 다양한 소스에서 소스 코드 패키지를 받는 기능을 제공하는 것 외에도, 사용자가 리파지토리나 프로토콜 구현에 대해 잘 알지 못해도 빌드 레시피에서 리파지토리 접근을 할 수 있도록 하는 일관되고 투명한 방법을 제공하는 것이 중요하다.

비트베이크는 페처^{fetcher} 구조를 통해 필요한 프레임워크를 제공한다. 비트베이크 내에서 가져오기는 소스 파일을 얻는 절차다. 비트베이크 fetch2 라이브러리(bitbake/lib/bb/fetch2)의 파이썬 Fetch 클래스는 다음의 형태로 소스 URI를 통해 소스 코드 가져오기를 위한 인터페이스를 제공한다.

```
<scheme>://[<user>[:<pwd>]@]<host>[:<port>]/<path>[;<key>=<value>;..]
```

대부분의 경우 비트베이크 페처 URI는 경로 처리를 제외하고는 IETF 표준 RFC3986에 호환된다. RFC3986은 절대 및 상대 경로를 제공한다. 표준은 유효한 절대 경로의 참조 사항으로 다음과 같이 제공한다.

```
file://hostname/absolute/path/to/file
file:///absolute/path/to/file
```

비트베이크는 절대 경로에 대해 두 번째 형태를 지원하며, 첫 번째 형태는 인지하지 못한다. 유효한 상대 경로는 표준에서 다음과 같이 명시한다.

```
file:relative/path/to/file
```

비트베이크는 위와 같은 형태를 지원하며, 추가적으로 다음의 형태도 인지한다.

```
file://relative/path/to/file
```

이는 RFC3986과 호환되지 않는다. 이 형태는 오래된 레시피를 다시 작성하지 않기 위한 구형 페처 라이브러리 구현의 호환성을 지원하는 형태다.

비트베이크 URI는 또한 IETF 표준에서 제공하는 쿼리query나 단편fragment에 대한 표기가 없다.

Fetch 기본 클래스는 URI의 실제 처리와 URI의 스킴scheme에 의해 식별되는 특정 구현으로의 자원 접근을 준수한다. 선택적 매개변수 목록은 페처의 특정 구현에 의존성이 있다. 어떤 스킴은 사용자 이름 및 암호와 함께하는 필요 인증 자원 접근이 필요할 수도 있다. 이는 표준 표기를 사용한 URI와 함께 포함될 수 있다.

Fetch 기본 클래스의 중요한 사항은 인스턴스화될 때 전달된 소스 URI 매개변수가 단일 URI를 포함하는 것이 아니라 서로 다른 스킴을 사용하더라도 위 형태의 URI 목록을 가질 수 있다는 것이다.

4.5.1 Fetch 클래스 사용

비트베이크가 페처fetcher 구조 및 그 구현을 제공함에도 불구하고, 소스 파일 가져오기를 위한 기본 태스크는 제공하지 않는다. 페처 사용을 위해서는 여러분의 레시피나 비트베이크 클래스 내에 태스크를 구현해야 한다. 리스트 4-17은 예제인 do_fetch 태스크의 구현을 보여준다.

리스트 4-17 예제 do_fetch 태스크

```
1 python do_fetch( ) {
2
3   bb.note("Downloading sources from ${SRC_URI} ...")
4
5   src_uri = (d.getVar('SRC_URI', True) or "").split( )
6   if len(src_uri) == 0:
7     bb.fatal("Empty URI")
8
9   try:
10    fetcher = bb.fetch2.Fetch(src_uri, d)
11    fetcher.download( )
12  except bb.fetch2.BBFetchException:
13    bb.fatal("Could not fetch source tarball.")
14
15  bb.note("Download successful.")
16 }
17
18 addtask fetch before do_build
```

줄 번호 5는 처음으로 **SRC_URI** 변수를 비트베이크 데이터 딕셔너리에서 얻어온다. 이 변수는 소스 리파지토리의 URI를 공백으로 구분된 목록의 형태로 갖는다. 이 목록은 파이썬 리스트 변수(또는 배열)로 변환된다. 이후 줄 번호 10에서는 Fetch 기본 클래스에서 **fetcher** 오브젝트를 생성한다. 줄 번호 11에서는 리파지토리에서 소스 받기를 시도한다. 예제 태스크의 나머지 코드는 디버깅 목적으로 로그 정보를 제공하고 예외를 처리한다.

이 do_fetch 태스크를 사용하는 레시피는 SRC_URI 변수를 간단하게 명시해야 한다. 소스를 받는 모든 실제 작업은 태스크와 페처 구현에 의해 다뤄진다. 사실, 오픈임베디드 코어(OE 코어) 메타데이터 레이어에서 제공하는 base.bbclass는 예제와 매우 비슷하게 do_fetch를 구현한다.

여기서 예제가 직접 답하지 않은 의문이 하나 남는다. 페처는 어디에 소스를 받아서 넣는가? 만약 비트베이크 페처 라이브러리를 분석한다면, 페처가 **DL_DIR** 변수를 통해 받은 소스 파일을 해당 경로에 넣는다는 것을 알 수 있다.

4.5.2 페처 구현

비트베이크는 오픈소스 프로젝트에 사용되는 사실상 모든 일반적인 종류의 업스트림 리파지토리를 지원하기 위한 페처를 제공한다. 다음 단락은 가장 일반적으로 사용되는 페처와 그 매개변수를 각각 다룬다.

로컬 파일 페처

로컬 파일 페처는 file:// URI 스킴을 사용해서 접속 가능한 파일시스템으로부터 파일을 얻는다. 이는 어떤 파일이 로컬호스트에 있어야 한다는 것을 의미하지는 않는다. 원격 파일 서버로부터 마운트된 파일시스템상에 위치한 것도 된다.

URI에 포함된 경로는 절대적이거나 상대적이다.

```
SRC_URI = "file:///absolute/path/to/file"
SRC_URI = "file://relative/path/to/file"
```

상대 경로의 경우 페처는 파일을 얻기 위해 변수 FILESPATH와 FILESDIR을 사용한다.

- FILESPATH는 콜론(:)으로 구분된 경로의 목록을 갖는다. 페처는 목록의 첫 경로부터 시작해서 파일을 검색한다. 처음 맞는 파일이 나타날 때까지 각 디렉터리를 검색한다. 해당 이름을 갖는 파일이 여러 디렉터리에 있다면 페처는 처음 찾은 것을 받는다.

- FILESPATH에 포함된 디렉터리 중 어느 것도 해당되지 않으면, 페처는 변수 FILESDIR이 설정돼 있는지 검사한다. 만약 설정돼 있고 하나의 유효한 경로가 있으면, 페처는 그 경로를 사용한다.

절대 경로의 경우 파일이 존재하지 않거나, 상대 경로의 경우 FILESPATH나 FILESDIR이 파일을 포함하는 경로를 갖고 있지 않으면 페처는 오류를 발생시킨다.

로컬 파일 페처는 실제로 다운로드하지는 않는다. 여기서 다운로드란, URI에 정의된 위치에서 파일을 DL_DIR로 복사하는 것이다. 대신에 download 메소드가 파일이 존재하는지 검증한다. 로컬 파일은 그 본래 위치에서 직접 접근된다.

일반적으로 SRC_URI는 단일 파일을 명시한다. 그러나 페처는 경로 이름이나 SRC_URI에 와일드카드를 이용하거나 디렉터리로 SRC_URI를 가리키게 함으로써 여러 파일을 접근할 수도 있다.

```
SRC_URI = "file://*/*.patch"
SRC_URI = "file://path/to/dir"
```

두 형태 모두 절대 및 상대 경로에 잘 동작한다.

로컬 파일 페처의 구현은 bitbake/lib/bb/fetch2/local.py에서 찾을 수 있다.

HTTP/HTTPS/FTP 페처

주로 소스는 HTTP, HTTPS, FTP 프로토콜을 이용해 업스트림 파일 서버로부터 다운로드된다. 비트베이크는 GNU Wget 유틸리티를 기본으로 사용해서 이러한 프로토콜을 위한 페처 구현을 제공한다. 또한 명령어와 그 옵션은 FETCHCMD_wget 변수를 설정해서 이용할 수 있다.

다음 매개변수가 그 페처에 의해 지원된다.

- md5sum: 다운로드 검증을 위한 MD5 체크섬. 이것이 제공되면, 페처는 MD5 체크섬을 계산해 다운로드 파일과 이 매개변수를 비교한다. 만약 다르면, 페처는 오류를 발생시킨다.

- sha256sum: 다운로드 검증을 위한 SHA256 체크섬. 이것이 제공되면, 페처는 SHA256 체크섬을 계산해 다운로드 파일과 이 매개변수를 비교한다. 만약 다르면, 페처는 오류를 발생시킨다.

- downloadfilename: 이것이 제공되면, 페처는 이 파일명으로 다운로드된 파일의 이름을 바꾼다.

- name: URI의 심볼릭 참조

다운로드 검증을 위한 체크섬의 제공은 페처에 필수적이다. md5sum이나 sha256sum 중 하나는 반드시 있어야 한다. 둘 다 제공되면, 둘 다 맞는지 확인한다.

SRC_URI의 예는 다음과 같다.

```
SRC_URI = "http://host.site.org/downloads/srcpkg.tar.gz;md5sum=12345"
SRC_URI = "https://host.site.org/downloads/srcpkg.tar.gz;sha256sum=6789"
SRC_URI = "ftp://user:pwd@host.site.org/repo/srcpkg.tar.gz;md5sum=12345"
SRC_URI = "ftp://host.site.org/srcpkg.tar.tgz;md5sum=12345;downloadfilename=file.
tgz"
```

큰 MD5와 SHA256 체크섬은 SRC_URI를 읽거나 유지하기 어렵게 한다. 그러므로 다음 문법을 사용해 SRC_URI 밖에서 명시할 수 있다.

```
SRC_URI = "http://host.site.org/downloads/srcpkg.tar.gz"
SRC_URI[md5sum] = "12345"
SRC_URI[sha256sum] = "6789"
```

SRC_URI에 하나 이상의 URI를 명시하면, SRC_URI 변수 밖의 모든 다운로드를 위한 체크섬을 제공하기 위해 심볼릭 참조가 필요하다.

```
SRC_URI = "http://host.site.org/downloads/srcpkg1.tar.gz;name=pkg1
ftp://host.anothersite.org/downloads/srcpkg2.tgz;name=pkg2"
SRC_URI[pkg1.md5sum] = "12345"
SRC_URI[pkg2.sha256sum] = "6789"
```

HTTP/HTTPS/FTP 페처의 구현은 bitbake/lib/bb/fetch2/wget.py에서 찾을 수 있다.

SFTP 페처

SFTP 페처는 인증 유무에 관련 없이 보안 FTP 사이트로부터 소스를 다운로드한다.

```
SRC_URI = "sftp://host.site.org/downloads/srcpkg.tgz;md5sum=12345"
SRC_URI = "sftp://user@host.site.org/downloads/srcpkg.tgz;md5sum=12345"
```

인증을 위해 URI에 암호를 사용하는 것은 지원되지 않는다. 인증을 하려면 SSH 키를 사용해야 한다.

페처는 여러분의 개발 호스트에서 sftp 명령어가 사용 가능할 것이라 가정한다. 이 페처를 위한 명령어 및 명령행 옵션 덮어 쓰기 변수는 없다.

SFTP 페처는 HTTP/HTTPS/FTP 페처와 같은 매개변수를 지원한다. md5sum, sha256sum, downloadfilename, name이 그것이다.

SFTP 페처의 구현은 bitbake/lib/bb/fetch2/sftp.py에서 찾을 수 있다.

깃 페처

깃Git은 많은 오픈소스 프로젝트가 선택한 SCM이다. 그리고 물론 리눅스 커널 커뮤니티도 커널 개발을 위해 이를 사용한다. 페처는 리파지토리를 클론하고 다양한 브랜치를 동시에 체크아웃^{checkout}할 수 있다.

이 페처가 사용하는 매개변수는 다음과 같다.

- protocol: 리파지토리에 접근하기 위한 전송 프로토콜. 지원되는 프로토콜은 git, file, ssh, http, https, rsync다. 만약 매개변수가 없으면 기본값으로 git을 사용한다.

- branch: 체크아웃할 브랜치. 매개변수가 없으면, 페처는 기본값으로 master를 사용한다. 콤마로 구분하면 여러 브랜치를 명시할 수 있다.

- name: 브랜치로의 심볼릭 이름. 다수의 브랜치가 체크아웃되면, 이 이름도 브랜치의 개수만큼 제공돼야 한다.

- tag: 브랜치에서 얻는 깃 태그. 이것이 제공되지 않으면 기본값으로 HEAD를 사용한다.

- rebaseable: 업스트림 리파지토리가 미래에 태그와 SHA1 해시가 변경될 수 있는 리베이스^{rebase}를 허용할 수 있다고 페처에 알린다. 이 매개변수는 페처에게 로컬 캐시를 보존하도록 해서 추후의 병합 사항을 수행할 수 있게 한다. 리베이스 가능한 깃 리파지토리를 위해서는 rebaseable=1로 설정한다. 이것이 제공되지 않으면 기본값은 rebaseable=0이다.

- nocheckout: 페처에 압축 해제 시 브랜치로부터 소스 코드를 체크아웃하지 않는다고 알린다. 이 사항은 소스 코드 체크아웃을 위한 고유의 코드를 사용하는 레시피인 경우에 유용하다. 매개변수가 제공되지 않는 경우 기본값은 nocheckout=0이다. nocheckout=1로 설정하면 레시피가 소스를 다루는 고유 코드를 사용한다.

- bareclone: 페처에 리파지토리의 베어^{bare} 클론을 만들도록 하고 브랜치로부터 체크아웃하지 않게 한다. 이 옵션은 고유의 루틴을 제공하는 레시피를 위해 브랜치로부터 소스 코드를 체크아웃하고 브랜치 요구 사항을 추적하기 위해 사용하라. 매개변수가 제공되지 않는 경우 기본값은 bareclone=0이다. 레시피가 고유의 루틴을 사용한다면 bareclone=1로 설정하라.

깃 페처의 SRC_URI의 예는 다음과 같다.

```
SRC_URI = "git://git.site.org/git/repo.git;branch=develop"
SRC_URI = "git://git.site/org/git/repo.git;tag=0C12ABD"
```

```
SRC_URI = "git://git.site.org/git/repo.git;protocol=http"
```

URI의 앞에 나오는 스킴 설정의 일반적인 실수는 protocol 매개변수에 명시하는 대신 다른 프로토콜을 사용해서 깃 리파지토리에 접근하려고 할 때 http(또는 다른 프로토콜)로 설정하는 것이다. 물론 이는 비트베이크 페처에 페처가 사용하는 스킴을 알려주는 것이므로, 동작하지 않을 것이다. 스킴은 프로토콜을 의미하지만 protocol 매개변수에 의해 덮어 쓰여질 수 있다.

깃 페처의 구현은 bitbake/lib/bb/fetch2/git.py에서 찾을 수 있다.

깃 서브모듈 페처

깃 서브모듈 페처는 깃 페처의 확장으로 외부 깃 트리를 포함하는 트리를 갖는 리파지토리를 관리한다. 페처는 깃 리파지토리가 서브모듈을 가지고 있는지 탐지하고, 주 리파지토리를 클론한 후 갱신한다.

이 페처의 스킴은 gitsm이다. URI 형태와 매개변수는 깃 페처의 경우와 같다.

```
SRC_URI = "gitsm://git.site.org/git/repo.git;branch=develop"
```

깃 서브모듈 페처의 구현은 bitbake/lib/bb/fetch2/gitsm.py에서 찾을 수 있다.

서브버전 페처

서브버전(SVN) 리파지토리로부터 소스 코드 모듈을 체크아웃하기 위해 비트베이크는 SVN 페처를 제공한다.

이 페처에 제공되는 매개변수는 다음과 같다.

- protocol: 리파지토리 접근에 사용되는 전송 프로토콜. 지원되는 프로토콜은 svn, svn+ssh, http, https다. 매개변수가 없으면, 기본값으로 svn을 사용한다.

- module: 체크아웃하기 위한 리파지토리 모듈. 필수 요소다.

- rev: 체크아웃을 위한 모듈의 리비전. 매개변수가 없으면 HEAD가 사용된다.

SVN 페처는 인증 유무와 관계없이 사용할 수 있다.

```
SRC_URI = "svn://svn.site.org/trunk;module=library;rev=12345;protocol=http"
SRC_URI = "svn://user:passwd@svn.anothersite.org/svn;module=trunk"
```

서브버전 페처의 구현은 bitbake/lib/bb/fetch2/svn.py에서 찾을 수 있다.

컨커런트 버전 시스템 페처

컨커런트 버전 시스템(CVS)을 사용하는 리파지토리는 CVS 페처를 통해 접근할 수 있다. 이 페처에 의해 지원되는 매개변수는 표 4-1에 나열돼 있다.

표 4-1 CVS 페처가 지원하는 매개변수

method	리파지토리에 접근하기 위해 사용되는 방식. 지원되는 방식은 pserver, dir, ext다. pserver와 ext 방식은 원격 서버의 리파지토리에 접근하기 위해 사용된다. dir은 로컬 파일시스템의 리파지토리에 접근한다. method=ext면, 페처는 환경 변수 CVS_RSH를 읽어서 접근 방법을 결정한다. 일반적으로는 CVS_RSH="ssh"다. 이 매개변수가 없다면, 페처는 기본값으로 pserver를 사용한다.
port	원격 서버 리파지토리에 접근하기 위한 TCP/IP 포트
rsh	CVS_RSH가 아닌 다른 외부 접근 방식을 제공
module	체크아웃을 위한 리파지토리 모듈. 필수다.
tag	체크아웃을 위한 모듈 리비전. 이 매개변수가 없으면 리파지토리의 HEAD가 체크아웃된다.
date	체크아웃할 소스 날짜. YYYYMMDDHHMM의 형태로 제공된다.
norecurse	모든 하위 디렉터리를 재귀적으로 갱신하지 않고 현재 작업 디렉터리에서만 CVS를 실행한다. 이 매개변수가 제공되면, 페처는 -l 옵션을 cvs 명령에 추가한다.
localdir	페처가 모듈을 체크아웃할 로컬 디렉터리의 이름. 매개변수가 없으면, 모듈 이름이 디렉터리 이름이 된다.
fullpath	모듈 체크아웃 이후, 페처는 타르(tar) 묶음을 만든다. fullpath가 설정되지 않으면, 타르 묶음의 경로 이름은 최상위 디렉터리의 이름만 포함한다. 이는 주로 모듈 이름이다. fullpath가 설정되면, 묶음의 경로 이름은 전체 경로를 갖는다.

다음 URI가 이 페처에 의해 지원된다.

```
SRC_URI = "cvs://user@cvs.site.org/cvs;module=src;tag=V0-23-1"
SRC_URI = "cvs://user:pwd@cvs.site.org/cvs;module=src;localdir=sitesrc"
```

CVS 페처의 구현은 bitbake/lib/bb/fetch2/cvs.py에서 찾을 수 있다.

기타 페처

위에 나열한 페처 외에, 비트베이크는 덜 유명한 리파지토리와 리비전 제어 시스템도 지원한다.

- Bazaar: GNU 프로젝트 리비전 제어 시스템 바자[Bazaar]를 지원하는 페처다. 스킴은 bzr://이다. 이 페처 구현은 bitbake/lib/bb/fetch2/bzr.py에서 찾을 수 있다.

- Mercurial: 크로스 플랫폼, 분산 리비전 제어 시스템 머큐리얼[Mercurial]을 위한 페처다. 스킴은 hg://이다. 이 페처 구현은 bitbake/lib/bb/fetch2/hg.py에서 찾을 수 있다.

- Open Build Service: 수세 리눅스 배포판이 사용하는 오픈 빌드 서비스(OBS)에 의해 관리되는 소스에 접근하기 위한 페처다. 스킴은 osc://이다. 이 페처 구현은 bitbake/lib/bb/fetch2/osc.py에서 찾을 수 있다.

- Perforce: 상용 리비전 제어 시스템 퍼포스[Perforce]에 의해 관리되는 소스에 접근하기 위한 페처다. 스킴은 p4://이다. 이 페처 구현은 bitbake/lib/bb/fetch2/perforce.py에서 찾을 수 있다.

- Repo: 리파지토리 관리를 위한 안드로이드 리포[repo] 도구를 사용하는 깃 리파지토리에 접근하기 위한 페처다. 스킴은 repo://이다. 이 페처 구현은 bitbake/lib/bb/fetch2/repo.py에서 찾을 수 있다.

- SVK: SVK 리파지토리에 접근하기 위한 페처다. 스킴은 svk://이다. 이 페처 구현은 bitbake/lib/bb/fetch2/svk.py에서 찾을 수 있다.

위와 같은 페처의 사용 및 URI 문법은 주류 페처와 같은 규칙을 따른다. 페처는 특정 기능을 제공하기 위해 추가적이거나 서로 다른 매개변수를 사용할 수 있다.

4.5.3 미러

레시피는 소스 코드의 업스트림 위치를 SRC_URI 변수로 설정한다. SRC_URI에 더해, 비트베이크는 소스 코드 패키지를 얻을 대안으로 미러 다운로드 사이트를 지원한다.

비트베이크는 파일을 위한 사이트 및 위치에 접근하기 위해 정의된 작업을 수행한다.

1. 비트베이크는 먼저 DL_DIR에 명시된 로컬 다운로드 디렉터리를 점검해서 SRC_URI

에 제공된 파일이 이미 다운로드됐는지 확인한다. 다운로드돼 있다면, 업스트림이나 미러 사이트의 접근을 건너뛰고 DL_DIR의 파일을 사용한다. 파일 일부는 있는데 나머지가 없다면, 비트베이크는 그 파일을 받는다. SRC_URI가 SCM 리파지토리라면, DL_DIR에 적절한 브랜치와 태그를 확인하고 결국 필요에 따라 갱신한다.

2. SRC_URI에 제공된 파일이 로컬에서 사용 가능하지 않으면, 비트베이크는 PREMIRRORS 변수에 명시된 미러사이트로부터 그것을 받으려고 시도한다.

3. 선미러가 패키지를 제공하지 않으면, 비트베이크는 SRC_URI를 이용해 업스트림 프로젝트 사이트에서 직접 파일을 받는다.

4. 업스트림 프로젝트에서의 다운로드가 실패하면, 비트베이크는 MIRROS 변수에서 제공하는 미러 사이트를 사용한다.

5. 요청한 파일을 제공하는 다운로드 사이트가 하나도 없으면, 비트베이크는 오류 메시지를 표출한다.

미러의 사용과 위 순서는 비트베이크의 기본 동작이다. 미러를 사용하고 싶지 않다면, PREMIRRORS와 MIRRORS 변수를 모두 빈 문자열로 설정해야 한다.

PREMIRRORS와 MIRRORS 변수는 키로 정규 표현식을, 값으로 각 미러를 가리키는 SRC_URI와 URI를 갖는 튜플 목록을 갖는다.

```
MIRRORS = "\
ftp://.*/.* http://downloads.mirrorsite.org/mirror/sources/ \n \
http://.*/.* http://downloads.mirrorsite.org/mirror/sources/ \n \
https://.*/.* http://downloads.mirrorsite.org/mirror/sources/ \n \
git://.*/.* http://downloads.mirrorsite.org/mirror/sources/ \n \
svn://.*/.* http://downloads.mirrorsite.org/mirror/sources/ \n"
```

키와 URI 튜플은 하나 이상의 공백 문자로 나뉘어져 있다. 그리고 튜플은 개행 문자로 구분된다. 일반적으로 미러는 파일 다운로드를 위해 HTTP 프로토콜을 사용하지만 FTP, HTTPS, SFTP 같은 프로토콜도 비트베이크가 지원하기 때문에 사용될 수 있다.

파일 다운로드를 위한 동작은 꽤 직관적이다. 예를 들어 비트베이크가 FTP 스킴을 사용한 SRC_URI를 맞닥뜨리면, MIRROR 변수에서 맞는 키가 있는지 살펴본다. 그러고 나서 SRC_URI의 스킴과 경로를 미러의 URI로 대체한다. 앞의 미러 목록을 사용해,

```
SRC_URI = ftp://ftp.site.org/downloads/file.tgz
```

위 구문이 다음과 같이 변경된다.

```
SRC_URI = http://downloads.mirrorsite.org/mirror/sources/file.tgz
```

미러의 URI가 파일 다운로드 사이트를 가리킬 때, 깃 같은 SCM 리파지토리의 경우 미러가 어떻게 동작할까? 이 경우 비트베이크는 리파지토리가 타볼^{tarball}로 패키지돼 있을 것이라 가정한다. 미러로부터 타볼을 다운로드하고 로컬에 압축을 해제한다.

욕토 프로젝트는 http://downloads.yoctoproject.org/mirror/sources에서 고사용성을 지원하는 소스 미러를 제공한다. 이 미러는 모든 욕토 프로젝트 빌드 환경을 위한 포키 참조 배포 정책에 기본으로 활성화돼 있다.

미러 생성

여러분 고유의 미러를 생성하는 것도 장점이 있다. 예를 들면, 팀이 외부 네트워크에 접근하는 것을 최소화하거나, 제품의 리눅스 배포판이 빌드된 소스를 제어하는 것 등이다. 욕토 프로젝트 미러에서 모든 소스 패키지를 다운로드해 인트라넷 서버에 위치시키는 것으로 여러분 고유의 미러를 생성할 수 있다. 또한 프로젝트를 위해 리눅스 배포판을 빌드하는 데 사용되는 욕토 프로젝트 빌드 환경의 다운로드 디렉터리로부터 미러를 생성할 수 있다. 여러분의 로컬 다운로드 디렉터리는 이미 필요한 모든 소스를 갖고 있지만, 미러 사이트로 적합한 형태는 아니다. 기본적으로, 빌드 시간을 단축하기 위해 비트베이크는 SCM 리파지토리를 위한 소스 타볼을 생성하지 않는다. 다음을 conf/local.conf 파일에 추가함으로써 비트베이크가 로컬 다운로드 디렉터리에 타볼을 생성하도록 할 수 있다.

```
BB_GENERATE_MIRROR_TARBALLS = "1"
```

빌드가 성공적으로 끝난 후, 다운로드 디렉터리에 있는 모든 파일을 미러 서버로 복제하라. 모든 파일을 복사해야 한다. 심볼릭 링크를 사용하면 안 되는데, 페처가 그 심볼릭 링크를 처리할 수 없기 때문이다.

미러 서버가 설정되고 나면, MIRRORS와 PREMIRRORS 변수에 그 URI를 사용할 수 있다.

4.6 헬로 월드: 비트베이크 스타일

이전 단락에서 비트베이크의 핵심과 비트베이크를 빌드 시스템으로서 도입하는 과정을 설명했다. 이제는 간단한 예제를 만들어볼 시간이다. 바로 비트베이크 헬로 월드^{HelloWorld}다. 이것이 여러분이 비트베이크로 할 수 있는 가장 근본적인 예제는 아니겠지만, 적어도 빌드 호스트를 타깃으로 오픈소스 소프트웨어 패키지를 빌드하는 법을 볼 수는 있을 것이다.

예제는 나노 텍스트 에디터(http://nano-editor.org)를 소스로부터 빌드하는 것이다. 나노는 GNU 오토툴즈를 이용해서 환경을 설정한다. 빌드 호스트에서 이 예제를 작업하기 위해, 오토툴즈를 포함한 GNU 개발 패키지를 갖고 있어야 한다. 물론 비트베이크도 필요하다.

먼저, 비트베이크 헬로 월드 프로젝트를 위한 빌드 환경을 설정해야 한다. 리스트 4-18에서 그 모습을 보여준다.

리스트 4-18 비트베이크 헬로 월드 빌드 환경 레이아웃

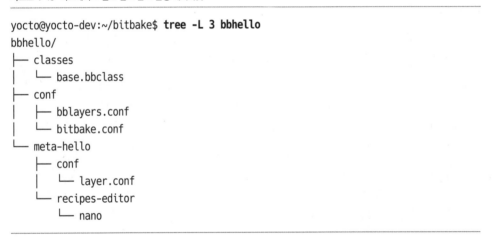

```
yocto@yocto-dev:~/bitbake$ tree -L 3 bbhello
bbhello/
├── classes
│   └── base.bbclass
├── conf
│   ├── bblayers.conf
│   └── bitbake.conf
└── meta-hello
    ├── conf
    │   └── layer.conf
    └── recipes-editor
        └── nano
```

비트베이크의 기본 파일 base.bbclass와 bitbake.conf를 비트베이크 설치 디렉터리에서 빌드 환경에 복사했다. 이 파일들은 이 예를 위한 모든 필요 설정을 갖고 있다.

bblayers.conf 파일은 빌드 환경을 설정하고 우리의 meta-hello 레이어를 인클루드한다. 이때 meta-hello 레이어는 나노 에디터를 빌드하기 위한 레시피를 포함한다(리스트 4-19 참조).

리스트 4-19 bblayers.conf

```
# BBPATH를 빌드 환경의 최상위 디렉터리로 설정하라
BBPATH := "${TOPDIR}"
# BBFILES는 빈 문자열로 설정하라
# 이는 레이어의 layer.conf 파일에서 설정된다
BBFILES ?= ""
# BBLAYERS에 레이어를 추가하라
BBLAYERS = " \
  ${TOPDIR}/meta-hello \
  "
```

파일은 먼저 BBPATH 변수에 빌드 환경의 최상위 디렉터리를 설정하고 BBFILES에 빈 문자열을 초기화한다. 그러고 나서 meta-hello 레이어를 BBLAYERS에 추가한다. 간단하게 하기 위해 이 예제는 모두 갖고 있으며 meta-hello를 빌드 환경에 포함한다.

이미 이야기했듯이, 모든 비트베이크 레이어는 layer.conf 환경 설정 파일을 포함해야 한다. 리스트 4-20을 살펴보자.

리스트 4-20 layer.conf

```
# 이 레이어의 경로를 BBPATH에 추가하라
BBPATH .= ":${LAYERDIR}"

# 레시피와 첨가 파일을 BBFILES에 추가하라
BBFILES += "${LAYERDIR}/recipes-*/*/*.bb \
            ${LAYERDIR}/recipes-*/*/*.bbappend"

# 레이어 검색 패턴과 우선순위를 설정하라
BBFILE_COLLECTIONS += "hello"
BBFILE_PATTERN_hello := "^${LAYERDIR}/"
BBFILE_PRIORITY_hello = "5"
```

이 파일은 사실 상용문 템플릿의 복사본이다. 수정이 필요한 부분은 패턴 검색과 우선순위 설정이다.

마지막으로 나노 에디터를 빌드할 레시피가 필요하다. 이 레시피를 meta-hello 레이어 최상위 디렉터리의 하위 디렉터리인 recipes-editor에 두자. 레이어에서 레시피의 전체 경

로는 layer.conf의 BBFILES 내 표현식과 맞아야 한다. 리스트 4-21에서 이 레시피를 볼 수
있다.

리스트 4-21 nano.bb

```
SUMMARY = "Recipe to build the 'nano' editor"
PN = "nano"
PV = "2.2.6"
SITE = "http://www.nano-editor.org/dist"
PV_MAJOR = "${@bb.data.getVar('PV',d,1).split('.')[0]}"
PV_MINOR = "${@bb.data.getVar('PV',d,1).split('.')[1]}"
SRC_URI = "${SITE}/v${PV_MAJOR}.${PV_MINOR}/${PN}-${PV}.tar.gz"
SRC_URI[md5sum] = "03233ae480689a008eb98feb1b599807"
SRC_URI[sha256sum] = \
"be68e133b5e81df41873d32c517b3e5950770c00fc5f4dd23810cd635abce67a"
python do_fetch() {
    bb.plain("Downloading source tarball from ${SRC_URI} ...")
    src_uri = (d.getVar('SRC_URI', True) or "").split()
    if len(src_uri) == 0:
        bb.fatal("Empty URI")
    try:
        fetcher = bb.fetch2.Fetch(src_uri, d)
        fetcher.download()
    except bb.fetch2.BBFetchException:
        bb.fatal("Could not fetch source tarball.")
    bb.plain("Download successful.")
}
addtask fetch before do_build
python do_unpack() {
    bb.plain("Unpacking source tarball ...")
    os.system("tar x -C ${WORKDIR} -f ${DL_DIR}/${P}.tar.gz")
    bb.plain("Unpacked source tarball.")
}
addtask unpack before do_build after do_fetch
python do_configure() {
    bb.plain("Configuring source package ...")
    os.system("cd ${WORKDIR}/${P} && ./configure")
    bb.plain("Configured source package.")
}
addtask configure before do_build after do_unpack
```

```
python do_compile() {
    bb.plain("Compiling package...")
    os.system("cd ${WORKDIR}/${P} && make")
    bb.plain("Compiled package.")
}
addtask compile before do_build after do_configure
do_clean[nostamp] = "1"
do_clean() {
    rm -rf ${WORKDIR}/${P}
    rm -f ${TMPDIR}/stamps/*
}
addtask clean
```

이 레시피는 비트베이크 메타데이터 문법의 주 개념에 있는 많은 부분을 활용한다. 변수
설정, 변수 확장, 파이썬 변수 확장, 변수 속성, 파이썬 코드에서 비트베이크 변수 접근, 파
이썬 태스크, 셸 태스크 등이 그것이다.

나노 텍스트 에디터를 빌드하기 위해 다음을 빌드 환경의 최상위 디렉터리에서 실행해보자.

$ bitbake nano

모든 것이 잘 동작하면, 리스트 4-22와 같은 결과를 볼 수 있다.

리스트 4-22 나노 텍스트 에디터 빌드

```
$ bitbake nano
NOTE: Not using a cache. Set CACHE = <directory> to enable.
Parsing recipes: 100% |###############################| Time: 00:00:00
Parsing of 1 .bb files complete (0 cached, 1 parsed). 1 targets,
  0 skipped, 0 masked, 0 errors.
NOTE: Resolving any missing task queue dependencies
NOTE: Preparing runqueue
NOTE: Executing RunQueue Tasks
Downloading source tarball from
  http://www.nano-editor.org/dist/v2.2/nano-2.2.6.tar.gz ...
Download successful.
Unpacking source tarball ...
Unpacked source tarball.
Configuring source package ...
```

```
Configured source package.
Compiling package...
Compiled package.
NOTE: Tasks Summary: Attempted 5 tasks of which 0 didn't need to be rerun and all
succeeded.
```

나노 실행 파일은 tmp/work/nano-2.2.6-r0/nano-2.2.6/src에 위치하며, 그곳에서 실행할 수 있다.

빌드 환경 초기화는 다음과 같이 할 수 있다.

```
$ bitbake nano -c clean
```

물론 이 예제는 매우 간단하다. 전체 리눅스 운영체제 스택을 빌드하는 오픈임베디드 빌드 시스템 같은 빌드 시스템은 훨씬 더 많은 기능을 제공해야 하며, 수많은 레시피와 클래스를 포함해야 한다. 또한 오픈임베디드 빌드 시스템은 서로 다른 아키텍처와 서로 다른 머신 종류를 위한 빌드 기능을 제공하며, 이는 크로스 툴체인 빌드를 필요로 한다.

4.7 의존성 다루기

빌드 시스템이 단일 소프트웨어 패키지를 빌드하는 경우는 드물다. 여러 소프트웨어 패키지가 빌드되면, 의존성은 항상 그들 사이에 존재한다. 즉, 빌드 시스템이 이러한 의존성을 다룰 수 있어야 한다는 것이다. 빌드 시스템은 패키지에 가해진 모든 변경점을 탐지하고, 변경으로 인해 무효화된 모든 태스크를 재실행하며, 변경된 패키지의 하나 이상의 태스크 결과에 의존하는 소프트웨어 패키지의 태스크도 재실행해야 한다.

빌드 시스템은 일반적으로 다음과 같은 두 형태의 의존성을 구분한다.

- 빌드 의존성: 소프트웨어 패키지가 성공적으로 빌드되기 위해 필요한 요소다. 헤더 파일, 정적 라이브러리 등이 해당된다.
- 실행 시간 의존성: 소프트웨어 패키지가 잘 동작하기 위해 필요한 요소다. 라이브러리, 환경 설정 파일 등이 해당된다.

의존성을 나타내기 위해 빌드 시스템은 소프트웨어 패키지가 그 이름이나 기능을 공표하

는 방법과 다른 소프트웨어 패키지가 그 이름이나 기능을 의존성으로서 참조할 수 있도록
하는 방법을 구현해야 한다.

4.7.1 프로비저닝

소프트웨어 패키지를 위한 비트베이크 레시피는 PROVIDES 변수를 이용해서 그 이름이나
기능을 다른 레시피에 공표한다. 그래서 해당 패키지에 의존성을 나타낼 수 있다. 비트베이
크는 세 가지 서로 다른 프로비저닝 형태를 제공한다. 이는 이 책에서 암시적 프로비저닝,
명시적 프로비저닝, 심볼릭 프로비저닝으로 나타낸다.

암시적 프로비저닝

비트베이크는 패키지 이름, 패키지 버전, 패키지 리비전revision을 위한 값을 레시피 파일명
에서 얻는다. 이러한 값은 레시피의 내용에 의해 명시적으로(다음 단락에서 설명한다.) 덮어
쓰여지지 않는 한 프로비저닝에 사용된다.

비트베이크 레시피 파일명은 다음 규칙을 따른다.

```
<package name>_<package version>_<package revision>.bb
```

이러한 규칙은 패키지 이름, 패키지 버전, 패키지 리비전을 언더스코어()로 묶는다.

```
nano_2.2.6_r0.bb
```

비트베이크는 파일명을 해석해서 PN, PV, PR 변수에 각각 할당한다.

```
PN = "nano"
PV = "2.2.6"
PR = "r0"
```

만약 레시피 이름에 패키지 리비전이 없으면 PR은 r0를 기본값으로 가지며, 패키지 버전이
없으면 PV는 1.0을 기본값으로 갖는다. 그러나 레시피 이름을 통한 암시적인 프로비저닝을
사용할 경우 패키지 리비전은 패키지 버전의 명시 없이는 설정할 수 없다. 패키지 버전을
명시하지 않고 패키지 리비전을 제공하길 원한다면, 명시적 프로비저닝을 사용해야 한다.
그러나 일반적으로 이는 상당히 앞뒤가 안 맞는데, 패키지 리비전은 패키지 버전이 없으면
별 의미가 없기 때문이다.

다음 할당을 통해

```
PROVIDES_prepend = "${PN} "
```

패키지는 항상 패키지 이름을 알린다.

명시적 프로비저닝

이 세 변수 PN, PV, PR은 할당을 통해 레시피에 의해 명시적으로 설정될 수 있다. 이러한 명시적 프로비저닝은 파일명으로부터 얻어진 모든 설정을 덮어 쓴다. 비트베이크는 PROVIDES 변수를 이에 따라 설정한다.

심볼릭 프로비저닝

레시피는 또한 패키지를 위한 심볼릭 이름을 명시하는 데 쓰는 PROVIDES 변수를 추가하거나 덮어 쓸 수 있다. 의존 패키지는 이 심볼릭 이름을 참조할 수 있다. 이는 다중 패키지나 같은 패키지의 다중 버전에 같은 기능을 제공하기 위해 유용하다.

```
PROVIDES =+ "virtual/editor"
```

이 구문은 레시피에 나노 텍스트 에디터를 위해 심볼릭 이름인 virtual/editor를 이름 목록에 추가하는 데 사용된다. 심볼릭 이름을 PROVIDES에 추가하는 것은 모든 변수를 덮어 쓰는 것보다 더욱 권장된다. 심볼릭 이름이 무엇인지는 중요하지 않다. 그러나 실제 다른 레시피의 이름과 의도치 않은 심볼릭 이름의 충돌을 피하기 위해 개발자는 virtual/ 접두 규칙을 사용해야 한다.[2]

명백하게도 다중 패키지가 같은 심볼릭 이름을 사용한다면, 빌드 시스템은 어떤 이름을 레시피가 사용하게 할지 결정하는 방법이 있어야 한다. 이는 4.7.3절에서 다룬다.

4.7.2 의존성 선언

레시피는 의존 패키지 이름을 DEPENDS와 RDEPENDS 변수에 추가함으로써 빌드 의존성과 실행 시간 의존성을 선언한다.

---

2 심볼릭 이름의 슬래시가 유닉스 시스템에서 경로를 나누는 분리자 역할을 하기 때문에 리눅스 빌드 호스트에서 심볼릭 이름이 실제 레시피의 이름과 충돌할 가능성은 없다.

```
DEPENDS = "libxml2-native gettext-native virtual/libiconv ncurses"
RDEPENDS = "base-files run-postinsts"
```

이 두 변수는 공백으로 구분된 의존 패키지의 실제 또는 심볼릭 이름의 목록을 갖는다. 물론, 이러한 패키지는 반드시 **PROVIDES** 변수를 통해 그 이름을 제공해야 한다.

비록 의존성이 레시피 수준에서 선언되지만, 레시피 수준에 이를 강제하는 것은 오히려 비효율적이다. 예를 들어, 레시피 수준에서의 빌드 의존성 강제는 패키지를 빌드하는 모든 레시피의 태스크가 패키지에 의존적인 레시피의 첫 태스크가 시작되기 전에 모두 완벽하게 수행돼야만 한다는 의미다. 이는 소스 코드 얻기, 압축 해제하기, 패치하기 등이 빌드를 성공적으로 완료한 다른 패키지에 의존성이 없는 태스크이므로 동시적 빌드 절차의 최적화에 좋지 않다. 그러나 패키지를 설정하고 컴파일하는 태스크는 패키지 빌드 절차의 성공적인 완료에 의존한다. 그러므로 비트베이크는 의존성을 태스크 수준에서 강제한다. 이는 **deptask**와 **rdeptask** 메타데이터 속성을 이용해서 이뤄진다. 각 태스크는 공백으로 구분되는 **deptask** 속성을 가지며, DEPENDS에 나열된 완료돼야 하는 각 패키지 목록을 갖는다.

```
do_configure[deptask] = "do_populate_staging"
```

코드 예를 보면, DEPENDS에 포함된 각 레시피의 **do_populate_staging** 태스크는 이 레시피의 **do_configure_task**가 실행되기 전에 완료돼야 한다.

rdeptask 속성은 실행 시간 의존성을 위해 채워진다.

```
do_package_write[rdeptask] = "do_package"
```

이 예에서 레시피의 **do_package_write** 태스크는 실행 시간 동안 그에 의존성이 있는 모든 패키지가 그들의 패키징 단계를 완료하기 전에는 수행될 수 없다.

4.7.3 다중 제공자

심볼릭 프로비저닝을 통해 다중 패키지는 잠재적으로 다른 패키지의 빌드 및 실행 시간 의존성을 만족할 수 있다. 예를 들어, 이메일을 위한 두 텍스트 에디터 기능을 제공하는 두 패키지가 있다고 하자. 이메일 프로그램은 두 텍스트 에디터 중 어느 것이 그 기능을 제공하는지 관여하지 않는다. 적어도 둘 중 하나가 사용 가능하다면 말이다.

```
editor1.bb: PROVIDES = "virtual/editor"
editor2.bb: PROVIDES = "virtual/editor"
mailer.bb: RDEPENDS = "virtual/editor"
```

두 에디터 패키지는 메일 패키지가 필요로 하는 virtual/editor 기능을 제공한다. 비트베이크가 빌드를 위해 이 두 에디터 패키지 중 하나를 어떻게 선택할까? PREFERRED_PROVIDER 변수를 통해 비트베이크가 빌드할 virtual/editor 패키지 중 하나를 선택할 수 있다.

```
PREFERRED_PROVIDER_virtual/editor = "editor2"
```

대부분 이 변수는 배포 정책 환경 설정 파일 같은 환경 설정 파일에 위치해 있다.

4.8 버전 선택

많은 메타데이터 레이어는 같은 소프트웨어 패키지의 서로 다른 버전을 빌드하기 위한 다중 레시피를 포함한다. 예를 들어, OE 코어 메타데이터 레이어는 리눅스 커널의 서로 다른 버전을 빌드하기 위한 다양한 레시피를 제공한다.

기본적으로 비트베이크는 PV 변수가 가리키는 대로 항상 패키지의 최신 버전을 빌드하도록 레시피를 선택한다. 그러나 PREFERRED_VERSION 변수를 통해 기본 동작을 덮어 쓸 수 있다.

```
PREFERRED_VERSION_editor = "1.1"
```

이 변수를 사용할 때는 패키지 이름을 붙여서 사용해야 한다. 때로 버전 번호는 추가적인 정보와 함께 붙을 수 있다. 예를 들어, 깃 태그나 마이너 버전 번호 등이 그것이다. 이 경우 버전 문자열에 퍼센트 기호를 추가해서 추가적인 정보가 무의미하다는 것을 알린다.

```
PREFERRED_VERSION_linux-yocto = "3.10%"
```

레시피는 DEFAULT_PREFERENCE 변수를 설정해서 버전 번호보다 높거나 낮은 우선순위를 가리키게 할 수 있다.

```
editor_1.1.bb: DEFAULT_PREFERENCE = "6"
editor_1.2.bb: DEFAULT_PREFERENCE = "0"
```

기본적으로 비트베이크는 editorr-1.1.bb보다 더 최신 버전인 editor-1.2.bb 레시피를 선택한다. 그러나 DEFAULT_PREFERENCE를 사용하면, 오래된 버전의 레시피 빌드를 이끌어낼 수 있다. DEFAULT_PREFERENCE의 기본값은 5다.

DEFAULT_PREFERENCE를 통해 새 버전에 낮은 우선순위를 주는 것은 실험용 레시피를 위한 경우에만 사용할 것을 추천한다.

```
editor_2.0.bb: DEFAULT_PREFERENCE = "-1"
```

DEFAULT_PREFERENCE를 실험용 레시피의 우선순위를 낮추기 위한 것 이외의 목적으로 사용하면, 의도치 않은 결과나 사용되는 레시피에 대해 알지 못했던 문제를 야기할 수 있다.

4.9 변형

레시피는 일반적으로 타깃 시스템에 맞는 소프트웨어 패키지 변형을 빌드한다. 그러나 어떤 패키지의 경우, 변형은 서로 다른 애플리케이션을 위해 필요하다. 전형적인 예는 컴파일러며, 타깃 종류나 네이티브 및 호스트 종류에 따라 필요하다. 같은 레시피에서 다양한 패키지 변형 빌드를 활성화하기 위해 BBCLASSEXTEND 변수를 제공한다.

```
BBCLASSEXTEND += "native"
```

이것을 레시피 안에서 사용하면, 비트베이크에게 타깃 변형뿐 아니라 빌드 호스트를 위한 네이티브 소프트웨어 패키지 변형을 빌드하도록 한다. 이는 내부적으로 비트베이크가 native 클래스를 상속하는 레시피를 두 번째로 수행하는 것이다. 이것이 잘 동작하도록 하기 위해 native.bbclass 파일 내에 있는 native 클래스를 정의해야 한다.

BBCLASSEXTEND는 공백으로 구분된 클래스 목록을 가지며, 서로 다른 클래스에서 필요한 만큼 레시피를 수행할 수 있게 한다.

레시피에 포함된 변수나 태스크는 서로 다른 값을 갖고 있어야 하거나 현재 빌드된 변형을 기반으로 한 서로 다른 절차를 수행해야 한다. 이는 다음 변수와 태스크를 덮어 쓰기함으로써 이룰 수 있다.

```
VARIABLE_class-target = "target value"
VARIABLE_class-native = "native value"
```

위 할당은 어떤 변형을 빌드베이크가 빌드하는지에 따라 VARIABLE에 서로 다른 값을 할당한다. 변형 덮어 쓰기를 사용하지 않는 모든 변수와 태스크는 모든 변형에 공유된다.

변형 target은 암시적이다. target이라는 클래스는 없다. BBCLASSEXTEND에 사용된 모든 클래스는 각각의 .bbclass 파일에 의해 정의돼야 한다.

4.10 기본 메타데이터

비트베이크는 여러 기본 메타데이터 객체를 정의하고 사용하며 의존돼 있다. 또한 이들이 많은 레시피와 클래스에 참조돼 있는 것을 볼 수 있다. 다음 단락들에서는 이러한 변수나 태스크의 핵심 목록을 논의한다.

물론 오픈임베디드, 포키, 그리고 기타 메타데이터 레이어는 비트베이크의 기능을 확장하기 위해 더 많은 메타데이터를 추가한다. 7장의 커스텀 리눅스 배포판 빌드, 8장의 소프트웨어 패키지를 위한 개발 레시피, 9장의 리눅스 커널 설정 및 컴파일, 10장의 보드 지원 패키지 개발을 위한 내용에서 언급이 필요할 때 이러한 확장과 그 메타데이터에 대해 논의한다.

4.10.1 변수

비트베이크는 여러 변수를 참조하고 사용한다. 이러한 변수들이 설정돼 있지 않으면 오류를 발생시키고 실행을 종료한다. 비트베이크는 이러한 변수 중 일부를 현재 컨텍스트로부터 얻어오고, 적절하게 설정한다. 그 외에는 bitbake.conf 파일에서 기본값으로 설정한다. 또 다른 분류를 위해서는 명시적으로 프로젝트에 설정을 제공해야 한다.

내부적으로 얻어온 변수

비트베이크는 다음과 같은 변수의 값을 현재 컨텍스트에서 얻어와 적절히 설정한다.

- FILE: 비트베이크가 현재 처리 중인 파일의 전체 경로다. 파일은 환경 설정 파일, 레시피, 클래스 등일 수 있다.

- LAYERDIR: 비트베이크는 레이어의 파일을 처리할 때 이 변수에 현재 레이어의 전체 경로를 설정한다.

- TOPDIR: 비트베이크는 이 변수에 비트베이크가 수행되는 디렉터리의 전체 경로를 설정한다. 비트베이크는 빌드 환경의 최상위 디렉터리에서 수행하고, 이 값에 명시적으로 빌드 환경의 최상위 디렉터리를 설정하길 기대한다.

프로젝트 관련 변수

이 변수는 비트베이크 프로젝트에 관련된 것이며, 프로젝트를 위해 명시적으로 설정해야 한다.

- **BBFILES**: 공백으로 구분된 레시피 파일의 경로 목록이다. layer.conf 환경 설정 파일은 고유의 레시피를 추가하기 위해 이 변수를 확장한다.

- **BBLAYERS**: 비트베이크는 레이어의 파일을 처리할 때 현재 레이어 디렉터리의 전체 경로를 설정한다.

- **BBPATH**: 비트베이크는 이 변수를 사용해 클래스들(.bbclass 파일)을 classes로 이름 지어진 하위 디렉터리에 배치하고, conf로 이름 지어진 하위 디렉터리에 환경 설정 파일(.conf 파일)을 배치한다. 이 변수는 콜론으로 구분된 디렉터리 경로 목록을 갖는다. 레이어는 그 최상위 디렉터리를 이 변수에 넣는다.

  ```
  BBPATH .= ":${LAYERDIR}".
  ```

표준 실행 시간 변수

표준 실행 시간 변수는 비트베이크 모듈 내의 많은 곳에서 참조한다. 그러므로 잘 동작하기 위해 유효한 값을 가지고 있어야 한다. 이 변수는 일반적으로 conf/bitbake.conf 파일에 의해 초기화된다. 비트베이크 소스 패키지는 conf/bitbake.conf 파일을 기본값 설정과 함께 제공한다. 만약 여러분이 비트베이크 프로젝트를 처음부터 시작한다면, 헬로 월드 예제에서 봤듯이 이 파일을 시작점으로 사용할 수 있다.

포키 빌드 시스템의 기초 형태인 OE 코어 메타데이터 레이어는 conf/bitbake.conf 파일을 비롯해, 레이어에 포함된 다양한 클래스의 요구 사항을 만족하기 위한 방대한 변수 목록을 초기화한다. 앞으로 나올 장에서 적절한 내용과 함께 포키의 기능에 대해 더 살펴볼 것이다.

- **B**: 비트베이크가 소스 패키지를 빌드하는 디렉터리의 전체 경로. 이는 일반적으로 비트베이크가 패키지의 소스를 풀어놓는 디렉터리와 같다. 즉, B = ${S}다. 트리 밖 빌드의 경우 B는 서로 다른 빌드 디렉터리를 가리킬 수 있다.

- **BUILD_ARCH**: 빌드 호스트의 CPU 아키텍처. 대부분의 경우 이 값은 자동으로 BUILD-ARCH = ${@os.uname()[4]})에서 가져온다. 이는 리눅스 시스템에서의 시스템 아키텍처를 반환한다.

- **CACHE**: 빌드 환경 내에 일반적으로 존재하는 메타데이터 캐시의 디렉터리 전체 경로다(CACHE = ${TOPDIR}/cache). 비트베이크가 맨 처음 빌드 환경에서 실행될 때 모든 메타데이터 파일과 레시피를 파싱하고, 다음에 수행할 작업을 위해 캐시를 생성한다. 이는 실행 속도를 높인다. 메타데이터 변경은 캐시를 무효화하고, 비트베이크로 하여금 이를 다시 생성하도록 한다.

- **CVSDIR**: 비트베이크가 확인할 CVS 리파지토리의 전체 디렉터리 경로. 이 디렉터리의 기본값은 다운로드 디렉터리의 하위 디렉터리다. CVSDIR = ${DL_DIR}/cvs

- **D**: 설치 태스크나 이미지 생성 태스크 등이 출력을 위치시키는 디텍토리의 전체 경로다. 예를 들어 make install을 이용한 설치 태스크는 설치 경로를 위해 이 변수를 참조한다.

- **DEPENDS**: 패키지 이름을 공백으로 분리한 목록으로 패키지 의존성을 나타낸다.

- **DEPLOY_DIR**: 타깃 이미지, 패키지 피드, 라이선스 매니페스트처럼 배포에 필요한 모든 파일을 비트베이크가 위치시키는 데 쓰이는 기본 디렉터리의 전체 경로다. 기본값은 빌드 환경에 있는 디렉터리다. DEPLOY_DIR: DEPLOY_DIR = ${TMPDIR}/deploy

- **DEPLOY_DIR_IMAGE**: 비트베이크가 타깃 바이너리 이미지를 복사하는 디렉터리 전체 경로다. 일반적으로 DEPLOY_DIR의 하위 디렉터리를 가리킨다. DEPLOY_DIR_IMAGE = ${DEPLOY_DIR}/images

- **DL_DIR**: 다운로드 디렉터리의 전체 경로다. 기본값은 빌드 환경의 하위 디렉터리다 (DL_DIR = ${TMPDIR}/downloads). 하나 이상의 빌드 환경에서 작업할 때, 같은 소스 파일을 같은 곳에 여러 번 다운로드하고 시간 및 디스크 공간을 소비하는 것을 피하기 위해 빌드 환경 바깥의 경로를 설정하는 것을 추천한다.

- **FILE_DIRNAME**: 비트베이크가 현재 처리 중인 파일을 포함하는 디렉터리의 전체 경로다. 이 값은 자동으로 FILE_DIRNAME = ${@os.path.dirname(bb.data.getVar('FILE'))}을 이용해 얻어온다.

- **FILESDIR**: 비트베이크가 로컬 파일을 찾기 위한 디렉터리의 전체 경로다. 비트베이크는 FILESPATH에 나열된 디렉터리 중 어느 곳에서도 파일을 찾을 수 없는 경우에만 이 변수를 사용한다. 대부분의 경우 이 변수는 첨가 파일에 있다.

- **FILESPATH**: 이 변수는 콜론으로 구분된 전체 디렉터리 경로 목록이며, 로컬 파일을 찾기 위한 비트베이크의 로컬 파일 페처^fetcher에 의해 검색된다. 기본값

은 FILESPATH = "${FILE_DIRNAME}/${PF}:${FILE_DIRNAME}/${P}:${FILE_DIRNAME}/${PN}:${FILE_DIRNAME}/files:${FILE_DIRNAME}"이다.

- GITDIR: 비트베이크가 점검할 깃 리파지토리의 디렉터리 전체 경로다. 기본값은 다운로드 디렉터리의 하위 디렉터리다. GITDIR = ${DL_DIR}/git

- MKTEMPCMD: 비트베이크가 임시 파일을 생성하기 위한 명령. MKTMPCMD = "mktemp -q ${TMPBASE}"

- MKTEMPDIRCMD: 비트베이크가 임시 디렉터리를 생성하기 위한 명령. MKTMPDIRCMD = "mktemp -d -q ${TMPBASE}"

- OVERRIDES: 조건부 덮어 쓰기를 위해 콜론으로 구분된 우선순위 목록이다. 비트베이크는 오른쪽에서 왼쪽으로 이 목록을 진행하며, 나중에 목록으로 들어간 것이 먼저 실행된다.

- P: 대시로 합쳐진 패키지 이름과 버전. P = "${PN}-${PV}"

- PERSISTENT_DIR: 비트베이크가 파일을 영구적으로 보관하는 디렉터리의 전체 경로다. 기본값은 PERSISTENT_DIR = "${TOPDIR}/cache"다. CACHE와 PERSISTENT_DIR 변수는 어떤 것을 사용해도 좋다. 둘 중 하나는 반드시 설정돼야 한다. 만약 PERSISTENT_DIR이 설정돼 있지 않으면 CACHE를 시도한다.

- PF: 패키지 이름, 버전, 리비전이 대시로 함께 붙어있다. PF = "${PN}-${PV}-${PR}"

- PN: 레시피 파일명으로부터 얻은 패키지 이름

- PR: 레시피 이름 또는 명시적인 설정으로부터 얻은 패키지 리비전

- PROVIDES: 패키지가 제공하는 공백으로 구분된 이름 선언 목록. 다른 레시피들은 이 이름을 이 패키지에 대한 의존성을 선언하기 위해 사용한다.

- PV: 레시피 이름이나 명시적인 설정으로부터 얻은 패키지 버전

- S: 비트베이크가 압축 해제한 소스를 위치시키는 디렉터리의 전체 경로. 기본값은 패키지를 위한 작업 디렉터리의 하위 디렉터리다. S = "${WORKDIR}/${P}"

- SRC_URI: 소스 패키지를 위한 다운로드 URI

- SRCREV: SCM에서 다운로드하는 데 사용되는 소스 리비전

- SVNDIR: 비트베이크가 검사할 서브버전 리파지토리 디렉터리의 전체 경로. 기본값

은 다운로드 디렉터리의 하위 디렉터리다. SVNDIR = ${DL_DIR}/svn

- T: 비트베이크가 패키지 레시피 처리 중의 태스크 코드나 태스크 로그 같은 임시 파일을 저장하는 디렉터리의 전체 경로. 기본값은 패키지의 작업 디렉터리 내의 디렉터리다. T = "${WORKDIR}/tmp"

- TARGET_ARCH: 비트베이크가 빌드하는 CPU 아키텍처

- TMPBASE: 비트베이크가 MKTMPCMD와 MKTEMPDIRCMD 명령을 통해 임시 파일과 디렉터리를 생성하는 데 사용하는 디렉터리의 전체 경로. 비트베이크 모듈, 클래스, 태스크는 그 요구 사항에 맞춰 이 변수를 설정한다.

- TMPDIR: 비트베이크가 패키지 빌드, 루트 파일시스템 스테이지, 이미지, 패키지 피드 등 모든 그 빌드 출력을 위치시키는 최상위 디렉터리의 전체 경로. 이는 일반적으로 빌드 환경 내에 위치한다(TMPDIR = "${TOPDIR}/tmp"). 이 변수의 이름과 그 기본값 설정의 선택은 그다지 운이 따르지 않았다. TMPDIR에 생성된 파일과 디렉터리가 비트베이크가 항상 재생성 가능한 임시적인 것임에도 불구하고, 디렉터리는 사실상 모든 빌드 결과물을 포함한다. 이는 이 디렉터리를 이름에 비해 더 중요하게 만들어준다.

- WORKDIR: 비트베이크가 패키지를 빌드하고 패키지 빌드 절차에 관련된 모든 로그 정보를 저장하는 디렉터리의 전체 경로다. 기본값은 WORKDIR = "${TMPDIR}/work/${PF}"다.

확인할 수 있듯이, 많은 변수가 다른 변수를 참조한다. 특히 파일이나 디렉터리의 경로인 경우에 그렇다. 이는 매우 유동적인 구조를 만들어서, 간단히 한 환경 설정 파일 내의 몇 개 변수를 조작하기만 해도 여러분의 빌드 환경을 사용자화하기 매우 쉽게 해준다.

4.10.2 태스크

비트베이크 코드는 또한 base.bbclass로 제공되는 base 클래스의 기본 구현을 포함한다. 여러분 고유의 비트베이크 기반 빌드 시스템을 시작할 때 이 클래스를 사용할 수 있다. 물론, OE 코어 메타데이터 레이어는 확장된 base 클래스를 제공한다.

비트베이크의 기본 base.bbclass는 다음 태스크를 제공한다.

- build: 이는 BB_DEFAULT_CLASS 변수로 설정된 다른 태스크가 없는 한, 레시피를 실

행할 때 쓰이는 비트베이크의 기본 태스크다. 기본 base 클래스는 실제로 실행에 유용한 어떤 것도 구현하지 않는다. 헬로 월드 예에서 보듯이, 여러분의 레시피를 위해서는 추가적으로 작성하거나 다른 태스크의 기준으로 사용한다.

- listtasks: 특정 타깃에 대해 이 태스크를 실행하면, 해당 타깃에 적용 가능한 모든 태스크를 보여준다. 이는 타깃의 레시피가 정의한 태스크 및 클래스에서 상속된 레시피의 모든 태스크를 포함한다. 알아둬야 할 점은 태스크가 반드시 태스크 해시에 정렬돼야 하고 알파벳 순서가 아닌 실행 순서에 따라 정렬돼야 한다는 것이다.

4.11 요약

4장에서는 오픈임베디드와 포키 아래에 존재하는 빌드 엔진인 비트베이크에 대해 알아봤다.

- 비트베이크는 오픈임베디드 빌드 시스템의 핵심 요소로서, 오픈임베디드와 욕토 프로젝트에 의해 합동으로 개발되며 두 프로젝트에 공유된다. 포키 참조 배포의 욕토 프로젝트 릴리스는 해당 릴리스를 위한 포키 메타데이터에 맞는 비트베이크 버전을 포함한다.

- 비트베이크는 특정 메타데이터 변수들을 갖는 실행 또는 빌드 환경을 필요로 한다. 포키는 빌드 환경을 적절히 설정하고 초기화하는 셸 스크립트를 포함한다.

- 비트베이크 메타데이터는 변수와 실행 가능한 메타데이터 및 함수를 구분한다. 메타데이터 함수는 셸이나 파이썬 코드로 구현된다. 태스크는 특별히 선언된 메타데이터 함수로, 타깃의 빌드 절차의 일부로 비트베이크에 의해 실행되거나 비트베이크 명령행에서 명시적으로 호출될 수 있다.

- 메타데이터는 환경 설정 파일, 레시피, 클래스, 첨가 파일, 포함 파일 등으로 구성된다.

- 비트베이크의 메타데이터 문법은 변수 조작을 위한 다양한 표현을 제공한다. 변수는 단일 값을 가질 수도 있고, 구분자에 의해 분리되는 값의 나열일 수도 있다.

- 조건적 변수 할당과 변수의 선후 추가는 내용을 기반으로 한 변수 덮어 쓰기를 허용한다. OVERRIDES 변수는 조건의 우선순위 목록을 갖는다.

- 셸 코드로 구현된 메타데이터 함수는 메타데이터 변수에 직접 접근할 수 있다. 파이썬 함수는 비트베이크 데이터 딕셔너리를 통해 접근할 수 있다.

- 파이썬 메타데이터 함수의 반환 값은 메타데이터 변수로 직접 할당할 수 있다.

- 비트베이크의 의존성 다루기는 패키지 수준에서의 의존성 선언을 허용한다. 동시적 실행을 최적화하기 위해 비트베이크는 의존성을 태스크 수준으로 집행한다.

- 패키지의 심볼릭 이름은 구현되는 패키지의 이름보다는 제공되는 기능을 기반으로 한 의존성 선언을 가능하게 한다. `PREFERRED_PROVIDER` 변수는 구현되는 패키지의 선택을 가능하게 한다.

- 패키지는 서로 다른 패키지 버전을 빌드하기 위한 다양한 레시피를 제공한다. 비트베이크는 `PREFERRED_VERSION` 변수가 명시되지 않는 한, 가장 높은 버전의 최신 패키지를 빌드한다.

- 변형Variant 또는 클래스 확장은 전체 레시피를 다시 작성하지 않고도 타깃이나 빌드 호스트에 따라 다른 애플리케이션을 위해 같은 패키지를 여러 번 빌드하는 기제를 제공한다.

4.12 참조

비트베이크의 소스 패키지는 HTML이나 PDF 출력으로 변환 가능한 독북DocBook 형태의 문서를 포함한다. 온라인 문서는 www.yoctoproject.org/docs/2.0/bitbake-user-maniual/bitbake-user-manuial.html에서 볼 수 있다. 가장 강력한 비트베이크 문서는 물론 소스 코드다.

5

문제 해결

개발자로서 소프트웨어 빌드에 문제가 있을 수밖에 없다는 것은 잘 알 것이다. 복잡한 빌드 시스템에서의 문제 해결은 어려운 작업이며, 빌드 시스템의 다양한 분야에서 문제가 발생할 수 있다. 레시피 및 클래스의 코드, 환경 설정 파일, 크로스 개발, 빌드해야 할 소프트웨어 패키지, 패키징 등이 그것이다. 이에 대해 다음과 같은 절차를 수행해야 한다.

- 실패의 원인을 찾고 식별한다.

- 해결책을 찾고 적용한다.

올바른 도구를 갖고 효율적으로 사용한다면, 많은 시간을 절약할 수 있고 문제의 주 원인을 찾고 식별하는 데 큰 도움이 된다. 오픈임베디드 빌드 시스템은 빌드 실패의 원인을 찾는 데 도움이 되는 여러 도구를 제공한다. 하지만 문제의 해결책을 찾는 것은 여전히 도전적이다. 잠재해 있는 매우 다양한 문제점과 원인 때문에 빌드 시스템의 문제를 해결할 방법을 찾는 것은 단순하지 않다. 문제 해결은 문제점을 파악하는 데 필요한 많은 경험을 필요로 하며, 비슷한 문제에서 발견된 해결책을 수정하고 적용하는 것이다. 문제 해결을 하지 말라는 것은 아니고, 현실적인 기대 사항을 설정하라는 것이다. 소프트웨어 개발에서는 여러분의 경험에 따라 어떤 문제에 대한 해결책을 좀 더 쉽게 찾을 수 있다. 하지만 여러분이 이러한 문제를 경험하는 유일한 사람은 아니라는 것을 알아두자. 인터넷과 그 검색 엔진은 모든 종류의 해결책을 찾는 과정에서 개발자에게 큰 도움을 줄 것이다.

후에 기술되는 단락은 오픈임베디드 빌드 시스템이 제공하는 다양한 디버깅 도구와 그 사용법에 대해 논의할 것이다.

5.1 로깅

비트베이크는 빌드 과정에서 발생하는 모든 이벤트를 기록한다. 비트베이크가 기록하는 이벤트는 다음과 같다.

- 실행 가능한 메타데이터에 삽입된 디버그 정보
- 태스크나 기타 코드에 의해 실행된 모든 명령의 출력물
- 태스크나 기타 코드에 의해 실행된 모든 명령에서 발생한 오류 메시지

모든 로그 메시지는 그 메시지가 발생한 곳에서 다수의 로그 파일로 옮겨진다. 비트베이크는 실행되는 모든 태스크와 그 주 빌드 절차를 위한 로그 파일을 생성한다. 비트베이크 태스크나 기타 코드에 의해 실행된 모든 명령어에 의해 stdout이나 stderr로 보내진 모든 출력은 로그 파일로 재전송된다. 비트베이크가 일반적인 동작을 할 때는 경고나 오류 조건이 발생하지 않는 한 어떤 로그 출력도 보여주지 않는다.

5.1.1 로그 파일

비트베이크는 모든 프로세스를 위해 각각의 로그 파일을 유지한다. 여기에는 주 빌드 프로세스인 쿠커cooker 프로세스와 모든 레시피의 모든 태스크가 포함된다. 쿠커 프로세스는 각 태스크를 위한 분리된 프로세스를 생성한다.

일반적인 로그 파일

비트베이크는 쿠커의 룩 파일look file 같은 일반적인 로그 파일 전부를 LOG_DIR 변수에 지정된 디렉터리에 저장한다. 기본적으로 이 디렉터리는 임시 빌드 파일을 위한 디렉터리 내의

log로 명명된 하위 디렉터리다.

```
LOG_DIR = "${TMPDIR}/log"
```

이 디렉터리에서는 cooker 같은 각 비트베이크 프로세스를 위한 하위 디렉터리를 찾을 수 있다. 이 로그 파일은 타깃 머신에 따라 더 세분화돼 있다. 예를 들어 여러분이 qemux86 머신을 위한 빌드를 수행했다면, cooker 디렉터리에는 실제 로그 파일을 갖는 qemux86 디렉터리가 있을 것이다. 비록 이러한 설정이 디렉터리를 헤집고 다니게 하지만, 관련 로그 파일을 찾는 데 도움이 된다.

비트베이크는 로그 파일의 흐름을 쉽게 하기 위해 프로세스가 시작했을 때의 타임스탬프를 이용해서 로그 파일 이름을 짓는다. 로그 파일의 흐름과 빌드에서 얻어진 파일을 비교하면, 빌드 실패를 효율적으로 추적할 수 있다. 비트베이크는 로컬 시간보다는 협정 세계시(UTC)를 타임스탬프로 사용한다. 이는 서로 다른 시간대나 원격 빌드 서버를 사용하는 경우에도 비교하기 쉽게 해준다.

쿠커 로그 파일은 비트베이크가 실행 중에 콘솔에 출력한 결과도 함께 저장한다. 리스트 5-1은 사전 빌드 패키지에서 얻는 이미지를 위한 간단한 쿠커 로그를 보여준다.

리스트 5-1 쿠커 로그 파일

```
NOTE: Resolving any missing task queue dependencies
Build Configuration:
BB_VERSION = "1.21.1"
BUILD_SYS = "x86_64-linux"
NATIVELSBSTRING = "Fedora-18"
TARGET_SYS = "i586-poky-linux"
MACHINE = "qemux86"
DISTRO = "poky"
DISTRO_VERSION = "1.5+snapshot-20140210"
TUNE_FEATURES = "m32 i586"
TARGET_FPU = ""
meta
meta-yocto
meta-yocto-bsp = "master:095bb006c3dbbfbdfa05f13d8d7b50e2a5ab2af0"
NOTE: Preparing runqueue
NOTE: Executing SetScene Tasks
NOTE: Executing RunQueue Tasks
```

```
NOTE: Running noexec task 2051 of 2914 (ID: 4, /develop/yocto/yocto-git/poky/meta/
recipes-core/images/core-image-minimal.bb, do_fetch)
NOTE: Running noexec task 2052 of 2914 (ID: 0, /develop/yocto/yocto-git/poky/meta/
recipes-core/images/core-image-minimal.bb, do_unpack)
NOTE: Running noexec task 2053 of 2914 (ID: 1, /develop/yocto/yocto-git/poky/meta/
recipes-core/images/core-image-minimal.bb, do_patch)
NOTE: Running noexec task 2910 of 2914 (ID: 9, /develop/yocto/yocto-git/poky/meta/
recipes-core/images/core-image-minimal.bb, do_package_write)
NOTE: Running task 2911 of 2914 (ID: 8, develop/yocto/yocto-git/poky/meta/recipes-
core/images/core-image-minimal.bb, do_populate_lic)
NOTE: Running task 2912 of 2914 (ID: 7, develop/yocto/yocto-git/poky/meta/recipes-
core/images/core-image-minimal.bb, do_rootfs)
NOTE: recipe core-image-minimal-1.0-r0: task do_populate_lic: Started
NOTE: recipe core-image-minimal-1.0-r0: task do_populate_lic: Succeeded
NOTE: recipe core-image-minimal-1.0-r0: task do_rootfs: Started
NOTE: recipe core-image-minimal-1.0-r0: task do_rootfs: Succeeded
NOTE: Running noexec task 2914 of 2914 (ID: 12, /develop/yocto/yocto-git/poky/
meta/recipes-core/images/core-image-minimal.bb, do_build)
NOTE: Tasks Summary: Attempted 2914 tasks of which 2907 didn't need to be rerun
and all succeeded.
```

쿠커 로그 파일에 포함된 정보 중 중요한 것은 이 빌드를 위해 사용된 설정이 무엇인지 알려주는 빌드 환경 설정이다. 이 정보는 "어제는 됐는데 오늘은 왜 안 되나?"라는 식의 디버깅 문제가 발생했을 때 매우 유용하다. 환경 설정의 변화는 빌드의 실패를 꽤 자주 야기한다. 그리고 성공적으로 빌드된 쿠커 로그 파일과 실패한 것을 비교하면 문제를 추적하는 데 도움이 된다. 다음 변수는 쿠커 로그 파일의 시작에 나열된 빌드 환경 설정이다.

- BB_VERSION: 비트베이크 버전 번호. 비트베이크는 메타데이터 레이어와 함께 향상시킨다. 새 버전의 메타데이터 레이어(오픈임베디드 코어 같은)와 구 버전의 비트베이크를 사용하면 문제가 야기된다. 이것이 포키가 비트베이크와 함께 코어 메타데이터 레이어를 묶는 이유 중 하나다. 그러나 비트베이크는 후 버전 호환성을 가지고 있으므로, 오래된 메타데이터 레이어를 새 비트베이크 버전과 함께 사용하는 것은 허용한다.

- BUILD_SYS: 빌드 시스템의 종류. bitbake.conf에 다음와 같이 정의돼 있다. BUILD_SYS = "${BUILD_ARCH}${BUILD_VENDOR}-${BUILD_OS}". BUILD_ARCH는 uname -m의

결과를 가지며, BUILD_OS는 uname -s의 결과를, BUILD_VENDOR는 주로 빈 문자열을 갖는다.

- **NATIVELSBSTRING**: 배포자 ID와 릴리스 번호가 대시로 연결돼 있다. lsb_release 명령의 결과를 갖는다.

- **TARGET_SYS**: 타깃 시스템의 종류. 이 변수는 bitbake.conf에 다음과 같이 정의돼 있다. TARGET_SYS = "${TARGET_ARCH}${TARGET_VENDOR}${@['-' + d.getVar('TARGET_OS', True), ''][d.getVar('TARGET_OS', True) == ('' or 'custom')]}"

- **MACHINE**: 비트베이크가 빌드하기 위한 타깃 머신

- **DISTRO**: 타깃 배포의 이름

- **DISTRO_VERSION**: 타깃 배포의 버전

- **TUNE_FEATURES**: 타깃 CPU 아키텍처의 튜닝 매개변수

- **TARGET_FPU**: 타깃 아키텍처의 부동소수점 유닛을 위한 식별자

- **meta[-xxxx]**: 깃 리파지토리에서 체크아웃한 경우, 메타데이터 레이어를 위한 브랜치 및 커밋 ID

리스트 5-1의 예에서는 x86에서 64비트 아키텍처를 사용한 페도라 18 빌드에 욕토 프로젝트 깃 리파지토리로부터 체크아웃한 포키를 사용했다. 타깃 시스템은 포키 배포 정책을 사용하는 QEMU를 위해 빌드된 32비트 리눅스 시스템이다.

태스크 로그 파일

비트베이크는 모든 레시피가 수행하는 모든 태스크를 위한 로그 파일을 생성한다. 기본적으로 태스크 로그 파일은 T 변수가 가리키는 디렉터리에 저장한다. 이 디렉터리는 레시피의 작업 디렉터리의 하위 디렉터리다.

```
T = "${WORKDIR}/temp"
```

이는 작업 디렉터리를 삭제하는 clean 태스크를 제외한 모든 디렉터리에 해당된다. clean 태스크가 작업 디렉터리와 그 하위 디렉터리를 삭제하기 때문에 T 변수는 clean 태스크를 위해 조건부로 다음과 같이 설정된다.

```
T_task-clean = "${LOGDIR}/cleanlogs/${PN}"
```

로그 파일은 하위 디렉터리에 대상 레시피의 패키지 이름에 따라 정렬돼 들어간다.

태스크를 위한 로그 파일은 log.do_〈taskname〉.〈pid〉와 같이 명명된다. pid는 비트베이크가 실행한 태스크 프로세스 ID다. 프로세스 ID는 같은 태스크의 다중 실행의 로그를 구분할 때 사용된다. 이는 전후 시나리오를 비교하고 성공적인 태스크 실행과 실패한 실행을 비교하는 데 쓰인다. 더 많은 프로세스는 현재 수행되는 태스크가 더 많다는 의미다. log.do_<taskname>으로 명명된 심볼릭 링크는 대부분의 현재 수행되는 출력 로그를 갖는 로그 파일을 가리킨다.

메타데이터 파일에 잘못된 문법이 존재하지 않는 한, 비트베이크는 오류 메시지와 함께 콘솔에 전체 경로를 출력함으로써 실패한 태스크를 위한 로그 파일을 찾는 데 도움을 줄 것이다. 리스트 5-2는 나노 텍스트 에디터를 빌드하는 레시피를 위한 실패 태스크를 보여준다.

리스트 5-2 태스크 실패

```
NOTE: Resolving any missing task queue dependencies
Build Configuration:
BB_VERSION = "1.21.1"
BUILD_SYS = "x86_64-linux"
NATIVELSBSTRING = "Fedora-18"
TARGET_SYS = "i586-poky-linux"
MACHINE = "qemux86"
DISTRO = "poky"
DISTRO_VERSION = "1.5+snapshot-20140211"
TUNE_FEATURES = "m32 i586"
TARGET_FPU = ""
meta-mylayer = "<unknown>:<unknown>"
meta
meta-yocto
meta-yocto-bsp = "master:095bb006c3dbbfbdfa05f13d8d7b50e2a5ab2af0"
NOTE: Preparing runqueue
NOTE: Executing SetScene Tasks
NOTE: Executing RunQueue Tasks
ERROR: This autoconf log indicates errors, it looked at host include and/or
library paths while determining system capabilities.
Rerun configure task after fixing this. The path was
'/develop/yocto/yocto-git/x86/tmp/work/i586-poky-linux/nano/2.3.1-r0/nano-2.3.1'
```

```
ERROR: Function failed: do_qa_configure
ERROR: Logfile of failure stored in:
.../tmp/work/i586-poky-linux/nano/2.3.1-r0/temp/log.do_configure.17865
ERROR: Task 5 (.../meta-mylayer/recipes-apps/nano/nano_2.3.1.bb,
do_configure) failed with exit code '1'
NOTE: Tasks Summary: Attempted 550 tasks of which 545 didn't need to be rerun and
1 failed.
No currently running tasks (550 of 558)
Summary: 1 task failed:
  .../meta-mylayer/recipes-apps/nano/nano_2.3.1.bb, do_configure
Summary: There were 3 ERROR messages shown, returning a non-zero exit code.
```

ERROR로 시작하는 줄이 빌드 실패와 관련된 줄이다. 이는 문제점에 대한 힌트, 실패한 태스크, 로그 파일의 전체 경로 등이다. 이러한 로그 파일 경로를 이용하면, 원하는 에디터를 통해 왜 태스크가 실패했는지에 대한 추가적인 정보를 볼 수 있다. 설령 콘솔을 초기화하고 윈도우를 닫았다고 하더라도, 쿠커 로그 파일로부터 항상 출력을 얻을 수 있다.

5.1.2 로그 사용하기

프로그래밍에서 디버깅을 위해 자주 사용되는 방법 중 하나는 디버그 메시지를 코드에 삽입해 실행 경로를 따라가고 변수 출력을 통해 데이터를 확인하는 것이다.

비트베이크는 메시지 중요도에 따라 몇 가지 단계를 제공한다.

- 일반PLAIN: 추가적인 정보 없이 전달된 로그 메시지

- 디버그DEBUG: 접두로 시작되는 로그 메시지. 로그 함수는 또한 1에서 3까지의 디버그 수준을 가리키는 매개변수를 받는다. 그러나 파이썬 함수만 이 디버그 수준을 실제로 사용한다. 셸 함수의 경우 디버그 수준과는 상관없이 모든 메시지를 기록한다.

- 알림NOTE: 접두로 시작되는 로그 메시지. 사용자가 알아둬야 할 정보나 조건이 있을 때 쓰인다.

- 경고WARNING: 접두로 시작하는 로그 메시지. 사용자가 처리해야 할 문제점을 가리킨다. 그러나 빌드 실패의 원인은 아니다.

- 오류ERROR: 접두로 시작하는 로그 메시지. 오류는 빌드를 성공적으로 수행하기 위해 해결돼야만 하는 문제점을 가리킨다. 그러나 빌드는 빌드할 태스크가 남아있는 한

계속될 수 있다.

- 치명FATAL: 접두로 시작하는 로그 메시지. 치명적인 문제가 로그 메시지를 기록한 직후 비트베이크의 빌드 절차를 중지한다.

모든 메시지는 그와 관련된 적절한 로그 파일에 기록된다. 알림, 경고, 오류, 치명 메시지는 또한 콘솔로 출력된다. 디버그 메시지는 비트베이크의 디버그 수준이 메시지 레벨과 같거나 더 높으면 콘솔에만 출력된다. 비트베이크 디버그 수준은 비트베이크 명령행에 -D 매개변수를 써서 설정할 수 있다.

```
bitbake -D <target>
bitbake -DD <target>
bitbake -DDD <target>
```

각각 디버그 수준 1, 2, 3을 나타낸다. 일반 메시지는 콘솔에 출력되지 않는다.

로그 메시지는 실행 가능한 메타데이터를 지원하는 모든 정의된 함수에 삽입될 수 있다. 즉 레시피, 첨가 파일, 클래스가 그것이다. 파이썬과 셸로 이뤄진 실행 가능한 메타데이터 모두 로그 수준에 맞는 로그 함수를 제공한다(표 5-1 참조).

파이썬 함수는 비트베이크 라이브러리의 일부로 구현돼 있다. 그 구현은 bitbake/lib/bb/__init__.py에서 찾을 수 있다. 비트베이크 파이썬 로깅은 파이썬 로깅 클래스를 활용하고 확장한다. bitbake/lib/bb/msg.py는 로그 메시지를 위한 형식화, 필터링 클래스를 제공한다. 특히 BBLogFormatter 클래스가 서로 다른 메시지를 위해 색을 입히는 기능을 제공한다. 만약 이 색 입히기 기능이 활성화돼 있다면, 경고 메시지는 노란색, 오류와 치명 메시지는 붉은색으로 표시될 것이다.

표 5-1 로그 함수

로그 수준	파이썬 함수	셸 함수
일반	bb.plain(message)	bbplain message
디버그	bb.debug(level, message)	bbdebug level message
알림	bb.note(message)	bbnote message
경고	bb.warn(message)	bbwarn message
오류	bb.error(message)	bberror message
치명	bb.fatal(message)	bbfatal message

셀 함수는 OE 코어 메타데이터 레이어가 제공하는 logging.bbclass에 구현돼 있다.

리스트 5-3과 5-4의 의사 코드는 파이썬과 셸 실행 가능 메타데이터에서 로깅 함수를 어떻게 사용하는지 보여준다.

리스트 5-3 파이썬 로그 예제

```
python do_something( ) {
    bb.debug(2, "Starting to do something...")
    if special_condition:
        bb.note("Met special condition.")
    bb.debug(2, "Processing input")
    if warning_condition:
        bb.warn("Upper limit out of bounds, adjusting to maximum.")
    if error_condition:
        bb.error("Recoverable error, proceeding, but needs to be fixed.")
    if fatal_condition:
        bb.fatal("Division by 0, unable to proceed, exiting.")
    bb.plain("The result of doing something is 'mostly nothing'.")
    bb.debug(2, "Done with doing something.")
```

리스트 5-4 셸 로그 예제

```
do_something( ) {
    bbdebug 2 "Starting to do something..."
    if [ special_condition ]; then
        bbnote "Met special condition."
    fi
    bbdebug 2 "Processing input"
    if [ warning_condition ]; then
        bbwarn "Upper limit out of bounds, adjusting to maximum."
    fi
    if [ error_condition ]; then
        bberror "Recoverable error, proceeding, but needs to be fixed."
    fi
    if [ fatal_condition ]; then
        bbfatal "Division by 0, unable to proceed, exiting."
    fi
    bbplain "The result of doing something is 'mostly nothing'."
```

```
bb.debug 2 "Done with doing something."
```

여러분 고유의 클래스나 레시피에 로깅 메시지를 사용하는 것은 권장되는 일이다. 처리 절차를 가리키는 메시지는 디버그 수준을 사용해야 한다. 경고와 오류를 가리키는 메시지는 그에 적절한 수준을 사용해야 한다. 일반적으로 여러분은 치명 수준보다는 오류 수준을 사용할 것이다. 이는 비트베이크가 기타 태스크의 수행을 완료하고 정리하고 빌드 환경을 일관적인 상태에 두도록 한다. 치명 메시지를 사용하면, 비트베이크의 수행을 당장 멈추도록 하기 때문에 잠재적으로 빌드 환경을 후속 실행에서 자동 복구를 할 수 없는 상태에 둔다.

5.2 태스크 실행

모든 레시피에서 비트베이크는 의존성에 따라 정의된 특정 순서를 따라 태스크들을 실행한다. listtasks 명령을 사용하면 레시피에서 정의한 모든 태스크 목록을 얻을 수 있다(리스트 5-5 참조).

리스트 5-5 레시피 내의 태스크 목록

```
user@buildhost:~$ bitbake busybox -c listtasks
[... 전략 ...]
NOTE: Preparing runqueue
NOTE: Executing RunQueue Tasks
do_build                    Default task for a recipe - depends on all
                            other normal tasks required to 'build' a
                            recipe
do_checkuri                 Validates the SRC_URI value
do_checkuriall              Validates the SRC_URI value for all recipes
                            required to build a target
do_clean                    Removes all output files for a target
do_cleanall                 Removes all output files, shared state
                            cache, and downloaded source files for a
                            target
do_cleansstate              Removes all output files and shared state
                            cache for a target
do_compile                  Compiles the source in the compilation
                            directory
do_compile_ptest_base       Compiles the runtime test suite included in
```

```
                              the software being built
do_configure                  Configures the source by enabling and
                              disabling any build-time and configuration
                              options for the software being built
do_configure_ptest_base       Configures the runtime test suite included
                              in the software being built
do_devshell                   Starts a shell with the environment set up
                              for development/debugging
[... 후략 ...]
```

이 출력은 각 태스크가 하는 일에 대한 간략한 정보와 함께 알파벳 순서로 표기된다. 그러나 어떤 태스크가 빌드 절차에서 어떤 순서로 수행되는지에 대한 정보는 제공하지 않는다.

3장, '오픈임베디드 빌드 시스템'에서 살펴봤듯이, 모든 소프트웨어 패키지 빌드 절차는 다음과 같은 표준 순서를 따른다.

1. 받기Fetch: 패키지 소스 코드 묶음과 적용 가능한 패치 파일 등을 다운로드 사이트로부터 얻거나 소스 리파지토리에서 클론한다.

2. 압축 해제Unpack: 소스 코드, 패치, 기타 파일을 묶음에서 풀어낸다.

3. 패치Patch: 패치를 적용한다.

4. 환경 설정Configuration: 타깃 환경에 빌드하기 위해 소스를 준비한다.

5. 빌드Build: 소스를 컴파일하고 오브젝트를 라이브러리에 묶으며, 그 오브젝트를 실행 가능한 프로그램으로 링크한다.

6. 설치Install: 바이너리와 그 부속 파일을 에뮬레이션된 시스템 환경의 타깃 디렉터리로 복사한다.

7. 패키지Package: 선택된 패키지 관리 시스템에 맞는 다양한 정보가 포함된 설치 패키지를 생성한다.

addtask 키워드를 클래스 파일과 함께 사용하면, OE 코어 메타데이터 레이어에서 클래스에 의해 생성된 태스크 의존성을 분석함으로써 빌드 체인을 따를 수 있다.

```
$ grep addtask *.bbclass
```

이 결과를 통해 태스크 의존성을 결정할 수 있다(리스트 5-6 참조).

리스트 5-6 태스크 의존성

base.bbclass:	addtask fetch
base.bbclass:	addtask unpack after do_fetch
patch.bbclass:	addtask patch after do_unpack
base.bbclass:	addtask configure after do_patch
license.bbclass:	addtask populate_lic after do_patch before do_build
base.bbclass:	addtask compile after do_configure
base.bbclass:	addtask install after do_compile
staging.bbclass:	addtask populate_sysroot after do_install
package.bbclass:	addtask package before do_build after do_install
package_deb.bbclass:	addtask package_write_deb before do_package_write after do_packagedata do_package
package_ipk.bbclass:	addtask package_write_ipk before do_package_write after do_packagedata do_package
package_rpm.bbclass:	addtask package_write_rpm before do_package_write after do_packagedata do_package
package.bbclass:	addtask package_write before do_build after do_package
base.bbclass:	addtask build after do_populate_sysroot

리스트 5-6의 경우 전형적인 사용자 영역 소프트웨어 패키지에 적용되는 태스크를 사용했다. 커널 같은 특수한 패키지는 다른 절차를 사용한다. 또한 실행 순서를 통해 순서를 나열했고, 전형적인 패키지 빌드 절차에 관련이 없는 태스크를 제외했다.

5.2.1 특정 태스크 실행

주어진 레시피에서 개별 태스크를 실행하고 연속되는 실행 사이에 이를 적용하는 것은 빌드 실패를 디버깅하는 데 큰 도움이 된다.

```
$ bitbake <target> -c <task>
```

위 명령은 <target> 레시피를 위해 <task>를 실행한다. 일반적인 용법은 먼저 패키지를 빌드하고, 패키지를 컴파일할 때 오류를 발견하고, 소스 코드를 조작하거나 설정을 변경하고, compile 태스크를 다시 실행해서 수정된 코드가 문제를 해결하는지 확인하는 것이다.

```
$ bitbake busybox
[...]
[소스 코드를 변경]
$ bitbake busybox -c compile
```

개별 태스크의 재실행은 빌드 절차 단계에 변화를 꾀할 수 있다는 것이고, 그 변화에 따른 영향을 받는 태스크만 실행할 수 있다는 것이다. 비트베이크가 프로세스 ID로 구분된 태스크 각각의 수행에 대한 로그를 생성하기 때문에 여러분의 수정에 대한 변경점을 쉽게 분석할 수 있다.

원하는 결과를 얻어냈다면, 정규 빌드 절차에 통합시켜야 한다. 수정 사항이 패키지 빌드 디렉터리에 들어간다 하더라도 영구적이지는 않으며 빌드 디렉터리를 정리할 때 지워진다. 수정 사항은 레시피를 수정하고, 첨가 파일을 생성하고, 추가적인 패치 등을 포함함으로써 빌드에 추가해야 한다.

5.2.2 태스크 스크립트 파일

각 태스크의 수행을 위해 비트베이크는 태스크 실행 중에 수행하는 명령어를 갖는 스크립트 파일을 생성한다. 태스크 스크립트 파일은 태스크 로그 파일과 같은 위치에 생성된다.

```
T = "${WORKDIR}/temp"
```

태스크 스크립트 파일은 다음과 같이 명명된다.

run.do_⟨taskname⟩.⟨pid⟩

⟨pid⟩ 확장자는 다중 실행에서 같은 태스크를 위한 스크립트를 구별하기 위해 사용된다. 프로세스 ID 확장자가 없는 run.do_⟨taskname⟩ 파일은 가장 최근에 비트베이크가 실행한 태스크의 스크립트 파일을 가리키는 심볼릭 링크다.

파이썬 태스크를 위한 스크립트 파일은 비트베이크 데이터 딕셔너리를 상속하고 접근할 수 있는 비트베이크 환경 내에서 실행된다. 셸 태스크의 스크립트 파일은 전체 환경을 포함하며 생성된 프로세스에 의해 실행된다. 많은 경우, 명령행에서 직접 실행할 수 있다.

log.task_order 파일은 태스크 목록을 가지며, 최근에 실행된 프로세스 ID를 포함하는 스크립트 파일도 함께 갖는다.

5.3 메타데이터 분석 ▮▮▮▮▮▮▮▮▮▮▮▮▮▮▮▮▮▮▮

전체 비트베이크 빌드 절차는 메타데이터에 의해 처리된다. 실행 가능한 메타데이터는 서로 다른 변수 값을 통해 설정되는 절차적 단계를 제공한다. 이런 여러 변수는 특정 레시피의 실행 컨텍스트에 의존성이 있다. 예를 들어 SRC_URI 같은 변수는 모든 레시피에 의해 정의된다. 많은 변수가 실행 컨텍스트에서 확장된 다른 변수를 참조한다. 조건적 변수 설정과 후입append은 동적 실행 컨텍스트 적용을 위한 강력한 개념이지만, 빌드 실패를 디버깅하는데 복잡도를 증가시킨다.

변수 이름에서의 간단한 오탈자부터 잘못된 변수 확장 및 조건부 할당까지, 빌드 절차가 실패하는 경우와 잘못된 출력을 야기하는 경우는 매우 많다. 그렇기 때문에 서로 다른 컨텍스트에서 빌드 시스템이 사용한 변수 설정을 분석하는 것이 중요하다.

```
$ bitbake -e
```

위 명령은 전역 비트베이크 환경의 전체 데이터 딕셔너리를 콘솔에 출력한다. 이는 특정 레시피 컨텍스트에 의해 잠재적으로 덮어 쓰여지기 전의 기본 설정을 점검하기에 유용하다. 다음 명령어는 그 대상의 데이터 딕셔너리를 출력해준다.

```
$ bitbake -e <target>
```

이 명령의 단점은 함수가 실행 가능한 메타데이터일 뿐인데도 함수와 변수를 나열한다는 것이다. 비트베이크는 변수와 함수를 같은 데이터 딕셔너리에 저장한다. 모든 함수의 코드를 나타내는 것은 그 출력을 분석하기 귀찮게 한다. 불행히도, 비트베이크나 OE 코어 모두 변수만 나열해주는 기능은 제공하지 않는다. 그러나 리스트 5-7의 코드를 클래스 파일에 추가하면 된다.

리스트 5-7 showvars 태스크

```
addtask showvars
do_showvars[nostamp] = "1"
python do_showvars() {
        # 함수를 제외한 변수 메타데이터를 출력한다
        isfunc = lambda key: bool(d.getVarFlag(key, 'func'))
        vars = sorted((key for key in bb.data.keys(d) \
                if not key.startswith('__')))
        for var in vars:
```

```
        if not isfunc(var):
            try:
                val = d.getVar(var, True)
            except Exception as exc:
                bb.plain('Expansion of %s threw %s: %s' % \
                            (var, exc.__class__.__name__, str(exc)))
            bb.plain('%s="%s"' % (var, val))
}
```

다음 명령을 통하면,

```
$ bitbake <target> -c showvars
```

타깃 실행 환경의 함수가 아닌 변수를 알파벳 순서로 모두 출력한다.

5.4 개발 셸

오브젝트, 라이브러리, 실행 파일 컴파일 및 링크에서의 빌드 실패는 크로스 빌드 환경일 때 그 디버그가 쉽지 않다. 이 환경에서는 단순히 소스 디렉터리 변경, make 수행, 오류 메시지 확인, 문제점 수정을 할 수 없다. 소프트웨어 패키지의 빌드 환경은 일반적으로 호스트 시스템의 네이티브native 빌드를 위해 설정돼 있다. 크로스 빌드 환경은 좀 다른, 그리고 복잡한 도구, 헤더 파일, 라이브러리 등의 설정이 필요하다.

포키 참조 배포는 크로스 빌드 환경을 고유의 비트베이크 빌드 절차를 위해 생성한다. devshell 명령어를 이용하면 개발자가 셸로 크로스 빌드 환경을 이용할 수 있다.

```
$ bitbake <target> -c devshell
```

위 명령은 target을 위한 크로스 빌드 환경을 갖는 터미널을 구동한다. 이 크로스 빌드 환경 설정은 포키가 사용하는 것과 그 빌드를 위한 것을 맞춘다. 이 셸 안에서는 빌드 호스트에서 네이티브 빌드를 위한 개발 도구를 사용할 수 있다. 이 환경은 소프트웨어 패키지를 빌드하기 위해 필요한 적절한 크로스 컴파일러, 헤더 파일, 라이브러리, 기타 파일 등을 참조한다.

devshell 명령과 함께 대상으로 하는 소프트웨어 패키지의 의존성 중 어느 것이라도 빌드돼 있지 않으면, 포키가 그들을 선빌드한다.

윈도우 관리자와 함께 그래픽 사용자 인터페이스에서 비트베이크를 사용한다면, 사용할 터미널 프로그램을 자동으로 결정하며, 그것을 윈도우에 띄운다. 또한 변수 OE_TERMINAL 이 어떤 터미널 프로그램을 사용할지 제어한다. 이 기본값은 자동이며, 빌드 환경의 conf/ local.conf 파일에 지원되는 터미널 프로그램 중 하나로 설정할 수 있다. 터미널 프로그램 은 개발 호스트에 설치돼 있어야 한다. OE_TERMINAL = "none" 설정을 통해 devshell의 사 용을 비활성화할 수 있다.

5.5 의존성 그래프

4장, '비트베이크 빌드 엔진'에서 레시피의 DEPENDS와 RDEPENDS 변수를 통해 패키지가 직 접 빌드 시간과 실행 시간 의존성을 어떻게 선언하는지 살펴봤다. 이러한 예로 길고 복잡 한 의존성 체인이 어떻게 야기되는지 쉽게 볼 수 있다.

비트베이크는 물론 적절한 순서로 패키지를 빌드함으로써 이러한 의존성 체인을 해결할 수 있어야 한다. 이러한 의존성 해결책을 통해 비트베이크는 또한 분석 및 디버깅을 위한 의존성 그래프를 생성할 수 있다.

비트베이크는 DOT 평문 그래프 서술 언어plain text graph description language를 사용해서 의존성 그래프를 생성한다. DOT는 사람이나 컴퓨터 프로그램이 읽기 쉬운 언어며 노드, 에지, 방 향성 및 비방향성 그래프 등을 쉽게 서술하는 법을 제공한다. 그래프비즈Graphviz[1] 패키지 및 기타 여러 프로그램은 DOT 파일을 읽어서 그래픽으로 표현하도록 할 수 있다.

타깃을 위한 의존성 그래프를 그리기 위해서는 비트베이크를 실행할 때 -g나 --graphviz 옵션을 넣으면 된다.

```
$ bitbake -g <target>
```

이는 타깃을 위해 다음과 같은 의존성 파일을 생성한다.

- pn-builder: DOT 파일은 아니지만 타깃으로 시작되는 빌드 순서의 역순으로 된 패 키지 목록을 포함한다.

---

1 www.graphviz.org

- pn-depends.dot: 노드를 먼저 선언하고 에지를 선언하는 방향성 그래프로 패키지 의존성을 포함한다.

- package-depends.dot: 기본적으로 pn-depends.dot와 같다. 하지만 노드를 위한 에지를 노드 직후에 선언한다. 이 파일은 사람이 읽기에 좀 더 쉬운데, 해당 노드^{Node}와 그 끝인 에지^{Edge}를 함께 묶어놓았기 때문이다.

- task-depends.dot: 태스크 수준에서 의존성을 선언한다.

비트베이크는 또한 패키지 의존성을 위한 내장 사용자 인터페이스인 의존성 익스플로러를 제공한다. 의존성 익스플로러는 다음 명령어로 구동할 수 있다.

```
$ bitbake -g -u depexp <target>
```

그림 5-1에서 보듯이, 의존성 익스플로러는 빌드 시간 및 실행 시간 의존성과 역의존성(패키지에 의존적인 패키지)을 그래픽 사용자 인터페이스로 분석할 수 있게 한다.

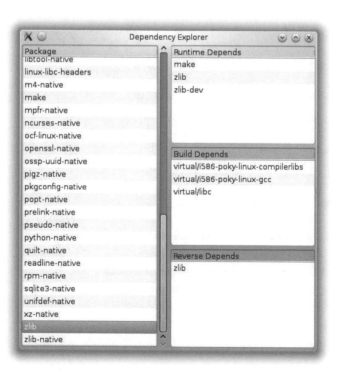

그림 5-1 의존성 익스플로러

그래프비즈 패키지가 여러분의 개발 시스템에 설치돼 있다면, 가상 의존성 그래프 표현을 생성하는 데 사용한다.

```
$ dot -Tpng pn-depends.dot -o pn-depends.png
```

위 명령은 DOT 파일에서 PNG 이미지를 생성한다.

5.6 디버깅 레이어

비트베이크의 레이어 구조는 레시피를 구성하는 우아한 방법을 제공한다. 그러나 이는 복잡성을 야기하는데, 특히 다중 레이어가 같은 레시피를 제공하는 경우나 첨가 파일과 함께 같은 레시피를 수정하는 경우에 그렇다.

bitbake-layers 도구는 여러 함수를 제공해 빌드 환경에서 사용된 레이어를 분석하고 디버깅하는 데 도움을 준다.

```
$ bitbake-layers help
```

위 명령은 도구에서 쓰이는 명령어 목록을 보여준다.

- help: 매개변수를 안 쓰거나 help를 쓰면, 사용 가능한 명령어 목록을 나열한다. 명령어를 뒤이으면, 그 명령어에 대한 추가 정보를 보여준다.

- show-layers: 빌드 환경에서 사용되는 레이어 목록을 경로 및 우선순위와 함께 표시한다.

```
$ bitbake-layers show-layers
layer                 path                              priority
========================================================
meta                  /path/to/poky/meta                5
meta-yocto            /path/to/poky/meta-yocto          5
meta-yocto-bsp        /path/to/poky/meta-yocto-bsp      5
meta-mylayer          /path/to/meta-mylayer             1
```

- show-recipes: 레이어가 제공하는 것을 포함한 레시피의 목록을 알파벳 순서로 표기한다.

```
$ bitbake-layers show-recipes
Parsing recipes..done.
=== Available recipes: ===
acl:
  meta              2.2.52
acpid:
  meta              1.0.10
adt-installer:
  meta              0.2.0
alsa-lib:
  meta              1.0.27.2
alsa-state:
  meta              0.2.0
alsa-tools:
  meta              1.0.27
[...]
```

- show-overlayed: 중첩된overlay 레시피 목록을 표시한다. 서로 다른 레이어에 같은 이름으로 존재하는 레시피가 있으면 중첩됐다고 말한다.

```
$ bitbake-layers show-overlayed
Parsing recipes..done.
=== Overlayed recipes ===
mtd-utils:
  meta           1.5.0
  meta-mylayer   1.4.9
```

중첩된 레시피를 빌드할 때 비트베이크는 경고 메시지를 표시하고, 더 높은 우선순위를 가진 레이어로부터의 레시피를 빌드한다.

- show-appends: 첨가된 파일과 함께 레시피의 목록을 표시한다. 첨가 파일은 적용된 순서로 표시된다.

```
$ bitbake-layers show-appends
Parsing recipes..done.
=== Appended recipes ===
alsa-state.bb:
  /.../meta-yocto-bsp/recipes-bsp/alsa-state/alsa-state.bbappend
psplash_git.bb:
```

```
/.../meta-yocto/recipes-core/psplash/psplash_git.bbappend
[...]
```

- show-cross-depends: 다른 레이어에서 메타데이터에 의존성이 있는 모든 레시피의
  목록을 표시한다.

```
$ bitbake-layers show-cross-depends
Parsing recipes..done.
meta-yocto/recipes-core/tiny-init/tiny-init.bb RDEPENDS
          meta/recipes-core/busybox/busybox_1.22.1.bb
meta-yocto/recipes-core/tiny-init/tiny-init.bb inherits
          meta/classes/base.bbclass
meta-yocto/recipes-core/tiny-init/tiny-init.bb inherits
          meta/classes/patch.bbclass
meta-yocto/recipes-core/tiny-init/tiny-init.bb inherits
          meta/classes/terminal.bbclass
```

- flatten <directory>: 레시피 중첩 및 첨가를 풀어내고, directory 매개변수로 제
  공된 단일 계층 디렉터리에 그 결과를 작성함으로써 레이어 계층을 평면화한다. 몇
  가지 규칙이 있다.

  □ 레이어가 중첩 레시피를 갖는다면, 더 높은 우선순위를 갖는 레이어의 레시피가
    사용된다. 같은 우선순위를 갖는다면, 빌드 환경의 conf/bblayers.conf 파일 내
    BBLAYERS 변수의 레이어 순서에 따라 레시피 사용이 결정된다.

  □ 다수의 레이어가 레시피가 아닌 같은 하위 디렉터리에 동일 이름인 파일을 가진
    다면(이미지, 패치 등) 더 높은 우선순위를 가진 레이어의 것으로 덮어 쓰여진다.

  □ 빌드 환경의 conf/bblayers.conf 내 변수 BBLAYERS에 나열된 첫 레이어의 conf/
    layer.conf 파일이 사용된다.

  □ 첨가 파일의 내용은 레이어의 우선순위 또는 **BBLAYERS** 변수의 순서(같은 레시피가
    추가되는 레이어가 같은 우선순위를 갖는 경우)에 따라 대응되는 레시피에 간단하게
    추가된다.

5.7 요약

5장에서는 오픈임베디드 빌드 시스템에서 제공되며 빌드 실패를 해결하는 데 도움이 되는 다양한 도구를 소개했다. 문제의 원인을 구분해내는 것이 그 첫 단계다. 두 번째는 좀 더 도전적인 단계로서 해결책을 찾는 것이다. 그러나 많은 경우, 다른 개발자들이 같거나 비슷한 문제에 봉착했을 수 있다. 그리고 인터넷을 검색하면 그에 대한 논의와 잠재적인 해결책을 찾을 수 있다.

- 실패의 원인을 찾고자 한다면 로그 파일에서 시작하는 것이 좋다. 태스크 로그 파일은 전체 태스크 실행의 결과가 포함돼 있다.

- 레시피나 클래스에 고유의 로그 메시지를 넣음으로써 빌드 실패의 원인을 찾아갈 수 있다.

- 특정 태스크를 여러 번 수행하는 것은 결과 비교를 가능하게 한다. 태스크 로그 파일은 연속적인 수행에도 덮어 쓰여지지 않는다.

- 메타데이터를 출력하면 그 태스크 컨텍스트 내의 변수와 변수 확장, 조건부 할당을 함께 보여준다.

- 개발 셸은 비트베이크가 사용하는 같은 빌드 환경에서 make를 실행하는 것을 허용한다.

- 의존성 그래프는 소프트웨어 패키지의 해결되지 않은 의존성 문제로 인해 발생한 빌드 실패를 추적하는 데 쓰인다.

- bitbake-layers 유틸리티는 다수 레이어를 사용하는 빌드 환경을 디버깅하는 데 도움을 주는 기능을 제공한다.

6

리눅스 시스템 구조

이전 장에서는 욕토 프로젝트와 오픈임베디드 빌드 시스템의 핵심 개념 및 요소를 소개했다. 욕토 프로젝트에서 고유의 리눅스 배포판을 빌드하는 방법을 자세히 설명하기 전에 리눅스 시스템이 어떻게 만들어져 있는지 뒤돌아볼 시간이다.

리눅스 시스템 구조를 이해하면 루트 파일시스템 이미지, 커널 이미지, 부트로더 등 다양한 시스템 요소를 생성하기 위해 오픈임베디드 코어(OE 코어)가 차용하는 방법을 이해하는 데 도움이 된다.

리눅스 시스템을 해부하는 것부터 시작해서 각 요소에 대해 자세히 살펴보자.

6.1 리눅스인가, GNU/리눅스인가?

몇몇 부분에서 인지했을 수도 있는데, 리눅스 운영체제는 리눅스 또는 GNU/리눅스로 알려져 있다. 이러한 구분은 리눅스라는 이름에 그 이유가 있다. 엄격하게 말하자면, 이는 운영체제의 핵심 부분이나 리눅스 커널만을 가리킨다.

운영체제가 쓸모 있으려면 다양한 애플리케이션과 라이브러리가 필요하다. 이는 커널 밖의 부분이며 개발 도구, 컴파일러, 편집기, 셸, 유틸리티 등이 있다. 매우 다양한 이러한 애플리케이션은 1984년 리차드 스톨만에 의해 시작된 GNU 프로젝트를 통해 제공된다. GNU 프로젝트에서 가장 잘 알려진 도구로는 GCC 컴파일러, GLIBC 라이브러리, EMACS 편집기를 꼽을 수 있다. 또한 GNU 프로젝트에서 조금 덜 알려진 프로젝트에는 허드^{Hurd}라 불리는 운영체제 커널도 포함돼 있다.[1]

사실상 모든 리눅스 운영체제가 많은 GNU 프로젝트 소프트웨어 패키지를 포함하는 데스크톱 및 서버 애플리케이션을 위해 사용되기 때문에 많은 사람들이 이 운영체제를 위한 적절한 이름은 GNU/리눅스라고 생각한다. 리눅스는 단지 커널을 의미하기 때문이다.

임베디드 리눅스 운영체제는 일반적으로 그렇게까지 많은 도구나 애플리케이션을 포함하지는 않는다. 그들이 특수한 사용을 목적으로 하기 때문이다. 공통적으로, 임베디드 장치를 위해 필요한 특정 애플리케이션과 더불어 셸, 편집기, 몇 가지 유틸리티 같은 표준 도구의 일부를 찾을 수 있다. 주로, 이러한 애플리케이션은 비지박스처럼 단일 툴박스에서 제공된다.

6.2 리눅스 시스템 해부

그림 6-1은 리눅스 시스템 구조를 전체적으로 보여준다. 부트로더^{bootloader}는 사실 엄밀히 말하면 리눅스 시스템의 일부분이 아니다. 그러나 시스템을 시작하기 위해 반드시 필요하므로, 욕토 프로젝트와 완전히 동작하는 시스템을 빌드하기 위해 관련이 있다.

---

1 https://www.gnu.org/software/hurd/hurd.html

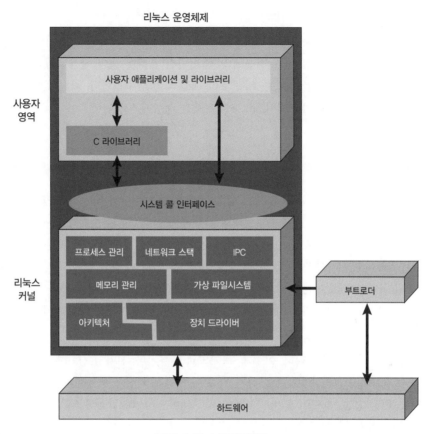

그림 6-1 리눅스 운영체제 구조

리눅스 운영체제는 두 단계로 나눌 수 있다. 커널 영역과 사용자 또는 애플리케이션 영역이다. 이 구분은 단순히 개념이 아니라, 커널 영역의 코드와 사용자 영역의 코드가 서로 다른 프로세서 동작 모드에서 수행된다는 사실로부터 구분됐다.

모든 커널 코드는 무제한unrestricted 또는 권한privileged 모드에서 실행된다.[2] 이 모드에서는 아키텍처의 인스트럭션 세트Instruction Set가 수행된다. 반면에 애플리케이션 코드는 제한restricted 또는 사용자user 모드에서 수행된다. 이 모드에서는 입출력(I/O) 인스트럭션 같은 하드웨어에 직접 접근하는 인스트럭션이나 머신의 상태를 변경할 수 있는 인스트럭션을 사용할 수

---

2 대부분 그렇기는 하지만, 이 규칙에 예외는 있다. uClinux 프로젝트(http://www.uclinux.org)는 메모리 관리 시스템이 없는 마이크로 컨트롤러를 대상으로 리눅스 시스템을 빌드한다.

없다. 특정 메모리 영역으로의 접근은 일반적으로 막혀 있다.

사용자 모드와 커널 모드의 변경은 CPU 컨텍스트 전환^{context switching}이 필요하다. 이는 아키텍처에 의존성이 있는 특정 인스트럭션에 의해 이뤄진다. 예를 들어 예전 x86 CPU의 경우, int 80h 소프트웨어 인터럽트 또는 트랩^{trap}이 해당 작업을 수행한다. 최신의 x86_64 CPU는 syscall 인스트럭션을 제공해서 int 80h 트랩을 대신해 사용된다.

6.3 부트로더

부트로더는 비록 시스템 시작 과정에서 매우 짧은 역할을 수행하지만, 매우 중요한 시스템 요소다. 부트로더의 설정은 표준 PC 형태의 하드웨어에서 수행되는 리눅스 시스템을 위해 일반적인 작업이다. 임베디드 시스템의 경우 부트로더를 설정하는 것은 매우 특별한 작업이 됐다. 임베디드 시스템을 위한 하드웨어는 표준 PC 구조와 다를 뿐 아니라 매우 다양한 변형이 있기 때문이다. 이는 서로 다른 CPU 아키텍처뿐 아니라 실제 CPU나 시스템 온 칩(SoC)에도 그렇고, CPU나 SoC가 통합된 하드웨어 플랫폼을 이루는 다양한 주변 기기에도 해당된다.

흔히 부트로더는 로더와 모니터, 이렇게 두 가지로 분류된다. 전자의 경우 부트로더는 하드웨어를 초기화하고 운영체제를 로드하기 위해 아주 적은 기능을 제공한다. 후자의 경우 부트로더는 환경 설정, 재프로그래밍, 초기화, 하드웨어 및 기타 작업의 테스트 등 사용자가 부트로더와 상호 작용할 수 있는 명령행 인터페이스를 포함한다. 이러한 기능으로, 모니터는 시스템 개발 중에 엔지니어로 하여금 융통성을 제공하지만 제품 배포에 어려움을 준다. 말단 사용자는 부주의하게라도 모니터 모드에 들어가면 안 된다.

부트로더는 리눅스를 대상으로 하기에 부족한 점이 없다. 단순히 가장 많이 사용되는 부트로더에 대해서만 논의해도 이 책 전체를 채울 수 있다. 이 단락에서는 부트로더의 역할에 집중하고 가장 관련 있는 내용을 소개할 것이다. 특히 욕토 프로젝트가 지원하는 것들 위주로 말이다.

6.3.1 부트로더의 역할

전력이 프로세서 보드에 들어가고 나면, 주 하드웨어 요소들은 어떤 소프트웨어 애플리케이션이 실행될 수 있도록 하기 전에 초기화돼야 한다. 각 프로세서 아키텍처는 하드웨어가 준비되기 전에 수행돼야 하는 고유의 초기화 단계를 갖고 있다. 부트로더는 일반적으로 운영체제 커널을 부팅하는 데 필요한 하드웨어만 초기화한다. 다른 하드웨어와 주변 기기는 운영체제에 의해 부트 절차에서 추후 초기화된다. 한번 운영체제 시스템 커널이 하드웨어 제어를 얻으면, 부트로더에 의해 설정된 하드웨어 요소를 재설정한다.

대부분의 프로세서는 첫 인스트럭션을 실행하기 위해 읽어들이는 기본 주소를 갖고 있다. 프로세서는 정의된 위치에서 그 주소를 읽는다. 하드웨어 설계자는 이 정보를 사용해서 부트롬bootrom의 주소 영역과 형태를 잡는다. '부트롬'이라는 이름에서 알 수 있듯이, 이 장치는 주로 전기적으로 삭제 가능하고 프로그래밍 가능한 읽기 전용 메모리(EEPROM)로 돼 있거나 최근에는 플래시 메모리로 돼 있다.

부트롬은 1단계 부트로더first-stage bootloader로 불리는 내용을 갖는다. 이 부트로더는 보안 디지털(SD) 칩에서 두 번째 부트로더를 로드하는 몇 줄의 코드이거나 주변 하드웨어를 초기화하는 기능을 제공하는 좀 더 복잡한 시스템일 수 있다. 그리고 하드디스크 드라이브나 네트워크 어댑터 같은 기타 장치에서 시스템을 부트한다. 후자의 예로는 표준 PC에서 찾을 수 있는 BIOS가 있다.

부트로더에 의해 실행되는 하드웨어의 이른 초기화 과정에서 가장 중요한 단계는 메모리와 메모리 컨트롤러의 초기화다. 일반적으로 CPU는 리얼 모드에서 논리와 물리 주소 간의 직접 매핑이 이뤄지는 리얼 모드로 시작한다. 리얼 모드에서 CPU는 메모리 관리 유닛(MMU)을 사용하지 않는다. 이는 가상 및 물리 메모리 사이의 매핑, 추상화, 메모리 보호 및 재배치 등을 지원한다. 운영체제 커널은 보통 첫 하드웨어 설정 단계의 하나로 MMU를 초기화한다. 그러나 플랫폼에 따라, 부트로더가 MMU를 활성화하고 설정하는 것이 필요할 수도 있다.

하드웨어가 초기화된 이후에 부트로더는 운영체제(보통은 커널)를 배치하고, 메모리에 로드하고, 환경 설정 매개변수를 전달하고, 운영체제에 제어권을 넘긴다. 이 시점에서 부트로더는 그 책임을 완수하고 종료한다. 운영체제는 이후 부트로더가 사용한 모든 메모리 영역을 회수한다.

6.3.2 리눅스 부트로더

리눅스 시스템 개발자로서 프로젝트를 위한 부트로더를 고를 때는 다양한 선택을 할 수 있다. 부트로더는 그 기능, 프로세서, 운영체제 지원에 따라 다르다. 많은 경우, 이들은 리눅스뿐 아니라 다른 운영체제도 부팅할 수 있다. 또한 어떤 미디어에서 운영체제를 부팅하는지에 따라 구분할 수 있다. 플로피디스크, 하드디스크 드라이브, USB 저장 장치와 더불어, 많은 부트로더가 BOOTP와 TFTP를 통한 LAN 부팅을 지원한다.

부트로더를 선택할 때는 아키텍처와 부트 미디어 지원이 먼저다. 개발하는 중에 모니터 기능은 라운드트립^{round-trip} 엔지니어링과 부트 매개변수의 최적화 속도를 현저히 높일 수 있다. 그러나 개발이 끝나고 완제품이 배포되고 나면, 사용자가 우연히 또는 의도적으로 모니터 모드에 들어갈 수 있기 때문에 이 기능은 아마 부담스러울 것이다. 모니터 기능을 제공하는 몇몇 부트로더는 모니터 기능으로의 접근을 허용하거나 금지하도록 재설정할 수 있고, 패스워드를 통해 모니터 모드를 보호할 수 있다. 그러나 가장 안전한 옵션은 컴파일 시간에 모니터 기능을 삭제하는 것이다.

표 6-1은 리눅스에서 가장 많이 사용되는 부트로더의 개요를 보여준다. 이 표에 있는 모든 부트로더가 욕토 프로젝트나 오픈임베디드 레시피를 갖고 있지는 않다. 이들은 리눅스 부트로더의 좀 더 복잡한 그림을 위해 포함된다. 모든 임베디드 시스템이 항상 동등하게 생성되지는 않고, 부트로더의 경우 결국 욕토 프로젝트가 기본으로 지원하는 레시피보다는 여러분의 애플리케이션에 더 잘 맞는 레시피를 작성하게 될 것이다.

사실상 모든 부트로더가 설정 가능한 시간이 지난 이후 기본값으로 부팅하기 전에 메뉴를 통해 서로 다른 시스템을 선택할 수 있다. 이는 랩톱, 데스크톱, 서버 컴퓨터 등에서도 일반적이다. 사용자가 안전 모드나 제한적 시스템, 또는 시스템이 수정된 이후 잘 동작하는 이전 시스템으로 부팅하기 위한 선택을 쥐어준다.

표 6-1 리눅스 부트로더

부트로더	설명	욕토 프로젝트 레시피	모니터	아키텍처	라이선스	홈페이지
LILO (LInux LOader)	다수의 리눅스 배포판에서 기본 부트로더	아니오	아니오	x86	BSD	http://lilo.alioth.debian.org
ELILO (EFI LILO)	UEFI 기반 PC 하드웨어를 위한 LILO	아니오	아니오	x86	GPLv2	http://elilo.sourceforge.net
GNU GRUB	GNU LILO 후계	예	아니오	x86	GPLv3	www.gnu.org/software/grub
SYSLINUX	가벼운 부트로더	예	아니오	x86	GPLv2+	www.syslinux.org

U-Boot	만능 부트로더, 임베디드 리눅스에서 선호됨	예	예	ARM, MIPS, PPC, SuperH, x86, m86k	GPLv2	www.denx. de/wiki/ U-Boot
BURG	GNU GRUB의 브랜치	아니오	아니오	x86	GPLv3	https://code. google.com/ p/burg
systemd-boot	UEFI 기반 PC 하드웨어를 위한 가벼운 부트로더	예	아니오	x86	LGPL 2.1	https://wiki. archlinux.org/ index.php/ Systemd-boot
RedBoot	cCos 실시간 OS를 기반으로 하는 레드햇 임베디드 디버그 및 부트 스트랩 펌웨어	아니오	예	ARM, MIPS, PPC, SuperH, x86, m68k	eCos	http://ecos. sourceware. org/redboot

임베디드 시스템의 경우, 이 기능을 활용하면 시스템 업그레이드가 실패한 경우 이전 버전으로 돌아갈 수 있다.

부트로더에 대해 좀 더 알아보기 전에 아키텍처를 살펴보자. x86의 경우 대부분 PC 플랫폼을 의미한다. 이 플랫폼은 가장 표준화된 메모리 구조, 버스, 주변 장치 등을 갖고 있다. 또한 BIOS를 갖는데, 두 번째 부트로더와 운영체제에 대한 정보 설정을 제공하는 첫 단계 부트로더다. 이는 다른 아키텍처와 비교해서 큰 차이점을 보이는데, ARM이나 PPC 같은 표준화되지 않은 플랫폼이 그 예다. 비록 서로 다른 플랫폼이 같은 아키텍처의 CPU를 사용한다 하더라도 메모리 구조, 버스, 주변 장치는 매우 다르다. 이러한 플랫폼은 일반적으로 BIOS나 시스템 환경을 얻기 위한 표준화된 무언가를 갖지 않는다. 이는 부트로더가 특정 플랫폼을 지원해야 한다는 의미다.

LILO

리눅스 로더(LILO)는 사실상 x86 시스템을 위한 모든 리눅스 배포판의 표준 부트로더였다. 워너 알미스버거에 의해 1992년부터 1998년까지 개발됐고, 존 코프먼이 1999년부터 2007년까지 유지 보수를 이어받았다. 요아킴 위도른이 2010년부터 프로젝트의 유지를 다시 이어받았다. 비록 GNU GRUB이 LILO의 후계자로 2013년부터 많은 리눅스 배포판의 기본 부트로더가 됐지만, 프로젝트는 여전히 활발하다. LILO가 다른 부트로더와 비교해서 가지는 장점은 파일시스템과 관련이 적다는 것이다. 운영체제는 어떤 파일시스템이라도 그 위에 있을 수 있다. 여기에는 NTFS, EXT4, FAT32, BTRFS 등이 있다. LILO는 그와 관계없이 구동된다. LILO는 리눅스 커널 이미지를 플로피디스크나 하드디스크 드라이브로부터 직접 부팅할 수 있다. LILO는 잘 문서화돼 있고 GRUB처럼 좀 복잡한 부트로더가 필요치 않은 많은 애플리케이션의 선택지가 될 수 있다.

ELILO

EFI 기반 리눅스 로더(ELILO)는 LILO의 변형으로 EFI 기반 하드웨어를 지원하기 위해 휴렛패커드에 의해 만들어졌다. 또한 이는 BOOTP, DHCP, TFTP 프로토콜을 통한 네트워크 부팅을 다룬다.

GRUB

GRUB[GNU GRand Unified Bootloader]은 본래 에릭 스테판 볼린에 의해 설계되고 구현됐다. 이는 LILO를 대체해서 2013년부터 리눅스 배포판을 위한 주 부트로더가 되기 시작했다.

GRUB은 결국 GRUB2로 교체됐고, 현재는 GRUB 레거시[Legacy]로 불린다. 흔히 GRUB이라 하면 GRUB2를 의미한다.

PUPA 연구 프로젝트는 GRUB2를 위한 재단을 만들었고 발전시켰다. GRUB2는 이름만 빼면 GRUB 레거시와 거의 관련이 없게 재작성됐다. GRUB2는 이더부트[Etherboot][3] 오픈소스 소프트웨어 패키지의 네트워크 드라이버를 활용해 BOOTP, DHCP, TFTP 프로토콜을 통한 네트워크 부팅을 지원한다.

SYSLINUX

SYSLINUX 프로젝트는 서로 다른 목적을 갖는 다양하고 가벼운 부트로더를 총칭하는 프로젝트다.

- SYSLINUX: 하드디스크 드라이브, 플로피디스크, USB 드라이브를 위한 FAT와 NTFS 파일시스템을 위한 부트로더
- ISOLINUX: 엘 토리토[El Torito] CD-ROM 부팅을 위한 부트로더
- EXTLINUX: 리눅스 EXT2/EXT3/EXT4와 BTRFS 파일시스템을 위한 부트로더

---

3 http://etherboot.org/wiki/index.php

- PXELINUX: 대부분의 네트워크 하드웨어가 지원하는 사전 부트 실행 환경Preboot Execution Environment(PXE)을 이용하고 BOOTP, DHCP, TFTP를 통한 네트워크 부팅을 위한 부트로더

안정적이지만, SYSLINUX는 EFI 기반 하드웨어 부팅을 지원하는 최신 릴리스를 내놓은 활발한 프로젝트다.

U-Boot

U-Boot는 유니버설 부트로더Universal Bootloader로, Das U-Boot로도 잘 알려져 있다. 이는 임베디드 리눅스 부트로더계에서 마치 '스위스 군용 칼'과도 같은 존재다. PPCBoot와 ARMBoot 프로젝트를 기반으로 하고 있으며, 덱스 소프트웨어 엔지니어링의 울프강 뎅크Wolfgang Denk에 의해 개발됐다. U-Boot는 가장 기능이 풍부하고 유연하며 활동적으로 개발되는 부트로더 중 하나다.

하드웨어 플랫폼에 대한 광범위한 지원은 U-Boot의 많은 기능 중 하나일 뿐이다. 이 글을 저술하는 시점에서도 U-Boot는 이미 1,000개 이상의 플랫폼을 지원한다. 600개 이상의 파워PC 기반 플랫폼과 300개 이상의 ARM 기반 플랫폼이 여기에 포함된다. 만약 여러분의 프로젝트가 위와 같은 아키텍처를 사용한다면, 여러분의 하드웨어 플랫폼은 이미 U-Boot에서 지원될 가능성이 있다. 그렇지 않더라도, 고유의 플랫폼 지원 코드를 쓸 수 있게끔 비슷하게 맞는 것을 찾을 수 있다.

U-Boot는 또한 플랫폼 환경 설정을 위한 장치 트리를 지원한다. 장치 트리는 오픈 펌웨어open firmware나 평면화된 장치 트리flattened device tree(FDT)로 불리는데, 하드웨어와 부트에 적절히 접근하기 위해 리눅스 커널에 의해 요구되는 레지스터의 위치, 크기, 주소, 인터럽트 등 플랫폼에 관련된 매개변수를 갖는 바이트 코드 형태의 데이터 구조다. 장치 트리의 개념은 리눅스 커널이 다양한 플랫폼을 위해 특정 플랫폼에 대한 특정 정보 하나를 가지고 컴파일되는 것을 허용하면서 플랫폼 환경 설정 매개변수를 실행 시간에 제공한다는 것이다.

U-Boot는 문서화가 매우 잘돼 있다. 주 문서는 DULGThe DENX U-Boot and Linux Guide[4]다. 이 가이드 외에 U-Boot 소스에 포함된 README 파일에도 아주 자세히 설명돼 있다.

U-Boot 소스 리파지토리는 http://git.denx.de에서 찾을 수 있다.

---

4 www.denx.de/wiki/DULG/Manual

BURG

BURG는 Brand-new Universal loadeR from GRUB의 약어로, GRUB에서 파생된 새 부트로더다. 제작 의도를 살펴보면, 더 넓은 범위의 운영체제 지원과 부팅 중 부트로더의 겉모습을 사용자화하기 위한 테마 제공 지원이 있다. BURG는 리눅스 배포판 메인스트림에서 채택되지 않았으므로 아직 폭넓게 사용되지는 않는다. GRUB과 같이 이는 x86 시스템만 지원하지만 GRUB의 모든 기능을 제공한다. BOOTP, DHCP, TFTP를 통한 네트워크 부팅도 가능하다.

systemd-boot

systemd-boot는 UEFI 시스템을 대상으로 하는 간단한 부트로더다. 이는 EFI 시스템 파티션(ESP)에 위치한 이미지를 실행한다. 운영체제 이미지 및 부트로더를 위한 모든 설정 파일은 ESP 내에 있어야 한다. 커널은 EFI 부팅을 위해 `CONFIG_EFI_STUB` 매개변수를 설정함으로써 설정돼야 한다. 그러고 나면 system-dboot가 EFI 이미지를 직접 실행할 수 있다.

RedBoot

레드햇 임베디드 디버그 및 부트스트랩 펌웨어(RedBoot)는 eCos 하드웨어 추상 계층을 기반으로 한 부트로더다. eCos는 자유, 오픈소스, 실시간 운영체제며 임베디드 애플리케이션을 대상으로 한다. eCos와 RedBoot는 레드햇에서 개발하고 유지하고 있었으나, 현재 회사는 더 이상 개발하지 않으며 GPL로 라이선스를 변경했다. 개발 및 유지 보수 활동은 eCosCentric[5]이라는 회사가 맡고 있으며, 이 회사는 레드햇의 eCos 핵심 개발자들에 의해 만들어졌다.

eCos라는 유산 때문에 RedBoot는 사실상 모든 아키텍처 ARM, MIPS, PPC, x86을 갖는 많은 임베디드 하드웨어 플랫폼을 지원한다.

RedBoot도 BOOTP와 DHCP를 포함하는 네트워크를 지원한다. 이미지는 TFTP를 사용한 이더넷에서 다운로드할 수 있고 X-나 Y-모뎀 프로토콜을 이용한 시리얼 통신을 통해서도 받을 수 있다.

상호 작용 명령행 인터페이스를 통한 모니터 기능은 RedBoot 설정, 이미지 다운로드 및 관리, 부트 스크립팅scripting을 허용한다. 이러한 기능은 배포된 시스템을 위한 원격 업데이

---

5 www.ecoscentric.com

트 및 개발에 사용된다.

6.4 커널

운영체제 커널의 두 가지 주 기능은 다음과 같다.

- 컴퓨터 자원의 관리
- 프로그램 실행 및 자원 접근 허용

컴퓨터의 핵심 자원은 일반적으로 다음과 같다.

- CPU: CPU는 프로그램을 위한 실행 유닛이다. 커널은 프로그램을 프로세서로 할당(스케줄scheduling)하며, 실행 환경을 조성한다(디스패치dispatching).
- 메모리: 메모리는 프로그램의 데이터 및 인스트럭션을 저장한다. 여러 프로그램이 메모리를 위해 경쟁하며 프로그램은 시스템에서 사용 가능한 물리 메모리보다 더 많은 메모리를 요구할 수 있다(가상 메모리virtual memory). 커널은 프로그램에 메모리를 할당하고, 메모리를 보호하며, 프로그램이 사용 가능한 것보다 더 많은 메모리를 요구할 경우 어떻게 행동할지 결정한다. 대부분의 경우에는 물리 메모리보다 적지만 말이다.
- I/O 장치: I/O 장치는 키보드, 디스플레이, 네트워크 인터페이스, 저장 장치 등 데이터를 입력받고 저장하는 것을 말한다. 커널은 기저 하드웨어를 추상화한 단일 프로그래밍 인터페이스를 통해 장치와 데이터를 교환하는 프로그램의 요청을 처리한다.

운영체제 커널 구조는 일반적으로 모놀리딕 커널과 마이크로 커널로 분류할 수 있다. 모놀리딕 커널은 장치 드라이버 같은 모든 커널 함수를 핵심 커널 절차와 메모리 컨텍스트에서 실행한다. 마이크로 커널은 프로세스 및 메모리 관리 같은 핵심 함수만을 핵심 커널 컨텍스트에서 실행하고 장치 드라이버를 분리된 사용자 영역 프로세스로 실행한다. 마이크로 커널은 시스템 설정과 유지 관리를 더 쉽게 해주는데, 장치 드라이버가 시스템이 실행 중인 동안 로드되거나 언로드될 수 있기 때문이다. 그러나 이러한 편리함은 성능 비용을 수반하는데, 마이크로 커널이 프로세스 간 통신(IPC)을 통해 커널 모듈 간 데이터를 교환하기 때문이다.

비록 리눅스 커널이 실행 중 로드load 및 언로드unload 가능한 장치 드라이버를 위해 로드 가능한 커널 모듈을 제공하지만, 리눅스는 모놀리딕 커널로 여겨진다. 이러한 모듈이 커널의 실행 컨텍스트에 직접 삽입돼 있기 때문이다. 이들이 커널의 실행 컨텍스트 안에서 수행되기 때문에 리눅스 커널 모듈은 모든 시스템 자원(메모리를 포함한)으로 접근할 수 있다. 그래서 데이터 교환을 위해 IPC가 필요 없고 성능 이슈도 없다.

마이크로 커널 구조의 고안자는 이것이 모놀리딕 커널 구조보다 더 낫다고 이야기한다. 그 설계가 간결할 뿐만 아니라 문제 있는 장치 드라이버가 전체 시스템에 영향을 끼칠 수 없기 때문이다. 그에 따르면, 이러한 장점은 컨텍스트 전환과 IPC의 증가로 인한 성능 문제를 무시할 수 있을 만큼 매력적이다. 이 주제는 리누스 토발즈와 미닉스 OS[6]의 개발자인 앤드류 S 타넨바움 간에 오랫동안 논쟁이 돼왔다.

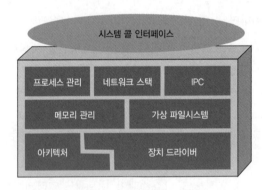

그림 6-2 리눅스 커널 서브시스템

6.4.1 메이저 리눅스 커널 서브시스템

리눅스 커널은 그림 6-2에서 보듯이 몇 가지 서브시스템으로 나뉜다.

아키텍처 의존 코드

리눅스 코드의 대부분이 실행 대상 아키텍처에 독립적이라고 해도, CPU 아키텍처와 플랫폼을 고려해야 하는 부분이 있다.

---

6 앤드류 S. 타넨바움, '리눅스는 구식이다', 1992년 1월 29일, https://groups.google.com/forum/#!msg/comp.os.minix/wlhw16QWltl/XdksCA1TR_QJ

리눅스 커널 소스 트리 내 linux/arch 하위 디렉터리를 보면, 모든 아키텍처와 플랫폼 관련 코드가 있다. 이 하위 디렉터리에는 리눅스 커널이 지원하는 각 아키텍처별 디렉터리가 존재한다. 모든 아키텍처 디렉터리는 kernel 디렉터리를 포함하고 있으며, 아키텍처에 관련된 커널 코드를 가진다. 어셈블리 파일인 head.S(몇몇 아키텍처에서는 head_*.S)는 CPU 시동 코드를 제공한다.

장치 관리자

장치 관리자는 리눅스 커널이 지원하는 모든 장치를 다룬다. 대부분의 경우 이들은 하드웨어 장치지만, 몇몇 드라이버는 소프트웨어 장치를 구현한다. 하나의 예로 소프트웨어 와치도그watchdog 타이머가 있다.

장치 관리자는 리눅스 커널 코드에서 큰 비중을 차지한다. 리눅스 소스 트리 내에서 장치 드라이버는 linux/drivers 디렉터리에 위치해 있다. 또한 이는 특정 장치 분류에 따라 더 자세한 하위 디렉터리로 나뉘어져 있다. 예를 들면 블루투스, 파이어와이어, I2C 스카시 등이 그것이다.

메모리 관리

시스템의 물리 메모리에 무제한 접근이 가능한 것은 오직 커널뿐이며, 커널만이 프로세스가 그곳에 안전하게 접근하도록 허용한다. 대부분의 현대적인 CPU들은 MMU를 포함해, 메모리 공간에 시스템의 실제 물리 메모리보다 더 큰 가상 주소를 부여한다. 가상 주소는 각 프로세스가 고유의 메모리 공간을 갖게 해줘서 다른 프로세스로부터(또는 커널로부터) 보호한다.

프로세스가 실행되는 동안, 커널은 프로세스의 가상 메모리 공간이 물리 메모리에 매핑돼 있도록 해야 한다. 메모리는 가상 메모리에서 물리 메모리로 페이지나 세그먼트로 매핑된다. 리눅스에서는 일반적으로 4k 크기다.[7] 그러나 이것이 프로세스가 한 번에 4k의 메모리를 할당할 수 있다는 의미는 아니다. 리눅스는 슬랩 할당자slab allocator로 불리는 것을 제공한다. 4k 페이지 기반이지만, 슬랩 할당은 더 큰 메모리 조각을 할당하는 것을 허용한다. 여기

---

7 오랫동안 리눅스 커널의 기본 페이지 크기는 조각성과 관리 오버헤드 사이에 잘 타협된 값인 4k였다. 이는 리눅스 커널이 페이지당 64바이트(아키텍처와 디버그 옵션에 따라 다르다.) 관리 구조체를 가졌기 때문이었다. 4GB 램을 갖는 시스템의 경우 이는 64MB를 의미하고, 16GB 램의 경우 256MB를 의미한다. 많은 메모리를 갖는 시스템은 보통 페이지 테이블에 필요한 메모리양을 줄이기 위해 더 많은 페이지 크기를 갖는다. 페이지 크기는 asm/page.h에 #define PAGE_SIZE (1UL ≪ PAGE_SHIFT)와 같이 정의돼 있다. 그리고 이는 PAGE_SHIFT를 고쳐서 바꿀 수 있다.

서는 할당과 할당 해제에서 발생하는 단편화를 제거하며, 슬랩의 상태 사용을 추적해 이전에 할당됐던 메모리를 재사용한다.

가상 주소는 시스템에 실재하는 물리 메모리보다 더 많이 할당할 수 있게 한다. 물리 메모리가 소진되면, 커널은 페이지를 메모리에서 하드디스크 드라이브 같은 외부 저장소에 옮긴다. 이 절차는 스와핑swapping이라 불리는데, 메모리의 페이지가 디스크로 옮겨가기 때문이다. 그러나 대부분의 임베디드 시스템은 하드디스크를 가지고 있지 않다. 플래시 드라이브로의 스와핑도 가능하지만, 이는 플래시 드라이브의 수명을 갉아먹기 때문에 효율적이지는 않다.

커널 소스 트리의 linux/mm 디렉터리에서 메모리 관리 코드를 찾을 수 있다.

가상 파일시스템

파일시스템은 애플리케이션이 종료된 후에도 영구적으로 데이터를 저장하기 위한 조직 형태를 말한다. 이는 데이터의 쓰기, 읽기, 갱신, 삭제 기능을 제공하고 저장 미디어의 사용 가능한 공간을 관리한다.

다른 운영체제와 달리, 리눅스는 사용자에게 다양한 애플리케이션과 저장 미디어를 위해 다양한 파일시스템을 선택할 수 있는 기회를 준다. 핵심 리눅스 파일시스템인 ext2, ext3, ext4와 더불어, 리눅스는 VFAT, NTFS, ZFS, Btrfs 같은 여러 다른 것들도 지원한다.

광범위한 다양성은 파일시스템의 자세한 사항에서 항구적인 저장소에 대한 애플리케이션의 요구 사항 간 추상화를 제공하기 어렵게 한다. 파일의 생성, 쓰기, 읽기, 디렉터리 탐색 같은 기본적인 동작의 경우, 애플리케이션은 그 데이터가 저장돼 있는 파일시스템의 종류를 알 필요가 없다.

이를 위해, 리눅스 커널은 가상 파일시스템(VFS)으로 알려진 파일 동작 공통 추상화 인터페이스를 제공한다. 이 VFS는 내부의 파일시스템 구현과 시스템 콜 인터페이스(SCI)의 파일 동작 사이에서 이뤄지는 통신이다. 파일시스템 구현은 핵심적으로 VFS 계층 상단과 통일된 데이터 버퍼 사이에 존재하는 데이터 관리 플러그인이다. 데이터 버퍼의 목적은 물리 저장 장치로의 데이터 접근을 최적화하기 위한 것이다. 데이터 버퍼 계층은 파일시스템 구현으로부터 데이터에 접근하고, 특정 스토리지 장치를 다루는 기저 장치 드라이버로 쓰기 위한 공통 API 모음과 함수를 구현한다.

VFS의 흥미로운 점은 물리 저장 장치에 존재하는 파일시스템에 국한되지 않고 네트워크

파일시스템(NFS, SMB 등)과 의사 파일시스템(proc 파일시스템)에도 동일한 인터페이스를 제공한다는 것이다.

VFS와 파일시스템의 소스는 리눅스 소스 트리의 linux/fs 디렉터리에 있다.

프로세스 관리

커널의 프로세스 관리는 프로세스 실행을 담당한다. 애플리케이션 프로그래밍 영역에서는 일반적으로 프로세스와 스레드를 나눈다. 여기서 프로세스process는 애플리케이션의 실행 컨텍스트를 의미하고, 스레드thread는 프로세스 내의 독립적 실행 경로를 의미한다. 프로세스는 적어도 한 스레드를 갖는다. 이는 주 스레드main thread로 다른 추가적인 스레드를 만들어낼 수 있다. 프로세스의 모든 스레드는 같은 실행 컨텍스트, 메모리 공간 등을 공유한다. 그러므로 스레드는 가벼운 프로세스lightweight process라고 부르기도 한다.

리눅스 커널은 프로세스와 스레드라는 두 콘셉트를 구분하지 않는다. 둘 다 코드, 데이터, 스택, CPU 레지스터를 갖춘 완전한 실행 컨텍스트를 갖는 스레드로 구현돼 있다.

프로세스 관리는 컴퓨터 시스템의 핵심 자원인 CPU를 할당한다. 스레드가 사용 가능한 CPU를 위해 경쟁하는데, 이는 스케줄러scheduler의 역할이며, 스레드를 선택해 사용 가능한 CPU(또는 CPU 코어)에 할당한다. 리눅스 커널의 기본 스케줄링 알고리즘은 완전 평등 스케줄러(CFS)다. CFS의 목적은 CPU 활용도를 최대화하고, 시스템의 성능을 최대화하는 것이다. 이전의 O(1) 스케줄러처럼 CFS는 스케줄을 위해 기다리는 프로세스 개수에 독립적인 스케줄링 시간을 제공한다.

리눅스 커널은 또한 고정 우선순위를 갖는 실시간 스케줄링 정책을 제공한다. 실시간 스케줄링 정책에 가장 최근에 들어간 것은 데드라인 스케줄링이다. 이는 데드라인에 가장 가까운 것을 기반으로 동적 우선순위를 사용하는 정책이다.

네트워크 스택

리눅스 커널의 네트워크 스택은 잘 알려진 ISO 오픈 시스템 통신(OSI) 계층 구조(ISO/IEC7498-1에 정의됨)를 기반으로 한다.

네트워크 계층에서 리눅스는 IPv4와 IPv6 프로토콜을 지원하고, 더불어 애플토크AppleTalk, IPX, X.25, 프레임 릴레이Frame Relay 등을 지원한다. 전송 계층 프로토콜에는 TCP, UDP, SPX 등이 있다.

소켓 계층socket layer은 애플리케이션 프로그램과 커널의 네트워크 프로토콜 스택 간 추상화를 제공한다. 소켓은 통신 말단으로, 그 도메인domain과 타입type으로 정의된다. 도메인은 IPv4(AF_INET)나 IPv6(AF_INET6) 같은 프로토콜 집합을 가리키며, 타입은 연결 기반 이중 바이트 스트림(SOCK_STREAM)이나 원시 프로토콜 접근(SOCK_RAW) 같은 통신 시맨틱semantic을 가리킨다.

네트워크 스택 구현은 리눅스 커널 소스 트리 내 linux/net에서 찾을 수 있다.

프로세스 간 통신

IPC는 프로세스나 스레드 간에 데이터를 교환하기 위한 방법이다. IPC 방식은 메시지 전달, 메모리 공유, 동기화, 데이터 스트림 등으로 나뉜다.

리눅스 커널 IPC의 구현은 linux/ipc에서 찾을 수 있다. 여기에는 시스템 V와 POSIX(휴대용 운영체제 인터페이스) IPC 방식의 고수준 추상화가 구현돼 있다.

시스템 콜 인터페이스

SCI는 리눅스 커널과 사용자 영역에서 수행 중인 애플리케이션 간 통신이다. SCI를 통해 커널은 프로세스 관리, 파일 관리, 장치 관리, 프로세스 간 통신, 시스템 관리를 위한 공통 API를 제공한다.

리눅스 커널의 CSI는 300개 이상의 함수로 구성돼 있다. 정확한 개수는 아키텍처에 따라 따르다. 비록 그 구현이 아키텍처에 의존적이라 해도 주요 함수는 공통이다. 몇몇 함수는 아키텍처에 의존적이고 특정 아키텍처에 의해서만 지원된다. SCI 구현은 linux/kernel에서 찾을 수 있고, 아키텍처에 의존적인 부분은 linux/arch에서 찾을 수 있다.

각 시스템 콜은 사용자 영역에서 커널로 들어가는 접근 포인트를 나타낸다. 시스템 콜은 항상 사용자 모드에서 커널 또는 권한 모드로의 CPU 컨텍스트 전환을 야기한다. 레거시 x86 CPU에서는 이 컨텍스트 전환이 int 80h 소프트웨어 인터럽트 또는 트랩에 의해 호출됐다. 새로운 x86 CPU는 트랩보다 더 효율적인 sysenter 인스트럭션을 제공한다. 모든 시스템 콜은 식별을 위해 유일한 숫자를 갖는다. 이 숫자는 시스템 콜 슬롯이라 불린다. 이 숫자는 어떤 SCI가 단일 API를 통해 시스템 콜을 멀티플렉스multiplex 및 디멀티플렉스demultiplex하는지에 대한 열쇠다. 특정 시스템 콜에 속한 숫자는 /usr/include/asm/unistd.h에서 찾을 수 있다. 아키텍처에 따라 이 파일은 실제 시스템 콜 목록을 갖는 다른 파일을 포함하고 있을 수 있다.

매뉴얼 페이지가 시스템에 설치돼 있다면, man syscalls 또는 info syscalls를 통해 더 자세한 정보를 얻을 수 있다.

strace 도구를 사용하면 시스템 콜과 시그널을 추적할 수 있다.

```
$ strace ls
```

예를 들어, 위 명령은 ls 명령이 현재 디렉터리의 모든 요소를 나열하는 데 사용하는 순차적 시스템 콜을 보여준다. strace 소스 역시 서로 다른 아키텍처를 위한 시스템 콜을 위한 좋은 자원이 된다. 이 프로젝트의 소스는 소스포지^{SourceForge} http://sourceforge.net/projects/strace에서 찾을 수 있다. 코드 트리의 linux 디렉터리를 보면, 다양한 아키텍처별 디렉터리를 찾을 수 있다. 각 하위 디렉터리는 syscallent.h 파일을 갖는데, 여기에는 각 아키텍처가 지원하는 시스템 콜 모두가 나열돼 있다.

각 아키텍처를 위해 리눅스 커널 소스는 시스템 콜 표를 갖는다. x86 아키텍처의 경우 32비트는 arch/x86/syscalls/syscall_32.tbl에, 64비트는 arch/x86/syscalls/syscall_64.tbl에 있다.

리눅스 커널 코드에 시스템 콜이 구현된 장소는 한 곳이 아니다. 그러나 리스트 6-1의 명령어를 사용하면 리눅스 소스 트리 내에서 특정 시스템 콜의 구현을 그 이름으로 쉽게 찾을 수 있다.

리스트 6-1 exit 시스템 콜의 구현

```
yocto@yocto-dev:~/linux$ grep -rA3 'SYSCALL_DEFINE.\?(exit,' *
kernel/exit.c:SYSCALL_DEFINE1(exit, int, error_code)
kernel/exit.c-{
kernel/exit.c-	do_exit((error_code&0xff)<<8);
kernel/exit.c-}
```

위 예에서는 exit 시스템 콜을 사용한다. 시스템 콜 구현을 찾기 위해서는 명령행의 exit를 다른 시스템 콜 이름으로 간단히 교체하면 된다. 예제는 또한 SYSCALL_DEFINE 매크로를 사용한 시스템 콜 함수 정의를 보여준다. 시스템 콜 함수에 필요한 매개변수 숫자에 따라 다른 매크로가 사용된다.

시스템 콜 함수의 호출은 CPU의 모든 레지스터를 저장하고, 시스템 콜 숫자와 매개변수를 특정 레지스터에 넣어서 넘기며 트랩을 발생시킨다. 정확히 무엇이 어떻게 이뤄지는지는 아키텍처에 따라 다르며, 주로 어셈블리 코드로 작성돼 있다. 일반적으로 사용자 영역 애플리케이션은 시스템 콜을 직접 호출하지 않는다. 비록 할 수 있다 하더라도, C 라이브러리의 래퍼 함수를 통한다.

6.4.2 리눅스 커널 시동

이제까지 커널의 주요 서브시스템에 대해 알아봤다. 이제 리눅스 커널 시동 절차를 간략하게 살펴보자. 이 주제를 논의하기 위해서는 부트로더에서 커널로 제어가 어떻게 넘어가는지, 그러고 나서 결국 첫 사용자 영역 애플리케이션인 init 프로세스에 어떻게 넘어가는지에 대한 이해가 필요하다. 현실에서 리눅스 커널은 다양한 하드웨어 요소와 서브시스템을 위한 여러 초기화 단계를 거친다. 이러한 단계 대부분은 하드웨어 플랫폼에 따라 다르다.

부트로더가 리눅스 커널을 메모리에 복사하고 나면, 제어권을 커널 이미지의 앞부분인 부트스트랩 로더^{bootstrap loader}로 이전한다. 공간 절약을 위해 커널 이미지는 보통 압축돼 있다. 그리고 커널을 위한 적절한 실행 환경을 만들어주는 것(커널 압축 해제, 메모리 내 커널 재배치, 제어권 이전 등)은 부트스트랩 로더의 의무다. 부트스트랩 로더는 대부분의 아키텍처에서 head.o로 불리는 모듈 내의 커널 진입점에 제어를 직접 넘긴다.

모듈 head.o는 아키텍처에 관련되지만 플랫폼에는 독립적인 특정 CPU 아키텍처를 위한 초기화 코드를 갖는다. 이 모듈은 head.S 어셈블리 언어 파일에서 파생됐다. 이는 linux/arch/⟨ARCH⟩/kernel에 위치하며, <ARCH>를 특정 아키텍처로 바꾸면 된다.

고수준에서 head.o 모듈은 다음과 같은 작업을 수행한다.

- 아키텍처와 CPU가 올바른지 검증한다.
- 하드웨어 부동소수점 기능 같은 CPU 형태와 기능을 탐지한다.
- CPU의 MMU를 활성화하고 초기 메모리 페이지 테이블을 생성한다.
- 기본적인 오류 보고와 처리
- main.c에 있는 비아키텍처 특정 커널 시동 함수 start_kernel( )로 전환한다.

linux/init의 main.c 파일은 리눅스 커널 시동 코드 뭉치를 포함한다. 여기에는 아키텍처 설정, 커널 명령행 처리, 루트 파일시스템 마운트를 위한 첫 커널 스레드 초기화, 첫 사용자 영역 애플리케이션 프로그램 실행이 포함된다.

커널 초기화의 기본 수행 이후, start_kernel() 함수는 rest_init()을 호출해 첫 커널 스레드를 구동한다. 이 스레드는 kernel_init() 함수를 매개변수로 받는 kernel_thread()의 호출로 구동된다. 이 함수는 init 스레드가 된다. 이 시점에 수행되는 스레드는 두 개다. start_kernel()과 kernel_init()이 그것이다. 전자는 스케줄러를 시작하고 cpu_idle() 함수에서 무한 루프를 돈다. 후자는 init() 스레드가 돼 모든 사용자 영역 프로세스의 부모가 되며 프로세스 ID(PID)는 1을 갖는다.

끝으로 kernel_init()은 첫 사용자 영역 애플리케이션을 구동한다. init 명령이 커널 명령행의 일부로 전달됐다면, kernel_init()은 먼저 그 프로그램을 시작하려 시도한다. 만약 init 명령이 전달되지 않으면, 함수는 루트 파일시스템에서 기본 프로그램을 로드한다. 기본값은 /sbin/init, /etc/init, /bin/init, /bin/sh며 순서대로 하나가 성공할 때까지 시도한다. 성공한 것이 없다면, 커널은 잘 알려진 오류 메시지인 'No init found. Try passing init= option to the kernel. See Linux Documentation/init.txt for guidance.'를 보여주고 종료한다.

일반적으로 첫 사용자 영역 프로세스는 init나 다른 사용자 프로세스를 구동하는 시동 시스템의 일부다. 리눅스 데스크톱과 서버에서 사용되는 일반적인 init 시스템은 시스템 V Init, systemd, Upstart다. 임베디드 시스템은 공통적으로 좀 더 가벼운 구동 시스템인 비지박스를 사용하거나 고유의 핵심 애플리케이션을 구동한다.

6.5 사용자 영역

이제 커널이 초기화를 끝내고 init 프로세스를 구동했다. 그리고 그 내에서 첫 사용자 영역 애플리케이션을 실행했다. 이제 시스템은 사용자 영역(영어로는 userland 또는 user space라 한다.)으로 진입했다. 사용자 영역은 운영체제 커널 밖에서 실행되는 모든 코드고, 여기에는 모든 라이브러리와 애플리케이션 프로그램이 포함된다. 사용자 영역은 시스템이 그 목적을 달성하는 데 필요한 모든 함수를 제공한다.

사용자 영역을 어떻게 설정하고 어떤 라이브러리 및 애플리케이션 프로그램이 포함되는지는 시스템마다 다르다. 그러나 사실상 항상 모든 시스템이 포함하는 라이브러리는 C 표준 라이브러리(LIBC)다. init 프로세스가 모든 프로세스의 부모 프로세스인 것처럼, LIBC도 모든 라이브러리의 부모 격이다.

리스트 6-2에서 보는 아주 간단한 헬로 월드 애플리케이션이라 하더라도 단지 두 단어를 화면에 출력하기 위해서는 많은 과정이 필요하다.

리스트 6-2 헬로 월드

```
#include <stdio.h>
int main( ) {
    printf("Hello World!\n");
    return 0;
}
```

이 프로그램은 LIBC API가 제공하는 다양한 함수 중 하나인 printf( )를 호출한다. API는 애플리케이션 프로그래머가 사실상 모든 프로그램에서 필요한 핵심 기능을 직접 구현해야 하는 부담을 덜어준다.

LIBC API는 ANSI C 표준에 의해 정의된다. 유닉스 시스템에서 ANSI C 표준은 POSIX 라이브러리의 일부로 기술돼 있다. POSIX는 IEEE 표준이다. 현재 버전은 POSIX.1-2008 또는 IEEE Std 1003.2008이다.

다수의 LIBC API는 커널 시스템 콜에 직접 연결돼 있다. 사실, 이러한 함수의 구현은 시스템 콜의 래퍼wrapper다.

리눅스 시스템의 경우 LIBC의 다중 구현이 가능하다. 라이브러리가 발전해온 방향에 따라, ANSI C 표준의 호환성에 따라, 성능에 따라, 모듈화에 따라, 설정성에 따라 매우 다양하다. 표 6-2는 공통된 구현의 일부를 소개한다.

표 6-2 리눅스의 C 표준 라이브러리

라이브러리	설명	욕토 프로젝트 지원	설정 가능성	라이선스	홈페이지
GLIBC	LIBC의 GNU 구현	예	부분적	LGPL	https://www.gnu.org/software/libc
EGLIBC	공간과 크로스 컴파일을 위해 최적화된 GLIBC의 임베디드 버전(현재는 GLIBC에 병합됐다.)	예	예	LGPL	www.eglibc.org/home

uClibc	메모리 관리가 필요치 않은 리눅스 시스템 지원을 위해 생성	예	아니오	LGPL	www.uclibc.org
Bionic libc	안드로이드 시스템을 위한 LIBC, 공간 최적화됨	아니오	아니오	3-조항 BSD	https://android. googlesource. com/platform/ bionic/
dietlibc	크로스 빌드를 지원하며 적은 공간을 차지하는 라이브러리	아니오	부분적	LGPL, 상용	www.fefe.de/ dietlibc
musl	적은 공간과 성능을 위해 최적화된 가벼운 LIBC	예	아니오	MIT	www.musl-libc. org
klibc	리눅스 커널 초기화를 위해 처음 고안된 LIBC의 부분 집합	아니오	아니오	GPL, BSD	ftp://ftp.kernel. org/pub/linux/ libs/klibc
Newlib	사실상 모든 아키텍처의 임베디드 시스템을 대상으로 함, 여러 라이브러리의 집합체	아니오	예	다수의 자유 소프트웨어 라이선스	www.sourceware. org/newlib

EGLIBC의 목적은 크로스 빌드를 지원하는 가볍고 설정 가능한 LIBC다. 그리고 GLIBC와의 바이너리 호환성을 갖는다. 바이너리 호환성은 GLIBC로 컴파일된 애플리케이션 프로그램이 재컴파일 없이도 EGLIBC를 갖고 있는 다른 시스템에서 수행될 수 있도록 한다. 다른 LIBC 구현체는 일반적으로 API에 대한 호환성만 제공하며 재컴파일이 필요하다.

비록 처음에는 임베디드 시스템을 대상으로 했지만, EGLIBC를 기본으로 갖는 데스크톱 및 서버 리눅스 배포판의 수가 증가했다. 그래서 GLIBC 아래에서 함께 개발할 수 있도록 EGLIBC와 GLIBC 브랜치 간의 차이점을 제거하는 노력을 진행하고 있다. 이 책을 기준으로, EGLIBC는 공식적으로 GLIBC에 병합됐다. 여기서 EGLIBC는 역사적인 이유로 언급한다.

6.6 요약

리눅스 운영체제 스택은 서로 다른 다양한 요소로 구성돼 있다. 6장에서는 오픈임베디드 빌드 시스템이 이러한 요소를 어떻게 빌드하고 어떻게 리눅스 시스템에 넣는지 논의하기 위한 구조를 살펴봤다.

- 부트로더는 짧게 동작하지만, 시스템 시동에 중요한 역할을 한다. 부트로더의 역할은 하드웨어를 초기화하고, OS 커널을 로드 및 부팅하는 데 있다.

- 리눅스 커널은 크고 복잡한 프로젝트다. 이는 커널의 기능을 제공하고 하부 하드웨어로부터 추상화하는 다양한 서브시스템으로 나뉜다.

- 커널 SCI는 커널과 사용자 영역 애플리케이션 사이에서 다리 역할을 한다.

- 사용자 영역은 커널 외부에서 실행되는 모든 코드를 참조한다. 커널은 첫 사용자 영역 프로세스를 구동한다.

- LIBC는 API 집합 및 애플리케이션 프로그램을 위한 함수를 제공한다. LIBC는 애플리케이션 개발자가 시스템의 복잡성을 다룰 필요가 없게 해준다. 그리고 서로 다른 시스템 간에 애플리케이션 포팅porting을 쉽게 하도록 해준다.

6.7 참조

커널 문서, https://www.kernel.org/doc/Documentation

7

커스텀 리눅스 배포판 빌드

앞선 장에서는 커스텀 리눅스 배포판 빌드를 위한 욕토 프로젝트 도구 사용의 기초를 살펴봤다. 이제는 이 지식을 기반으로 작업해보자.

2장, '욕토 프로젝트'에서 빌드 시스템의 요구 사항과 빌드 호스트, 빌드 환경, QEMU 에뮬레이터를 위해 준비된 시스템을 생성하기 위한 빌드 구동 등을 어떻게 하는지 알아봤다. 7장에서는 이 빌드 시스템을 재사용한다. 빌드 시스템이 아직 준비되지 않았다면, 2장으로 돌아가서 단계를 밟아보자. 포키의 기본 설정을 사용한 빌드 수행은 여러분의 설정을 검증한다. 또한 이는 소스 코드 패키지 대부분을 다운로드하고 공유 상태 캐시를 생성한다. 이두 가지는 모두 7장에서 쓰이는 예제의 빌드 속도 향상을 가져온다.

3장, '오픈임베디드 빌드 시스템'과 4장, '비트베이크 빌드 엔진'에서는 오픈임베디드 빌드 시스템과 비트베이크 문법에 대해 알아봤다. 7장과 앞으로 이어질 장들에서는 이 문법을 활용한 비트베이크 레시피 예제 및 코드 조각이 나올 것이다. 이 문법이 사실 직관적이고 일반적인 스크립트 언어와 비슷하지만, 비트베이크에서만 쓰이는 부분도 있다. 4장을 참고하면, 문법에 대한 예제와 설명을 찾을 수 있다.

욕토 프로젝트로 작업하다 보면, 필연적으로 빌드 실패를 경험하게 된다. 이는 다양한 이유에서 발생할 수 있으며, 문제 해결 역시 도전적일 수 있다. 5장, '문제 해결'을 참조하면 빌드 실패를 추적하는 데 도움이 되는 디버깅 도구를 볼 수 있다.

6장, '리눅스 시스템 아키텍처'에서는 리눅스 배포판의 구조를 살펴봤다. 부트로더와 리눅스 커널은 리눅스 운영체제 스택이 동작하는 데 필수 불가결한 요소지만, 사용자 영역은 이를 더 유용하게 한다. 7장에서는 욕토 프로젝트와 오픈임베디드 프로젝트의 호환 레이어에서 제공하는 레시피로부터 사용자 영역 라이브러리 및 애플리케이션을 조작함으로써 리눅스 운영체제 스택을 사용자화하는 데 초점을 맞출 것이다.

7.1 코어 이미지: 리눅스 배포판 블루프린트

오픈임베디드 코어(OE 코어)와 욕토 프로젝트 레이어는 여러 예제 이미지를 포함한다. 이러한 이미지는 명령행 프롬프트로 장치를 부팅하는 이미지부터 X 윈도우 시스템(X11) 서버와 그래픽 사용자 인터페이스를 지원하는 이미지까지 다양하다. 이러한 기본 이미지는 core-image로 시작되는 레시피로 명명돼 있기 때문에 코어 이미지^{core image}라 불린다. find 명령어를 빌드 시스템의 설치 디렉터리에서 수행하면, 코어 이미지의 레시피를 쉽게 찾을 수 있다(리스트 7-1 참조).

리스트 7-1 코어 이미지 레시피

```
user@buildhost:~/yocto/poky$ find ./meta*/recipes*/images -name "*.bb" \
                                   -print
./meta/recipes-core/images/core-image-minimal-initramfs.bb
./meta/recipes-core/images/core-image-minimal-mtdutils.bb
./meta/recipes-core/images/build-appliance-image_8.0.bb
./meta/recipes-core/images/core-image-minimal-dev.bb
./meta/recipes-core/images/core-image-minimal.bb
./meta/recipes-core/images/core-image-base.bb
./meta/recipes-extended/images/core-image-full-cmdline.bb
./meta/recipes-extended/images/core-image-testmaster-initramfs.bb
./meta/recipes-extended/images/core-image-lsb-sdk.bb
./meta/recipes-extended/images/core-image-lsb-dev.bb
./meta/recipes-extended/images/core-image-lsb.bb
./meta/recipes-extended/images/core-image-testmaster.bb
./meta/recipes-graphics/images/core-image-x11.bb
```

```
./meta/recipes-graphics/images/core-image-directfb.bb
./meta/recipes-graphics/images/core-image-weston.bb
./meta/recipes-graphics/images/core-image-clutter.bb
./meta/recipes-qt/images/qt4e-demo-image.bb
./meta/recipes-rt/images/core-image-rt-sdk.bb
./meta/recipes-rt/images/core-image-rt.bb
./meta/recipes-sato/images/core-image-sato-dev.bb
./meta/recipes-sato/images/core-image-sato-sdk.bb
./meta/recipes-sato/images/core-image-sato.bb
./meta-skeleton/recipes-multilib/images/core-image-multilib-example.bb
```

이 코어 이미지는 여러분이 만들 배포판을 위해 리눅스 배포 블루프린트로 활용할 수 있다. 모든 코어 이미지는 image 클래스를 상속하는 core-image 클래스를 상속하고 있다. 모든 이미지는 IMAGE_INSTALL 변수를 통해 루트 파일시스템에 어떤 패키지를 설치할 것인지 명시한다. IMAGE_INSTALL은 패키지와 패키지 그룹의 목록이다. 패키지 그룹은 패키지의 묶음이다. 패키지 그룹의 정의는 IMAGE_INSTALL 변수에 수백 개의 패키지 목록을 갖는 부담을 덜어준다. 패키지 그룹에 대해서는 추후에 설명한다. 이미지 레시피는 IMAGE_INSTALL을 명시적으로 설정하거나 두 패키지 그룹 packagegroup-core-boot, packagegroup-base-extended를 설치하는 core-image 클래스 제공의 기본값을 확장한다. 기본적으로 콘솔로 부팅하는 루트 파일시스템을 생성한다.

다양한 코어 이미지들을 살펴보면 다음과 같다.

- core-image-minimal: 가장 기본적인 이미지로, 장치를 리눅스 명령행 로그인으로 부팅한다. 로그인과 명령행 인터프리터는 비지박스에서 제공한다.

- core-image-minimal-initramfs: core-image-minimal과 기본적으로 같지만, 램 기반 초기 루트 파일시스템(initramfs)을 포함하는 리눅스 커널을 갖는다.

- core-image-minimal-mtdutils: core-image-minimal을 기반으로, 플래시 메모리 장치에서 리눅스 커널을 돌리기 위한 메모리 기술 장치(MTD) 서브시스템 사용자 영역 도구를 포함한다.

- core-image-minimal-dev: core-image-minimal을 기반으로 한다. 이 이미지는 루트 파일시스템에 설치된 모든 패키지의 개발 패키지(헤더 파일 등)를 갖는다. 네이티브 타깃 툴체인을 타깃에 함께 배포하면, 타깃에서 소프트웨어 개발을 할 수 있다. 크

로스 툴체인과 함께하면 개발 호스트에서 소프트웨어 개발을 한다.

- core-image-rt: core-image-minimal을 기반으로 한다. 이 이미지는 욕토 프로젝트 실시간 커널을 빌드하고, 실시간 애플리케이션을 위한 테스트 스위트 및 도구를 포함한다.

- core-image-rt-sdk: core-image-rt에 더해, 시스템 개발 킷(SDK)을 포함한다. SDK에는 설치된 모든 패키지의 개발 패키지가 포함된다. 컴파일러, 어셈블러, 링커, 성능 테스트 도구, 리눅스 커널 개발 패키지 등이 그것이다. 이 이미지는 타깃에서 소프트웨어 개발을 할 수 있게 한다.

- core-image-base: core-image-minimal을 기반으로 와이파이, 블루투스, 사운드, 시리얼 포트 등 여러 하드웨어를 지원하기 위한 미들웨어 및 애플리케이션 패키지를 포함한다. 타깃 장치는 이러한 하드웨어 요소를 갖고 있어야 하며, 리눅스 커널은 그들을 위한 장치 드라이버를 제공해야 한다.

- core-image-full-cmdline: 이 이미지는 최소 이미지에 리눅스 명령행 도구 bash, acl, attr, grep, sed, tar 등을 루트 파일시스템에 추가한 것이다.

- core-image-lsb: 이 이미지는 리눅스 기본 규격(LSB) 명세를 만족하는 데 필요한 패키지를 포함한다.

- core-image-lsb-dev: core-image-lsb를 기반으로 루트 파일시스템에 설치된 모든 패키지의 개발 패키지가 포함돼 있다.

- core-image-lsb-sdk: core-image-lsb-dev에 더해, 컴파일러, 어셈블러, 링커, 성능 테스트 도구, 리눅스 커널 개발 패키지 같은 개발 도구를 포함한다.

- core-image-x11: X11 서버와 X11 터미널 애플리케이션을 포함하는 기본 그래픽 인터페이스 이미지다.

- core-image-sato: 모바일 장치를 위한 오픈드핸드 사토[OpenedHand Sato] 사용자 경험을 포함한 X11을 제공한다. 사토 스크린 관리자와 더불어, 사토 테마[theme]를 사용하는 여러 애플리케이션을 제공한다. 여기에는 터미널, 편집기, 파일 관리자, 여러 게임 등이 포함된다.

- core-image-sato-dev: core-image-sato와 같지만, 추가로 루트 파일시스템에 설치된 모든 패키지의 개발 패키지가 포함된다.

- core-image-sato-sdk: core-image-sato-dev에 더해, 컴파일러, 어셈블러, 링커, 성능 테스트 도구, 리눅스 커널 등의 개발 도구를 포함한다.

- core-image-directfb: 그래픽 및 입력 장치 관리에 DirectFB를 사용하는 이미지로, DirectFB는 그래픽 가속과 윈도윙windowing 시스템을 갖는다. X11에 비해 매우 작은 코드를 가지고 있으므로, DirectFB는 성능이 떨어지는 임베디드 시스템에 X11 전체를 넣는 대신에 그래픽 지원을 하기 위해 선호된다

- core-image-clutter: X11 기반의 이미지로, 추가로 클러터Clutter 툴킷이 포함된다. 클러터는 OpenGL 기반이며 그래픽 사용자 인터페이스를 위한 애니메이션 효과를 제공한다.

- core-image-weston: X11 대신 웨스턴을 사용하는 이미지. 웨스턴은 웨이랜드Wayland 프로토콜을 사용하는 컴포지터compositor며, 클라이언트와 데이터를 교환하는 구현체다. 이 이미지는 웨이랜드가 가능한 터미널 프로그램을 포함한다.

- qt4e-demo-image: 이 이미지는 부트 절차가 끝나면, 임베디드 Qt 툴킷을 위한 데모 애플리케이션을 구동한다. 임베디드 리눅스를 위한 Qt는 X11을 사용하지 않고 직접 프레임워크에 작성할 수 있는 그래픽 인터페이스 애플리케이션을 위한 개발 프레임워크를 제공한다.

- core-image-multilib-example: 이 이미지는 다중 라이브러리의 지원 예를 위한 이미지다. 일반적으로 64비트 시스템에서 32비트를 지원하기 위한 것이다. 이 이미지는 코어 이미지를 기반으로 하며, 요구되는 멀티리브multilib 패키지가 IMAGE_INSTALL에 추가돼 있다.

다음의 세 이미지는 임베디드 리눅스 시스템을 위한 기본 이미지가 아니며, 모두 설명을 위해 포함했다.

- core-image-testmaster, core-image-testmaster-initramfs: 이 이미지는 실제 하드웨어 장치나 QEMU에서 다른 이미지를 테스트하기 위한 용도. 별도의 파티션으로 배포돼 스크립트가 실행되므로 테스트하에 이미지가 배포된다. 이러한 접근법은 자동화된 테스팅에서 유용하다.

- build-appliance-image: 이 레시피는 욕토 프로젝트 빌드 가상 머신 이미지를 생성하며, 욕토 프로젝트 빌드 시스템에 필요한 모든 것이 포함된다. 이 이미지는

VMware 플레이어나 VMware 워크스테이션을 통해 구동 가능하다.

참조 이미지 레시피의 학습은 이러한 이미지들이 어떻게 빌드됐고, 어떤 패키지로 구성돼 있는지 알기 위한 좋은 방법이다. 코어 이미지 역시 고유의 리눅스 운영체제 스택을 위한 시작점으로 좋다. 여러분은 이에 패키지 및 패키지 그룹을 IMAGE_INSTALL에 추가함으로써 확장할 수 있다. 이미지는 확장 가능하지만 축소할 수는 없다. 더 적은 기능을 갖는 이미지를 빌드하기 위해서는 가장 작은 코어 이미지로부터 시작해서 필요한 것을 추가해야 한다. 패키지를 삭제하는 쉬운 방법은 없다. 그들의 대부분이 패키지 그룹으로 추가됐기 때문이고, 거기에 포함된 패키지가 더 이상 필요치 않으면 분리해야 할 수도 있다. 물론, 패키지를 지운다면 그와 의존성이 있는 다른 패키지도 지워야 한다.

패키지나 패키지 그룹을 여러분의 루트 파일시스템에 추가하는 방법은 여러 가지다. 다음의 단락은 그 방법을 설명하고, 그중 하나를 사용해야 하는 이유에 대한 정보를 제공한다.

7.1.1 로컬 설정을 통한 코어 이미지 확장

패키지와 패키지 그룹을 이미지에 추가하는 가장 간단한 방법은 IMAGE_INSTALL을 빌드 환경의 conf/local.conf에 추가하는 것이다.

```
IMAGE_INSTALL_append = " <package> <package group>"
```

이미 봤듯이, 이미지 레시피는 패키지나 패키지 그룹을 추가하기 위해 IMAGE_INSTALL 변수를 사용한다. 이미지를 확장하기 위해 여러분의 패키지나 패키지 그룹을 변수에 덧붙여야 한다. 여기서 +=이나 .+ 연산자 대신에 _append 연산자를 명시적으로 사용하는 것에 대해 의문을 가질 수도 있다. _append 연산자는 모든 레시피와 설정 파일이 처리되고 난 후 조건 없이 IMAGE_INSTALL 변수에 특정 변수를 붙인다. 이미지 레시피는 일반적으로 =이나 ?= 연산자의 명시적 사용으로 IMAGE_INSTALL 변수를 설정한다. 이들 연산자는 비트베이크가 conf/local.conf 설정 이후에 연산이 행해지도록 한다.

예를 들어, 다음은

```
IMAGE_INSTALL_append = " strace sudo sqlite3"
```

strace와 sudo 도구와 함께 SQLite를 루트 파일시스템에 설치한다. _append 연산자를 사용할 때는 항상 패키지나 패키지 그룹 맨 앞에 공백 문자를 넣어야 된다는 것을 잊지 말자.

이 연산자가 자동으로 공백을 넣어주지 않기 때문이다.

빌드 환경의 conf/local.conf에 IMAGE_INSTALL을 사용하면 빌드 환경에서 빌드하는 모든 이미지에 조건 없이 적용된다. 특정 이미지에 추가적인 패키지를 설치하고자 한다면, 조건 적 추가를 사용하면 된다.

```
IMAGE_INSTALL_append_pn-<image> = " <package> <package group>"
```

이는 특정 패키지와 패키지 그룹을 image 루트 파일시스템에만 설치한다.

```
IMAGE_INSTALL_append_pn-core-image-minimal = " strace"
```

예를 들어, 위와 같은 줄은 strace 도구를 core-image-minimal의 루트 파일시스템에만 설 치한다. 다른 이미지는 영향을 받지 않는다.

IMAGE_INSTALL의 사용은 모든 코어 이미지에도 영향을 준다. 여기서 말하는 이미지에는 core-image 클래스를 상속한 이미지와 image 클래스에서 직접 상속받는 이미지가 포함된 다. 편의성을 위해 core-image 클래스는 CORE_IMAGE_EXTRA_INSTALL 변수를 정의한다. 이 변수에 추가된 모든 패키지와 패키지 그룹은 클래스에 의해 IMAGE_INSTALL에 덧붙여진다.

```
CORE_IMAGE_EXTRA_INSTALL = "strace sudo sqlite3"
```

위 줄의 사용은 core-image에서 상속된 이미지 전체에 위 패키지를 추가한다. image에서 상속된 이미지는 영향을 받지 않는다. 코어 이미지를 위한 CORE_IMAGE_EXTRA_INSTALL의 사용은 IMAGE_INSTALL에 직접적으로 추가하는 것보다 더 안전하고 쉬운 방법이다.

7.1.2 QEMU로 이미지 테스트

여러분의 이미지는 QEMU 에뮬레이터를 통해 쉽게 테스트할 수 있다. 설령 여러분 제품의 타깃 하드웨어를 위한 시스템을 빌드한다고 해도, 테스트를 위한 QEMU 사용은 다음의 이 유로 장점을 갖는다.

- QEMU 구동을 위해 필요한 시간은 실제 하드웨어에 이미지를 배포하는 것보다 훨 씬 짧다.
- 하드웨어가 소프트웨어 개발이 시작될 때까지 준비되지 못하는 경우도 잦다.

- 욕토 프로젝트 보드 지원 패키지(BSP)는 QEMU에서 하드웨어로, 또는 그 반대로도 쉽게 할 수 있게 한다.

2장에서는 첫 빌드를 할 때 QEMU를 사용해 빌드 결과를 검증했었다. 포키 참조 배포는 runqemu 스크립트를 제공해서 적정 매개변수로 QEMU 구동 작업을 매우 단순화했다. 가장 단순한 형태로, 단일 매개변수를 전달해서 스크립트를 실행할 수 있다.

```
$ runqemu qemux86
```

이는 스크립트로 하여금 QEMU 머신을 위한 최신 커널과 루트 파일시스템 이미지 빌드를 찾아 사용케 하고, 없다면 기반 매개변수로 구동한다. 매개변수 값은 conf/local.conf에 있는 QEMU 머신 타입과 일치한다.

서로 다른 루트 파일시스템 이미지로 작업할 때는 QEMU로 실행하는 특정 이미지를 선택할 수도 있다. 예를 들어 위 명령행을 사용해서 core-image-minimal과 core-image-base를 빌드했다고 하면, runqemu는 더 최근에 빌드한 것을 구동한다. 이미지를 선택하기 위해서는 다음과 같은 명령을 사용하면 된다.

```
$ runqemu qemux86 core-image-minimal
```

스크립트는 자동으로 알맞은 커널을 선택하고, 최신 core-image-minimal 루트 파일시스템을 사용한다. 좀 더 자세히 다루기 위해 커널 이미지와 루트 파일시스템 이미지 파일을 명시할 수 있다.

```
$ runqemu <path>/bzImage-qemux86.bin <path>/core-image-minimal-qemux86.ext3
```

QEMU와 runqemu 스크립트는 빠른 라운드트립 애플리케이션 개발을 위한 간편한 도구다. 라운드트립 애플리케이션 개발은 11장, '애플리케이션 개발'에서 다룰 것이다.

7.1.3 빌드 히스토리를 통한 이미지 검증 및 비교

제품을 빌드할 때는 이미지 수정, 새 패키지 추가, 코드 정리를 위한 필요 없는 패키지 삭제 등을 자주 할 것이다. 이미지 빌드를 쉽게 검증하고 서로 비교 가능케 하는 도구는 방대한 작업을 단순화한다.

빌드 결과의 품질을 유지하고 서로 다른 빌드의 차이를 비교할 수 있도록 하기 위해, 비트베이크는 buildhistory 클래스로 구현된 빌드 히스토리를 제공한다. 이 클래스는 깃 리파지토리에서 빌드 시스템에 의해 패키지 빌드 및 생성된 이미지에 대한 모든 정보를 기록한다. 빌드 히스토리는 기본적으로 비활성화돼 있다. 활성화하려면, 다음을 빌드 환경에 있는 conf/local.conf 파일에 추가하라.

```
INHERIT += "buildhistory"
BUILDHISTORY_COMMIT = "1"
```

INHERIT(대문자)는 buildhistory 클래스에 추가해야 하는 변수임을 알아두자. 이는 inherit(소문자) 지시자가 레시피나 클래스에 클래스의 상속 기능을 제공하기 위해 사용되는 것과는 다르다. 빌드할 때마다 buildhistory는 변경점을 깃 리파지토리에 커밋한다.

buildhistory 깃 리파지토리는 BUILDHISTORY_DIR 변수에 정의된 디렉터리에 저장된다. 기본값은 다음과 같이 돼 있다.

```
BUILDHISTORY_DIR ?= "${TOPDIR}/buildhistory"
```

buildhistory를 활성화하고 빌드를 실행하면, buildhistory 디렉터리가 빌드 환경 최상위 디렉터리에 추가된 것을 볼 수 있다. 이 디렉터리는 두 하위 디렉터리를 갖는데, images와 packages다. 전자는 이미지 빌드에 대한 빌드 정보를 가지며, 후자는 패키지에 대한 정보를 갖는다. buildhistory 깃 리파지토리에 대한 분석은 13장, '더 깊은 주제'에서 다룰 것이다. 여기서는 images 하위 디렉터리만 살펴본다. images 하위 디렉터리에서 이미지는 타깃 머신, 타깃 C 라이브러리, 이미지 이름에 따라 생성된 하위 디렉터리에 들어간다.

${TOPDIR}/buildhistory/images/⟨machine⟩/⟨clib⟩/⟨image⟩

qemux86과 기본 EGLIBC 타깃 라이브러리를 사용하는 core-image-minimal의 빌드인 경우, 다음에서 이미지 히스토리를 찾을 수 있다.

${TOPDIR}/buildhistory/images/qemux86/eglibc/core-image-mininal

이 디렉터리의 파일은 이미지에 가해진 자세한 정보를 알려준다.

- image-info.txt: DISTRO, DISTRO_VERSION, IMAGE_INSTALL 같은 가장 중요한 변수를 알려주는 이미지에 대한 간략한 정보다.

- installed-packages.txt: 이미지에 설치된 패키지 파일 목록, 버전과 타깃 정보가 포함돼 있다.

- installed-package-names.txt: 위 파일과 비슷하지만, 버전이나 타깃 정보는 없다.

- files-in-image.txt: 루트 파일시스템을 나열한다. 디렉터리 이름, 파일 크기, 파일 권한, 파일 소유자 등을 볼 수 있다.

installed-package-names.txt 파일을 검색하면 패키지 설치 유무와는 관계없이 정보를 얻을 수 있다.

7.1.4 레시피를 통한 코어 이미지 확장

패키지와 패키지 그룹을 CORE_IMAGE_EXTRA_INSTALL과 IMAGE_INSTALL과 conf/local.conf에 추가하는 것은 직관적이고 빠르다. 그러나 이렇게 하면 프로젝트를 유지 관리하거나 재사용하기 어려워진다. 더 나은 방법은 레시피를 통한 선정의predefined 이미지를 확장하는 것이다. 리스트 7-2는 core-image-base를 확장하는 간단한 레시피를 보여준다.

리스트 7-2 core-image-base 확장 레시피

```
DESCRIPTION = "A console image with hardware support for our IoT device"
require recipes-core/images/core-image-base.bb
IMAGE_INSTALL += "sqlite3 mtd-utils coreutils"
IMAGE_FEATURES = "dev-pkgs"
```

이 예는 core-image-base를 위한 레시피를 포함해 패키지를 IMAGE_INSTALL에, 이미지 특징을 IMAGE_FEATURES에 추가한다. 이미지 특징의 개념과 이미지를 사용자화에 활용하는 방안은 다음 단락에서 다룰 것이다.

레시피로 이미지 확장을 할 때 고려해야 할 몇 가지를 보자.

- 클래스와는 달리, 비트베이크가 인클루드를 위해 레시피 파일을 찾을 수 있도록 레이어 기반으로 상대적인 경로를 제공해야 한다. 그리고 .bb 파일 확장자를 넣어야 한다.

- 확장할 레시피 인클루드를 위해 include나 require를 사용할 수 있지만, require의 사용을 추천한다. 이는 인클루드된 레시피 파일을 찾을 수 없는 경우 명시적인 오류 메시지와 함께 비트베이크가 종료되게끔 하기 때문이다.

- IMAGE_INSTALL에 추가하기 위해 += 연산자를 사용한다는 것을 기억하자. =이나 :=

은 사용하지 말라. 인클루드된 레시피에 의해 정의된 변수 내용이 덮어 쓰여지기 때문이다.

비트베이크가 이 레시피를 빌드 타깃으로 사용 가능하도록 하려면, 이를 conf/bblayers.conf 파일을 통해 빌드 환경에서 인클루드된 레이어에 추가해야 한다. 여러분의 레시피를 meta, meta-yocto 같은 코어 욕토 프로젝트 레이어에 추가하는 것은 추천되지 않는다. 이는 욕토 프로젝트의 새 버전으로 업그레이드할 때 빌드 환경을 유지 관리하기가 힘들어지기 때문이다.

하나의 레시피를 위한 레이어의 생성은 비용이 커 보이기도 하지만, 모든 프로젝트가 작게 머물러 있기는 어렵다. 하나의 레시피로 시작하더라도 결국에는 이미지, 패키지, 패키지 그룹을 위한 레시피를 갖는 큰 프로젝트로 자랄 것이다. 3장에서는 레이어를 생성하는 데 쓰이는 yocto-layer를 소개했다.

7.1.5 이미지 특징

이미지 특징Image Feature은 타깃 이미지에 기능을 추가하도록 한다. 이는 설치돼야 할 추가적인 패키지일 수도 있고, 환경 설정 파일의 수정 등일 수도 있다.

예를 들어 dev-pkgs 이미지 특징은 개발 패키지를 추가한다. 이는 헤더와 기타 개발에 필요한 파일들을 포함하며, 루트 파일시스템 내에 설치된 모든 패키지에 해당된다. 이 이미지 특징을 사용하면 개발 패키지를 명시적으로 IMAGE_INSTALL 변수에 넣지 않더라도, 개발을 위한 타깃 이미지를 활성화할 수 있다. 배포할 때는 dev-pkgs 이미지 특징을 지우면 된다.

이미지 특징의 설치는 두 변수 IMAGE_FEATURES와 EXTRA_IMAGE_FEATURES에 의해 제어된다. 전자는 conf/local.conf 파일에서 사용되며, 추가적인 이미지 특징을 정의하는 데 쓰인다. 물론 이는 빌드 환경 내에서 빌드된 모든 이미지에 영향을 끼친다. EXTRA_IMAGE_FEATURES의 내용은 간단히 meta/conf/bitbake.conf 환경 설정 파일에 의해 IMAGE_FEATURES에 추가된다.

- image.bbclass에 의해 정의되는 것들

  □ debug-tweaks: 개발 목적의 이미지를 준비한다. 특히, 콘솔을 위한 빈 루트 비밀번호와 보안 셸(SSH) 로그인을 설정한다.

  □ package-management: 루트 파일시스템을 위해 PACKAGE_CLASSES에 정의된 패키지

관리 클래스에 따라 패키지 관리 시스템을 설치한다.

□ `read-only-rootfs`: 읽기 전용 루트 파일시스템을 생성한다. 이 이미지 특징은 `systemd`가 아닌 시스템 V Init(SysVinit)인 경우에만 동작한다.

□ `splash`: 부팅하는 동안 부트 메시지 대신에 스플래시 스크린을 활성화한다. 기본 값은 psplash 패키지에 의해 제공되는 스플래시 스크린이다. 이는 사용자화가 가능하다. 또한 `SPLASH` 변수에 다른 패키지 이름을 넣음으로써 대체 스플래시 스크린 패키지를 정의할 수 있다.

- populate_sdk_base.bbclass에 의해 정의되는 것들

  □ `dbg-pkgs`: 루트 파일시스템에 설치된 모든 패키지를 위해 심볼을 갖는 디버그 패키지를 설치한다.

  □ `dev-pkgs`: 루트 파일시스템에 설치된 모든 패키지를 위해 헤더와 기타 개발 관련 파일이 포함된 개발 패키지를 설치한다.

  □ `doc-pkgs`: 루트 파일시스템에 설치된 모든 패키지를 위한 문서 패키지를 설치한다.

  □ `staticdev-pkgs`: 루트 파일시스템에 설치된 모든 패키지를 위해 *.a 확장자를 갖는 정적 라이브러리 같은 정적 개발 패키지를 설치한다.

  □ `ptest-pkgs`: 루트 파일시스템에 설치된 모든 패키지를 위해 패키지 테스트(ptest) 패키지를 설치한다.

- core-image.bbclass에 의해 정의되는 것들

  □ `eclipse-debug`: 이클립스 IDE, GDB 디버깅 서버, 이클립스 타깃 통신 프레임워크(TCF) 에이전트, OpenSSH SFTP 서버 등과 통합하는 원격 디버깅 도구를 설치한다.

  □ `hwcodecs`: 하드웨어가 지원하는 경우 오디오, 이미지, 비디오를 위한 하드웨어 디코더 및 인코더를 설치한다.

  □ `nfs-server`: 네트워크 파일시스템(NFS) 서버, 유틸리티, 클라이언트를 설치한다.

  □ `qt4-pkgs`: Qt4 프레임워크와 데모 애플리케이션을 설치한다.

  □ `ssh-server-dropbear`: 가벼운 SSH 서버인 드롭베어Dropbear를 설치한다. 이는 임베디드 시스템에서 유명하다. 이 이미지 특징은 `ssh-server-openssh`에는 호환되지 않는다. 둘 중에 하나만 사용 가능하다.

- □ **ssh-server-openssh**: OpenSSH 서버를 설치한다. 이 이미지 특징은 **ssh-server-dropbear**와는 호환되지 않는다. 둘 중에 하나만 사용 가능하다.

- □ **tools-debug**: GDB 디버거, GDB 원격 디버깅 서버, 시스템 콜 추적 도구인 strace 메모리 추적 도구인 mtrace(타깃 라이브러리가 GLIBC 라이브러리라면) 등 디버깅 도구를 설치한다.

- □ **tools-profile**: oprofile, powertop, latencytop, lttng-ust, valgrind 같은 프로파일링 도구를 설치한다.

- □ **tools-sdk**: GCC 컴파일러, 메이크^{Make}, autoconf, automake, libtool 등의 소프트웨어 개발 도구를 설치한다.

- □ **tools-testapps**: X11 테스트, 전화기 관리자 oFono, 연결 관리자 ConnMan 같은 미들웨어 등의 테스트 애플리케이션을 설치한다.

- □ **x11**: X11 서버를 설치한다.

- □ **x11-base**: X11 서버와 윈도잉 시스템을 설치한다.

- □ **x11-sato**: 모바일 장치를 위한 오픈드핸드 사토^{OpenedHand Sato} 사용자 환경을 설치한다.

고유의 이미지 레시피를 생성하고 상속할 이미지 클래스를 선택할 때는 어떤 클래스가 이미지 특징을 정의하는지가 중요하다. image 클래스는 populate_sdk_base를 상속하며, 이 두 클래스에 의해 정의되는 모든 이미지 특징은 image를 상속하는 이미지에서 유효하다. core-image에 의해 정의되는 이미지 특징은 이 클래스를 상속하는 이미지에서만 유효하다. core-image는 image를 상속하고 있다(자연히 populate_sdk_base도 상속하고 있다).

7.1.6 패키지 그룹

커스텀 리눅스 배포판 이미지 생성을 논하는 동안 패키지 그룹을 몇 번 언급했다. 패키지 그룹은 그 이름으로 참조되는 패키지의 묶음이다. IMAGE_INSTALL 변수에 사용함으로써 패키지 그룹으로 정의된 모든 패키지를 타깃 이미지의 루트 파일시스템에 설치한다.

욕토 프로젝트와 OE 코어 레이어는 이미지에 쓸 수 있게 준비된 공통 패키지 그룹을 정의한다. 또한 모든 레이어로부터 패키지를 포함하는 고유의 패키지 그룹을 만들 수 있다. 먼저 욕토 프로젝트와 OE 쿠어 레이어에서 정의된 패키지 그룹을 서술해보고, 패키지 그룹을 정의하는 법에 대해 자세히 살펴본다.

선정의된 패키지 그룹

패키지 그룹은 레시피에 의해 정의된다. 이 레시피 파일은 packagegroup-으로 시작하며 각각의 레시피 분류 내 packagegroup 하위 디렉터리에 위치한다. 예를 들어 Qt 개발 프레임워크와 관련된 패키지 그룹 레시피는 meta/recpies-qt/packagegroups에서 찾을 수 있다.

```
find . -name "packagegroup-*" -print
```

위 명령을 욕토 프로젝트 빌드 시스템의 설치 디렉터리에서 사용하면, 욕토 프로젝트 빌드 시스템의 선정의된 모든 패키지 그룹 레시피를 보여준다.

다음은 가장 일반적으로 사용되는 선정의된 패키지 그룹이다.

- packagegroup-core-ssh-dropbear: OpenSSH 서버에 비해 작은 코드로 임베디드 시스템에서 유명한 드롭베어 SSH 서버의 패키지를 제공한다. 이 패키지 그룹은 packagegroup-core-ssh-openssh와 충돌한다. 둘 중 하나만 이미지에 포함시킬 수 있다. ssh-server-dropbear 이미지 특징은 이 패키지 그룹을 설치한다.

- packagegroup-core-ssh-openssh: 표준 OpenSSH 서버를 위한 패키지를 제공한다. 이 패키지 그룹은 packagegroup-core-ssh-dropbear와 충돌한다. 이미지에는 둘 중 하나만 포함시킬 수 있다. ssh-server-openssh 이미지 특징은 이 패키지 그룹을 설치한다.

- packagegroup-core-buildessential: GNU 오토툴즈 유틸리티인 autoconf, automake, libtool, GNU 바이너리 도구로는 링커인 ls, 어셈블러인 as 등을 갖는 binutils, 컴파일러 모음으로는 cpp, gcc, g++, GNU 국제화 및 지역화 도구로는 gettext, make, libstc++ 그리고 pkgconfig를 설정한다.

- packagegroup-core-tools-debug: GDB 디버거, GDB 원격 디버깅 서버, 시스템 콜 추적 도구 strace, GLIBC 타깃 라이브러리, 메모리 추적 도구 mtrace 등의 디버깅 도구를 제공한다.

- packagegroup-core-sdk: packagegroup-core-buildessential 패키지 그룹에 추가로 GNU 핵심 유틸리티인 coreutils에 셸 파일 문자열 조작 유틸리티, 동적 링커 ldd

등을 묶어놓은 패키지 그룹이다. packagegroup-core-standalone-sdk-target과 함께 이 패키지 그룹은 tools-sdk 이미지 특징을 형성하고 있다.

- packagegroup-core-standalone-sdk-target: GCC와 표준 C++ 라이브러리를 제공한다. pacakgegroup-core-sdk와 함께 tools-sdk 이미지 특징을 형성한다.

- packagegroup-core-eclipse-debug: GDB 디버깅 서버, 이클립스 TCE 에이전트, 이클립스 IDE 원격 배포 및 디버깅과 통합하기 위한 OpenSSH SFTP 서버를 제공한다. 이미지 특징 eclipse-debug는 이 패키지 그룹을 설치한다.

- packagegroup-core-tools-testapps: X11과 전화 관리자 oFono, 연결 관리자 ConnMan을 위한 테스트 같은 테스트 애플리케이션을 제공한다. tools-testapps 이미지 특징은 이 패키지 그룹을 설치한다.

- packagegroup-self-hosted: 자기 호스트^{self-hosted} 빌드 시스템에 필요한 모든 패키지를 제공한다. build-appliance 이미지 타깃은 이 패키지 그룹을 사용한다.

- packagegroup-core-boot: 콘솔을 갖는 부팅 가능한 이미지를 생성하는 데 필요한 최소한의 패키지를 제공한다. 모든 core-image 타깃이 이 패키지 그룹을 설치한다. core-image-minimal은 packagegroup-core-boot 패키지 그룹과 설치 후 실행되는 스크립트^{postinstallation script}만 설치한다.

- packagegroup-core-nfs: NFS 서버, 유틸리티, 클라이언트를 제공한다. nfs-server 이미지 특징이 이 패키지 그룹을 설치한다.

- packagegroup-base: 이 레시피는 서로의 관계, 머신 및 배포 설정에 따라 다양한 패키지 그룹을 제공한다. 이 패키지 그룹의 목적은 하드웨어, 네트워크 프로토콜, USB, 파일시스템, 기타 머신과 배포 설정에 관계된 이미지를 지원하기 위한 것이다. 두 최고 수준의 패키지 그룹은 packagegroup-base와 pakagegroup-base-extended 다. 전자는 블루투스, 와이파이, 3G, NFS 같은 하드웨어를 추가하며 머신 설정 및 배포 설정에서 요구할 때 추가된다. 후자 또한 이러한 기술을 추가하는데 배포 설정에서 필요한 경우에 추가한다. 그러나 하드웨어 설정이 이를 직접 지원하지는 않지만 PCI, PCMCIA, USB 호스트 등은 지원한다. 이 패키지 그룹은 타깃 장치에 물리적으로 추가된 장치를 지원하는 이미지 생성을 할 수 있도록 해준다. 일반적으로, 하드웨어 지원을 제공하는 이미지는 그 지원을 동적으로 하기 위해 packagegroup-base보다는 packagegroup-base-extended를 이용한다. 예를 들면, core-image-base

가 그것이다.

- **packagegroup-cross-canadian**: 캐내디언 크로스^{Canadian Cross} 테크닉을 사용한 툴체인을 생성하기 위한 SDK 패키지를 제공한다. 캐내디언 크로스 테크닉은 A 시스템에 툴체인을 빌드하고 B 시스템에서 실행하며 C를 위한 바이너리를 생성한다. 이 패키지 그룹의 사용 예로, 여러분의 이미지 타깃에서 실행될 욕토 프로젝트 툴체인을 여러분의 빌드 호스트에서 빌드하지만, 그 결과는 이미지와는 다른 아키텍처를 가진 다른 시스템을 위한 것일 경우다.

- **packagegroup-core-tools-profile**: oProfile, PowerTOP, LatencyTOP, LTTng-UST, Valgrind 같은 프로파일링 도구를 제공한다. `tools-profile` 이미지 특징은 이 패키지 그룹을 사용한다.

- **packagegroup-core-device-devel**: 이미지를 위해 distcc 지원을 제공한다. distcc는 네트워크를 통해 다양한 머신에 걸쳐 컴파일의 분배를 가능케 한다. distcc는 반드시 여러분의 빌드 호스트에서 설치, 설정, 수행돼야 한다. 타깃에는 크로스 컴파일러 변수를 정의해서 distcc 대신에 로컬 컴파일러(예: `export CC="distcc"`)를 정의해야 한다.

- **packagegroup-qt-toolchain-target**: 타깃 시스템에 Qt 개발 툴킷의 X11 기반 버전 애플리케이션을 빌드하기 위한 패키지를 제공한다.

- **packagegroup-qte-toolchain-target**: 타깃 시스템에 Qt 개발 툴킷의 임베디드 버전 애플리케이션을 빌드하기 위한 패키지를 제공한다.

- **packagegroup-core-qt**: 타깃 시스템을 위해 Qt 개발 툴킷의 X11 기반 버전을 사용하기 위한 모든 패키지를 제공한다.

- **packagegroup-core-qt4e**: 타깃 시스템을 위해 Qt 개발 툴킷의 임베디드 기반 버전을 사용하기 위한 모든 패키지를 제공한다.

- **packagegroup-core-x11-xserver**: X.Org X11 서버만 제공한다.

- **packagegroup-core-x11**: packagegruop-core-x11-xserver에 xhost, xauth, xrandr, 시작 중 초기화 등을 추가한 패키지를 제공한다. x11 이미지 특징은 이 패키지 그룹을 사용한다.

- **packagegroup-core-x11-base**: packagegroup-core-x11에 매치박스 윈도우 관리자, 매치박스 터미널, 폰트 패키지 등을 포함하는 X11 환경을 위한 미들웨어 및 애플리

케이션 클라이언트를 추가로 지원한다. x11-base 이미지 특징이 이 패키지 그룹을 설치한다.

- packagegroup-core-x11-sato: 매치박스 윈도우 관리자, 매치박스 데스크톱 등 다양한 애플리케이션을 포함하는 모바일 장치를 위한 오픈드핸드 사토 사용자 인터페이스를 제공한다. x11-sato 이미지 특징은 이 패키지 그룹을 사용한다. 여러분의 타깃 이미지에 이 패키지 그룹을 활용하려면 packagegroup-core-x11-base도 설치해야 한다.

- packagegroup-core-clutter-core: 클러터Clutter 그래픽 툴킷을 위한 패키지를 제공한다. 타깃 이미지에 이 툴킷을 사용하려면 packagegroup-core-x11-base를 설치해야 한다.

- packagegroup-core-directfb: X11이 필요 없는 DirectFB를 지원하는 패키지를 제공한다. 특히 이 패키지 그룹은 directfb 패키지와 directfb-example 패키지를 포함한다. 그리고 머신 설정에서 지원하면, 터치스크린 지원을 추가한다.

- packagegroup-core-lsb: LSB 지원을 요구한 모든 패키지를 제공한다.

- packagegroup-core-full-cmdline: 간편한 비지박스 변형들 대신에 전체 명령행 유틸리티를 설치함으로써 좀 더 전통적인 리눅스를 위한 패키지를 제공한다.

서로 다른 패키지 그룹을 설명할 때는 제공과 설치라는 단어를 자유롭게 사용했다. 패키지 그룹 레시피는 실제로 어떤 패키지도 제공하거나 설치하지 않기 때문이다. 오직 빌드 시스템이 각각의 패키지 레시피를 처리하도록 하는 의존성만 생성한다. 이는 다음 단락에서 살펴본다.

패키지 그룹의 다수는 이미지 특징에서 사용된다. 이는 한 가지 의문점을 일으키는데, 이미지 특징을 사용하기 위함인지, 이미지 특징이 사용하는 패키지 그룹을 사용하기 위함인지가 그것이다.

패키지 그룹 레시피

패키지 그룹은 packagegroups 클래스를 상속하는 레시피에 의해 정의된다. 패키지 그룹 레시피는 전형적인 패키지 레시피와는 다르다. 이는 어떤 것도 빌드하지 않고, 어떤 결과물도 생성하지 않는다. 패키지 그룹 레시피는 빌드 시스템이 패키지 그룹이 참조하는 패키지의 레시피를 처리하도록 촉발하는 의존성만을 생성한다.

리스트 7-3은 전형적인 패키지 그룹 레시피를 보여준다.

리스트 7-3 패키지 그룹 레시피

```
SUMMARY = "Custom package group for our IoT devices"
DESCRIPTION = "This package group adds standard functionality required by \
                our IoT devices."
LICENSE = "MIT"
inherit packagegroup
PACKAGES = "\
   packagegroup-databases \
   packagegroup-python \
   packagegroup-servers"
RDEPENDS_packagegroup-databases = "\
   db \
   sqlite3"
RDEPENDS_packagegroup-python = "\
   python \
   python-sqlite3"
RDEPENDS_packagegroup-servers = "\
   openssh \
   openssh-sftp-server"
RRECOMMENDS_packagegroup-python = "\
   ncurses \
   readline \
   zip"
```

패키지 그룹 레시피의 이름은 packagegroup-⟨name⟩.bb의 형태를 지켜야 한다. 물론, 빌드 시스템이 이를 강요하거나 필수인 것은 아니다. 또한 이는 패키지 그룹이 통합돼 있는 레시피 분류의 packagegroup 하위 디렉터리에 배치한다. 패키지 그룹이 레시피와 다양한 분류의 패키지 그룹에 걸쳐 있다면, recipes-core 분류에 이를 위치할 좋은 기회다.

패키지 그룹 레시피의 기본 구조는 매우 간단하다. 모든 레시피가 그러듯이(8장, '소프트웨어 패키지 레시피'에서 레시피 작성에 대해 살펴본다.), 패키지 그룹 레시피는 레시피가 하는 일을 설명하는 SUMMARY를 제공한다. DESCRIPTION은 더 길고 자세한 설명을 넣는 곳이며, 선택적이다. 그러나 이를 넣는 것은 좋은 연습이 될 것이다. 모든 레시피는 레시피 자신을 위한 LICENSE도 제공한다. 모든 패키지 그룹 레시피는 packagegroup 클래스를 상속해야 한다.

실제 패키지 그룹의 이름은 PACKAGES 변수에 의해 정의된다. 이 변수는 공백으로 구분돼 있는 패키지 그룹 이름의 목록을 갖는다. 리스트 7-3의 경우, 이는 pckagegroup-databases, packagegroup-python, packagegroup-servers다. 규약에 따라, 패키지 그룹 이름은 packagegroup-으로 시작된다. 비록 빌드 시스템의 요구 사항은 아니지만, 여러분 고유의 패키지 그룹 이름에서도 이를 지키는 것이 좋다.

각 패키지 그룹의 경우, 레시피는 그 의존성을 RDEPENDS_<package-group-name> 조건적 변수에 정의해야 한다. 이 변수는 필요한 의존성을 가지며, 패키지나 패키지 그룹을 갖는다.

RRECOMMENDS_<package-group-name> 정의는 선택적이다. 3장에서 봤듯이, 추천되는 바는 얕은 수준의 의존성이며, 이미 빌드된 경우에만 패키지를 포함한다.

IMAGE_INSTALL 같은 다른 변수에서 패키지 그룹을 참조할 수도 있다. 이는 물론 타깃 이미지에 패키지 그룹을 설치하도록 한다. 또한 이를 계층을 위해 다른 패키지 그룹이 의존성을 생성하는 데 사용할 수도 있다. 이 경우 패키지 그룹의 순환 의존성을 피해야 한다. 이는 간단하고 직관적으로 보이지만 복잡한 환경에서는 이러한 실수가 자주 일어난다. 그러나 비트베이크가 순환 패키지 그룹 의존성을 발견한 경우 오류 메시지와 함께 실행을 취소한다.

패키지 그룹 레시피는 또한 비트베이크 빌드 타깃으로 직접 사용될 수 있다. 예를 들어, 패키지 그룹 레시피의 이름이 packagegroup-core-iot.bb라면, 다음의 명령을 통해 패키지 그룹의 모든 패키지를 빌드할 수 있다.

```
$ bitbake packagegroup-core-iot
```

이렇게 하면, 이미지 빌드에 의해 참조되기 전에 패키지 그룹을 테스트할 수 있다. 이는 디버깅을 단순화하기도 한다.

7.2 이미지 처음부터 빌드하기

7.1절에서는 욕토 프로젝트 코어 이미지에 대한 상세와 conf/local.conf 내의 IMAGE_INSTALL, CORE_IMAGE_EXTRA_INSTALL, IMAGE_FEATURES, EXTRA_IMAGE_FEATURES의 설정 및 선정의된 이미지 레시피 확장을 통해 이미지를 어떻게 확장하는지 살펴봤다. 결국에는 레퍼런스 이미지 중 하나에 의존하지 않고 커스텀 리눅스 배포판 이미지를 처음부터 만들고 싶을 것이다.

커스텀 이미지 레시피는 image나 core-image 클래스를 상속해야 한다. 후자는 전자의 핵심적인 확장이며, 7.1.5절에서 언급했듯이 추가적인 이미지 특징을 정의한다. 커스텀 이미지 레시피를 위해 어떤 것을 선택할지는 요구 사항에 따라 다르다. 그러나 core-image의 상속은 일반적인데, 이미지 특성이 사용 가능하도록 돼 있더라도 명시적인 요청이 있는 경우에만 설치되기 때문이다.

리스트 7-4는 부팅 가능한 콘솔 이미지를 만드는 간단한 이미지 레시피를 보여준다.

리스트 7-4 기본 이미지 레시피

```
SUMMARY = "Custom image recipe that does not get any simpler"
DESCRIPTION = "Well yes, you could remove SUMMARY, DESCRIPTION, LICENSE."
LICENSE = "MIT"
inherit core-image
```

이 레시피는 타깃 장치가 부팅 및 하드웨어 지원을 할 수 있도록 핵심 패키지를 갖는 이미지를 생성한다. core-image 클래스는 두 패키지 그룹 packagegroup-core-boot와 packagegroup-base-extended를 IMAGE_INSTALL에 기본으로 넣는다. 또한 클래스에 의해 IMAGE_INSTALL에 추가되는 변수는 CORE_IMAGE_EXTRA_INSTALL이며, 이는 이전에 말했듯이 conf/local.conf를 통한 간단한 이미지 수정을 가능케 한다.

package-group-core-boot와 package-base-extended를 갖는 기본 이미지는 IMAGE_INSTALL과 IMAGE_FEATURES에 추가를 통한 확장이 쉬워서 시작점으로 좋다. 리스트 7-5를 보자.

리스트 7-5 기본 이미지에 추가하기

```
SUMMARY = "Custom image recipe adding packages and features"
DESCRIPTION = "Append to IMAGE_INSTALL and IMAGE_FEATURES for \
                further customization. "
LICENSE = "MIT"
# 상속하는 core-image 클래스에서 정의된 기본값을 유지하기 위해 후입 연산자(+=)를 사용한다
IMAGE_INSTALL += "mtd-utils"
IMAGE_FEATURES += "splash"
inherit core-image
```

이미지 레시피에서는 += 연산자를 이용해 IMAGE_INSTALL과 IMAGE_FEATURES에 직접 붙였다. 이미지 레시피에 EXTRA_IMAGE_FEATURES 또는 CORE_IMAGE_EXTRA_INSTALL은 사용하지
말라. 이 변수는 conf/local.conf를 위해 예약돼 있다. 여기서 이 변수들은 직접 할당되고
이미지 레시피에서 할당된 모든 값을 덮어 쓴다.

IMAGE_INSTALL과 IMAGE_FEATURES의 기본값에 의존성이 없는 이미지 레시피는 꽤 간단하
다. 리스트 7-6을 보라.

리스트 7-6 처음부터 작성하는 코어 이미지

```
SUMMARY = "Custom image recipe from scratch"
DESCRIPTION = "Directly assign IMAGE_INSTALL and IMAGE_FEATURES for \
               for direct control over image contents."
LICENSE = "MIT"
# 아래에서 할당 연산자(=)를 사용해서
# 코어 이미지 클래스의 기본값을 덮어 쓴다
IMAGE_INSTALL = "packagegroup-core-boot packagegroup-base-extended \
               ${CORE_IMAGE_EXTRA_INSTALL} mtd-utils"
IMAGE_FEATURES = "${EXTRA_IMAGE_FEATURES} splash"
inherit core-image
```

언뜻 보기에 리스트 7-5와 7-6의 이미지 레시피는 비슷해 보인다. 사실 두 레시피는 정
확하게 같은 이미지를 생성한다. 즉 차이가 크지 않고, 명확하다. 리스트 7-5는 IMAGE_
INSTALL과 IMAGE_FEATURES를 위해 += 연산자를 사용해 core-image 클래스에서 제공하는
기본값을 갖는 장점을 취한다. 리스트 7-6은 할당 연산자 =을 사용해 기본값을 덮어 쓴다.

기본값을 덮어 쓰면 여러분 고유의 이미지 내용을 잘 제어할 수 있으나, 기본적인 것을 직
접 다뤄야 한다. 어떤 이미지든 부팅 가능한 이미지를 얻기 위해 packagegroup-core-boot
를 인클루드할 것이다. packagegroup-base-extended가 제공하는 하드웨어 지원을 넣고
말고는 여러분의 요구 사항에 달려 있다. 또한 여러분이 없앨 수 있는 것은 CORE_IMAGE_
EXTRA_INSTALL이다. IMAGE_FEATURES에 명시적으로 추가하지 않으면, 타깃 이미지의 로컬
사용자화를 위해 conf/local.conf 내에서 이 변수의 사용이 불가할 것이다. 그러나 제품을
위한 제어된 빌드 환경에서는 말이 된다.

IMAGE_FEATURES와 EXTRA_IMAGE_FEATURES에도 동일하다. IMAGE_FEATURES에 할당 연산자
를 사용하고 EXTRA_IMAGE_FEATURES에 추가하지 않으면 인클루드되지 않는다. 이는 debug-
tweaks 이미지 특징이 적용되지 않는다는 것을 말하며, 셸과 SSH 로그인을 위한 패스워드

를 제공해야 한다는 의미다. 한 번 더 말하지만, 이는 로컬 설정이 제품 이미지의 설정을 덮어 쓰지 않길 원하는 제품 빌드 환경에 어울린다.

7.3 이미지 옵션

다음에 오는 단락은 욕토 프로젝트 빌드 시스템이 여러분의 루트 파일시스템 이미지를 만드는 데 영향을 끼치는 옵션에 대해 논의한다.

7.3.1 언어 및 로케일

IMAGE_LINGUAS 변수를 이미지 레시피에 추가하면, 다른 지역을 위한 추가 언어를 쉽게 루트 파일시스템이나 이미지에 넣을 수 있다.

```
IMAGE_LINGUAS = "en-gb pt-br"
```

위 줄은 영국 영어와 브라질 포루투갈어를 이미지에 추가한다. 그러나 모든 소프트웨어 패키지가 언어나 위치에 따른 로케일을 지원하지는 않는다. 몇몇은 언어에 따른 로케일 파일만 제공한다. 이러한 경우, 빌드 시스템은 위치에 관계없이 올바른 언어 로컬 파일을 설치하도록 돼 있다.

모든 패키지의 기본적인 값은 en-us며, 이는 항상 설치된다. 또한 이미지 클래스는 다음 줄을 정의할 수 있다.

```
IMAGE_LINGUAS ?= "de-de fr-fr en-gb"
```

모든 추가 로케일 패키지는 물론, 루트 파일시스템의 추가적인 공간을 요구한다. 그러므로 장치가 추가 언어 지원을 필요로 하지 않는다면, 다음과 같이 설정하면 된다.

```
IMAGE_LINGUAS = ""
```

빌드 시스템은 패키지를 위한 언어를 무시하며 제공하지 않는다.

7.3.2 패키지 관리

빌드 시스템은 네 가지 서로 다른 패키징 형태 dpkg(데비안 패키지 관리), opkg(오픈 패키지 관리), RPM(레드햇 패키지 관리자), 타르^{tar}를 이용해 소프트웨어 패키지를 패키징할 수 있다. 첫 세 개만이 루트 파일시스템을 생성하는 데 사용될 수 있다. 타르는 어떤 버전의 패키지가 설치돼 있는지 알려주는 메타데이터 패키지 정보와 데이터베이스를 제공하지 않는다. 이는 각 패키지 간 충돌을 허용할 수도 있다.

빌드 환경의 conf/local.conf 내 **PACKAGE_CLASSES** 변수는 빌드에 사용될 패키지 관리 시스템을 선택한다.

```
PACKAGE_CLASSES = "package_rpm package_ipk package_tar"
```

하나 이상의 패키지 클래스를 선언할 수 있다. 그러나 적어도 하나는 넣어야 한다. 빌드 시스템은 적시된 모든 클래스를 위한 패키지를 생성한다. 그러나 목록의 첫 패키지 클래스만이 배포 이미지의 루트 파일시스템을 생성하는 데 사용된다. 목록의 첫 패키징 클래스는 타르가 아니어야 한다.

빌드 시스템은 패키지 관리 시스템에 의해 제공되는 패키지 피드를 분리된 디렉터리 tmp/deploy/<pms>에 저장한다. **<pms>**는 각 패키지 관리 시스템의 이름이다. 이 디렉터리 내에 패키지가 공통, 아키텍처, 머신 의존적 패키지 등으로 나뉘어져 들어간다.

어떤 패키지 관리 시스템을 써야 할까? 이는 프로젝트의 요구 사항에 달려 있다. 고려하면 좋을 몇 가지 사항들을 나열해보면 다음과 같다.

- opkg는 dpkg와 RPM보다 더 적은 패키지 메타데이터를 생성하고 이용한다. 이는 빌드를 빠르게 하며 패키지를 작게 한다.
- dpkg와 RPM은 opkg보다 더 나은 의존성 다루기와 버전 관리를 가능케 한다. 더 향상된 패키지 메타데이터가 있기 때문이다.
- RPM 패키지 관리자는 파이썬으로 작성돼 있고, 시스템의 실행 시간 동안 패키지를 설치하기 위해 타깃에 파이썬이 설치돼야 한다.

기본적으로 빌드 시스템은 패키지 관리자를 타깃 시스템에 설치하지 않는다. 임베디드 시스템의 실행 시간 동안 패키지를 설치하고자 한다면, 이미지 특징을 사용해 패키지 관리자를 추가해야 한다.

```
IMAGE_FEATURES += "package_management"
```

빌드 시스템은 PACKAGE_CLASSES의 첫 요소에 따라 적절한 패키지 관리자를 자동으로 설치한다.

루트 파일시스템을 위한 패키지 관리 시스템은 궁극적으로 IMAGE_PKGTYPE 변수에 의해 관리된다. 이 변수는 PACKAGE_CLASSES에 정의된 패키지 클래스에 따라 자동으로 설정된다. 목록의 첫 패키징 클래스가 이 값을 설정한다. 이 값을 직접 설정하는 것은 추천하지 않는다.

7.3.3 이미지 크기

루트 파일시스템의 최종 크기는 다양한 요인에 따라 다르며, meta/lib/oe/image.py 파이썬 모듈에 있는 _get_rootfs_size() 함수를 사용해 빌드 시스템이 계산한다. 이 계산은 루트 파일시스템이 필요한 실제 공간과 다음의 변수 설정을 고려한다. 또한 최종 루트 파일시스템 이미지 크기는 항상 전체 이미지를 담는 데 충분하다. 그러므로 IMAGE_ROOTFS_SIZE를 특정 값으로 설정한다 하더라도, 최종 이미지는 그 값보다 크면 컸지, 작지 않을 것이다.

- IMAGE_ROOTFS_SIZE: 생성된 루트 파일시스템 이미지 크기를 킬로바이트로 정의한다. 빌드 시스템은 이 값을 요청 또는 추천으로 받아들인다. 최종 루트 파일시스템 이미지 크기는 실제 공간의 요구에 따라 더 커질 수 있다. 기본값은 65536이다.

- IMAGE_ROOTFS_ALIGNMENT: 루트 파일시스템 이미지의 단위를 킬로바이트로 정의한다. 최종 루트 파일시스템 이미지 크기가 이 값의 배수가 아니면, 가장 가까운 배수로 올린다. 기본값은 1이다.

- IMAGE_ROOTFS_EXTRA_SPACE: 루트 파일시스템 이미지에 추가적인 빈 공간을 넣는다. 이 변수는 킬로바이트 값을 갖는다. 예를 들어, 4GB의 공간을 추가적으로 넣으려면 IMAGE_ROOTFS_EXTRA_SPACE = "4194304"로 설정한다. 기본값은 0이다.

- IMAGE_OVERHEAD_FACTOR: 이 변수는 루트 파일시스템 이미지 크기의 승수를 명시한다. 이 인자는 루트 파일시스템이 요구하는 실제 요구 공간 이후에 적용된다. 기본값은 1.3이다.

빌드 시스템이 루트 파일시스템을 스테이징 구역(IMAGE_ROOTFS 변수에 명시된 디렉터리)에 생성하고 나면, du -ks ${IMAGE_ROOTFS}를 통해 킬로바이트 크기로 실제 크기를 계산한다. 리스트 7-7에서 의사 코드로 나타냈듯이, _get_rootfs_size() 함수는 최종 루트 파일시스템 이미지 크기를 계산한다.

리스트 7-7 의사 코드로 나타낸 루트 파일시스템 이미지 크기 계산

```
_get_rootfs_size():
    ROOTFS_SIZE =`du -ks ${IMAGE_ROOTFS}`
    BASE_SIZE = ROOTFS_SIZE * IMAGE_OVERHEAD_FACTOR
    if (BASE_SIZE < IMAGE_ROOTFS_SIZE):
        IMG_SIZE = IMAGE_ROOTFS_SIZE + IMAGE_ROOTFS_EXTRA_SPACE
    else:
        IMG_SIZE = BASE_SIZE + IMAGE_ROOTFS_EXTRA_SPACE
    IMG_SIZE = IMG_SIZE + IMAGE_ROOTFS_ALIGNMENT ? 1
    IMG_SIZE = IMG_SIZE % IMAGE_ROOTFS_ALIGNMENT
    return IMG_SIZE
```

대부분 여러분의 이미지 레시피는 `IMAGE_ROOTFS_SIZE`와 `IMAGE_ROOTFS_EXTRA_SPACE`를 설정해서 최종 루트 파일시스템 크기를 적용한다. 여러분이 루트 파일시스템의 크기에 대해 고려할 사항이 있다면, `IMAGE_OVERHEAD_FACTOR`를 1로 줄여서 이미지 크기를 줄일 수 있다.

7.3.4 루트 파일시스템 종류

결국 여러분은 타깃이나 QEMU 에뮬레이터에서 구동하기 위한 부팅 가능한 미디어를 생성하기 위해 루트 파일시스템 이미지를 사용할 것이다. 이를 위해, 빌드 시스템은 image_types 클래스를 제공해서 다양한 파일시스템 종류를 위한 루트 파일시스템을 생성하도록 한다.

여러분의 이미지 레시피는 image_types 클래스를 직접적으로 사용하지는 않고, 변수 **IMAGE_FSTYPES**를 설정해서 클래스가 제공하는 하나 이상의 파일시스템 종류를 지원하도록 한다.

IMAGE_FSTYPES = "ext3 tar.bz2"

위 줄은 두 개의 루트 파일시스템 이미지를 생성한다. 하나는 ext3 파일시스템을 사용하고, 다른 하나는 bzip2 알고리즘을 사용해 압축된 타르 묶음을 사용한다.

image_types 클래스는 변수 **IMAGE_TYPES**를 정의한다. 이는 **IMAGE_FSTYPES**에 명시할 수 있는 모든 이미지 종류의 목록을 갖는다. 이 목록에서는 중요도 순서로 정렬된 파일시스템 종류를 찾아볼 수 있다. 공통적으로, 이러한 중요 파일시스템 일부는 공간 절약을 위한 압

축된 형태로 사용된다. 압축 알고리즘이 파일시스템에서 사용되면, 이름에 압축 형태가 붙는다. 즉 ⟨core name⟩.⟨compression type⟩와 같은 형태가 된다.

- tar, tar.gz, tar.bz2, tar.xz, tar.lz3: 타르 묶음 형태의 비압축 또는 압축 루트 파일시스템 이미지를 생성한다.

- ext2, ext2.gz, ext2.bz2, ext2.lzma: 압축 또는 비압축 ext2 파일시스템을 사용한 루트 파일시스템 이미지

- ext3, ext3.gz: 압축 또는 비압축 ext3 파일시스템을 사용한 루트 파일시스템 이미지

- btrfs: B-트리 파일시스템을 사용한 루트 파일시스템 이미지

- jffs2, jffs2.sum: 2세대 저널링 플래시 파일시스템(JFFS2)을 기반으로 한 비압축 또는 압축 루트 파일시스템. JFFS2가 직접 낸드NAND 플래시 장치를 지원하기 때문에 이는 임베디드 시스템에서 매우 유명하다. 이는 또한 저널링journaling과 웨어 레벨링wear-leveling을 제공한다.

- cramfs: 압축된 롬ROM 파일시스템(cramfs)을 사용하는 루트 파일시스템 이미지. 리눅스 커널은 이 파일시스템을 사전 압축 해제 없이 마운트할 수 있다. 압축은 zlib 알고리즘을 사용하며, 이 알고리즘은 무작위 접근을 허용하기 위해 한 번에 한 페이지의 파일을 압축한다. 이 파일시스템은 설계상 단순화 및 무작위 쓰기 접근을 구현하기 어려운 점 때문에 읽기 전용으로 돼 있다.

- iso: 부팅 가능한 CD-ROM을 위한 ISO 9660 표준을 사용한 루트 파일시스템 이미지. 이 파일시스템은 단일 형태는 아니다. 하단 파일시스템으로 ext3를 사용한다.

- hddimg: 부팅 가능한 하드디스크 드라이브를 위한 루트 파일시스템. 이는 실제 파일시스템으로 ext3를 사용한다.

- squashfs, squashfs-xz: 리눅스를 위한 압축된 읽기 전용 루트 파일시스템. cramfs와 비슷하지만, 더 나은 압축과 큰 파일 및 파일시스템을 위한 지원이 포함돼 있다. SquashFS는 또한 0.5kB부터 64kB까지(cramfs가 4kB 고정) 다양한 블록 크기를 갖기 때문에 더 큰 파일 및 파일시스템 크기를 허용한다. SquashFS는 gzip 압축을 사용하며, squashfs-xz는 렘펠-지브-마코프(LZMA) 압축을 사용해서 더 작은 이미지를 생성할 수 있다.

- ubi, ubifs: 원시 플래시 장치를 위한 비정렬 블럭 이미지(UBI)를 사용한 루트 파

일시스템 이미지. UBI 파일시스템(UBIFS)은 JFFS2의 후계자다. 둘의 가장 큰 차이는 UBIFS의 경우 쓰기 캐시를 지원한다는 것이다. IMAGE_FSTYPES에 ubifs를 쓰면, ubifs 루트 파일시스템 이미지를 생성한다. ubi를 쓰면 ubifs 루트 파일시스템 이미지를 생성하고, 플래시 장치에 직접 작성 가능한 이미지를 생성하기 위한 ubi화된 유틸리티를 실행한다.

- cpio, cpio.gz, cpio.xz, cpio.lzma: 비압축 또는 압축 CPIO$^{copy\ in\ and\ out}$ 스트림을 사용한 루트 파일시스템 이미지

- vmdk: VMware 가상 머신 디스크 포맷을 사용한 루트 파일시스템 이미지. 이는 기저에 ext3 파일시스템을 사용한다.

- elf: 코어부트^{Coreboot} 프로젝트(www.coreboot.org)에서 mkelfImage 유틸리티를 사용해서 생성된 부팅 가능한 루트 파일시스템 이미지

한 번 더 말하지만, 어떤 이미지 형태를 사용할 것인가는 온전히 프로젝트의 요구 사항에 달려 있다. 특히 타깃 하드웨어에 따라 말이다. 부트 장치, 부트로더, 메모리 제한, 기타 요소는 여러분의 프로젝트에 어떤 루트 파일시스템 형태가 맞는지 결정한다. 여기서는 ext3와 타르 또는 bz2로 한층 압축된 루트 파일시스템 형태를 추천한다. ext3 포맷은 테스트를 위한 QEMU 에뮬레이터로 루트 파일시스템을 쉽게 부팅할 수 있다. 타르 파일시스템은 파티션돼 있거나 포맷된 미디어에 쉽게 압축을 해제할 수 있다. 그리고 나서 타깃 하드웨어의 머신 설정 파일이 그에 맞는 추가적인 루트 파일시스템을 더할 수 있다.

7.3.5 사용자, 그룹, 비밀번호

extrausers 클래스는 사용자 및 그룹을 추가하는 법과 사용자 계정에 암호를 설정하는 법에 대한 간편한 방법을 제시한다(리스트 7-8 참조).

리스트 7-8 사용자, 그룹, 암호 수정

```
SUMMARY = "Custom image recipe from scratch"
DESCRIPTION = "Directly assign IMAGE_INSTALL and IMAGE_FEATURES for \
               for direct control over image contents."
LICENSE = "MIT"
# core-image 클래스의 기본값을 덮어 쓰기 위한 목적으로 할당 연산자(=)를 사용한다

IMAGE_INSTALL = "packagegroup-core-boot packagegroup-base-extended \
```

```
                    ${CORE_IMAGE_EXTRA_INSTALL}"
inherit core-image
inherit extrausers
# 이미지 루트 암호를 설정한다
ROOT_PASSWORD = "secret"
DEV_PASSWORD = "hackme"
EXTRA_USERS_PARAMS = "\
    groupadd developers; \
    useradd -p `openssl passwd ${DEV_PASSWORD}` developer; \
    useradd -g developers developer; \
    usermod -p `openssl passwd ${ROOT_PASSWORD}` root; \
    "
```

위는 그룹 developers와 사용자 계정 developer를 추가하고, 사용자 계정을 그룹에 추가하는 내용이다. 이는 또한 루트 계정의 암호를 변경한다. 그룹, 사용자, 암호의 추가 및 변경을 위한 명령어는 클래스에 의해 실행되는 **EXTRA_USERS_PARMS** 변수에 들어간다. 클래스에 의해 실행 가능한 명령어는 다음과 같다.

- useradd: 사용자 계정 추가

- usermod: 사용자 계정 변경

- userdel: 사용자 계정 삭제

- groupadd: 사용자 그룹 추가

- groupmod: 사용자 그룹 변경

- groupdel: 사용자 그룹 삭제

이 클래스는 각각의 이름에 해당하는 리눅스 유틸리티를 실행한다. 게다가 옵션이 리눅스 매뉴얼 페이지에서 볼 수 있는 것과 완전히 같다. 각각의 명령어는 세미콜론으로 구분돼야 함을 알아두자.

-p 옵션을 useradd, usermod와 함께 사용하면, 사용자 계정의 암호를 설정한다. 암호는 암호 해시를 통해 제공돼야 한다. 암호 해시는 수동으로 계산해서 레시피에 넣어도 되고, 예에서 보듯이 레시피가 계산하도록 해도 된다.

루트 계정에 대해 이야기해보자. 빌드 시스템은 **IMAGE_FEATURES**에 **debug-tweaks**가 포함돼 있으면 이미지를 위한 루트 사용자를 빈 암호와 함께 설정한다. debug-tweaks를 없애면, *로 루트 암호를 넣는다. 이는 계정을 비활성화한다는 것을 의미하며, 콘솔에서 루트로 로깅하는 것이 불가하다는 의미다. 제품에서 쓰기 위해서는 debug-tweaks를 빌드에서 삭제할 것을 권한다. 대상 임베디드 시스템이 콘솔 로그인 기능을 필요로 하면, 이전에 본 방식으로 루트 암호를 설정하거나 sudo 레피시를 넣고 사용자 계정을 sudoers로 설정하면 된다.

예를 들어 developer 사용자 계정에 sudoers 권한을 주고 싶다면, sudo를 IMAGE_INSTALL에 넣고 usermod -a -G sudo developer를 EXTRA_USERS_PARAMS에 넣으면 된다.

7.3.6 루트 파일시스템 조작

빌드 시스템이 루트 파일시스템을 생성한 이후, 실제 루트 파일시스템 이미지가 생성되기 전에 루트 파일시스템을 더 사용자화하려면 ROOTFS_POSTPROCESS_COMMAND가 유효하다(리스트 7-9 참조). 이 변수는 세미콜론으로 분리된 셸 함수의 목록을 갖는다.

리스트 7-9 ROOTFS_POSTPROCESS_COMMAND

```
SUMMARY = "Custom image recipe from scratch"
DESCRIPTION = "Directly assign IMAGE_INSTALL and IMAGE_FEATURES for \
               for direct control over image contents."
LICENSE = "MIT"
# core-image 클래스의 기본값을 덮어 쓰기 위한 목적으로 할당 연산자(=)를 사용한다
IMAGE_INSTALL = "packagegroup-core-boot packagegroup-base-extended \
                ${CORE_IMAGE_EXTRA_INSTALL}"
inherit core-image
# 추가적인 루트 파일시스템 처리
modify_shells() {
   printf "# /etc/shells: valid login shells\n/bin/sh\n/bin/bash\n" \
         > ${IMAGE_ROOTFS}/etc/shells
}
ROOTFS_POSTPROCESS_COMMAND += "modify_shells;"
```

이 예에서는 배시bash 셸을 /etc/shells에 추가한다. 여기서 ROOTFS_POSTPROCESS_COMMAND에 추가하려면 빌드 시스템이 고유의 명령어를 넣을 때처럼, 항상 += 연산자를 사용해야 한다는 것을 알아두자.

sudo 환경 설정

이전 문단에서 사용자에게 sudoer 권한을 주는 예제를 봤다면, /etc/sudoers 파일에서 %sudo ALL=(ALL) ALL을 주석 해제하지 않을 경우 동작하지 않는다는 것을 알아챌 것이다. ROOTFS_POSTPROCESS_COMMAND에 추가된 간단한 셸 함수는 루트 파일시스템 이미지가 생성 될 때 이를 처리한다(리스트 7-10).

리스트 7-10 sudo 환경 설정

```
modify_sudoers( ) {
    sed 's/# %sudo/%sudo/' < ${IMAGE_ROOTFS}/etc/sudoers > \
        ${IMAGE_ROOTFS}/etc/sudoers.tmp
    mv ${IMAGE_ROOTFS}/etc/sudoers.tmp ${IMAGE_ROOTFS}/etc/sudoers
}
ROOTFS_POSTPROCESS_COMMAND += "modify_sudoers;"
```

이 스크립트는 sed를 이용해서 해당 줄을 주석 해제한다.

SSH 서버 환경 설정

모든 코어 이미지는 시스템으로의 원격 셸 접근을 위해 SSH 서버를 포함한다. 기본적으로 이 서버는 사용자 이름과 암호로 로그인할 수 있게 설정돼 있다. 공개 키 구조(PKI)를 사용 하면 더 나은 수준의 보안을 제공하지만, 루트 서버의 설정이 필요하고 루트 파일시스템에 키를 설치해야 한다. ROOTFS_POSTPROCESS_COMMAND는 이 작업을 쉽게 이루도록 해준다(리스 트 7-11).

리스트 7-11 SSH 서버 환경 설정

```
configure_sshd( ) {
    # 패스워드 인증 차단
    echo "PasswordAuthentication no" >> ${IMAGE_ROOTFS}/etc/ssh/sshd_config
    # tmp/deploy/keys에 키 생성
    mkdir -p ${DEPLOY_DIR}/keys
    if [ ! -f ${DEPLOY_DIR}/keys/${IMAGE_BASENAME}-sshroot ]; then
        ssh-keygen -t rsa -N '' \
            -f ${DEPLOY_DIR}/keys/${IMAGE_BASENAME}-sshroot
    fi
    # 루트를 위한 authorized_keys에 공개 키 추가
```

```
    mkdir -p ${IMAGE_ROOTFS}/home/root/.ssh
    cat ${DEPLOY_DIR}/keys/${IMAGE_BASENAME}-sshroot.pub \
        >> ${IMAGE_ROOTFS}/home/root/.ssh/authorized_keys
}
ROOTFS_POSTPROCESS_COMMAND += "configure_sshd;"
```

이 스크립트는 먼저 사용자 이름과 암호를 통한 SSH 인증을 비활성화한다. 그러고 나서 키 페어를 빌드 환경 내의 tmp/deploy/keys에 루트 파일시스템 이미지의 이름(이미지 레시피의 이름)으로 생성한다. 만약 이전 빌드에서 이미 키를 생성했다면, 그것을 사용한다. 마지막으로, 이 스크립트는 공개 키를 보통의 SSH 환경 설정 위치인 /home/root/.ssh/의 authorized_key에 추가한다. 다른 사용자를 위한 로그인 키도 비슷한 방식으로 생성된다.

이 방식은 빌드할 각각의 장치가 서로 다른 키를 필요로 하지 않는 경우에 좋다. 모든 루트 파일시스템이 같은 키를 가지고 있기 때문이다. 일반적인 환경에서 장치 각각을 위한 서로 다른 키가 필요하다면, 각 장치 제품을 위한 프로비저닝 시스템을 고안해야 한다.

7.4 배포 설정

빌드 시스템은 모든 이미지 빌드에 적용 가능한 전역 환경 설정을 위한 기제를 제공한다. 이 기제는 배포 환경 설정 또는 배포 정책이라 한다. 이는 변수 설정을 포함하는 단순한 환경 설정 파일이다. 배포 환경 설정은 빌드 환경 설정 파일 conf/local.conf에 DISTRO 변수 설정을 통해 포함된다.

```
DISTRO = "poky"
```

배포 환경 설정 파일에 대응하는 변수 설정의 기본 이름은 확장자 .conf를 갖는 변수의 매개변수와 같다. 이전 예의 경우, 빌드 시스템은 빌드 환경에 포함된 모든 메타데이터 레이어에서 하위 디렉터리 conf/distro 내 poky.conf 배포 환경 설정 파일을 검색한다.

7.4.1 표준 배포 정책

욕토 프로젝트는 표준 환경 설정 정책을 위한 여러 배포 환경 설정 파일을 제공한다.

- poky: 포키는 욕토 프로젝트 참조 배포 포키를 위한 기본 정책이다. 욕토 프로젝트를 시작하고, 고유의 배포 환경 설정 파일을 위한 템플릿으로서 좋은 선택이다.

- poky-bleeding: 이 배포 환경 설정은 poky를 기반으로 하지만, 모든 패키지의 버전을 최신 리비전으로 설정한다. 이는 흔히 통합 테스트를 목적으로 욕토 프로젝트에 의해 사용된다. 물론 여러분도 이를 사용하지만, 호환되지 않는 패키지 버전으로 인해 문제가 발생할 수 있다.

- poky-lab: 이 배포 환경 설정은 LSB에 호환되는 스택을 위한 것이다. 주로 core-image-lsb 이미지 타깃 및 그로부터 파생된 이미지 타깃과 함께 쓰인다. 이는 poky에서 기본 설정을 상속하고, 보안을 활성화하기 위해 전역 환경 설정을 추가하며, LSB 호환에 요구되는 기본 라이브러리를 포함한다.

- poky-tiny: 이 배포 환경 설정은 임베디드 장치를 위해 매우 축약된 리눅스 운영체제 스택을 설정한다. 이는 poky를 기반으로 하지만 하드웨어를 지원하기 위해 필요한 최소한의 기능 및 비지박스만 제공한다. 비디오를 지원하지는 않지만 시리얼 콘솔은 지원한다. 간결한 환경 설정 때문에 core-image-minimal 이미지 타깃과 그를 기반으로 하는 이미지 타깃만이 poky-tiny 배포 설정으로 빌드될 수 있다.

표준 배포 정책, 특히 poky는 고유의 배포 환경 설정을 위한 좋은 시작점이다. 이제 poky 배포 환경 설정을 살펴보고, 배포 정책이 어떻게 설정되는지, 고유의 프로젝트에 어떻게 사용되는지 알아보자.

7.4.2 포키 배포 정책

빌드 시스템 디렉터리 meta-yocto/conf/distro에서 포키 배포 정책을 갖는 poky.conf를 찾을 수 있다. 그 내용을 여기에 붙여본다. 너비에 맞게 조정하고 논리적 그룹을 짓고 주석을 추가했다(리스트 7-12 참조).

리스트 7-12 포키 배포 정책 meta-yocto/conf/distro/poky.conf

```
# 배포 정보
DISTRO = "poky"
DISTRO_NAME = "Poky (Yocto Project Reference Distro)"
DISTRO_VERSION = "1.6+snapshot-${DATE}"
DISTRO_CODENAME = "next"
```

```
MAINTAINER = "Poky <poky@yoctoproject.org>"
TARGET_VENDOR = "-poky"
# SDK 정보
SDK_NAME = \
    "${DISTRO}-${TCLIBC}-${SDK_ARCH}-${IMAGE_BASENAME}-${TUNE_PKGARCH}"
SDK_VERSION := \
    "${@'${DISTRO_VERSION}'.replace('snapshot-${DATE}','snapshot')}"
SDK_VENDOR = "-pokysdk"
SDKPATH = "/opt/${DISTRO}/${SDK_VERSION}"
# 배포 기능
# 포키 기반 배포 값 덮어 쓰기
POKY_DEFAULT_DISTRO_FEATURES = "largefile opengl ptest multiarch wayland"
POKY_DEFAULT_EXTRA_RDEPENDS = "packagegroup-core-boot"
POKY_DEFAULT_EXTRA_RRECOMMENDS = "kernel-module-af-packet"
DISTRO_FEATURES ?= "${DISTRO_FEATURES_DEFAULT} ${DISTRO_FEATURES_LIBC} \
                    ${POKY_DEFAULT_DISTRO_FEATURES}"
# 패키지를 위해 선호되는 버전
PREFERRED_VERSION_linux-yocto ?= "3.14%"
PREFERRED_VERSION_linux-yocto_qemux86 ?= "3.14%"
PREFERRED_VERSION_linux-yocto_qemux86-64 ?= "3.14%"
PREFERRED_VERSION_linux-yocto_qemuarm ?= "3.14%"
PREFERRED_VERSION_linux-yocto_qemumips ?= "3.14%"
PREFERRED_VERSION_linux-yocto_qemumips64 ?= "3.14%"
PREFERRED_VERSION_linux-yocto_qemuppc ?= "3.14%"
# 의존성
DISTRO_EXTRA_RDEPENDS += " ${POKY_DEFAULT_EXTRA_RDEPENDS}"
DISTRO_EXTRA_RRECOMMENDS += " ${POKY_DEFAULT_EXTRA_RRECOMMENDS}"
POKYQEMUDEPS = "${@bb.utils.contains( \
    "INCOMPATIBLE_LICENSE", "GPLv3", "", "qemu-config",d)}"
DISTRO_EXTRA_RDEPENDS_append_qemuarm = " ${POKYQEMUDEPS}"
DISTRO_EXTRA_RDEPENDS_append_qemumips = " ${POKYQEMUDEPS}"
DISTRO_EXTRA_RDEPENDS_append_qemuppc = " ${POKYQEMUDEPS}"
DISTRO_EXTRA_RDEPENDS_append_qemux86 = " ${POKYQEMUDEPS}"
DISTRO_EXTRA_RDEPENDS_append_qemux86-64 = " ${POKYQEMUDEPS}"
# 타깃 C 라이브러리 환경 설정
TCLIBCAPPEND = ""
# QEMU를 위한 타깃 아키텍처
# (meta/recipes-devtools/qemu/qemu-targets.inc 참조)
QEMU_TARGETS ?= "arm i386 mips mipsel ppc x86_64"
# 다른 QEMU_TARGETS로는 "mips64 mips64el sh4" 등이 있다
```

```
# 패키지 관리자 환경 설정
EXTRAOPKGCONFIG = "poky-feed-config-opkg"
# 소스 미러
PREMIRRORS ??= "\
bzr://.*/.*    http://downloads.yoctoproject.org/mirror/sources/ \n \
cvs://.*/.*    http://downloads.yoctoproject.org/mirror/sources/ \n \
git://.*/.*    http://downloads.yoctoproject.org/mirror/sources/ \n \
gitsm://.*/.*  http://downloads.yoctoproject.org/mirror/sources/ \n \
hg://.*/.*     http://downloads.yoctoproject.org/mirror/sources/ \n \
osc://.*/.*    http://downloads.yoctoproject.org/mirror/sources/ \n \
p4://.*/.*     http://downloads.yoctoproject.org/mirror/sources/ \n \
svk://.*/.*    http://downloads.yoctoproject.org/mirror/sources/ \n \
svn://.*/.*    http://downloads.yoctoproject.org/mirror/sources/ \n"
MIRRORS =+ "\
ftp://.*/.*      http://downloads.yoctoproject.org/mirror/sources/ \n \
http://.*/.*     http://downloads.yoctoproject.org/mirror/sources/ \n \
https://.*/.*    http://downloads.yoctoproject.org/mirror/sources/ \n"
# 빌드 시스템 환경 설정
# 환경 설정 파일과 디렉터리 레이아웃 버전
LOCALCONF_VERSION = "1"
LAYER_CONF_VERSION ?= "6"
#
# OELAYOUT_ABI는 TMPDIR의 형태가 부적절하게 변경되면 통지를 가능케 한다
# 이러한 변경은 해당 형태를 바꾸는 커밋에 자세히 언급돼야 하며
# 코어 팀에서 제공하는 메일링 리스트에서 사전에 토론이 이뤄져야 한다
#
OELAYOUT_ABI = "8"
# 배포를 위한 기본 해시 정책
BB_SIGNATURE_HANDLER ?= 'OEBasicHash'
# 빌드 시스템 점검
# 포키 무결성 bbclass 추가
INHERIT += "poky-sanity"
# CONNECTIVITY_CHECK_URI는 네트워크로부터 잘 받아왔는지 확인하기 위해 사용된다
# (그렇지 않으면 그렇지 않다고 경고) 이 확인 절차를 끄려면, 공백으로 변수를 설정한다
# 깃 예제 url: \
     git://git.yoctoproject.org/yocto-firewall-test;protocol=git;rev=HEAD
CONNECTIVITY_CHECK_URIS ?= " \
             https://eula-downloads.yoctoproject.org/index.php \
             http://bugzilla.yoctoproject.org/report.cgi"
SANITY_TESTED_DISTROS ?= " \
```

```
                    Poky-1.4 \n \
                    Poky-1.5 \n \
                    Poky-1.6 \n \
                    Ubuntu-12.04 \n \
                    Ubuntu-13.10 \n \
                    Ubuntu-14.04 \n \
                    Fedora-19 \n \
                    Fedora-20 \n \
                    CentOS-6.4 \n \
                    CentOS-6.5 \n \
                    Debian-7.0 \n \
                    Debian-7.1 \n \
                    Debian-7.2 \n \
                    Debian-7.3 \n \
                    Debian-7.4 \n \
                    SUSE-LINUX-12.2 \n \
                    openSUSE-project-12.3 \n \
                    openSUSE-project-13.1 \n \
                    "
# QA 점검 설정 - OE 코어 기본값보다는 좀 더 엄격하다
WARN_QA = "textrel files-invalid incompatible-license xorg-driver-abi \
            libdir unknown-configure-option"
ERROR_QA = "dev-so debug-deps dev-deps debug-files arch pkgconfig la \
            perms useless-rpaths rpaths staticdev ldflags pkgvarcheck \
            already-stripped compile-host-path dep-cmp \
            installed-vs-shipped install-host-path packages-list \
            perm-config perm-line perm-link pkgv-undefined \
            pn-overrides split-strip var-undefined version-going-backwards"
```

여기에 있는 것은 욕토 프로젝트 깃 리파지토리의 앞부분에서 가져온 것이다. 어떤 버전의 욕토 프로젝트 도구를 사용하는가에 따라 이 파일이 조금 다르게 보일 수 있다. 이 파일은 배포 정책에 대한 예일 뿐이다. 이는 배포 설정에 관련된 가장 일반적인 변수 설정을 보여준다. 여기에 있는 것만 사용할 수 있는 것은 아니고, 프로젝트에 필요 없는 것은 삭제해도 괜찮다.

배포 정보

배포 정책 파일에서 이 단락은 배포에 대한 일반적 정보를 위한 설정을 가지고 있다.

- DISTRO: 간단한 배포 이름. 이 값은 배포 환경 설정 파일의 이름과 같아야 한다.

- DISTRO_NAME: 긴 배포 이름. 여러 레시피가 이 값을 참조한다. 이 내용은 콘솔 부트 프롬프트에 나타난다.

- DISTRO_VERSION: 배포 버전 문자열. 이는 다양한 레시피에 의해 참조되며, 가공되는 배포 내 파일명에 사용된다. 이는 콘솔 부트 프롬프트에 나타난다.

- DISTRO_CODENAME: 배포의 코드네임. 이는 LSB 레시피에 의해서만 사용되며, lsb-release 시스템 환경 설정 파일에 복사된다.

- MAINTAINER: 배포 메인테이너의 이름과 이메일 주소

- TARGET_VENDOR: 다양한 변수가 합쳐진 타깃 벤더 문자열이다. 이러한 변수 중 가장 중요한 것은 타깃 시스템(TARGET_SYS)이다. TARGET_SYS는 타깃 아키텍처(TARGET_ARCH), 타깃 벤더(TARGET_VENDOR), 타깃 운영체제(TARGET_OS)가 합쳐진 것이다. 예를 들어 i586-poky-linux처럼 말이다. 이 세 부분은 하이픈(-)으로 구분된다. TARGET_VENDOR 문자열은 하이픈이 꼬리에 붙어야 하지만 TARGET_OS는 없어야 한다. 이는 오픈임베디드 빌드 시스템의 불합리한 점 중 하나다. 아마 여러분은 여기에 여러분의 이름이나 회사 이름을 넣길 원할 것이다.

SDK 정보

이 설정은 SDK를 위한 기본 환경 설정을 제공한다.

- SDK_NAME: SDK 출력 파일을 위해 빌드 시스템이 사용하는 기본 이름. DISTRO, TCLIBC, SDK_ARCH, IMAGE_BASENAME, TUNE_PKGARCH 변수가 하이픈으로 묶여 있다. 이 기본값을 바꿀 이유는 없다. 서로 다른 SDK를 구분하기 위한 모든 정보를 제공하기 때문이다.

- SDK_VERSION: SDK 버전 문자열. DISTRO_VERSION에 설정된다.

- SDK_VENDOR: SDK 벤더 문자열. 이는 TARGET_VENDOR의 목적과 비슷하다. TARGET_VENDOR와 같이, 문자열에는 하이픈이 접두로 붙어야 한다.

- SDKPATH: SDK가 설치될 기본 경로. SDK 설치자는 SDK를 설치하는 동안 사용자에

게 제공한다. 사용자는 이를 사용하거나 대체 경로를 사용할 수 있다. 기본값은 /
opt/${DISTRO}/${SDK_VERSION}이다. 즉 루트 권한이 필요하다. 유효한 대체 경로로
SDKPATH = "${HOME}/${DISTRO}/${SDK_VERSION}"을 설정해 사용자의 홈 디렉터리
에 SDK를 설치할 수 있다.

배포 특징

이 특징 설정은 배포판에 특정 기능을 제공한다.

- **DISTRO_FEATURES**: 소프트웨어 패키지 내의 특정 기능 지원을 활성화하기 위한 배
  포 특징의 목록. Poky.conf 배포 정책 파일의 할당은 DISTRO_FEATURES_DEFAULT와
  DISTRO_FEATURES_LIBC를 포함한다. 두 가지 모두 기본 배포 특징 설정을 갖는다. 배
  포 특징과 그 동작 방식, 기본 환경 설정에 대해 다음 두 단락에서 다룰 것이다.

선호 버전

버전 설정은 기본 버전이 아닌 다른 버전의 패키지를 특정할 때 사용된다.

- **PREFERRED_VERSOIN**: PREFERRED_VERSION을 사용하면, 최신 버전을 사용하고 싶지 않
  을 때 소프트웨어 패키지의 특정 버전을 설정할 수 있다. 일반적으로 리눅스 커널을
  위한 설정이지만, 애플리케이션 소프트웨어가 강한 버전 의존성을 갖는 경우에 소
  프트웨어 패키지를 위해 사용할 수도 있다.

의존성

이 설정은 배포 실행 시간에 필요한 의존성을 위한 선언이다.

- **DISTRO_EXTRA_RDEPENDS**: 배포를 위한 실행 시간 의존성을 설정한다. 이 변수와 함
  께 선언된 의존성은 배포에 필요하다. 이 의존성에 맞지 않으면 배포 빌드는 실패할
  것이다.

- **DISTRO_EXTRA_RRECOMMENDS**: 추가적인 기능을 제공하기 위해 추천되는 패키지. 이
  의존성은 사용 가능하면 추가되지만, 없더라도 빌드가 실패하지는 않는다.

툴체인 설정

이 설정은 배포 빌드에 사용되는 툴체인 설정이다.

- **TCMODE**: 이 변수는 빌드 시스템이 사용하는 툴체인을 선택한다. 기본값은 `default` 며, 빌드 시스템에 의해 빌드된 내부 툴체인을 선택한다(gcc, binutils 등). 이 변수의 설정은 tcmode-${TCMODE}.inc 환경 설정 파일에 대응한다. 이는 빌드 시스템의 conf/distro/include에서 찾을 수 있다. 이는 적절한 도구와 환경 설정 파일을 제공하는 툴체인 레이어를 포함함으로써 외부 툴체인을 빌드 시스템에 넣는 것을 가능케 한다. 외부 툴체인을 사용하고자 한다면, 포키 빌드 시스템과 호환성을 가져야 한다.

- **TCLIBC**: 사용할 C 라이브러리를 명시한다. 빌드 시스템은 현재 EGLIBC, uClibc, musl을 지원한다. 이 변수의 설정은 환경 설정 파일 tclibc-${TCLIBC}.inc와 대응된다. 이는 conf/distro/include에서 찾을 수 있다. 이 환경 설정 파일은 선호하는 라이브러리 등을 설정한다.

- **TCLIBCAPPEND**: 빌드 시스템은 이 문자열을 다른 변수에 붙여서 빌드 결과물과 C 라이브러리를 구분하기 위해 쓴다. 만약 다른 C 라이브러리를 실험하고자 한다면, 다음과 같이 쓰면 된다.

```
TCLIBCAPPEND = "-${TCLIBC}"
TMPDIR .= "${TCLIBCAPPEND}"
```

이는 각 C 라이브러리를 위한 나뉘어진 빌드 출력 디렉터리를 생성한다.

미러 설정

이 설정은 소스 패키지를 다운로드하기 위한 미러에 대한 설정이다.

- **PREMIRRORS, MIRRORS**: 포키 배포는 이 변수를 미러 설정에 추가해 욕토 프로젝트 리파지토리를 소스 다운로드 위치로 사용할 수 있게 한다. 여러분 고유의 미러를 사용하고 싶다면, 그것을 배포 환경 설정 파일에 추가할 수 있다. 그러나 미러가 엄격한 배포 설정은 아니기 때문에 빌드 환경의 local.conf에 이 변수를 넣길 원할 수도 있다. 또 다른 방법으로는 커스텀 레이어의 layer.conf에 추가하는 것이다.

빌드 시스템 설정

이 설정은 빌드 시스템의 요구 사항을 정의한다.

- **LOCALCONF_VERSION**: 빌드 환경 설정 파일 local.conf를 위해 요구되는 버전을 설정한다. 빌드 시스템은 이 값을 local.conf의 **CONF_VERSION** 변수의 값과 비교한다. **LOCALCONF_VERSION**이 **CONF_VERSION**보다 더 새로운 버전이면, 빌드 시스템은 자동으로 local.conf를 새로운 버전으로 업그레이드할 수 있다. 그렇지 않으면 빌드 시스템은 오류 메시지와 함께 종료한다.

- **LAYER_CONF_VERSION**: 빌드 환경의 bblayers.conf 환경 설정 파일을 위해 요구되는 버전을 설정한다. 빌드 시스템은 이 값을 bblayers.conf에 의해 설정되는 **LCONF_VERSION**과 비교한다. **LAYER_CONF_VERSION**이 **LCONF_VERSION**보다 더 새로운 버전이면, 빌드 시스템은 bblayers.conf를 새 버전으로 자동 업그레이드할 수 있다. 그렇지 않으면 빌드 시스템은 오류 메시지와 함께 종료된다.

- **OELAYOUT_ABI**: 출력 디렉터리 **TMPDIR**의 레이아웃을 위해 요구되는 버전을 설정한다. 빌드 시스템은 실제 레이아웃 버전을 **TMPDIR**의 **abi_version**에 저장한다. 만약 이 두 개가 호환되지 않는다면, 빌드 시스템은 오류 메시지와 함께 종료된다. 이는 일반적으로 이전 버전으로 생성된 빌드 환경과 새 버전의 빌드 시스템을 사용해 그 레이아웃이 호환되지 않게 변경된 경우에만 발생한다. **TMPDIR**을 삭제하면, 디렉터리를 재생성하도록 하기 때문에 이 문제를 해결할 수 있다.

- **BB_SIGNATURE_HANDLER**: 이 시그니처 핸들러는 공유 상태 캐시 엔트리의 서명과 스탬프 파일의 생성을 위해 사용된다. 이 값은 시그니처 핸들러 함수를 가리키는데, 그 복잡성 때문에 보통 파이썬으로 구현돼 있다. Meta/lib/oe/sstatesig.py의 코드를 보면, 비트베이크 시그니처 생성기 **SignatureGeneratorBasic**과 **SignatureGeneratorBasicHash**(bitbake/lib/bb/siggen.py에 정의됨)를 기반으로 한 **OEBasic**과 **OEBasicHash**를 구현한다. 또한 이는 우리가 어떻게 고유의 시그니처 핸들러 함수를 넣을 수 있는지 보여준다. 이 두 시그니처 핸들러는 이론적으로 같다. 그러나 **OEBasicHash**는 시그니처 내에 태스크 코드를 포함한다. 이는 스탬프 파일 및 공유 상태 캐시 엔트리를 명시적인 패키지 리비전을 변경하지 않고도 무효화하기 위한 메타데이터의 변경을 야기한다. **OEBasicHash**의 기본값을 사용하면 대부분의 애플리케이션에서 충분하다.

빌드 시스템 점검

이 설정 변수는 빌드 시스템의 잘못된 환경 설정을 찾기 위한 다양한 검증기를 제어한다.

- INHERIT += "poky-sanity": poky-sanity 클래스를 상속하며, 빌드 시스템 점검을 수행하는 데 필요하다. 이것은 여러분 고유의 배포 환경 설정 파일에 넣기를 권장한다.

- CONNECTIVITY_CHECK_URIS: 네트워크 연결성을 검증하는 데 사용되는 URI의 목록. 포키의 경우, 욕토 프로젝트의 고사용성 구조의 파일을 가리킨다. 소스 패키지 다운로드를 위한 고유의 미러를 사용하고자 한다면, 적절한 연결성을 검증하기 위해 고유의 미러 위에 있는 파일의 URI를 사용해야 한다.

- SANITY_TESTED_DISTROS: 포키 빌드 시스템이 테스트된 리눅스 배포판의 목록. 빌드 시스템은 이 목록에 따라 수행되는 리눅스 배포판을 검증한다. 만약 배포판이 목록에 없다면, 포키는 경고 메시지를 표시하고 빌드 절차를 시작한다. 포키는 가장 최신의 리눅스 배포판을 구동한다. 대부분의 경우, 배포판이 공식적으로 지원되지 않는다 하더라도 빌드 작업에는 문제가 없다.

QA 점검

QA 점검은 meta/classes/insane.bbclass에 정의되고 구현돼 있다. 이 클래스는 또한 빌드 절차에 포함되는 QA 태스크도 정의한다. QA 점검은 환경 설정, 패키징, 기타 빌드 태스크 이후에 수행된다. 다음 두 변수는 어떤 QA 점검이 경고 메시지를 일으켰는지, 어떤 점검이 오류와 함께 빌드 시스템의 빌드를 종료시켰는지 보여준다.

- WARN_QA: 경고 메시지를 생성하는 QA 점검 목록. 빌드는 계속된다.
- ERROR_QA: 오류 메시지를 생성하는 QA 점검 목록. 빌드는 종료된다.

위 목록은 배포 환경 설정에 사용되는 가장 일반적인 변수 설정을 나타낸다. 고유의 배포 환경 설정인 경우 필요에 따라 변수를 추가하거나 삭제할 수 있다.

7.4.3 배포 특징

배포 특징distribution feature은 소프트웨어 패키지 내 특정 기능 지원을 활성화한다. 배포 특징을 DISTRO_FEATURES 변수에 넣으면, 이 특징의 기능을 빌드 시간에 소프트웨어 패키지에 추가한다. 예를 들어, 소프트웨어 패키지가 콘솔 및 그래픽 사용자 인터페이스를 위해 빌드된다면, x11을 DISTRO_FEATURES 설정에 넣어서 X11을 지원하도록 빌드되게 한다. X11 이미지 특징과는 다르게, 이것이 X11 패키지가 타깃 루트 파일시스템에 설치된다는 것을 의미하지는 않는다. 배포 특징은 단지 X11 지원을 위한 소프트웨어 패키지를 준비시켜서 X11 기본 패키지가 설치된 시스템에서 X11을 사용하도록 한다.

DISTRO_FEATURES를 사용하면, 소프트웨어 패키지가 빌드되는 방식에 대한 상세한 제어가 가능하다. 특정 기능이 필요치 않다면, 특정 소프트웨어 패키지를 위한 작은 코드에서 이들을 제거하면 된다.

```
$ grep -R DISTRO_FEATURES *
```

위 명령을 빌드 시스템의 설치 디렉터리에서 사용하면, 환경 설정이나 어떤 배포 특징이 활성화돼 있는지에 의존된 빌드 절차를 조건적으로 수정하기 위한 DISTRO_FEATURES를 사용한 모든 레시피와 인클루드 파일을 보여준다.

레시피는 일반적으로 다음과 같이 DISTRO_FEATURES를 검색한다.

```
bb.utils.contains('DISTRO_FEATURES', <feature>, <true_val>, <false_val>)
```

이를 통해 DISTRO_FEATURES에 의해 특정 배포 특징이 활성화돼 있는지 살펴본다. DISTRO_FEATURES가 feature를 가지면 true_val을 반환하고, 그렇지 않으면 false_val을 반환한다. 이는 개발자가 비트베이크 변수에 값을 할당하거나 if문을 매우 편리하게 사용할 수 있도록 만들어준다. 일반적으로 이는 do_configure 태스크에 의해 DISTRO_FEATURES를 기반으로 환경 설정을 수정하기 위해 사용된다. 몇몇 패키지의 경우, 메이크파일^{makefile}을 위한 플래그를 제공하기도 한다.

가장 좋은 예는 EGLIBC 라이브러리 빌드를 위한 레시피다. EGLIBC는 환경 설정 옵션을 설정함으로써 기능 활성화를 허용한다. 레시피에 포함된 meta/recipes-core/eglibc/eglibc-options.inc 파일에서 DISTRO_FEATURES에 의해 제공되는 배포 특징을 기반으로 환경 설정 옵션을 설정한다.

다음 목록은 소프트웨어 패키지의 기능을 활성화하기 위해 DISTRO_FEATURES에 들어가며, 가장 많이 쓰이는 전역적 배포 특징을 보여준다.

- **alsa**: 향상된 리눅스 사운드 구조(ALSA)의 지원을 활성화한다. 가능하면, 오픈소스 호환 모듈 설치를 포함한다.

- **bluetooth**: 블루투스 지원을 활성화한다.

- **cramfs**: 압축 파일시스템 CramFS의 지원을 활성화한다.

- **directfb**: DirectFB 지원을 활성화한다.

- **ext2**: 플래시 장치 대신 하드디스크 같은 내부 대용량 저장 장치를 위한 지원을 활성화하고 도구를 포함한다.

- **ipsec**: 인터넷 프로토콜 보안(IPSec)을 사용한 인증 및 암호화를 위한 지원을 활성화한다.

- **ipv6**: 인터넷 프로토콜 버전 6(IPv6)의 지원을 활성화한다.

- **irda**: 적외선 데이터 협회(IrDA)에서 정의한 무선 적외선 데이터 통신 지원을 활성화한다.

- **keyboard**: 시스템 부트 동안의 키맵 로딩을 포함한 키보드 지원을 활성화한다.

- **nfs**: NFS를 시스템에 마운트하기 위한 NFS 클라이언트 지원을 활성화한다.

- **opengl**: 오픈 그래픽 라이브러리(OpenGL)를 포함한다. 이는 2D, 3D 그래픽을 렌더링하기 위한 애플리케이션 프로그래밍 인터페이스다. OpenGL은 서로 다른 플랫폼에서 동작하며, 가장 많이 쓰이는 프로그래밍 언어의 바인드^{Bind}를 제공한다.

- **pci**: PCI 버스 지원을 활성화한다.

- **pcmcia**: PCMCIA와 컴팩트플래시 지원을 활성화한다.

- **ppp**: 다이얼 네트워킹을 위한 점대점 프로토콜(PPP) 지원을 활성화한다.

- **smbfs**: 원격 파일시스템 공유, 프린터, 네트워크 기반의 기타 장치를 위한 마이크로소프트 서버 메시지 블럭(SMB) 클라이언트를 지원하고 포함한다.

- **systemd**: 시스템의 시작과 종료를 위한 SysVinit 스크립트 기반 시스템을 대체하는 시스템 관리 데몬(systemd)의 지원을 포함한다.

- **sysvinit**: SysVinit 시스템 관리자 지원을 포함한다.

- **usbgadget**: 리눅스 장치를 USB 장치처럼 동작하게 하는 리눅스-USB 가젯 API 프레임워크 지원을 활성화한다.

- **usbhost**: 키보드, 마우스, 카메라 같은 클라이언트 장치가 USB 포트에 연결되면 그것을 발견하고 사용할 수 있게끔 USB 호스트 지원을 활성화한다.
- **wayland**: 웨이랜드[Wayland] 컴포지터 프로토콜 및 웨스턴[Weston] 컴포지터 지원을 활성화한다.
- **wifi**: 와이파이[WiFi] 지원을 활성화한다.
- **x11**: X11 서버와 라이브러리를 포함한다.

이 목록에는 C 라이브러리를 설정하기 위한 배포 특징이 포함돼 있지 않다. 이 배포 특징은 모두 libc-로 시작한다. 이들은 만약 욕토 프로젝트의 기본 C 라이브러리인 glibc처럼 설정 가능한 경우, 그 C 라이브러리가 제공하는 기능을 지원한다. glibc를 사용하면, 이러한 배포 특징의 설정에 대해 걱정하지 않아도 된다. 기본 배포 설정에서 상속되기 때문이다. 이는 다음 단락에서 다룬다.

욕토 프로젝트를 이미 다뤄본 적이 있다면, MACHINE_FEATURES 변수에 대해 들어봤을 것이다. 머신 특징 목록은 배포 특징 목록과 많이 겹친다. 예를 들어 MACHINE_FEATURES와 DISTO_FEATURES 모두 bluetooth 특징을 제공한다. DISTRO_FEATURES의 블루투스 지원은 하드웨어 지원을 위해 블루투스 패키지의 설치를 요구하며, 다양한 소프트웨어 패키지를 위한 블루투스 지원도 활성화한다. 그러나 MACHINE_FEATURES의 블루투스 활성화는 하드웨어 지원을 위한 블루투스 패키지 설치만을 야기한다. 이는 여러분이 기능을 머신 수준, 배포 수준에서 제어할 수 있게 한다. 머신 특징에 대한 자세한 내용은 욕토 프로젝트 보드 지원 패키지를 볼 때 다룬다.

7.4.4 시스템 관리자

이 빌드 시스템은 SysVinit, 전통적인 스크립트 기반 시스템 관리자, 시스템 관리 데몬 (systemd), 서비스 간 더 나은 우선순위 결정 및 의존성 처리와 부트 과정 중 동시적 서비스 실행을 통한 속도 향상을 제공하는 SysVinit의 대체재 등을 지원한다.

SysVinit은 포키가 빌드하는 리눅스 배포판의 기본 시스템 관리자다. SysVinit을 사용하길 바란다면 설정을 바꾸지 않아도 된다.

systemd를 활성화하기 위해 배포 특징에 그것을 추가해야 하며, 시스템 관리자로 설정해야 한다. 다음 줄을 여러분의 배포 환경 설정에 넣어라.

```
DISTRO_FEATURES_append = " systemd"
VIRTUAL-RUNTIME_init_manager = "systemd"
```

첫 줄은 루트 시스템에 systemd를 설치한다. 두 번째 줄은 이를 시스템 관리자로 활성화한다. DISTRO_FEATURES에 포함돼 있는 한, systemd의 설치 및 활성화가 SysVinit을 루트 파일 시스템에서 삭제하는 것은 아니다. 표준 배포 설정 중 하나(예를 들면 poky)를 사용한다면, 다음을 통해 DISTRO_FEATURES에서 제거할 수 있다.

```
DISTRO_FEATURES_BACKFULL_CONSIDERED = "sysvinit"
```

이는 DISTRO_FEATURES 전체를 재정의하는 것보다 쉽다. 고유의 배포 설정인 경우, DISTRO_FEATURES 목록에서 SysVinit을 빼버려도 된다.

각각의 시스템 서비스를 구동하는 SysVInit initscripts는 일반적으로 서비스를 제공하는 패키지의 일부다. 루트 파일시스템의 공간 절약을 위해 systemd를 확고하게 사용하고자 한다면, initscripts를 설치하지 않을 수도 있다.

```
VIRTUAL-RUNTIME_initscripts = ""
```

이는 빌드 시스템이 SysVinit initscripts를 설치하지 않도록 한다.

주의할 점은 몇몇 데몬의 경우 아직 systemd를 적용하지 않아서 systemd 서비스 파일을 사용하지 못할 수도 있다는 것이다. 이런 소프트웨어를 본다면, 스스로 그것을 만들어야 한다. 그렇게 한다면, 여러분의 작업을 업스트림에 적용하는 것을 고려해보라.

7.4.5 기본 배포 설정

OE 코어 메타데이터 레이어는 meta/conf/distro/defaultsetup.conf 파일 및 그에 인클루드된 여러 파일을 통해 기본 배포 설정을 제공한다(리스트 7-13 참조). 이 기본 배포 설정이 어떻게 빌드 환경 설정으로 들어가는지는 명확하지 않다. 이 파일이 poky.conf 같은 배포 정책 환경 설정 파일에 의해 포함되지 않은 것을 보면 더욱 그렇다. 대신에 파일은 비트베이크의 주 환경 설정 파일인 bitbake.conf에 포함돼 있다.

defaultsetup.conf에 대해 아는 것과 그 설정을 이해하는 것은 중요하다. 여러분의 배포 정책 환경 설정은 기본 변수 설정을 확장하거나 덮어 쓰기 때문이다. 기본 배포를 제대로 설정하지 않으면, 의도치 않은 중요 기본 설정을 잃을 것이다. 그러면 여러분의 배포 빌드는 실패하거나 요구되는 결과를 얻지 못할 것이다.

리스트 7-13 기본 배포 설정 meta/conf/distro/defaultsetup.conf

```
include conf/distro/include/default-providers.inc
include conf/distro/include/default-versions.inc
include conf/distro/include/default-distrovars.inc
include conf/distro/include/world-broken.inc
TCMODE ?= "default"
require conf/distro/include/tcmode-${TCMODE}.inc
TCLIBC ?= "eglibc"
require conf/distro/include/tclibc-${TCLIBC}.inc
# 단일 libc 배포판이 이 코드를 비활성화할 수 있게 한다
TCLIBCAPPEND ?= "-${TCLIBC}"
TMPDIR .= "${TCLIBCAPPEND}"
CACHE = "${TMPDIR}/cache/${TCMODE}-${TCLIBC}${@['', '/' + \
        str(d.getVar('MACHINE', True))][bool(d.getVar('MACHINE', \
        True))]}${@['', '/' + str(d.getVar('SDKMACHINE', True))] \
        [bool(d.getVar('SDKMACHINE', True))]}"
USER_CLASSES ?= ""
PACKAGE_CLASSES ?= "package_ipk"
INHERIT_BLACKLIST = "blacklist"
INHERIT_DISTRO ?= "debian devshell sstate license"
INHERIT += "${PACKAGE_CLASSES} ${USER_CLASSES} ${INHERIT_DISTRO} \
            ${INHERIT_BLACKLIST}"
```

이 파일은 먼저 기본 설정을 갖는 세 개의 다른 파일을 인클루드한다. default-providers. inc, default-versions.inc, default-distrovars.inc가 그것이다. 이 파일의 이름은 파일의 내용이 제공하는 바를 말한다.

default-distrovars.inc 파일은 DISTRO_FEATURES, DISTRO_FEATURES_DEFAULT, DISTRO_FEATURES_LIBC, DISTRO_FEATURES_LIBC_DEFAULT를 위한 기본 설정을 제공한다. 여러분의 배포 정책 설정 파일에 DISTRO_FEATURES를 설정하려면, 변수를 덮어 써서 기본값을 날려버리지 않도록 주의해야 한다. 그러기 위한 안전한 방법은 할당을 사용하는 것이다.

```
DISTRO_FEATURES ?= "${DISTRO_FEATURES_DEFAULT} ${DISTRO_FEATURES_LIBC} \
                    ${MY_DISTRO_FEATURES}"
MY_DISTRO_FEATURES = "<distro features>"
```

이는 모든 기본 설정을 포함하고, 다른 변수를 필요에 따라 추가적인 배포 특징에 추가한다.

환경 설정 파일 defaultsetup.conf 역시 TCMODE와 TCLIBC를 위한 기본값을 설정하며, 그 각 각의 환경 설정 파일을 포함한다.

7.5 외부 레이어

이전 단락의 예에서는 OE 코어 레이어 meta와 욕토 프로젝트 기본 레이어 meta-yocto의 소프트웨어 패키지와 패키지 그룹을 사용했다.

욕토 프로젝트와 오픈임베디드를 향한 지원과 기여가 꾸준히 증가한 덕분에 현재는 다양 한 소프트웨어 패키지를 위한 수백 개의 레시피를 갖는 추가적인 레이어를 사용할 수 있 다. 대부분은 오픈임베디드 웹사이트에 분류돼 있다. 특정 소프트웨어 패키지 빌드를 위한 레시피를 찾고 있다면, 누군가가 이미 해 놓은 작업을 찾는 것도 좋은 방법이다.

오픈임베디드 웹사이트의 메타데이터 인덱스[1]는 레이어, 레시피, 머신으로 찾을 수 있게 해준다. 예를 들어 자바로 레이어를 검색하면, 자바를 제공하는 레이어 목록을 볼 수 있다. JDK로 레시피를 검색하면, JDK 패키지를 빌드하기 위한 모든 레시피의 목록과 그 레시피 를 제공하는 레이어를 보여준다.

메타데이터 인덱스는 또한 레시피나 레이어가 특정 릴리스에 호환성이 있는지 찾아보기 위해, 지원되는 욕토 프로젝트 릴리스를 위한 필터를 제공한다. 여러분이 찾고자 하는 소 프트웨어 패키지 레시피를 포함한 레이어를 찾고 나면, 레이어를 다운로드해서 그 경로를 여러분의 빌드 환경 내 conf/bblayers.conf 파일에 있는 BBLAYERS 변수에 추가해야 한다. 그리고 이미지에 넣어야 하는 소프트웨어 패키지를 이미 언급한 방법 중 하나로 추가하면 된다.

---

1 http://layers.openembedded.org

7.6 홉

홉은 욕토 프로젝트가 제공하는 비트베이크의 그래픽 사용자 인터페이스 버전이다. 이는 욕토 프로젝트의 하위 프로젝트 중 하나며, 욕토 프로젝트 개발 팀에 의해 관리되고 있다.

왜 홉이라 불릴까? 홉은 원래 세 단어로 이뤄진 휴먼 오리엔티드 빌더Human-Oriented Builder의 축약 표현이라고 알려져 있었다. 그러나 이는 그리 인상적이지 않았고, 현재는 그저 영국식 영어 단어로 가스렌지의 윗판을 의미하는 홉hob을 이름으로 하는 도구다. 그리고 이것이 비트베이크 및 레시피의 주제와도 잘 들어맞는다.

홉으로 여러분들은 쉽게 여러분만의 루트 파일시스템 이미지를 텍스트 파일을 편집하지 않고 마우스를 사용해서 사용자화할 수 있다. 그렇다면 왜 홉을 먼저 소개하지 않고 더 어려운 커스텀 리눅스 배포판 빌드법을 소개했을까? 그 이유는 다음과 같다.

- 홉으로 많은 것을 할 수 있지만, 모두 다 할 수는 없다.
- 홉은 비트베이크와 빌드 환경의 프론트엔드다. 이는 빌드 환경을 조작하고, 비트베이크를 구동하며, 빌드 결과를 수집한다. 이것들이 수동으로 어떻게 동작하는지 알면 뭔가 잘못됐을 때 홉이 무엇을 해야 하는지 이해하는 데 도움이 된다.
- 비록 홉이 복잡도를 줄여주기는 하지만, 여전히 다양한 용어와 특정 변수 설정이 여러분의 빌드 결과에 어떻게 영향을 미치는지 알아야 한다.

홉의 사용은 굉장히 쉽다. 먼저 빌드 환경을 설정하고 홉을 그 안에서 구동해보자.

```
$ source oe-init-build-env build
$ hob
```

홉이 구동되고 빌드 환경을 검증한다. 점검이 끝나면, 그림 7-1(머신과 이미지 레시피에 대한 결정은 해 놓았다.)과 같은 모습을 볼 것이다.

홉 사용자 인터페이스는 이해하기 쉽다.

- Select a machine: 드롭다운 메뉴에서 여러분이 빌드하고자 하는 머신을 선택한다. 이 목록은 빌드 환경에 포함된 모든 레이어에서 정의된 모든 머신을 보여준다. 머신의 선택은 conf/local.conf 파일의 MACHINE 변수를 변경한다.

그림 7-1 홉

- **Layers**: 이 버튼을 클릭하면, 그래픽 편집기가 열리고 빌드 환경에서 레이어를 넣고 빼는 작업을 할 수 있다. 이는 빌드 환경의 conf/bblayers.conf 파일을 수정한다.

- **Select an image recipe**: 이 드롭다운 메뉴에서 빌드하길 원하는 이미지를 선택할 수 있다. 이는 bitbake <image-target>과 비슷하게 비트베이크에 이미지 타깃을 제공한다. 이 메뉴는 빌드 환경에 포함된 모든 레이어로부터 가져온 이미지 타깃을 갖는다.

- **Advanced configuration**: 이 버튼을 클릭하면 메뉴를 열어서 7.3과 7.4절에서 언급한 루트 파일시스템 종류, 패키징 형태, 배포 정책, 이미지 크기 등을 선택하게 한다. 홉은 이 옵션을 빌드 환경의 conf/local.conf 파일에 넣는다.

- **Edit image recpie**: 스크린 하단의 이 버튼은 이미 레시피를 수정해 패키지 및 패키지 그룹의 추가 삭제를 할 수 있게 한다. 이는 이미지 타깃의 IMAGE_INSTALL 변수를 변경한다. 그러나 홉 사용자 인터페이스에서 새로운 패키지 그룹을 정의할 수는 없다.

이 작업은 7.1.6절에서 설명한 대로, 패키지 그룹 레시피를 작성해야 한다. 물론 이미 패키지 레시피를 작성했고 그것이 있는 레이어를 포함했다면, 패키지 그룹 목록에서 선택할 수 있다.

- **Settings:** 사용자 인터페이스 우측 상단의 이 버튼은 conf/local.conf에 있는 일반적인 설정을 수정할 수 있게 한다. 여기에는 동시 실행, 다운로드 디렉터리, 공유 상태 캐시, 미러, 네트워크 프락시 등이 있다. **Others** 탭을 사용하면 conf/local.conf에 어떤 변수도 추가 가능하며 그 값을 할당할 수 있다.

- **Images:** 우측 상단 Settings 옆에 있는 이 버튼은 이전에 빌드된 이미지의 목록을 표시한다. 이 목록은 빌드 환경의 tmp/deploy/images/⟨machine⟩ 하위 디렉터리를 읽어서 생성된다. 이 목록에서 이미지를 선택하고, QEMU 이미지면 실행하거나 재빌드할 수 있다.

- **Build image:** 이 버튼은 선택된 환경 설정과 이미지 타깃으로 비트베이크를 구동한다. 사용자 인터페이스는 빌드 뷰의 **Log** 탭으로 전환돼서 빌드 절차를 따라갈 수 있다. 이 뷰는 명령행에서 시작된 비트베이크 결과물에 비해 큰 이점을 갖는다. 현재 실행 중인 태스크를 볼 수 있을 뿐 아니라, 멈춰 있는 태스크나 이미 완료된 태스크도 볼 수 있다. 빌드에 이슈, 경고, 오류가 발생하면 이들은 **Issues** 탭에 기록된다. 여기서 빌드 환경 디렉터리 전체를 뒤져볼 필요 없이 전체 로그 파일을 직접 보고 빌드 이슈를 점검할 수 있다.

빌드가 끝나면, 홉은 빌드 시스템의 파일 브라우저에 생성된 파일을 볼 수 있는 요약 페이지를 보여준다. 또한 이 요약 로그를 점검해서 각 태스크의 결과를 보고 알림, 경고, 오류 메시지에 대한 확인도 할 수 있다. 홉을 QEMU 에뮬레이터를 위한 루트 파일시스템 이미지와 리눅스 커널을 빌드하는 데 사용했다면, 우측 하단의 **Run image** 버튼을 클릭해 QEMU를 홉에서 바로 시작함으로써 여러분의 이미지를 검증할 수 있다. 이 요약 페이지에서 환경 설정을 변경하고 새 빌드를 실행할 수 있다.

홉을 선호하든 선호하지 않든, 이를 통한 빌드 환경 설정, 타깃 이미지 사용자화, 비트베이크 수동 구동은 전적으로 여러분에게 달려 있다. 홉은 빠른 시제품 생산을 가능케 하며, 선정의된 루트 파일시스템 이미지 타깃을 빌드하기 위한 비트베이크 및 욕토 프로젝트에 익숙하지 않은 누군가가 빠르게 다가갈 수 있게 한다. 홉에는 고유의 이미지 레시피를 생성하거나 고유의 배포 정책 파일을 생성하고 수정하는 기능이 없다. 이런 작업을 위해서는 고유의 레이어를 설정하고 필요한 파일 및 레시피를 수동으로 생성해야 한다.

욕토 프로젝트 버전 2.1부터 홉은 더 이상 사용되지 않을 것이며, 토스터^{Toaster}가 그를 대체할 것이다. 13장에서는 이에 대한 내용을 다룬다.

7.7 요약

리눅스 배포판의 가장 큰 부분은 시스템의 기능에 핵심적인 요소인 다양한 라이브러리와 애플리케이션을 포함하는 사용자 영역이다. 7장에서는 포키 빌드 시스템이 루트 파일시스템 이미지를 어떻게 생성하는지, 여러분의 요구 사항에 맞게 어떻게 사용자화하는지 그 기본 개념을 살펴봤다.

- 오픈임베디드 빌드 시스템의 코어 이미지는 여러분이 확장하고 수정해 배포판을 만들기 위한 블루프린트다.
- 코어 이미지는 패키지와 패키지 그룹을 변수 `IMAGE_INSTALL`에 추가함으로써 쉽게 확장할 수 있다.
- QEMU 에뮬레이터는 실제 장치에 여러분의 루트 파일을 올리기 전에 테스트해보기 위한 쉽고 빠른 방법이다.
- 빌드 히스토리를 활성화하는 것은 여러분의 이미지 변경점을 추적하고 빌드 절차의 순차적인 실행을 비교할 수 있게 한다.
- 코어 이미지 레시피 위에 여러분 고유의 이미지 레시피를 생성하면, 어떤 패키지를 여러분의 루트 파일시스템 이미지가 갖게 할지 제어 가능하다. `core-image` 클래스를 직접 상속하는 이미지 레시피는 루트 파일시스템 이미지를 처음부터 빌드할 수 있게 한다.
- 패키지 그룹은 다수의 패키지를 묶고 하나의 이름으로 참조하도록 하는 기제다. 이는 `IMAGE_INSTALL` 변수와 함께 이미지 사용자화를 매우 간단하게 만든다. 포키는 공통적인 패키지로 이뤄진 선정의된 패키지 그룹을 제공한다.
- 빌드 시스템은 루트 파일시스템 이미지를 다양한 형태로 생성한다. 일부는 시스템 부팅을 위한 플래시 장치 같은 저장 매체에 직접 쓰일 수 있다.
- 배포 정책을 설정하면 운영체제 환경 설정이 루트 파일시스템의 내용에 독립적이

된다. 또한 빌드 시스템과 함께 외부 툴체인을 사용하도록 하고, C 라이브러리를 변경하도록 하는 이유를 제공한다.

■ 홉은 비트베이크를 위한 그래픽 사용자 인터페이스다. 초기화된 빌드 환경에서 구동되며, 텍스트 편집기를 사용한 파일 수정 없이 루트 파일시스템 이미지의 설정 및 빌드를 가능케 한다.

8

소프트웨어 패키지 레시피

7장, '커스텀 리눅스 배포판 빌드'에서는 고유의 커스텀 리눅스 운영체제 스택 빌드 방법과 그것을 부팅하기 위한 루트 파일시스템의 생성법을 다뤘다. 그 예에서는 오픈임베디드 빌드 시스템에 포함된 기본 메타데이터 레이어의 일부로 제공된 레시피를 위한 소프트웨어 패키지를 사용했다. 기본 패키지는 고유의 프로젝트에서 사용 가능한 기본 구조를 갖는 리눅스 시스템을 제공한다. 이는 콘솔로 상호 작용하며 그저 시스템을 부팅하는 간단하고 기본적인 것일 수도 있고, 그래픽 사용자 인터페이스를 제공하는 X 윈도우 시스템(X11)을 갖는 시스템 등 복잡한 시스템일 수도 있다.

임베디드 리눅스 엔지니어를 위해 개발 보드를 빌드하는 것이 아닌 이상, 여러분의 장치는 결국 여러분 고유의 소프트웨어 패키지를 운영체제 스택에 넣도록 요구될 것이다. 이상적으로는 비트베이크로 소프트웨어 패키지를 빌드하고, 이들을 7장에서 논의한 방법을 통해 루트 파일시스템에 포함하길 바랄 것이다.

8장에서는 소프트웨어 패키지를 빌드하는 레시피의 구조를 보여주고, 사용되는 일반적인 메타데이터에 대해 설명한다. 이후에는 C 파일에서 직접 빌드하는 레시피, 표준 메이크파일로 빌드하는 레시피, CMake로 빌드하는 레시피, GNU 오토툴즈로 빌드하는 레시피를 작성하는 법을 보여준다. 그러고 나서, 빌드 관리 시스템을 통해 다양한 빌드 결과물이 서로 다른 패키지에 나뉘어 들어가는지도 볼 것이다. 8장의 결론에서는 첨가 파일과 함께 기존 레시피를 수정하는 법도 다룰 것이다.

8.1 레시피 레이아웃과 규약

대부분의 레시피는 소프트웨어 패키지 빌드를 목적으로 한다. 욕토 프로젝트/오픈임베디드 규약의 지속적인 발전과 함께, 소프트웨어 패키지를 위한 레시피 작성법에 관련된 지침과 최적화된 예제가 정착됐다. 이들은 절대적인 규칙이 아니며, 이러한 지침을 엄격하게 지키지 않는, 오래전에 만들어진 다양한 레시피를 볼 수 있을 것이다. 그러나 커뮤니티는 이러한 예제에 집중하고, 따라 하기 좋게 만들 것이다. 오픈임베디드 웹사이트[1]에서 레시피 스타일 지침을 찾을 수 있다.

8.1.1 레시피 파일명

레시피 파일명은 〈packagename〉_〈version〉-〈revision〉.bb의 규약을 따른다. 여기서 packagename은 레시피가 빌드할 소프트웨어 패키지의 이름이다. 언더스코어는 패키지 이름에서 버전 문자열을 분리한다. 그리고 하이픈을 통해 리비전 문자열을 분리한다. 언더스코어는 레시피 이름 외에는 쓰지 말자. 특히 패키지 이름을 나누는 것에서 말이다. 하이픈의 사용은 패키지 이름이나 패키지 버전에서 사용할 수 있는데, 후자에서는 안 쓰는 것이 좋다. 패키지 리비전은 하이픈을 포함하면 안 된다. 레시피 이름의 예는 다음과 같다.

- avahi_0.6.31.bb
- linux-yocto_3.14.bb
- wpa-supplicant_2.2.bb

레시피 파일명의 packagename, version, revision 필드는 비트베이크가 PN, PV, PR 변수로 각각 할당한다.

레시피 파일명에 대한 특정 문제는 패키지가 소프트웨어 환경 설정 관리(SCM) 시스템의 브랜치에서 패치될 때, 그 버전이 태그와 연관되지 않을 때 발생한다. 이 경우, 레시피

---

1 http://openembedded.org/wiki/Styleguide

는 〈packagename〉_〈scm〉.bb로 명명돼야 한다. 여기서 scm은 버전 관리 시스템(git, svn, cvs 등)의 이름이다. 그 후 레시피는 PV를 PV = "<version>+git${SRCREV}"와 같이 설정한다. 여기서 version은 SCM에서 패치받을 리비전을 가리키는 가장 최신 릴리스거나 태그, SRCREV다. 레시피 파일을 위한 명명 지침을 따르는 것은 매우 중요한데 패키지 이름, 버전, 리비전이 패키지 관리 시스템에서도 쓰이기 때문이다. 부적합한 레시피 이름을 사용하면 타깃 루트 파일시스템에서 패키지 관리자의 생성, 설치, 패키지 버전 유지 보수 등을 하는 데 어려움을 겪을 수 있다.

8.1.2 레시피 레이아웃

레시피는 그 파일을 좀 더 접근성 있고 이해하기 쉽게 해주는 표준 레이아웃을 따른다. 이 레이아웃은 논리적으로 메타데이터를 묶어놓은 다양한 구분으로 나뉠 수 있다. 이 구조를 meta/recipes-core/gettext/gettext_0.18.3.2.bb의 gettext 레시피를 사용해 설명한다. 리스트 8-1을 보라.

리스트 8-1 gettext 레시피 gettext_0.18.3.2.bb

```
# 서술형 메타데이터
SUMMARY = "Utilities and libraries for producing multi-lingual messages"
DESCRIPTION = "GNU gettext is a set of tools that provides a framework to help
other programs produce multilingual messages. These tools include a set of
conventions about how programs should be written to support message catalogs,
a directory and file naming organization for the message catalogs themselves,
a runtime library supporting the retrieval of translated messages, and a few
standalone programs to massage in various ways the sets of translatable and
already translated strings."
HOMEPAGE = "http://www.gnu.org/software/gettext/gettext.html"
# 패키지 관리자 메타데이터
SECTION = "libs"
# 라이선스 메타데이터
LICENSE = "GPLv3+ & LGPL-2.1+"
LIC_FILES_CHKSUM = "file://COPYING;md5=d32239bcb673463ab874e80d47fae504"
# 상속 지시자
inherit autotools texinfo
# 빌드 메타데이터
DEPENDS = "gettext-native virtual/libiconv expat"
DEPENDS_class-native = "gettext-minimal-native"
```

```
PROVIDES = "virtual/libintl virtual/gettext"
PROVIDES_class-native = "virtual/gettext-native"
RCONFLICTS_${PN} = "proxy-libintl"
SRC_URI = "${GNU_MIRROR}/gettext/gettext-${PV}.tar.gz \
           file://parallel.patch \
           "
PACKAGECONFIG[msgcat-curses] = "\
    --with-libncurses-prefix=${STAGING_LIBDIR}/..,\
    --disable-curses,ncurses,"
LDFLAGS_prepend_libc-uclibc = " -lrt -lpthread "
SRC_URI[md5sum] = "241aba309d07aa428252c74b40a818ef"
SRC_URI[sha256sum] =
"d1a4e452d60eb407ab0305976529a45c18124bd518d976971ac6dc7aa8b4c5d7"
EXTRA_OECONF += "--without-lispdir \
                 --disable-csharp \
                 --disable-libasprintf \
                 --disable-java \
                 --disable-native-java \
                 --disable-openmp \
                 --disable-acl \
                 --with-included-glib \
                 --without-emacs \
                 --without-cvs \
                 --without-git \
                 --with-included-libxml \
                 --with-included-libcroco \
                 --with-included-libunistring \
                 "
acpaths = '-I ${S}/gettext-runtime/m4 \
           -I ${S}/gettext-tools/m4'
# 패키징 메타데이터
# .so 이면에 .x가 없지만 -dev 패키지에는 있으면 안 된다
# 그렇지 않으면 다음과 같은 결과를 얻는다
# 7.4M Angstrom-console-image-glibc-ipk-2008.1-test-20080104-ep93xx.rootfs.tar.gz
# 25M  Angstrom-console-image-uclibc-ipk-2008.1-test-20080104-ep93xx.rootfs.tar.gz
# gettext는 getext-dev(이는 더 많은 -dev 패키지를 필요로 한다.)에 의존적이기 때문이다
# 15228   KiB /ep93xx/libstdc++-dev_4.2.2-r2_ep93xx.ipk
# 1300    KiB /ep93xx/uclibc-dev_0.9.29-r8_ep93xx.ipk
# 140     KiB /armv4t/gettext-dev_0.14.1-r6_armv4t.ipk
# 4       KiB /ep93xx/libgcc-s-dev_4.2.2-r2_ep93xx.ipk
```

```
PACKAGES =+ "libgettextlib libgettextsrc"
FILES_libgettextlib = "${libdir}/libgettextlib-*.so*"
FILES_libgettextsrc = "${libdir}/libgettextsrc-*.so*"
PACKAGES =+ "gettext-runtime gettext-runtime-dev gettext-runtime-doc"
FILES_${PN} += "${libdir}/${BPN}/*"
FILES_gettext-runtime = "${bindir}/gettext \
                         ${bindir}/ngettext \
                         ${bindir}/envsubst \
                         ${bindir}/gettext.sh \
                         ${libdir}/libasprintf.so* \
                         ${libdir}/GNU.Gettext.dll \
                        "
FILES_gettext-runtime_append_libc-uclibc = " ${libdir}/libintl.so.* \
                                             ${libdir}/charset.alias \
                                            "
FILES_gettext-runtime-dev += "${libdir}/libasprintf.a \
                      ${includedir}/autosprintf.h \
                     "
FILES_gettext-runtime-dev_append_libc-uclibc = " ${libdir}/libintl.so \
                                                 ${includedir}/libintl.h \
                                                "
FILES_gettext-runtime-doc = "${mandir}/man1/gettext.* \
                             ${mandir}/man1/ngettext.* \
                             ${mandir}/man1/envsubst.* \
                             ${mandir}/man1/.* \
                             ${mandir}/man3/* \
                             ${docdir}/gettext/gettext.* \
                             ${docdir}/gettext/ngettext.* \
                             ${docdir}/gettext/envsubst.* \
                             ${docdir}/gettext/*.3.html \
                             ${datadir}/gettext/ABOUT-NLS \
                             ${docdir}/gettext/csharpdoc/* \
                             ${docdir}/libasprintf/autosprintf.html \
                             ${infodir}/autosprintf.info \
                            "
# 태스크 덮어 쓰기, 선입, 후입
do_install_append() {
    rm -f ${D}${libdir}/preloadable_libintl.so
}
do_install_append_class-native () {
```

```
        rm ${D}${datadir}/aclocal/*
        rm ${D}${datadir}/gettext/config.rpath
        rm ${D}${datadir}/gettext/po/Makefile.in.in
        rm ${D}${datadir}/gettext/po/remove-potcdate.sin
}
# 변종/클래스 확장
BBCLASSEXTEND = "native nativesdk"
```

우리가 논의할 메타데이터 구역을 구분하기 위해 레시피를 살짝 수정하고 주석을 달았다. gettext는 레시피를 작성할 때 필요한 대부분의 메타데이터를 포함하는 꽤 편리한 레시피다. 그러나 모든 레시피가 복잡하지는 않다. 대부분의 경우 꽤 단순한데, 큰 수정 없이 다양한 클래스를 통해 각각의 소프트웨어 패키지를 빌드하기 때문이다.

다음의 논의는 레시피의 각 단락과 일반적으로 포함되는 메타데이터를 설명한다.

서술 메타데이터

서술 메타데이터는 레시피와 빌드할 소프트웨어 패키지의 정보를 제공한다.

- SUMMARY: 패키지에 대한 간단한 소개. 한 줄(최대 80문자)

- DESCRIPTION: 패키지와 그것이 제공하는 바에 대한 자세한 설명. 여러 줄이 가능하다.

- AUTHOR: 소프트웨어 패키지(레시피가 아님) 저자의 이름과 이메일 주소를 AUTHOR = "Santa Claus <santa@northpole.com>" 형태로 제공. 여러 저자가 들어갈 수 있다.

- HOMEPAGE: http://로 시작되는 URL. 소프트웨어 패키지가 호스팅되는 곳이다.

- BUGTRACKER: http://로 시작되는 URL. 프로젝트 버그 추적 시스템의 주소다.

패키지 관리자 메타데이터

이 메타데이터는 패키지 데이터베이스를 유지하는 데 주로 사용된 패키지 관리 시스템을 위한 추가 정보를 제공한다. 모든 패키지 관리 시스템이 이 설정을 지원하는 것은 아니다.

- SECTION: 소프트웨어 패키지가 속한 분류. 패키지 관리 도구는 이 분류를 이용해서 패키지를 조직한다. 이 분류가 엄격하게 표준화돼 있지 않고 다양한 주류 리눅스 배포판이 그 고유의 목록을 정의하고 있지만, 이 분류를 사용한 목록은 진화해왔다.

일반적인 구분이나 분류의 예로는 app, audio, base, devel, libs가 있다.

- PRIORITY: 우선순위는 패키지 관리 도구에게 소프트웨어 패키지가 시스템 동작을 위해 필수인지, 선택인지 또는 다른 패키지와 충돌하는지 등을 알려준다.

  □ standard: 모든 리눅스 배포판(충분히 작은 것도 포함되지만 콘솔 모드 시스템에만 국한돼 있지는 않다.)에 표준인 패키지

  □ required: 시스템의 적절한 동작을 위해 필요한 패키지

  □ optional: 시스템 동작을 위해 필요하지는 않지만 더 나은 사용성을 위해 필요한 패키지

  □ extra: 더 높은 우선순위의 다른 패키지와 충돌하거나 특수한 요구 사항을 갖는 패키지

라이선스 메타데이터

이 단락의 메타데이터는 빌드 시스템이 자동으로 오픈소스 라이선스 요구 사항을 추적할 수 있게 한다. 이 정보는 모든 레시피에 의무 사항이다. 욕토 프로젝트 라이선스 관리에 대한 자세한 사항은 12장, '라이선스 및 규정 준수'에 할당했다.

- LICENSE: 소프트웨어 패키지에서 사용된 라이선스(또는 라이선스들)의 이름. 대부분의 경우 단일 라이선스만 적용되지만, 몇몇 오픈소스 소프트웨어 패키지는 다중 라이선스를 채택한다. 이는 듀얼 라이선스가 패키지의 사용자로 하여금 소프트웨어 부분별로 다른 라이선스가 적용돼 있는 다양한 라이선스 중 하나를 선택하게끔 할 수 있다. 듀얼 라이선스는 파이프 기호(|)로 라이선스 이름을 붙여놓았다. 다중 라이선스는 앰퍼샌드(&) 기호로 그 이름을 붙여놓았다. 빌드 시스템은 또한 복잡한 논리적이면서 수리적인 라이선스를 지원하는데, GLv2 & (LGPLv2.1| MPL-1.1 | BSD) 같은 형태다.

- LIC_FILES_CHECKSUM: 이 변수는 라이선스 파일 자체의 변경점을 추적하는 데 사용된다. 이 변수는 공백으로 구분된 라이선스 파일의 목록을 가지며, 각각의 체크섬을 포함하고 있다. 소프트웨어 소스 파일을 얻고 압축을 해제하고 나면, 빌드 시스템은 라이선스 파일 또는 그 자체에 있는 체크섬을 계산하거나 제공된 체크섬과 비교함으로써 라이선스를 검증한다.

상속 지시자와 인클루드

이 단락은 클래스에서 기능을 상속하는 레시피의 상속 지시사를 포함한다. 또한 include나 require문을 포함해 다른 파일을 직접적으로 삽입한다. 레시피 파일 내의 위치는 상속과 관계없지만, 인클루드하는 파일에는 중요할 수 있다. 인클루드된 파일은 레시피에서 덮어 쓰길 바라는 변수를 설정할 수 있다.

빌드 메타데이터

이 단락에 있는 메타데이터는 빌드 메타데이터$^{build\ metadata}$라 부르겠다. 이것이 URI, 의존성 선언, 프로비전 정의처럼 소프트웨어 필드에 필요한 설정을 제공하기 때문이다.

- PROVIDES: 추상화 프로비저닝에 사용되는 하나 이상의 추가적인 패키지 이름의 목록. 공백으로 구분된다.

- DEPENDS: 패키지가 빌드되기 전에 빌드돼야 하는 패키지의 목록. 공백으로 구분된다.

- PN: 패키지 이름. 이 변수의 값은 비트베이크에 의해 레시피 파일의 기본 이름에서부터 파생된다. 대부분의 패키지에서는 파생된 값이 충분하지만, 몇몇 패키지는 이 값을 적용해야 한다. 예를 들어, 크로스 툴체인 애플리케이션 gcc-cross 등은 이름에 타깃 아키텍처가 붙어있다.

- PV: 패키지 버전. 레시피 파일의 기본 이름에서 파생된다. 소스 리파지토리에서 직접 빌드되는 패키지의 경우, 파생되는 값이면 충분하다. SCM에서 빌드되는 것의 경우, 8.1.1절에서 PV를 어떻게 설정하는지 다룬다.

- PR: 패키지 리비전. 기본값은 r0이다. 과거에 비트베이크는 재빌드를 할 때마다 레시피 스스로 이 리비전을 증가시키길 요구했었다. 그러나 최신 시그니처 핸들러는 함수를 포함하는 레시피 메타데이터 시그니처를 계산한다. 빌드 시스템은 이제 재빌드를 위한 시그니처에 완전히 의존한다.

  정확한 패키지 이름 짓기를 위해 PR 값을 증가시키는 것은 여전히 필요하다. 이렇게 함으로써 패키지 관리자가 패키지 업그레이드를 위한 데이터베이스 유지를 명확하게 할 수 있다. 이전에는 PRINC 변수를 통해 유지 보수를 했었는데, 이러한 접근법은 오류가 많은 것으로 증명됐다. 그래서 PRINC는 없어졌고 PR 서비스로 대체됐다. PR

서비스는 시그니처[2]를 기반으로 PR을 계산하는 리비전 서버다.

- **SRC_URI**: 소스 코드, 패치, 기타 파일을 다운로드하기 위한 URI 목록이다. 공백으로 구분된다.

- **SRCDATE**: 소스 코드 날짜다. 이 변수는 소스 코드가 SCM 시스템에서 다운로드된 경우에만 해당된다.

- **S**: 빌드 시스템이 압축 해제된 소스 코드를 두는 빌드 환경 내의 디렉터리 위치다. 기본 위치는 레시피 이름과 그 버전에 따라 ${WORKDIR}/${PN}-${PV}로 설정된다. SCM에서 직접 빌드된 패키지의 경우, 이 변수를 명시적으로 설정해야 한다. 예를 들어 깃^{Git} 리파지토리의 경우 ${WORKDIR}/git이다.

- **B**: 빌드 시스템이 빌드 시 생성한 오브젝트를 위치시키는 빌드 환경 내의 디렉터리 위치다. 기본값은 ${WORKDIR}/${PN}-${PV}로 S와 같다. 많은 소프트웨어 패키지가 트리상^{in tree} 또는 위치상^{in location}에서 빌드된다. 그리고 나서 소스 트리 내에 오브젝트를 배치한다. GNU 오토툴즈, 리눅스 커널, 크로스 툴체인 애플리케이션 등과 함께 레시피로 빌드하는 패키지는 소스와 빌드 디렉터리를 분리한다.

- **FILESEXTRAPATHS**: FILESPATH로 정의된 추가적인 로컬 파일을 위한 빌드 시스템의 검색 경로를 확장한다. 이 변수는 대부분의 경우 FILESEXTRAPATHS_prepend := "${THISDIR}/${PN}"의 형태로 첨가 파일을 위해 사용된다. 이는 빌드 시스템이 하위 디렉터리에서 추가적인 파일을 검색하게 하는데, FILESEXTRAPATHS에 명시된 다른 디렉터리를 찾기 전에 첨가 파일이 위치한 디렉터리의 패키지 이름으로 먼저 찾는다.

- **PACKAGECONFIG**: 이 변수는 소프트웨어 기능의 활성화 및 비활성화를 빌드 시간에 가능케 한다. 다음과 같은 형태로 네 기능을 정의한다.

```
PACKAGECONFIG[f1] = "--with-f1,--wo-f1,build-deps-f1,rt-deps-f1"
PACKAGECONFIG[f2] = "--with-f2,--wo-f2,build-deps-f2,rt-deps-f2"
PACKAGECONFIG[f3] = "--with-f3,--wo-f3,build-deps-f3,rt-deps-f3"
```

이 네 기능은 콤마로 구분되며, 우선순위는 중요한 요소다.

---

2 PR 서비스는 기본적으로 비활성화돼 있다. 활성화하는 법에 대한 자세한 정보는 PR 서비스 위키를 참조하라. https://wiki.yoctoproject.org/wiki/PR_Service

1. 이 기능이 활성화돼 있다면 configure 스크립트(EXTRA_OECONF)의 환경 설정 목록에 추가 매개변수가 더해진다.

2. 이 기능이 비활성화돼 있다면 EXTRA_OECONF에 추가 매개변수가 더해진다.

3. 이 기능이 활성화돼 있다면 추가 빌드 의존성이 DEPENDS에 더해진다.

4. 이 기능이 비활성화돼 있다면 추가 실행 시간 의존성이 RDEPENDS에 더해진다.

기능을 활성화하기 위해 첨가 파일을 생성하거나 환경 설정 파일 내에서 할 수 있다.

▫ 첨가 파일: 고유의 레이어 안에 첨가 파일을 생성하고 〈packagename〉. bbappend로 명명한다. packagename은 첨가할 레시피의 이름이다. 첨가 파일 내에 PACKAGECONFIG = "f2 f3"으로 변수를 덮어 써서 재정의하거나 PACKAGECONFIG_append = " f2 f3"으로 기존 변수에 추가할 수 있다.

▫ 환경 설정 파일: local.conf 같은 환경 설정 파일에 직접 변수를 추가하거나 PACKAGECONFIG_pn-<packagename> = "f2 f3"이나 PACKAGECONFIG_append_pn-<packagename> = " f2 f3"을 사용해서 배포 환경 설정 파일에 추가할 수도 있다.

두 방법 모두 결과는 같다.

- **EXTRA_OECONF**: 추가 configure 스크립트 옵션

- **EXTRA_OEMAKE**: GNU 메이크를 위한 추가 옵션

- **EXTRA_OECMAKE**: CMake를 위한 추가 옵션

- **LDFLAGS**: 링커에 전달되는 옵션. 기본 설정은 빌드 시스템이 빌드하는 것에 따라 다르다. 타깃을 위한 빌드라면 TARGET_LDFLAGS, 빌드 호스트를 위한 빌드라면 BUILD_LDFLAGS, 호스트를 위한 SDK 빌드를 위해서는 BUILDSDK_LDFLAGS다. 일반적으로 이 변수 전체를 덮어 쓸 수는 없지만 옵션을 추가할 수는 있다.

- **PACKAGE_ARCH**: 소프트웨어 패키지의 아키텍처를 정의한다. 기본적으로, 이 값은 타깃을 위한 빌드 시 TUNE_PKGARCH를 설정하고, 빌드 호스트를 위한 빌드에는 BUILD_ARCH를, SDK 빌드 때는 "${SDK_ARCH}-${SDKPKGSUFFIX}"를 설정한다. 일반적으로 기본값만으로도 충분하지만, 여러분의 소프트웨어 패키지가 머신의 아키텍처보다 특정 머신에 의존적인 경우에는 PACKAGE_ARCH = "${MACHINE_ARCH}"와 같이 레시피에 설정하라.

패키지 메타데이터

레시피의 이 메타데이터 구역은 패키지 관리자를 사용해서 빌드 결과물을 서로 다른 패키지에 묶는 방법을 정의한다. 패키징은 소프트웨어가 빌드되고 패키지의 빌드 디렉터리에 루트 파일시스템과 같은 구조로 설치된 후 수행된다. 몇 가지 변수를 소개하고, 다음 단락에서 자세한 사항을 다룬다.

- PACKAGES: 패키징 절차 중에 생성되는 패키지 목록. 공백으로 구분된다. 이 변수의 기본값은 "${PN}-dbg ${PN}-staticdev ${PN}-dev ${PN}-doc ${PN}-locale \${PACKAGE_BEFORE_PN} ${PN}"이다. 이 목록은 왼쪽에서 오른쪽으로 처리된다. 즉, 가장 좌측의 패키지가 맨 먼저, 그리고 가장 오른쪽의 패키지가 맨 나중에 만들어진다는 뜻이다. 패키지에 관련된 파일을 소비하기 때문에 순서가 중요하다. 두 개 이상의 패키지가 같은 파일을 사용하면, 첫 번째로 처리된 패키지만 이 파일을 갖는다. 레시피는 일반적으로 추가 패키지를 목록의 앞에 추가한다.

- FILES: 이 변수는 특정 패키지에 들어가는 디렉터리와 파일의 목록을 정의한다. 빌드 시스템은 기본 패키지의 기본 파일 및 디렉터리 목록을 다음과 같이 설정한다. FILES_${PN}-dbg = "<files>". 여기서 files는 와일드카드(*)를 포함할 수 있고, 공백으로 구분된 디렉터리와 파일의 목록이다. 여러분의 레시피가 추가 패키지를 PACKAGES 목록에 더한다면, 그 패키지를 위한 FILES를 정의해야 한다. 표준 패키지에 추가하기 위해 여러분의 레시피가 생성하는 객체를 기본 패키지에서 찾지 못할 수도 있다. 이러한 경우 FILES에 이러한 파일 목록을 추가하면 된다.

- PACKAGE_BEFORE_PN: 이 변수는 최종 패키지 이름이 생성되기 전에 패키지를 쉽게 추가할 수 있게 해준다. 어떻게 동작하는지는 쉽게 볼 수 있다. PACKAGES의 기본 목록에서 PACKAGE_BEFORE_PN 변수의 내용은 최종 패키지 PN 전에 확장된다. 변수에 간단히 PACKAGE_BEFORE_PN = "${PN}-examples"와 같이 패키지를 추가하라. 물론 examples 패키지를 위해 FILES 목록도 정의해야 한다.

- PACKAGE_DEBUG_SPLIT_STYLE: 이 변수는 ${PN}-dbg 패키지가 생성될 때 바이너리와 디버그 오브젝트를 어떻게 분리할지 정한다. 여기에 세 가지 변형이 존재한다.

  □ ".debug": 이 파일은 .debug 디렉터리에 위치한 디버그 심볼을 포함한다. .debug 디렉터리는 타깃에서 바이너리가 설치된 곳에 있다. 예를 들어 바이너리가 /usr/bin에 설치된다면, 디버그 심볼 파일은 /usr/bin/.debug에 위치한다. 이

옵션은 .debug에 소스 파일을 설치하며 이는 기본 동작이다.

- □ "debug-file-directory": 타깃의 /usr/lib/debug에 위치하는 디버그 파일. 바이너리와는 분리된다.

- □ "debug-without-src": 이 변형은 .debug와 같다. 그러나 소스 파일은 설치되지 않는다.

- PACKAGESPLITFUNCS: 이 변수는 패키지 분리를 수행하는 함수의 목록을 정의한다. 기본값은 package.bbclass에 의해 정의되며 PACKAGESLPITFUNCS ?= "package_do_split_locales populate_packages"다. 레시피는 기본 함수가 수행되기 전에 고유의 패키지 분리 함수를 사용해 이 변수에 선입prepend할 수 있다.

태스크 덮어 쓰기, 선입, 후입

이 단락에서는 태스크 재정의, 변경, 기본 동작에서 확장 등을 위한 레시피 덮어 쓰기, 선입, 후입을 다룬다.

변형/클래스 확장

이 단락에서는 단순히 BBCLASSEXTEND 변수를 포함해 네이티브 또는 패키지의 SDK 빌드 같은 변형을 생성한다.

실행 시간 메타데이터

이 메타데이터 단락은 실행 시간 의존성을 정의한다.

- RDEPENDS: 실행 시간에 의존된 패키지의 목록. 정확한 동작을 위해 필요한 패키지를 설치한다. 이 변수는 빌드될 패키지에 적용되며, 특정 패키지에 따라 조건적으로 정의해야 한다. 예를 들어, 개발 패키지가 펄Perl에 의존돼 있다면, RDEPENDS_${PN}-dev += "perl"과 같이 지정해야 한다. 이는 빌드 시스템으로 하여금 패키지 관리자의 매니페스트manifest에 이 패키지에 대한 의존성을 만들도록 한다.

- RRECOMMENDS: RDEPENDS와 비슷하지만 약한 의존성(빌드되는 패키지에 핵심적이지는 않음)을 가리킨다. 그러나 사용성을 증진한다. 패키지 관리자는 사용 가능한 때만 이러한 패키지를 설치한다.

- **RSUGGESTS**: RRECOMMENDS와 비슷하지만, 사용 가능하더라도 패키지 관리자가 설치하지 않을 수 있는 더 약한 의존성을 관리한다. 이 패키지들의 설치가 도움이 된다는 정보만 제공한다.

- **RPROVIDES**: 실행 시간 프로비저닝을 위한 패키지 이름 알리아스alias 목록. 패키지의 이름은 이 목록에서 항상 암시적인 부분이다. 패키지 생성을 제어하는 모든 실행 시간 메타데이터를 위해 다음의 조건적 할당을 사용해야 한다. RPROVIDES_${PN} = "alias1 alias2"

- **RCONFLICTS**: 충돌 패키지의 목록. 설치 전에 충돌 패키지 모두가 제거되지 않으면, 패키지 관리자는 이 패키지를 설치하지 않는다. 패키지 생성을 제어하는 모든 실행 시간 메타데이터를 위해 다음과 같은 조건적 할당을 사용해야 한다. RCONFILCTS_${PN} = "conflicting-package-name"

- **RREPLACES**: 패키지가 교체할 패키지의 목록이다. 패키지 관리자는 이 변수를 이용해서 어떤 패키지를 이 패키지가 교체해야 하는지 결정한다. 만약 패키지가 공존할 수 있다면, 패키지 관리자는 목록에 있는 패키지가 이미 설치돼 있다 하더라도 이 패키지를 설치한다. 패키지 공존이 불가하면, 이러한 패키지를 포함하기 위한 RCONFLICTS 변수 역시 설정돼야만 한다. 패키지 생성을 제어하는 실행 시간 메타데이터를 위해 다음과 같은 조건적 할당을 사용해야 한다. RCONFILCTS_${PN} = "conflicting-package-name"

빌드 시스템은 버전이 부여된 의존성을 지원한다.

RDEPENDS_${PN} = "<package> (<operator> <version>)"

사용 가능한 연산자는 =, 〈, 〉, 〈=, 〉=이다. 예를 들면 다음과 같다.

RDEPENDS_${PN} = "gettext (> 0.16)"

버전이 부여된 의존성의 사용은 RDEPENDS, RRECOMMENDS, RSUGGESTS, RCONFILCTS, RREPLACES에서 가능하다.

8.1.3 형식화 지침

소스 코드, 비트베이크 레시피, 클래스 등을 위한 형식화 지침은 사실 소스 코드다. 그 목적은 전체 생산물에 적용되는 일관된 형식과 모습을 유지해서, 욕토 프로젝트와 오픈임베디드로 작업하는 누군가가 쉽고 빠르게 이해할 수 있도록 하는 것이다. 지침은 또한 메인테이너가 기여[contribution] 리뷰를 쉽게 하도록 한다.

오픈임베디드는 스타일 지침[3]을 수립하고 레시피, 클래스, 환경 설정 파일에 대한 형식화 규칙을 만들었다.

- 할당
  - 할당 연산자 좌우에 단일 공간을 각각 사용한다.
  - 할당의 우측에만 따옴표를 사용한다.

    ```
    VARIABLE = "VALUE"
    ```

- 연속
  - 연속은 SRC_URI 같은 긴 변수 목록을 분리해 가독성을 높이고자 사용한다.
  - 줄 연속 심볼(\)을 사용한다.
  - 줄 연속 심볼 이후에는 어떤 공백도 넣지 말라.
  - 값이 시작되는 수준까지 들여쓰기를 하라.
  - 들여쓰기를 위해서는 탭 대신에 공백을 사용하라. 개발자마다 탭 크기를 다르게 설정하기 때문이다.
  - 따옴표 닫기는 한 줄에 단일로 사용한다.

    ```
    VARIABLE = "\
                value1 \
                value2 \
                "
    ```

- 파이썬 함수
  - 들여쓰기에는 공백 네 칸을 사용하고, 탭은 사용하지 말라.
  - 파이썬은 들여쓰기에 더 민감하다. 공백과 탭을 섞어 쓰지 말라.
- 셸 함수

---

3 http://openembedded.org/wiki/Styleguide

- 　□ 들여쓰기에는 공백 네 칸을 사용하고, 탭은 사용하지 말라.

- 　□ OECore 같은 몇몇 레이어는 셸 함수를 위한 탭 들여쓰기를 사용한다. 그러나 파이썬 함수와의 일관성을 위해 새 레이어의 경우 공백 네 칸을 사용하길 권장한다.

- ■ 주석

- 　□ 주석의 사용은 레시피, 클래스, 환경 설정 파일에서 권장된다.

- 　□ 주석은 # 문자를 사용해 줄의 처음에서부터 사용돼야 한다.

- 　□ 주석은 연속continuation 내에서는 사용할 수 없다.

오픈임베디드나 욕토 프로젝트에 레시피나 레이어를 기여하거나 패치를 보내지 않는다 하더라도, 이 지침을 따르면 여러분의 레시피, 클래스, 환경 설정 파일의 유지 보수를 용이하게 한다.

8.2 새 레시피 작성

소프트웨어 패키지를 위한 새 레시피를 작성하고 여러분의 빌드에 추가하는 것은 오픈임베디드 빌드 시스템을 다룰 때 핵심적인 작업이다. 처음에는 좀 당황스러울지 몰라도, 실제로는 그렇게 어렵지 않다. 대부분의 복잡성은 여러 클래스에 의해 처리된다. 그림 8-1은 레시피 작성을 위한 단계별 접근을 보여준다.

레시피 생성을 위한 워크플로우는 3장, '오픈임베디드 빌드 시스템'에서 논의한 비트베이크에서의 패키지 빌드 절차와 상당히 유사하다. 물론 우연은 아니다. 새 레시피를 생성할 때는 단계적으로 필요한 메타데이터를 추가한다. 이 워크플로우는 그려진 것처럼 순차적이지는 않지만, 일반적으로 레시피를 변경, 추가하고 변경점을 테스트하는 작업의 순환이다. 이전 단계의 결과가 이어지는 단계에 영향을 끼치므로, 각 단계의 올바른 수행은 매우 중요하다. 때로 '컴파일' 처리 단계 수행 시 발생한 이슈가 이전 단계인 '설정'의 문제와 관련돼 있을 수 있다.

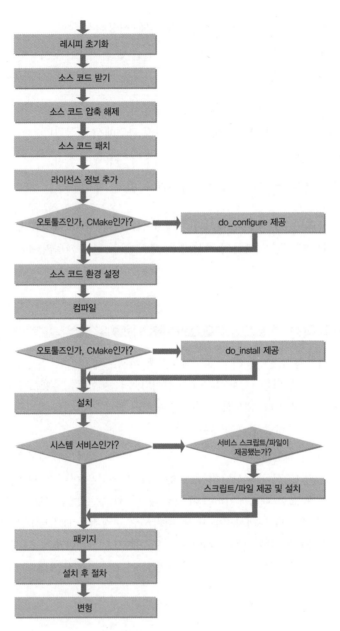

그림 8-1 레시피 생성 워크플로우

새 레시피를 작성하기 전에 여러분의 요구 사항을 이미 만족하거나 대부분 만족하는 다른 레시피를 살펴볼 것을 권한다. 오픈임베디드 메타데이터 인덱스[4]가 그 시작이 될 수 있다. 이것으로 여러분의 요구 사항에 맞으면서 고쳐 쓸 수 있는 레시피를 찾을 수 있지만, 여러분 고유의 소프트웨어 패키지를 위한 레시피 작성에는 충분치 않을 수 있다. 이 경우에는 처음부터 레시피를 작성하는 것보다 레시피를 조직하고 이를 요구 사항에 맞춰 수정하는 것이 더 효율적이다.

다음 단락은 레시피를 처음부터 생성하는 각 워크플로우를 자세히 다룬다.

8.2.1 레시피 초기화

단지 하나의 레시피를 생성한다 하더라도, 그것을 항상 기존의 레이어에 포함시키거나 새 레이어를 만들어 포함시키는 것을 권장한다. 이것이 항상 프로젝트를 간단하게 만들기 때문이다. 대부분의 프로젝트는 여러분이 기능을 추가함에 따라 시간이 가면서 커진다. 고유의 레이어를 사용한 구조의 확립은 유지 보수를 매우 쉽게 만들어준다. 레시피를 넣을 레이어가 아직 존재하지 않는다면 yocto-layer 도구를 사용해서 생성할 수 있다.

```
$ yocto-layer create mylayer
```

이 도구는 레이어 생성과 간단한 레시피 예제를 제공한다. 예제 레시피로 시작하거나 그림 8-2에서 보듯이 뼈대에서부터 시작할 수 있다.

리스트 8-2 레시피 뼈대

```
SUMMARY = ""
DESCRPTION = ""
AUTHOR = ""
HOMEPAGE = ""
BUGTRACKER = ""
```

여러분의 레이어에 레시피 뼈대를 생성하라. 비트베이크는 이 레시피를 여러분의 레이어에 있는 conf/layer.conf의 BBFILES 변수 설정을 따라 레이어에 배치한다. BBFILES는 레시피 파일을 위한 검색 패턴을 정의한다. 일반적으로 다음과 같다.

---

4 http://layers.openembedded.org

```
BBFILES += "${LAYERDIR}/recipes-*/*/*.bb \
            ${LAYERDIR}/recipes-*/*/*.bbappend"
```

물론 고유 레이어를 위한 검색 패턴으로 변경할 수 있다. 그러나 위의 기본값을 그냥 사용해도 좋다. 모든 오픈임베디드/욕토 프로젝트 레이어가 이를 사용하기 때문이다. 결과적으로 yocto-layer 도구는 이 설정과 함께 conf/layer.conf 파일을 BBFILES를 위해 생성한다.

예를 들어 myapp이라 불리는 애플리케이션을 위한 레시피를 생성한다면, recipes-apps/myapp 디렉터리에 레시피를 배치한다.

레시피의 이름은 8.1.1절에서 논의한 이름 짓기 규약을 따라야 하며, 적어도 〈packagename〉_〈version〉.bb의 형태, 즉 mysapp_1.0.bb로 돼야 한다.

8.2.2 소스 코드 얻기

레시피가 하는 첫 작업은 소스 코드를 받는 것이다. 결과적으로, 레시피는 SRC_URI 변수를 제공해 어디에서 소스를 받는지, 어떤 프로토콜을 사용하는지 등을 빌드 시스템에 알려야 된다. 받기 동작은 do_fetch 태스크에 의해 수행된다.

대부분의 오픈소스 업스트림 다운로드의 경우, 소스 파일은 압축된 형태로 제공된다. 이런 묶음 파일은 표준 파일 전송 프로토콜을 사용해서 받을 수 있다. 이는 3장에서 비트베이크 페처fetcher를 볼 때 봤었다.

```
SRC_URI = "http://ftp.gnu.org/gnu/hello/hello-2.9.tar.gz"
```

위 예는 GNU 헬로 월드 프로그램의 소스 묶음 파일을 받는다. 그러나 SRC_URI에 하드코딩된 버전 숫자를 사용하면, 레시피의 이동성이 떨어진다. 그러므로 PV를 대신 사용하길 권한다.

```
SRC_URI = "http://ftp.gnu.org/gnu/hello/hello-${PV}.tar.gz"
```

소스 묶음 파일을 받을 때, 빌드 시스템은 MD5나 SHA256 같은 체크섬을 요구해 적절한 곳에서 묶음을 받았는지 검증하도록 한다. SRC_URI의 일부로 체크섬을 직접 명시할 수 있다. 그러나 이러한 방법은 다루기 어렵기 때문에 SRC_URI에는 묶음 파일의 이름을 제공하고, 체크섬은 따로 명시하길 권한다.

```
SRC_URI = "http://ftp.gnu.org/gnu/hello/hello-${PV}.tar.gz;name=archive"
SRC_URI[archive.md5sum] = "67607d2616a0faaf5bc94c59dca7c3cb"
SRC_URI[archive.sha256sum] = \
"ecbb7a2214196c57ff9340aa71458e1559abd38f6d8d169666846935df191ea7"
```

이렇게 함으로써 SRC_URI를 관리하기 쉽게 만들고, SRC_URI가 여러 URI를 갖는 경우 더 잘 동작하게 된다.

SCM에서 소스 코드를 직접 가져오는 것 또한 현실적이다. 빌드 시스템은 사실상 모든 SCM 시스템을 지원한다. 오늘날 대부분의 오픈소스 소프트웨어가 사용한 SCM은 깃^{Git}이다. SCM에서 받기는 체크섬을 필요로 하지 않지만, 체크아웃^{checkout}을 위한 리비전이나 태그가 필요하다.

```
SRC_URI = "git://git.lttng.org/lttng-ust.git;branch=stable-2.5 \
          file://lttng-ust-doc-examples-disable.patch \
          "
SRCREV = "ce59a997afdb7dc8af02b464430bb7e35549fa66"
```

많은 레시피는 빌드 호스트에서 로컬로 파일을 가져오는 것도 필요하다. 일반적으로 이들은 통합 패치, 환경 설정 파일 등이다.

```
SRC_URI = "git://git.lttng.org/lttng-tools.git;branch=stable-2.5 \
          file://runtest-2.4.0.patch \
          file://run-ptest \
          "
```

file:// 프로토콜 지시자를 사용하면 빌드 시스템이 빌드 호스트에서 파일을 찾게 한다. 경로는 FILESPATH에 명시된 경로 기준으로 상대적이다. 이 변수는 보통 여러 경로를 포함하며, 먼저 발견되는 첫 경로가 사용된다. 기본값은 FILESPATH의 디렉터리 목록으로, BP(기본 패키지 이름 및 버전), BPN(기본 패키지 이름), files를 포함한다. 이 모든 것들은 레시피가 위치한 디렉터리의 하위 디렉터리에 있다.

8.2.3 소스 코드 풀기

소스 코드를 받고 나면, 묶음을 풀어야 한다. 묶음 해제는 소스 묶음 파일 형태로 받은 소스 코드에서만 필요하다. 소스 코드를 SCM에서 받았다면, 리파지토리로부터 개별 파일을 체크아웃한 것이기 때문에 묶음을 풀 필요는 없다. do_unpack 태스크가 묶음 해제를 맡는다. 이는 사실상 모든 묶음 및 압축 방식을 지원한다.

소스 코드는 변수 S에 지정된 디렉터리에 묶음을 푼다. 빌드 시스템은 이 묶음이 ${BP}나 ${B{N}-${PV}의 이름을 갖는 단일 최고 수준 디렉터리 트리나 루트 디렉터리를 갖고 있을 것이라 간주한다. GNU 헬로 월드 예제에서 hello-2.9.tar.gz는 hello-2.9 단일 디렉터리 내로 묶음이 해제돼야 한다. 이는 대부분의 오픈소스 패키지가 따르는 규칙이다. 이러한 규칙을 따르지 않는 패키지의 경우 레시피 내 S 값에 명시적으로 설정해줘야 한다. 예를 들어 최고 수준 디렉터리를 갖지 않는 묶음의 경우 S는 다음과 같이 설정돼야 한다.

```
S = "${WORKDIR}/${BP}"
```

S에 정확히 뭘 넣어야 하는지는 소스 코드가 패키징된 방식에 따라 다르다. 결국에는 do_unpack 태스크에 디렉터리의 이름 변경 또는 복사나 디렉터리 내용의 복사 및 이동을 하도록 한다.

또한 SCM에서 소스 코드를 받은 경우, S를 명시적으로 설정해야 한다. 이 경우 S는 보통 ${WORKDIR}/<scm>으로 설정되며, 여기서 <scm>은 SCM의 이름이다. 깃의 경우 다음과 같이 설정된다.

```
S = "${WORKDIR}/git"
```

받기 및 묶음 풀기를 위해 레시피 설정을 하고 나면, 소스가 잘 받아지고 묶음이 잘 풀어지는지 확인해보는 것이 좋다.

```
$ bitbake -c fetch <myrecipe>
$ bitbake -c unpack <myrecipe>
```

위 명령은 각각의 태스크를 독립적으로 실행하도록 한다. fetch 태스크가 수행되지 않은 상태에서 unpack 태스크를 수행하면, 비트베이크는 자동으로 이를 수행한다. unpack은 fetch에 의존성이 있기 때문이다.

fetch 태스크가 완료되면, DL_DIR에 명시된 다운로드 디렉터리에서 소스 묶음 파일을 찾아야 한다. SCM에서 받은 경우 다운로드 디렉터리는 SCM의 이름을 갖는 하위 디렉터리를 가지며, 이는 원격 리파지토리에서 클론이나 체크아웃된 것이다.

unpack 태스크가 수행된 후, 소스 디렉터리 S에서 묶음 해제된 소스를 찾을 수 있을 것이다.

8.2.4 소스 코드 패치

SRC_URI에 어떤 패치patch, 즉 .patch나 .diff 파일을 갖는다면, do_patch 태스크는 자동으로
이 패치들을 퀼트Quilt 도구를 이용해서 묶음 해제된 소스 코드에 적용한다.

빌드 시스템은 -p1 옵션으로 이 패치들이 적용된다고 간주한다. 즉, 첫 번째 디렉터리 단계
는 벗겨낸다.[5] 여러분의 패치가 여러 디렉터리 단계를 벗겨내야 한다면, 패치의 SRC_URI 부
분에 striplevel 옵션과 적정 숫자를 제공해야 한다. 패치가 패치 파일 내에서 제공되지
않고 특정 하위 디렉터리에 적용돼야 한다면, SRC_URI에 patchdir 옵션을 넣으면 된다.

```
SRC_URI = "http://downloads.tld.com/pub/package-1.2.tar.gz \
          file://patch-1.patch;striplevel=3 \
          file://patch-2.diff;patchdir=src/common \
          "
```

패치와 기타 로컬에 받은 파일들은 레시피와 나란한 하위 디렉터리에 위치해야 한다. 이때
레시피는 레시피의 기본 이름 BPN과 같거나, 기본 이름에 버전이 붙은 BP 또는 files로 명
명돼 있다. 예를 들어 레시피 이름이 foo_2.3.1.bb라면, 디렉터리의 이름은 foo, foo-2.3.1,
files가 된다. files 대신 foo를 사용하면, 패치를 서로 다른 레시피에 대응하도록 관리할 수
있다. foo-2.3.1을 사용하면, foo 레시피의 서로 다른 여러 버전을 지원할 수 있다.

8.2.5 라이선스 정보 추가

모든 레시피는 LICENSE와 LIC_FILES_CHKSUM 변수 설정을 통한 라이선스 정보를 제공해야
한다. 두 변수는 의무다. 이 두 변수가 없다면, 빌드 시스템은 레시피를 거부하고 빌드하지
않을 것이다.

- LICENSE: 이 소프트웨어 패키지에서 사용된 라이선스의 이름이다. 대부분의 경우 단
  일 라이선스가 적용되지만, 몇몇 오픈소스 소프트웨어 패키지의 경우 여러 라이선
  스를 차용한다. 이는 사용자가 몇 개 중 하나를 선택하게 하는 듀얼 라이선스거나,
  소프트웨어 패키지의 부분에 따라 다른 라이선스가 적용되는 다중 라이선스일 수
  있다. 듀얼 라이선스는 라이선스 이름 간 파이프 기호(|)로 연결되며, 다중 라이선스
  는 앰퍼샌드 기호(&)로 연결된다. 빌드 시스템은 또한 복잡한 수리적 논리 라이선스

---

5 -p0가 /bla/foo라면, -p1은 bla/foo로 처리한다. – 옮긴이

를 지원하는데, GLv2 & (LGPLv2.1 | MPL-1.1 | BSD)와 같은 모습을 갖는다.

■ LIC_FILES_CHKSUM: 이 변수는 라이선스 파일 자체의 변경점을 추적할 수 있게 한다. 이 변수는 공백으로 구분된 라이선스 파일과 그 체크섬으로 구성된다. 소프트웨어 패키지의 소스 파일을 받고 묶음을 해제한 후 빌드 시스템은 라이선스 파일이나 그 일부로 체크섬을 계산하고, 주어진 체크섬과 비교해서 라이선스를 검증한다.

LICENSE에 나열된 라이선스는 공백, &, |, (,) 등의 문자를 제외하면 어느 이름이든지 가능하다. 표준 라이선스의 경우, meta/files/common-licenses 내 라이선스 파일의 이름이나 meta/conf/licenses.conf 파일의 SPDXLICENSEMAP 요소에 있는 라이선스 이름을 사용하길 권한다.

소스 패키지가 파일로 실제 라이선스(예를 들어 COPYING, LICENSE 등)를 제공한다면, LIC_FILES_CHKSUM을 명시해야 한다.

```
LIC_FILES_CHKSUM = "file://COPYING;md5=<md5sum>"
```

표준 오픈소스 라이선스를 사용하는 몇몇 소프트웨어 패키지는 간단히 라이선스의 이름과 버전만을 제공하며, 라이선스 파일 자체는 포함하지 않을 수 있다. 이 경우, COMMON_LICENSE_DIR에 제공된 라이선스 파일을 사용한다.

```
LIC_FILES_CHKSUM = \
    "file://${COMMON_LICENSE_DIR}/MIT;md5=0835ade698e0bcf8506ecda2f7b4f302"
```

라이선스 파일의 MD5 체크섬을 갖고 있지 않다면, 이를 수동으로 계산해야 할 필요는 없다. md5 매개변수를 빈 값으로 두면 빌드 시스템이 오류 메시지와 체크섬을 제공하면서 실패하는데, 이 값을 레시피에 복사하면 된다.

8.2.6 소스 코드 환경 설정

소프트웨어 패키지 빌드는 보통 빌드 시스템과 빌드 환경, 즉 개발 도구, 다른 소프트웨어 패키지 및 라이브러리와의 의존성에 좌우된다. 이는 특히 서로 다른 아키텍처를 위한 크로스 빌드를 할 때 도드라진다. 소스 패키지를 이동성 있게 만들어서 방대한 타깃 시스템, 서로 다른 빌드 환경을 갖는 다양한 빌드 시스템에서 빌드할 수 있게 하려면, 개발자가 소스 코드와 빌드 시스템을 설정하기 위한 방법을 제공해야 한다.

가장 간단한 경우, 이 환경 설정은 소스 코드 빌드 시스템이 메이크파일이나 빌드 스크립트를 위해 사용하는 환경 설정 변수를 설정함으로써 이뤄진다. 불행히도, 이 접근법이 사용자 친화적이지는 않다. 소프트웨어 패키지를 빌드하는 사람이 변수나 올바른 설정을 제공하기 위해 해야 할 일이 무엇인지 이해해야 하기 때문이다. 여러 개발자가 변수의 이름을 다르게 정하며, 이는 복잡성을 증가시킨다. 물론 여기에 공통 분모가 존재하지만(예를 들어 C 컴파일러는 CC, C++ 컴파일러는 CPP, 링커는 LD), 개발자는 여전히 그들이 사용하는 기타 변수를 정의해야 한다.

이러한 문제를 경감하기 위해 빌드 시스템은 표준화된 형태로 소스 코드를 이식성 있게 만들도록 개발됐다. 가장 일반적인 두 가지는 GNU 오토툴즈와 CMake다. 이 둘은 모두 소스 코드 환경 설정을 위한 자동화된 도구를 제공함으로써, 소스 코드의 포팅^{porting}과 사용자 친화적 환경 설정을 단순화한다. 이러한 도구는 소스 코드와 같이 전달된 환경 설정 파일과 빌드 시스템 및 빌드 환경 설정을 비교해 필요한 설정을 결정하며, 그 결과에 따라 필요한 변수를 설정한다.

첫 단계로, 여러분이 작성하는 레시피가 어떤 다른 소프트웨어 패키지에 의존하는지 알아봐야 한다. 일반적으로, 소프트웨어 패키지의 문서는 여러분에게 이 정보를 제공한다. 이러한 패키지를 변수 DEPENDS에 추가해 비트베이크로 하여금 의존성 만족을 위한 패키지 빌드를 먼저 할 수 있게 한다.

다음으로, 빌드하는 소프트웨어 패키지가 소스 환경 설정 시스템을 사용할 것인지 결정한다.

- GNU 오토툴즈: 소프트웨어 패키지에 configure.ac 파일을 포함한다면 GNU 오토툴즈를 사용한다. 이 파일은 컴파일러 탐지, 특정 헤더 파일 검색, 라이브러리 테스트 등을 위한 일련의 매크로를 갖는다. autoconf 도구는 실제 테스트를 수행하는 configure라 불리는 파일로부터 셸 스크립트를 생성한다. GNU 오토툴즈는 소프트웨어 패키지 빌드를 위해 전통적인 메이크^{Make} 시스템상에서 빌드한다. configure 스크립트가 성공적으로 수행된 이후, 메이크파일^{makefile}을 생성한다. GNU 오토툴즈를 사용하는 소프트웨어 패키지라면, autotools 클래스를 상속하는 것이 해야 할 일의 전부다. 이 클래스는 do_configure 태스크를 제공하고, 대부분의 경우 수정이 필요 없다.

  그러나 몇몇 소프트웨어 패키지는 그 환경 설정으로의 적응을 요구한다. 이 목적을 위해 오픈임베디드 빌드 시스템은 EXTRA_OECONF를 제공함으로써 환경 설정을 덮어쓰거나 추가하는 것을 허용한다.

- CMake: CMakeLists.txt 파일을 포함한다면 CMake를 사용한다는 것이다. 이 파일은 환경 설정 지시자들을 갖는다. CMake는 메이크 같은 고유의 빌드 시스템과 함께 동작한다.

  여러분의 소프트웨어 패키지가 CMake를 사용한다면, 모든 동작은 cmake 클래스를 상속한다. 이 클래스는 do_configure 태스크를 제공하며, 대부분의 경우 수정이 필요 없다.

  환경 설정에 수정을 가하고 싶다면, 오픈임베디드 빌드 시스템은 요구되는 환경 설정 옵션을 전달할 수 있는 변수 EXTRA_OECMAKE를 제공한다.

- 기타: configure.ac나 CMakeLists.txt 파일이 없다면, 환경 설정을 위해 빌드 시스템으로 환경 변수를 직접 전달하는 다른 방법을 사용하고 있다는 의미다. 보통 메이크다. 이 경우 고유의 do_configure 태스크를 작성해서 올바른 설정을 적용한다. 간단한 경우에는 EXTRA_OEMAKE 변수를 이용해 설정을 전달하는 것만으로 충분할 수 있다.

이 시점에서는 configure 태스크를 수행해야 하며, 환경 설정이 성공적으로 수행되고 올바른 옵션이 전달됐는지 확인하기 위해 로그 파일을 확인해야 한다. 로그는 또한 여러분에게 DEPENDS 변수에서 요구하는 의존성 중 무언가가 빠졌는지 또는 원치 않는 옵션이 활성화돼 있는지 등을 보여준다.

8.2.7 컴파일

이제 레시피가 소스 코드를 컴파일할 준비를 마쳤다. compile 태스크를 실행하고 컴파일이 성공적으로 이뤄지는지 보자. 그렇다면, 이 단계에서 여러분이 더 할 것은 없다. 그러나 컴파일이 실패하면, 로그 파일을 뒤져서 그 원인을 찾아야 한다. 이 시점에서 가장 일반적인 실패는 병렬 빌드 실패, 호스트 부재, 헤더 및 라이브러리 결여 등을 들 수 있다.

- 병렬 빌드 실패: 기본적으로 모든 패키지를 위한 메이크를 위해 다중 스레드의 사용이 활성화돼 있다. 빌드 환경의 conf/local.conf 내에 있는 PARALLEL_MAKE 변수를 통해 설정한다. 때로는 이것이 경쟁 상태를 유발하며 간헐적인 실패를 발생시킨다. 이러한 실패는 추적이 어려운데, 빌드 결과물이 실제로 생성된 것을 볼 수 있기 때문이다. 그러나 문제는 빌드 절차의 일부가 잘못된 순서로 수행됐다는 것이다.

우회 방법으로, 레시피에 PARALLEL_MAKE = ""(빈 문자열)로 설정할 수 있다. 이 설정은 이 레시피의 경우 병렬 빌드를 끈다는 것이다. 물론, 소프트웨어 패키지 빌드 속도가 저하될 수 있다. 이 문제를 해결하면서 병렬 빌드를 허용하고 싶다면, 디버깅을 더 해서 빌드 절차의 순서를 변경하는 패치를 적용해야 한다.

- 호스트 부재: 이 문제는 타깃을 위한 빌드나 SDK를 빌드할 때 생긴다. 이 문제는 빌드 절차가 헤더 파일, 라이브러리, 기타 파일을 크로스 빌드 환경 대신에 호스트 시스템에서 참조할 때 발생한다. 원인은 사실 절대 경로(/usr/include, /usr/lib 등)의 사용에 있다. 호스트 부재는 QA 도구(스웨버^{Swabber} 포함)에서 보고된다. 이러한 문제를 로그 파일의 분석을 통해 QA 메시지에서 쉽게 찾을 수 있으며, 해결을 위한 패치를 생성할 수 있다.

- 헤더 및 라이브러리 결여: 컴파일러가 헤더 파일이나 라이브러리를 다른 소프트웨어 패키지로부터 찾을 수 없어서 실패했다면, 원인은 보통 이러한 패키지가 DEPENDS 변수에 선언되지 않았다는 데 있다. 또는 의존성은 존재하지만, 파일 경로가 올바르지 못하기 때문이다. 이는 환경 설정 단계에서 발견되지 않는다.

  DEPENDS에 의존성을 추가하는 것만으로도 대부분의 경우 문제를 해결할 수 있다. 그러나 이는 즉시 문제를 해결해주지는 않는다. 보통 타깃 루트 파일시스템 빌드를 위해 이미 사용된 빌드 환경을 가지고 시작한다. 대부분의 경우 의존성은 새 패키지를 위한 레시피를 추가하기 전에 이미 다른 소프트웨어 패키지를 위해 빌드된 상태일 것이다. 그래서 DEPENDS에 선언되지 않았을 것이다. 이 경우에는 새 빌드 환경에서 테스트할 것을 권한다.

  아주 가끔이지만 STAGING_BINDIR, STAGING_INCDIR, STAGING_DATADIR, STAGING_BASELIBDIR 등의 변수를 설정함으로써 의존성의 헤더 파일 및 라이브러리로의 경로를 조정해야 할 수도 있다.

8.2.8 빌드 결과 설치

소프트웨어 패키지가 빌드된 이후, do_install 태스크는 빌드 결과물(바이너리, 라이브러리, 헤더 파일, 환경 설정 파일, 문서 파일 등)을 타깃 장치의 루트 파일시스템과 같은 형상을 갖는 파일시스템 계층에 복사한다. 이 파일들은 S, B, WORKDIR 디렉터리에서 D 디렉터리로 옮겨진다. 이때 D는 ${WORKDIR}/image다. 설치 이후, 이 디렉터리는 설치된 소프트웨어 패키지의 모든 하위 디렉터리와 파일을 갖는 로컬 루트 파일시스템 구조를 갖는다.

패키징 절차가 이 설치 디렉터리 D에서 파일을 수집하는 것이기 때문에 여러분의 소프트웨어 패키지가 올바르게 설치돼 있는지 확인해야 한다. 모든 디렉터리와 파일이 루트 파일시스템 구조의 올바른 위치에 생성됐는지 말이다. 소프트웨어 패키지가 어떻게 빌드됐는지에 따라, 설치 절차에 조정을 가해야 할 수도 있다.

- GNU 오토툴즈와 CMake: 여러분의 소프트웨어 패키지가 GNU 오토툴즈나 CMake로 빌드됐다면, autotools와 cmake 클래스가 대부분의 소프트웨어 패키지 설치에 맞는 do_install 태스크를 각각 지원한다. 단지 do_install 태스크가 문제없이 수행되고, D 내의 디렉터리 구조가 올바른지 확인하면 된다.

  클래스가 제공하는 do_install 태스크에 의해 복사되지 않은 추가적인 파일을 설치하고 싶다면, do_install_append 함수를 레시피에 작성해 추가 파일을 설치하도록 할 수 있다. cp나 기타 복사 유틸리티보다는 install -d <source> <dest>를 사용해야 한다.

- 메이크: 여러분의 소프트웨어 패키지가 위에 해당되지 않는 메이크 빌드 시스템을 이용해서 빌드됐다면, do_install 태스크를 레시피에 생성해야 한다. 메이크파일makefile은 대부분 파일을 복제하기 위한 설치 타깃을 갖고 있다. 이 타깃은 보통 목표 디렉터리가 필요하다. 즉 파일시스템 구조의 루트 디렉터리며, 변수로 설정할 수 있다. 이 변수가 무엇인가 하는 것은 메이크파일에 따라 다르다. 보통 DESTDIR, PREFIX, INSTALLROOT다. 오픈임베디드 빌드 시스템은 oe_runmake 함수를 제공해서 특정 타깃으로의 메이크를 수행하도록 한다. 이 함수는 메이크파일로의 변수 전달을 가능케 한다. 이 함수를 do_install 태스크에서 사용한다. PREFIX를 통해 루트 인스톨 디렉터리를 메이크파일로 전달하는 상황을 가정해보자.

```
    :
do_install() {
    oe_runmake install PREFIX=${D}
}
```

  메이크파일이 설치 타깃을 제공하지 않는다면, 다음의 '수동 설치' 항목을 보라.

- 수동 설치: 여러분의 소프트웨어 패키지 빌드 시스템이 설치 장치를 전혀 지원하지 않으면 do_install 태스크를 생성하고, install -d <src> <dest>를 필요 파일을 설치하기 위해 사용할 수 있다.

```
do_install() {
    install -d ${B}/bin/hello ${D}${bindir}
    install -d ${B}/lib/hello.lib ${D}${libdir}
}
```

표준 설치 디렉터리를 위해 다음의 변수를 사용할 수 있고, 이들을 D에 붙일 수 있다.

- bindir = "/usr/bin"

- sbindir = "/usr/sbin"

- libdir = "/usr/lib"

- libexecdir = "/usr/lib"

- sysconfdir = "/etc"

- datadir = "/usr/share"

- mandir = "/usr/share/man"

- includedir = "/usr/include"

여러분의 소프트웨어 패키지 설치를 검증하려면, 설치 태스크를 실행하고 D 디렉터리에 올바른 하위 디렉터리와 파일이 있는지 확인하라.

8.2.9 시스템 서비스 설정

시스템이 시작할 때 구동되고 종료될 때 멈추는 시스템 서비스를 제공한다면, 여러분의 레시피는 소프트웨어 패키지의 시스템 서비스를 설정해야 한다.

먼저 여러분의 소프트웨어 패키지가 필요한 시작 스크립트를 제공하고, 설치 태스크가 그들을 올바른 위치에 복사하는지 살펴보자. 어떤 스크립트를 갖는지, 어디에 설치되는지는 사용하는 서비스 관리자에 따라 다르다. 여러분의 패키지가 스크립트를 지원하지 않거나 설치하지 않는다면, do_install 태스크에 직접 넣어야 한다.

빌드 시스템은 SysVinit와 systemd라는 두 서비스 관리자를 지원한다.

- SysVinit: System V Init는 유닉스류 시스템을 위한 전통적인 시스템 관리자다. 리눅스 커널은 부팅 시 그 초기화가 완료되고 나면, init 프로세스를 구동한다. 이는 서비스 스크립트를 진행하고 런 레벨run level과 우선순위에 따라 서비스들을 시작한다.

do_install 태스크는 반드시 서비스 start-stop-script를 적절한 디렉터리(보통 /etc/init.d)에 설치해야 한다. 그러고 나서, 서비스는 자원 제어 디렉터리(/etc/rc0.d 에서 /etc/rc6.d까지)에서 스크립트로 링크를 생성함으로써 활성화돼야 한다. 그래서 서비스가 시스템이 특정 런 레벨에 들어갈 때 시작되거나 멈출 수 있다. 이는 update-rc.d 클래스에 의해 이뤄지고, update-rc.d 도구를 사용하며, 이 클래스를 레시피로 상속해야 한다. 이 클래스는 모든 환경 설정 작업을 한다. 필요한 모든 것은 레시피에 세 변수를 설정해 클래스로 적절한 환경 설정을 제공하는 것이다.

□ INITSCRIPT_PACKAGES: 이 소프트웨어 패키지를 위한 init 스크립트를 갖는 패키지 목록. 이 변수는 선택적이며 INITSCRIPT_PACKAGES = "${PN}"의 기본값을 갖는다.

□ INITSCRIPT_NAME: init 스트립트의 이름

□ INITSCRIPT_PARAMS: update-rc.d로 전달되는 매개변수. 이는 "defaults 80 20" 같은 문자열일 수 있고, 런 레벨 2, 3, 4, 5로 들어갈 경우에 서비스를 시작한다는 뜻이다. 그리고 런 레벨 0, 1, 6에 들어갈 때 멈춘다.

update-rc.d의 매뉴얼 페이지[6]는 도구와 그 사용법에 대한 자세한 내용을 제공한다.

■ systemd: 시스템 관리 데몬^{System Management Daemon}(systemd)은 SysVinit가 연식이 오래됨에 따라 그 대체제로 개발됐다. 특히, 서비스와 서비스 시작 기능을 병렬로 지원하는 등 더 나은 우선순위와 의존성 관리를 제공한다. 이는 시스템 부트 절차의 속도를 향상시킨다. systemd 홈페이지[7]에서 자세한 정보를 제공한다.

소프트웨어 패키지는 systemd 서비스 스크립트를 반드시 제공해야 하며, 레시피는 적절한 위치(/lib/systemd/system)에 이를 설치해야 한다. 그러고 나서 레시피는 systemd 클래스를 상속해 서비스를 설정할 수 있으며, 다음과 같은 변수를 제공한다.

□ SYSTEMD_PACKAGES: 소프트웨어 패키지를 위한 systemd 서비스 파일을 포함하는 패키지의 목록. 이 변수는 선택적이며 기본값은 다음과 같다. SYSTEMD_PACKAGES = "${PN}"

---

6 www.tin.org/bin/man.cgi?section=8&topic=update-rc.d

7 www.freedesktop.org/wiki/Software/systemd

□ SYSTEMD_SERVICE: 서비스 파일의 이름

여러분의 리눅스 시스템이 명확하게 오직 한 시스템 관리 서비스를 활용할 수 있음에도 불구하고, 레시피는 둘 다 지원하도록 작성할 수 있다. 이 클래스와 변수는 충돌하지 않으며, 빌드 시스템은 레시피에서 올바른 설정을 선택한다.

시스템 서비스를 설정하는 방법에 대해 더 자세히 알고 싶다면, update-rc.d.bbclass와 systemd.bbclass를 살펴보고, 각각의 시스템 서비스 관리자를 위한 문서를 참고하라.

8.2.10 빌드 결과 패키징

이제, 소프트웨어 패키지에 필요한 모든 파일은 빌드됐고 목적 디렉터리 D 내에 위치하는 파일시스템 구조에 안착됐다. 다음 단계로, do_package 태스크에 의해 수행되는 파일을 수집해서 패키지 관리 시스템을 위한 패키지에 담는다.

패키지 분리

빌드 결과물을 묶어서 서로 다른 패키지에 넣는 절차를 패키지 분리^{package splitting}라고 한다. 대부분의 소프트웨어 패키지는 여러분의 요구 사항에 따라 서로 다른 많은 결과물을 생산한다. 여러분은 그중 일부만을 타깃 장치의 루트 파일시스템에 설치할 수도 있다. 필요한 저작물만 선택하기 위한 패키지 분리는 시스템 크기를 제어하는 데 도움을 주며, 장치에 보안 위험을 줄 수 있는 바이너리, 라이브러리, 디버그 정보 등을 설치하는 것을 피할 수 있다.

패키지 분리를 제어하는 두 주요 변수는 PACKAGES와 FILES다.

- PACKAGES: 이 변수는 패키지 이름의 목록이며, 공백으로 구분된다. 기본값은 meta/conf/bitbake.conf에 정의돼 있으며, PACKAGES = "${PN}-dbg ${PN}-staticdev ${PN}-dev ${PN}-doc ${PN}-locale ${PACKAGE_BEFORE_PN}${PN}"이다. do_package 태스크가 이 변수의 왼쪽에서 오른쪽으로 진행하면서, 맨 왼쪽의 패키지를 먼저 처리하고 맨 오른쪽의 패키지를 나중에 처리한다. 이 순서는 중요한데, 패키지가 그에 관련된 파일을 소비하기 때문이다.

- FILES: FILES 변수는 특정 패키지에 위치하는 디렉터리와 파일의 목록을 정의한다. 이 변수는 항상 조건적 할당과 함께 사용된다. 예를 들어 다음을 보자.

```
FILES_${PN}-dbg = "<files>"
```

files는 공백으로 구분된 디렉터리와 파일의 목록으로, 목표 디렉터리 D의 디렉터리 구조를 위해 일치하는 부분을 위한 와일드카드(*)를 가질 수 있다. 이때 D는 do_install 태스크가 생성하고 파일을 설치한 곳이다. PCAKGES에 나열된 기본 패키지의 기본 FILES 값은 meta/conf/bitbake.conf에 정의돼 있다.

PACKAGES와 FILES의 기본 설정은 대부분의 소프트웨어 패키지가 요구하는 바를 만족한다. 그러나 여러분의 소프트웨어 패키지에는 추가적인 저작물을 생성할 수 있고, 기본 설정으로는 다뤄지지 않는 디렉터리에 설치할 수 있다. 또 다른 경우로, 기본 설정으로 다뤄지더라도 좀 더 패키지를 분리하길 원할 수 있다. 예를 들어, 다양한 바이너리 생성을 위한 서로 다른 패키지의 생성 등이다. 이 두 경우에는 패키지 이름을 PACKAGES에 넣고 추가적인 저작물을 FILES에 추가해야 한다. 리스트 8-3은 커스텀 패키징을 하기 위한 예를 보여준다.

리스트 8-3 커스텀 패키징

```
SUMMARY = "Hello Universe Application"
DESCRPTION = "The ultimate hello extending beyond 'world'."
AUTHOR = "spacey@universetrotter.com"
HOMEPAGE = "http://universetrotter.com"
BUGTRACKER = "https://bugs.universetrotter.com"
PN = "hellouniverse"
# 기타 레시피 관련
# ...
PACKAGES =+ "graphics"
FILES_${PN}-graphics = "${datadir}/pixmaps/*"
FILES_${PN}-doc =+ "${datadir}/blurbs/*"
PACKAGE_BEFORE_PN = "examples"
FILES_${PN}-examples = "${datadir}/examples"
```

리스트 8-3의 예제는 graphics라 명명된 추가적인 패키지를 PACKAGES에 선입prepend한다. 그리고 나서, FILES_${PN}-graphics를 필터에 설정한다. 또한 필터를 FILES_${PN}-doc에 후입append해 비표준 ${datadir}/blurb 디렉터리로부터 문서 파일을 수집한다. 그리고 이를 doc 패키지로 배치한다.

PACKAGES의 기본 목록 중 마지막 패키지는 ${PN}이다. 이는 표준 패키지다. FILES와 관련된 정의는 이전에 패키지로부터 쓰여지지 않은 모든 파일과 디렉터리를 소비한다.

```
SOLIBS = ".so.*"
FILES_${PN} = "${bindir}/* ${sbindir}/* ${libexecdir}/* ${libdir}/lib* \
              {SOLIBS} ${sysconfdir} ${sharedstatedir} ${localstatedir} \
              ${base_bindir}/* ${base_sbindir}/* \
              ${base_libdir}/*${SOLIBS} \
              ${base_prefix}/lib/udev/rules.d $prefix}/lib/udev/rules.d \
              ${datadir}/${BPN} ${libdir}/${BPN}/* \
              ${datadir}/pixmaps ${datadir}/applications \
              ${datadir}/idl ${datadir}/omf ${datadir}/sounds \
              ${libdir}/bonobo/servers"
```

비트베이크 문법은 변수에 선입 또는 후입만 가능케 한다. 그러나 ${PN} 패키지 바로 뒤에 패키지를 삽입하고 싶다면, PACKAGE_BEFORE_PN 변수를 설정하고 필터 설정을 위해 FILES 로의 조건적 할당을 사용할 수 있다. 이는 리스트 8-3에서 볼 수 있다.

패키징을 제어하는 마지막 두 변수는 PACAKGE_DEBUG_SPLIT_STYLE과 PACKAGESPLITFUNCS 다. 전자는 바이너리와 디버그 오브젝트를 다루는 법을 제어하게 하고, 후자는 패키지 분리 를 위해 고유의 함수를 레시피에 추가할 수 있게 한다. 이를 8.1.2절에서 간단히 다뤘다.

패키징 QA

insane 클래스는 패키지 절차를 그럴듯하게 보여주고 오류 검사를 추가한다. 이 클래스는 패키징 절차 전, 진행 중, 진행 후에 호출되는 검사 함수의 목록을 정의한다. 여기에는 파 일/디렉터리 권한 및 소유권, 실행 파일 및 라이브러리의 올바른 아키텍처, 비디버그[non-debug] 패키지에 의존성을 갖는 디버그 패키지 등이 포함된다. 함수 목록의 경우에는 클래스 자체를 참조하거나 욕토 프로젝트 레퍼런스 매뉴얼[8]을 참조한다.

변수 WARN_QA와 ERROR_QA를 사용해 QA 함수가 경고 메시지를 생성하고 빌드를 계속하게 끔 해서 빌드를 완성해야 할지, 아니면 오류 메시지를 내서 빌드를 실패하게끔 할지 결정 한다. 일반적으로 이 변수는 전역 수준으로 설정되며, 이전 장에서 대략 살펴봤듯이 배포 환경 설정 또는 빌드 환경의 conf/local.conf에 있다.

레시피에서 특정 검사를 비활성화하고 싶다면, INSANE_SKIP 변수를 사용할 수 있다.

---

8 www.yoctoproject.org/docs/1.6.1/ref-manual/ref-manual.html#ref-classes-insane

```
INSANE_SKIP_${PN} += "dev-so"
```

위의 내용은 동적 로드 라이브러리를 위한 심볼릭 링크 검사를 건너뛴다. 보통 이러한 링크는 개발 패키지에서만 유용하다. 그러나 몇몇 소프트웨어 패키지에서는 그 동작을 적절히 수행하기 위해 이러한 것이 필요할 수도 있다.

insane 클래스에 의해 수행되는 자동 검사 외에, 수동으로 적절히 패키지 분리가 수행됐는지도 검증할 수 있다. ${WORKDIR}/packages-split 디렉터리는 생성된 각 패키지를 위한 분리된 디렉터리 구조를 갖는다.

패키지 아키텍처

일반적으로, 빌드 시스템은 모든 패키지를 타깃 아키텍처에 특정한 것으로 표시한다. 이 규약은 대부분의 패키지에 잘 맞는다. 패키지 아키텍처의 조정이 필요할지도 모르는 두 가지 경우가 있는데, 다음을 참고하자.

- 머신 의존적 패키지: 여러분의 패키지가 빌드 대상인 특정 머신에 의존적이라면, do_configure 태스크가 수행될 때 환경 설정 스크립트에 MACHINE 변수의 설정을 전달해야 하는 경우다. 그리고 나서, 패키지 아키텍처를 명시적으로 다음과 같이 설정해야 한다.

  ```
  PACKAE_ARCH = "${MACHINE_ARCH}
  ```

- 아키텍처 의존적 패키지: 빌드 대상인 머신과는 관계없이 모든 아키텍처에 적용되는 패키지라면(예를 들어, 폰트 또는 스크립트 패키지라면), 패키지가 그에 해당됨을 표시하기 위해 레시피에 allarch 클래스를 상속해야 한다.

  ```
  inherit allarch
  ```

패키지 아키텍처를 명시적으로 변경하지 않는다고 하더라도, 빌드 환경의 conf/local.conf 파일 내 MACHINE 변수를 설정해서 서로 다른 머신을 위한 다양한 빌드를 수행함으로써, 서로 다른 아키텍처를 위한 패키지 빌드를 해볼 것을 추천한다.

8.2.11 커스텀 설치 스크립트

패키지 관리 시스템은 패키지가 설치되고, 업그레이드되고, 삭제되기 전후에 커스텀 스크립트를 수행하는 기능을 갖고 있다. 이러한 스크립트는 패키지에 포함돼 있다. 그리고 패키지 관리 시스템은 특정 동작을 수행하기 위해 이들을 호출한다. 오픈임베디드 빌드 시스템은 이러한 스크립트를 레시피의 일부분으로 지원한다. 이는 레시피에 함수의 형태로 추가된다. package 클래스는 이 함수를 선택하고 각각 그에 맞는 패키지 관리 시스템에 따라 패키지에 추가한다. 이러한 기제는 패키지 관리 시스템에 대해 매우 투명하며, 지원되는 패키지 관리 시스템은 RPM, dpkg, ipkg뿐이다. 타르^{tar} 패키징은 커스텀 설치 스크립트를 지원하지 않는다. 다음 네 개의 스크립트를 정의할 수 있다.

- pkg_preinst_<packagename>: 패키지가 설치되기 전에 수행되는 설치 전 스크립트

- pkg_postinst_<packagename>: 패키지가 설치되고 나서 수행되는 설치 후 스크립트

- pkg_prerm_<packagename>: 패키지가 삭제되기 전에 수행되는 삭제 전 스크립트

- pkg_postrm_<packagename>: 패키지가 삭제되고 나서 수행되는 삭제 후 스크립트

<packagename>은 패키지의 이름으로 대체돼야 한다. 이는 PACKAGES 변수에 나열된 이름 중 하나다. 패키지 이름을 명시하는 것은 특정 패키지에 스크립트를 조건적으로 적용할 수 있다는 의미다.

커스텀 설치 스크립트는 보통 셸 스크립트다. 리스트 8-4는 메인 패키지 ${PN}을 위한 설치 후 스크립트의 뼈대를 보여준다.

리스트 8-4 설치 후 스크립트 뼈대

```
pkg_postinst_${PN}() {
#!/bin/sh
# 셸 명령어를 여기에 작성
}
```

이 스크립트는 패키지가 설치된 후 실행된다. 패키지가 성공적으로 설치되기 위해서는 이 스크립트가 성공적으로 완료돼야 한다. 이 스크립트는 루트 파일시스템을 생성할 때나 타깃에서 실행될 때 패키지 관리자가 오픈임베디드 빌드 시스템에 의해 수행되는지와는 관계없이 실행된다. 때로 여러분은 패키지가 타깃에 설치된 때만 타깃의 패키지 관리자 수행

을 통해 스크립트를 실행하길 원할 수도 있다. 또는 타깃에 설치할 때 다른 명령어를 사용하길 원할 수 있다. 리스트 8-5는 이를 이루기 위한 뼈대를 보여준다.

리스트 8-5 조건적 설치 후의 스크립트 뼈대

```
pkg_postinst_${PN}() {
#!/bin/sh
if [ x"$D" = "x" ]; then
    # 타깃 실행을 위한 셸 명령
else
    # 빌드 시스템 실행을 위한 셸 명령
fi
}
```

리스트 8-5의 스크립트 뼈대 이면의 로직은 목적 디렉터리 변수 D가 빌드 시스템의 컨텍스트 내에 설정됐지만 패키지 관리자가 타깃에서 실행된 때는 그렇지 않다는 것을 기반으로 한다.

8.2.12 변형

모든 레시피는 타깃을 위한 소프트웨어 패키지를 빌드한다. 여러분의 레시피가 빌드 호스트나 타깃에 SDK를 추가로 빌드하고자 한다면, BBCLASSEXTEND 변수를 설정해야 한다.

- native: 빌드 호스트를 위한 빌드
- native-sdk: SDK를 위한 빌드

이러한 변형들을 빌드할 때는 조건적 변수 설정이나 덮어 쓰기에서 필요에 따라 레시피에 조정이 가해질 수 있다.

8.3 레시피 예제

이 단락은 여러 종류의 소프트웨어 패키지를 빌드하기 위한 레시피 작성 방법의 예를 제공한다. 이는 여러분 고유의 빌드 환경을 이용해서 바로 테스트해볼 수 있는 아주 간단한 예제다. 항상 그렇듯이, 고유의 레이어를 먼저 생성하길 권한다.

```
$ yocto-layer create mylayer
```

이 도구가 예제 레시피를 생성하거나 디렉터리 구조 또는 파일을 수동으로 생성할 수 있다. 예제는 애플리케이션이다. 그리고 meta-mylayer/recipes-apps/〈appname〉 아래 레이어 내에 존재할 것이라 가정한다.

빌드 환경의 conf/bblayers.conf에 있는 **BBLAYERS** 변수에 여러분의 레이어를 추가함으로써 빌드 환경에 포함시키는 것을 잊지 말라.

8.3.1 C 파일 소프트웨어 패키지

이 예는 소프트웨어 패키지를 소스에서부터 직접 빌드하는 레시피 작성법을 설명한다. 비록 흔히 사용되는 방식은 아니지만 사실상 모든 패키지가 특정 빌드 시스템을 사용하기 때문에, 이 예는 모든 소프트웨어 패키지를 빌드하는 데 적용될 수 있는 빌드 시스템을 보여준다. 또한 네이티브 빌드의 일부분으로 필요한 컴파일러를 갖고 있다면, C 또는 C++ 프로그래밍 언어를 사용해서 소스 코드를 빌드하는 데 제한이 없다.

예제의 소스 코드는 두 개의 C 소스 파일과 하나의 C 헤더 파일로 구성돼 있다. 리스트 8-6을 보라.

리스트 8-6 소프트웨어 패키지의 C 파일 코드

```
helloprint.h:
void printHello(void);
helloprint.c:
#include <stdio.h>
#include "helloprint.h"
void printHello(void) {
    printf("Hello, World! My first Yocto Project recipe.\n");
    return;
}
hello.c:
#include "helloprint.h"
int main() {
    printHello();
    return(0);
}
```

이 예를 위해 이 세 개의 파일을 포함하는 압축된 타르 묶음 파일 hello-1.0.tgz를 다음의 명령어로 생성했다고 간주한다. 이 명령어는 세 개의 파일을 생성한 디렉터리에서 실행하라.

```
$ tar cvfz hello-1.0.tgz .
```

그 후, 이 타르 파일을 하위 디렉터리 meta-mylayer/recipes-apps/hello/hello-1.0에 복사하라.

다음으로, 리스트 8-7의 레시피를 생성한 후 그 이름을 hello_1.0.bb로 명명하고 meta-mylayer/recipes-apps/hello에 배치한다.

리스트 8-7 C 파일 소스 패키지를 빌드하는 레시피

```
SUMMARY = "Simple Hello World Application"
DESCRIPTION = "A test application to demonstrate how to create a recipe \
                by directly compiling C files with BitBake."
SECTION = "examples"
PRIORITY = "optional"
LICENSE = "MIT"
LIC_FILES_CHKSUM = "\
    file://${COMMON_LICENSE_DIR}/MIT;md5=0835ade698e0bcf8506ecda2f7b4f302"
SRC_URI = "file://hello-1.0.tgz"
S = "${WORKDIR}"
do_compile() {
    ${CC} -c helloprint.c
    ${CC} -c hello.c
    ${CC} -o hello hello.o helloprint.o
}
do_install() {
    install -d ${D}${bindir}
    install -m 0755 hello ${D}${bindir}
}
```

빌드 시스템은 C 컴파일러를 위해 자동으로 변수 CC를 설정한다. 여기에는 머신 아키텍처, 시스템 루트, 튜닝 매개변수 등을 위한 모든 필요 플래그flag도 포함된다. 이 레시피에 관해 알아둬야 할 단 한 가지 특징은 변수 S의 설정이다. S의 기본값은 ${WORKDIR}/${PN}-${PV} 지만 우리의 타르 묶음이 패키지 이름과 패키지 버전을 포함하는 루트 디렉터리를 포함하

지는 않으므로, 레시피는 S의 설정을 조정해서 빌드 시스템이 소스를 찾을 수 있게 해야 한다.

이 레시피는 애플리케이션을 빌드하며 주 패키지 hello를 자동으로 생성한다. 다른 모든 패키지는 공백이다. 그러므로 do_install은 hello 애플리케이션 파일만 설치한다.

8.3.2 메이크파일 기반 소프트웨어 패키지

이 예제를 위해 이전 예제에서 다룬 세 개의 파일을 재사용하고, 소프트웨어 패키지 빌드를 위해 메이크파일에 추가한다. 리스트 8-8을 보자.

리스트 8-8 메이크파일

```
CC=gcc
RM=rm
CFLAGS=-c -Wall
LDFLAGS=
DESTDIR=
BINDIR=/usr/bin
SOURCES=hello.c helloprint.c
OBJECTS=$(SOURCES:.c=.o)
EXECUTABLE=hellomake
.cpp.o:
        $(CC) $(CFLAGS) $< -o $@
all: $(SOURCES) $(EXECUTABLE)
$(EXECUTABLE): $(OBJECTS)
        $(CC) $(LDFLAGS) $^ -o $@
clean:
        $(RM) $(EXECUTABLE) *.o
install: $(EXECUTABLE)
        mkdir -p $(DESTDIR)/$(BINDIR)
        install -m 0755 $< $(DESTDIR)/$(BINDIR)
```

이는 C 컴파일러와 몇몇 플래그를 명시하는 변수 몇 개를 설정하는 아주 간단한 메이크파일이다. 이 메이크파일을 사용하면, 호스트 시스템에서 소프트웨어 패키지를 빌드할 수 있다. 그러나 이 메이크파일이 크로스 빌드를 할 수는 없다.

이 메이크파일을 이전 세 소스 파일과 같은 디렉터리에 넣고, 다음과 같이 타르 묶음을 생성하라.

```
$ tar --transform "s/^\./hellomake-1.0/" -cvzf hellomake-1.0.tgz .
```

이 명령은 단지 압축된 타르 묶음을 생성하는 것뿐 아니라, hellomake-1.0 디렉터리를 만
들어서 그 안에 파일들을 넣는다. 이는 적절한 디렉터리 구조를 만듦으로써, 레시피가 S
변수를 수정하지 않아도 되게 한다. 타르 파일을 하위 디렉터리 meta-mylayer/recipes-
apps/hello/hellomake-1.0에 복사하라.

그 후, 리스트 8-9의 hellomake_1.0bb 레시피를 meta-mylayer/recipes-apps/
hellomake에 생성하라.

리스트 8-9 메이크파일 기반 소프트웨어 패키지를 빌드하는 레시피

```
SUMMARY = "Hello with Makefile"
DESCRIPTION = "A test application to demonstrate how to create a \
               recipe for makefile-based project."
SECTION = "examples"
PRIORITY = "optional"
LICENSE = "MIT"
LIC_FILES_CHKSUM = "\
   file://${COMMON_LICENSE_DIR}/MIT;md5=0835ade698e0bcf8506ecda2f7b4f302"
SRC_URI = "file://${P}.tgz"
EXTRA_OEMAKE = "'CC=${CC}' 'RANLIB=${RANLIB}' 'AR=${AR}' \
   'CFLAGS=${CFLAGS} -I${S}/. -DWITHOUT_XATTR' 'BUILDDIR=${S}'"
do_install () {
  oe_runmake install DESTDIR=${D} BINDIR=${bindir} SBINDIR=${sbindir} \
     MANDIR=${mandir} INCLUDEDIR=${includedir}
}
```

함수 oe_runmake는 do_compile 태스크에 의해 수행되며 메이크파일과 함께 메이크 도구
를 호출한다. 일반적으로 EXTRA_OEMAKE 변수 설정을 통해 메이크파일로 변수 설정을 위한
매개변수를 전달해야 한다. 이 변수는 빌드 시스템 변수와 메이크파일 및 추가 매개변수에
의해 사용된 변수 간 관련성을 제공한다.

CFLAGS 변수에 추가적인 옵션을 제공해야 한다면, 덮어 쓰지는 말라. 빌드 시스템이 컴파일
러에 크로스 빌드 설정을 전달하는 데 사용하기 때문이다. 그 대신에 다음을 사용하라.

```
CFLAGS_prepend = "<flags>"
```

do_compile 태스크를 덮어 쓸 필요는 없다. base.bbclass에 의해 정의된 기본 태스크가 oe_runmake를 실행한다. 즉, 메이크 도구를 수행해서 EXTRA_OEMAKE 변수를 전달한다.

그러나 base.bbclass가 정의한 기본값은 아무것도 하지 않으므로, 고유의 do_install 태스크를 제공해야 한다. 여러분의 메이크파일이 설치 타깃을 제공한다면, 태스크는 간단하게 oe_runmake를 매개변수와 함께 호출한다. 예에서 보듯이 말이다. 그렇지 않으면, 이전 예제에서 보듯이 설치를 명시적으로 작성해야 한다.

8.3.3 CMake 기반 소프트웨어 패키지

CMake는 빌드, 테스트, 소프트웨어 패키징을 위한 오픈소스 크로스 플랫폼 빌드 시스템이다. CMake 도구 스위트는 플랫폼과 컴파일러에 독립적인 환경 설정 파일을 사용해서 빌드 절차를 제어하고 관리한다. CMake는 네이티브 메이크파일 및 다양한 통합 개발 환경(IDE)을 위한 워크스페이스를 생성한다.

오픈임베디드 빌드 시스템은 CMake를 사용한 소프트웨어 패키지를 지원하기 위해 cmake 클래스를 제공한다. 이 클래스는 환경 설정, 빌드 절차, 서술 메타데이터를 위한 대부분의 레시피 경감, 라이선스 정보, 소스 URI, cmake 클래스를 위한 상속문을 다룬다. 리스트 8-10은 시너지^Synergy(로컬 네트워크를 통한 다중 컴퓨터 간 키보드와 마우스 공유를 제공하는 클라이언트-서버 애플리케이션) 빌드를 위한 레시피다. 시너지는 CMake를 사용해서 빌드 절차를 제어한다. 이 레시피는 오픈임베디드 meta-oe 레이어에서 복제했다.

리스트 8-10 시너지 빌드를 위한 레시피: synergy_1.3.8.bb

```
SUMMARY = "Synergy - control multiple computers with one keyboard and mouse"
HOMEPAGE = "http://synergy.googlecode.com"
LIC_FILES_CHKSUM = "file://COPYING;md5=9772a11e3569985855e2ce450e56f991"
LICENSE = "GPL-2.0"
SECTION = "x11/utils"
DEPENDS = "libx11 libxtst libxinerama"
SRC_URI = "http://synergy.googlecode.com/files/synergy-${PV}-Source.tar.gz"
SRC_URI[md5sum] = "3534c65ecfa6e47d7899c57975442f03"
SRC_URI[sha256sum] = \
    "0afc83e4ed0b46ed497d4229b2b2854e8d3c581a112f4da05110943edbfacc03"
S = "${WORKDIR}/${PN}-${PV}-Source"
```

```
inherit cmake
do_install() {
    install -d ${D}/usr/bin
    install -m 0755 ${S}/bin/synergy* ${D}/usr/bin/
}
```

8.3.4 GNU 오토툴즈 기반 소프트웨어 패키지

GNU 오토툴즈[Autotools]라 불리는 GNU 빌드 시스템은 유닉스 기반 시스템 간 이동이 가능한 애플리케이션을 개발하기 위한 산업 표준이 됐다.

개발자들은 오토툴즈가 복잡하면서 다루기 어렵다고 자주 불평한다. 그러나 방대한 수의 서로 다른 시스템에서 컴파일 가능한 이동성 있는 애플리케이션을 작성하는 것은 복잡한 작업이다. 임베디드 시스템에서는 말할 것도 없다. 오토툴즈는 개발자가 서로 다른 많은 시스템의 세부 사항과 그 각각의 차이를 반드시 이해하지 않아도 되게 해주지만, 환경 설정을 위한 잠재적인 긴 목록을 필요로 한다.

오토툴즈로 생성된 소프트웨어 패키지는 서로 다른 시스템에서의 패키지 빌드 작업을 현저히 단순화한다. 일반적으로, 여러분이 해야 할 일은 단지 configuration 스크립트의 실행과 패키지의 빌드다.

많은 수의 오픈소스 패키지가 그 환경 설정을 위해 오토툴즈를 사용한다. 오픈임베디드 빌드 시스템은 autotools 클래스를 통해 다양한 지원을 제공한다. 이 클래스는 대부분의 경우 서술 메타데이터의 제공, 소스 URI 및 라이선스 정보의 추가, autotools 클래스의 상속 등을 위한 레시피 작성을 현저히 줄여준다. 리스트 8-11에는 나노[nano] 편집기 패키지를 빌드하는 레시피가 있다.

리스트 8-11 나노 편집기를 빌드하는 레시피: nano_2.3.1.bb

```
SUMMARY = "GNU nano - an enhanced clone of the Pico text editor"
DESCRIPTION = "GNU nano - an enhanced clone of the Pico text editor"
HOMEPAGE = "http://www.nano-editor.org"
BUGTRACKER = "https://savannah.gnu.org/bugs/?group=nano"
SECTION = "console/utils"
PRIORITY = "optional"
LICENSE = "GPLv3"
LIC_FILES_CHKSUM = "file://COPYING;md5=f27defe1e96c2e1ecd4e0c9be8967949"
```

```
DEPENDS = "ncurses"
PV_MAJ = "${@bb.data.getVar('PV',d,1).split('.')[0]}"
PV_MIN = "${@bb.data.getVar('PV',d,1).split('.')[1]}"
SRC_URI = "\
  http://www.nano-editor.org/dist/v${PV_MAJ}.${PV_MIN}/nano-${PV}.tar.gz"
SRC_URI[md5sum] = "af09f8828744b0ea0808d6c19a2b4bfd"
SRC_URI[sha256sum] = "\
  b7bace9a8e543b84736d6ef5ce5430305746efea3aacb24391f692efc6f3c8d3"
inherit autotools gettext
RDEPENDS_${PN} = "ncurses"
```

이 레시피는 특별한 설정을 포함하고 있지 않다. 모든 것은 autotools 클래스에 의해 처리된다. 이 레시피에서 알아둬야 할 것은 다음과 같다.

- autotools와 더불어 레시피는 gettext 클래스도 상속한다. 이 클래스는 GNU gettext 네이티브 언어 지원(NLS) 소프트웨어 패키지를 빌드하기 위한 것이다.

- 나노는 콘솔 애플리케이션으로, ncurses 라이브러리를 사용한다. 그러므로 이 레시피는 그에 대한 빌드 시간과 실행 시간 의존성을 선언한다.

- 소프트웨어 패키지의 새 버전을 위해 업데이트가 용이한 레시피를 작성하기 위해, SRC_URI에 직접 버전 숫자를 넣지 않는 것이 바람직하다. 나노 편집기의 업스트림 소스 리파지토리는 그 부분 버전 숫자를 경로에 사용한다. 레시피는 PV 변수를 쪼개서 버전 번호를 생성하는 데 사용한다.

나노 편집기를 빌드하기 위해 리스트 8-11에 있는 레시피를 meta-mylayer/recipes-apps/nano에 nano_2.3.1.bb로 저장하고, 비트베이크를 구동하라.

8.3.5 외부에서 빌드된 소프트웨어 패키지

어떤 경우에는 다른 방법을 통해 빌드된 소프트웨어 패키지를 포함하는 빌드 시스템이 필요할지도 모른다. 또한 단지 바이너리, 설정 파일, 문서 등을 갖는 패키지를 제공받을 수도 있다. 소스 코드가 없기 때문에 소스 코드를 받고 빌드하는 일반적인 레시피는 사용할 수 없다.

해결책은 바이너리 패키지를 받아서 풀고, 설정과 컴파일 단계는 건너뛰고, 패키지 요소를 설치한 후 타깃 장치를 위한 루트 파일시스템에 통합하기 위해 재패키지하는 레시피를 작성하는 것이다.

비록 이것이 가장 이상적인 절차는 아니고 호환성 문제가 발생할 수 있지만, 이러한 패키지를 큰 문제없이 통합하는 데는 유일한 방법으로 보인다.

외부에서 빌드된 소프트웨어 패키지를 통합하기 위해 오픈임베디드 빌드 시스템은 bin_pakcage 클래스를 제공한다. 이 클래스는 기본적으로 do_fetch와 do_unpack 태스크를 사용해서 패키지를 S 디렉터리로 받고 푼다. 이는 do_configure와 do_compile 태스크를 건너뛰며, S에서 D 디렉터리로 단순히 파일을 복사하는 do_install 태스크를 정의한다. 복사 후에는 FILES_${PN} = "/"에 설정된 모든 파일을 포함하는 단일 패키지를 생성한다.

리스트 8-12는 bin_package를 사용한 레시피 예제를 보여준다.

리스트 8-12 bin_package를 사용한 레시피

```
SUMMARY = "Package the Proprietary Software"
DESCRIPTION = "A sample recipe utilizing the bin_package class \
               to package the externally build Proprietary software \
               package."
LICENSE = "CLOSED"
SRC_URI = "file://proprietary-${PV}.rpm"
inherit bin_package
```

bin_package 클래스는 본래의 소프트웨어 패키지가 S 디렉터리로 압축 해제된 이후, 타깃에서 있어야 할 곳에 있다면 조정 없이도 동작한다.

여러분의 소프트웨어 패키지가 타깃상 서로 다른 위치를 요구하거나, 서로 다른 패키지에 분리해서 넣길 원한다면, do_install 태스크를 재작성해 그에 따라 FILES 변수(적어도 FILES_{PN}이지만 PACKAGES 목록의 다른 것들도 포함된다.)를 설정해야 한다.

8.4 데브툴

8장의 이전 단락들에서는 소프트웨어 패키지를 위한 레시피를 작성하고, 그것을 위한 레이어를 생성하고, 빌드 환경에 그 레이어를 포함시키고, 이미지 타깃에 패키지를 추가하고, 이미지의 빌드 및 배포 등과 같은 절차를 살펴봤다. 데브툴^{devtool}을 사용하면 이런 많은 단

계를 간단하게 만들 수 있다.

데브툴은 오픈임베디드 빌드 시스템과 라운드트립 개발을 보조하는 도구의 모음이다. 이는 마치 '스위스 군용칼'과 비슷하며, 단일 패키지에 많이 사용되는 도구들을 제공한다. --help 옵션을 사용하면 데브툴 하위 명령어의 목록을 보여준다.

```
$ devtool --help
usage: devtool [--basepath BASEPATH] [--bbpath BBPATH] [-d] [-q]
               [--color COLOR] [-h]
                  <subcommand> ...
OpenEmbedded development tool
optional arguments:
  --basepath BASEPATH  Base directory of SDK / build directory
  --bbpath BBPATH      Explicitly specify the BBPATH, rather than
                       getting it
                       from the metadata
  -d, --debug          Enable debug output
  -q, --quiet          Print only errors
  -h, --help           show this help message and exit
subcommands:
  <subcommand>
    create-workspace   Set up a workspace
    deploy-target      Deploy recipe output files to live target machine
    undeploy-target    Undeploy recipe output files in live target machine
    build-image        Build image including workspace recipe packages
    add                Add a new recipe
    modify             Modify the source for an existing recipe
    extract            Extract the source for an existing recipe
    sync               Synchronize the source for an existing recipe
    update-recipe      Apply changes from external source tree to recipe
    status             Show workspace status
    reset              Remove a recipe from your workspace
    search             Search available recipes
    upgrade            Upgrade an existing recipe
    build              Build a recipe
Use devtool <subcommand> --help to get help on a specific command
```

8.4.1 데브툴을 이용한 라운드트립 개발

데브툴은 워크스페이스 레이어를 생성하고 유지 관리한다. 이는 현재 빌드 환경에 자동으로 통합된다. 라운드트립 개발을 위해 데브툴을 사용하기 전에 항상 그렇듯이 빌드 환경을 갖춰야 한다.

workspace 레이어의 생성

다음 명령어는 주어진 layerpath에 여러분의 새 workspace 레이어를 생성한다.

```
$ devtool create-workspace [layerpath]
```

layerpath를 넣지 않으면, 데브툴은 현재 위치에 workspace라는 레이어를 생성한다. 생성된 workspace 레이어는 conf/layer.conf 파일을 포함한다. 데브툴은 --create-only 옵션을 명시하지 않는 한, 자동으로 이 레이어를 현재 빌드 환경의 conf/bblayers.conf 파일에 추가한다.

특정 layerpath를 명시적으로 원한다면, create-workspace 명령을 사용해야만 한다. 다른 데브툴 명령어는 현재 빌드 환경에 이미 존재하지 않으면 자동으로 workspace 레이어를 생성하기 때문이다.

같은 빌드 환경에서 데브툴은 동시에 하나의 workspace 레이어만 유지 관리할 수 있다. 이미 workspace를 갖고 있는 빌드 환경에서 create-workspace 명령을 다시 사용한다면, 데브툴은 새 레이어를 생성하고 conf/bblayers.conf를 수정한다. 그러나 이전 workspace 레이어를 삭제하지는 않는다.

conf/devtool.conf 파일은 데브툴을 위한 환경 설정을 포함한다. 특히 workspace 레이어로의 경로를 갖는다.

workspace 레이어로 새 레시피 추가하기

workspace 레이어에 소프트웨어 패키지를 위한 새 레시피를 추가하려면, 다음과 같은 명령어를 실행하라.

```
$ devtool add <recipe-name> <source-path>
```

recipe-name은 레시피의 이름이고, source-path는 소프트웨어 패키지의 소스를 가리키는 경로다. workspace 레이어를 명시적으로 생성하지 않았다면, 데브툴은 묵시적으로 workspace라 명명된 레이어를 생성한다.

데브툴은 워크스페이스 레이어 내에 recipes/⟨recipe-name⟩/⟨recipe-name⟩.bb 레시피를 생성한다. 이 레시피 내의 SRC_URI 변수는 비어있다. 데브툴이 append/⟨recipe-name⟩. bbappend 파일을 생성하고 그 안에 EXTERNALSRC를 source-path로 설정하기 때문이다. 데브툴이 패키지 소스에 포함된 라이선스 정보를 찾지 못한다면, LICENSE = "CLOSED"와 LIC_FILES_CHKSUM = ""을 설정한다. 이는 라이선스 정보가 없더라도 레시피가 빌드할 수 있게 한다. 데브툴은 또한 소스를 어떻게 빌드할지, 그에 따라 레시피를 어떻게 설정할지 알아내려 한다. CMake와 오토툴즈를 사용하는 소프트웨어 패키지의 경우 각각의 클래스를 포함한다. 메이크파일 기반 소프트웨어 패키지의 경우, do_configure( ), do_compile( ), do_install( ) 태스크를 위한 것들을 설정한다. 데브툴이 대부분의 경우에 동작하는 레시피를 생성하지만, 여러분은 아마 완벽하게 만들기 위해 조정해야 할 수도 있다.

원격지에서 패키지 소스에 접근할 수 있다면, 다음을 사용할 수 있다.

```
$ devtool add <recipe-name> <source-path> -f <source-uri>
```

이는 <src-uri>에서 소스를 직접 받은 후 로컬 <source-path>에서 묶음을 해제한다.

예를 들어,

```
$ devtool add nano sources/nano \
    -f http://www.nano-editor.org/dist/v2.5/nano-2.5.1.tar.gz
```

위 명령어를 사용하면 nano-2.5.1.tar.gz 소스 타볼tarball을 나노 편집기 다운로드 사이트에서 받은 후 sources/nano 디렉터리를 깃 리파지토리로 초기화하고 압축을 푼다. 또한 레시피 nano.bb를 workspace/recipes/nano에 생성한다. 리스트 8-13을 보라(이 책에 맞도록 레시피의 형태를 수정했다.).

리스트 8-13 데브툴로 생성된 나노 편집기 레시피

```
# recipetool이 생성한 레시피다
# 이는 레시피의 기본이고,
# 완전한 동작을 위해서는 수정이 더 필요할 수도 있다
# ( 수정 시 이 부분을 자유롭게 삭제해도 좋다. )
```

```
#
# 경고: 아래의 LICENSE와 LIC_FILES_CHKSUM 값은 추측 값이다
# 이 값이 완전하고 옳은지 검증하는 것은
# 여러분의 몫이다
#
# 알림: 다중 라이선스가 감지됨. 이것이 맞을 경우,
# 다중 라이선스가 모두 적용되려면 LICENSE 값에 &를 이용해서 이들을 분리하고
# 여러 라이선스 중 하나를 선택하려면 |를 사용하라
# 의심이 든다면, 어떤 상태에 적용 가능한지 문서를 확인해보라
LICENSE = "GPLv3 Unknown"
LIC_FILES_CHKSUM = " \
    file://COPYING;md5=f27defe1e96c2e1ecd4e0c9be8967949 \
    file://COPYING.DOC;md5=ad1419ecc56e060eccf8184a87c4285f"
SRC_URI = "http://www.nano-editor.org/dist/v2.5/nano-2.5.1.tar.gz"
SRC_URI[md5sum] = "f25c7da9813ae5f1df7e5dd1072de4ce"
SRC_URI[sha256sum] = "e06fca01bf183f4d531aa65a28dffc0e2d10185239909eb3de797023f345
3bde"
S = "${WORKDIR}/nano-2.5.1"
# 알림: 아래의 프로그램 의존성은 알려지지 않음, 무시: makeinfo
# 알림: 아래의 라이브러리 의존성은 알려지지 않음, 무시:
# ncursesw ncursesw ncurses curses curses magic z
# (이는 이전에 빌드되고 패키지된 레시피를 기반으로 함)
# 알림: 이 소프트웨어가 분리된 빌드 디렉터리에서
# 소스로부터 빌드될 수 없다면,
# inherit 줄에 있는 autotools를 autotools-brokensep로 교체하라
#
# EXTRA_OECONF:를 사용해서
# 환경 설정 스크립트에 보내길 원하는 옵션을 지정하라
EXTRA_OECONF = ""
```

변수 SRC_URI가 -f (--fetch) 옵션을 포함한 URI로 설정돼 있는 것을 확인하자. 어쨌든 데
브툴은 첨가 파일 workspace/append/nano.bbappend를 생성한다. 리스트 8-14를 보라.

리스트 8-14 외부 소스 nano.bbappend

```
inherit externalsrc
EXTERNALSRC = "/run/media/rstreif/YoctoDevelop/projects/kc/src/nano"

# initial_rev: c0516cb63fa0d376f81aec4e75a9c3cbd80823cb
```

이 첨가 파일은 레시피의 SRC_URI 설정을 덮어 쓴다. 이는 레시피의 변경 없이 소스를 바꿀 수 있다.

레시피 빌드

레시피를 추가한 후 다시 한 번 살펴보고, 조정 사항을 적용시킨 후 데브툴을 이용해 빌드할 수 있다.

```
$ devtool build <recipe-name>
```

이는 내부적으로 bitbake <recipe-name>을 호출하며, 여러분 빌드 환경의 모든 설정을 사용한다. 여기에는 make를 위한 병렬 옵션도 포함된다. 병렬 옵션 해제를 위해서는 build 명령어에 -s (--disable-parallel-make)를 추가하면 된다.

타깃 시스템으로 패키지 배포

이제 타깃 시스템에 새로이 빌드된 패키지를 배포할 수 있다. 타깃 시스템은 실제 하드웨어거나 QEMU일 수 있다. 여기서, 타깃 시스템이 보안 셸(SSH) 서버를 실행해야 한다는 요구 사항이 따른다.

```
$ devtool deploy-target <recipe-name> [user@]target-host[:destdir]
```

위 명령어는 do_install( ) 태스크에 의해 루트 파일시스템에 설치된 모든 파일을 전송한다. 여러분은 대체 사용자 이름과 파일이 복사될 목표 디렉터리를 명시할 수 있다.

여러 옵션을 사용하면 명령어의 동작을 변경할 수 있다.

- -n, --dry-run: 이 옵션은 타깃 시스템에 실제로 복사하지는 않고, 배포할 파일만 나열한다.
- -s, --show-status: 이 옵션을 사용하면, 명령어는 상태와 진행 결과를 출력한다.
- -c, --no-host-check: SSH 호스트 키 인증을 건너뛴다.

타깃 시스템에서 패키지 삭제

deploy-target과 비슷하게, 다음 명령을 사용할 수 있다.

```
$ devtool undploy-target <recipe-name> [user@]target-host
```

이는 deploy-target으로 설치된 파일을 타깃 시스템으로부터 제거한다. destdir을 배포할 때 사용했다면, 데브툴은 이를 기억하고 그 디렉터리에서 파일을 제거한다.

undeploy-target 명령의 옵션은 deploy-target 명령의 옵션과 같다.

이미지 빌드

데브툴로 workspace 레이어로부터 모든 레시피가 포함된 이미지를 빌드한다.

```
$ devtool build-image <image-name>
```

위 명령은 <image-name>으로 명시된 이미지를 워크스페이스의 레시피를 IMAGE_INSTALL_append에 추가함으로써 확장한다. 그 후 비트베이크를 실행해 이미지를 빌드한다.

워크스페이스 정보 표시

다음 명령어는 workspace 레이어에 대한 상태 정보를 표시한다.

```
$ devtool status
```

8.4.2 기존 레시피의 워크플로우

일반적으로, 다른 레이어에서 정의된 레시피를 갖는 소프트웨어 패키지를 위한 패치를 생성할 수도 있다. 이 작업을 수행하려면 일반적으로 패키지의 소스 코드를 받아 로컬에서 압축을 해제하고, 로컬 소스 코드를 사용하기 위한 첨가 파일을 생성해야 한다. 로컬 소스 코드를 수정하고 나면, 레시피에 추가할 패치를 생성해야 한다. 데브툴은 패키지 소스 코드와 레시피를 관리하는 데 드는 방대한 작업을 처리함으로써 이 워크플로우를 보조하는 명령을 제공한다.

워크스페이스에 기존 레시피 추가

다음 명령어는 레시피 <recipe-name>에 의해 빌드된 패키지를 위한 소스를 받고, <source-

path>에 명시된 디렉터리에 풀어낸다.

```
$ devtool modify -x <recipe-name> <source-path>
```

그 후, 깃 리파지토리에서 소스 코드를 설정한다. 이 명령어는 본래의 레이어에 있는 레시피를 여러분의 workspace 레이어로 복사하지는 않지만, SRC_URI를 덮어 쓰기 위한 첨가 파일을 생성한다.

```
$ devtool modify -x sqlite3 src/sqlite3
```

예를 들어 위 명령어를 빌드 환경에서 실행하면, workspace/src/sqlite3에 소스 라파지토리를 생성하고 workspace/append/sqlite3.bbappend 첨가 파일을 생성한다.

이제 SQLite3 소스 코드를 수정하고, 다음을 이용해 패키지를 빌드할 수 있다.

```
devtool build sqlite3
```

레시피 갱신

변경점에 만족한다면, 깃을 이용해서 이를 리파지토리에 커밋한다.

```
$ git add .
$ git commit -s
```

이제 데브툴을 이용해서 커밋으로부터 패치를 생성하고, 이를 본래의 레시피에 추가한다.

```
$ devtool update-recipe <recipe-name>
```

이 명령어는 본래의 레이어의 레시피를 직접 갱신한다. SQLite3의 예에서 보면, 이는 데브툴이 패치를 poky/meta/recipes/sqlite/sqlite3에 추가하고 레시피를 그에 따라 수정한다는 의미다.

본래의 레이어를 변경하고 싶지는 않고 다른 레이어에 첨가 파일을 추가하고 싶다면, 다음과 같은 형태로 명령어를 사용하라.

```
$ devtool update-recipe <recipe-name> -a <layer-dir>
```

<layer-dir>은 첨가 파일을 추가할 레이어의 최상위 디렉터리 경로다.

리파지토리에 변경점을 항상 먼저 커밋하라. 그렇지 않으면 데브툴은 그것을 무시하고 패치를 생성하지 않는다. 같은 동작을 여러 커밋으로 이뤄진 패치 묶음을 생성하는 데 사용할 수 있다.

8.5 요약

레시피 작성은 처음에는 어려워 보이지만, 연습을 통해 점점 쉬워진다. 여러분은 실험 및 학습이 가능한 수천 개의 레시피를 오픈임베디드 웹사이트에서 얻을 수 있다. 레이어 인덱스와 검색 기능은 여러분이 이루고자 하는 바에 가까운 이미 존재하는 레시피를 찾는 데 도움을 준다.

8장에서는 다음의 내용을 다뤘다.

- 레시피의 구조를 살펴보고, 일반적인 변수를 논의했다.

- 레시피 이름 짓기와 형식화 규약에 대해 설명했다.

- 고유의 레시피 작성을 위한 단계별 안내를 제공했다.

- 일반적인 레시피의 예를 살펴봤다.

- 빠른 라운드트립 개발과 기존 레시피 및 빌드할 소프트웨어 패키지의 안정적인 활용을 위한 데브툴 사용법을 설명했다.

8.6 참조

오픈임베디드 메타데이터 레이어 인덱스, http://layers.openembedded.org/layerindex/branch/master/layers/

욕토 프로젝트 문서, https://www.yoctoproject.org/documentation/current

커널 레시피

필요한 하드웨어 지원을 위한 리눅스 커널 사용자화가 없다면, 진정한 임베디드 리눅스 프로젝트라고 할 수 없다. 비록 마이크로커널microkernel 아키텍처[1]는 아니지만, 리눅스 커널은 모듈화돼 있다. 특정 기능이 쉽게 컴파일돼서 리눅스 커널에 들어가거나, 로드 가능한 커널 모듈로서 실행 시간 중에 커널로 삽입될 수 있다. 모듈화 덕분에 리눅스 커널은 마이크로 커널 아키텍처와 비슷하다. 그러나 마이크로커널이 커널 핵심 부분이 아닌 장치 드라이버와 기타 커널 코드를 항상 분리된 특권 프로세스로 처리하고, 모듈과 장치 드라이버 코드는 항상 커널 컨텍스트 내에서 실행되기 때문에 리눅스 커널을 모놀리딕monolithic 커널로 보기도 한다. 이러한 아키텍처 때문에 리눅스 모듈은 모든 커널 데이터 구조에 접근하며, 좋든 나쁘든 마이크로커널이 반드시 가져야 하는 커널 프로세스 간 통신(IPC)을 필요로 하지 않는다. 그러나 IPC는 리눅스 커널 모듈을 위해 여전히 사용 가능하다.

커널 기능을 컴파일해 커널에 넣거나 실행 시간에 로드 가능하도록 하는 것은 고려해야 할

---

1 여기서는 마이크로커널 아키텍처와 모놀리딕 커널 아키텍처의 장점과 단점에 대해 살펴보지 않는다. 리누스 토발즈는 이 주제에 대해 미닉스 OS의 개발자인 앤드류 타넨바움과 흥미로운 논쟁을 벌였다.

몇 가지 요소들에 달려 있다.

- 커널 모듈로 사용: 만약 기능이 커널 모듈로 제공된다면, 커널에 직접 모듈 코드를 컴파일해서 넣든지, 실행 시간에 커널로 로드 가능한 모듈로서 컴파일하든지 선택할 수 있다. 커널에 커널 모듈을 컴파일해서 넣는 것을 선택하면, 실행 시간 동안 다시는 언로드할 수 없다. 그러나 몇몇 기능은 기술적인 문제로 인해, 실행 시간 동안 전혀 로드할 수 없다. 여러분 프로젝트에 이 기능이 필요하다면 커널에 컴파일해 넣어야 한다.

- 커널 크기: 커널에 더 적은 기능을 컴파일해 넣어서 작은 커널을 만드는 것은 저장소로부터 빠르게 로드할 수 있다는 의미다.

- 부팅 시간: 더 적은 드라이버를 갖는 작은 커널은 커널 시동 시 초기화할 것이 적다는 의미다. 즉, 더 빠른 부팅 시간을 갖는다.

- 시동 시 하드웨어 지원: 커널 모듈은 커널이 사용자 영역을 구동한 후에 리눅스 커널에 삽입되기 때문에 모든 커널 부팅 동안 사용해야 할 필요가 있는 하드웨어 지원(디스크, 네트워크 하드웨어 등)은 커널 내부에 컴파일해 넣어야 한다. 대신에 대부분의 리눅스 데스크톱과 서버 배포판이 그렇듯이, 초기 램디스크(initrd) 이미지를 사용해 하드웨어 지원을 제공할 수도 있다. initrd의 사용은 커널을 더 보편적으로 만들어주지만, 하드웨어 관리에 좀 더 많은 시간을 써야 한다.

- 업그레이드 가능: 임베디드 시스템이 설치되고 나면, 하드웨어 드라이버를 업그레이드해야 한다. 장치 드라이버가 커널에 컴파일돼 들어갔다면, 전체 커널을 모두 업그레이드해야 한다. 이는 시스템의 리부팅 없이는 불가능하다. 장치 드라이버가 커널 모듈로 로드돼 있다면, 오래된 모듈을 언로드하고 그를 대체하는 새 모듈을 로드할 수 있다.

9장에서는 커널을 사용자화하기 위해 리눅스 커널의 환경 설정 시스템과 욕토 프로젝트를 사용하는 방법, 커널 레시피를 이용해 커널을 빌드하는 방법, 커널에 패치를 추가하는 방법, 트리 외 커널 모듈을 빌드하는 방법 등을 설명할 것이다.

9.1 커널 환경 설정

리눅스 커널은 그 고유의 환경 설정 시스템인 kconfig를 제공한다. kconfig는 트리 구조로
이뤄진 환경 설정 데이터베이스다. 모든 환경 설정 옵션은 하나의 파일 .config에 묶이며,
이 파일은 커널 소스 트리의 최상위 디렉터리에 위치한다. 커널의 빌드 시스템은 이 설정
을 모든 커널 소스 파일에 전달하는 파일을 사용한다. 파일명 앞에 위치하는 마침표는 이
파일이 유닉스 시스템의 숨겨진 파일이라는 의미다. 이것이 디렉터리에 포함돼 있는지 확
인하려면 ls -a를 사용해야 한다. 편집기를 이용해 이 파일을 직접 수정할 수 있지만, 권장
되지는 않는다. 이 파일에는 5,500개 이상의 환경 설정 옵션이 하나당 한 줄에 걸쳐 있기
때문이다. 아마 이러한 이유로 커널 개발자가 .config를 숨겨진 파일로 둔 것이 아닐까 한
다.

.config 파일은 보통 기본 플랫폼 환경 설정에서부터, 또는 특정 시스템을 위한 기존 환경
설정에서부터 자동으로 생성된다. 이를 수정하기 위해 리눅스 커널 환경 설정 시스템은 메
뉴 편집기를 제공한다. 이러한 편집기는 환경 설정의 상호 의존성을 인식한다. 하나 이상의
설정에 의존적인 환경 설정을 선택한다면, 편집기는 자동으로 그 설정을 선택해준다. 그것
이 이미 설정돼 있지 않은 경우에 말이다.

9.1.1 메뉴 환경 설정

이미 이전에 리눅스 커널을 다뤄보고 빌드해봤다면 make menuconfig, make xconfig, make
gconfig 등의 명령어에 익숙할 것이다. 이 명령어들은 메뉴 기반 계층 편집기를 구동하며
탐색, 검색, 환경 설정 옵션 변경 등을 지원한다.

욕토 프로젝트 커널 레시피는 다음을 호출함으로써 make menuconfig의 기능을 제공한다.

```
$ bitbake -c menuconfig <kernel-recipe>
```

예를 들어, 다음과 같이 호출하면

```
$ bitbake -c menuconfig virtual/kernel
```

머신 설정에 의존적인 현재 커널을 위한 메뉴 편집기가 구동된다.

메뉴 편집기가 동작하려면, 유효한 환경 설정을 사용 가능해야 한다. 그러므로 커널을 한
번 이상 빌드해봤어야 한다. 이는 이미 어떤 수정을 가하기 전에 전체 이미지를 먼저 빌드

하는 것일 수 있다. 그러나 새 커널 레시피를 갖고 있고, 메뉴 편집기를 사용해 환경 설정을 수정하기 전에 전체 빌드를 함으로써 그 시간을 낭비하길 원치 않는다면, kernel_configme 명령을 사용해서 .config 파일 생성을 포함하는 커널 빌드 절차를 수행할 수 있다.

```
$ bitbake -c kernel_configme virtual/kernel
```

욕토 프로젝트에 그래픽 데스크톱 환경을 사용한다면, 다른 터미널 윈도우에 메뉴 편집기를 구동할 수 있다. Terminal 클래스는 터미널 윈도우를 구동하는 코드를 제공하며, 여러분 시스템의 환경 설정을 기반으로 한 적절한 터미널 프로그램을 찾는다. 사실상 모든 시스템에서 terminal 클래스는 적절한 터미널 프로그램을 찾는다. 만약 메뉴 편집기가 제대로 보이지 않거나 다른 터미널을 사용하길 원한다면, 변수 OE_TERMINAL을 빌드 환경의 conf/local.conf에 명시적으로 설정해 자동 선택을 덮어 쓸 수 있다.

이제 커널 환경 설정을 수정하기 위한 메뉴 편집기를 사용할 수 있다. QEMU 에뮬레이터에서 테스트할 수 있는 간단한 예제는 대칭 멀티프로세싱(SMP)을 비활성화하는 것이다. QEMU를 위한 욕토 프로젝트 커널 환경 설정은 기본값으로 이 옵션을 활성화한다. 하위 메뉴 Processor type and features에서 Symmetric multi-processing support를 선택 해제하라. 그리고 Save와 Exit를 차례로 선택하자.

메뉴 편집기는 변경된 환경 설정을 빌드 환경의 커널 빌드 디렉터리에 있는 .config 파일에 저장한다. 새 환경 설정을 적용하기 위해 커널을 컴파일해야 한다.

```
$ bitbake -C compile virtual/kernel
```

대문자 -C는 명시된 태스크를 위한 공유 상태 캐시의 스탬프를 무효화한다. 그리고 기본 태스크를 실행한다. 이 경우에 비트베이크는 소스 코드 갱신 없이 커널을 강제로 한 번 더 빌드한다. 메뉴 편집기의 사용이 빌드 디렉터리의 .config 파일을 직접 수정하기 때문에 커널 소스를 다시 갱신하면(이때 커널 환경 설정 갱신도 포함) 새 환경 설정을 덮어 쓴다.

이제, QEMU를 구동함으로써 새 환경 설정을 테스트할 수 있다.

```
$ runqemu qemux86 qemuparams="-smp 2"
```

runqemu 스크립트는 단일 프로세서 모드에서 QEMU를 구동한다. qemuparams="-smp 2"를 추가하면 두 프로세서 코어를 사용한 QEMU를 구동한다. QEMU가 리눅스 시스템을 부팅하고 나면, 루트 사용자로 로그인하고 명령행에서 다음을 실행하라.

```
# cat /proc/cpuinfo | grep processor
```

QEMU가 두 프로세서 코어를 제공하지만, 한 프로세서만 보인다. 메뉴 편집기를 사용해서 SMP를 재활성화하고 테스트하면, 두 프로세서가 보일 것이다.

메뉴 편집기는 새 커널 환경 설정을 빠르게 테스트할 수 있는 훌륭한 도구다. 그러나 커널 빌드 환경 내 .config 파일에 커널 환경 설정의 변경점이 작성되기 때문에 영속적이지 않다. 커널 소스 코드를 다시 갱신하고 빌드 환경을 삭제하거나 cleanall 명령을 사용하면 변경점은 사라진다.

리눅스 커널 환경 설정을 더 수정하기 전에 CONFIG_LOCALVERSION[2]을 여러분이 수정한 커널로 식별하기 위해 커스텀 문자열로 설정하길 원할 수 있다. 그러나 빌드 시스템이 환경 설정 변수 LINUX_VERSION_EXTENSION을 통해 CONFIG_LOCALVERSION을 설정하기 때문에 유효하지 않다.

9.1.2 환경 설정 단편

물론, 여러분은 커널을 재빌드할 때마다 메뉴 편집기를 이용해 커널 환경 설정을 수동으로 수정하길 바라지는 않을 것이다. 때문에 빌드 시스템은 레시피를 사용해 환경 설정 일부를 환경 설정 단편으로 참조함으로써 .config 파일에 병합할 수 있도록 방법을 제공한다. 그림 9-1은 환경 설정 단편의 개념을 도식화한 것이다.

환경 설정 단편은 .config 파일에서 볼 수 있는 것과 같은 하나 이상의 커널 환경 설정을 포함하는 파일이다. 예를 들어 CONFIG_SMP=n과 같은 것 말이다. 그리고 나서 그 파일을 커널 레시피의 SRC_URI에 추가할 수 있다. 커널 레시피는 레이어 내의 레시피에 직접 수정하기 보다는 주로 욕토 프로젝트, 오픈임베디드, 보드 지원 패키지(BSP)에 의해 제공되기 때문에 고유의 레이어를 생성하고 첨가 파일을 커널 레시피에 사용하는 것을 추천한다.

---

2   CONFIG_LOCALVERSION은 uname -r이 콘솔에 출력하는 문자열을 갖는다.

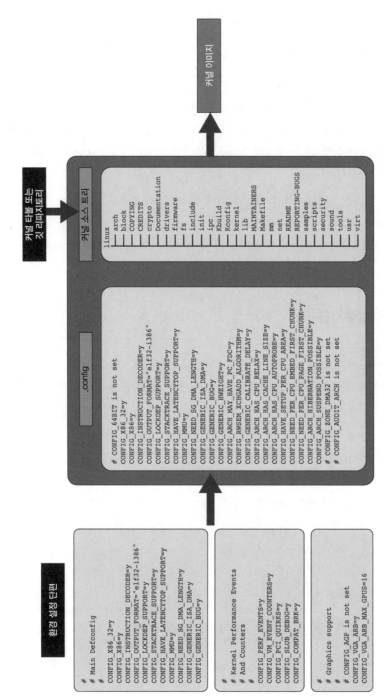

그림 9-1 환경 설정 단편

우리는 3장, '오픈임베디드 빌드 시스템'에서 레이어 생성에 대해 살펴봤다.

```
$ yocto-layer create ypbook
```

위 명령어를 초기화된 빌드 환경에서 사용하면, 기본 레이어 구조를 생성한다. 새 레이어를
빌드 환경에 있는 conf/bblayers.conf의 **BBLAYERS** 변수에 추가하라(리스트 9-1 참조).

리스트 9-1 〈builddir〉/conf/bblayers.conf

```
# LAYER_CONF_VERSION은 build/conf/bblayers.conf가 변경될 때마다 증가한다
LCONF_VERSION = "6"
BBPATH = "${TOPDIR}" BBFILES ?= ""
BBLAYERS ?= " \
  ${HOME}/yocto/poky/meta \
  ${HOME}/yocto/poky/meta-yocto \
  ${HOME}/yocto/poky/meta-yocto-bsp \
  ${HOME}/yocto/build/meta-ypbook \ "
BBLAYERS_NON_REMOVABLE ?= " \
  ${HOME}/yocto/poky/meta \
  ${HOME}/yocto/poky/meta-yocto \
  "
```

이제 커널 첨가 파일을 위한 디렉터리와 환경 설정 단편 파일을 위한 하위 디렉터리를 생
성하자.

```
$ mkdir -p recipes-kernel/linux
$ mkdir -p recipes-kernel/linux/files
```

smp.cfg 파일과 커널 첨가 파일을 디렉터리 recipes-kernel/linux에 추가하자. 리스트
9-2를 보라.

리스트 9-2 환경 설정 단편

```
recipes-kernel/linux/files/smp.cfg:
# SMP 비활성화
CONFIG_SMP=n
recipes-kernel/linux/linux-yocto_3.19.bbappend:
# 커널 환경 설정 단편 인클루드
```

```
FILESEXTRAPATHS_prepend := "${THISDIR}/files:"
SRC_URL += "file://smp.cfg"
```

커널 첨가 파일의 이름은 virtual/kernel을 빌드할 때 빌드 시스템이 사용하는 커널 버전에 따라 다르다. 그 이름은 커널 빌드 결과에서 찾을 수 있다. 위 예에서는 linux-yocto_3.19.bb다. 그러므로 우리가 생성하는 첨가 파일은 linux-yocto_3.19.bbappend다. smp.cfg 파일을 페처fetcher가 찾을 수 있도록 그 경로를 FILESEXTRAPATH 변수에 추가해야 한다. 위 예에서는 커널 첨가 파일과 같은 디렉터리에 파일을 넣었다. 레시피와 레시피 첨가 파일의 경로는 THISDIR 변수를 이용해서 참조할 수 있다.

이제, 커널을 다음의 명령어로 재빌드해보자.

```
$ bitbake -C fetch virtual/kernel
```

이때 우리는 명시적으로 커널 소스를 갱신하면서, 우리의 환경 설정 단편을 포함하길 원한다. 비트베이크가 커널을 빌드하고 나면, QEMU를 통해 결과를 확인해볼 수 있다.

이전 예에서는 환경 설정 단편을 포함하는 파일을 수동으로 생성했다. 환경 설정 옵션(특히 메뉴 편집기에 의해 자동으로 활성화되는 설정)을 여러 번 수정한다면, 단편을 추적하기 매우 어려워진다. 비록 메뉴 편집기가 그것들을 .config에 자동으로 추가하지만, 환경 설정 단편에 명시적으로 넣어줘야 한다.

환경 설정 단편을 생성하는 작업을 수행하기 위해 빌드 시스템은 diffconfig 명령어를 제공한다. 이는 이전 및 새 환경 설정을 비교하고, 환경 설정 단편 파일을 생성한다. 메뉴 편집기로 환경 설정을 수정하고 나면, 다음의 명령어를 수행하라.

```
$ bitbake -C diffconfig virtual/kernel
```

위 명령어는 환경 설정 단편을 ${WORKDIR}에 배치한다.

여러분의 환경 설정 단편을 생성하고 그것을 레시피에 추가하고 나면, 커널 환경 설정을 확인하기 위해 커널 도구의 환경 설정 검증을 사용할 수 있다.

```
$ bitbake -C kernel_configcheck -f virtual/kernel
```

-C 옵션은 비트베이크가 이전에 수행됐더라도 강제 수행용 kernel_configcheck를 위한 공

유 상태 캐시를 무효화한다. 커널 환경 설정에 어떠한 문제라도 있으면, 빌드 시스템은 그 문제에 대해 여러분에게 통지한다.

9.2 커널 패치

커널 레시피를 통한 커널 소스 패치 적용은 일반적인 소프트웨어 패키지에 레시피로 패치를 적용하는 것과 다르지 않다. 정형화된 패치 파일을 이미 가지고 있다면, 그것을 제공하고 커널 레시피에 첨가 파일의 SRC_URI를 추가하면 된다.

커널 빌드 디렉터리 내 수정된 커널 소스에서 패치를 생성하기 위해서는 새 커널 드라이버 모듈을 위한 워크플로우를 나타낸 다음 단계를 따르면 된다.

1. 커널 소스 디렉터리로 변경. 작업 디렉터리를 커널 소스 디렉터리로 변경하라. 커널 소스 디렉터리는 때로 찾기 어려울 수 있다. 그러나 모든 레시피에서 ${S} 변수를 참조하면, 그 디렉터리를 찾을 수 있다. 커널 레시피의 경우, ${S}는 ${STAGING_KERNEL_DIR}로 설정돼 있다. 커널 소스 디렉터리를 찾기 위해 다음 명령어를 사용하라.

```
$ bitbake -e virtual/kernel | grep STAGING_KERNEL_DIR
```

그러고 나서 그 결과 디렉터리로 변경한다. 다른 방법으로, 다음과 같은 명령을 사용하면

```
$ bitbake -c devshell virtual/kernel
```

커널 소스 디렉터리를 갖는 새 터미널 윈도우를 연다.

2. 커널 소스 파일 추가 및 변경. 이 예에서는 커널에 간단한 장치 드라이버를 추가한다. 파일을 다음과 같이 수정하고 추가하라.

```
drivers/misc/Kconfig (add to the end of the file):
config YP_DRIVER
  tristate "Yocto Project Test Driver"
  help
     This driver does nothing but print a message.
drivers/misc/Makefile (add to the end of the file):
```

```
obj-$(CONFIG_YP_DRIVER) += yp-driver.o
drivers/misc/yp-driver.c (add new file):
#include <linux/module.h>
static int __init yocto_testmod_init(void)
{
        pr_info("Hello Kernel from the Yocto Project!");
}
static void __exit yocto_testmod_exit(void)
{
        pr_info("Gone fishing. I'll be back!");
}
module_init(yocto_testmod_init);
module_exit(yocto_testmod_exit);
MODULE_AUTHOR("Rudolf Streif <rudolf.streif@gmail.com");
MODULE_DESCRIPTION("Yocto Project Test Driver");
MODULE_LICENSE("GPL");
```

3. 변경점 적용stage 및 커밋commit. 욕토 프로젝트 커널은 깃 리파지토리에서 체크아웃 checkout됐다. 그러므로 깃을 이용하면 패치를 쉽게 만들 수 있다.

```
$ git status
$ git add .
$ git commit -m "Added Yocto Project Driver"³
```

4. 패치 파일 생성. 이제 커널 소스의 최상위 디렉터리에서 깃을 사용하면 패치 파일을 생성할 수 있다.

```
$ git format-patch -n HEAD^
```

위 명령어는 0001-Added-Yocto-Project-Driver.patch 파일을 생성한다.

5. 패치 파일을 레이어로 이동. 패치 파일 0001-Added-Yocto-Project-Driver.patch 를 이전 단계에서 생성한 레이어의 recipes-kernel/linux/files 디렉터리로 복사하 거나 이동하라.

6. 환경 설정 단편 생성. 새 드라이버를 추가하기 때문에 환경 설정 단편을 통해 활성

---

3 다른 방법으로, git commit -s를 이용해서 패치에 signed-off-by 메시지를 첨가할 수 있다.

화해야 한다.

```
recipes-kernel/linux/files/yp-driver.cfg:
# 욕토 프로젝트 드라이버 활성화
CONFIG_MISC_DEVICES=y
CONFIG_YP_DRIVER=y
```

7. 환경 설정 단편과 패치를 레시피에 추가. 이제 환경 설정 단편과 패치를 이전 단계에서 생성한 레시피 첨가 파일에 추가하라.

```
recipes-kernel/linux/linux-yocto_3.19.bbappend:
# 커널 환경 설정 단편 및 패치 포함
FILESEXTRAPATHS_prepend := "${THISDIR}/files:"
SRC_URI += "file://smp.cfg"
SRC_URI += "file://yp-driver.cfg"
SRC_URL += "file://0001-Added-Yocto-Project-Driver.patch"
```

8. 커널 빌드. 다음의 명령어로 커널을 빌드한다.

```
$ bitbake -C fetch virtual/kernel
```

이제 QEMU를 수행해 dmesg상의 드라이버 구동 메시지를 찾음으로써 결과를 검증할 수 있다. 루트로 로그온한 이후 다음을 실행하라.

```
# dmesg | grep "Hello Kernel"
```

이 예는 커널 소스에 패치를 직접 적용하는 방법을 보여준다. 그러나 커널 내로 모듈을 컴파일해 넣으려고 할 때만 직접 커널 소스 수정이 필요하다. 실행 시간 동안 로드가 가능한 모듈의 경우, 트리 밖에서 모듈을 컴파일할 수 있다. 이는 9.4절에서 설명한다.

9.3 커널 레시피

포키 참조 배포는 다른 소프트웨어 패키지처럼 필요한 단계를 제공하는 레시피를 제공함으로써 리눅스 커널을 어떻게 빌드할지 명시한다. 리눅스 커널 빌드와 패키징의 복잡성은 (특히 크로스 타깃의 경우) 커널 클래스에 의해 숨겨진다. kernel.bbclass 클래스가 주 클래스며, 여러 다양한 클래스를 상속한다. 커널 레시피는 kernel을 상속하며, 커널 레시피를 개발하는 데 필요한 노력을 단 몇 줄로 줄여준다.

욕토 프로젝트는 고유의 커널 기반 구조를 갖는다. 이는 커널 소스를 위한 리파지토리와 환경 설정, 환경 설정 단편, 패치 등과 같은 메타데이터로 구성돼 있다. 포키와 함께 제공되는 욕토 프로젝트 커널 모두(즉, QEMU 머신에서 사용되는 커널)와 BSP는 커널 리파지토리에서 빌드된다. 많은 회사가 욕토 프로젝트 커널 리파지토리를 그들의 BSP를 위해 사용한다.

다음에 나오는 단락은 커널 트리를 이용한 리눅스 커널 빌드용 레시피 개발 방법을 다룬다. 9.3.2절은 욕토 프로젝트 커널 기반을 설명하고 여러분의 프로젝트에 어떻게 응용하는지 설명한다.

9.3.1 리눅스 커널 트리로부터 빌드

욕토 프로젝트 커널 기반과 그 커널 버전 중 하나를 여러분의 임베디드 프로젝트에 사용할 수 없는 이유는 다양하다. 이유가 무엇이든 간에 리눅스 커널 빌드를 위해 빌드 시스템이 제공하는 도구의 장점은 여전히 취할 수 있다.

www.kernel.org에서 직접 최신 커널 버전을 받아서 업스트림 리눅스 커널 트리로부터 빌드하는 절차를 살펴볼 것이다. 여기에 설명된 기제는 업스트림 커널 트리, 하드웨어 제공자가 제공하는 커널 트리, 여러분의 조직에서 유지하고 있는 것 모두에 적용된다. 또한 여기서는 그림 9-2에서 보듯이, 환경 설정 파일과 커널 소스를 병합하는 전통적인 커널 방법을 설명한다.

여러분은 여러분의 하드웨어와 커널 버전에 맞는 커널 환경 설정을 제공할 책임이 있다. 커널 트리는 www.kernel.org에서 받을 수 있는 타볼 형태거나 깃 리파지토리에서 직접 체크아웃할 수 있는 커널 트리다.

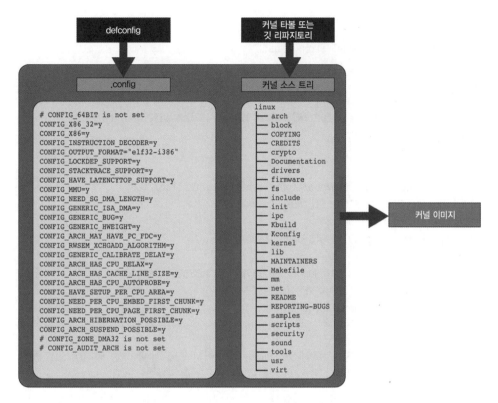

그림 9-2 전통적인 커널 방법

리눅스 타볼에서 빌드

타볼에서의 빌드는 리눅스 커널을 빌드하는 가장 오래된 방식이다. 이 방법은 오픈임베디드 빌드 시스템이 처음부터 지원해왔다. 많은 커스텀 커널 레시피는 여전히 이 방식을 사용한다. 비록 새 커널 도구가 지원하는 환경 설정 단편 같은 기능을 제공하지는 않지만, 그 단순성과 욕토 프로젝트 없이 기존에 커널 개발자가 해왔던 것과 매우 가깝다는 특징 때문에 많은 개발자들이 선호한다. 리스트 9-3은 www.kernel.org를 통해 받은 타볼에서 커널을 빌드하는 레시피를 보여준다.

리스트 9-3 타볼로부터의 리눅스 커널 빌드(linux-ypbook_4.2.bb)

```
DESCRIPTION = "Linux Kernel from Tarball"
SECTION = "kernel"
LICENSE = "GPLv2"
inherit kernel
LIC_FILES_CHKSUM = "file://COPYING;md5=d7810fab7487fb0aad327b76f1be7cd7"
LINUX_VERSION ?= "${PV}"
LINUX_RC = "rc1"
SRC_URI = \
    "https://www.kernel.org/pub/linux/kernel/v4.x/testing/ \
     linux-${LINUX_VERSION}-${LINUX_RC}.tar.xz"
SRC_URI += "file://defconfig"
SRC_URI[md5sum] = "3e8331759af56ddd621528b2c7015ae1"
SRC_URI[sha256sum] = \
    "3c524ee0446b4ea8288708fa30acd28647317b9724f2d336052130e164c83f29"
S = "${WORKDIR}/linux-${LINUX_VERSION}-${PR}"
COMPATIBLE_MACHINE = "qemux86|qemux86-64"
```

위 코드는 가독성이 떨어진다. 특히 SRC_URI는 공백이나 URI 자체에 줄 넘김이 있으면 안 된다. 이 레피시는 kernel 클래스를 상속해서 리눅스 커널 빌드를 위한 모든 기능을 제공하며, 레시피를 간단하게 유지한다. 여러분의 프로젝트를 위해 다음과 같은 변수들을 적용해야 한다.

- LIC_FILES_CHKSUM: 라이선스 파일과 MD5 체크섬의 이름. 레시피 빌드를 위한 첫 시도에서는 체크섬을 넣지 않을 수 있다. 빌드 시스템은 체크섬이 없음을 알릴 것이지만, 레시피에 넣기 위해 계산할 것이다.

- LINUX_VERSION: 레시피가 빌드할 리눅스 커널의 버전 번호

- LINUX_RC: 리눅스 릴리스 후보

- SRC_URI: 리눅스 커널 타볼로의 경로를 명시한다. 이는 원격이거나 로컬일 수 있다. 또한 이 변수는 커널 환경 설정을 갖는 defconfig 파일을 명시해야 한다.

- SRC_URI[md5sum], SRC_URI[sha256sum]: 원격 다운로드를 위한 체크섬. 첫 레시피 빌드에서는 체크섬 없이 수행할 수 있다. 빌드 시스템은 체크섬 부재를 알리지만, 레시피에 넣기 위한 것을 계산한다.

- S: 커널 소스가 압축 해제된 디렉터리. 이는 소스 패키지의 이름을 반영해야 한다.
- COMPATIBLE_MACHINE: 이 커널이 지원하는 머신 이름 목록. 파이프(|) 기호로 구분돼 있다.

이 레시피를 레이어의 recipes-kernel/linux에 저장하라. 또한 defconfig 파일을 recipes-kernel/linux/linux-ypbook에 추가하라. 이렇게 함으로써 서로 다른 커널을 위한 분리된 defconfig를 관리할 수 있다.

새 커널 레시피로 커널을 빌드하기 전에 다음을 빌드 환경의 conf/local.conf에 설정하면

```
PREFERRED_PROVIDER_virtual/kernel ?= "linux-ypbook"
```

빌드 시스템에 리눅스 커널을 빌드할 새 커널 레시피를 알려준다. 이제 다음과 같이 빌드를 시작해보자.

```
$ bitbake linux-ypbook
```

빌드가 끝나면, QEMU를 통해 새 커널을 테스트해보자.

리눅스 커널 깃 리파지토리에서 빌드

리눅스 커널을 위해 개발하고 있다면, 깃을 통해서도 같은 것을 할 수 있다. 깃은 리누스 토발즈에 의해 개발됐으며, 리눅스 커널 커뮤니티의 개발 절차를 지원하기 위한 것이다. 깃으로 작업할 때, 타볼에서 빌드하는 것보다 더 나은 점은 깃 리파지토리에서 직접 리눅스 커널을 빌드 가능하다는 것이다. 리스트 9-4는 리눅스 토발즈의 깃 리파지토리 www.kernel.org에서 리눅스 커널을 직접 빌드하는 법에 대한 예제 레시피를 보여준다.

리스트 9-4 깃 리파지토리에서의 리눅스 커널(linux-ypbook_git.bb)

```
DESCRIPTION = "Linux Kernel from kernel.org Git Repository"
SECTION = "kernel"
LICENSE = "GPLv2"
require recipes-kernel/linux/linux-yocto.inc
LIC_FILES_CHKSUM = "file://COPYING;md5=d7810fab7487fb0aad327b76f1be7cd7"
LINUX_VERSION ?= "4.2"
LINUX_VERSION_EXTENSION ?= "-ypbook"
PV = "${LINUX_VERSION}+git${SRCPV}"
```

```
SRC_URI = \
    "git://git.kernel.org/pub/scm/linux/kernel/git/torvalds/linux.git;\
     protocol=git;nocheckout=1"
SRC_URI += "file://defconfig"
SRCREV = "d770e558e21961ad6cfdf0ff7df0eb5d7d4f0754"
COMPATIBLE_MACHINE = "qemux86|qemux86-64"
```

이 레시피는 meta/recipes-kernel/linux에서 linux-yocto.inc를 인클루드한다. 이 파일은 모든 욕토 프로젝트 커널 레시피에 의해 쓰이며 kernel 및 kernel-yocto 클래스로부터 상속된다. kernel 클래스의 기능에 더해, kernel-yocto 클래스는 환경 설정 단편 같은 기타 기능과 깃 리파지토리에서의 빌드를 위한 도구를 제공한다. 요구 사항을 만족시킬 수 있도록 레시피의 변수를 설정하라.

- LIC_FILES_CHKSUM: 라이선스 파일과 MD5 체크섬의 이름. 첫 레시피 빌드에서는 체크섬을 뺄 수 있다. 이 경우 빌드 시스템은 체크섬 부재에 대해 경고하고, 레시피에 넣기 위해 체크섬을 계산한다.

- LINUX_VERSION: 레시피가 빌드할 리눅스 커널의 버전 번호

- PV: ${LINUX_VERSION}, 문자열 +git, ${SRCPV} 변수를 붙여놓은 문자열. 이는 소스 리파지토리에 의해 관리되는 소스 코드 리비전을 포함한다. 이 값은 기본값이 약속된 값이며, 일반적으로 고유의 레시피라고 해서 고칠 필요는 없다.

- SRC_URI: 리눅스 커널 소스의 깃 리파지토리를 가리키는 URI. 이는 로컬이나 원격 리파지토리일 수 있다. 또한 이 변수는 커널 환경 설정을 갖는 defconfig를 명시해야 한다.

- SECREV: 커널 소스의 리비전

- COMPATIBLE_MACHINE: 이 커널에 의해 지원되는 머신의 이름 목록. 이름은 파이프(|) 기호로 구분된다.

이전 단락에서 타볼에서 빌드하기 위해 했던 것과 같은 방식으로 이 레시피를 저장하고 빌드한다.

환경 설정 및 패치 적용

커널 환경 설정을 적용하기 위해 이를 커널 레시피와 함께 제공된 defconfig 파일에 추가해야 한다. meta/recipes-kernel/linux의 linux-yocto.inc를 포함해서 욕토 프로젝트 커널 도구를 사용한다면, 9.1.2절에서 보듯이 환경 설정 단편을 사용할 수 있다. 욕토 프로젝트 커널 도구의 사용은 깃 리파지토리에서 빌드하는 레시피에만 국한돼 있지 않다. 이는 리눅스 커널 타볼에서 빌드하는 레시피에도 사용할 수 있다. 물론, 환경 설정을 테스트하기 위해 메뉴 편집기를 사용할 수도 있다.

패치는 9.2절에 설명된 그대로 적용된다.

트리 내 환경 설정 파일의 사용

`kernel-yocto` 클래스를 상속하는 커널 레시피는 트리 외$^{out-of-tree}$라 불리는 `SRC_URI +=` `"file://defconfig"`로 defconfig 파일을 제공하는 대신에 커널 소스에 포함돼 있는(보통 트리 내$^{in-tree}$라 불린다.) `defconfig`를 활용할 수 있다. 이렇게 하는 이유는 여러분 레이어 내의 debconfig 환경 설정 파일 복제본을 유지 관리하는 것보다, 보통 커널 트리에 있는 기본 환경 설정을 사용하는 것을 더 선호하기 때문이다. 그리고 나서 환경 설정 단편은 커널 환경 설정을 좀 더 사용자화할 수 있게 해준다.

트리 내 환경 설정 파일을 명시하기 위해 다음 줄을 커널 레피시에 추가하라.

```
KBUILD_DEFCONFIG_<KMACHINE> ?= "<defconfig file>"
```

`<MACHINE>`에는 커널 머신의 이름을 넣고, `<defconfig file>`에는 커널 트리 내 defconfig 파일의 이름을 넣으면 된다. 예를 들면 다음과 같다.

```
KBUILD_DEFCONFIG_beaglebone ?= "omap2plus_defconfig"
```

9.3.2 욕토 프로젝트 커널 리파지토리에서 빌드

욕토 프로젝트는 그 고유의 커널을 갖는다. 이는 커널 소스, 메타데이터, 커널 소스와 환경 설정 데이터를 관리하는 데 도움을 주는 유용한 도구 모음 등을 위한 리파지토리를 포함한다.

이전 단락에서는 defconfig 환경 설정 단편, 패치 등을 레시피와 함께 제공함으로써 커널을 사용자화하는 방법을 설명했다. 이 접근은 잘 동작하고 유연하지만, 환경 설정으로부터 커널 소스를 분리하기 때문에 유지 관리를 더 어렵게 한다.

트리 내 환경 설정을 사용하면 defconfig의 문제를 해결하지만 유연성이 떨어진다. 기본 환경 설정만 이 방법으로 제공되기 때문이다. 추가적인 환경 설정과 패치는 여전히 레시피를 통해 제공돼야 한다. 트리 내 환경 설정 또한 환경 설정을 리눅스 커널의 각 버전으로 포팅해야 한다.

다른 문제는 같은 커널 버전용의 서로 다른 타깃 하드웨어를 위한 서로 다른 커널 환경 설정과 패치를 어떻게 유지 보수하고 적용할지, 그리고 다수의 하드웨어 플랫폼에 어떻게 커널 기능을 활성화하고 패치를 추가할지다.

이상적인 해결책은 트리 내에 두는 것이 아니라 환경 설정과 패치를 커널 소스에 가깝게 두고, 다양한 타깃 하드웨어를 위한 패치 및 환경 설정을 유연하게 선택할 수 있는 도구를 제공하는 것이다. 욕토 프로젝트 커널을 이용한다면, 욕토 프로젝트 커널 개발자는 이런 해결책을 고려해야 한다.

욕토 프로젝트 커널 기반 구조

욕토 프로젝트 커널 개발자가 승인한 리눅스 커널의 개별 버전을 위한 리파지토리가 있다. 욕토 프로젝트 깃 서버[4]는 이 리파지토리들을 제공한다. 그림 9-3은 욕토 프로젝트 커널 리파지토리의 기본 구조를 보여준다.

각 리파지토리는 커널 소스를 위한 다수의 브랜치와 메타데이터를 위한 하나의 브랜치를 갖는다. 커널 소스 브랜치는 기본 브랜치거나 BSP 브랜치다. 기본 브랜치는 여러 BSP 브랜치들 간에 공유되는 공통 기능을 제공한다. 그림 9-3(여기서는 간결성을 위해 몇 가지 BSP 브랜치를 뺐다.)에서 보이는 이 브랜치는 다음과 같다.

- 마스터 브랜치: 마스터 브랜치는 www.kernel.org에 있는 브랜치들을 그대로 복제한 것이다. 이 브랜치는 www.kernel.org로부터 갱신을 통해 유지 관리된다. 이는 욕토 프로젝트와 관련된 변경점이 들어가지 않은 본래의 상태를 유지한다. 모든 베이스 브랜치는 이 마스터 브랜치에서 파생된다.

---

4 http://git.yoctoproject.org/

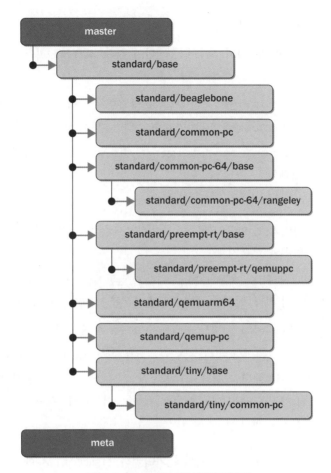

그림 9-3 욕토 프로젝트 커널 리파지토리 구조

- 베이스 브랜치: 현재는 마스터에서 직접 파생된 세 개의 베이스 브랜치가 있다. 베이스 브랜치는 BSP 브랜치를 위한 기반을 제공한다.

  베이스 브랜치는 보통 충돌이 있는 환경 설정을 요구하기 때문에 분리돼 있다.

  □ 표준 베이스 브랜치(standard/base): 이 베이스 브랜치는 표준 커널 환경 설정을 위한 것이다.

  □ 실시간 베이스 브랜치(standard/preempt-rt/base): 이 베이스 브랜치는 실시간 커널을 위한 것이다. PREEMPT-RT 패치를 커널에 적용한 것이다.

  □ 최소 베이스 브랜치(standard/tiny/base): 이 베이스 브랜치는 매우 간결한 리눅스

커널을 위한 설정을 갖는다.

- BSP 브랜치: BSP 브랜치의 개수에는 제한이 없다. BSP 브랜치는 베이스 브랜치에서 파생된다.

  - 공통 PC(standard/common-pc): 32비트 x86 아키텍처를 위해 수정된 BSP 브랜치. 표준 베이스에서 파생된 브랜치가 하나, 최소 베이스에서 파생된 브랜치가 하나 있다.

  - 공통 PC 64(standard/common-pc-64/base)[5]: 64비트 x86(x86_64) 아키텍처를 위해 수정된 BSP 브랜치

  - 비글본BeagleBone: 비글본 보드를 위한 BSP 브랜치

  - 랭글리Rangeley: 인텔 아톰 프로세서 C2000 제품군(코드명 랭글리)을 기반으로 한 보드를 위한 BSP 브랜치

  - QEMU PPC: 파워PC 에뮬레이션을 위해 수정된 BSP 브랜치. 표준 베이스에서 파생된 브랜치가 하나, 실시간 베이스에서 파생된 브랜치가 하나 있다.

  - QEMU ARM 64: ARM 64비트 아키텍처(ARMv8-A)를 위해 수정된 BSP 브랜치

- 메타 브랜치: 이 브랜치는 커널 소스 브랜치를 위한 메타데이터를 포함한다. 이 브랜치는 다른 브랜치에서 파생되지 않았지만, 커널 소스를 위한 환경 설정과 패치를 제공함으로써 그것을 보완한다. 이 브랜치는 독립적이기 때문에 고아 브랜치orphan branch라고 부르기도 한다.

커널 소스 브랜치의 명명 규칙은 그 기원을 가리킨다. standard/base에서 상속되는 BSP 브랜치의 브랜치 이름은 standard로 시작된다. 그러므로 standard/preempt-rt/base 브랜치는 standard/base를 상속한다. standard/tiny/base도 마찬가지다. 만약 욕토 프로젝트 커널 개발자가 standard/base에 변경을 가한다면, 이 변경점은 이를 상속하는 모든 브랜치에 병합된다.

커널 브랜치와 메타 브랜치의 데이터는 유효한 커널 환경 설정을 생성하기 위해 빌드 시스템으로부터 섞인다. 그림 9-4는 그 원리를 도식화한다.

---

5 이 브랜치는 명명이 잘못됐다. 브랜치 명명 규칙을 지키려면 이 이름은 사실 standard/common-pc-64가 돼야 한다. 이 브랜치는 베이스 브랜치가 아니라 x86_64 아키텍처를 위한 BSP 브랜치이기 때문이다.

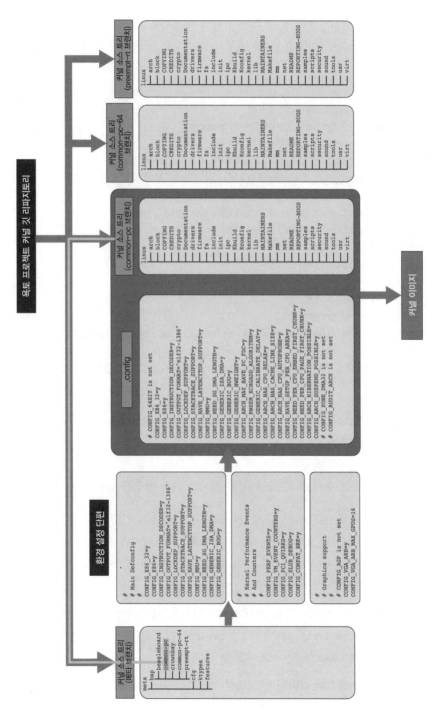

그림 9-4 욕토 프로젝트 커널 기반 구조

리스트 9-5는 3.14 실시간 커널을 빌드하기 위한 레시피를 보여준다. 이 커널 레시피를 선택한 이유는 커널 소스와 메타데이터가 어떻게 묶여 있는지 잘 알아볼 수 있기 때문이다.

리스트 9-5 커널 소스와 메타데이터 묶음(linux-yocto-rt_3.14.bb)

```
KBRANCH ?= "standard/preempt-rt/base"
KBRANCH_qemuppc ?= "standard/preempt-rt/qemuppc"
require recipes-kernel/linux/linux-yocto.inc
SRCREV_machine ?= "3428de71031ede23682dd0842b9cfc23ae465f39"
SRCREV_machine_qemuppc ?= "32c44a56a8218c3349f50d8151a10252d5e85dd1"
SRCREV_meta ?= "a996d95104b72c422a56e7d9bc8615ec4219ac74"
SRC_URI = "git://git.yoctoproject.org/linux-yocto-3.14.git; \
    bareclone=1;branch=${KBRANCH},meta;name=machine,meta"
LINUX_VERSION ?= "3.14.36"
PV = "${LINUX_VERSION}+git${SRCPV}"
KMETA = "meta"
KCONF_BSP_AUDIT_LEVEL = "2"
LINUX_KERNEL_TYPE = "preempt-rt"
COMPATIBLE_MACHINE = "(qemux86|qemux86-64|qemuarm|qemuppc|qemumips)"
# 기능 플래그
KERNEL_EXTRA_FEATURES ?= "features/netfilter/netfilter.scc features/taskstats/
taskstats.scc"
KERNEL_FEATURES_append = " ${KERNEL_EXTRA_FEATURES}"
KERNEL_FEATURES_append_qemux86=" cfg/sound.scc cfg/paravirt_kvm.scc"
KERNEL_FEATURES_append_qemux86-64=" cfg/sound.scc"
```

이 레시피에 나와 있는 순서보다는 논리적인 순서에 따라 변수를 살펴보자.

- SRC_URI: 욕토 프로젝트 커널 깃 리파지토리로의 URI. 이 경우에는 linux-yocto-3.14.git이다. branch 매개변수를 통해 두 브랜치가 체크아웃됐다. 커널 소스 브랜치와 메타데이터 브랜치다. name 매개변수에는 커널 소스 브랜치인 machine, 메타데이터 브랜치인 meta가 할당돼 있다.

- KBRANCH: 커널 소스를 위한 브랜치. 이 변수는 레시피상 로컬 변수다. 기본값은 standard/preempt-rt/base다. 이는 qemuppc 머신의 경우 조건적으로 standard/preempt-rt/qemuppc로 덮어 쓰여질 수 있다.

- SRCREV: 커널 소스와 메타데이터 브랜치를 위한 소스 리비전

- LINUX_VERSION: 리눅스 버전 번호

- PV: 패키지 버전 번호. PV는 LINUX_VERSION과 +git 문자열, SRCPV를 붙여서 사용된다.

- LINUX_KERNEL_TYPE: 베이스 커널 브랜치에 따라 빌드될 커널의 형태

  □ standard: standard/base와 이로부터 파생된 브랜치로부터 빌드되는 모든 커널을 위한 설정. 실시간 및 최소 커널은 제외된다. LINUX_KERNEL_TYPE은 명시적 설정이 없는 한 기본값으로 이 값을 갖는다.

  □ premmpt-rt: standard/preempt-rt/base와 이로부터 파생된 브랜치에서 빌드되는 모든 실시간 커널을 위한 설정

  □ tiny: standard/tiny/base와 그로부터 파생된 브랜치에서 빌드되는 모든 최소 커널을 위한 설정

  LINUX_KERNEL_TYPE으로 설정된 커널 타입은 커널 브랜치와 반드시 맞아야 한다. 예를 들어 LINUX_KERNEL_TYPE = "preempt-rt"는 KBRANCH = "standard/base"와 같이 쓰면 안 된다.

- KMETA: 메타데이터 브랜치 이름. 기본값은 고유의 단일 브랜치 내에 메타데이터를 제공하기 위한 것으로 meta라 불린다. 다른 방식으로, 메타데이터는 커널 소스 트리상 meta라 불리는 디렉터리에 있을 수 있다. 이 경우 KMETA는 빈 문자열로 설정된다.

- COMPATIBLE_MACHINE: 타깃 머신의 목록. 파이프 기호(|)로 분리돼 있으며, 커널이 사용될 수 있는 머신들의 목록이다.

- KERNEL_FEATURES: 커널 기능 환경 설정을 갖는 파일의 목록

- KCONF_BSP_AUDIT_LEVEL: kernel-yocto 클래스는 잘못된 커널 환경 설정을 발견하고 보고할 수 있다. 이 변수는 어떤 형태의 환경 설정 오류를 보고할지 설정한다.

  □ KCONF_BSP_AUDIT_LEVEL = "0": 어떠한 환경 설정 오류도 보고하지 말 것

  □ KCONF_BSP_AUDIT_LEVEL = "1": 명시는 됐으나 최종 커널에는 포함되지 않은 환경 설정을 보고할 것

  □ KCONF_BSP_AUDIT_LEVEL = "2": 1과 더불어, 비하드웨어 환경 설정에 명시된 하드웨어 설정을 보고할 것

- KMACHINE: 리눅스 커널이 인지하고 있는 하드웨어 머신의 이름. 모든 커널 레시피는 이 값을 설정해야 한다. 레시피 예에서 이 값은 명시적으로 설정돼 있지 않지만,

linux-yocto.inc 인클루드 파일 내에 있는 같은 변수인 MACHINE 변수에 설정돼 있다. 이는 빌드 시스템이 식별할 수 있는 머신의 이름이다. 대부분의 경우 이 기본값이면 충분하다. 리눅스 커널이 머신을 식별하는 데 변수 MACHINE이 충분히 명확하지 않다면, KMACHINE 변수가 빌드 시스템 머신 이름과 커널 머신 이름 사이의 연결을 제공한다.

예를 들어, 고유의 타깃 머신 환경 설정을 제공하고 그것을 excalibur라 이름 지었다고 하자. 빌드 시스템은 이 머신을 그 이름으로 참조하지만, 기술적으로 excalibur는 인텔 코어 i7 64비트 CPU를 기반으로 한다. 리눅스 커널은 이 머신을 그 CPU 이름인 intel-corei7-64로 참조한다. excalibur 빌드를 요청할 때 빌드 시스템에 인텔 코어 i7 CPU를 위한 커널을 빌드하도록 말하려면, KMCAHINE_excalibur = "intel-corei7-64"를 커널 레시피에 추가하면 된다.

빌드 시스템과 함께 제공된 레시피를 사용하면, 욕토 프로젝트 커널 리파지토리로부터 리눅스 커널을 빌드하는 고유의 커널 레시피를 쉽게 생성할 수 있다. 또한 욕토 프로젝트 커널 리파지토리를 클론하고 드라이버나 기타 여러분의 머신에 맞는 코드를 포함하기 위한 기본 브랜치 중 하나에서부터 고유의 BSP 브랜치를 생성할 수 있다. 이러한 방식은 욕토 프로젝트 커널 개발자가 기본 브랜치에 하는 유지 보수 작업으로부터 이점을 가져올 수 있게 한다. 새 보안 패치나 기타 중요한 업데이트가 www.kernel.org에 의해 발표되면, 욕토 프로젝트 커널 개발자는 그것을 기본 브랜치에 병합하고 테스트한다. 여러분은 그것을 체리픽^{cherry-pick}하고, 여러분 고유의 BSP 브랜치에 병합할 수 있다.

메타데이터 문법

욕토 프로젝트 커널 리파지토리의 meta 브랜치에 포함된 데이터는 다음과 같은 분류로 나눌 수 있다.

- 환경 설정 단편 파일: 환경 설정 단편은 .cfg 확장자를 갖는 파일이며, 커널 환경 설정을 포함한다. 9.1.2절에서 설명했다.

- 패치^{patch} 파일: .patch로 끝나는 패치 파일은 커널 소스에 적용된다. 9.2절에서 설명했다.

- 서술 파일: .scc로 끝나는 파일이며 환경 설정 단편과 패치 파일의 종합이다. 서술 파일은 다른 서술 파일을 포함할 수 있다.

서술 파일

서술 파일^{description file}은 환경 설정과 패치를 종합해서 설명하고, 리눅스 커널의 빌드와 함께 어떻게 포함돼 있는지 설명한다. 다음과 같은 키워드를 갖는 스크립트 언어를 사용한다.

- define: 변수를 설정

- kconf: 환경 설정 단편을 적용

- patch: 패치를 적용

- include: 다른 SCC 파일을 인클루드

- if [<condition>]; then <block> fi: <condition>의 상황에 따라 조건적으로 <block>을 수행. 이 조건은 인클루드된 다른 SCC 파일에서 설정된 변수를 포함할 수 있다.

컬렉션 서술은 서술 파일과 환경 설정 단편 파일, 패치 파일 등으로 구성된다. 컬렉션 서술은 몇 가지 서로 다른 분류로 나뉜다.

환경 설정 컬렉션 서술

메타데이터 환경 설정 컬렉션 서술은 리눅스 커널 환경 설정 매개변수, 환경 설정 단편의 모음을 서술하는 환경 설정 서술 파일^{configuration description file} 등을 포함하는 하나 이상의 환경 설정 파일로 구성돼 있다. 리스트 9-6은 확장 펌웨어 인터페이스(EFI) 지원을 활성화하는 환경 설정 컬렉션 서술 파일을 보여준다.

리스트 9-6 환경 설정 컬렉션 서술 파일

```
cfg/efi.cfg:
    # EFI 지원
    # 의존성
    CONFIG_PCI=y
    CONFIG_ACPI=y
    # 기본 EFI 지원 활성화
    CONFIG_EFI=y
    CONFIG_EFI_STUB=y
    CONFIG_EFIVAR_FS=m
efi.scc:
    define KFEATURE_DESCRIPTION "Core EFI support"
```

```
define KFEATURE_COMPATIBILITY arch
kconf hardware efi.cfg
```

환경 설정 서술 파일은 다음의 두 변수를 정의한다.

- **KFEATURE_DESCRIPTION**: 사용자 도구가 사용자에게 표시할 간단한 서술
- **KFEATURE_COMPATIBILITY**: 환경 설정의 호환성
  - board: 특정 모드에 대한 호환성
  - arch: 특정 아키텍처에 대한 호환성
  - all: 모든 보드와 아키텍처에 대한 호환성

kconf 지시자는 환경 설정 단편을 포함하는 데 사용된다. hardware 키워드는 환경 설정에 하드웨어 기능 활성화를 표시하는 데 사용한다. non-hardware 키워드는 앞의 키워드와 반대로 작용한다. 이러한 구분이 커널 빌드에는 영향을 주지 않지만 커널 환경 설정 검증 도구에는 영향을 미친다.

패치 컬렉션 서술

패치 컬렉션 서술patch collection description은 패치 모음을 설명하는 SCC 파일과 함께 적어도 하나 이상의 패치 파일로 구성돼 있다. 만약 패치가 환경 설정 가능한 커널 기능을 제공한다면, 컬렉션 서술은 이들을 활성화하는 환경 설정 파일을 포함한다. 리스트 9-7은 ARM 아키텍처용 패치를 위한 메타데이터 컬렉션 서술을 보여준다.

리스트 9-7 패치 컬렉션 서술

```
patches/arm.scc:
    # 패치는 모두에 해당하지만, kconfig 데이터는 ARM 빌드만을 위한 것이다
    if [ "$KARCH" = "arm" ]; then
        kconf hardware arm.cfg
        include cfg/timer/hz_100.scc
    fi
    include v7-A15/v7-A15.scc
    patch arm-ARM-EABI-socketcall.patch
    patch vexpress-Pass-LOADADDR-to-Makefile.patch
```

위 예는 패치가 아키텍처에 관계없이 적용되고, 빌드 아키텍처(KARM)가 arm으로 설정된 경우에만 이를 활성화하는 방법을 보여준다.

특징 컬렉션 서술

특징 컬렉션 서술feature collection description은 서로 다른 다양한 환경 설정 및 패치 등의 묶음과 다른 컬렉션 서술의 인클루드를 필요로 하는 복잡한 커널 기능을 활성화한다. 리스트 9-8은 특징 컬렉션 서술이 가상 커널 테스트 프레임워크 특징을 어떻게 활성화하는지 보여준다.

리스트 9-8 특징 컬렉션 서술

```
features/testframework.scc:
   define KFEATURE_DESCRIPTION "Enable Kernel Test Framework"
   patch 0001-test-framework-core.patch
   patch 0002-test-framework-proc.patch
   include cfg/testframework-deps.scc
   kconfig non-hardware testframework.scc
```

특징은 특정 기능을 활성화하기 위한 고수준 통합을 제공한다. 여러분의 커널 레시피에서는 특징 컬렉션 서술에 의해 서술된 특징을 KERNEL_FEATURES 변수에 SCC 파일의 이름과 그 상대 경로를 추가함으로써 활성화할 수 있다.

커널 타입 컬렉션 서술

커널 타입 컬렉션 서술kernel type collection description은 기본 환경 설정, 패치, 세 가지 다른 커널 타입(standard, preempt-rt, tiny)을 위한 특징을 통합한다. 커널 타입 컬렉션 서술은 핵심적으로는 특징 컬렉션 서술이다.

커널 타입 컬렉션 서술은 단지 분리 목적이며, LINUX_KERNEL_TYPE과 이 서술 간에는 어떤 연결도 없다. 이들을 사용하기 위해서는 BSP 컬렉션 서술이 명시적으로 이들을 포함해야 한다.

BSP 컬렉션 서술

BSP 컬렉션 서술BSP collection description은 특정 하드웨어 플랫폼에 의해 요구되는 환경 설정,

패치, 특징 등을 묶는다. 리스트 9-9는 표준 커널 타입용 인텔 미노우보드를 위한 BSP 컬렉션 서술을 보여준다.

리스트 9-9 BSP 컬렉션 서술

```
bsp/minnow/minnow-standard.scc:
    define KMACHINE minnow
    define KTYPE standard
    define KARCH i386
    include ktypes/standard
    include minnow.scc
    # minnow.scc에 정의된 최소 설정 위에 추가적인 미노우 설정
    include cfg/efi-ext.scc
    include features/media/media-all.scc
    include features/sound/snd_hda_intel.scc
    # 다음은 standard.scc에 있어야 한다
    # USB 라이브 이미지 지원
    include cfg/usb-mass-storage.scc
    include cfg/boot-live.scc
    # 기본 프로파일링
    include features/latencytop/latencytop.scc
    include features/profiling/profiling.scc
    # scc가 없는 드라이버 요청
    kconf hardware minnow-drivers-extra.cfg
```

모든 BSP 컬렉션 서술은 KMACHINE, KTYPE, KARCH를 정의해서 빌드 시스템으로 하여금 커널 레시피에 의해 정의된 요구 사항을 위한 알맞은 컬렉션 서술을 식별하게 해야 한다.

커널 레시피는 KMACHINE과 KTYPE 변수의 설정을 통해 그 요구 사항을 표출한다. 빌드 시스템은 BSP 컬렉션 서술의 KMACHINE과 KTYPE을 커널 레시피에 의해 설정된 KMACHINE 및 LINUX_KERNEL_TYPE과 일치시켜서 레시피가 요구하는 커널을 위한 적절한 환경 설정을 제공하는 BSP 통합을 찾는다.

메타데이터 구성

메타데이터는 레시피 영역in-recipe space이나 트리 내in-tree에서 제공된다. 레시피 영역 프로비저닝은 컬렉션 서술, 설정 단편, 패치가 레시피와 함께 제공된다는 의미다. 트리 내 프로비저닝은 메타데이터가 커널 리파지토리의 브랜치(보통 meta)에 제공된다는 의미다.

레시피 영역 메타데이터

레시피 영역 프로비저닝의 경우, 리스트 9-10처럼 파일을 FILESEXTRAPATHS 아래 디렉터리 계층에 배치한다.

리스트 9-10 레시피 영역 메타데이터

```
meta-mylayer
└── recipes-kernel
    └── linux
        ├── linux-custom
        │   ├── bsp-standard.scc
        │   ├── bsp.cfg
        │   └── standard.cfg
        └── linux-custom_4.2.bb
```

레시피가 설정 컬렉션을 알게 하기 위해 다음과 같이 추가해 SCC 파일을 SRC_URI에 포함 시켜야 한다.

```
SRC_URI += file://bsp-standard.scc
```

예제에서 커널 레시피 이름은 linux-custom_4.2.bb고 FILESEXTRAPATH는 자동으로 ${THISDIR}/${PN}을 포함하도록 설정됐으므로, 비트베이크는 컬렉션 서술을 찾는다.

트리 내 메타데이터

트리 내 메타데이터는 리스트 9-11처럼 메타데이터 브랜치, 일반적으로는 커널 리파지토 리의 일부인 meta에 보관된다.

리스트 9-11 트리 내 메타데이터

```
meta
└── cfg
    └── kernel-cache
        ├── bsp-standard.scc
        ├── bsp.cfg
```

```
      └─ standard.cfg
```

커널 도구가 meta/cfg/kernel-cache 경로를 예상하므로 필수다. kernel-cache 디렉터리 아래에서, 메타데이터는 욕토 프로젝트 커널 리파지토리의 **meta** 브랜치와 마찬가지로, 디 렉터리 계층으로 구성된다. 욕토 프로젝트 커널 리파지토리의 **meta** 브랜치 구조는 리스트 9-12와 같다.

리스트 9-12 욕토 프로젝트 커널 리파지토리 meta 브랜치

```
meta
└─ cfg2
    └─ kernel-cache
        ├─ 00-README
        ├─ arch
        │   ├─ arm
        │   ├─ mips
        │   ├─ omap
        │   ├─ powerpc
        │   └─ x86
        ├─ backports
        ├─ bsp
        │   ├─ arm-versatile-926ejs
        │   ├─ beagleboard
        │   ├─ beaglebone
        │   ├─ common-pc-64
        │   ├─ common-pc
        │   └─ ...
        ├─ cfg
        │   └─ ...
        ├─ features
        │   ├─ amt
        │   ├─ aufs
        │   ├─ bfq
        │   ├─ blktrace
        │   ├─ bluetooth
        │   └─ ...
        ├─ ktypes
        │   ├─ base
```

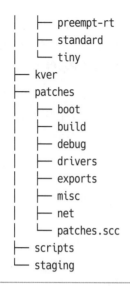

```
|   ├── preempt-rt
|   ├── standard
|   └── tiny
├── kver
├── patches
|   ├── boot
|   ├── build
|   ├── debug
|   ├── drivers
|   ├── exports
|   ├── misc
|   ├── net
|   └── patches.scc
├── scripts
└── staging
```

컬렉션 서술, 환경 설정 단편, 패치는 하위 디렉터리에 구성돼 있다.

- arch: 아키텍처의 기능 컬렉션 서술

- backports: 최신 커널 버전의 백포트 기능이 있는 패치에 대한 패치 컬렉션 서술

- bsp: BSP 컬렉션 서술

- cfg: 설정 컬렉션 서술

- features: 비하드웨어[non-hardware] 기능을 활성화하는 기능 컬렉션 서술

- ktypes: 커널 타입 컬렉션 서술

- patches: 패치 컬렉션 서술

- staging: 스테이징 패치

scripts 도구 스크립트와 디렉터리는 커널 버전을 포함한 kver 파일을 가지고 있다.

커널 레시피를 이용해 리눅스 커널을 빌드할 때는 트리 내 메타데이터를 적용하기 위해 컬렉션 서술 파일을 관련 경로를 가진 KERNEL_FEATURES 변수에 추가해야 한다. 예를 들어 AUFS[Another Union File System] 기능을 추가하는 경우 다음과 같이 사용한다.

```
KERNEL_FEATURES_append = " features/aufs/aufs.cfg"
```

KERNEL_FEATURES 변수는 공백으로 구분된 컬렉션 서술 파일 목록을 가지고 있다. _append 는 공백을 추가하지 않으므로, 명확하게 공백을 추가해야 한다. 빌드 시스템이 KERNEL_ FEATURES에 자체 목록을 채우는 컬렉션 서술 목록을 직접 지정하면 안 된다.

앞서 메타데이터 브랜치가 커널 리파지토리 내의 고립된 브랜치라는 것을 설명했다. 고립 된 브랜치는 리파지토리의 다른 브랜치에 관련이 없는 브랜치다. 자신의 커널 소스 리파지 토리를 자신만의 메타데이터 브랜치와 함께 사용하려면, 리파지토리 내에 orphan 브랜치 를 생성해야 한다.

```
$ cd <kernel repo>
$ git checkout --orphan meta
$ git rm -rf .
$ git commit -allow-empty -m "Create orphan meta branch"
$ mkdir -p meta/cfg/kernel-cache
```

이제 새 메타데이터 브랜치에 메타데이터 파일을 추가할 수 있다. 파일을 추가하고 수정한 후, 리파지토리에 커밋해야 한다. 일단 커밋하고 나면, 커널 레시피의 SRCREV_meta를 새로 운 커밋 해시로 조정해야 한다. 그렇지 않으면 빌드 시스템은 구 버전으로 패치한다. 이것 을 잊으면, 매우 곤란한 경우가 생기므로 조심하자.

메타데이터 애플리케이션

빌드 시스템은 다음과 같은 방식으로 맞는 메타데이터를 수집한다.

- BSP 컬렉션 서술의 KMACHINE과 KTYPE이 커널 레시피에 의해 설정된 KMACHINE과 LINUX_KERNEL_TYPE에 일치시켜 BSP 수집을 포함해 모든 것을 가진 BSP 수집을 찾 는다.

- SRC_URI에서 찾아볼 수 있는 모든 컬렉션 서술을 포함한다.

- KERNEL_FEATURES 변수를 평가한다.

이 정보를 바탕으로 커널 도구는 커널 설정을 위한 통합 .config 파일과 커널 소스에 적용 시킬 패치 목록을 생성한다.

장기간 지원되는 커널

욕토 프로젝트 커널 개발자는 다양한 기준에 따라 업스트림 www.kernel.org에서 리눅스 커널을 선택해야 한다. 오랜 기간 동안 지원되는 커널도 있다. 보통 www.kernel.org는 90일마다 새로운 커널을 배포한다. 일단 새로운 커널 버전이 배포되면, 대체된 이전 버전의 커널은 더 이상 업데이트를 받지 않는다. 새로운 버전의 커널로 업그레이드할 수 없고, 보안 및 다른 개선으로 패치가 필요한 임베디드 시스템에서는 문제가 될 수 있다.

이 문제를 해결하기 위해 몇몇 회사는 리눅스 재단의 후원으로 LTSI[Long-Term Support Initiative]를 만들었다.[6] LTSI는 한 리눅스 커널 버전을 선택해 본래의 커널의 배포일로부터 2년 동안 새로운 커널 버전의 패치 및 포트 체리픽[cherry-picked] 기능을 유지한다.

욕토 프로젝트는 LTSI와 협력해, 욕토 프로젝트 커널 개발자들이 항상 욕토 프로젝트 커널로 LTSI 커널을 선택하게 한다. 모든 LTSI 커널은 결국 욕토 프로젝트 커널이 된다. 그렇지만 모든 욕토 프로젝트 커널이 LTSI 커널인 것은 아니다. 욕토 프로젝트 커널 개발자들이 LTSI 배포판들 가운데 추가적인 커널 버전을 선택하는 경우도 있기 때문이다.

LTSI 커널인 욕토 프로젝트 커널을 선택하는 경우, 최초 배포일로부터 최대 3년 동안 유지되는 커널 혜택을 받게 된다.

9.4 트리 밖 모듈

커널 모듈을 빌드하는 가장 쉬운 방법은 단연 트리 내[in-tree]에 두는 것이다. 모듈의 소스 코드는 리눅스 커널 소스 트리로 통합되고, 모듈이 커널의 kconfig 설정 기능을 위해 올바르게 설정돼 있기만 하다면, 설정 매개변수를 통해 모듈을 활성화하기만 하면 된다.

그렇지만 이것이 항상 선택 가능한 사항은 아니다. 하드웨어 공급자가 제공하는 장치 드라이버를 이용하지 않는 소스 패키지로 모듈의 소스 코드를 수신했을 수 있다. 자신만의 모듈에 대해조차, 리눅스 커널 소스 트리로 소스 코드를 통합하지 않고 트리 밖[out-of-tree]에서 모듈을 빌드하도록 선택할 수 있다. 이런 목적으로, 빌드 시스템은 트리 밖 모듈을 빌드하기 위한 대부분의 기능을 포함하는 module 클래스를 제공한다.[7]

---

6 http://ltsi.linuxfoundation.org/what-is-lisi

7 그럼에도 불구하고, 가능하면 항상 리눅스 커널 소스에 커널 모듈 업스트림으로 제출해야 한다. 일단 업스트림으로 제출되면, 모듈은 '자동으로' 커널 버전에서 커널 버전으로 커널 통신에 의해 관리된다.

9.4.1 커널 모듈 개발

고유의 커널 모듈을 작성하려면, 당연히 그 소스 파일의 책임자가 된다. 이는 메이크파일
makefile 작성을 허용해, 모듈 클래스를 레시피 내의 컴파일 및 설치 함수에 대한 수정 없이
직접 사용할 수 있게 한다.

욕토 프로젝트는 C 소스 파일, 라이선스 파일, 그리고 그것을 빌드하는 레시피와 함께 메이
크파일로 구성된 간단한 모듈 예제를 제공한다. 다음 경로를 통해 이 예제를 살펴볼 수 있다.

poky/meta-skeleton/recipes-kernel/hello-mod

레시피는 꽤 직관적이다. 리스트 9-13에 이를 복사해뒀다.

리스트 9-13 모듈 레시피(hello-mod_0.1.bb)

```
SUMMARY = "Example of how to build an external Linux kernel module"
LICENSE = "GPLv2"
LIC_FILES_CHKSUM = "file://COPYING;md5=12f884d2ae1ff87c09e5b7ccc2c4ca7e"
inherit module
PR = "r0"
PV = "0.1"
SRC_URI = "file://Makefile \
           file://hello.c \
           file://COPYING \
          "
S = "${WORKDIR}"
# module.bbclass의 상속은 자동으로 모듈 패키지의 이름에
# "kernel-module-" 접두를 붙인다
# 이는 oe-core 빌드 환경에 의해 요구되는 사항이다
```

모든 레시피에 대해서도 그렇지만 여기에도 역시 SUMMARY, LICENSE, LIC_FILES_CHKSUM,
SRC_URI를 제공해야 한다. 예를 들어 후자는 단순히 레시피 영역에 제공되는 세 개의 파일
을 포함한다. 물론, 더 복잡한 모듈인 경우 소스 파일을 구조화하고 패키징할 것이다. 이 예
제도 PV를 설정한다. 빌드 시스템은 레시피 파일의 이름으로부터 파생된 것이기 때문에 엄
격히 말하면 중복된다. 페처fetcher가 직접 소스 파일을 복사함으로써, 레시피는 빌드 기능을
모듈 클래스에서 상속받아 S를 ${WORKDIR}로 설정한다.

이것이 레시피에 대한 전부다. 리스트 9-14에 복사된 메이크파일은 module 클래스의 빌드
타깃과 매개변수 규칙을 따르기 때문이다.

리스트 9-14 모듈 메이크파일(Makefile)

```
obj-m := hello.o
SRC := $(shell pwd)
all:
        $(MAKE) -C $(KERNEL_SRC) M=$(SRC)
modules_install:
        $(MAKE) -C $(KERNEL_SRC) M=$(SRC) modules_install
clean:
        rm -f *.o *~ core .depend .*.cmd *.ko *.mod.c
        rm -f Module.markers Module.symvers modules.order
        rm -rf .tmp_versions Modules.symvers
```

간단하지만 전형적인 리눅스 커널 모듈 메이크파일이다. 모듈 클래스는 기본 타깃(all)
과 module_install로 명명된 설치 타깃을 필요로 한다. 커널 모듈은 커널 소스 트리로부
터 빌드돼야 한다. 더 나아가, KERNEL_SRC 변수는 -C 매개변수로 전달된다. 모듈 클래스는
KERNEL_SRC를 STAGING_KERNEL_DIR로 설정한다. 여기에 빌드 시스템이 커널 소스를 유지하
는 위치가 포함돼 있다. 매개변수 M[8]은 트리 밖 커널 모듈이 빌드되고 있음을 커널 빌드 시
스템에 알린다. M은 모듈의 소스 디렉터리로 설정돼야 한다.

리스트 9-15 모듈 클래스(poky/meta/classes/module.bbclass)

```
DEPENDS += "virtual/kernel"
inherit module-base kernel-module-split
addtask make_scripts after do_patch before do_compile
do_make_scripts[lockfiles] = "${TMPDIR}/kernel-scripts.lock"
do_make_scripts[deptask] = "do_populate_sysroot"
module_do_compile() {
        unset CFLAGS CPPFLAGS CXXFLAGS LDFLAGS
        oe_runmake KERNEL_PATH=${STAGING_KERNEL_DIR} \
                   KERNEL_SRC=${STAGING_KERNEL_DIR} \
                   KERNEL_VERSION=${KERNEL_VERSION} \
                   CC="${KERNEL_CC}" LD="${KERNEL_LD}" \
                   AR="${KERNEL_AR}" \
                   ${MAKE_TARGETS}
}
```

---

8 구형 커널 모듈의 메이크파일에서는 하위 호환성을 위해 유지되는 변수 SUBDIRS를 찾을 수도 있다.

```
module_do_install( ) {
        unset CFLAGS CPPFLAGS CXXFLAGS LDFLAGS
        oe_runmake DEPMOD=echo INSTALL_MOD_PATH="${D}" \
                    KERNEL_SRC=${STAGING_KERNEL_DIR} \
                    CC="${KERNEL_CC}" LD="${KERNEL_LD}" \
                    modules_install
}
EXPORT_FUNCTIONS do_compile do_install
# PN RDEPENDS로 나뉘어진 모든 모듈을 추가, PN은 비어있을 수 있다
KERNEL_MODULES_META_PACKAGE = "${PN}"
FILES_${PN} = ""
ALLOW_EMPTY_${PN} = "1"
```

리스트 9-15에 모듈 클래스를 복사해뒀다. 클래스를 이해하면 커널 모듈 및 레시피를 작성하는 데 도움이 될 것이다.

- 클래스는 빌드 종속성으로 virtual/kernel을 설정한다. 이는 빌드 시스템이 모듈 빌드를 시도하기 전에 커널이 빌드됐음을 보장한다.

- 모듈을 빌드하기 전에 커널 스크립트를 빌드하는 make_scripts를 정의하는 module-base로부터 상속받는다. patch 작업 후, 그리고 compile 작업 전에 이 작업을 추가한다. 리눅스 커널 소스 트리는 호스트 시스템을 위해 빌드된 몇 가지 도구를 포함한다. 일부 모듈은 이 도구를 필요로 한다. 그러나 STAGING_KERNEL_DIR은 이 도구의 바이너리 버전을 포함하고 있지 않다. 빌드 시스템은 타깃을 위한 커널 소스 패키징 전에 STAGING_KERNEL_DIR에서 바이너리를 제거한다. 호스트 시스템을 위해 빌드된 도구가 타깃에 적용되지 않기 때문이다. 즉, 커널 패키징 후 모듈을 빌드하기 위해 이 도구를 다시 빌드해야 함을 의미한다.

- kernel-module-split 클래스는 커널 모듈의 패키징을 처리한다. 주 패키지는 kernel-module-을 접두로 둔다. hello-mod 예제의 경우, kernel-module-hello-mod 패키지가 실제 커널 모듈 바이너리를 포함하고 있다.

- KERNEL_SRC와 더불어, 클래스는 module_do_compile 태스크를 통해 메이크파일에 KERNEL_PATH를 전달한다. 두 변수를 전달해 모듈 메이크파일에서 가장 일반적으로 사용되는 커널 소스 디렉터리를 위해 두 변수 이름을 처리한다. 클래스도 변수 KERNEL_CC, KERNEL_LD, KERNEL_AR에서 컴파일러(CC), 링커(LD), 아카이버(AR)를 위해

명령을 전달한다. 물론 여기에 타깃 아키텍처를 위한 적절한 크로스 툴체인이 포함돼 있다.

- `module_do_install` 태스크를 실행하는 경우, 클래스는 메이크파일에 `DEPMOD=echo`를 전달한다. 사실상 모든 모듈이 호스트 시스템에 빌드되고 설치되는 것으로 간주되기 때문에 설치 타깃은 일반적으로 심볼 맵symbol map을 생성하기 위한 depmod 유틸리티를 호출한다. 물론 다른 타깃 시스템을 위해 호스트 시스템에서 모듈을 빌드하는 경우에는 적합하지 않다. 그런 이유로 depmod는 간단히 로그 결과를 만들어내는 echo로 대체된다.

제3의 모듈을 빌드하기 위해 욕토 프로젝트를 사용하는 경우 매개변수를 일치시켜보는 `module_do_compile` 또는 `module_do_install` 태스크를 무시해야 할 수도 있다.

9.4.2 서드파티 모듈을 위한 레시피 생성

일반적으로, 트리 밖 커널 모듈은 본래의 모듈을 빌드하기 위한 메이크파일과 함께 제공된다. 이는 빌드 시스템을 위한 것이다. 메이크파일을 살펴보면 커널 모듈을 빌드하기 위해 레시피를 적용할지 여부와 그 방법에 대해 알 수 있다. 여기서 다음과 같이 몇 가지 항목을 확인할 수 있다.

- 커널 소스 디렉터리: 프로세스를 간단히 만들기 위해 모듈 개발자들은 보통 커널 소스 위치를 자동으로 감지하는 로직logic을 만들어 메이크파일에 넣는다. 이 작업은 호스트 시스템을 위한 빌드에는 잘 동작하지만, 욕토 프로젝트 빌드 환경에서는 잘 동작하지 않는다. 그런 이유로, `KSRC`, `KERNEL_PATH` 또는 `KERNEL_SRC` 같은 커널 소스 디렉터리를 위해 사용되는 변수를 찾아야 하며 결국 레시피에 이를 할당해야 한다.

- 빌드 타깃: 대부분의 커널 모듈 메이크파일은 모듈을 컴파일하는 기본 빌드 타깃을 정의한다. 이 타깃은 메이크파일에 명확하게 전달되는 타깃이 없는 경우 호출된다. 이는 `module_do_compile` 태스크를 위한 기본값이다. 이 작업은 대부분의 경우에 적합하다.

- 설치 타깃: module 클래스는 설치 타깃으로 `modules_install`을 기대하고, 이것은 커널 개발 규약이다. 그러나 많은 모듈이 `install`을 사용한다.

- 하위 디렉터리 구조: 메이크파일이 모듈 소스 패키지의 최상위 디렉터리에 있지 않

고 소스를 포함한 하위 디렉터리에 있는 경우, 그에 따라 S 변수를 조정해야 한다.

- 라이선스 파일: 빌드 시스템은 모듈 소스 패키지의 최상위 디렉터리에 라이선스 파일이 있을 것으로 기대한다. 그렇지 않은 경우, 레시피는 라이선스를 그 자리에 복사해야 한다. 라이선스 파일을 복사하려면 레시피에 do_configure_prepend를 추가해야 한다.

리스트 9-16은 예제처럼 인텔 PCI-E 40 기가비트 네트워크 커넥션Intel PCI-E 40 Gigabit Network Connections[9]을 위한 리눅스 드라이버를 빌드하는 레시피다.

리스트 9-16 인텔 PCI-E 40 리눅스 드라이버

```
SUMMARY = "Base Driver for the Intel(R) XL710 Ethernet Controller Family"
LICENSE = "GPLv2"
LIC_FILES_CHKSUM = "file://COPYING;md5=d181af11d575d88127d52226700b0888"
inherit module
PR        = "r0"
# SRC_URI가 SDK 타볼을 가리키도록 한다
SRC_URI = "file://${TOPDIR}/../i40e-1.2.46.tar.gz"
do_configure_prepend( ) {
    # 라이선스 파일은 ${S}에 있어야 한다
    cp ${WORKDIR}/${P}/COPYING ${S}
}
module_do_compile( ) {
        unset CFLAGS CPPFLAGS CXXFLAGS LDFLAGS
        oe_runmake KSRC=${STAGING_KERNEL_DIR} \
                BUILD_KERNEL=${KERNEL_VERSION} \
                KVER=${KERNEL_VERSION} \
            INSTALL_MOD_PATH="${D}" \
                CC="${KERNEL_CC}" LD="${KERNEL_LD}" \
                AR="${KERNEL_AR}" \
                ${MAKE_TARGETS}
}
module_do_install( ) {
        unset CFLAGS CPPFLAGS CXXFLAGS LDFLAGS
        oe_runmake DEPMOD=echo INSTALL_MOD_PATH="${D}" \
```

9   https://downloadcenter.intel.com/download/24411-Adapter-Driver-for-PCI-E-40-Gigabit-Network-Connections-under-Linux-에서 드라이버를 위한 소스 패키지를 찾을 수 있다.

```
                          BUILD_KERNEL=${KERNEL_VERSION} \
                          KSRC=${STAGING_KERNEL_DIR} \
                          KVER=${KERNEL_VERSION} \
                          CC="${KERNEL_CC}" LD="${KERNEL_LD}" \
                          install
}
S = "${WORKDIR}/${P}/src"
```

많은 모듈의 경우, 모듈을 빌드하기 위해 레시피의 module 클래스에서 기본값을 조정할 수 있다. 모듈 소스 코드를 패치하지 않아도 되므로 이 방식이 선호된다. 그러나 모듈을 빌드할 수 있도록 패치를 제공해야 하는 모듈이 있을 수 있다. 이런 모듈을 위해 레시피 영역 내 패치를 제공하고 SRC_URI에 이를 추가한다.

9.4.3 루트 파일시스템에 모듈 포함시키기

최종 단계는 타깃을 위한 루트 파일시스템 이미지와 함께 모듈을 포함시키는 것이다. 대다수의 모듈은 하드웨어 드라이버를 위한 모듈이다. 물론 루트 파일시스템에 이를 포함시키는 것은 타깃 하드웨어가 그에 맞춰 장비를 갖추고 있는 경우에만 유용하다. 이런 이유로, 빌드 시스템은 다음 변수를 제공한다. 일반적으로 머신 설정 파일[10]에 설정되는 변수들이다.

- **MACHINE_ESSENTIAL_EXTRA_RDEPENDS**: 이미지 빌드에 필요한 머신 특정 패키지 목록. 이 변수에 추가된 모든 모듈 패키지는 빌드 시스템이 이미지를 생성하기 전에 빌드돼야 한다. 이는 머신에 필수적인 변수이기 때문에 목록의 패키지는 머신 부팅에 필수적인 것으로 간주된다. 이 변수는 packagegroup-core-boot를 기반으로 하는 모든 이미지에 쓰인다.

- **MACHINE_ESSENTIAL_EXTRA_PRECOMMENDS**: 위 변수와 유사하게, 빌드 프로세스가 의존하지는 않지만 머신을 위해 권하는 머신 특정machine-specific 패키지 목록. 즉 목록의 패키지가 보이지 않아도 이미지는 성공적으로 빌드됨을 의미한다. 목록의 패키지들도 머신에 필수적이다. 즉 머신 부팅에 꼭 필요하다는 의미이다. 다소 모순적인 사실은 이것이 모듈 패키지로 제공되기보다는 리눅스 커널에 컴파일돼 들어가는 모듈에

---

10 욕토 프로젝트 보드 지원 패키지를 논하는 다음 장에서 머신 설정에 대해 살펴볼 것이다.

적합하다는 것이다.

- **MACHINE_EXTRA_RDEPENDS**: 이미지 빌드에 필수적인 머신 특정 패키지 목록. 그러나 MACHINE_ESSENTIAL_EXTRA_RDEPENDS와 달리, 이 패키지는 머신 부팅에 필수적이지 않다. 이 변수는 packagegroup-base를 기반으로 하는 모든 이미지에 의해 쓰인다.
- **MACHINE_EXTRA_PRECOMMENDS**: 머신 부팅에 꼭 필요하진 않지만 머신을 위해 권장되는 머신 특정 패키지 목록

예를 들어, 이미지에 커널 모듈을 포함시키려면 머신 정의 파일에 다음 내용을 추가한다.

```
MACHINE_EXTRA_RDEPENDS += "kernel-module-<module name>"
```

이미지 레시피의 IMAGE_INSTALL 변수에 모듈을 추가 가능한지 궁금할 수 있다. 물론 가능하지만, 모듈이 머신 특정 하드웨어 기능에 의존적이지 않은 경우에만 추천한다.

9.4.4 모듈 자동 로딩

빌드 시스템은 타깃 시스템의 /etc/modules-load.d와 /etc/modprobe.d를 사용해 자동이지만 정적인 모듈 로딩을 설정할 수 있다. 보통 하드웨어 식별 및 유사한 트리거 기반의 udev가 제공하는 자동 모듈 로딩에 의존하는 것이 더 나은 생각이지만, 부팅 시에 정적 모듈 로딩이 합리적인 사용 사례가 있을 수 있다.

systemd와 system-modules-load.service를 사용하는 경우, 변수 KERNEL_MODULE-AUTOLOAD는 부팅 시에 로드돼야 하는 모듈 목록을 지정한다.

```
KERNEL_MODULE_AUTOLOAD += "module1 module2 module3"
```

목록의 각 모듈에 대해 빌드 시스템은 모듈명을 가진, 그리고 로드할 모듈명을 포함하고 있는 /etc/modules-load.d에서 .conf로 끝나는 파일을 생성한다. 파일의 알파벳 순서가 모듈의 로드 순서를 결정한다.

/etc/modprobe.d를 통해 모듈의 설정 매개변수를 제공하기 위해, 변수 KERNEL_MODULE_PROBECONF와 module_conf_<module_name>을 사용한다. KERNEL_MODULE_AUTOLOAD처럼, KERNEL_MODULE_PROBECONF는 간단한 모듈명 목록이다. KERNEL_MODULE_PROBECONF에 있는 각 항목에 대해 빌드 시스템은 modprobe가 예상한 모듈 설정을 명시하는 module_conf_

<module_name> 변수를 기대한다. 예를 들어, 두 개의 설정 변수를 필요로 하는 footfighter 라는 가상 모듈의 경우, 다음과 같이 사용한다.

```
KERNEL_MODULE_PROBECONF += "foofighter"
Module_conf_foofighter = "options foofighter foo=1 bar=2"
```

보통 모듈을 위해 레시피에 이 설정을 둔다.

9.5 장치 트리

간단히 말해, 장치 트리는 하드웨어 플랫폼을 설명하는 데이터 구조다. I/O 주소, 메모리 주소 영역, 인터럽트 등의 장치와 설정에 대한 모든 세부 사항을 커널 소스에 하드코딩하는 대신, 데이터 구조가 부팅 시에 커널에 전달된다. DTC^{device tree compiler}(장치 트리 컴파일러)는 사람이 읽을 수 있는 계층 구조 형태의 트리를 보통 FTD^{flattened device tree}(편평화된 장치 트리)라는 바이너리 형태로 컴파일한다.

오픈임베디드 빌드 시스템은 DTC를 사용하는 장치 트리 소스 파일로부터 FTD를 빌드하기 위한 방법을 제공한다. 장치 트리 소스 파일은 .dts로 끝난다. FTB를 포함한 파일은 .dtb로 끝난다. 이번 단락에서는 빌드 시스템을 이용하는 플랫폼이나 머신에 대한 장치 트리 빌드 방식을 설명한다.[11]

장치 트리는 플랫폼이나 머신에 따라 다르다. 플랫폼의 하드웨어 설정을 설명하기 때문이다. 장치 트리는 커널 레시피의 일부로 빌드된다. 이를 위해 커널 레시피는 다음 중 하나를 포함해야 한다.

```
require recipes-kernel/linux/linux-dtb.inc
```

또는

```
require recipes-kernel/linux/linux-yocto.inc
```

후자는 전자를 포함하고 있다.

---

11 플랫폼에 대한 장치 트리 개발 방법과 장치 트리 구조화 방식에 대한 정보를 찾아보려면 www.devicetree.org와 http://elinux.org/ Device_Tree를 참조하라.

이제 변수 KERNEL_DEVICETREE를 플랫폼의 FTD 이름으로 설정해 플랫폼에 맞게 빌드할 장치 트리를 빌드 시스템에 알려야 한다. 예를 들면 다음과 같다.

```
KERNEL_DEVICETREE = "am335x-bone.dtb am335x-boneblack.dtb"
```

비글본 화이트와 비글본 블랙을 위한 FTD 파일을 생성하기 위해 빌드 시스템에 지시한다. 이 변수의 가장 적합한 위치는 모든 머신 특정 설정을 포함하는 머신 설정 파일이다.

9.6 요약

이 장은 욕토 프로젝트로 리눅스 커널 및 커널 모듈을 빌드하는 방법에 중점을 뒀다.

- 메뉴 설정 및 설정 조각으로, 빌드 시스템은 커널 설정의 통합과 빠른 라운드트립round-trip 테스트를 가능하게 하는 도구를 제공한다.

- 커널 소스 코드 패치patch는 다른 소프트웨어 패키지와 정확히 같은 방식으로 적용된다.

- 가장 간단한 형태로, 리눅스 커널은 소스 타볼 또는 깃 리파지토리의 커널 트리 소스에서 레시피 영역이나 트리 설정 영역에 직접 빌드할 수 있다.

- 욕토 프로젝트는 커널 소스뿐만 아니라 설정 메타데이터 및 패치가 있는 리파지토리로 구성된 자신의 리눅스 커널을 유지 관리한다. 욕토 프로젝트 커널 도구는 메타데이터 기능을 사용해 융통성 있는 설정을 가능하게 한다.

- 욕토 프로젝트 커널 인프라는 BSP 특정 브랜치를 파생할 수 있도록 표준standard, 실시간real-time, 최소tiny라는 세 가지 기본 설정을 위해 유지 관리되고 있는 커널 소스를 제공한다.

- 욕토 프로젝트는 여러 해 동안 지속적으로 지원하는 LTSI 커널을 채택한다. 임베디드 프로젝트에 특히 유용하다.

- module 클래스를 통해 빌드 시스템은 트리 밖 커널 모듈의 편리한 빌드를 지원한다.

9.7 참조

리눅스 커널 빌드 시스템, Documentation/kbuild/kbuild.txt

욕토 프로젝트 리눅스 커널 개발 설명서, www.yoctoproject.org/docs/1.8/kernel-dev/kernel-dev.html

10

보드 지원 패키지

이제까지 욕토 프로젝트 도구를 사용해 커스텀 리눅스 시스템을 빌드하는 데 필요한 기본 지식을 알아봤으며, 이들의 테스트를 위해 소프트웨어 시스템 에뮬레이터 QEMU를 사용했다. 10장에서는 한 단계 더 나아가, 실제 하드웨어를 위한 리눅스 커널 및 루트 파일시스템 이미지 생성을 빌드 시스템이 지원하는 방식을 설명한다.

하드웨어 지원은 보드 지원 패키지BSP, board support package를 통해 이뤄진다. 임베디드 시스템 개발에 익숙하다면 BSP라는 용어를 이미 들어봤을 것이다. 그렇지만 같은 이름임에도 불구하고, 욕토 프로젝트 BSP는 일반적인 임베디드 시스템에서 말하는 전통적인 BSP와 상당히 다르다.

욕토 프로젝트 BSP 이면의 철학과 더불어 욕토 프로젝트 BSP와 전통 BSP가 차이를 나타내는 이유를 설명하면서 시작하겠다. 그다음 임베디드 평가 보드용 시스템을 빌드하고, 보드에 시스템을 구축하며, 최종적으로 그 보드를 부팅하기 위해 BSP를 사용해볼 것이다. 이 장의 마지막에서는 여러분 고유의 하드웨어용 욕토 프로젝트 BSP를 생성하는 방법을 간략히 설명하겠다.

10.1 욕토 프로젝트 BSP 철학

일반적으로, BSP는 임베디드 장치 보드 같은 주어진 하드웨어에 대해 어떤 운영체제에 적용된 특정 수정 사항이다. BSP는 일반적으로 반도체 및 보드 공급자에 의해 고객에게 제공되기 때문에 고객은 그 벤더의 하드웨어에 운영체제를 빌드하고 로드하고 실행시킬 수 있다.

전통적인 BSP는 보통 다음 항목들로 구성된다.

- 문서: 먼저 문서를 둔다. 모든 BSP는 BSP 내용을 설명하는 문서를 포함해야 하고, BSP가 지원하는 특정 하드웨어에 대한 정보를 제공해야 한다. 그리고 그 하드웨어에 운영체제를 빌드하기 위한 BSP의 사용 방식, 운영체제 이미지를 하드웨어에 전달하는 방법, 하드웨어를 부팅하는 방법 등을 위한 지침서가 포함돼야 한다. 또한 문서에는 BSP가 지원하는 참조 하드웨어와 유사한 하드웨어에 BSP를 적용하는 방법에 대한 정보도 포함돼야 할 것이다.

- 개발 도구: 흔히 벤더는 적어도 컴파일러^{compiler}, 어셈블러^{assembler}, 링커^{linker}, 아카이버^{archiver}가 포함된 툴체인을 가지고 있다. 툴체인은 지원되는 장치 및 소스 코드와 잘 맞아야 한다. 타깃 하드웨어를 더 편리하게 개발할 수 있도록, 일부 BSP에는 소프트웨어 개발 킷(SDK)과 이클립스 같은 통합 개발 환경(IDE)이 포함돼 있다.

- 운영체제 소스 코드 및 바이너리: 일부 BSP는 운영체제가 오픈소스인 경우 운영체제의 전체 소스 코드를 포함할 수도 있다. 상용이라면 장치 드라이버, 헤더 파일, 정적 링크 라이브러리 같은 애플리케이션 소프트웨어 컴파일에 필수적인 소스 코드만 포함돼 있을 수 있다. 모든 기타 운영체제 파일은 바이너리로 제공된다. 운영체제 소스와 바이너리의 크기가 클 수 있기 때문에 제공된 개발 도구가 시스템 빌드를 하기 위해 필요한 소스 코드와 바이너리는 벤더의 리파지토리와 다운로드 사이트를 통해 얻을 수 있다.

- 소스 코드 패치: BSP에 대상이 되는 하드웨어가 특정 장치 드라이버, 환경, 그 밖의 기본 운영체제 소프트웨어 패키지의 상위 모듈을 필요로 하는 경우 BSP는 그것들을 제공한다. 또 다른 식으로, 벤더가 운영체제 소스를 미리 패치하는 경우 BSP가 패치를 포함하고 있을 필요는 없다. 이런 경우가 더 흔하다.

- 파일시스템 이미지: BSP는 지원하는 하드웨어를 위해 전체 파일시스템 이미지를 포함할 수 있다. 이는 타깃을 띄우는 데 도움이 되고, 자신의 시스템을 빌드하는 데 참고할 수 있으므로 매우 편리하다.

문서에서 파일시스템 이미지까지 모든 것을 포함한 BSP는 그 내용에 의해 대부분의 의존성이 해결되므로, 사용자가 빠르게 BSP를 다룰 수 있어 편리하다. 그렇지만 장기간 유지보수하는 것은 때때로 도전이 되기도 한다. 특히 벤더가 규칙적인 업데이트를 제공하지 않는 경우에 그러하다. 여전히 SoC와 리눅스 커널 2.6을 사용하는 개발 보드를 위한 많은 벤더 BSP를 볼 수 있다.

이는 만약 임베디드 프로젝트가 SoC 중 하나를 새로운 커널 버전에서만 지원되는 다른 하드웨어와 함께 활용하는 경우 문제가 될 수 있다. SoC 벤더가 최신 리눅스 커널을 위한 BSP의 업데이트를 제공하지 않는 경우, 시스템 엔지니어는 새로운 커널 버전으로 BSP를 포팅^{porting}하거나 BSP에 의해 지원되는 오래된 커널 버전으로 장치를 백포팅^{back-porting}하는 작업에 직면할 수 있다. 두 가지 방식은 잠재적인 위험이 있다.

BSP를 최신 리눅스 커널 버전으로 포팅하는 것은 알려지지 않은 그 히스토리^{history} 때문에 작업이 더 어려울 수 있다. 이러한 히스토리에는 벤더가 업스트림^{upstream} 소스에서 언제 브랜치를 땄는가, 어떤 변경 사항이 적용됐는가 등이 포함된다.

반대로, 장치 드라이버를 백포팅하는 것은 장치 드라이버가 새 리눅스 커널에서만 이용 가능한 특성을 필요로 하는 경우에는 불가능하다.

욕토 프로젝트는 BSP를 위한 다른 방법을 내놓았다.

- 욕토 프로젝트 BSP는 전통 BSP처럼 분리돼 있지 않으며, 오픈임베디드 코어(meta) 같은 기본 메타데이터 레이어와 기타 추가적인 레이어를 필요로 한다.
- 욕토 프로젝트 BSP는 빌드 시스템이나 어떠한 개발 도구도 포함하지 않는다. 이것들은 욕토 프로젝트 그 자체에 의해 제공되고 빌드 과정 동안 생성된다.
- 욕토 프로젝트 BSP는 레시피 외에 어떠한 소스 코드 및 패치도 포함하지 않는다.
- 욕토 프로젝트 BSP는 특정 하드웨어에 해당하는 구성 요소만을 고려한다.

근본적으로, 욕토 프로젝트 BSP는 타깃 하드웨어 지원을 위한 코어 레이어에 추가 및 변경을 포함하는 특성화된 메타데이터 레이어일 뿐이다. 모든 욕토 프로젝트 BSP는 적어도 OE

코어 메타데이터 레이어에 의존한다.

욕토 프로젝트 BSP는 BSP가 추가한 패키지와 수정한 기본 레이어로 유지 보수를 제한한다. 그 밖에 모든 유지 보수 작업은 기본 레이어에 있다. 물론 이 방식은 욕토 프로젝트 BSP의 특정 버전이 그것에 의존성 있는 기본 레이어의 특정 버전에 엮여 있음을 의미한다. 예를 들면, meta 레이어가 특정 커널 버전을 위한 지원을 중단한 것처럼, 기본 레이어가 변경되면 BSP도 변경돼야 한다. 그러나 이 유지 보수 작업은 보통 전통적인 BSP를 유지 보수하는 것보다 훨씬 작업량이 적다.

욕토 프로젝트 BSP 유지 보수에 들어가는 수고는 포키 빌드 시스템의 종속성 처리로 인해 훨씬 더 적어진다. 대부분의 패키지들은 특정 타깃 하드웨어에 의존적이지 않다. 조건 변수를 재정의함으로써 제공되는 종속성 처리는 리눅스 커널과 같은 하드웨어 종속적인 패키지를 빌드하는 레시피가 대상 하드웨어 및 아키텍처에 대한 적절한 정보를 전달받을 수 있게 한다.

10.1.1 BSP 의존성 처리

빌드 시스템의 BSP 의존성 처리는 유지 보수를 용이하게 할 뿐만 아니라 환경 설정 파일을 한 줄만 변경해도 BSP를 서로 쉽게 교환할 수 있게 한다. 이것이 시스템 빌더를 위한 가장 큰 장점이다. 오늘은 하나의 보드에, 그리고 내일은 완전히 다른 아키텍처에 SoC를 사용하는 다른 보드에 똑같은 루트 파일시스템을 빌드할 수 있게 한다. 이 기능을 욕토 프로젝트 BSP의 직교성[1]이라 한다. 수학적으로 직각이라는 의미에서 용어가 올바른 것은 아니지만, 사용자가 빌드 시스템의 나머지 부분에 대한 변경 사항을 염려하지 않고 다음 BSP를 바꿀 수 있다.

빌드 시스템이 타깃 특정 의존성을 처리하는 방식을 빠르게 살펴봐야 한다. 일반적으로 하드웨어 설정에 의존적인 레시피에서 발견될 수 있기 때문이다.

4장, '비트베이크 빌드 엔진'의 4.4.2절에서는 OVERRIDES 변수를 사용한 비트베이크의 조건 변수 할당 메커니즘에 대해 논의했었다. 이 메커니즘은 BSP를 위한 빌드 시스템 종속성 처리의 기본이다. OVERRIDES 변수는 왼쪽에서 오른쪽으로 갈수록 우선순위가 높으며, 쉼표로 구분된 재정의 조건 목록을 포함하고 있다. 포키 참조 배포는 변수를 다음 식으로 설정

---

1 수학에서의 직교성은 2차원이 서로 완전히 독립적임을 의미한다. 물론 빌드 시스템에서는 다르다. BSP에 의해 제공된 타깃 의존적인 변수 설정은 빌드 시스템의 표준 설정을 재정의하기 때문이다. 사용자 관점에서 BSP의 세부 사항을 알지 못하는 경우, 마치 BSP와 빌드 시스템이 독립적인 것으로 보일 수 있다.

한다.[2]

```
OVERRIDES="${TARGET_OS}:${TRANSLATED_TARGET_ARCH}:build-${BUILD_OS}: \
    pn-${PN}:${MACHINEOVERRIDES}:${DISTROOVERRIDES}: \
    ${CLASSOVERRIDE}:forcevariable"
```

특정 타깃에서의 표현식 내 변수는 타깃에 따라 확장된다. 예를 들어 64비트 X86 Qemu 타깃의 경우,

```
OVERRIDES="linux:x86-64:build-linux:pn-core-image-minimal: \
    qemuall:qemux86-64:poky:class-target:forcevariable:libc-glibc"
```

BSP에 관련된 설정은 `MACHINEOVERRIDES` 변수에 의해 제공된다. 예제의 경우 `qemuall:qemux86-64`로 확장됐다.

기본적으로, `qemuall`과 `qemux86-64`라는 두 가지 설정이 있다. `qemuall`은 모든 QEMU 머신을 위한 재정의를 제공하는 반면, `qemux86-64`는 특별히 64비트 x86 에뮬레이션을 위해서만 재정의를 제공한다. 목록에서 `qemuall`이 `qemux86-64`보다 먼저 나와 있는 것으로 봐서, `qemux86-64`의 우선순위가 더 높다. 특정 변수의 머신 종속적 설정이 필요한 경우 그 변수에 대한 머신의 재정의 변수를 추가하는 것이다. 예를 들면, 다음은 타깃 빌드가 `qemux86-64`를 위한 것인 경우 `KERNEL_FEATURES`에 환경 설정 서술을 추가하는 것이다.

```
KERNEL_FEATURES_append_qemux86-64=" cfg/sound.scc"
```

BSP는 레시피에 앞서 본 변수와 같이 조건 변수 할당을 빈번하게 사용하고, 특정 타깃을 위한 레시피를 수정하기 위해 첨가 파일을 사용한다.

이 장의 나머지 부분들에서는 별도의 명시가 없다면, 욕토 프로젝트 보드 지원 패키지Yocto Project Board Support Package, Yocto Project BSP를 읽기 쉽도록 간단히 BSP라 하겠다.

10.2 BSP를 이용한 빌드

BSP는 .conf 확장자를 갖고 머신의 이름을 가진 설정 파일의 형태로 머신 정의definition를 포함하는 단순한 메타데이터 레이어다. 머신 설정 파일은 BSP 레이어의 conf/machine 하위

---

2 빌드 환경 설정에서 bitbake -e core-image-minimal | grep OVERRIDES를 실행해 이 정보를 얻을 수 있다.

디렉터리에 위치한다. BSP를 사용하기 위해 빌드 환경 설정 conf/bblayers.conf 파일에 **BBLAYERS** 변수를 추가해야 한다. 그다음 빌드하려는 머신의 이름으로 빌드 환경 설정 파일 conf/local.conf에 **MACHINE** 변수를 설정해야 한다.

엄밀히 말하면, 앞 장에서 qemux86 빌드를 위해 암묵적으로 BSP를 사용했다. 빌드 시스템 poky/meta/conf/machine/qemux86.conf의 OE 코어 메타데이터에서 qemux86을 위한 머신 정의를 찾을 수 있다. OE 코어 메타데이터 레이어는 qemuarm, qemuarm64, qemumips, qemumips64, qemuppc, qemux86, qemux86-64 등 다른 아키텍처에서 여러 에뮬레이션된 머신을 위해 머신 정의를 제공한다. 머신 정의 제공은 기본적으로 그 레이어를 BSP 레이어로 한정한다.

욕토 프로젝트는 실제 하드웨어 머신을 위한 자신의 BSP 레이어(meta-yocto-bsp 같은)를 가질 수 있다. 이 레이어는 **oe-init-build-env**를 이용해 생성된 모든 빌드 환경의 **BBLAYERS**에 기본적으로 포함돼 있다. 이것은 텍사스 인스트루먼트 비글본Texas Instruments BeagleBone[3] 보드, 유비쿼티 네트웍스 에지라우터Ubiquity Networks EdgeRouter[4], 프리스케일 MPC8351E0RDB 참조 플랫폼Freescale MPC8351E-RDB Reference Platform[5], 그리고 일반 32비트 및 64비트 x86 플랫폼을 위한 머신 정의를 제공한다.

이러한 타깃 플랫폼을 위한 빌드는 간단하다. conf/local.conf 파일이 이들의 **MACHINE** 설정을 이미 가지고 있다. 그저 빌드하고 싶은 것의 주석만 제거하면 된다.

물론, 이는 하드웨어 플랫폼 목록 중 일부다. 욕토 프로젝트 메타데이터는 편의성 향상과 테스트를 위해 이것을 포함하고 있다. SoC, 보드 벤더 및 커뮤니티에서 다양한 종류의 하드웨어를 사용할 수 있는 여러 다른 BSP가 있다. 10.2.2절에서 외장 BSP를 찾아 이용하는 방식에 대해 상세히 설명할 것이다.

10.2.1 비글본 빌드

비글본BeagleBone은 텍사스 인스트루먼트 AM335x ARM Cortex-A8 SoC에 기반을 둔 개발 보드다. 그 하드웨어 및 소프트웨어는 미국을 근거지로 하는 비영리 단체 BeagleBoard.org 재단[6]에 의해 생성되고 지원되는 오픈 디자인 프로젝트다. 이 단체는 임베디드 컴퓨팅

---

3 http://beagleboard.org/bone

4 https://www.ubnt.com/edgemax/edgerouter

5 http://www.nxp.com/files/32bit/doc/fact_sheet/MPC8351ERDBFS.pdf

6 http://beagleboard.org/about

을 위해 오픈소스 소프트웨어와 하드웨어의 디자인 및 사용을 교육하고 홍보하는 데 중점을 둔다.

비글본은 여러 변종이 있다. 비글본 화이트, 비글본 블랙, 그리고 현재의 비글본 그린 등이 그것이다. 이들은 PCB^{printed circuit board}(인쇄 회로 기판)의 각 색으로 쉽게 구분된다. 비글본 블랙은 1GHz 클럭 속도를 가진 더 강력한 버전의 AM3358 SoC를 사용하고, 512MB 램(본래 비글본 램의 두 배)을 제공하며, 2GB(변경 C 모델에서는 4GB) 내장 임베디드 멀티미디어 카드(eMMC) 저장소를 제공한다. 또한 비글본 블랙은 본래 보드의 절반 가격이다. 그렇지만 블랙 버전은 보드에 시스템 콘솔을 위한 직렬 USB 컨버터를 가지고 있지 않다. 보드가 디스플레이[7]를 갖추고 있지 않기 때문에 욕토 프로젝트 빌드를 실행할 때 시스템과 상호작용하려면, 직렬 시스템 콘솔이 필요하다. 비글본 그린은 비글본 블랙에 기반을 두고 있지만, 내장 HDMI^{high-definition multimedia interface}(고선명 멀티미디어 인터페이스) 커넥터를 제거했다. 스피드 스튜디오^{Seeed Studios}[8]가 제공하는 그로브^{Grove} 센서와 쉽게 인터페이스할 수 있도록 I²C 신호를 전달하는 두 커넥터의 공간을 만들기 위해서다.

비글본 이미지 빌드

오픈임베디드 빌드 시스템으로 비글본을 위한 리눅스 시스템을 빌드하기 위해 간단히 빌드 환경 conf/local.con 파일에서 다음 줄의 주석을 풀어주기만 하면 된다(그리고 앞서 사용했던 다른 MACHINE 설정을 주석 처리하면 된다).

```
MACHINE = "beaglebone"
```

x86 아키텍처 기반의 머신 qemux86 시스템을 빌드하기 전에 같은 빌드 환경을 사용하는 것은 문제없다. 그렇지만 환경 분리를 원한다면, oe-init-build-env를 이용해 새로운 빌드 환경을 생성할 수 있다. 그런 경우, 앞서 사용한 디렉터리에 DL_DIR과 SSTATE_DIR을 설정해야 한다. 이는 공유 소스 패키지를 다운로드하는 시간과 아키텍처 간 공유되는 빌드 결과물을 재생성하는 시간을 절약해준다.

이제 다음 명령을 이용해 빌드를 시작하자.

7　임베디드 시스템은 산업 제어처럼 디스플레이가 필요하지 않은 목적으로 사용될 수 있기 때문에 디스플레이가 없는 것이 보통이다. 비글본에 디스플레이가 추가될 수 있지만(cape나 HDMI를 통해), 디자이너는 하드웨어 아키텍처를 개방적이고 확장 가능하게 하고자 추가하지 않은 것이다.

8　www.seeedstudio.com/wiki/Grove_System

```
$ bitbake -k core-image-minimal
```

일단 빌드가 완료되면 부트로더, 리눅스 커널, 루트 파일시스템 이미지를 빌드 환경 설정 내 tmp/deploy/images/beaglebone 하위 디렉터리에서 찾을 수 있다. 포키 빌드 시스템은 다른 머신의 이미지를 서로 섞이지 않도록 깔끔하게 각자의 디렉터리에 분리한다.

이제 이 이미지를 가지고 무엇을 할지 알아보자.

비글본 부트 절차의 이해

타깃 하드웨어를 부팅하기 위해 타깃 하드웨어(예제의 경우 비글본)의 운영체제 부팅 방식을 이해해야 한다. 비글본은 외장 SD 카드에서 특정 방식으로 부팅된다. 다음은 그 방식을 요약한 것이다.

1. 전원 인가 후, 비글본의 SoC는 내장 ROM에서 스테이지 0$^{stage\ 0}$ 부트로더를 로드하고 실행한다.

2. 스테이지 0 부트로더는 SD 카드 첫 파티션의 첫 섹터에 위치해 있는 MLO 파일에 접근한다. MLO는 U-Boot의 2단계 프로그램 로더(SPL) 기능으로 제공되는 스테이지 1 부트로더다.

3. U-Boot SPL MLO는 비글본의 오프칩$^{off-chip}$ 메모리를 설정하고 나서, 완전한 U-Boot 부트로더인 u-boot.img 파일을 로드한다. U-Boot는 스테이지 2 부트로더다.

4. 이어서 U-Boot는 리눅스 커널 이미지를 메모리에 로드하고 리눅스 커널로 제어권을 넘긴다. U-Boot는 기본적으로 SD 카드 두 번째 파티션의 /boot 디렉터리에 있는 커널 이미지 uImage를 필요로 한다. 두 번째 파티션은 비글본의 전체 루트 파일시스템을 가진 리눅스 ext3 파일시스템을 포함하고 있다.

5. 그다음에 리눅스 커널은 부트 프로세스를 시작하고 부트로더가 제공하는 커널 명령어를 실행해 루트 파일시스템을 마운트한다.

SD 카드는 루트 파일시스템을 포함한 리눅스 파티션과 작은 FAT 부트 파티션, 이렇게 두 개의 파티션을 가진 형태를 필요로 한다. 루트 파일시스템의 리눅스 파티션은 ext3와 ext4 같은 리눅스가 지원하는 파일시스템이 될 수 있다. 포키 빌드 시스템의 최상위 디렉터리에 있는 README.hardware 파일은 파티션 생성 및 포맷 방식을 설명한다.

부팅용 SD 카드 생성

지침에 따라 fdisk, mkfs.vfat, mkfs.ext3 명령을 사용해 수동으로 비글본을 부팅하기 위한 SD 카드 파티션 지정과 포맷이 가능하다. 다만, 적은 스크립트로 프로세스를 자동화하는 것이 훨씬 더 편리하다. 리스트 10.1은 비글본을 위한 SD 카드 파티션 지정 및 포맷 스크립트를 보여준다.

리스트 10-1 비글본 SD 카드 파티션 지정 및 포맷 스크립트

```
# (c) bbonesd.sh, 2015, Rudolf J Streif
#!/bin/sh
echo "Partitioning and formatting SD card for BeagleBone"
# 공통적인 문제점을 위한 테스트
test "$(id -u)" != "0" \
    && echo "You need to be 'root' to run this script." \
    && exit 1
test -z "$1" && \
    echo "No disk device specified." \
    && exit 1
test "$1" = "/dev/sda" \
    && echo "OOPS - System disk specified: ${1}" \
    && exit 1
# 계속하기 전에 확인
echo "Are you sure that you want to format ${1}? Type YES to proceed."
read RESPONSE
test "$RESPONSE" != "YES" && echo "Exiting." && exit 1
# 본 작업 수행
DRIVE=$1
if [ -b "$DRIVE" ] ; then
        dd if=/dev/zero of=$DRIVE bs=1024 count=1024
        SIZE=`fdisk -l $DRIVE | grep Disk | awk '{print $5}'`
        echo DISK SIZE - $SIZE bytes
        CYLINDERS=`echo $SIZE/255/63/512 | bc`
        echo CYLINDERS - $CYLINDERS
        {
                echo ,9,0x0C,*
                echo ,200,0x83,-
```

```
        echo ,,0x83,-
} | sfdisk -D -H 255 -S 63 -C $CYLINDERS $DRIVE
if [[ $1 == '/dev/sd'* ]] ; then
        mkfs.vfat -F 32 -n "beagboot" ${DRIVE}1
        mkfs.ext3 -L "beagroot" ${DRIVE}2
else
        mkfs.vfat -F 32 -n "beagboot" ${DRIVE}p1
        mkfs.ext3 -L "beagroot" ${DRIVE}p2
fi
fi
echo Done.
```

개발 시스템에 SD 카드를 삽입한 후 dmesg 명령을 통해 장치를 결정해야 한다.

```
$ dmesg
[ 4389.803854] sd 9:0:0:1: [sdf] 15278080 512-byte logical blocks: \
  (7.82 GB/7.28 GiB)
[ 4389.822434] sdf: sdf1
```

예제에서 SD 카드는 /dev/sdf로 인식되며 다음과 같이 스크립트를 호출해야 한다.

```
$ sudo ./bbonesd.sh /dev/sdf
```

스크립트는 SCSI 드라이버(/dev/sd*, 보통 USB 카드 리더를 통해 연결되는 경우)로 인식되는 SD 카드와 메모리 블록 장치(/dev/mmcblk*, 일반적으로 컴퓨터의 카드 슬롯에 삽입되는 경우)로 인식되는 SD와 함께 동작한다.

SD 카드의 파티션 지정 및 포맷이 완료됐으므로, 각 파티션에 부트로더와 파일시스템을 복사해야 한다. 다음은 부트 파티션이 /media/beagboot에 마운트되고 루트 파티션이 /media/beagroot에 마운트돼 있다고 가정한다. 시스템이 다른 마운트 지점으로 이들을 마운트한다면, 그에 따라 조정해야 한다. 빌드 환경 설정의 최상위 디렉터리에서 비글본 이미지가 있는 디렉터리로 변경한다.

```
$ cd tmp/deploy/images/beaglebone
```

부트로더 파일을 부트 파티션으로 복사한다.

```
$ sudo cp MLO /media/beagboot
$ sudo cp u-boot.img /media/beagboot
```

루트 파티션에서 루트 파일시스템과 커널 모듈을 압축 해제한다.

```
$ tar x -C /media/beagroot -f core-image-minimal.tar.bz2
$ tar x -C /medai/beagroot -f modules-beaglebone.tgz
```

루트 파티션의 /boot 디렉터리에 커널 이미지와 장치 트리 파일을 복사한다.

```
$ cp zImage /media/beagroot/boot
$ cp zImage-am335x-bone.dtb /media/beagroot/boot/am335x-bone.dtb
$ cp zImage-am335x-boneblack.dtb /media/beagroot/boot/am335x-boneblack.dtb
```

파일 복사 및 압축 해제에 어느 정도 시간이 소요된다. 마지막 명령에 결과 값이 돌아오더라도, 리눅스가 디스크 운용을 위한 쓰기 버퍼를 제공하기 때문에 그 과정이 아직 완료된 것이 아닐 수 있다.

```
$ sync
```

위 명령을 사용해 SD 카드를 마운트 해제하고 제거하기 전에 모든 버퍼를 플러시flush한 후 명령어 결과를 기다린다. 명령으로 umount를 사용하려면, sync는 파일시스템이 실제로 마운트 해제되기 전에 호출되는 것이므로 마운트 해제 전에 파일시스템 버퍼의 플러시를 기다려야 한다.

이제 비글본 보드를 부팅할 준비가 됐다.

비글본 부팅

비글본 보드를 부팅하고 부팅 과정을 따르려면, 전원을 공급해야 하고 개발 시스템에 콘솔 직렬 포트를 연결해야 한다. 원래의 비글본(화이트)을 부팅하면, 부팅은 매우 간단하다. 비글본 블랙을 부팅하면, 몇 가지 추가 단계가 필요하다.

비글본 화이트 연결

비글본 화이트를 개발 컴퓨터에 연결하려면, 한쪽 끝에는 USB A 플러그를, 그리고 다른 한쪽 끝에는 미니 USB 플러그를 가진 USB 케이블이 필요하다. 전자는 개발 컴퓨터에 연결하고, 후자는 비글본 화이트의 아랫면에 미니 USB 포트로 연결한다. USB 케이블은 비글본의 콘솔 포트와 개발 시스템 사이에서 직렬 연결뿐만 아니라 전원을 공급한다. 비글본 화이트는 USB 케이블과 함께 제공되기 때문에 추가적인 하드웨어가 필요하지 않다.

보드에 연결하기 전에 비글본 화이트의 SD 카드 슬롯에 SD 카드를 삽입한다.

비글본 블랙으로의 연결

비글본 블랙을 연결하는 것은 좀 더 어렵다. 이 보드는 내장 직렬 USB 컨버터serial-to-USB converter를 가지고 있지 않기 때문이다. 비글본 블랙에서 제공하지 않는 외장 직렬 USB 컨버터 케이블이 필요하다. 이 케이블은 퓨처 테크놀로지 디바이스 인터내셔널Future Technology Devices International Ltd. 사에서 컨버터 칩과 케이블을 생산한 후로 보통 FTDI 케이블이라 한다.

비글본 블랙의 상단에는 6핀에 0.1인치 거리를 갖는 한 줄짜리 커넥터가 있다. 이는 직렬 콘솔 포트를 위한 커넥터다. 이를 연결하기 위해 한쪽 끝에 USB A 커넥터를, 그리고 다른 한쪽 끝에 여섯 개의 구멍을 갖는 한 줄짜리 커넥터를 가진 직렬 USB 컨버터 케이블이 필요하다. 또한 비글본 블랙 시리얼 콘솔 포트의 3.3V 신호 레벨에 주의해야 한다. 5V 신호 레벨 케이블도 있다. 5V 케이블을 비글본에 사용할 경우 보드의 CPU에 손상을 줄 수 있다. 올바른 케이블은 FTDI TTL-232R-3V3며, FTDI의 웹사이트[9]에서 찾을 수 있다. 대부분의 컴포넌트 배포자로부터 이 케이블 수급이 가능할 것이다.

보드에 케이블을 연결하려면, 이더넷과 5V 전원 커넥터를 왼쪽으로 향하게 한 다음 뒤집어 놓는다. 케이블 커넥터의 검은 선은 보드 커넥터의 가장 왼쪽 핀이 된다. 이 핀은 보드에서 작은 흰 점으로 표시돼 있다.

직렬 USB 컨버터 케이블은 비글본에 전원을 공급하지 않는다. 배럴barrel 커넥터에 최소 1.2A(또는 6W)를 공급하는 5V 전원 공급 케이블을 연결하거나 USB A에서 미니 USB로 연결되는 케이블을 사용할 수 있다. 대부분의 경우, 후자를 사용하는 것이 더 쉽다. 비글본 블랙이 이 케이블을 가지고 있기 때문이다. USB 케이블은 비글본 블랙의 하단에 있는 미니 USB 포트에 연결된다.

터미널 에뮬레이터 설정

직렬 연결로 비글본과 상호 작용하려면, 터미널 에뮬레이션 프로그램이 필요하다. 리눅스

---

9 www.ftdichip.com/Products/Cables/USBTTLSerial.htm

에서는 몇 가지 선택이 있으며, 그중 미니컴^{Minicom}을 추천한다. 사실상 모든 리눅스 배포는
패키지 리파지토리에 미니컴을 제공한다. 시스템에 아직 설치되지 않았다면, 배포 패키지
관리자를 이용해 설치하자.

현재 리눅스 시스템은 FTDI 직렬 USB 컨버터를 ttyUBS 장치로 인식한다. 비글본을 개발
컴퓨터의 USB 포트에 연결하고 나면, 장치 노드 /dev/ttyUSB0[10]이 리눅스 커널에 의해 생
성된다. 리눅스 커널은 일반 사용자가 장치 노드에 접근할 수 없게 한다. /dev/ttyUSB 장
치는 루트 소유지만, 일반적으로 dialout 사용자 그룹에 속하기도 한다. 사용자 계정으로
실행되는 동안 미니컴으로 이 장치에 접근하려면, dialout 사용자 그룹에 계정을 추가해야
한다.

```
$ sudo usermod -a -G dialout <username>
```

<username>을 실제 사용자 이름으로 대체한다. 적용 효과 변경을 위해 로그아웃 및 재로그
인이 필요하다.

이제 컴퓨터에 비글본을 연결하고 설치 모드에서 미니컴을 실행하자.[11]

```
$ sudo minicom -s
```

이 시점에서는 미니컴의 설치 메뉴를 볼 수 있다. Serial port setup 메뉴 옵션을 선택하고 설
정을 변경한다.

- 직렬 장치를 /dev/ttyUSB0으로
- Bps/Par/Bits를 115200 8N1로
- 하드웨어 플로우 컨트롤을 No로(필요한 경우)
- 소프트웨어 플로우 컨트롤을 No로(필요한 경우)

엔터를 눌러 Serial port setup 메뉴에서 나온 후, 메인 설정 메뉴에서 Save as dfl을 선택한다.
마지막으로 미니컴에서 나온다.

이제 미니컴을 다시 실행한다.

---

10 개발 시스템에 연결된 직렬 USB 컨버터가 하나 이상이 아닌 경우, 여러 개의 /dev/ttyUSB 장치가 있을 것이고 어떤 컨버터를 비
글본에 연결할지 찾아야 한다.

11 설정 모드에서 미니컴을 실행하려면 루트 권한이 필요하다.

```
$ sudo minicom -o -w
```

-o 옵션은 미니컴이 비글본에 모뎀 초기화 문자열을 보내지 않도록 하는 것이고, -w 옵션은 긴 줄에 대해 줄 바꿈을 허용하는 것이다.

이제 비글본의 콘솔에 연결된다. 보드가 비글본 화이트라면, 어쩌면 이미 부팅됐을 수도 있다. 키보드에서 엔터를 누르면, 다음과 유사한 리눅스 로그인 프롬프트를 볼 수 있다.

```
Poky (Yocto Project Reference Distro) 1.8+snapshot-20150720 beaglebone \
    /dev/tty00
beaglebone login:
```

보드가 비글본 블랙이라면, 엔터를 눌렀을 때 U-Boot 프롬프트가 보일 것이다. 비글본 블랙은 내부 eMMC 저장소를 가지고 있는 반면, 비글본 화이트는 없기 때문이다. 기본적으로, 비글본 블랙은 내부 eMMC로 먼저 부팅된다. SD 카드에서의 임시 부팅을 알리려면, 다음과 같은 단계를 따른다.

- 보드(사용 중인 제품에 따라 미니 USB 또는 5V 배럴 커넥터)에서 전원 플러그를 뽑는다.

- 보드의 USER/BOOT 버튼을 길게 누른다(이더넷과 5V 전원 커넥터가 왼쪽을 향하고 있는 경우 보드 윗면 오른쪽 상단의 작은 버튼).

- 미니컴 윈도우에 U-Boot의 첫 번째 메시지가 나타날 때까지 USER/BOOT 버튼을 누르며 다시 전원 플러그를 연결한다. 그다음 그 버튼을 놓는다.

비글본이 부팅되고 마침내 리눅스 로그인 프롬프트를 출력한다.

U-Boot 명령 프롬프트에서 다음 명령을 실행해 영구적으로 부트 순서를 내부 eMMC에서 SD 카드로 변경할 수 있다.

```
mmc dev 1
mmc erase 0 512
```

이는 내부 eMMC에서 내용을 삭제하는 것이다.

리눅스 명령 프롬프트를 통해 비글본에서 실행 중인 시스템에 로그인할 수 있다.

자, 이제 임베디드 보드의 욕토 프로젝트 이미지를 성공적으로 생성했고, 이를 보드 부팅에 사용했다.

10.2.2 외부 욕토 프로젝트 BSP

사물 인터넷과 메이커 운동Maker Movement은 값싼 컴퓨터 하드웨어에 대한 수요를 이끌어내고 있다. 전문 개발자와 애호가[12] 모두 디자인과 프로토타입에 사용할 수 있는 개발 보드를 찾고 프로젝트와 통합하고 있으며, 다양한 SoC로 빌드된 보드의 수가 꾸준히 증가하고 있다. 대다수는 ARM 아키텍처 기반의 실리콘을 사용하지만 x86, x86_64, xScale, 파워PC도 있다. 라즈베리 파이Raspberry Pi는 완전한 리눅스 운영체제를 실행할 수 있는 저렴한 임베디드 컴퓨터에 새로운 지평을 열었다. 다른 보드가 그 뒤를 따랐고, 여러분은 좋은 레스토랑에서 좋은 저녁 식사를 하듯이 고를 수 있게 됐다.

인기 개발 보드

표 10-1은 리눅스를 실행할 수 있는 인기 있는 개발 보드 중 일부를 알파벳 순서로 나열한 것이다. 이들 모두는 핀 헤더를 통해 쉽게 접근할 수 있는 다양한 저속 I/O 인터페이스를 제공한다. 그중 일부는 헤더에 직접 연결되는 확장 보드를 이용할 수 있다. 확장 보드는 LED 상태 및 릴레이를 가진 병렬 I/O부터 ADCanalog-to-digital 및 DACdigital-to-analog 컨버터까지 로봇 애플리케이션의 스텝 모터 드라이버stepper motor driver 등을 위한 것들을 제공한다.

표는 이 책이 쓰여지는 시점에 작은 개발 보드만 선택할 수 있도록 한 것이다. 모든 새로운 SoC마다 새로운 보드가 거의 동시에 출시된다.

여러분의 보드를 위한 욕토 프로젝트 BSP 찾기

일단 다음 개발 프로젝트를 위해 보드를 결정했다면, 욕토 프로젝트 BSP가 지원하는 개발 보드를 어디에서 찾아야 할까? 올바른 시작점은 보드 그 자체를 위한 웹사이트다. 많은 경우, 욕토 프로젝트나 하드웨어를 지원하는 커뮤니티 링크를 찾을 수 있다.

---

12 임베디드 시스템을 직업적으로 접하든, 취미로 접하든 상관없이 이 책에서는 전문 개발자와 애호가를 기술 습득 수준에 기반해 구별하지 않는다.

표 10-1 인기 개발 보드

보드	CPU/메모리	입출력 장치	그래픽	홈페이지 욕토프로젝트 BSP
비글보드-xM	TI DM3730 ARM Cortex-A8, 720MHz 512MB 램 마이크로SD 카드 슬롯	USB 허브 USB OTG 10/100 BaseT McBSP DSS I2C UART LCD McSPI PWM JTAG 카메라	DVI-D S-Video	www.beagleboard. org git://git.yoctoproject. org/ meta-ti -b dora
비글본	TI AM3358 ARM Cortex-A8, 720MHz 256MB 램 마이크로SD 카드 슬롯	USB 2.0 클라이언트 USB 2.0 호스트 10/100 BaseT 4× UART 8× PWM LCD GPMC MMC1 2× SPI 2× I2C ADC 2× CAN 4 타이머 FTDI USB	없음	www.beagleboard. org git://git.yoctoproject. org/ meta-yocto -b fido
비글본 블랙	TI AM3358 ARM Cortex-A8, 1GHz 512MB 램 2GB 램(리비전 C) 마이크로SD 카드 슬롯 eMMC	USB 2.0 클라이언트 USB 2.0 호스트 10/100 BaseT 4× UART 8× PWM LCD GPMC MMC1 2× SPI 2× I2C ADC 2× CAN 4 타이머	HDMI	www.beagleboard. org git://git.yoctoproject. org/ meta-yocto -b fido

큐비보드 2	올위너테크 SOC A20, ARM Cortex-A7, 듀얼 코어 1GB 램 3.4GB 낸드플래시 마이크로SD 카드	USB 2.0 호스트 USB 2.0 OTG 10/100 BaseT Infrared I2C SPI CSI/TS FM-IN ADC CVBS SPDIF-OUT	Mali 400 HDMI RGB LVDS	www.cubieboard.org https://github.com/ linux-sunxi/meta- sunxi
큐비트럭 (큐비보드 3)	올위너테크 SOC A20, ARM Cortex-A7, 듀얼 코어 1GB/2GB 램 마이크로SD 카드	USB 2.0 호스트 USB 2.0 클라이언트 10/100 BaseT SATA 2.0 Infrared I2C SPI CSI/TS FM-IN TV-IN ADC CVBS SPDIF	Mali 400 HDMI	www.cubieboard.org https://github.com/ linux-sunxi/meta- sunxi
에디슨	인텔 아톰 듀얼 코어 SoC, 500MHz 듀얼 스레드 CPU와 32비트 인텔 쿼크 마이크로컨트롤러 1GB LPDDR3 4GB eMMC	WiFi a/b/g/n 듀얼밴드 블루투스 4.0 2× UART 2× I2C 1× SPI 1× I2S 40× digital I/O USB 2.0 OTG	없음	www.intel.com/ content/www/us/ en/do-it-yourself/ edison.html
갈릴레오	인텔 쿼크 SoC X1000, 400MHz, 32비트, 싱글코어 256MB 램디스크 마이크로SD 카드	USB 2.0 호스트 USB 2.0 클라이언트 10/100 BaseT PCI Express 2.0 JTAG 2× UART 20× digital I/O ADC SPI	없음	www.intel.com/ content/www/us/en/ embedded/products/ galileo/galileo- overview.html git://git.yoctoproject. org/ meta-intel-gallileo -b dizzy
미노우보드 맥스	인텔 아톰 E38xx SoC, 1.33GHz, 듀얼 코어 1GB/2GB 램 8MB SPI 플래시 마이크로SD 카드 슬롯	USB 3.0 호스트 USB 2.0 호스트 UART 10/100/1000 BaseT I2C SPI	인텔 HD 그래픽스 HDMI	www.minnowboard. org/meet-minnow board-max git://git.yoctoproject. org/ meta-intel -b fido

(이어짐)

오드로이드-XU4	삼성 엑시노스 5422 ARM Cortex A-15, 쿼드 코어 2GB 램 마이크로SD 카드 슬롯	USB 3.0 호스트 USB 2.0 호스트 10/100/1000 BaseT	Mali T628 HDMI	www.hardkernel.com https://github.com/ akuster/meta-odroid
라즈베리 파이 2 B	브로드컴 BCM2836, ARM Cortex-A7, 900MHz, 쿼드 코어 1GB 램 마이크로SD 카드	USB 3.0 호스트 10/100 BaseT CSI 카메라 포트 DSI 디스플레이 포트 40 GPIO	HDMI	https://www. raspberrypi.org/ products/raspberry- pi-2-model-b git://git.yoctoproject. org/ meta-raspberrypi
완드보드	프리스케일 i.MX6, ARM Cortex-A9, 싱글, 듀얼, 쿼드 코어 512MB 램(싱글) 1GB 램(듀얼) 2GB 램(쿼드) 마이크로SD 카드 슬롯	USB 3.0 호스트 USB 3.0 OTG 10/100/1000 BaseT 오디오 SPDIF Optical 카메라 인터페이스 SATA(쿼드)	비반테 GC880 비반테 GC320 HDMI	www.wandboard.org git://github.com/ Freescale/ meta-fsl-arm-extra. git

욕토 프로젝트는 보드의 개요를 담은 웹사이트에 검색 가능한 BSP[13] 페이지를 가지고 있으며, BSP는 욕토 프로젝트 리파지토리에 호스팅돼 있다. 이러한 BSP들은 자원 및 개발 작업을 통해 욕토 프로젝트를 지원하는 상용 및 오픈소스 조직에 의해 제공된다.[14]

일부는 욕토 프로젝트 호환성 인증으로 목록화돼 있다. 이는 욕토 프로젝트를 지원하는 단체로부터 승인된 상태를 말한다. 욕토 프로젝트 호환성은 해당 승인이 없는 레이어가 호환되지 않는다고 암시하는 것이 아니며, 욕토 프로젝트 호환성 인증에 나열된 레이어들은 확인 과정을 거쳤고 욕토 프로젝트 멤버 단체가 지원한다는 의미다.

욕토 프로젝트 깃 리파지토리[15]는 공식적으로 욕토 프로젝트에서 인증되지 않은 레이어를 포함해 많은 BSP 레이어를 호스팅한다. BSP 레이어 목록은 다음과 같은 것들을 포함한다.

- `meta-fsl-arm`: ARM 아키텍처 기반의 SoC를 사용하는 프리스케일Freescale 플랫폼을 위한 BSP 레이어

- `meta-fsl-ppc`: 파워PC 아키텍처 기반의 SoC를 사용하는 프리스케일 플랫폼을 위

---

13 https://www.yoctoproject.org/downloads/bsps

14 FOSS(free and open source software)에서 말하는 free는 자유와 관련된 것이지, 비용의 문제가 아니다. 욕토 프로젝트 호환성 인증을 요구하는 조직은 개발 및 인프라를 위한 리소스로 프로젝트를 지원한다.

15 http://git.yoctoproject.org

한 BSP 레이어

- meta-intel: x86 및 x86_64 아키텍처 기반의 인텔 플랫폼을 위한 복합 BSP 레이어. 이 레이어에는 실제 플랫폼을 위한 여러 개의 서브 레이어가 포함돼 있다.

- meta-intel-galileo: 인텔 갈릴레오 플랫폼을 지원하는 BSP 레이어

- meta-intel-quark: 인텔 쿼크 플랫폼을 지원하는 BSP 레이어

- meta-minnow: 원래의 미노우보드를 위한 BSP 레이어(미노우보드 맥스는 meta-intel에 의해 지원된다.)

- meta-raspberrypi: 라즈베리 파이 1과 라즈베리 파이 2 장치를 위한 BSP 레이어

- meta-renesas: 르네사스Renesas 장치를 위한 BSP 레이어

- meta-ti: 텍사스 인스트루먼트 장치를 위한 BSP 레이어. meta-yocto-bsp가 제공하지 않는 비글본을 위한 확장된 하드웨어 지원을 포함한다.

- meta-xilinx: 자일링스Xilinx 장치를 위한 BSP 레이어

- meta-zynq: 징크Zynq 장치를 위한 BSP 레이어

마지막으로, 오픈임베디드 웹사이트[16]는 다양한 커뮤니티가 제공하는 많은 BSP를 포함해 검색 가능한 레이어 색인을 제공한다. 검색 기능은 머신 이름으로 검색하고 그 머신을 지원하는 레이어 목록을 출력한다. 때로는 같은 머신을 위한 여러 BSP 레이어를 이용할 수 있으며, 보드에 대한 지원 수준이 다를 수 있다.

외부 욕토 프로젝트 BSP를 통한 빌드

욕토 프로젝트 BSP는 레이어며, 이를 빌드하는 것은 다음의 1, 2, 3에서 보듯이 간단하다.

1. conf/bblayers.conf의 **BBLAYERS** 변수에 경로를 추가해 빌드 환경에 BSP 레이어를 포함시킨다.

2. conf/local.conf의 **MACHINE** 변수에 빌드하려는 BSP의 머신을 할당한다.

3. 이미지 타깃을 선택하고 빌드를 시작한다. 예로, bitbake -k core-image-minimal. core-image-minimal이나 core-image-base처럼 콘솔 명령어로 부팅 가능한 작은 이

---

16 http://git.openembedded.org/wiki/Main_Page

미지로 시작하는 것이 좋다. 작은 이미지로 동작한다면, `core-image-sato` 같은 큰 이미지로 테스트하거나 자신의 사용자 정의 레시피를 빌드할 수 있다. 일부 BSP는 자신의 이미지 타깃을 포함한다. 이것 역시 좋은 출발점이 된다.

욕토 프로젝트 BSP를 사용하는 경우, BSP 버전과 오픈임베디드 빌드 시스템의 버전을 맞춰야 한다. BSP는 bbappend 파일을 가진 OE 코어의 핵심 레이어에서 레시피를 확장한다. 버전이 일치하지 않으면, BSP에 의해 확장된 개별 레시피 버전이 핵심 레이어에 있는 버전과 일치하지 않을 가능성이 있다. 그렇게 되면, 비트베이크는 개별 레시피를 위해 오류 메시지를 발생시키지만 근본적인 원인이 항상 명확하지는 않다.

욕토 프로젝트는 주 릴리스에 코드명을 사용한다. 1.5는 도라[Dora], 1.6은 데이지[Daisy], 1.7은 디지[Dizzy], 1.8은 피도[Fido], 2.0은 제스로[Jethro]를 사용한다. 욕토 프로젝트 웹사이트[17]에서 릴리스 타볼을 다운로드할 수 있지만, 욕토 프로젝트 깃 리파지토리에서 릴리스를 확인하는 것이 좋다. 깃 리파지토리를 사용하면 버전 추적과 버전 간 전환이 용이해진다. 예를 들어, 비글본을 빌드하기 위해 meta-yocto-bsp 대신 meta-ti 레이어를 찾는 경우, 간단히 poky와 meta-ti 리파지토리에서 일치하는 브랜치를 클론하면 된다.

```
$ git clone git://git.yoctoproject.org/poky -b fido
$ git clone git://git.yoctoproject.org/meta-ti -b fido
```

여기서, BSP는 보통 서로 간에 간섭하지 않지만 머신 정의(이 경우 beaglebone)에 중첩되는 meta-yocto-bsp와 meta-ti 같은 BSP가 있다는 점을 알아두면 좋다. 충돌을 피하기 위해서는 **BBLAYERS**를 이용해 하나의 BSP 레이어만 포함시켜야 한다. 일반적으로, 동시에 빌드 환경 설정 내 하나의 BSP 레이어만 포함시키는 것이 좋다.

10.3 욕토 프로젝트 BSP 내부

욕토 프로젝트 BSP는 특수화된 비트베이크 레이어다. 3장에서 논했듯이, 레이어 규칙을 따르지만 BSP 레이어의 특징이 되는 항목도 포함된다. 리스트 10-2는 일반적인 BSP 레이어의 레이아웃을 나타낸다.

---

17 https://www.yoctoproject.org/downloads

리스트 10-2 욕토 프로젝트 BSP 레이어 레이아웃

```
meta-<bspname>
├── LICENSE
├── MAINTAINERS
├── README
├── README.sources
├── binary
│   ├── <bootable-image-1>
│   ├── <bootable-image-2>
│   ├── ...
│   └── <bootable-image-n>
├── conf
│   ├── layer.conf
│   ├── machine
│   │   ├── <machine-1>.conf
│   │   ├── <machine-2>.conf
│   │   ├── ...
│   │   └── <machine-m>.conf
├── classes
│   ├── class-<1>.bbclass
│   ├── class-<2>.bbclass
│   ├── ...
│   └── class<m>.bbclass
├── recipes-bsp
│   ├── formfactor
│   │   ├── formfactor_0.0.bbappend
│   │   └── formfactor
│   │       ├── machine-1
│   │       │   └── machconfig
│   │       ├── machine-2
│   │       │   └── machconfig
│   │       ├── ...
│   │       └── machine-m
│   │           └── machconfig
│   ├── <package a>
│   │   ├── <package a>_<version 1>.bb
│   │   └── <package a>_<version 2>.bb
│   ├── <package b>
│   │   ├── <package b>_<version 1>.bb
```

```
|   |   └─ <package b>_<version 2>.bb
|   ├─ ...
|   └─ <package z>
├─ recipes-core
|   ├─ images
|   |   ├─ core-image-1.bb
|   |   ├─ core-image-2.bb
|   |   ├─ ...
|   |   └─ core-image-n.bb
|   └─ ...
├─ recipes-graphics
|   ├─ <package a>
|   |   ├─ <package a>_<version 1>.bb
|   |   └─ <package a>_<version 2>.bb
|   ├─ <package b>
|   |   ├─ <package b>_<version 1>.bb
|   |   └─ <package b>_<version 2>.bb
|   ├─ ...
|   └─ <package z>
├─ recipes-kernel
|   ├─ linux
|   |   ├─ linux-yocto_<version 1>.bbappend
|   |   └─ linux-yocto_<version 2>.bbappend
└─ recipes-<category x>
    └─ ...
```

이 구조는 기본적인 형태지만, 빌드 시스템은 특정 위치에 특별히 명명된 디렉터리와 파일을 기대한다. 여느 레이어처럼, 레이어의 최상위 디렉터리 이름은 meta-⟨layername⟩이며 layername은 BSP의 이름이다.

10.3.1 라이선스 파일

라이선스 파일은 BSP 최상위 디렉터리에 있다. 라이선스 파일은 이름을 가질 수 있지만 LICENSE, EULA, COPYING 같은 일반적인 이름을 사용한다.

라이선스 파일은 빌드 시스템이 이 파일들을 필요로 하지 않고 꼭 있을 필요가 없다는 점에서 선택적이라 할 수 있다. 그럼에도 불구하고, 자신만의 BSP를 작성할 때는 라이선스 파일 제공을 강력히 추천한다. 라이선스 파일 제공은 사용자에게 BSP로 무엇을 할 수 있고 할 수 없는지 확실하게 알려주는 것이다.

10.3.2 메인테이너 파일

메인테이너 파일은 BSP 유지 보수를 담당하는 개발자에 대한 정보를 포함하고 있다. 이 파일은 선택적이며, 유지 관리자 정보는 일반적으로 README 파일 최상위에 포함돼 있다. 여러, 가능한 한 많은 메인테이너가 BSP를 관리하고 있다면, 별도의 파일에 이 정보를 제공하는 것이 좋다.

10.3.3 README 파일

욕토 프로젝트 규정 준수 BSP는 BSP 최상위 디렉터리에 README 파일을 포함하고 있어야 한다. 이 파일은 적어도 다음과 같은 정보를 가지고 있다.

- BSP와 목표로 하는 하드웨어를 설명하는 단락

- BSP 레이어에 대한 모든 종속성을 자세히 설명하는 단락. 일반적으로, 이는 meta와 meta-yocto 같은 다른 레이어들이다. 사실상 모든 BSP는 OE 코어 메타데이터 레이어 meta에 의존한다. 물론 명백해 보이는 사실이지만, 이를 종속성 목록에 포함해 확실하게 해두는 것이 바람직하다.

- 질의, 버그 리포트, 패치에 대해 안내하는 단락. 이 정보는 사용자와 유지 관리자 모두가 더 쉽게 소통하고 협력할 수 있게 한다.

- 별도의 파일이 제공되지 않는 경우(메인테이너 파일) BSP를 유지 보수하는 개발자에 대한 부분

- 타깃 하드웨어에 바이너리 이미지를 빌드하기 위해 BSP를 사용하는 방식에 대한 지침

- BSP로 빌드된 이미지가 타깃 하드웨어에 설치되는 방식과 타깃 하드웨어를 부팅하는 방식에 대한 지침

- BSP에 의해 제공되는 이미지의 경우 BSP의 binary 디렉터리에 포함된 선빌드된 prebuilt 바이너리 이미지를 사용하는 방식에 대한 지침

- BSP 사용자가 BSP를 사용하는 경우 알아둬야 하는 알려진 버그나 이슈에 대한 정

보를 포함한 부분

README 내의 정보가 상세할수록 BSP 사용자가 프로젝트에 성공적으로 BSP를 포함시키고 타깃 하드웨어를 사용하기가 더 쉬워진다.

10.3.4 README.sources 파일

이 파일은 사용자가 바이너리 디렉터리에 부팅 가능한 이미지를 빌드하기 위해 사용할 소스 파일을 찾을 수 있는 위치에 대한 정보를 제공한다. 일반적으로, 이미지 생성에 사용되는 메타데이터 레이어다. README 파일의 종속성 정보와 중복되는 것으로 보이지만, 이미지 빌드에 사용되는 빌드 환경은 필수 레이어가 아닌 다른 선택적 레이어를 포함할 수 있으므로 중복이 아니다.

10.3.5 선빌드된 바이너리

BSP는 binary 하위 디렉터리에 선빌드된 부팅 가능한 이미지 바이너리를 포함할 수 있다. 부팅 가능한 이미지를 포함하는 것은 선택적이지만, BSP 사용자가 잘 알려진 이미지로 타깃 하드웨어를 띄우는 데 도움이 된다. README.sources 파일의 정보와 함께, 사용자들은 선빌드된 이미지와 스스로 빌드한 이미지를 비교해 발생할 수 있는 문제점을 좀 더 쉽게 디버그할 수 있다. 물론, 선빌드된 이미지 바이너리 추가는 BSP의 크기를 엄청나게 증가시킬 수 있다.

10.3.6 레이어 환경 설정 파일

여느 레이어처럼, BSP는 레이어 환경 설정 파일 conf/layer.conf를 포함해야 한다. BSP를 위한 이 파일은 일반 레이어가 사용하는 레이어 환경 설정 파일과 다르지 않다. 리스트 10-3은 표준 예시 파일이다.

리스트 10-3 BSP를 위한 레이어 환경 설정 파일

```
# conf와 classes 디렉터리는 BBPATH에 추가
BBPATH .= ":${LAYERDIR}"
# recipe 디렉터리는 BBFILES에 추가
BBFILES += "${LAYERDIR}/recipes-*/*/*.bb \
            ${LAYERDIR}/recipes-*/*/*.bbappend"
```

```
BBFILE_COLLECTIONS += "bsp"
BBFILE_PATTERN_bsp = "^${LAYERDIR}/"
BBFILE_PRIORITY_bsp = "6"
LAYERDEPENDS_bsp = "<deplayer>"
```

표준 예시를 사용하려면 레이어의 실제 이름(meta- 없이) 대신 **bsp**를 사용해야 한다. BSP 레이어가 여러 BSP를 위해 사용된 공통 레이어처럼 다른 레이어에 종속돼 있다면, 레이어 환경 설정 파일은 공백으로 구분된 레이어 목록에 **LAYERDEPENDS_bsp** 변수를 설정해야 한다.

10.3.7 머신 환경 설정 파일

머신 환경 설정 파일은 BSP 레이어를 일반 레이어와 구별하게 해준다. BSP 레이어는 최소 하나를 포함하지만, BSP가 지원하는 다른 하드웨어 타깃을 위한 conf/machine 하위 디렉터리에 다수의 머신 환경 설정 파일을 가질 수 있다. 머신 환경 설정 파일은 〈machinename〉.conf로 명명된다. 빌드 환경의 conf/local.conf에서 **MACHINE** 변수를 끝에 .conf를 넣지 않은 채 머신 환경 설정 파일의 이름으로 설정해 선호하는 머신 타깃을 선택한다.

머신 환경 설정 파일은 일반적으로 BSP나 다른 메타데이터 레이어에 포함된 레시피로 빌드한 소프트웨어 패키지를 선택하고 설정하기 위한 설정을 가지고 있다. 일반적인 예는 특정 머신을 위해 BSP가 사용하는 리눅스 커널 타입과 버전이다. 머신 환경 설정 파일은 **PREFERRED_PROVIDER_virtual/kernel**과 **PREFERRED_VERSION_virtual/kernel**에 각각 커널 타입과 버전을 선택해 설정한 값을 포함한다.

머신 환경 설정 파일은 또한 타깃 하드웨어가 사용 중인 특정 CPU 아키텍처를 위한 튜닝 매개변수를 포함한다. 이 매개변수와 여러 머신들 간에 공유되는 다른 매개변수는 일반적으로 자신들의 파일로 구별된다. 이 파일은 **require** 지시자에 의해 머신 환경 설정 파일에 포함된다.

10.3.8 클래스

BSP는 classes 하위 디렉터리에 사용자 정의 클래스를 가질 수 있다. 보통 이 클래스들은 타깃 하드웨어가 기대하는 특정 방식으로 부팅 가능한 바이너리 이미지를 모아둔 이미지 클래스다. 이런 이미지 클래스와 클래스들이 빌드한 이미지들은 이미지로부터 부팅 가능한 미디어를 더 쉽게 생성할 수 있게 한다.

10.3.9 레시피 파일

모든 BSP는 BSP에 특정한 소프트웨어 패키지를 빌드하거나 .bbappend 파일을 사용하는 다른 레이어의 패키지에 대한 레시피를 확장하는 여러 레시피 파일을 포함하고 있다. BSP의 레시피 파일은 다른 메타데이터 레이어와 정확히 같은 방식으로 recipes-⟨category⟩/⟨package⟩ 하위 디렉터리에 정리돼 있다. 다음은 BSP 레이어에서 찾아볼 수 있는 일반적인 레시피들이다.

- BSP 관련 레시피 파일(recipes-bsp): BSP를 위해 지정된 기타 레시피. 일반적으로, recipes-bsp 아래 디렉터리 구조에서 bootloader와 formfactor 메타데이터 파일을 찾는다.

  폼팩터formfactor 파일은 타깃 머신이 키보드, 터치스크린, 마우스 등을 사용하는지 여부에 따라 빌드 시스템에 정보를 제공한다.

- 코어 지원 파일(recipes-core): recipes-core 디렉터리에서 일반적으로 타깃 하드웨어의 바이너리 이미지에 대한 레시피뿐만 아니라 init-scripts, system, udev 등과 같은 다른 핵심 레시피에 대한 변형도 찾아볼 수 있다.

- 디스플레이 지원 파일(recipes-graphics): recipes-graphics 디렉터리에서 BSP의 타깃 하드웨어가 그래픽 조건을 지정한 경우 디스플레이 지원에 관련된 레시피를 찾을 수 있다. 일반적으로, X11이나 웨이랜드Wayland/웨스턴Weston 컴포지터를 위한 환경 설정 레시피다.

- 리눅스 커널(recipes-kernel): 디렉터리 recipes-kernel과 그 하위 디렉터리에는 리눅스 커널에 적용되는 레시피와 설정 파일이 있다. 일반적으로, 커널 설정 조각을 meta 핵심 레이어의 커널 레시피 및 커널 패치에 추가하기 위해 .bbappend 파일이 있다. 일부 BSP는 자신의 리파지토리에서 리눅스 커널을 빌드하는 커널 레시피를 제공한다. 9장, '커널 레시피'에서 리눅스 커널 설정과 다양한 매개변수 설정에 대해 길게 논했었다.

- 기타 레시피(recipes-*): BSP는 타깃 하드웨어의 요구대로 자신의 레시피를 추가하고(추가하거나) 다른 레이어의 레시피를 확장할 수 있다. BSP 레이어 내 각 레시피 하위 디렉터리에서 찾을 수 있다.

BSP와 BSP가 제공하는 레시피를 지원하는 타깃 하드웨어에 전적으로 의존한다.

10.4 욕토 프로젝트 BSP 생성

자체 하드웨어를 개발하는 경우, 욕토 프로젝트 BSP를 생성해 완벽하게 지원할 수 있어야
한다. 주로, 욕토 프로젝트 BSP를 생성하기 위해 다음 세 가지 접근 방식 중 하나를 택한다.

- 수동 생성: yocto-layer 스크립트를 사용해 빈 레이어를 생성하고 수동으로 BSP 디
  렉터리와 파일을 채울 수 있다.

- 존재하는 BSP 레이어 복사: BSP 타깃 하드웨어가 다른 BSP의 하드웨어와 유사한
  경우, 레이어를 복사하고 타깃 하드웨어에 요건이 충족되도록 조절할 수 있다.

- 욕토 프로젝트 BSP 도구 사용: 욕토 프로젝트는 BSP 생성 작업을 간소화하는 몇 가
  지 도구를 제공한다. 이들은 대화형이며 일련의 질의에 응답해 공통 BSP 매개변수
  를 설정할 수 있게 한다. 그다음에는 도구가 BSP 기본 골격을 생성하고 누락된 세부
  사항을 채울 수 있다.

처음부터 수동으로 BSP를 생성하는 것은 가장 지루한 접근 방식이다. 파일과 디렉터리를
직접 추가해야 하기 때문이다. 사실상 모든 경우에 욕토 프로젝트 BSP 도구를 사용하는 것
이 좀 더 좋은 선택이 될 수 있다. 상호 작용을 통해 BSP 레이어를 조정할 수 있기 때문이
다. 존재하는 BSP를 복사하는 것은 타깃 하드웨어가 BSP에 의해 지원되는 하드웨어와 비
슷한 경우 좋은 대안이 된다. 또한 다른 BSP를 확장할 수 있고 BSP에 대한 의존성을 만들
수 있다. 이 접근 방식은 중복을 피할 수 있지만 BSP가 의존하는 다른 BSP가 변경됐을 경
우 BSP를 유지 보수해야 한다.

10.4.1 욕토 프로젝트 BSP 도구

욕토 프로젝트 BSP의 생성을 돕는 두 개의 도구 yocto-bsp와 yocto-kernel이 있다. 전자
는 생각대로 BSP 레이어 생성을 돕고, 후자는 리눅스 커널의 설정을 돕는다. 두 가지 도구
모두 몇 개의 하위 명령을 가지고 있다. 하위 명령을 명시하지 않고 도구를 호출하면 이용
가능한 하위 명령어 목록 메시지가 출력된다.

이 도구는 포키 참조 배포의 poky/scripts 디렉터리에 있다. 이 도구를 이용하려면 oe-init-build-env 스크립트를 사용해야 한다. 그러나 빌드 환경에서 BSP를 생성할 필요는 없다. 일단 스크립트를 제공한 후 BSP를 설정하고자 하는 디렉터리로 변경한다.

yocto-bsp 도구

yocto-bsp나 yocto-bsp help를 호출하면 이용 가능한 하위 명령에 대한 정보를 제공한다.

```
$ yocto-bsp
ERROR:root:No subcommand specified, exiting
Usage:
 Create a customized Yocto BSP layer.
 usage: yocto-bsp [--version] [--help] COMMAND [ARGS]
 Current 'yocto-bsp' commands are:
    create            Create a new Yocto BSP
    list              List available values for options and BSP properties
 See 'yocto-bsp help COMMAND' for more information on a specific command.
Options:
  --version    show program's version number and exit
  -h, --help   show this help message and exit
  -D, --debug  output debug information
```

이 도구는 두 개의 하위 명령 create와 list를 가지고 있다. yocto-bsp<subcommand> --help를 이용해 도구를 호출하면 특정 하위 명령에 대한 더 많은 정보가 출력된다.

하위 명령 yocto-bsp list

yocto-bsp list 하위 명령은 단순히 정보만 출력한다. 지금은 지원되는 커널 아키텍처에 대한 정보다.

```
$ yocto-bsp list karch
Architectures available:
    i386
    mips64
    arm
    powerpc
    mips
    x86_64
    qemu
```

각 커널 아키텍처의 경우, BSP를 생성할 때 도구가 설정한 몇 가지 속성을 이용할 수 있다. 예를 들면, 다음은 x86_64 아키텍처에 이용 가능한 JSON 형식의 모든 속성 목록을 보여준다.

```
$ yocto-bsp list x86_64 properties
```

x86_64용 BSP를 생성하는 경우, 도구는 대화형으로 적용해야 하는 설정을 묻는 속성을 보여준다.

-o <filename>이나 –outfile <filename> 매개변수를 지정해 list 하위 명령의 결과를 파일로 덤프dump할 수 있다.

```
$ yocto-bsp list x86_64 properties -o x84_64.prop
```

이 덤프 파일도 JSON 형식이다.

하위 명령 yocto-bsp create

yocto-bsp create <bsp-name> <karch>를 호출해 BSP를 생성한다. <bsp-name>을 BSP 명 (meta- 없이)으로 대체하고 <karch>를 선호하는 커널 아키텍처로 대체한다. 하위 명령은 몇 가지 선택적 매개변수를 받는다.

- -o <outdir> 또는 –outdir <outdir>: 매개변수가 없는 경우, 도구는 현재 디렉터리에 <bsp-name>이란 이름으로 BSP를 생성한다. 다른 디렉터리에 생성하기 위해 -o 또는 –outfile 옵션을 사용한다. 불행히도 이 옵션 중 하나를 사용하면, 이 경우 도구가 <bsp-name>을 사용하지 않으므로 기본 경로만이 아닌 BSP 전체 경로를 제공해야 한다.

- -i <properties-file> 또는 –infile <properties-file>: 이 매개변수는 도구가 대화식으로 묻기보다 파일에서 다양한 속성 설정을 읽도록 한다. 이 파일은 JSON 형식으로 돼 있다.

- -c codedump 또는 –codedump: BSP 생성을 실행하는 대신, bspgen.out 파일에 코드를 덤프한다. 도구가 실질적인 생성이 아닌 BSP 생성에서 할 일을 알게 하고 싶은 경우 이 옵션을 사용한다.

- -s 또는 -skip-git-check: 이 매개변수는 원격 깃 리파지토리에 접근하는 것을 검

사한다. BSP를 생성할 때 약간의 시간을 할애하려면 이 옵션을 제공해야 한다.

10.4.2절에서는 BSP 생성에 대해 알아볼 것이다.

yocto-kernel 도구

yocto-kernel 도구는 BSP 커널 레시피에 대한 환경 설정, 기능 및 패치의 목록화, 추가 및 제거 기능을 제공한다. 9장에서 논했던 커널 설정 단편, 기능 및 패치 모음을 대화형으로 생성한다. yocto-bsp 도구처럼, yocto-kernel 도구에도 –help 옵션으로 출력되는 하위 명령 목록이 있다.

```
$ yocto-kernel --help
Usage:
 Modify and list Yocto BSP kernel config items and patches.
 usage: yocto-kernel [--version] [--help] COMMAND [ARGS]
 Current 'yocto-kernel' commands are:
   config list       List the modifiable set of bare kernel config options
                     for a BSP
   config add        Add or modify bare kernel config options for a BSP
   config rm         Remove bare kernel config options from a BSP
   patch list        List the patches associated with a BSP
   patch add         Patch the Yocto kernel for a BSP
   patch rm          Remove patches from a BSP
   feature list      List the features used by a BSP
   feature add       Have a BSP use a feature
   feature rm        Have a BSP stop using a feature
   features list     List the features available to BSPs
   feature describe  Describe a particular feature
   feature create    Create a new BSP-local feature
   feature destroy   Remove a BSP-local feature
 See 'yocto-kernel help COMMAND' for more information on a specific
 command.
Options:
  --version show program's version number and exit
  -h, --help show this help message and exit
  -D, --debug output debug information
```

yocto-kernel 도구를 사용하려면, 빌드 환경을 제공해야 한다. 빌드 환경 내에서 명령을 실행하며, 주요 하위 명령은 BSP 이름을 매개변수로 받는다. 이 BSP는 빌드 환경 conf/bblayers.conf 파일의 **BBLAYERS** 변수에 포함돼 있어야 한다.

리눅스 커널 환경 설정 옵션 관리

하위 명령 config는 커널 설정 옵션을 간단히 관리할 수 있게 한다.

- yocto-kernel config list <bsp>: BSP <bsp>가 사용하는 리눅스 커널의 모든 설정 단편을 목록화한다.

- yocto-kernel config add <bsp> CONFIG_<parameter>=[y|n|m]: 커널 설정 옵션 <parameter>를 수정하는 설정 단편을 추가한다.

  □ y(yes): 매개변수를 사용한다.

  □ n(no): 매개변수를 사용하지 않는다.

  □ m(module): 커널 모듈을 빌드한다(커널 모듈만 적용 가능).

- yocto-kernel config rm <bsp> CONFIG_<parameter>: 커널 설정 옵션 <parameter>의 설정 단편을 제거한다.

config add 및 config rm 하위 명령을 사용해 하나 이상의 설정 항목을 제공할 수 있다.

커널 패치 관리

patch 하위 명령을 사용해 BSP 패치를 관리할 수 있다.

- yocto-kernel patch list <bsp>: BSP <bsp>가 사용하는 리눅스 커널을 위한 모든 패치를 나열한다.

- yocto-kernel patch add <bsp> /path/to/patchfile.patch: 패치 patchfile.patch를 제공된 경로에서 BSP 레이어 <bsp> 내 recipes-kernel/linux/files로 복사하고 커널 레시피의 SRC_URI에 그것을 추가한다.

- yocto-kernel patch rm <bsp> patchfile.patch: 패치 patchfile.patch를 BSP <bsp> 내 recipes-kernel/linuxfiles에서 제거하고 커널 레시피의 SRC_URI에서 그것을 제거한다.

patch add 및 patch rm 하위 명령을 통해 한 번에 하나 이상의 패치를 제공할 수 있다.

커널 기능 관리

커널 설정 옵션 및 패치와 유사하게, feature 하위 명령으로 기능을 관리할 수 있다.

- yocto-kernel features list <bsp>: BSP <bsp>에서 로컬로 이용 가능한 모든 커널 기능을 나열한다. 이들은 BSP의 recipes-kernel/linux/files로 끝에 .scc가 붙는 기능 파일이다.

- yocto-kernel feature list <bsp>: 현재 BSP <bsp>가 사용하는 모든 커널 기능을 나열한다.

- yocto-kernel feature create <bsp> featurefile.scc "Feature Description" \capabilities CONFI_parameter=[y|n|m] /path/to/patchfile.patch: 설명 "Feature Description"을 사용해 featurefile.scc 이름으로 BSP <bsp>에 새로운 로컬 기능을 생성하고, capabilities로 나열된 커널 설정 매개변수와 패치를 추가한다.

- yocto-kernel feature add <bsp> featurefile.scc: BSP <bsp>의 커널 기능 목록에 로컬 기능 featurefile.scc를 추가한다. 그 기능은 앞서 yocto-kernel feture create로 생성됐어야 한다.

- yocto-kernel feature rm <bsp>: BSP <bsp>의 커널 기능 목록에서 하나 이상의 기능을 제외시킨다. 도구는 기능을 목록화하고, 제외시킬 기능을 묻는다. 이 명령은 BSP에서 기능을 완전히 삭제하지는 않는다. 커널의 기능 목록에서만 제외시키는 것이다.

- yocto-kernel feature destroy <bsp> featurefile.scc: BSP <bsp>의 로컬 기능 목록에서 기능을 제거한다. 이 명령은 BSP의 기능 파일, 설정 조각, 패치를 완전히 삭제한다.

feature 하위 명령은 기능 파일을 수동으로 변경하지 않으며, 레시피의 SRC_URI를 수정하지 않고 커널에 포함된 기능을 편리하게 관리할 수 있도록 한다.

10.4.2 욕토 프로젝트 BSP 도구로 BSP 생성

이제 모든 것을 통합해 욕토 프로젝트 BSP 도구를 사용함으로써 기본 BSP를 생성할 것이다. 우리의 BSP는 정보 키오스크 장치^{Information kiosk device}다. 이 장치는 인텔 코어 i7 CPU를 사용하고, 보드에 HDMI 그래픽 출력을 가졌으며, UX를 위한 멀티터치 터치스크린에 연결돼 있다. 장치의 테스트 플랫폼으로 미노우보드 맥스^{MinnowBoard Max}를 사용하고, HDMI 및 USB 입력이 있는 멀티터치 터치스크린을 장치에 연결한다. 또한 BSP가 시작될 때 커널 로그에 항목이 있는지 스스로 식별할 수 있게 한다. 이런 목적으로, 간단한 장치 드라이버를 개발했다. 근본적으로 9장의 리스트 9-3과 같다. "Yocto Project Book Kiosk BSP: init"와 "Yocto Project Book BSP: exit"의 내용만 변경하면 된다. 패치 생성을 위해 간단히 9.2절의 단계를 따라 해보자.

다음 단계는 ypbkiosk라 하는 BSP를 생성하기 위한 워크플로우의 개요다.

1. 빌드 환경 설정 초기화: 욕토 프로젝트 BSP 도구로 BSP를 생성하기 위해 빌드 환경 설정이 필요하다.

```
$ source /path/to/poky/oe-init-build-env kiosk
```

conf/local.conf에서 빌드 환경 변수 DL_DIR과 SSTATE_DIR을 설정한다.

2. BSP 레이어 생성: 단순화를 위해 빌드 환경 설정 내에 새로운 BSP 레이어를 생성한다. 그 명령은 x86_64 아키텍처를 이용한 머신 ypbkiosk를 위해 ypbkiosk라는 BSP 레이어를 생성하기 위한 상호 작용 과정을 시작한다.

```
$ yocto-bsp create ypbkiosk x86_64
```

이 도구는 이제 BSP를 위해 사용하려는 기능에 대한 몇 가지 질문을 한다.

- Would you like to use the default (3.19) kernel? (y/n) [default: y] y
- Do you need a new machine branch for this BSP (the alternative is to re-use an existing branch)? (y/n) [default: y] n
- Please choose a machine branch to base this BSP on: [default: standard/common-pc-64/base] 7 (or Enter for default)
- Do you need SMP support? (y/n) [default: y] y (or Enter for default)

- Which machine tuning would you like to use? [default: tune_core2] 2 (Corei7 tuning optimization)

- Do you need support for X? (y/n) [default: y] y (or Enter for default)

- Please select an xserver for this machine: [default: xserver_i915] 4 (fbdev xserver support)

- Does your BSP have a touchscreen? (y/n) [default: n] y

- Does your BSP have a keyboard? (y/n) [default: y] y (or Enter for default)

마지막 질문에 답한 후, BSP 도구는 BSP를 설치하고 meta-ypbkiosk에 생성된 x86_64 BSP로 나간다.

3. 터치스크린 드라이버 활성화: 키오스크 BSP를 위해 리눅스 커널에 멀티터치 터치스크린 드라이버를 활성화해야 한다. 드라이버의 환경 설정은 CONFIG_HID_MULTITOUCH 다. 드라이버를 활성화하는 설정 조각을 추가하기 위해 욕토 프로젝트 커널 도구를 사용한다.

```
$ yocto-kernel config add ypbkiosk
CONFIG_HID_MULTITOUCH=y
Added item:
        CONFIG_HID_MULTITOUCH=y
```

이 도구는 meta-ypbkiosk/recipes-kernel/linux/files의 ypbkiosk-user-config. cfg에 설정을 추가한다.

4. BSP 드라이버 패치 추가: 기능으로 BSP 드라이버 패치를 추가한다. 이 기능은 패치를 적용하고 이를 활성화하기 위해 환경 설정을 추가한다.

```
$ yocto-kernel feature create ypbkiosk ypbbspmsg.scc \
 "Yocto Project Book BSP Message" capabilities \
 CONFIG_YP_DRIVER=y 0001-Yocto-Project-Book-Kiosk-BSP-Message.patch
Added feature:
    features/ypbbspmsg.scc
$ yocto-kernel feature add ypbkiosk features/ypbbspmsg.scc
Added features:
 features/ypbbspmsg.scc
```

첫 번째 명령인 yocto-kernel feature create는 기능을 생성해 BSP에 추가한다. 그러나 아직 커널 빌드에 포함된 것은 아니다. 두 번째 명령인 yocto-kernel feature add가 실행돼야 한다.

5. 이미지 빌드: 선호하는 커널 설정으로 BSP를 생성했으므로, 이미지를 이용해 빌드를 시작할 수 있다.

```
$ bitbake -k core-image-sato
```

테스트를 위해 그래픽 사용자 인터페이스를 제공하는 core-image-sato 이미지 타깃을 사용한다.

6. 부팅 가능한 매체에 이미지 복사: 키오스크의 테스트 타깃 시스템으로 미노우보드 맥스를 사용한다. 이 보드는 USB 메모리스틱으로 부팅된다. 이미지를 메모리스틱에 복사한다.

```
$ dd if=tmp/deploy/images/ypbkiosk/core-image-sato-ypbkiosk.hddimg \
    of=/dev/<usbstickdevice>
```

<usbstickdevice>를 장치 노드 이름으로 대체한다. 장치 노드 이름은 개발 시스템에 USB 스틱을 연결한 후 dmesg 명령을 사용해 찾을 수 있다.

7. 타깃 부팅: 미노우보드 맥스는 UEFI BIOS를 셸로 가지고 있다. USB 메모리스틱을 보드에 연결하고 그것을 사용하면, 미노우보드 맥스가 셸을 실행한다. 메모리스틱의 파일시스템은 fs0로 인식된다. 셸 프롬프트에 fs0를 입력하고 다음 프롬프트에 bootx64를 입력한다. 미노우보드 맥스는 그 후 사토[Sato] 사용자 인터페이스로 부팅될 것이다. 보드에 터치스크린이 연결돼 있다면, 그것을 사용할 수 있다. 또한 터미널을 열어 BSP 메시지를 확인할 수 있다.

두 욕토 프로젝트 BSP 도구 yocto-bsp와 yocto-kernel은 BSP 레이어 생성을 위한 간단한 방식을 제공한다. 약간의 대화형 단계만으로, 기본 BSP의 필수 디렉터리와 파일로 핵심 프레임워크를 설정한다. 기본 BSP는 후에 사용자 정의가 가능하다. 커널 설정 옵션, 패치 및 기능 관리는 yocto-kernel 도구를 이용하면 간단한 일이 된다. 레시피나 그 밖의 파일을 수동으로 수정할 필요가 없다.

10.5 튜닝

앞서 생성했던 머신 설정 파일 ypbkiosk.conf를 검사하면, 다음과 같은 두 가지를 알 수 있다.

```
DEFAULTTUNE = "corei7-64"
require conf/machine/include/tune-corei7.inc
```

첫 번째 줄은 빌드 시스템에서 사용될 CPU 아키텍처와 ABI^application binary interface 튜닝을 선택하는 것이다. 두 번째 줄은 특별한 튜닝으로 GCC 컴파일러 플래그 같은 세부적인 툴체인 설정을 제공한다.

CPU 아키텍처는 이전 버전과 호환성을 제공할 수 있다. 즉 여러 아키텍처에서 실행되는 커널을 생성하기 위해, 새 아키텍처를 사용하는 CPU로 구 버전 아키텍처에서 사용할 수 있도록 잠재적으로 조정할 수 있다. 그러나 이렇게 해도, 새로운 아키텍처 세대의 확장된 명령어 세트와 기능의 이점을 얻지는 못한다. CPU 아키텍처 생성 구조는 조정 파일의 구조에 반영된다. 특히 인텔 x86 아키텍처에서 볼 수 있다.

- tune-corei7.inc: 인텔 코어 i7 CPU 세대에 64비트 확장 및 MMX, SSE, SSE2, SSE3, SSE4.1, SSE4.2 명령어 셋을 지원하도록 조정. tune-core2를 기반으로 한다.

- tune-core2.inc: 인텔 코어2 CPU 세대에 64비트 확장 및 MMX, SSE, SSE2, SSE3, SSSE3 명령어 셋을 지원하도록 조정. tune-586을 기반으로 한다.

- tune-i586.inc: 인텔 i586 특정 프로세서 최적화를 활성화하는 조정. arch-x86을 기반으로 한다.

- arch-x86: x86 32비트, x86 64비트, x32 아키텍처를 위한 코어 아키텍처 정의

OE 코어 메타데이터 레이어 meta의 conf/machine 디렉터리에서 조정 파일과 하위 디렉터리를 찾을 수 있다.

DEFAULT_TUNE 변수는 특정 CPU 아키텍처를 위한 TUNE_FEATURES를 선택한다. 빌드 시스템은 DEFAULT_TUNE과 TUNE_FEATURES를 다음과 같은 설정을 결정하는 데 사용한다.

- TUNE_ARCH: 특정 CPU 아키텍처의 GNU 툴체인을 위한 원시 아키텍처. 비트베이크 환경 설정 파일(meta/conf/bitbake.conf)이 TARGET_ARCH = "${TUNE_ARCH}"를 할당하기 때문에 TUNE_ARCH는 TARGET_ARCH와 밀접한 관련이 있다.

- **TUNE_PKGARCH**: 올바른 아키텍처, ABI, 결과 패키지 튜닝을 정의하기 위한 패키징 시스템으로 잘 알려진 패키지 아키텍처

- **TUNE-ASARGS**: 특정 튜닝 아키텍처를 위한 어셈블러 플래그

- **TUNE_CCARGS**: 특정 튜닝 아키텍처를 위한 컴파일러 플래그

- **TUNE_LDARGS**: 특정 튜닝 아키텍처를 위한 링커 플래그

빌드 시스템은 호환성, 특히 충돌 ABI 설정에 대한 튜닝 설정의 유효성을 검사한다.

각 조정은 AVAILTUNES 변수가 보여주는 이용 가능한 조정 목록에 추가된다.

```
$ bitbake -e | grep AVAILTUNES
```

위와 같이 그 명령은 현재의 설정 목록을 얻기 위해 사용된다. 예를 들면, ypbkiosk.conf 머신 설정으로 다음과 같은 것을 확인할 수 있다.

```
$ bitbake -e | grep AVAILTUNES
# $AVAILTUNES [10 operations]
AVAILTUNES=" x86 x86-64 x86-64-x32 i586 core2-32 core2-64 core2-64-x32 \
            corei7-32 corei7-64 corei7-64-x32"
```

상세 내용은 다음과 같다.

- **x86**: 32비트 ABI를 가진 인텔 x86 32비트 아키텍처

- **x86-86**: 64비트 ABI를 가진 인텔 x86 64비트 아키텍처

- **x86-64-x32**: 32비트 ABI를 가진 인텔 x86 64비트 아키텍처

- **i586**: 32비트 ABI를 가진 인텔 i586 32비트 아키텍처

- **core2-32**: 32비트 ABI를 가진 인텔 코어2 32비트 아키텍처

- **core2-64**: 64비트 ABI를 가진 인텔 코어2 64비트 아키텍처

- **core2-64-x32**: 32비트 ABI를 가진 인텔 코어2 64비트 아키텍처

- **corei7-32**: 32비트 ABI를 가진 인텔 코어 i7 32비트 아키텍처

- **corei7-64**: 64비트 ABI를 가진 인텔 코어 i7 64비트 아키텍처

- **corei7-64-x32**: 32비트 ABI를 가진 인텔 코어 i7 64비트 아키텍처

다른 CPU 아키텍처용 튜닝도 CPU 아키텍처 및 ABI를 위한 유사한 설정을 제공한다.

10.6 부팅 가능한 미디어 이미지 생성

오픈임베디드 빌드 시스템에 의해 생성된 이미지는 부팅 가능한 시스템 생성을 위한 저장 매체에서 항상 직접 사용될 수는 없다. 비글본의 첫 번째 이미지를 생성했을 때 이를 확인 해봤다. SD 카드의 파티셔닝과 포맷을 하고, 다양한 파티션에 파일 및 이미지를 복사하기 위한 추가 단계가 필요했다. 부팅 이미지는 타깃 플랫폼뿐만 아니라 사용되는 저장소 하드 웨어 및 미디어에 의존한다. 몇몇 SD 카드는 HDD와는 다른 이미지 포맷을 요구할 수 있 다. 저장 매체에 직접 전송할 수 있는 부팅 가능한 이미지 생성 프로세스를 용이하게 하기 위해 오픈임베디드 빌드 시스템은 오픈임베디드 이미지 제작기(wic)를 제공한다.[18]

wic 도구는 빌드 시스템에 의해 생성된 결과물에서 부팅 가능한 이미지를 생성한다. wic 명령이 올바르게 작동하려면, 보통 oe-init-build-env가 제공하는 빌드 환경 내에서 실행 해야 한다.

wic는 어떤 이미지를 생성할 것인지 알려주고 생성 방식을 도구에 지시하는 .wks로 끝나 는 킥스타트 파일kickstart file을 사용한다. 킥스타트 파일 세트는 빌드 시스템과 함께 제공된 다. 내장 이미지 목록을 얻기 위해 다음 명령을 사용한다.

```
$ wic list images
```

wic는 확장 가능하다. wic 킥스타트 파일은 디스크 이미지 생성에 필요한 단계를 설명한다. wic 소스 플러그인source plugin은 여러 단계에서 wic가 실행하는 코드를 가지고 있다. 이용 가능한 소스 플러그인을 나열하려면, 다음과 같은 명령을 사용한다.

```
$ wic list source-plugins
```

더 상세히 킥스타트 파일을 찾아보면, 킥스타트 파일과 소스 플러그인을 함께 작동하는 방 법을 보여준다.

wic에는 두 가지 선택 모드가 있다.

---

18 도구를 oeic(OpenEmbedded Image Creator)가 아닌 wic로 부르는 이유에 대해 의문이 생긴다면, 한번 oeic를 빠르게 읽어보자. wic처럼 들릴 것이다.

- Raw 모드: wic 명령어에 킥스타트 파일이 요구하는 매개변수를 지정해야 한다.

- Cooked 모드: 옵션을 선택하기 위해 빌드 환경 설정의 현재 MACHINE 설정을 사용
한다.

Raw 모드는 더 융통성이 있으며 이미지 생성 과정 전체를 제어할 수 있다. 반면 Cooked
모드는 사용이 더 쉽다. 기본적으로 두 가지 모드는 같은 방식으로 호출된다.

```
$ wic create <kickstart_file> [options]
```

options는 wic가 Raw 모드나 Cooked 모드 중 어느 모드에서 실행할지 결정한다. 다음 두
단락에서는 두 가지 모드와 어떤 옵션이 어떤 모드를 사용하는지에 대해 설명할 것이다.
wic list images가 보여주는 목록에 킥스타트 파일을 사용하고 있다면, .wks 확장자를 제
공하지 않아야 한다.

wic를 사용하기 전에 빌드 시스템을 사용하는 개발 호스트를 위해 몇 가지 도구를 빌드해
야 한다.

```
$ bitbake parted-native dosfstools-native mtools-native
```

루트로 wic를 실행시킬 필요는 없다. 사실, 그렇게 하면 안 된다. wic는 저장 매체를 쓰지
않으며, 이미지를 생성해 매체에 복사할 수 있다.

10.6.1 Cooked 모드로 이미지 생성

Cooked 모드에서 wic를 이용해 이미지를 생성하기 위해서는 두 개의 매개변수만 있으면
된다.

```
$ wic create <kickstart_file> -e <image_target> [options]
```

여기서

- <kickstart_file>은 오픈임베디드 킥스타트 파일이다. wic와 함께 제공되는 킥스
타트 파일 중 하나를 사용할 수 있고 직접 제공할 수도 있다.

- <image_target>은 core-image-base나 core-image-sato, 또는 자신의 이미지와 같
은 빌드 시스템 이미지 타깃의 이름이다.

일반적으로, 이외의 옵션은 wic가 빌드 환경으로부터 결정한다. conf/local.conf의 `MACHINE` 설정이 특히 그렇다.

Cooked 모드에서는 다음과 같은 추가적 옵션을 이용할 수 있다.

- `-o PATH, --outdir=PATH`: 최종 이미지 위치에 대한 경로
- `-c COMPRESSOR, --compress-with=COMPRESSOR`: 최종 이미지를 압축하기 위해 사용할 압축 유틸리티. wic는 gzip, bzip2, xz 등을 `COMPRESSOR`로 지원한다.
- `-f IMAGE, --build-rootfs=IMAGE`: 매체 이미지를 생성하기 전에 비트베이크 `IMAGE`를 사용해 루트 파일시스템 이미지를 빌드한다.
- `-D, --debug`: 생성 과정에 대한 상세한 디버그 정보를 보여준다.
- `-s, --skip-build-check`: 빌드 설정이 올바르게 공급됐는지 확인하는 간단한 온전성 검사기로 빌드 검사 단계를 건너뛴다.

예를 들어, 다음 명령은 부팅 가능한 매체에 직접 전송 가능한 EFI[extended firmware interface] BIOS를 이용해 부팅 이미지를 생성한다.

```
$ wic create bootimg-efi -e core-image-base
```

여기서 한 가지 알아둘 것은 다음과 같다. 킥스타트 파일을 사용해 wic로 이미지를 생성할 수 있다는 것이 곧 타깃 시스템에서 이미지가 자동으로 부팅됨을 의미하지는 않는다. 타깃 시스템에 일치하는 올바른 킥스타트 파일 선택을 확인해야 한다. 앞서 다룬 예제에서 머신 설정이 `MACHINE = "beaglebone"`인 경우, wic는 EFI를 위한 부트 파티션 이미지를 생성한다. 그러나 비글본이 EFI BIOS를 가지고 있지는 않으므로, 비글본 보드에서 부팅하지는 않는다.

10.6.2 Raw 모드로 이미지 생성

Raw 모드에서 wic를 사용하는 경우, 명령어에 필수 매개변수를 제공해야 한다.

```
$ wic create <kickstart_file> [options]
```

여기서 `<kickstart_file>`은 오픈임베디드 킥스타트 파일이고, wic 또는 자체적으로 생성해 제공하는 킥스타트 파일 중 하나가 된다. `options`는 다음과 같다.

- -r ROOTFSDIR, --rootfs-dir=ROOTFSDIR: 개발 호스트의 타깃을 위한 루트 파일시스템 경로

- -b BOOTIMGDIR, --bootimg-dir=BOOTIMGDIR: EFI나 syslinux 디렉터리 또는 U-Boot 파일 같은 부트로더 결과물^{artifacts}이 있는 경로

- -k KERNELDIR, --kernel-dir=KERNEL_DIR: 리눅스 커널 경로

- -n NATIVE_SYSROOT, --native-sysroot=NATIVE_SYSROOT: parted나 DOS 파일시스템 도구 등과 같은 기본적인 도구에 대한 경로. 오픈임베디드 빌드 시스템에 의해 빌드된 도구가 될 수도 있고 개발 호스트에 의해 제공된 도구가 될 수도 있다.

- -o PATH, --outdir=PATH: 최종 이미지 위치에 대한 경로

- -c COMPRESSOR, --compress-with=COMPRESSOR: 최종 이미지를 압축하기 위한 압축 유틸리티. wic는 gzip, bzip2, xz 등을 COMPRESSOR로 지원한다.

- -f IMAGE, --build-rootfs=IMAGE: 매체 이미지를 생성하기 전에 비트베이크 IMAGE 를 사용해 루트 파일시스템을 빌드한다.

- -D, --debug: 생성 과정에 대한 상세 디버그 정보를 보여준다. 정확한 명령 순서를 보여주고 문제 해결에 도움을 준다.

가장 간단한 형태로, 다음과 같이 Raw 모드에서 wic를 호출해야 한다.

```
$ wic create bootimg-efi -r <ROOTFSDIR> -b <BOOTIMGDIR> -k <KERNELDIR>
```

예제는 개발 호스트에 파일시스템 도구가 설치돼 있다고 가정한다.

-e <image_target> 옵션을 통해 Cooked 모드를 사용하는 경우, wic는 자동으로 bitbake -e <image_target>을 실행함으로써 빌드 환경의 여러 옵션을 결정한다.

- -r, --rootfs-dir: IMAGE_ROOTS

- -k, --kernel-dir: STAGING_KERNEL_DIR

- -n, --native-sysroot: STAGING_DIR_NATIVE

- -b, --booting-dir: 비어있음. 여러 부트로더를 위한 소스 플러그인이 이것을 결정할 필요가 있다.

-f (--build-rootfs) 옵션을 사용하지 않는 경우, Raw 모드에 빌드 환경을 제공하지 않아도 된다.

10.6.3 킥스타트 파일

이미 살펴봤듯이, 다음의 명령은 이용 가능한 킥스타트 파일 목록을 제공한다.

```
$ wic list images
```

실제 킥스타트 파일은 poky/scripts/lib/wic/canned-wks에 위치해 있다.

리스트 10-4는 vfat 부트 파티션과 비글본에 적합한 SD 카드의 ext4 루트 파일시스템 파티션으로 이미지를 생성하기 위한 킥스타트 파일을 보여준다.

리스트 10-4 SD 카드 이미지(sdimage-bootpart.wks)

```
# 개요: 부트 파티션을 갖는 SD 카드 이미지 생성
# 설명: 파티션된 SD 카드 이미지를 생성한다. 부트 파일은
# 첫 vfat 파티션에 위치한다
part /boot --source bootimg-partition --ondisk mmcblk --fstype=vfat
    --label boot --active --align 4 --size 16
part / --source rootfs --ondisk mmcblk --fstype=ext4 --label root
    --align 4
```

part 지시자는 파티션을 생성하기 위해 wic로 전달된다. 첫 번째 매개변수는 파티션의 마운트 부분이다. 킥스타트 파일에서 /boot는 부트 파티션을, /는 루트 파일시스템을 말한다. source 매개변수는 파티션을 생성하는 데 사용한 소스 플러그인을, bootimg-partition은 부트 파티션을, 그리고 rootfs는 루트 파일시스템 파티션을 명시한다. 나머지 매개변수는 파티션 특성을 결정한다. 이 부분에 대해서는 곧 자세히 설명할 것이다.

리스트 10-5는 레거시^{legacy} PC BIOS로 시스템 부팅 이미지를 생성하기 위한 킥스타트 파일을 보여준다.

리스트 10-5 레거시 PC BIOS 부트 이미지(directdisk.wks)

```
# 개요: pcbios 다이렉트 디스크 이미지 생성
# 설명: 파티션된 레거시 BIOS 디스크 이미지를 생성한다
# 이는 사용자가 부트 미디어를 직접 dd를 이용해 넣을 수 있다
```

```
part /boot --source bootimg-pcbios --ondisk sda --label boot –active \
    --align 1024
part / --source rootfs --ondisk sda --fstype=ext4 --label platform \
    --align 1024
bootloader --timeout=0 --append="rootwait rootfstype=ext4 \
                                video=vesafb vga=0x318 console=tty0"
```

이 예제에서 부트 파티션은 bootimg-pcbios 소스 플러그인을 사용해 SYSLINUX 부트 파티션을 생성한다. bootloader 지시자는 즉각(--timeout=0) 커널을 부팅하고 리눅스 커널에 append를 해서 매개변수를 전달하도록 SYSLINUX에 전한다.

리스트 10-6은 EFI BIOS로 시스템 부팅 이미지를 생성하기 위한 킥스타트 파일 예제를 보여준다.

리스트 10-6 EFI BIOS 부트 이미지(mkefidisk.wks)

```
# 개요: EFI 디스크 이미지 생성
# 설명: 파티션된 EFI 디스크 이미지를 생성한다
# 이는 사용자가 부트 미디어를 직접 dd를 이용해 넣을 수 있다
part /boot --source bootimg-efi --sourceparams="loader=grub-efi" \
    --ondisk sda --label msdos --active --align 1024
part / --source rootfs --ondisk sda --fstype=ext4 --label platform \
    --align 1024
part swap --ondisk sda --size 44 --label swap1 --fstype=swap
bootloader --timeout=10 --append="rootwait rootfstype=ext4 \
    console=ttyPCH0,115200 console=tty0 vmalloc=256MB \
    snd-hda-intel.enable_msi=0"
```

이 예제에서 부트 파티션은 EFI GRUB 부트로더를 사용하는 bootimg-efi 소스 플러그인을 사용해 생성된다. 부트와 루트 파일시스템 파티션뿐만 아니라 스왑swap 파티션이 생성된다. 부트로더 지시자는 리눅스 커널이 부팅하기 전 10초(timeout=10) 동안 기다리고 리눅스 커널에 append를 해서 매개변수를 전달하도록 GRUB에 전한다.

10.6.4 킥스타트 파일 지시자

맨 처음부터, 또는 동봉 파일 중 하나를 복사해 자신만의 킥스타트 파일을 쉽게 생성할 수 있다. poky/scripts/lib/wic/canned-wks 디렉터리에 자신만의 킥스타트 파일을 생성하는 경우, 이 파일들은 wic로 알려져 있으므로 경로와 확장자를 제공하지 않아도 된다. 단점은 빌드 시스템 소스를 수정해 업데이트를 좀 더 어렵게 만든다는 것이다. 어떤 경우에든 욕토 프로젝트에 킥스타트 파일을 제출하는 것을 고려해야 할 것이다. 이 파일들이 다른 사용자에게도 유용할 수 있다.

킥스타트 파일은 현재 partition, bootloader 이렇게 두 개의 지시문만 있다. 각 지시문은 정의된 매개변수 셋을 받는다. 기능을 제공하는 소스 플러그인은 매개변수를 이해해야 한다.

partition 지시자

partition 지시자 part는 미디어에 파티션을 생성한다. 형식은 다음과 같다.

part <mountpoint> <options>

<mountpoint>는 마운트될 파티션 위치를 결정한다. 다음 중 하나가 될 수 있다.

- /path: 예를 들면 /, /usr, /opt, /home 등과 같은 파티션 마운트 지점 경로
- swap: 파티션이 스왑 파티션이다.

<options>는 파티션 생성 방식에 대한 필수 정보를 제공한다.

- --source: 파티션을 채우는 데이터 소스를 결정한다.

  이 옵션을 사용하지 않으면 wic가 빈 파티션을 생성하고, 적어도 –size는 제공해야 한다. wic가 파일시스템으로 파티션을 포맷하려면 –fstype을 제공해야 한다.

  --source rootfs를 사용하면, wic가 -r (--rootfs-dir) 매개변수를 제공해 충분한 공간에 루트 파일시스템을 위한 루트 파일시스템 파티션을 생성한다. 파일시스템 타입을 결정하기 위해 –fstype도 제공해야 한다.

- --size: 최소 파티션 크기는 MB. –source를 사용하지 않는 경우 이 매개변수를 제공해야 한다. 루트 파일시스템의 내용으로 결정되는 것보다 더 큰 파티션을 생성하고 싶다면 –source 매개변수를 제공해야 한다(–extra-space와 –overhead-factor도 확인해야 함).

- **--ondisk**: 특정 장치에 파티션을 생성한다.

- **--ondrive**: --ondisk와 같다.

- **--fstype**: 파티션을 포맷하는 파일시스템 타입. 지원되는 파일시스템 타입은 ext2, ext3, ext4, btrfs, squashfs, swap이다.

- **-fsoptions**: /etc/tstab에 작성될 문자열 옵션. 이 문자열은 따옴표로 둘러싸야 한다. 매개변수를 지정하지 않으면 "defaults"로 설정된다.

- **--label**: 파티션 레이블

- **--active**: 파티션을 부트 파티션으로 표시한다.

- **--align**: n kB 경계에서 파티션을 시작한다.

- **--no-table**: 파티션 생성, 포맷, 채우기를 하지만 파티션 테이블에 이것을 추가하지 않는다.

- **--extra-space**: 파티션에 추가 공간(MB)을 추가한다. 기본값은 10MB다.

- **--overhead-factor**: —size에 의해 제공되거나 -r (--rootfs-dir)로 명시된 루트 파일시스템 디렉터리의 내용으로부터 결정되는 요인으로 파티션의 크기를 증가시킨다(곱한다). 이 요인은 1보다 크거나 같아야 한다. 기본값은 1.3이다.

- **--part-type**: GUID 파티션 테이블(GPT)과 함께 사용할 파티션 타입을 위한 GUID^globally unique identifier(전역 고유 식별자)를 지정한다.[19]

- **--use-uuid**: 파티션을 위한 임의 리눅스 UUID를 생성한다.

- **--uuid**: 파티션을 위한 리눅스 UUID를 지정한다.

bootloader 지시자

bootloader 지시자는 부트로더를 위한 설정을 제공한다.

bootloader --timeout=<timeout_in_seconds> --append="<kernel_parameters>

명령은 단 두 개의 매개변수를 받아들인다.

19　GPT에 대한 자세한 정보는 https://wiki.archlinux.org/index.php/GUID_Partition_Table과 https://en.wikipedia.org/wiki/GUID_Partition_Table#Partition_type_GUIDs를 확인하라.

- --timeout: 부트로더가 기본 옵션을 부팅하기 전에 대기하는 초 단위 시간. 이 매개변수는 부트 옵션 목록을 사용자에게 보여주는 부트로더와 사용된다.
- --append: 리눅스 커널에 전달되는 따옴표로 둘러싸인 매개변수 문자열

10.6.5 플러그인

플러그인은 wic 기능을 쉽게 확장할 수 있도록 하며, 파이썬으로 작성됐다. 현재 imager와 source라는 두 가지 타입의 플러그인이 있다. 디렉터리 poky/scripts/lib/wic/plugins에서 플러그인을 찾아볼 수 있으며, 각 플러그인 타입은 자신의 하위 디렉터리를 갖는다.

imager 플러그인은 파티션 테이블과 파일시스템으로 포맷된 하나 이상의 파티션을 포함한 전체 시스템에 설치된다. imager 플러그인의 결과물은 미디어에 직접적으로 전송 가능한 파일이다. 모든 imager 플러그인은 `ImagerPlugin` 파이썬 클래스를 상속받는다. 현재 모든 imager 생성에 사용되는 유일한 imager 플러그인으로는 `DirectPlugin`이 있다.

source 플러그인은 특정 소스에 특정 타입의 파티션을 생성한다. 이 파티션은 킥스타트 파일에 `part` 명령과 함께 사용된다. source 플러그인은 `SourcePlugin` 파이썬 클래스를 상속받는다.

파일 poky/scripts/lib/wic/pluginbase.py는 핵심 플러그인 클래스 `ImagerPlugin`과 `SourcePlugin`을 정의한다.

현재 사용자 확장은 source 플러그인으로 제한되며, 고유의 source 플러그인을 생성하기 위해 플러그인 클래스를 포함한 파이썬 소스 파일을 작성해야 한다. poky/scripts/lib/wic/plugins/source 디렉터리에 파일을 두거나 고유 레이어 meta-mylayer/scripts/lib/wic/plugins/source 디렉터리에 파일을 둘 수 있으며, 이 레이어의 루트 디렉터리 이하를 가리키는 정확한 경로는 중요하다. 그렇지 않으면 wic가 플러그인을 찾을 수 없다.

source 플러그인을 작성하려면, 리스트 10-7과 같이 기본 source 플러그인 클래스 `SourcePlugin`에서 파생시키고 작업을 수행할 기능을 구현한다.

리스트 10-7 source 플러그인

```
class MyPartitionPlugin(SourcePlugin):
    name = 'mypartition'
@classmethod
def do_prepare_partiton(cls, part, ...)
```

```
    ...
@classmethod
def do_configure_partition(cls, part, ...)
    ...
@classmethod
def do_install_disk(cls, part, ...)
    ...
@classmethod
def do_stage_partition(cls, part, ...)
    ...
```

고유의 source 플러그인은 항상 name 속성에 유일한 이름을 설정해야 한다. source 플러
그인을 wic에 알리는 데 사용될 이름이며, part 명령에 —source 매개변수와 함께 사용하는
이름이다. 예를 들면,

part / --source mypartition <options>

source 플러그인에 따라 wic가 여러 파티션 생성 프로세스에서 호출하는 하나 이상의 메
소드를 구현해야 한다.

- do_configure_partition( ): do_prepare_partition( ) 전에 호출되며, 부트로더 환
  경 설정 파일과 같은 파티션을 위한 설정 파일을 생성하는 데 사용된다.

- do_stage_partition( ): do_prepare_partition( ) 전에 호출되며, source가 제공하
  는 파티션 내용을 조정하는 데 사용된다.

- do_prepare_partition( ): 콘텐츠를 파티션에 채우도록 호출된다. 이 메소드는 디스
  크 이미지에 통합되는 파티션 이미지를 생성한다.

- do_install_disk( ): 파티션이 최종 디스크 이미지에 통합되기 전과 do_prepare_
  partition( )의 실행 후에 추가 단계를 수행해야 할 경우 호출된다.

source 플러그인은 적어도 do_prepare_partition( ) 메소드를 구현해야 한다. 실제로 콘텐
츠 소스 rootfs-dir, kernel-dir, bootimg-dir에서 파티션 콘텐츠를 채울 메소드이기 때문
이다. 이 매개변수의 값은 메소드를 통해 전달돼 플러그인이 각 디렉터리에 접근할 수 있
게 한다. source 플러그인이 특정 메소드를 구현하지 않는다면, 슈퍼클래스 메소드가 대신
사용된다. 네 개 메소드 모두에 대한 슈퍼클래스 메소드는 디버그 메시지를 기록할 뿐 아

무엇도 수행하지 않는다.

10.6.6 이미지 전송

wic가 이미지 생성을 완료하고 나면 간단히 SD 카드나 USB 스틱으로, 또는 이미지를 빌드할 수 있는 다른 어떤 미디어로 전송할 수 있다

```
$ sudo dd if=<image_file> of=/dev/<device>
```

wic는 이미지가 생성된 후 이미지 파일의 이름과 위치를 알려준다. 기본적으로 그 결과 디렉터리는 /var/tmp/wic/build다.

이미지 파일을 장치에 직접 작성하기 때문에 루트 권한으로 명령을 실행해야 한다. 잘못된 장치를 지정하면 개발 호스트의 장치와 파티션을 없애버릴 수도 있으므로 위험한 일이다. 따라서 올바른 장치 이름을 사용하고 있는지 늘 이중으로 체크해야 한다. 항상 올바른 장치 이름을 검색해 미디어를 삽입한 후, 즉각 dmesg를 사용하는 것이 좋다.

10.7 요약

욕토 프로젝트 BSP는 같은 코어 빌드 시스템에서 여러 다른 하드웨어 플랫폼을 지원하기 위해 변형 레이어를 제공한다.

- 전통적인 임베디드 BSP들과 달리, 욕토 프로젝트 BSP는 독립적이지 않다. 욕토 프로젝트 BSP는 OE 코어와 다른 메타데이터 레이어를 필요로 한다.

- 욕토 프로젝트 BSP는 툴체인 또는 개발 도구를 포함하지 않는다. 툴체인이나 개발 도구는 코어 레이어에 의해 제공된다.

- 욕토 프로젝트 BSP는 빌드 환경 파일 conf/bblayers.conf의 **BBLAYERS** 변수에 경로를 추가해 빌드 환경에 포함된 비트베이크 레이어다.

- 욕토 프로젝트 BSP는 타깃 플랫폼별 설정을 제공하는 머신 환경 파일을 적어도 하나는 정의해야 한다.

- 욕토 프로젝트 BSP는 타깃 하드웨어의 요구 조건에 맞춰 패키지를 빌드하기 위해 자신의 레시피나 다른 레이어로부터 얻은 레시피를 추가할 수 있다.

- 욕토 프로젝트 BSP는 빌드 환경의 conf/local.conf 파일에 있는 MACHINE 변수를 제외하고는 환경 설정을 손대지 않고 서로 간을 쉽게 바꿀 수 있다.

- 욕토 프로젝트 BSP는 빌드 시스템의 타깃별 변형만 가지고 있기 때문에 유지 관리를 위한 수고가 크게 줄어든다.

- 욕토 프로젝트 BSP는 특정 레이아웃을 따른다.

- yocto-bsp 도구는 BSP 규칙을 준수하는 기본 BSP를 빠르게 생성할 수 있도록 한다.

- yocto-kernel 도구는 리눅스 커널 환경 옵션, 패치, 기능 관리를 간소화한다.

- 오픈임베디드 이미지 크리에어터(wic)는 다양한 미디어로 직접 전송할 수 있는 부팅 가능한 이미지를 매우 간단히 생성할 수 있게 한다. wic는 킥스타트 파일과 소스 플러그인을 통해 확장 가능하다.

10.8 참조

욕토 프로젝트 보드 지원 패키지(BSP) 개발자 가이드, www.yoctoproject.org/docs/1.8/bsp-guide/bsp-guide.html

11

애플리케이션 개발

앞서 리눅스 운영체제 이미지를 빌드하기 위해 욕토 프로젝트를 사용하는 방법, 이 이미지들을 사용자화하는 방법, 그리고 BSP^board support package(보드 지원 패키지)를 통해 특정 하드웨어에 이미지를 적용시키는 방법을 알아봤다. 하드웨어, 운영체제 스택, 다른 오픈소스 소프트웨어 패키지들로 구성된 장치만이 제품을 만드는 것은 아니다. 결과적으로 장치를 위한 최종 사용자 기능을 제공하는 자체 소프트웨어 패키지를 개발해 빌드하고 장치에 배포하려는 것이다. 이 작업을 위해 응용프로그램 개발 툴킷^ADT, application development toolkit 또는 소프트웨어 개발 킷^SDK, software development kit 등 타깃 시스템을 위한 소프트웨어 개발 환경이 필요하다. 욕토 프로젝트는 두 용어를 모두 사용한다. 보통 ADT는 웹 서버에서 받은 패키지 피드로부터 ADT 인스톨러^installer가 설치한 SDK다. SDK는 빌드 시스템에서 생성된 SDK다. 이러한 툴킷은 빌드 시스템과 함께 앞서 생성된 ADT를 위한 패키지 피드와 같은 기능을 제공한다.

욕토 프로젝트 빌드 시스템을 사용하면, 타깃 시스템에 맞는 ADT를 빌드할 수 있다. 그러고 나서 여러분의 장치를 위한 애플리케이션 빌드 및 개발을 위한 ADT 환경 설정을 사용할 수 있다.

11장에서는 욕토 프로젝트 ADT를 구성하는 요소와 그것을 빌드하고 사용하는 방식에 대해 설명할 것이다.

11.1 욕토 프로젝트 ADT 내부

욕토 프로젝트 ADT로 정확히 무엇을 얻을 수 있을까? 전체 애플리케이션 개발 환경은 다음과 같이 구성된다.

- 크로스 개발 툴체인: ADT 크로스 개발 툴체인은 크로스 컴파일러, 크로스 링커, 크로스 디버거와 애플리케이션 개발에 사용되는 여러 도구 모음으로 구성된다.

- 시스템 루트: ADT는 두 개의 시스템 루트를 가지고 있다. 개발 호스트를 위한 루트와 타깃을 위한 루트다. 개발 호스트를 위한 루트는 크로스 개발 툴체인과 여러 도구들을 가지고 있으며, 타깃을 위한 루트는 헤더 파일, 라이브러리, 개발 패키지가 함께 포함된 타깃을 위한 전체 루트 파일시스템이다.

- QEMU 에뮬레이터: 커널 및 루트 파일시스템 이미지와 함께 QEMU는 실제 하드웨어 없이 사용자 공간 애플리케이션 테스트를 가능하게 한다. 하드웨어를 이용하기 전에 타깃을 위한 애플리케이션을 개발할 수 있다.

- 환경 설정: ADT를 이용한 크로스 개발을 위한 개발 호스트 환경 설정 스크립트를 제공한다.

- 욕토 프로젝트 이클립스 플러그인: ADT를 통합하는 유명한 이클립스 IDE[1]를 위한 플러그인이다.

- 프로파일링 도구: 타깃 시스템의 프로파일링 애플리케이션을 위한 여러 가지 사용자 도구들은 ADT를 포함한다. 도구 셋은 다음과 같은 것들을 포함한다.

  - LatencyTOP: LatencyTOP[2]은 시스템이 많은 CPU 여유 능력을 가지고 있음에도 불구하고 미디어 재생 중 오디오 및 비디오 건너뛰기, 데스크톱 인터페이스에서 사용자 입력의 지연된 응답 등과 같은 리눅스 시스템을 위한 애플리케이션의

---

1 https://www.eclipse.org

2 http://git.infradead.org/latencytop.git

latency 이슈를 평가하고 해결하는 도구다.

  ▫ PowerTOP: 전력 관리는 사실상 모든 임베디드 시스템에서 가장 중요한 것이다. 특히 배터리로 운영되는 시스템의 경우가 그렇다. PowerTOP[3]은 전력 소비를 측정하고 애플리케이션, 라이브러리, 라우트, 코드 파편화에서 추적하는 진단 도구다.

  ▫ OProfile: OProfile[4]은 최소한의 오버헤드만으로 실행 코드를 프로파일링할 수 있는 리눅스 시스템을 위한 시스템 전반의 프로파일링 도구다. 리눅스 커널 드라이버와 타깃 시스템을 위한 샘플 데이터 수집을 위한 데몬, 그리고 호스트 시스템의 샘플 데이터 분석을 위한 몇 가지 오프라인 도구로 구성된다.

 ■ Perf: Perf[5]는 CPU 사이클, 명령, 인터럽트, 캐시 참조 등과 같은 여러 하드웨어 및 소프트웨어 이벤트 데이터를 수집하기 위한 리눅스 커널 성능 카운터를 사용하는 리눅스 프로파일링 도구다.

 ■ SystemTap: SystemTap[6]은 실행 중인 리눅스 시스템의 정보를 수집하기 위한 구조 및 기기 장치다. SystemTap 스크립트는 프로브 배치로 사실상 모든 시스템 이벤트 추적을 가능하게 한다.

 ■ LTTng^Linux Trace Toolkit-Next Generation: LTTng[7]는 시스템 이벤트 확인을 위한 기기 장치, 적은 오버헤드로 확인된 이벤트 추출^extraction, 그리고 조사 및 분석을 위한 도구를 제공하는 리눅스 시스템을 위한 오픈소스 추적 프레임워크다.

ADT에 포함된 구성 요소들은 애플리케이션 개발자에게 리눅스 및 미들웨어 API를 사용하는 C와 C++에 사용자 영역 애플리케이션을 작성하는 데 꼭 필요한 모든 도구를 제공한다. 이는 GNU 메이크^Make 기반, GNU 오토툴즈^Autotools 기반, 또는 CMake 기반 애플리케이션이 될 수 있다. ADT 환경 설정을 초기화한 후, 애플리케이션의 크로스 빌드를 위한 명령어를 사용할 수 있다.

그렇지만 많은 애플리케이션 개발자들은 그래픽 사용자 인터페이스를 이용해 애플리케이션을 편집하고 빌드하고 디버깅할 수 있게 하는 통합 개발 환경(IDE)의 편의성과 생산성

---

3 https://01.org/powertop

4 http://oprofile.sourceforge.net

5 https://perf.wiki.kernel.org

6 https://sourceware.org/stytemtap

7 http://lttng.org

을 선호한다. 그러므로 욕토 프로젝트는 인기 있고 확장 가능한 이클립스 IDE를 위한 플러그인을 제공한다. 플러그인은 이클립스 C/C++ Tooling(CDT)이라는 이름대로 이클립스에서 사용 가능한 많은 도구들과 ADT를 통합한다. 욕토 프로젝트 이클립스 플러그인은 또한 이클립스 타깃 통신 프레임워크TCF, Eclipse Target Communication Framwork를 통해 원격 애플리케이션 실행 및 디버깅을 가능하게 한다. TCF를 통해 타깃 장치에 애플리케이션 바이너리를 직접 올리며, 타깃 장치에서 애플리케이션을 실행시키고 이클립스 IDE를 통해 애플리케이션과 상호 작용할 수 있다. 또한 타깃에서 GNU 디버거(GDB) 서버(gdbserver) 내 애플리케이션을 원격으로 실행할 수 있다. 개발 호스트의 이클립스에 의해 시작되는 GDB 크로스 디버거는 타깃의 gdbserver에 연결된다. 또한 이클립스 IDE의 디버그 세션을 제어할 수 있게 해주고, 브레이크포인트breakpoint(중단점) 설정, 코드 스테핑stepping 및 변수 검색에 제한이 없다.

임베디드 시스템용 애플리케이션 개발은 코드 작성, 디버깅, 배포로 끝나지 않고, 일반적으로 성능, 전력 소비 등에 대한 최적화가 포함된다. 이클립스 IDE와 결합하는 SytemTap을 제외하고 프로파일링 도구는 ADT와 결합되고, 애플리케이션 분석을 돕기 위해 타깃 루트 파일시스템에 추가될 수 있다.

다음 단락에서는 ADT 빌드, 설치, 명령행 개발을 위한 사용, 이클립스 IDE와의 통합을 통해 완전한 라운드트립 개발 경험을 위한 개발, 빌드, 타깃 디버깅에 대해 설명한다.

11.2 욕토 프로젝트 ADT 설정하기

다양한 방법으로 ADT를 설정할 수 있다.

- ADT 인스톨러 다운로드: 욕토 프로젝트 다운로드 사이트[8]에서 ADT 인스톨러 타볼tarball을 다운로드해서 압축을 풀고, 타깃에 맞춰 환경 설정을 한 후 실행한다. ADT 인스톨러는 적합한 크로스 툴체인, 루트 파일시스템 등을 욕토 프로젝트 다운로드 사이트에서 다운로드하고 개발 시스템에 설치한다. 이 방식은 가장 편리한 ADT 설치 방식이지만, 타깃 이미지와 맞지 않는 선빌드된 시스템 루트 이미지를 사용한다.

- ADT 인스톨러 빌드: ADT 인스톨러 타볼tarball을 다운로드하기보다는 직접 빌드하는 욕토 프로젝트 빌드 환경을 사용한다. 그 후에는 ADT 인스톨러를 다운로드하는

---

8 http://downloads.yoctoproject.org/releases/yocto/yocto-2.0/adt-installer

것과 같다.

- ADT 생성을 위한 툴체인 인스톨러 빌드: 타깃 빌드 환경을 이용해 커스텀 시스템 이미지에 추가한 소프트웨어 패키지의 모든 개발 패키지와 타깃 시스템이 정확히 맞아떨어지는 크로스 툴체인과 타깃 시스템 루트를 포함한 툴체인 인스톨러를 생성한다.

앞에 두 방식은 욕토 프로젝트 애플리케이션 개발자 가이드^{Yocto Project Application Developer's Guide}[9] 에 자세히 설명돼 있다. 이 장에서는 빌드 환경을 사용해 타깃을 위한 툴체인 인스톨러를 생성하는 세 번째 방식에 집중하자.

11.2.1 툴체인 인스톨러 빌드

BSP와 다른 레이어들을 잠재적으로 포함하고 있는 타깃 시스템을 위한 빌드 환경이 이미 있다면, 커스텀 루트 파일시스템 이미지를 추가한 모든 소프트웨어 컴포넌트를 이용해 툴체인 인스톨러를 빌드한다. 예제에서는 이전 장부터 사용해온 키오스크^{kiosk} 프로젝트를 위한 빌드 환경과 BSP 레이어를 사용하고 있다.

예제의 BSP 레이어 meta-ypbkiosk는 현재 커스텀 이미지 타깃을 포함하고 있지 않다. 리스트 11-1은 이를 위한 이미지 레시피를 보여준다.

리스트 11-1 커스텀 이미지 레시피(ypbkiosk-image-sato.bb)

```
DESCRIPTION = "Custom image for the Yocto book Kiosk, which is based \
               on core-inmage-sato. We only replaced the Dropbear SSH \
               server with the OpenSSH server, which is necessary for \
               the ADT, and added tar.bz2 to the image types built."
IMAGE_FEATURES += "splash package-management x11-base \
                   x11-sato ssh-server-openssh hwcodecs"
LICENSE = "MIT"
inherit core-image
IMAGE_INSTALL += "packagegroup-core-x11-sato-games"
IMAGE_FSTYPES += "tar.bz2"
```

---

9 www.yoctoporject.org/docs/1.8/adt-manual/adt-manual.html

meta-ypbkiosk 레이어 내에 디렉터리 recipes-core/images를 생성하고 리스트 11-1의 레시피 파일 ypbkiosk-image-sato.bb를 추가한다.

이제 빌드 환경에서 다음 명령을 실행해 툴체인 인스톨러를 빌드하자.

```
$ bitbake -c populate_sdk ypbkiosk-image-sato
```

빌드 환경의 conf/local.conf에서 MACHINE 변수가 MACHINE = "ypbkiosk"로 설정됐는지 확인한다. 빌드 시스템은 이 변수에서 툴체인에 대한 적절한 아키텍처 설정을 유도한다.

populate_sdk 태스크는 모든 이미지 타깃에 적용되며 MACHINE, EXTRA_IMAGE_FEATURES 등과 같은 모든 다른 설정을 이용하는 이미지 타깃을 위한 툴체인을 생성한다. 일단 작업이 완료되면, 빌드 환경의 tmp/deploy/sdk에 툴체인 인스톨러가 위치한다. 툴체인 인스톨러는 .sh로 끝나는 단일 실행 파일이다. 일부는 셸 스크립트 인스톨러며, 일부는 호스트 및 타깃 시스템 루트가 있는 실제 툴체인을 포함한다. 파일을 열고 그 내용을 살펴보면, 스크립트와 기타 부분을 구분하는 텍스트 MARKER:가 있다.

배포의 편리함은 물론이고, 툴체인을 완전히 독립적으로 만드는 데도 단일 파일 설정의 목적이 있다. 즉 모든 바이너리가 libc 복사본에 연결돼 호스트 시스템에 종속되지 않도록 한다. 툴체인의 설치 경로를 빌드할 때는 알 수 없기 때문에(시스템 어디에나 설치할 수 있다.), 그리고 동적 로더에 대한 포인터가 동적으로 변경될 수 없기 때문에 셸 스크립트 부분이 재배치를 처리한다.

툴체인이 빌드된 개발 호스트의 아키텍처는 환경 설정 변수 SDKMACHINE에 의해 결정된다. 이 변수는 툴체인 인스톨러를 생성할 때 빌드 시스템이 실행되고 있는 호스트의 아키텍처에 자동으로 설정된다. 툴체인을 빌드하기 위해 사용했던 호스트가 아닌 다른 개발 호스트 아키텍처의 툴체인을 빌드하려면, 빌드 환경 설정의 conf/local.conf 파일에 명시적으로 SDKMACHINE 변수를 설정하면 된다. 현재 빌드를 지원하는 유일한 아키텍처는 i686(x86 32비트)와 x86_64(x86 64비트)다.

11.2.2 툴체인 설치

툴체인 설치는 이제 좀 더 간단하다.

```
$ cd tmp/deploy/sdk
$ ./poky-glibc-x86_64-ypbkiosk-image-sato-corei7-64-toolchain-2.0.sh
```

실제 툴체인 인스톨러 파일은 설정에 따라 다를 수 있다. 툴체인 인스톨러는 기본적으로 툴체인을 /opt/poky/〈version〉 디렉터리에 설치한다. 원한다면 다른 디렉터리를 제공할 수도 있다.

툴체인 인스톨러의 특징은 아키텍처를 가진 모든 머신에 대해 다른 인스톨러를 생성하고 같은 디렉터리에 설치할 수 있다는 것이다. 빌드 시스템은 아키텍처당 단 하나의 캐내디언 크로스 툴체인 바이너리[10]만을 생성하며, 툴체인 인스톨러는 타깃 시스템 루트를 다른 디렉터리로 분리한다. 이는 타깃 하드웨어를 자세히 설명하는 것이 컴파일러에 옵션으로 전달할 수 있기 때문에 가능하다. 옵션은 환경 설정 스크립트에 CC, LD 등과 같은 변수를 할당함으로써 설정된다.

리스트 11-2는 tree -L 3을 이용해 얻은 툴체인 설치 디렉터리의 모습을 보여준다.

리스트 11-2 툴체인 설치 디렉터리 모습

```
/opt/poky/2.0
├── environment-setup-corei7-64-poky-linux
├── environment-setup-cortexa8hf-vfp-neon-poky-linux-gnueabi
├── site-config-corei7-64-poky-linux
├── site-config-cortexa8hf-vfp-neon-poky-linux-gnueabi
├── sysroots
│   ├── corei7-64-poky-linux
│   │   ├── bin
│   │   ├── boot
│   │   ├── dev
│   │   ├── etc
│   │   ├── home
│   │   ├── lib
│   │   ├── media
│   │   ├── mnt
│   │   ├── proc
│   │   ├── run
│   │   ├── sbin
│   │   ├── sys
```

---

10 캐내디언 크로스란 HOST_ARCH에 의해 정의된 아키텍처에서 실행 중인 빌드 시스템이 SDKMACHINE에 의해 정의된 아키텍처에서 실행시킬 툴체인을 생성한다는 의미다. 결과적으로 TARGET_ARCH에 의해 정의된 아키텍처에서 실행 중인 시스템을 위한 소프트웨어를 빌드할 수 있다. 잠재적으로 세 가지 다른 아키텍처가 수반되지만, 가장 일반적인 SDKMACHINE과 HOST_ARCH는 동일한 것이다.

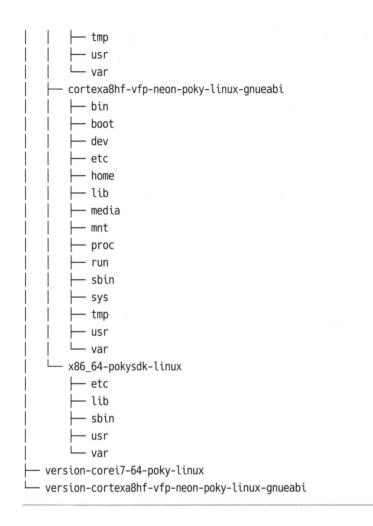

```
│   │   ├── tmp
│   │   ├── usr
│   │   └── var
│   ├── cortexa8hf-vfp-neon-poky-linux-gnueabi
│   │   ├── bin
│   │   ├── boot
│   │   ├── dev
│   │   ├── etc
│   │   ├── home
│   │   ├── lib
│   │   ├── media
│   │   ├── mnt
│   │   ├── proc
│   │   ├── run
│   │   ├── sbin
│   │   ├── sys
│   │   ├── tmp
│   │   ├── usr
│   │   └── var
│   └── x86_64-pokysdk-linux
│       ├── etc
│       ├── lib
│       ├── sbin
│       ├── usr
│       └── var
├── version-corei7-64-poky-linux
└── version-cortexa8hf-vfp-neon-poky-linux-gnueabi
```

파일과 하위 디렉터리는 다음과 같이 분류된다.

- 환경 설정Environment Setup: environment-setup-* 스크립트는 다양한 아키텍처를 위한 툴체인 환경 설정을 한다. 특정 툴체인을 사용하려면, 욕토 프로젝트 빌드 환경을 설정할 때 oe-init-build-env 스크립트와 유사한 스크립트를 찾아야 한다.

- 사이트 설정Site Configuration: 사이트 설정 파일 site-confi-*은 GNU 오토툴즈를 이용하는 소프트웨어 패키지를 개발하는 경우 구성 설정을 포함하고 있다.

- 시스템 루트System Root: sysroots 하위 디렉터리는 각 타깃 아키텍처 및 호스트 아키

텍처를 위한 시스템 루트의 하위 디렉터리들을 포함하고 있다. 예제에서 하위 디렉터리 x86_64-pokysdk-linux는 크로스 툴체인을 가진 호스트를 위한 시스템 루트다. 또한 예제는 미노우보드 맥스^{MinnowBoard Max}용 인텔 코어^{Intel Core} i7을 위한 타깃 시스템 루트와 비글본^{BeagleBone}용 ARM Cortex A8을 위한 시스템 루트도 포함한다.

- 버전 파일^{Version File}: version-* 파일들은 툴체인 버전에 대한 버전 정보를 가지고 있다.

툴체인 인스톨러를 빌드하는 것에 대해 마지막으로 언급할 내용은 기본적으로 생성된 툴체인은 동적으로 링크된 바이너리만 빌드한다는 점이다. 정적으로 링크된 바이너리를 빌드하려면, 시스템 루트를 이용해 정적 라이브러리를 가진 패키지들이 있는지 확인해야 한다. IMAGE_INSTALL 변수에 추가해야 작업을 수행할 수 있으며, 예제는 glibc 정적 라이브러리들을 추가한 것이다.

```
IMAGE_INSTALL_append = " glibc-static"
```

conf/local.conf에 위 줄을 추가하고 필요한 다른 정적 라이브러리들도 추가한다.

11.2.3 툴체인 다루기

욕토 프로젝트 툴체인을 프로젝트와 함께 사용하려면, 먼저 적합한 스크립트를 이용해 환경 설정을 초기화해야 한다. 키오스크를 이용한 책의 예제에서는 다음과 같이 하면 된다.

```
$ source environment-setup-corei7-64-poky-linux
```

툴체인 초기화 스크립트는 정확히 빌드 환경 설정 스크립트와 같은 소스다.

스크립트를 살펴보면, 스크립트에 의해 정의되는 일련의 환경 설정 변수들이 있음을 확인할 수 있다(여기서는 스크립트에 나오는 순서가 아닌 알파벳 순서로 목록화돼 있다).

- AR: ar이 정적 라이브러리를 유지하기 위한 최소의 명령 및 옵션

- ARCH: 타깃 시스템의 아키텍처

- AS: 타깃 시스템을 위한 크로스 어셈블러를 실행시키는 최소의 명령 및 옵션

- CC: 타깃 시스템을 위한 C 크로스 컴파일러를 실행시키는 최소의 명령 및 옵션

- **CCACHE_PATH**: ccache[11]는 C, C++, 오브젝티브C, 오브젝티브C++를 위한 컴파일러 캐시다. 빌드하는 동안 디렉터리에 중간 컴파일러 결과를 캐시하고 다음 빌드에 변화가 없다면 그것을 재사용한다. 다음 번 빌드 시에 빌드 속도를 상당히 올린다. 캐시가 생성되는 첫 번째 빌드는 더 느리다. ccache는 GNU 컴파일러 모음(GCC) 컴파일러와 유사한 동작을 하는 컴파일러만으로 동작한다. 스크립트는 툴체인 바이너리가 있는 곳을 ccache에 알리기 위해 경로를 크로스 툴체인에 추가한다. 기본적으로, ccache는 ${HOME}/.ccache에 캐시 파일을 저장한다. 저장 위치를 변경하려면, **CCACHE_DIR** 환경 설정 변수를 설정해야 한다. 스크립트가 위치 변경을 해주지는 않는다.

- **CFLAGS**: C 크로스 컴파일러를 위한 플래그

- **CONFIG_SITE**: GNU 오토툴즈를 위한 사이트 설정

- **CONFIGURE_FLAGS**: GNU 오토툴즈 명령을 위한 플래그

- **CPP**: 타깃 시스템의 C 전처리기를 실행시키기 위한 최소의 명령 및 옵션

- **CPPFLAGS**: 전처리기를 위한 플래그

- **CXX**: 타깃 시스템의 C++ 크로스 컴파일러를 실행시키기 위한 최소의 명령 및 옵션

- **CXXFLAGS**: C++ 크로스 컴파일러를 위한 플래그

- **GDB**: 타깃 시스템이 GNU 디버거를 실행시키기 위한 최소의 명령 및 옵션

- **KCFLAGS**: 리눅스 커널을 컴파일하기 위한 플래그

- **LD**: 타깃 시스템의 크로스 링커를 실행시키기 위한 최소의 명령 및 옵션

- **LDFLAGS**: 크로스 링커를 위한 플래그

- **NM**: 바이너리 파일(실행 파일, 오브젝트 파일, 라이브러리)을 검사하고 파일 내부에 저장된 메타 정보를, 특히 심볼 테이블을 출력하는 nm을 위한 최소의 명령 및 옵션

- **OBJCOPY**: 오브젝트 파일을 복사하고 바꾸는 objcopy를 위한 최소의 명령 및 옵션

- **OBJDUMP**: 오브젝트 파일에 대한 여러 정보를 출력하는 objdump를 위한 최소의 명령 및 옵션

- **OECORE_ACLOCAL_OPTS**: GNU 오토툴즈 오토컨피그GNU Autotools Autoconfig의 부분이며,

11 http://ccache.samba.org

aclocal 명령을 위한 옵션

- OECORE_DISTRO_VERSION: 툴체인의 버전

- OECORE_NATIVE_SYSROOT: 호스트 시스템 루트의 경로

- OECORE_TARGET_SYSROOT: 타깃 시스템 루트의 경로

- PATH: 개발 시스템의 실행 가능 파일 경로를 검색해 호스트 시스템 루트 내 /usr/bin 디렉터리에 경로를 추가함으로써 크로스 툴체인 명령들을 검색하고 실행한다.

- PKG_CONFIG_SYSROOT와 PKG_CONFIG_PATH: pkg-config에 의해 사용되는 타깃 패키지 설정 경로

- PYTHONHOME: 호스트 시스템 루트에 포함된 파이썬 인터프리터 경로

- RANLIB: 정적 라이브러리에 파일을 추가하고 업데이트하는 ranlib를 위한 최소의 명령 및 옵션

- SDKTARGETSYSROOT: 개발 패키지를 포함한 타깃 시스템 루트 경로. 이 변수는 컴파일러, 링커 등과 같은 크로스 툴체인 명령에 전달된다.

- STRIP: 바이너리에서 심볼을 제거하는 strip 명령을 위한 최소의 명령 및 옵션

- TARGET_PREFIX, CROSS_COMPILE: 크로스 툴체인 도구를 위한 툴체인 바이너리 접두 prefix

이러한 환경 변수 중 많은 변수가 애플리케이션 빌드를 위해 메이크파일에서 사용되는 표준 변수다. 타깃 시스템에 애플리케이션을 개발하는 경우 작성할 메이크파일에 이 변수들을 사용하면 된다. 이 변수들은 레시피의 빌드 시스템이 사용하기도 한다. 즉 EXTRA_OEMAKE를 이용해 이 변수들을 덮어 쓰면 안 된다.

애플리케이션 작성에 대해 자세히 설명하기 전에 리스트 11-3과 같이, 하나의 C 파일로 구성된 간단한 프로그램을 빌드해보자.

리스트 11-3 피보나치 수열 계산(fibonacci.c)

```
#include <stdio.h>
int main()
{
    int n, first = 0, second = 1, next, c;
    printf("Enter the number of terms: ");
```

```
    scanf("%d",&n);
    printf("First %d terms of Fibonacci series are:\n", n);
    for (c = 0 ; c < n ; c++)
    {
        if (c <= 1)
            next = c;
        else
        {
            next = first + second;
            first = second;
            second = next;
        }
        printf("%d\n",next);
    }
    return 0;
}
```

개발 시스템의 한 디렉터리에서 이 파일을 생성하자. 그다음 툴체인을 초기화하고 애플리케이션을 빌드하자.

```
$ source environment-setup-corei7-64-poky-linux
$ ${CC} fibonacci.c -g -o Fibonacci
```

두 번째 명령행은 툴체인 환경을 이용한 키오스크 타깃 시스템을 위한 fibonacci.c 크로스 컴파일이다. 디버그 심볼을 추가하기 위해 -g 옵션을 붙였다. 개발 호스트에서 애플리케이션을 실행시키면, 다음과 유사한 결과를 볼 수 있다.

```
$ ./fibonacci
bash: ./fibonacci: /lib/ld-linux-x86-64.so.2: bad ELF interpreter: \
    No such file or directory
```

놀랄 일이 아니다. 애플리케이션은 개발 시스템의 라이브러리와 거의 확실히 다른, 타깃을 위한 glibc 라이브러리에 동적으로 연결되기 때문이다.

11.2.4 타깃상 실행

앞 장에서 빌드한 리눅스 운영체제 스택을 이용해 미노우보드 맥스^{MinnowBoard Max}를 준비했다면, 타깃에 실행 파일을 복사하자. 메모리스틱이나 더 편리한 네트워크 scp를 이용해 복사할 수 있다.

```
$ scp fibonacci root@<target_ip>:/usr/bin/fibonacci
```

<target_ip> 대신 미노우보드 맥스의 IP 주소를 쓰면 된다. 이제 타깃의 콘솔을 이용하거나 ssh로 접속해 타깃에 프로그램을 실행시킬 수 있다.

```
$ ssh root@<target_ip>
root@ypbkiosk:~# fibonacci
Enter the number of terms: 10
First 10 terms of the Fibonacci series are:
0
1
...
root@ypbkiosk:~#
```

11.2.5 원격 타깃상 디버깅

문제 해결 및 버그 수정은 소프트웨어 개발자로서 일용할 양식과 같다. 필수 도구는 실행 중인 프로그램 상태 제어 및 점검뿐만 아니라 충돌 후 프로그램 분석을 가능하게 하는 디버거debugger로, 보통 검시post-mortem 디버깅이라고 한다. 욕토 프로젝트는 타깃을 위한 패키지뿐만 아니라 개발 호스트를 위한 크로스 버전용 패키지로서 GDB[12]를 제공한다. 여느 크로스 개발 도구처럼, 크로스 디버거도 하나의 아키텍처를 이용해 개발 호스트에서 실행되는 동시에 바이너리, 실행 파일, 다른 아키텍처를 위해 컴파일된 라이브러리를 디버깅할 수 있다.

이미 conf/local.conf의 **EXTRA_IMAGE_FEATURES** 변수에 **tools-debug**를 넣어 타깃 패키지를 포함시켰다. 크로스 버전은 SDK를 통해 자동으로 포함된다.

다음 명령을 이용해 타깃에 GDB를 직접 실행시킬 수 있다.

```
root@ypbkiosk:~# gdb /usr/bin/fibonacci
```

GDB를 실행시켜 두고, 피보나치Fibonacci 프로그램을 시작한다. 그리고 첫 명령어에서 중단

---

12 https://www.gnu.org/software/gdb

시켜보자. 여기서부터는 실행 중인 프로그램을 제어하기 위한 GDB 명령을 사용할 수 있다. 또한 하위 프로그램 참조, 프로그램 변수 표시 등 GDB 명령어를 사용할 수 있다.

그러나 타깃에서 직접 디버깅하는 것은 거의 불가능하다. 메모리와 디스크 제약을 가진 타깃은 바이너리 또는 처리 중인 프로그램의 디버깅 정보를 저장하고 로드할 수 없다. 더욱이, GDB는 함수 및 변수 이름, 변수 값, 스택 추적과 같은 정보의 정확한 위치를 찾아내고 처리해야 한다. 이는 용량을 줄이지 않은 바이너리non-stripped binary라 하는 타깃의 디버그 정보를 포함한 실행 파일을 사용하기 위해 필요하다. 게다가 디버깅 중에 GDB를 통해 프로그램 소스 코드를 조사하려면, 모든 프로그램 소스 파일을 타깃에 복사해야 한다. 이는 피보나치 예제처럼 단순한 프로그램에는 간단하지만, 많은 다른 소스 파일을 빌드한 프로그램에는 좀 더 복잡해질 수 있다.

이런 한계를 극복하기 위해 gdbserver로 원격 디버깅을 사용할 수 있다. gdbserver는 디버거가 아닌 타깃에서 실행되고 디버깅된 프로그램이나 하위 프로그램을 제어하는 서버 프로세스다. gdbserver는 디버깅된 프로그램에 대한 정보를 로드하지 않고 처리하지만 대신 개발 호스트에서 실행되는 GDB로 모든 정보를 다시 전달한다. 개발 호스트에서 GDB는 타깃의 gdbserver에 제어 명령을 전달해 하위 프로그램 시작 및 중지, 브레이크포인트breakpoint 설정, 타깃 변수 읽기 및 쓰기, 프로그램의 단계별 실행 등을 수행한다. 모든 디버깅 처리는 개발 호스트의 GDB에 의해 수행되기 때문에 디버그 심볼이 있는 바이너리만 타깃에 필요하다.

프로그램에서 디버그 라이브러리를 사용하려면, 타깃 이미지의 IMAGE_INSTALL 변수에 라이브러리를 포함시켜 타깃에서 이 라이브러리의 디버그 패키지를 설치해야 한다. 규칙상 모든 디버그 패키지는 -dbg로 끝난다. 타깃 이미지에 의해 설치된 모든 패키지들에 디버그 패키지를 포함시키려면, conf/local.conf의 EXTRA_IMAGE_FEATURES에 dbg-pkgs를 추가하면 된다.

모든 패키지들에 디버그 패키지를 포함시키려면, 타깃 루트 시스템 이미지의 크기가 *-dbg 패키지의 일부인 소스 파일 때문에 상당히 증가할 수 있음을 알아둬야 한다. 빌드 시스템이 빌드 환경 설정 conf/local.conf 파일의 debug-without-src에 PACKAGE_DEBUG_SPLIT_STYLE 변수를 설정함으로써 디버그 패키지 내에 소스 파일을 포함하지 않도록 할 수 있다. 이 변수가 전체적으로 모든 패키지의 패키징 동작을 제어하기 때문에 전체 타깃 시스템의 재빌드rebuild를 발생시킬 것이다.

개발 호스트의 GDB는 모든 디버깅 정보의 로딩 및 처리를 책임지므로, 용량을 줄이지 않은 바이너리에 접근할 수 있어야 한다. 즉 실행 파일과 모든 라이브러리가 최적화 없이 -g 옵션으로 컴파일돼야 한다. 타깃의 바이너리는 스트립strip될 수 있지만 최적화된 컴파일이 어서는 안 된다.

GDB와 gdbserver는 네트워크 등의 연결을 통해 명령 인터페이스를 사용함으로써 서로 소통한다. 먼저 디버깅된 프로그램을 이용하는 타깃에 gdbserver를 실행시키고, 이후 gdbserver에 연결한다. 이어서 개발 호스트에 GDB를 시작해 타깃의 gdbserver에 연결을 지시한다.

타깃에 Gdbserver 구동

원격 디버깅을 위해 타깃에 gdbserver가 설치돼야 한다. 타깃 이미지에 gdbserver 패키지를 직접 설치할 수 있지만 더 편리한 **tools-debug** 이미지 특성을 사용하면 된다.[13]

콘솔에서 직접 또는 SSH(보안 셸Secure Shell)를 통해 원격으로 타깃에 gdbserver를 시작시킨다. 예를 들어, 피보나치 프로그램을 위해 다음과 같이 한다.

```
root@ypbkiosk:~# gdbserver localhost:2345 /usr/bin/fibonacci
Process /usr/bin/fibonacci created; pid = 810
Listening on port 2345
```

gdbserver는 디버그 대상 프로세스가 종료될 때까지 끝나지 않는다. 포트 번호 2345는 GDB와 gdbserver의 기본 포트다. 포트는 원하는 대로 변경할 수 있다.

개발 호스트에 GDB 구동

타깃에 실행 중인 프로세스를 디버깅하기 위해 크로스 디버거를 시작시키고 타깃에 gdbserver로 연결을 지시한다. 피보나치 애플리케이션을 빌드한 디렉터리에서는 11.2.3절에서 먼저 수행했던 환경 설정 스크립트를 찾아 디버거를 실행시킨다.

```
$ source environment-setup-corei7-64-poky-linux
$ ${GDB} fibonacci
GNU gdb (GDB) 7.9.1
...
```

---

13 직접 gdbserver 패키지를 설치하기보다 tools-debug 사용을 추천한다. 이미지 레시피를 수정하지 않고 conf/local.conf를 변경만 하면 되기 때문이다.

```
Reading symbols from fibonacci...done.
(gdb)
```

명확성을 위해 GDB 초기 결과 일부를 생략했다. 초기화가 진행된 후, GDB는 명령 프롬프트(gdb)를 출력한다. 타깃에서 gdbserver로 연결할 것을 GDB에 지시한다.

```
(gdb) target remote <target_ip>:2345
Remote debugging using <target_ip>:2345
...
(gdb)
```

<target_ip> 대신 타깃 시스템의 IP 주소를 쓰면 된다. gdbserver를 위한 다른 포트가 지정됐다면, 여기에도 같은 포트를 명시해줘야 한다. 타깃 시스템에서 연결에 대한 gdbserver 응답을 볼 수 있다.

```
Remote debugging from host <host_ip>
```

이제 개발 호스트의 디버깅 세션을 시작할 준비가 됐다. continue를 입력하면 타깃의 프로그램을 실행시킬 수 있다. 타깃의 하위 프로세스가 종료되면, 타깃에서 실행 중인 gdbserver도 종료될 것이다. 그렇지만 개발 호스트의 GDB는 계속 실행된다. 타깃에 gdbserver를 재시작시키고, GDB를 다시 연결하면 된다.

극한의 명령행 개발자가 아니라면 GDB와 그 명령을 반드시 사용하지 않아도 될 수 있다. GDB를 이용할 수 있는 많은 그래픽적 프론트엔드frontend가 있으며, 그중 하나가 GNU 프로젝트가 제공하는 데이터 디스플레이 디버거(DDD)[14]다. DDD는 모든 리눅스 배포판의 패키지 관리 시스템으로 쉽게 설치된다. DDD는 그림 11-1처럼 기본적이지만 꾸밈없는 기능적 사용자 인터페이스를 가지고 있다.

DDD는 기본적으로 개발 시스템에 설치된 호스트 GDB를 사용한다. DDD가 욕토 프로젝트 SDK의 크로스 디버거를 사용하도록 명령할 수 있다.

```
$ source environment-setup-corei7-64-poky-linux
$ ddd --debugger ${GDB}
```

---

14 https://www.gnu.org/software/ddd

DDD는 원격 gdbserver에 연결하기 위한 버튼이나 메뉴 항목을 제공하지 않으며, DDD 하단 GDB 명령 윈도우에 직접 `target remote` 명령을 넣어야 한다.

이클립스 IDE 또한 매우 편리한 GDB의 그래픽적 프론트엔드를 제공한다. 11.4절에서는 욕토 프로젝트에 이클립스를 통합하는 방법과 디버거의 사용에 대해 알아볼 것이다.

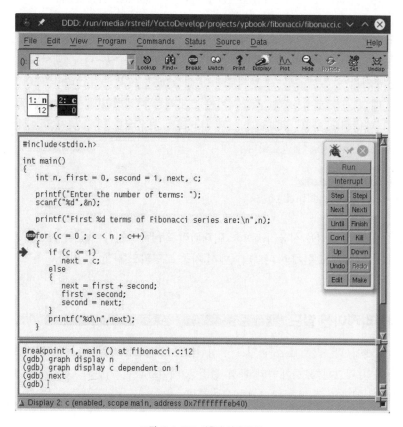

그림 11-1 DDD 사용자 인터페이스

표준 라이브러리 디버그

GDB를 통해 타깃에 설치된 표준 라이브러리를 찾으려면, 라이브러리의 디버그 정보와 소스 파일을 어디에서 찾을지 GDB에 알려야 한다. SDK는 개발 호스트의 타깃 플랫폼을 위해 SDK 시스템 루트에 소스 파일을 포함해 모든 디버그 패키지를 설치한다. 예를 들면, 미노우보드 맥스의 SDK를 위한 /opt/poky/2.0/sysroots/corei7-64-poky-linux가 있다.

시스템 루트를 이용하기 위해 GDB에 다음과 같이 입력함으로써 명령할 수 있다.

```
(gdb) set sysroot /opt/poky/2.0/sysroots/corei7-64-poky-linux
(gdb) set substitute-path /usr/src/debug \
        /opt/poky/2.0/sysroots/corei7-64-poky-linux/usr/src/debug
```

그러면 GDB는 디버그 정보와 소스 파일을 찾기 위해 이 시스템 루트를 사용한다. GDB를
시작할 때, 이러한 설정을 반복해 입력하는 것은 다소 귀찮은 일이다. 그래서 .gdbinit 파일
에 설정을 추가할 수 있다. 모든 프로젝트에 이 설정을 적용시키는 home 디렉터리나 GDB
를 시작할 때 현재 프로젝트에만 적용시키는 프로젝트 디렉터리에 이 파일을 둘 수 있다.
프로젝트 디렉터리에 로컬 .gdbinit 파일을 사용하는 경우에도 다음 설정을 포함한 home
디렉터리의 .gdbinit 파일이 필요하다.

```
set auto-load safe-path /
set auto-load local-gdbinit on
```

GDB의 기본 보안 정책은 사용자 home 디렉터리로부터 초기화 파일의 자동 로딩만 허용
하는 것이다. 이 설정도 현재의 디렉터리에서 자동 로딩되도록 할 수 있다.

11.3 애플리케이션 빌드

모든 애플리케이션은 많은 소스 파일로 구성된다. 이들 소스 파일은 라이브러리 또는 실행
파일로 컴파일/링크된다. 툴체인의 환경 설정은 메이크파일 기반과 GNU 오토툴즈 기반
애플리케이션 개발을 좀 더 간단하게 만들어준다.

11.3.1 메이크파일 기반 애플리케이션

메이크파일 기반 프로젝트를 위해 메이크파일 내에서 CC, AS, LD, CFLAGS 같은 환경 설정 변
수는 설정하지 않는 것이 좋다. 이 변수들에 대한 설정은 툴체인 환경 초기화 스크립트에
의해 이뤄지기 때문이다. 일반적으로, 다른 아키텍처에서 프로젝트 컴파일을 제한할 수 있
기 때문에 특정 아키텍처와 직접적으로 관련된 툴체인 플래그를 설정하거나 제공하는 것
은 원하지 않는다. 욕토 프로젝트의 빌드 환경 설정뿐만 아니라 툴체인 환경 설정도 모든

아키텍처 종속적 설정을 제공한다.

리스트 11-4는 피보나치 수열을 연산하는 프로젝트를 빌드하는 간단한 메이크파일을 보여준다.

리스트 11-4 피보나치 수열 프로젝트를 위한 메이크파일

```
# 피보나치 애플리케이션 파일을 위한 메이크파일
SOURCES=fibonacci.c
OBJECTS=$(SOURCES:.c=.o)
EXEC=fibonacci
# 추가 플래그 정의
EXTRACFLAGS=-ansi
all: $(SOURCES) $(EXEC)
$(EXEC): $(OBJECTS)
        $(CC) $(CFLAGS) $(EXTRACFLAGS) $(OBJECTS) -o $@
%.o : %.c
        $(CC) $(CFLAGS) $(EXTRACFLAGS) -c $<
install:
        install $(EXEC) $(DESTDIR)/usr/bin
clean:
        rm -rf *.o $(EXEC)
```

물론 여전히 간단한 프로젝트지만, 환경 변수를 사용하고 별도의 변수를 통해 추가적인 환경 설정을 제공하는 개념을 설명한다.

11.3.2 오토툴즈 기반 애플리케이션

8장, '소프트웨어 패키지 레시피'에서 GNU 오토툴즈와 오토툴로 생성된autotooled 소프트웨어 패키지를 위한 레시피 작성에 대해 언급했었다. 툴체인 환경은 사이트 설정 파일을 포함해 오토툴로 생성된 패키지를 빌드하는 데 필요한 모든 설정을 제공한다. GNU 오토툴즈는 시스템 환경을 감지해 다른 유닉스 계열 시스템들 간에 애플리케이션을 이식할 수 있게 한다. 그러나 이러한 감지는 크로스 개발 환경에서 동작할 때 올바르게 동작하지 않는다. 오토툴즈는 타깃을 위한 적절한 환경보다는 개발 호스트 환경을 주로 감지한다. 타깃 환경에 오토툴즈를 제공하는 것이 사이트 설정 파일의 목적이기도 하다.

오토툴로 생성된 프로젝트와 툴체인을 사용하는 과정을 설명하기 위해 GNU Hello 애플리

케이션을 빌드할 것이다.

```
$ source environment-setup-corei7-64-poky-linux
$ wget http://ftp.gnu.org/gnu/hello/hello-2.10.tar.gz
$ tar xvf hello-2.10.tar.gz
$ cd hello-2.10
$ aclocal ${OECORE_ACLOCAL_OPTS} -I m4
$ autoconf
$ autoheader
$ automake -a
$ ./configure ${CONFIGURE_FLAGS}
$ make
```

첫 네 단계는 설명이 필요 없을 것이다. 환경 설정을 하고 GNU Hello 애플리케이션을 위한 소스 패키지를 다운로드해 그것을 풀고 소스 디렉터리를 변경한다.

그후 aclocal을 실행시켜 automake 매크로를 기반으로 하는 aclocal.m4 파일을 자동으로 생성한다. 이 매크로들은 -I 옵션을 통해 추가된 디렉터리로 수집된다. OECORE_ACLOCAL_OPTS는 툴체인 환경을 위해 이것을 추가하는 반면에 -I m4는 소스의 로컬 m4 디렉터리를 포함한다.

autoconf, autoheader, automake 실행으로 configure가 사용하는 환경 설정 입력, 헤더 템플릿, 메이크파일 템플릿을 생성한다.

이어서 빌드 환경을 결정하고 메이크파일을 생성하기 위해 로컬 환경 설정 스크립트를 실행한다. 환경 설정 변수 CONFIGURE_FLAGS는 크로스 컴파일을 위한 호스트 및 타깃 환경 설정을 제공한다.

마지막으로 중요한 과정으로, make를 실행해 애플리케이션을 빌드한다.

11.4 이클립스 통합

명령어 도구, 편집기, 크로스 툴체인, 메이크파일, 스크립트 등을 이용한 개발은 오랫동안 임베디드 개발자의 일상이었다. 임베디드 시스템용 그래픽 사용자 인터페이스를 가진 IDE 개발이 네이티브native 개발에 비해 뒤처져 있기 때문이다. 개인용 컴퓨터의 운영체제에서 네이티브 애플리케이션으로 작업하는 애플리케이션 개발자들은 보통 플랫폼을 위한 다양한 다른 IDE들 중에 요구 사항을 가장 잘 충족시키는 것을 선택한다. 임베디드 개발자들은 대부분의 경우 그렇지 않았지만, 특정 하드웨어 및 소프트웨어 플랫폼을 제공하는 실리콘 벤더silicon vendor나 제3의 툴체인 회사와 협력해야 한다. 임베디드 시스템 개발에 리눅스를 사용하는 것은 임베디드 개발 도구에 대한 선택의 폭을 넓혀준다.

유일한 것은 아니지만, 이러한 선택 중 하나는 이클립스다. 본래 자바 개발[15]을 위해 IBM에서 개발한 이클립스는 많은 다른 개발 목적을 위해, 그리고 표준 워크플로우를 따르는 공통적인 프레임워크에 다양한 도구를 통합시키기 위해 플러그인으로 확장된 IDE. 핵심 OSGiOpen Services Gateway Initiative[16] 프레임워크 사양을 구현한 에퀴녹스Equinox[17]는 플러그인이 이클립스에 설치되고 통합돼 서로 통신할 수 있도록 한다. OSGi 기술에서 플러그인은 보통 번들bundle이라 하는 소프트웨어 패키지며, OSGi 프레임워크에 설치될 수 있고 다른 번들에 서비스를 제공할 수 있다.

이클립스는 본래 자바 프로그래밍 언어를 위한 IDE로 개발됐지만 에이다Ada, C/C++, 코볼Cobol, 얼랭Erlang, 포트란Fortran, 하스켈Haskell, 자바스크립트JavaScript, 루아Lua, 펄Perl, PHP, 파이썬Python, 루비Ruby, 스칼라Scala 등 많은 다른 프로그래밍 언어를 지원하도록 확장됐다. 깃, 퍼포스Perforce, 서브버전Subversion 등 다양한 SCM 인터페이스와 다양한 도구의 통합을 지원하며, 그중 하나가 욕토 프로젝트 툴체인 및 여러 가지와 통합된 욕토 프로젝트 이클립스 플러그인이다.

11.4.1 이클립스 IDE 설치

이클립스 설치 패키지는 자바 개발자를 위한 이클립스 IDE, 자바 EE 개발자를 위한 이클립스 IDE, C/C++ 개발자를 위한 이클립스 IDE 등 특정 작업을 위해 사전 설정된 패키지를 배포한다. 이클립스 다운로드 사이트[18]에서는 이에 대한 완벽한 목록을 제공한다. 욕토 프로젝트와 통합하기 위해 C/C++ 개발자용 이클립스 IDE는 플러그인이 요구하는 핵심 구성 요소를 이미 포함하고 있으므로 최고의 선택이 될 수 있다.

- C/C++ 개발 도구
- 이클립스 깃 팀 프로바이더Git Team Provider

---

15 본래의 이클립스 코드 베이스는 IBM VisualAge IDE에서 기인한 것이다.

16 www.osgi.org

17 www.eclipse.org/equinox

18 www.eclipse.org/download

■ 원격 시스템 탐색기(RSE)

욕토 프로젝트 이클립스 플러그인은 적합한 이클립스 버전을 필요로 한다. 욕토 프로젝트 2.0 제스로^{Jethro}를 위해 플러그인을 사용할 수 있도록 해둔 이클립스 버전은 Juno, Kepler, Luna다. 욕토 프로젝트 이클립스 웹사이트[19]에서 설치에 필요한 이클립스 버전을 확인할 수 있다.

사실상 모든 주류 리눅스 배포판은 패키지 저장소로부터 설치를 위한 이클립스 패키지를 제공한다. 이를 사용해도 좋지만 설치 전에 욕토 프로젝트를 위한 버전이 맞는지 확인해야 하며, 위에서 목록화했던 세 가지 플러그인을 별도로 설치해야 한다.[20] 배포된 버전 중 맞는 것이 없거나 수동적인 설치를 선호한다면, 이클립스 사이트의 설치 패키지를 사용하면 된다.

1. 자바 설치: 이클립스는 자바 애플리케이션이며 실행을 위해 자바 런타임 환경 (JRE)[21]이 필요하다. 이클립스는 오라클 자바뿐만 아니라 OpenJDK와도 동작할 수 있다. 리눅스 배포판에는 보통 패키지 리파지토리로부터 설치하는 것을 위해 OpenJDK가 포함돼 있다. 자바 설치를 위해 간단히 배포판의 패키지 관리자를 사용하고 다음과 같이 설치를 확인하면 된다.

   ```
   $ java –version
   openjdk version "1.8.0_40"
   OpenJDK Runtime Environment (build 1.8.0_40-b25)
   OpenJDK 64-Bit Server VM (build 25.40-b25, mixed mode)
   ```

2. 이클립스 설치: 개발 호스트 시스템의 C/C++ 개발자를 위한 적절한 버전의 이클립스 IDE를 다운로드한다. 예제는 64비트 x86 기반 리눅스 시스템에 적합한 eclipse-cpp-luna-SR2-linux-gtk-x86_64.tar.gz를 다운로드한다. 설치 패키지는 간단히 시스템의 어느 디렉터리에든 압축 해제할 수 있는 타볼로 압축돼 있다(다만, 예제는 루트 접근이 필요한 /opt를 사용한다).

   ```
   $ cd /opt
   $ sudo tar xvf \
   ```

---

19 https://www.yoctoproject.org/tools–resources/projects/eclipse–ide–plug

20 이클립스 깃 팀 프로바이더는 욕토 프로젝트 이클립스 플러그인에 꼭 필요하지는 않지만 설치하길 권장한다.

21 물론 JRE를 포함하고 있는 JDK(Java Development Kit)를 사용해도 된다.

~/Downloads/eclipse-cpp-luna-SR2-linux-gtk-x86_64.tar.gz

이제 이클립스 IDE를 실행시킨다.

```
$ /opt/eclipse/eclipse &
```

이클립스는 먼저 워크스페이스workspace를 위한 위치를 선택하도록 다이얼로그를 보여준다. 다른 디렉터리를 사용하려는 것이 아니라면 기본 ~/workspace로 충분하다.

3. 표준 이클립스 플러그인 설치: 이클립스 다운로드 사이트에서 제공하는 표준 플러그인 두 가지를 설치한다. 이들을 설치하기 위해 먼저 이클립스 워크벤치의 Help 메뉴에서 Install New Software…를 선택한다. 그다음에는 Work with: 콤보 박스에서 이클립스 버전에 맞춰 다운로드 사이트를 선택한다(이클립스 Luna를 위해서는 Luna—http://download.eclipse.org/releases/luna다).

이제 설치를 위한 다양한 플러그인을 선택할 수 있다(다음에 보이지 않는 항목은 이미 설치된 것이다).

a. Mobile Device Development 목록을 확장해 다음을 선택하자.

- C/C++ Remote Launch(RSE^{Remote System Explorer}가 필요하다.)
- Remote System Explorer End-user Runtime
- Remote System Explorer User Actions
- Target Management Terminal (코어 SDK^{Core SDK})
- TCF Remote System Explorer add-in
- TCF Target Explorer

b. Linux Tools 목록을 확장해 선택한다.

- Linux Tools LTTng Tracer Control

c. Programming Languages 목록을 확장해 선택한다.

- C/C++ Autotools Support
- C/C++ Development Tools

설치를 완료하고 이클립스를 재시작한다.

4. 이클립스 욕토 플러그인 설치: 욕토 프로젝트 다운로드 사이트에서 플러그인을 설치한다.

   a. 이클립스를 재시작한 후에는 Help 메뉴의 Install New Software…를 선택하고, Work with: 영역의 Add…를 클릭한다. Location 필드에 http://download.yocto-project.org/release/eclipse-plugin/2.0/luna를 입력하고 Name 필드에 Yocto Project처럼 의미 있는 이름을 입력한다.

   b. 체크박스에서 다음을 선택한다.

- Yocto Project ADT Plug-in

- Yocto Project BitBake Commander Plug-in

- Yocto Project Documentation Plug-in

라이선스 동의를 받으며 설치를 완료하고, 이클립스를 재시작한다.

이클립스 설치는 이제 욕토 프로젝트 ADT와 통합하기 위한 준비를 마쳤다.

11.4.2 욕토 프로젝트 ADT 통합

이제 11.2절에서 이클립스로 설정했던 ADT와 욕토 프로젝트 이클립스 플러그인을 통합하려고 한다. 그 과정은 다음과 같은 단계로 나뉜다.

1. 크로스 툴체인 옵션 설정

2. 타깃 옵션 설정

다음 단계에서 선택할 설정 옵션은 욕토 프로젝트 플러그인을 이용해 개발하는 모든 프로젝트를 위한 기본 설정이다. 생성하는 새로운 프로젝트마다 이 설정을 상속하고 각 프로젝트를 위해 개별적으로 설정들을 적용시킬 수 있다.

다음 단락에 설명된 설정 단계를 위해 먼저 다음과 같은 것이 필요하다.

1. Window 메뉴에서 Preferences 다이얼로그를 보여주는 Preferences를 선택한다.

2. 설정 화면에 보이는 목록에서 Yocto Project ADT를 선택한다.

설정 화면은 다음과 같은 부분들로 나뉜다.

- Cross-Development Profiles: 욕토 프로젝트 ADT 개발을 위한 다른 설정들로 여러 프로필을 생성할 수 있다. Standard Profile이 프로젝트를 생성했을 때 다른 프로필을 선택하지 않는다면 모든 새로운 프로젝트에 적용되는 기본적인 프로필이다. Standard Profile은 삭제할 수 없다. 선택 항목을 Standard Profile로 두자.

- Cross Compiler Options: 이 부분은 크로스 툴체인 설정이다.

  □ Toolchain Type: 다음 두 가지 중에서 선택할 수 있다.

    • Standalone Prebuilt Toolchain: 이것은 개발 시스템 욕토 프로젝트 툴체인을 선빌드해 패키지로 제공하려는 애플리케이션 개발자를 위한 옵션이다.

    • Build System Derived Toolchain: 욕토 프로젝트 빌드 환경에서 툴체인을 사용하려는 경우 이 옵션을 사용한다.

    욕토 프로젝트와 함께 툴체인을 빌드하고 개발 시스템에 설치하므로, 먼저 옵션을 선택해야 한다.

  □ Toolchain Root Location: 이 옵션은 툴체인 설치 위치를 가리키는 경로다. 이 경로는 툴체인 타입에 따라 다르다.

    • Standalone Prebuilt Toolchain: 툴체인을 설치한 위치를 가리키는 경로다. 예제는 /opt/poky/2.0이다.

    • Build System-Derived Toolchain: 빌드 시스템에서 파생된 툴체인을 사용하려는 경우, 빌드 환경의 최상위 디렉터리로 경로를 지정해야 한다.

  □ Sysroot Location: 이 옵션은 타깃의 시스템 루트가 위치한 곳에 대한 경로다. 미노우보드 맥스를 사용한 키오스크 프로젝트에서는 /opt/poky/2.0/sysroots/corei7-64-poky-linux가 된다.

- Target Options: 이 부분은 이클립스 설정을 사용하는 타깃을 위해 환경 설정을 하는 것이다. 두 가지 선택이 있다.

  □ QEMU: 애플리케이션 테스트를 위한 QEMU 에뮬레이터를 사용하려면 이 옵션을 선택해야 한다. QEMU를 사용하는 경우에는 추가 옵션을 전달할 커널도 제공해야 한다.

  □ External-HW: 이 옵션은 사용하고 있는 외부 하드웨어를 위한 것이다.

Apply를 클릭하면 욕토 프로젝트 플러그인이 설정을 확인하고 저장한다. OK를 클릭해 다이얼로그를 닫는다. 이제 애플리케이션 개발을 위해 이클립스와 욕토 프로젝트 플러그인이 준비됐다.

11.4.3 애플리케이션 개발

욕토 프로젝트 이클립스 플러그인은 CMake 및 GNU 오토툴즈를 사용해 C/C++ 애플리케이션 개발을 위한 프로젝트 템플릿을 제공한다. 메이크파일 같은 빌드 파일은 빌드 시스템의 cmake.bbclass와 autotools.bbclass 클래스의 조건을 충족시키는 환경 설정을 통해 생성된다. 이런 이유로 이클립스와 욕토 프로젝트 크로스 툴체인을 이용한 개발 프로젝트를 빌드하는 레시피의 작성은 SRC_URI를 제공하고 각 클래스를 상속받는 것만큼이나 간단하다.

CMake나 오토툴즈 없이 메이크파일을 사용하는 애플리케이션 개발도 가능하다. 그렇지만 이클립스 환경을 수동으로 크로스 툴체인을 위해 설정해야 한다. 이런 이유로, 제공된 프로젝트 템플릿 중 하나를 계속 사용하는 것이 좋다. CMake나 오토툴즈를 사용해 프로젝트를 빌드할 것인지 여부는 프로젝트 요구 조건과 개인적인 성향에 따라 다르다.

이클립스를 실행시키고 File 메뉴의 New 〉 Project…를 선택해서 새로운 프로젝트 생성을 시작한다. New Project 다이얼로그 박스에서 C/C++ 폴더를 확장하고 C Project나 C++ Project를 선택한다. 다음 예제는 동일한 소스 코드를 사용해 헬로 월드^{Hello World} 스타일의 간단한 프로젝트를 빌드하는 것이므로, C Project를 선택하든 C++ Project 선택하든 차이가 없다. 예제를 위해 C Project를 선택한다.

다음 다이얼로그 박스는 생성하려는 프로젝트 타입을 선택한다.

- Yocto Project ADT Autotools Project
- Yocto Project ADT CMake Project

선택은 욕토 프로젝트 이클립스 플러그인이 제공하며 욕토 프로젝트 크로스 툴체인과 통합되는 템플릿을 포함하고 있다.

CMake 기반 애플리케이션 개발

프로젝트 다이얼로그를 시작해 단계를 따라 프로젝트를 생성한다

1. **C Project Page**: Yocto Project ADT CMake Project 폴더를 확장해 목록에서 **Hello World C CMake Project**를 선택한다. 이는 메인 함수를 갖는 C 파일 하나와 CMake 파일 등을 포함하는 간단한 프로젝트를 생성한다. 또는 **Empty Project**를 선택할 수 있지만, 그때는 수동으로 모든 파일을 생성해야 한다. 상단 **Project Name** 필드에 이름을 넣고, **Use default location**을 선택한 상태로 둔다. 프로젝트명은 특수 문자나 공백을 포함할 수 없다. **Next**를 클릭하자.

2. **General Settings Page**: 작성자 정보를 넣을 수 있다. 또한 빈 페이지로 남겨둘 수도 있다. 입력 정보는 자동으로 소스 파일의 헤더에 추가된다. **Next**를 클릭하자.

3. **Select Configuration Page**: 디버그 설정은 기본으로 선택돼 있다. **Advanced Settings**를 클릭하면, 프로젝트 속성 다이얼로그가 열린다. Yocto Project Settings 항목에는 크로스 개발 프로필, 크로스 컴파일 옵션, 타깃 옵션을 사용하는 ADT 설정이 포함돼 있다. 이 필드는 앞서 입력한 설정으로 미리 채워진다. **Use project specific settings**를 선택해 설정을 덮어 쓸 수 있다. 이클립스 Project 메뉴의 **Properties**를 선택해 프로젝트를 생성한 후 언제라도 이 다이얼로그에 돌아올 수 있다. **Finish**를 클릭하자.

4. **C/C++ Perspective**: 현재 이클립스 상태에 따라 C/C++ 퍼스펙티브로 변경할 것인지를 묻는 **Open Perspective** 프롬프트가 나타날 수 있다. 이때 C/C++ 퍼스펙티브임을 확인하라. 이클립스는 서로 다른 환경을 갖는 퍼스펙티브를 호출한다. 이클립스 설치에 따라 자바, C/C++, 디버그 등 여러 가지 퍼스펙티브가 있다. 이클립스 **Window** 메뉴에서 퍼스펙티브를 변경하거나 이클립스 윈도우 우측 상단에 있는 버튼을 이용할 수 있다. 각 퍼스펙티브는 퍼스펙티브의 워크벤치 영역에 표시되는 많은 다른 뷰를 가질 수 있다. 왼쪽에는 프로젝트 구조와 파일을 보여주는 프로젝트 탐색기Project Explorer 뷰가 있다. 파일을 편집하려면, 빌트인 편집기를 로드하기 위해 프로젝트 탐색기에서 그 이름을 더블 클릭한다.

이제 욕토 프로젝트 ADT 크로스 툴체인과 타깃을 위한 시스템 루트를 이용하는 프로젝트 빌드를 비롯해, **C/C++ perspective**에서 모든 개발 작업을 편리하게 수행할 수 있다.

- 이클립스 Project 메뉴에서 **Build Project**를 선택한다.
- 또는 프로젝트 탐색기에서 프로젝트 이름을 우클릭한 후 **Build Project**를 선택한다.

간단한 프로젝트를 더 빠르게 하는 빌드를 진행하는 과정에서 Console view는 여러 빌드 단계의 결과를 보여준다. 빌드 오류가 있는 경우, 이클립스는 Problems view로 전환된다. 빌드가 성공하면, 이클립스는 프로젝트 탐색기의 Binaries 아래에 바이너리 파일을 보여준다.

오토툴즈 기반 애플리케이션 개발

오토툴즈 기반의 애플리케이션을 생성하고 빌드하는 것은 CMake 기반의 애플리케이션과 다르지 않다. 다시 한 번 프로젝트 다이얼로그를 시작해 다음과 같은 단계로 프로젝트를 생성하자.

1. C Project Page: Yocto Project ADT Autotools Project 폴더를 확장해 목록에서 Hello World ANSI C Autotools Project를 선택한다. 상단의 Project Name 필드에 이름을 넣고, Use default location은 체크된 그대로 둔다. 프로젝트 이름은 특수 문자나 공백을 포함하지 않아야 한다. Next를 클릭하자.

2. Basic Settings Page: 작성자 정보를 넣고 라이선스를 선택할 수 있다. 다이얼로그는 CMake 프로젝트를 위한 General Settings와 조금 다르지만 비슷한 목적으로 제공된다. Next를 클릭하자.

3. Select Configurations Page: 이 다이얼로그는 CMake 프로젝트를 위한 것과 정확하게 같다. Finish를 클릭하자.

4. C/C++ Perspective: 완료 후에 이클립스는 직접 C/C++ perspective로 전환하거나 현재 이클립스 상태에 따라 전환하기 전에 실행 여부를 묻는다.

오토툴즈 기반의 애플리케이션을 빌드하려면 C/C++ perspective에서 실행 가능한 두 가지 단계가 요구된다.

- 설정^{Configure}: 프로젝트 탐색기의 프로젝트 이름 위에서 우클릭한 후 Reconfigure Project를 선택한다. 이것은 autogen.sh 스크립트를 호출한다. 즉 11.3.2절에서 명령어를 수행하는 것과 비슷하게 `libtoolize`, `aclocal`, `autoconf`, `autoheader`, `automake`, `configure`를 실행한다.

- 빌드^{Build}: 프로젝트 탐색기의 프로젝트 이름 위에서 우클릭한 후 Build Project를 선택한다.

Console view에서 단계를 따라 할 수 있다. 빌드에 성공하고 나면, 이클립스는 프로젝트 탐색기의 Binaries 아래에 바이너리 파일을 출력한다.

11.4.4 타깃 배포, 실행, 테스트

욕토 프로젝트 ADT 툴체인과 이클립스의 통합은 CMake 기반 및 GNU 오토툴즈 기반의 프로젝트를 생성하고 빌드하는 것을 그래픽 사용자 인터페이스에서 단지 마우스를 두 번 클릭하는 수준으로 간단하게 만들었다. 물론 코드는 작성해야 하지만, 지루한 방법을 신경 쓰지 않아도 된다. 그렇지만 타깃 시스템에 애플리케이션을 배포, 실행, 테스트하기 위해 타깃에서 바이너리 파일을 수동으로 복사해야 하는 문제가 여전히 남아있다.

이는 이클립스의 TCF가 완벽한 라운드트립round-trip 개발 경험을 위해 빠진 부분을 메우는 곳이기도 하다. TCF는 타깃 시스템에 바이너리 파일을 복사할 수 있게 하고, 타깃 시스템에서 실행 가능한 애플리케이션을 원격으로 실행할 수 있게 하고, 이클립스에서 직접 타깃 시스템의 애플리케이션을 원격으로 디버깅할 수 있게 한다.

TCF는 주로 임베디드 장치나 타깃과 통신하기 위한 경량의 확장 가능한 네트워크 프로토콜이다. 단, 임베디드 장치 및 타깃과의 통신으로 국한되지는 않으며 TCP/IP, 직렬 와이어 연결, SSH 터널 등과 같은 특정 전송에 의존적이지 않은 표준 통신 계층을 사용해 타깃의 서비스와 상호 작용하는 개발 시스템의 도구를 위한 프레임워크로 설계됐다. TCP/IP가 표준 통신 채널이지만, 다른 프로토콜들도 이용 가능하며 추가시킬 수 있다. TCF는 데이터 마셜링marshalling을 위해 JSON을 사용하며 타깃의 자동 복구와 타깃상의 서비스도 지원한다. 내부적으로, TCF는 타깃에서 실행되는 확장 가능한 에이전트의 일반 C 구현과 자바 클라이언트 API로 구성된다. 자바 클라이언트 API는 다양한 이클립스 도구와 통합됐지만, 단독 애플리케이션에서도 사용할 수 있다.

원격 제어를 위한 타깃 준비

TCF를 포함한 이클립스를 원격 배포, 실행, 테스트, 디버그 애플리케이션에 사용하기 위해서는 타깃 루트 파일시스템에 필수 구성 요소를 설치해야 한다. 욕토 프로젝트는 이 작업을 더 쉽고 간단하게 만드는 일련의 이미지 특징을 제공한다. 이를 위해 빌드 환경 설정 conf/local.conf 파일의 EXTRA_IMAGE_FEATURES에 tools_debug와 eclipse-debug를 추가하기만 하면 된다.

```
EXTRA_IMAGE_FEATURES = "debug-tweaks tools-debug eclipse-debug"
```

그 후 이미지를 다시 빌드한다.

```
$ bitbake -k ypbkiosk-image-sato
```

그리고 앞장에서 설명했듯이 미노우보드 맥스 타깃 시스템에 올린다. 보드를 리부팅한 후, 타깃 실행으로 TCF 에이전트 실행을 확인할 수 있다.

```
# ps | grep tcf-agent
699 root 668m S /usr/sbin/tcf-agent -d -L- -l0
931 root 4412 R grep tcf-agent
```

물론 결과는 조금 다를 수 있지만, /usr/sbin/tcf-agent를 포함한 줄은 TCF 에이전트가 타깃에서 실행되고 있음을 나타내는 것이다. 타깃은 이제 이클립스 워크벤치에 TCF 연결을 할 준비가 됐다.

개발 시스템의 이클립스 워크벤치에서 타깃 시스템으로 연결하는 TCP를 설정하기 전에 두 시스템은 같은 로컬 네트워크에 연결돼 있어야 한다. ypbkiosk-image-sato는 DHCP^{Dynamic} Host Configuration Protocol를 통해 네트워킹을 지원하는 기본 core-image-sato에서 파생된 것이며, 개발 시스템과 같은 라우터에 미노우보드 맥스 타깃을 연결하기만 하면 된다. 조직의 IT 부서에서 조직의 네트워크에 타깃 시스템이 연결되는 것을 허용하지 않는 경우, 개발 시스템에 별개의 라우터와 추가 네트워크 포트를 사용할 수 있다.

이클립스 타깃 탐색기 사용

타깃 탐색기^{Target Explorer}를 통해 이클립스 워크벤치의 타깃 시스템을 점검할 수 있다. 타깃의 파일시스템 둘러보기, 실행 중인 프로세스의 목록화 및 종료, 디버거 연결, 애플리케이션 시작 설정 생성이 가능하다.

타깃 탐색기는 타깃의 IP 주소를 수동으로 찾는 것이 아니므로 매우 유용한 TCF의 탐색^{discovery} 메커니즘을 사용한다.[22] TCF 탐색 메커니즘은 기본 포트 1534에서 응답을 기다리는 TCF 에어전트를 위해 로컬 네트워크를 검사한다. 다음은 타깃 탐색기를 통해 타깃에 연결 설정을 하기 위한 단계들이다.

---

22 타깃 시스템의 ifconfig를 실행하는 것은 그다지 어렵진 않지만, 시리얼 터미널이나 모니터, 키보드가 필요하다.

1. Open the Target Explorer Perspective: 이클립스 Window 메뉴에서 Open Perspective 를 선택하고, 서브 메뉴에서 Other…을 선택한다. 다이얼로그의 perspective 목록에서 Target Explorer를 선택한다. 이클립스는 자동으로 왼편의 System Management 탭을 통해 Target Explorer perspective로 전환한다.

2. System Management Tab: 시스템 관리 탭은 Favorites, Connections, Neighborhood라는 세 개의 폴더 목록을 포함하고 있다. 타깃 탐색기를 한 번도 사용하지 않았다면 Favorites 폴더는 비어있을 것이고, Connections 폴더는 Create New Connection…이라 부르는 부분 하나만 있을 것이다. 그러나 Neighborhood 폴더는 탐색 메커니즘이 로컬 네트워크에서 찾은 각각의 TCF 에이전트를 TCF Agent ⟨ip address⟩의 형태로 보여준다.

3. Setting Up the Connection: 연결하려는 IP 주소를 가진 TCF 에이전트 위에서 우클릭을 한 후 메뉴에서 Connect를 선택한다. 이클립스가 New Connection 다이얼로그를 열어줄 것이다. 다이얼로그 필드는 탐색 메커니즘이 찾아낸 연결 인자들로 미리 채워진다. 해야 할 일은 연결에 의미 있는 Connection Name을 주는 것이다. Finish를 클릭한 후, 이클립스는 타깃의 TCF 에이전트에 연결해 새로운 연결을 하고자 탭tab을 열어준다.

4. Connection Tab: 연결 상태에 따라 연결 탭은 다음과 같이 여러 개의 하위 탭을 갖는다.

   a. Details(Overview): 연결 상세 정보를 보여준다. 연결이 종료된 경우에만 필드가 수정된다.

   b. Source Paths: 프로세스에 디버거를 연결할 때 소스 파일을 위한 경로를 검색한다. 기본적으로 타깃에서의 경로지만, 개발 호스트 경로를 추가할 수 있다.

   c. Launches: 타깃에 설치된 애플리케이션을 실행하기 위한 시작 설정을 생성할 수 있게 한다. 표준 입력(stdin), 표준 출력(stdout), 표준 오류(stderr)는 TCF를 통해 이클립스에 다시 보냄으로써 실행 중인 애플리케이션과 상호 작용할 수 있다.

   d. Processes: 타깃에서 실행 중인 프로세스 목록. 이 목록은 하위 탭을 클릭했을 때 타깃에서 검색된다. 우측 상단에 Refresh 버튼을 클릭해 다시 로드할 수 있다.

   e. File System: 타깃에서 파일시스템을 찾을 수 있게 한다. 새로운 폴더와 파일의 생성, 이동, 삭제, 복사, 이름 바꾸기가 가능하다. 또한 타깃에서 폴더와 파일을 검

색할 수 있다.

앞서 이클립스를 이용해 네이티브 애플리케이션(즉, 개발 시스템 그 자체에서 실행되는 애플리케이션)을 개발했다면, 컴파일 후 C/C++나 자바 퍼스펙티브 같은 이클립스의 개발 환경에서 직접 실행하고 디버그할 수 있다. TCF를 이용하면, 타깃에서도 가능하다. 다음 단락에서 설명하겠지만, 몇 가지 환경 설정 단계는 필요하다.

타깃상 애플리케이션 실행

이클립스의 Run Configurations를 통해 애플리케이션을 실행하기 위한 환경 설정을 할 수 있다. 이클립스의 Run 메뉴에서 Run Configurations…를 선택해 열린 다이얼로그를 사용함으로써 환경을 생성하고 관리한다. 다이얼로그 좌측에서 이클립스는 다양한 실행 환경 타입 목록을 보여주고, 각 타입 아래에 선정의해둔 환경 설정 목록을 보여준다. 원격 타깃에서 C/C++ 애플리케이션을 실행하기 위한 실행 환경을 생성하려면, C/C++ Remote Application 을 선택하고 목록 위 좌측 상단에서 New 버튼을 클릭한다.

1. Name: 이클립스가 현재 프로젝트에 근거해 실행 환경 이름을 채운다. 조건이 충족되면 기본값을 수락하고, 아니면 새로운 이름을 입력한다.

2. Main Tab:

   a. Connection: New…를 클릭해 새 연결을 생성한다.

      i. 목록에서 TCF를 선택하고 Next)를 클릭한다.

      ii. Host Name 필드에 로컬 DNS가 있는 경우, 타깃 보드의 IP 주소나 호스트 이름을 입력한다.

      iii. Connection Name 필드에 연결을 위한 이름을 입력한다.

      iv. 원하는 경우 Description을 입력한다.

      v. Finish를 클릭해 연결을 생성하고 다이얼로그를 닫는다.

   b. Project: 이클립스는 자동으로 현재 프로젝트의 이름을 채운다. 원하는 프로젝트가 아닌 경우 Browse… 버튼을 사용해 다른 프로젝트를 선택한다.

   c. Build configuration: 이클립스는 자동으로 프로젝트의 현재 환경 설정을 선택한다. 목록에서 다른 프로젝트를 선택해 환경 설정을 덮어 쓸 수 있다.

d. C/C++ application: 프로젝트는 잠재적으로 하나 이상의 애플리케이션을 빌드할 수 있다. 올바른 실행 파일을 선택하기 위해 Search Project…를 사용한다.

e. Remote absolute file path for C/C++ application: 이 필드는 타깃의 애플리케이션 절대 경로와 그 이름을 포함한다. 이클립스는 그 경로를 애플리케이션에 복사한다. 이클립스 빌드 프로세스에 의해 생성된 실행 파일의 이름이 아닌 다른 이름을 선택할 수도 있다. 타깃에서의 경로를 선택하기 위해, 그리고 /usr/bin/hello 같은 이름을 추가하기 위해 Browse…를 사용한다.

f. Commands to execute before application: 이클립스가 애플리케이션을 시작하기 전에 이 필드에 타깃에서 실행되는 추가적인 명령을 입력할 수 있다. 빈칸으로 두자.

g. Skip download to target path: 이 박스를 체크하지 않아야 한다. 이클립스가 매번 타깃에 애플리케이션을 다운로드해 최신 변경 사항이 적용되게 한다.

3. Arguments Tab: 애플리케이션이 명령어 인자를 요구하는 경우 Program Argument 필드에 인자 값을 입력할 수 있다.

4. Common Tab: 실행 환경을 위한 일반적인 설정은 Common 탭을 통해 이뤄진다. 기본 설정은 대부분의 경우에 적합하다. 애플리케이션의 결과를 이클립스가 저장하도록 하려면, File을 체크하고 결과를 저장하기 위한 파일의 경로와 이름을 제공해야 한다.

Apply를 클릭하고, 타깃에 애플리케이션을 실행시키기 위한 다이얼로그의 하단에서 Run을 클릭한다. 이클립스가 연결을 통해 타깃에 애플리케이션을 실행하는 경우, 애플리케이션을 실행하는 사용자 계정의 User ID와 Password를 요구하는 다이얼로그가 표시된다. 표준 욕토 프로젝트 이미지는 비밀번호가 없는 root 사용자 계정만 있으므로, User ID에 root를 입력하고 Password는 빈칸으로 둔다.

이클립스는 먼저 애플리케이션을 빌드하므로, 이클립스의 Console 윈도우를 확인한다. 그리고 타깃으로 전송시켜 최종적으로 실행하게 한다. Console 윈도우는 다음과 유사한 결과를 보여준다.

```
root@ypbkiosk:/#
echo $PWD'>'
/>
root@ypbkiosk:/# /usr/bin/hello;exit
Hello World!
logout
```

이클립스와 TCF는 타깃에서 이클립스 내의 터미널로 표준 입력(stdin), 표준 출력(stdout), 표준 오류(stderr)만 다시 전송한다. 타깃 애플리케이션이 그래픽 애플리케이션인 경우, 그 결과는 타깃 하드웨어에 연결된 화면을 출력하게 된다. 일반적으로, 로컬 화면을 이용해 테스트하려는 경우에 적합하다.

타깃상 애플리케이션 디버그

타깃에서 실행 중인 애플리케이션을 위한 Run Configuration과 유사하게, 이클립스는 타깃에서 디버깅 중인 애플리케이션을 위한 Debug Configuration을 제공한다. 디버깅을 위해 애플리케이션이나 프로그램은 디버거 컨텍스트 내에서 시작된다. 그런 다음 디버거는 프로그램의 실행을 제어하고 감시하며 변수, 스택, 동적 저장소, 파일 포인터 등 프로그램에서 사용되는 것들에 대한 접근 권한을 제공한다.

원격 디버깅은 다른 시스템, 즉 개발 호스트에서 제어 및 모니터링을 하고, 타깃에서는 프로그램을 실행할 수 있는 디버거를 필요로 한다. 이 디버거는 네트워크나 시리얼을 통해 연결된다. 리눅스 시스템의 표준 디버거 GDB는 원격 디버깅을 위한 매칭 서버, gdbserver를 가지고 있다. 호스트 시스템에서 실행 중인 GDB는 TCP를 사용하는 네트워크 연결이나 직렬 연결을 통해 타깃 시스템의 gdbserver와 통신한다.

디버거가 사용하는 통신 프로토콜과 TCF의 조합을 사용하기 때문에 원격 디버깅을 위한 이클립스의 주된 워크플로우를 이해하는 것이 좋다.

1. 이클립스가 TCF를 통해 타깃 시스템의 애플리케이션을 다운로드한다.

2. gdbserver host:2345 <program> <arguments>와 비슷한 명령을 실행함으로써 TCF를 통해 디버깅될 애플리케이션이 있는 타깃에서 이클립스가 gdbserver를 시작한다. 인자 값 host:2345는 포트 2345에 연결된 TCP 사용을 나타내며, <program>은 이클립스가 앞 단계에서 다운로드했던 애플리케이션이다. 그리고 <arguments>는 값이 제공되는 경우 애플리케이션에 전달되는 인자 값이다.

3. 이클립스가 개발 시스템이나 호스트에서 GDB를 시작하고 Debug 퍼스펙티브로 전환한다.

4. 이클립스는 GDB/MI 인터페이스를 통해 명령 `target remote <target>:2345`를 사용함으로써 타깃에서 실행 중인 gdbserver로의 연결을 GDB에 명령한다. `<target>`은 DNS를 사용 중인 경우 호스트 이름이 되고, 그렇지 않은 경우 타깃의 IP 주소가 된다.

5. GDB는 타깃에 애플리케이션을 시작시키고 자동으로 `main()` 함수의 첫 명령에서 실행을 중단한다.

6. 이제부터 이클립스 Debug 퍼스펙티브에 의해 제공되는 그래픽 사용자 인터페이스를 통해 타깃에 GDB를 가진 애플리케이션을 제어하고 감시할 수 있다.

GDB는 사용자 및 애플리케이션과의 상호 작용을 통해 여러 명령 인터프리터와 명령 기반을 제공한다.

- GDB/CLI: 일반적으로 사용자가 사용하는 콘솔이나 명령 인터프리터. 사용자가 읽을 수 있는 형태의 간단한 명령어 기반을 제공한다. 이것은 기본 인터프리터다.

- GDB/MI: 이클립스와 GDB의 다른 프론트엔드frontend 같은 다른 프로그램에서 일반적으로 사용하는 머신 인터프리터. GDB/MI는 mi1과 mi2라는 두 가지 버전으로 나뉜다. mi2가 현재의 버전이다.

모든 GDB 인터프리터는 명령을 받아들이는 `stdin`, 정보와 데이터를 출력하기 위한 `stdout`, 오류 메시지를 위한 `stderr`을 사용한다. 이클립스는 GDB/MI 최신 버전 mi2를 사용한다.

디버그 설정을 생성하는 것은 실행 설정을 생성하는 것에 비해 그다지 많이 어렵지 않다. 사실, 애플리케이션을 위한 실행 설정이 이미 생성돼 있다면 이클립스는 그것을 시작점으로 사용한다. 이클립스 Run 메뉴에서 Debug Configuration…을 선택해 설정 편집기를 연다. 다이얼로그가 Run Configuration 다이얼로그와 매우 유사해 보인다. 왼편으로는 애플리케이션 타입 목록이 있다. 앞 단락에서 설명했듯이 실행 설정이 생성된 경우, 이클립스는 목록에 그 설정을 이미 강조 표시하고 오른쪽에 설정 세부 사항을 표시한다.

Main, Arguments, Common 탭에서 Run Configurations 다이얼로그의 각 부분과 같은 정보를

보고 편집할 수 있다. 앞 단락에서 이것에 대해 설명했었다. Debugger와 Source 탭은 새로운 것이다.

- **Debugger Tab**: GDB 환경 설정을 한다.

  □ **Stop on startup at**: 체크돼 있고 옆의 필드에 함수명이 있다면, GDB는 제공된 함수의 첫 명령에 브레이크포인트를 설정한다. 시작되면, GDB는 브레이크포인트를 만날 때까지 프로그램을 실행한다. 기본 설정은 main( )에서 실행을 중단시키도록 돼 있다. 복잡한 프로그램을 디버깅하거나 프로그램 도입부에서의 동작에 관심이 없는 경우 다른 함수에 설정하면 된다.

  □ **Main Subtab**: GDB를 위한 일반적인 설정

    • **GDB Debugger**: GDB 디버거의 경로와 이름을 설정한다. 이 정보는 이미 플랫폼의 크로스 디버거를 가리키는 욕토 프로젝트 플러그에 의해 제대로 채워져 있다.

    • **GDB Command File**: 이 설정은 GDB를 위한 프로젝트 명령 파일을 가리킨다. 디버거는 시작 시 파일을 읽는다. 파일명은 보통 .gdbinit이며 이클립스 프로젝트 디렉터리 내에 위치하고 있다.

    • **Non-stop Mode**: 체크돼 있는 경우, 이 설정은 다른 스레드가 자유롭게 실행되는 동안 다중 스레드 프로그램의 중지된 스레드를 디버깅할 수 있도록 한다.

    • **Enable Reverse Debugging**: 설정이 체크돼 있는 경우, 프로그램을 단계적으로 되돌릴 수 있다. 일반적으로, 프로그램 흐름 순서대로 진행하고 계속할 수 있다. GDB 기능은 여전히 특정 아키텍처 및 플랫폼으로 제한되며, 일반적으로 원격 디버깅에는 이용할 수 없다.

    • **Force Thread List Update on Suspend**: 이 설정은 어떤 스레드가 브레이크포인트에 도달하는 경우 이클립스 Debug 퍼스펙티브에 그 스레드 정보를 자동으로 업데이트한다.

    • **Automatically Debug Forked Processes**: 일반적으로, GDB 디버거는 주 프로세스에 연결한다. 그 프로세스가 자식child 프로세스를 생성하면, 더 새로운 버전의 GDB는 포크fork된 프로세스에 연결될 수 있다. GDB가 자식 프로세스에도 자동으로 연결되도록 하려면 이 옵션을 활성화하면 된다.

- **Tracepoint Mode**: 일부 애플리케이션, 특히 리얼 타임 애플리케이션인 경우, 브레이크포인트를 사용하고 변수를 검사하는 것은 적합하지 않다. 프로그램을 일시 중단하면 타이밍 특성이 변경되기 때문이다. 이를 통해 개발자는 추적점^{tracepoint}을 이용해서 GDB가 자동으로 데이터를 수집하고 보고하도록 할 수 있다. Normal 모드에서 추적점은 트랩^{trap}으로 프로그램에 삽입된다. Fast 모드에서는 점프^{jump}로 삽입된다. 점프 추적점이 모든 플랫폼에서, 그리고 모든 조건에서 지원되는 것은 아니다. Automatic 모드는 디버거가 결정할 수 있게 한다.

- ☐ **Shared Libraries Subtab**: 서브탭에서는 추가 공유 라이브러리에 대한 디렉터리 경로를 텍스트 박스에 추가할 수 있다. 표준 공유 라이브러리들은 기본적으로 알려져 있으면 로드된다. 공유 라이브러리를 디버깅하려면, Load Shared Library Symbols Automatically 옵션을 체크해야 한다.

- ☐ **Gdbserver Settings Subtab**: 타깃에서 실행 가능한 gdbserver의 경로와 이름이 서브탭에 표시된다. gdbserver가 기본 PATH에 있기 때문에 기본값은 gdbserver며, 이는 욕토 프로젝트 타깃 이미지를 위해 충분하다. 포트 번호는 호스트에서 실행 중인 GDB와 타깃에서 실행 중인 gdbserver 간의 통신을 위해 사용되는 TCP 포트다. 기본값은 2345다.

- ■ **Source Tab**: 프로그램을 단계별로 실행할 때, 디버거는 프로그램을 효과적으로 추적할 수 있도록 소스를 표시해야 한다. 이런 목적으로, 디버거는 소스 파일의 정확한 위치를 찾아내서 로드할 수 있어야 한다. Source Lookup Path에 목록으로 추가된 경로가 이러한 목적으로 쓰인다. 만일 공유 라이브러리를 디버깅하려면, 그 소스를 찾을 수 있도록 이 목록에 경로를 추가해야 한다.

Apply를 클릭해 변경 사항을 수락하고, 디버거를 실행시키기 위해 Debug를 클릭한다. 이클립스는 디버거를 시작하고 Debug 퍼스펙티브로 전환한다. 실행은 main( ) 함수의 첫 명령에서 중단된다. 이제 디버거에서 실행되는 프로그램을 이용하는 것처럼 코드를 단계별로 실행시키고 브레이크포인트를 설정하고 타깃에서 실행 중인 프로그램의 변수를 검사할 수 있다.

라이브러리 함수 추적

C 라이브러리 libc처럼 공유 라이브러리의 함수를 추적하기 위해 디버거를 사용할 수 있다.

그렇지만 디버거는 정보가 없으므로 소스 코드를 출력할 수 없다. SDK를 빌드할 때는 빌드 시스템이 표준 공유 라이브러리를 포함해 설치된 모든 패키지에 대한 시스템 루트와 함께 디버그와 소스 패키지를 자동으로 추가한다. 디버거가 소스 파일의 위치를 알 수 있도록 이클립스 워크스페이스^{workspace}의 프로젝트 디렉터리에 있는 .gdbinit 파일에 필수 정보를 추가해야 한다(리스트 11-5).

리스트 11-5 GDB 스타트업 파일(Startup File) .gdbinit

```
set sysroot /opt/poky/2.0/sysroots/corei7-64-poky-linux
set substitute-path /usr/src/debug \
    /opt/poky/2.0/sysroots/corei7-64-poky-linux/usr/src/debug
```

리스트 11-5는 GDB가 /opt/poky/2.0에 설치된 SDK의 라이브러리 디버깅을 위한 소스 파일을 찾을 수 있도록 경로를 설정하는 .gdbinit 파일 예제를 보여준다.

- **set sysroot**: 타깃에 설치된 라이브러리 복사본을 포함한 로컬 디렉터리를 명시한다. 이 경로는 디버거가 라이브러리와 심볼을 찾아 로드할 수 있게 한다. 이것은 개발 시스템에 설치된 욕토 프로젝트 SDK의 경로다.

- **set substitute-path**: 디버거가 라이브러리 소스 파일을 찾기 위한 대체 규칙을 명시한다. 리눅스 시스템용으로 컴파일된 표준 실행 파일 및 라이브러리는 경로가 /usr/src/debug와 같이 접두를 갖는 컴파일 디렉터리에 기록이 남는다. substitute-path 명령은 GDB가 소스 파일을 찾을 때 첫 번째 경로 부분과 두 번째 경로 부분을 바꾸도록 한다.

안타깝게도, 이클립스는 크로스 디버깅을 위해 앞서 설명했던 것과 같은 GDB 환경 설정을 위한 방법을 제공하지 않는다. 그렇지만 이클립스 텍스트 편집기를 이용해 .gdbinit 파일을 수정할 수 있다. 이 파일은 리눅스/유닉스 시스템에서는 숨겨진 파일이기 때문에 이클립스 프로젝트 탐색기^{Eclipse Project Explorer}는 기본적으로 표시하지 않는다. 제목 Project Explorer 옆 메뉴에 있는 아래 방향 화살표를 클릭해 메뉴에서 Customize View…를 선택한다. 그러면 .*resources 옆에 체크마크가 지워진다. 대신, Debug Configuration 다이얼로그의 GDB Command File에 다른 파일명, 즉 숨겨진 파일이(파일명에 점^{dot}이 없이) 나타난다.

11.5 타깃 에뮬레이션을 통한 애플리케이션 개발

많은 임베디드 프로젝트는 하드웨어와 소프트웨어 엔지니어링을 위한 노력이 결합돼야 한다. 실제 타깃 하드웨어 또는 초기 엔지니어링 표본조차 개발 주기에 맞춰 소프트웨어 개발을 할 수 없다. 개발 주기를 단축시키기 위해, 프로젝트 초기에 애플리케이션 소프트웨어의 소프트웨어 개발을 하드웨어 개발과 병행해 시작할 수도 있다. 한 가지 방법은 비글본BeagleBone, 미노우보드 맥스MinnowBoard Max, 완드보드Wandboard 등 프로젝트 하드웨어와 유사한 저렴한 개발 보드를 사용하는 것이다. 다른 방법은 타깃 에뮬레이션을 사용하는 것이다. 타깃 에뮬레이션 또한 애플리케이션 개발자가 임베디드 하드웨어를 다루지 않고 개발 시스템을 사용해 애플리케이션을 빌드하고 테스트할 수 있다.

욕토 프로젝트는 타깃 에뮬레이션으로 QEMU를 사용한다. 다양한 욕토 프로젝트 시스템 빌드를 테스트하는데, 이 책에서는 QEMU를 사용했다. 지금부터 욕토 프로젝트 SDK와 이클립스에서 애플리케이션 개발에 QEMU를 사용하는 방법을 설명할 것이다.

11.5.1 QEMU를 통한 애플리케이션 개발 준비

에뮬레이션된 타깃에서 애플리케이션을 개발하려면 다음 두 가지가 필요하다

- QEMU를 위한 리눅스 커널 및 루트 파일시스템
- 전자에 맞는 ADT

물론 두 가지 모두 빌드 시스템에 빌드해야 한다. 미노우보드 맥스를 이용한 키오스크 프로젝트를 위한 이미지를 생성했던 빌드 환경은 이미 가지고 있다. ypbkiosk에서 QEMU 머신으로 머신을 변경하면 된다. 코어 아키텍처가 실제 하드웨어 타깃과 유사한 에뮬레이션된 머신을 사용하는 것이 좋다. 미노우보드 맥스는 64비트 x86 CPU를 장착하고 있으므로 머신으로 qemux86-64를 선택하면 된다. 빌드 설정 파일 conf/local.conf에서 MACHINE 변수를 qemux86-64로 변경하고 다음 명령으로 비트베이크를 시작한다.

```
$ bitbake -k ypbkiosk-image-sato
```

리눅스 커널과 ypbkiosk-image-sato 루트 파일시스템 이미지를 빌드하는 명령이다. 일단 빌드가 완료되면, 맞는 SDK를 생성한다.

```
$ bitbake -c populate_sdk ypbkiosk-image-sato
```

11.2.2절에서 설명했듯이, 일단 완료되면 ADT를 설치한다. 툴체인, 시스템 루트, 설치 스크립트는 유일한 이름이 있고 서로 분리돼 있으므로, 같은 /opt/poky/⟨version⟩ 디렉터리에 ADT를 안전하게 설치할 수 있다.

루트 파일시스템 압축 해제

이클립스가 NFS(네트워크 파일시스템^{Network File System})를 통해 개발 호스트에서 보내온 루트 파일시스템을 이용해 QEMU를 시작한다. QEMU와 NFS를 위해 루트 파일시스템을 설정하려면, 앞 단계에서 생성했던 루트 파일시스템을 보내 준비해야 한다. ADT는 이 모든 필수 작업을 수행하는 스크립트를 가지고 있다.

1. ADT 설치를 위해 디렉터리를 변경한다.

   ```
   $ cd /opt/poky/<version>
   ```

2. QEMU ADT 환경을 얻는다.

   ```
   $ source environment-setup-core2-64-poky-linux
   ```

3. 디렉터리를 sysroots로 변경한다.

   ```
   $ cd sysroots
   ```

4. 빌드 환경에서 루트 파일시스템을 추출한다.

   ```
   $ runqemu-extract-sdk \
   /<path-to-build-environment>/tmp/deploy/images/qemux86-64/\
   ypbkiosk-image-sato-qemux86-64.tar.bz2 \
   core2-64-poky-linux
   ```

5. 빌드 환경에서 리눅스 커널 이미지를 복사한다.

   ```
   $ cp /<path-to-build-envrionment>/bzImage-qemux86-64.bin \
   core2-64-poky-linux/boot
   ```

NFS의 경우, 개발 시스템은 반드시 rpcbind(RPC 프로그램 번호 부여기에 대한 통합 주소)가 설치돼 있어야 한다. 시스템 환경에 따라, 우분투에서의 sudo apt-get install rpcbind처럼 시스템 패키지 관리자를 사용해 설치해야 한다. 또한 사용자 공간 NFS의 경우, 모든 호스트에서 SET과 UNSET을 호출할 수 있도록 insecure mode에서 실행하기 위해 rpcbind가 필요하다. 우분투에서는 /etc/init.d/rpcbind 파일의 OPTIONS 변수에 -i를 추가하고 sudo service rpcbind restart로 rpcbind를 재시작한다.

이클립스 통합

이제 ADT와 QEMU에서 추출한 루트 파일시스템을 이클립스와 통합해야 한다.

이클립스 Window 메뉴에서 Preferences 다이얼로그를 열고 Yocto Project ADT를 클릭한다. 그리고 QEMU용 애플리케이션 개발을 위한 새로운 크로스 개발 프로필을 다음 지침에 따라 생성한다.

1. 크로스 개발 프로필: 크로스 개발 프로필 목록에서의 Standard Profile은 앞 단락에서 미노우보드 맥스에 사용된 설정을 반영한다. 미노우보드 맥스로 표준 프로필을 저장한 후에 표준 프로필을 다시 선택해 변경하자.

2. 크로스 컴파일러 옵션: Standalone Pre-built Toolchain과 Toolchain Root Location을 위한 설정을 유지한다. Sysroot Location 다음에 Browse…를 클릭해 루트 파일시스템을 추출한 위치인 /opt/poky//sysroots/core2-64-poky-linux를 찾는다. 타깃 아키텍처 목록에서 core2-64-poky-linux를 선택한다.

3. 타깃 옵션: QEMU를 선택하고 리눅스 커널을 복사한 위치인 /opt/poky//sysroots/core2-64-poky-linux/boot/ bzImage-qemux86-64.bin을 찾는다.

이클립스는 이제 QEMU를 통해 애플리케이션을 개발할 준비를 마쳤다.

11.5.2 애플리케이션 빌드 및 QEMU상의 구동

11.4.3절에서 설명했듯이 새로운 애플리케이션 프로젝트를 생성할 수 있다. 프로젝트를 생성한 후, 프로젝트 탐색기에서 프로젝트 이름 위를 마우스 오른쪽 버튼으로 클릭해 목록의 아래쪽에 있는 Yocto Project Settings를 선택한다. Cross Development Profiles에서 QEMU 프로파일을 선택하고 Apply를 클릭하자. 이제 프로젝트는 컴파일과 디버그를 위해 QEMU용 크로스 툴체인을 사용한다.

애플리케이션 실행과 디버그를 위해 먼저 QEMU를 시작해야 한다. 이클립스 메뉴의 Run에서 External Tools를 선택한다. 하위 메뉴의 첫 번째 항목은 QEMU 통합이다. 방금 만든

qemu_core2-64-poky-linux를 선택하자. 이것을 클릭하자. 그러면 QEMU를 시작했던 터미널 윈도우에서 이클립스가 시작된다. QEMU 그 자체는 두 번째 윈도우에서 시작된다.

11.4.4절에서 설명했듯이, TCF 및 GDB/gdbserver를 이용해 에뮬레이트된 타깃에 애플리케이션을 배포^{deploy}, 실행, 디버깅하기 위해 Run Configuration과 Debug Configuration을 사용하자.

11.6 요약

운영체제 스택과 미들웨어^{middleware}는 장치들의 기반을 형성한다. 애플리케이션과 사용자 소프트웨어는 최종 사용자를 위한 가치를 창출한다. 욕토 프로젝트 애플리케이션 개발 툴 킷(ADT)은 애플리케이션 개발자에게 대상 장치들을 위한 애플리케이션의 빌드, 테스트, 배포에 필요한 도구를 제공한다.

- 욕토 프로젝트 ADT는 크로스 개발 툴체인, 하드웨어 타깃 장치 및 에뮬레이션된 타깃의 시스템 루트, QEMU 에뮬레이터, 테스트 및 프로파일링 툴, 그리고 편리한 개발 환경 설정을 위한 통합 스크립트로 구성된다.

- 빌드 시스템은 장치의 리눅스 운영체제 스택을 빌드하는 데 사용되는 정확한 툴체인을 포함하고 장치의 루트 파일시스템 이미지를 패키징해 타깃 장치와 맞는 ADT를 만든다.

- ADT 크로스 개발 도구를 전통적인 개발과 빌드 툴의 통합을 위한 명령어로 직접 사용할 수 있다. 설치는 필수 환경 변수를 설정하는 스크립트 소싱^{sourcing}만 있으면 된다.

- ADT와 이클립스 IDE의 통합은 그래픽 사용자 인터페이스의 편리함을 바탕으로 크로스 개발 툴을 사용할 수 있게 한다.

- 이클립스의 TCF(타깃 통신 프레임워크^{Target Communication Framwork})는 실제 타깃 하드웨어뿐만 아니라 IDE에서 직접 에뮬레이션된 타깃에 대한 배포, 실행, 디버깅이 가능하게 한다.

11.7 참조

욕토 프로젝트 애플리케이션 개발자 가이드, www.yoctoproject.org/docs/2.0/adt-manual/adt-manual.html

욕토 프로젝트 개발 설명서, www.yoctoproject.org/docs/1.8/dev-manual/dev-manual.html

12

라이선스 및 규정 준수

모든 기능을 갖춘 리눅스 운영체제 스택은 수백, 수천 개의 오픈소스 소프트웨어 패키지들로 이뤄져 있다. 이 소프트웨어 패키지들은 상당히 다양한 오픈소스 라이선스의 이용 약관에 따라 작성자들이 배포한 것이다. 사실상 모든 라이선스는 최종 사용자가 소프트웨어를 사용할 때 그들의 권리와 잠재적 의무에 대해 알리기 위해 라이선스 텍스트에 접근할 수 있어야 한다. 많은 다른 오픈소스 소프트웨어 패키지들을 이용해 전체 시스템을 구축하는 시스템 구축 관계자의 경우 모든 라이선스 정보를 모아 시스템 사용자에게 제공해줘야 한다. 라이선스 정보 제공뿐만 아니라, 일부 오픈소스 라이선스, 특히 GNU GPL(일반 공중 사용 허가서) 라이선스는 소프트웨어 패키지의 바이너리를 빌드하는 데 사용한 소스 코드를 제공해줘야 한다. 라이선스 정보 및 소스 코드의 수집, 관리, 제공은 시간 소모적인 작업이 될 수 있다. 욕토 프로젝트는 오픈소스 라이선스 및 소스 코드 관리의 지루한 면을 처리해주는 도구 모음을 제공함으로써 작업을 크게 단순화한다.

12.1 라이선스 관리

어떤 소프트웨어 제품의 경우, 제품을 사용할 때 사용자의 권리와 의무에 대해 알리는 소프트웨어 사용자 라이선스 계약EULA, End-User License Agreement을 제품과 함께 포함시키는 것이 일반적이다. 제품에 포함된 모든 코드가 제품을 구입한 조직 또는 개인에 의해 완전히 개발된 경우라면 이 과정은 간단하고 쉽다. 컴퓨터 시스템에 소프트웨어를 설치할 때는 독점 라이선스 계약을 제품과 함께 제공하고 고객 동의를 얻어야 한다. 이것이 범용 컴퓨터에 사용되는 소프트웨어들의 일반적인 관례다. 그렇지만 문제는 다른 경우에 발생한다.

- 소프트웨어 제품에 라이브러리 같은 다른 공급자들의 소프트웨어 구성 요소가 포함돼 있는 경우
- 소프트웨어 제품이 오픈소스 소프트웨어 패키지를 사용해 빌드되는 경우
- 소프트웨어 제품이 임베디드 시스템의 일부분으로 하드웨어와 함께 제공되는 경우

위의 모든 내용은 임베디드 장치를 위한 리눅스 운영체제 스택인 경우에 해당한다. 최종 사용자가 제품에 포함된 소프트웨어 패키지에 대한 오픈소스 라이선스를 명확하게 받아들일 필요는 없지만, 제품에 오픈소스 소프트웨어가 사용됐음을 인지시켜야 한다. 소스 코드 포함 방식에 대한 라이선스 텍스트와 정보를 최종 사용자가 이용할 수 있어야 한다.

라이선스와 소스 코드 정보는 장치에 포함되거나 다른 방식으로 제공될 수 있다. 예를 들어 안드로이드 장치 같은 경우, Settings 앱의 **About Device** 메뉴에 있는 Legal Information 항목을 통해 라이선스를 확인할 수 있다. 라이선스 정보와 텍스트는 장치에 저장될 수 있다. 특별히 연결되는 장치의 경우, 하이퍼링크를 통해 라이선스 정보가 보이는 웹사이트로 최종 사용자를 안내할 수도 있다. 최소한의 텍스트 표시가 가능한 사용자 인터페이스를 가진 장치가 편리하며, 이런 인터페이스가 없는 장치를 위해 제조사의 웹사이트 등에 사용자 도큐먼트와 함께 라이선스 정보를 제공할 수도 있다.

제품을 위한 라이선스 관리는 작은 일이 아니다. 욕토 프로젝트는 170개 이상의 일반 라이선스를 가지고 있다. 주요한 라이선스는 오픈소스 라이선스지만, 또한 일부 소프트웨어 패키지들을 위한 상업 라이선스도 있다. 일부 오픈소스 소프트웨어 개발자들은 자신들의 라이선스를 사용하는데, 이것이 법적으로 적절하지는 않으므로 더 복잡한 문제를 일으킬 수도 있다. 오픈소스 이니셔티브OSI, Open Source Initiative는 오픈소스 정의Open Source Definition[1]를 준수하기 위한 라이선스 검토 과정으로 라이선스들을 검토한다. OSI 웹사이트에는 조직체의 라이선스 검토 과정을 통과하고 오픈소스 정의에 따라 승인된 약 70개의 오픈소스 라이선

---

1 http://opensource.org/osd

스가 목록화돼 있다.[2]

이를 더 복잡하게 만드는 이슈는 단일 오픈소스 프로젝트가 사실상 여러 라이선스를 사용할 수 있다는 것이다. 일반적인 사례들을 살펴보면 다음과 같다.

- 라이브러리 소스 코드와 버그 수정 및 개선 같은 작업에 하나의 라이선스가 적용되고, API를 통해 다른 소프트웨어 구성 요소로 인한 라이브러리 사용에 다른 라이선스 스키마가 적용되는 라이브러리. 예를 들면, GnuTLS는 소스를 위해 GPLv3+를 사용하고 다른 구성 요소로 인한 라이브러리 사용을 위해 LGPLv2.1+를 이용한다.

- 서로 다른 라이선스에 의해 개별적으로 부여된 여러 요소로 구성된 패키지. 이 라이선스는 보통 플러그인 방식으로 제공된 패키지에서 찾을 수 있다. 예로 미디어 프레임워크가 있다. 인코더encoder 및 디코더decoder를 위한 플러그인이 프레임워크 그 자체, 그리고 FLACFree Lossless Audio Codec 같은 다른 인코더/디코더와 다르게 라이선스를 할당할 수 있다.

욕토 프로젝트는 몇 가지 방식으로 라이선스 관리를 돕는다.

- 라이선스 추적
- 공통 라이선스
- 상업 라이선스가 적용된 패키지
- 라이선스 배포

다음에 나오는 단락에서 이 관리 방식들을 알아본다.

12.1.1 라이선스 추적

모든 레시피들은 레시피가 빌드하는 소프트웨어 패키지에 적용되는 소스 라이선스 목록을 LICENSE 변수에 설정해야 한다. 소프트웨어 패키지 자체의 라이선스 정보는 레시피를 위한 라이선스와 사실상 모든 경우에 대해 다르다. 레시피를 위한 라이선스는 보통 레이어의 LICENSE 파일에 명시된다. 두 경우를 혼동해서는 안 된다.

LICENSE 변수는 소프트웨어 패키지가 여러 라이선스에 의해 보호되는 경우 단일 라이선스

---

2 http://opensource.org/licenses/alphabetical

지정 또는 여러 개의 라이선스 지정 목록을 가지고 있을 수 있다.

- 라이선스를 선택할 수 있는 경우, 파이프(|) 기호를 이용해 라이선스 지정을 구분할 수 있다(예: LICENSE = "LGPLv2.1+ | GPLv3").
- 패키지 소스의 부분마다 다른 라이선스가 보호하고 있는 경우, 앰퍼샌드(&) 기호를 이용해 라이선스 지정을 구분할 수 있다(예: LICENSE = "MPLv2 & LGPLV2.1").

라이선스 지정은 텍스트 문자열이 될 수 있으나 공백을 포함하면 안 된다. 표준 라이선스의 경우 meta/files/common-license에 공통 라이선스 파일명을 사용하거나 라이선스 지정으로 meta/conf/licenses.conf에 정의된 SPDX^{Software Package Data Exchange} 라이선스 플래그명을 사용한다. SPDX[3]는 SPDX 작업 그룹에 의해 생성되고 유지되는 라이선스 정보의 표준 형식이다.

LICENSE 변수가 특정 라이선스 지정자 CLOSED (LICENSE = "CLOSE")로 설정되지 않은 경우, 레시피는 라이선스 추적을 활성화하기 위해 LIC_FILES_CHKSUM 변수를 설정해야 한다.

소프트웨어 패키지의 작성자나 저작권자가 라이선스 자체를 변경할 수도 있다(예를 들면 GPLv2에서 GPLv3로). 또는 소프트웨어 패키지의 한 버전에서 다음 버전으로 갈 때 라이선스 텍스트를 변경할 수 있다.[4] 빌드 시스템이 변경 사항을 추적해 알림을 주는 것은 중요하기 때문에 시스템 빌더는 새 패키지 버전에 업데이트된 라이선스를 적용시킬 것인지 여부에 대한 조치를 취할 수 있다. license 클래스에 의해 평가되는 LIC_FILES_CHKSUM 변수는 라이선스 변경 사항을 추적하기 위해 융통성 있는 방법을 제공한다. 다음은 레시피에 LIC_FILES_CHKSUM을 명시하기 위한 다양한 방식을 보여주는 예제다.

```
LIC_FILES_CHKSUM = "file://COPYING;md5=wwww \
                    file://header.h;beginline=7;endline=34;md5=xxxx \
                    file://source.c;beginline=10;md5=yyyy \
                    file://license3.txt;endline=46;md5=zzzz"
```

변수는 공백으로 구분된 라이선스 텍스트를 가진 라이선스 파일 목록을 포함하고 있다. 빌드 시스템은 라이선스 텍스트에 대한 MD5 체크섬을 연산하고 md5 인자로 제공된 값과 비

---

3 https://spdx.org/

4 사실상 새로운 버전의 여러 소프트웨어 패키지들, 특히 GPLv2 조건에 따라 이전 버전이 허용된 GNU가 제공되는 패키지들은 이제 새로운 GPLv3 라이선스가 부여된다.

교한다. beginline 인자나 endline 인자가 제공되지 않는 경우, 파일 전체 텍스트가 라이 선스 텍스트로 간주된다. 이 방식은 공통적으로 COPYING이나 LICENSE로 명명된 별개의 파 일들을 이용하면 제대로 동작한다. 때때로, 라이선스 정보는 C 헤더나 그와 같은 파일처럼 소스 파일의 일부분으로 제공되기도 한다. 그런 경우 사실상 파일 내용의 일부만 라이선스 정보를 나타낸다. 라이선스 텍스트의 시작과 끝을 나타내는 줄 번호를 각각 beginline과 endline 인자로 설정해 해당 부분을 명시할 수 있다.

빌드 시스템은 자동으로 변수 S에 명시된 디렉터리에서 라이선스 파일을 찾는다. 디렉터리 경로를 추가해 디렉터리 정보를 명확하게 제공할 수 있다.

```
LIC_FILES_CHKSUM = "file://src/header.h;beginline=7;endline=34;md5=xxxx \
                    file://${WORKDIR}/license.txt;md5=yyyy"
```

첫 번째 행은 ${S}/src의 S에 해당하는 라이선스 정보를 포함한 header.h 파일의 위치를 찾는 것이고, 두 번째 행은 파일 license.txt를 찾기 위해 WORKDIR 변수를 참조하는 것이다.

12.1.2 공통 라이선스

오픈임베디드 코어 메타데이터 레이어는 meta/files/common-license 디렉터리에 공통 라이선스를 위한 라이선스 텍스트를 포함하고 있다. 이 디렉터리는 변수 COMMON_LICENSE_ DIR이 참조한다. 이 변수를 사용해 다음과 같이 LIC_FILES_CHKSUM으로 공용 라이선스 파일 명을 사용할 수 있다.

```
LIC_FILES_CHKSUM = "\
file://${COMMON_LICENSE_DIR}/GPL-2.0;md5=801f80980d171dd6425610833a22dbe6"
```

그렇지만 실질적으로 소프트웨어 패키지가 라이선스 텍스트를 포함하지 않고 파일의 공통 라이선스를 참조하는 경우에만 이렇게 할 것을 추천한다. 이런 경우, LIC_FILES_CHKSUM을 이용해 참조를 가진 파일을 포함시키길 권한다. 그 이유는 단순하게 공통 라이선스 파일을 사용하는 경우 라이선스 추적 메커니즘을 효과적으로 활용할 수 없기 때문이다. 레시피는 공통 라이선스 파일을 사용하기 때문에 패키지 소스의 라이선스 정보 변경은 빌드 시스템 에 의해 무시될 수 있다.

빌드 시스템이 LICENSE_PATH 변수에 디렉터리를 추가해 검색할 수 있도록 자신만의 라이 선스 디렉터리를 하나 이상 제공할 수 있다.

```
LICENSE_PATH += "/path/to/my/licenses"
```

이 변수는 공백 문자로 구분된 디렉터리 목록을 가지고 있다. 빌드 시스템은 COMMON_LICENSE_DIR이 제공하는 경로를 이 변수의 경로에 추가한다.

12.1.3 상업 라이선스가 적용된 패키지

오픈소스를 포함하고 있는 일부 소프트웨어 패키지는 상업적 라이선스나 오픈소스 라이선스와 호환되지 않는 특별한 라이선스 항목 및 조건을 사용하고 있다. 이런 소프트웨어 패키지들을 빌드하는 레시피들은 LICENSE_FLAGS 변수를 설정해 특정 라이선스 조건을 표시하고 있다(예: LICENSE_FLAGS = "commercial").

LICENSE_FLAGS는 모든 문자열을 포함할 수 있지만, 레시피가 변수를 설정하면 소프트웨어 패키지가 명시적으로 활성화된 것이 아닐 경우 빌드 시스템은 이 패키지를 빌드하지 않는다.

특정 라이선스 플래그를 활성화하기 위해 LICENSE_FLAGS_WHITELIST 변수를 추가할 수 있다. 이 변수는 공백으로 구분된 라이선스 플래그 목록을 가지고 있다. 빌드 시스템은 LICENSE_FLAGS_WHITELIST에 있는 라이선스 플래그 목록에서 레시피가 설정한 라이선스 플래그를 연결시킨다. 그러나 그렇게 하기 전에, 레시피의 LICENSE_FLAGS에 정의된 라이선스 플래그에 패키지 이름 PN을 덧붙여야 한다.

```
LICENSE_FLAGS = "commercial"
```

예를 들면, 위와 같은 설정을 포함하고 있는 hello 패키지를 빌드하는 레시피를 위해 다음과 같이 설정해 그 변수를 효율적으로 만든다.

```
LICENSE_FLAGS = "commercial_hello"
```

이제 다음과 같이 설정함으로써 hello 레시피를 사용할 수 있다.

```
LICENSE_FLAGS_WHITELIST = "commercial_hello"
```

또는 다음과 같은 설정을 포함시켜 상업 라이선스 플래그를 모든 레시피가 사용할 수 있게 한다.

```
LICENSE_FLAGS_WHITELIST = "commercial"
```

매칭 스킴matching scheme을 사용하면 빌드하고자 하는 패키지를 잘 제어할 수 있다. 레시피의 LICENSE_FLAGS 설정에 패키지 이름 PN과 패키지 버전 PV를 명확하게 명시함으로써 이를 더 발전시킬 수 있다. 다음 설정을 포함한 hello 패키지를 빌드하는 레시피를 생각해보자.

```
LICENSE_FLAGS = "commercial_${PN}_${PV}"
```

버전 1.0과 같이 hello 레시피의 특정 버전만 사용하도록 하려면 다음과 같이 설정하면 된다.

```
LICENSE_FLAGS_WHITELIST = "commercial_hello_1.0"
```

빌드 환경 설정을 위한 conf/local.conf 파일에 LICENSE_FLAGS_WHITELIST 변수를 지정하거나 커스텀 레이어의 conf/distro/mydistro.conf 같은 배포 환경 설정 파일에 지정하면 된다.

12.1.4 라이선스 배포

타깃을 빌드할 때 빌드 시스템은 라이선스 정보를 빌드 환경 설정의 ${RMPDIR}/deploy/licenses 디렉터리에 둔다. 빌드 시스템이 빌드하는 레시피마다 ${TMPDIR}/deploy/licenses에 하위 디렉터리를 생성한다.

- 레시피가 소프트웨어 패키지를 빌드하면, 하위 디렉터리는 레시피 이름과 라이선스 파일을 가지고 있다.

- 레시피가 core-image-minimal 같은 이미지 타깃을 빌드하면, 하위 디렉터리는 추가 된 타임스탬프를 이용해 core-image-minimal-20150817224402처럼 이미지 레시피 이름을 만든다. 디렉터리에는 두 개의 파일 package.manifest와 license.manifest가 있다. package.manifest는 이미지에 포함된 모든 패키지 이름을 이용해 알파벳 순 서로 나열해둔 목록이다. license.manifest는 패키지 이름, 패키지 버전, 레시피 이 름, 라이선스 상세 내용에 대한 정보를 이용해 같은 패키지들을 알파벳 순서로 정렬 해둔 목록이다.

- 패키지 그룹을 위한 레시피의 경우, 빌드 시스템은 패키지 그룹 이름을 이용해 하위 디렉터리를 생성하지만 하위 디렉터리 내에 파일은 없다.

타깃 시스템의 루트 파일시스템 이미지에 라이선스 정보를 배포하는 경우

- 변수 COPY_LIC_MANIFEST = "1"로 설정해 license.manifest 파일을 /usr/share/common-licenses/license.manifest의 루트 파일시스템에 복사한다.

- 변수 COPY_LIC_DIRS = "1"로 설정해 /usr/share/common-licenses에 라이선스 디렉터리들을 복사한다.

이 변수들을 빌드 환경 설정의 conf/local.conf에, 또는 커스텀 레이어의 conf/distro/mydistro.conf 같은 배포 환경 설정 파일에 지정한다.

12.1.5 라이선스 블랙리스트

공백으로 구분된 라이선스 지정 목록에 INCOMPATIBLE_LICENSE 변수를 설정함으로써 빌드에서 레시피를 제외할 수 있다. 각 레시피가 목록화된 라이선스에 대안을 제공하지 않는 패키지는 빌드되지 않는다. 예를 들면,

```
INCOMPATIBLE_LICENSE = "GPL-3.0 LGPL-3.0 AGPL-3.0"
```

위와 같은 설정은 다른 대안이 없다면 이 라이선스하에 적용된 모든 패키지가 빌드에서 제외된다. 여기서 대안은 다른 라이선스를 사용하는 이전 버전이나 비슷한 기능을 제공하는 패키지를 말한다. 앞서 살펴본 예제는 욕토 프로젝트 팀이 기능을 테스트하는 데 이용한 설정이다. 다른 설정들을 사용할 수 있지만, 종속성을 제거하거나 기능적인 시스템 생산을 위한 대안을 제공해 종속성을 처리해야 할 수도 있다.

12.1.6 라이선스 매니페스트와 그 텍스트 제공

오픈소스 라이선스의 공통 요구 사항은 라이선스 정보를 제공해야 한다는 것이다. 다음과 같은 설정을 사용해

```
COPY_LIC_MANIFEST = "1"
```

라이선스 매니페스트를 타깃 이미지 내의 /usr/share/common-licenses/license.manifest 디렉터리로 복사한다. 라이선스 매니페스트는 각 라이선스를 이용하는 타깃에 설치되는 모든 오픈소스 소프트웨어 패키지 목록을 포함하고 있다.

다음과 같은 설정을 사용해

```
COPY_LIC_DIRS = "1"
```

타깃 이미지의 라이선스 텍스트도 타깃에 설치되는 모든 패키지들의 /usr/share/common-licenses 디렉터리에 복사한다. COPY_LIC_DIRS는 COPY_LIC_MANIFEST와만 함께 사용된다. 그렇지 않으면 변수를 설정해도 아무 효과가 없다.

라이선스 매니페스트와 라이선스 텍스트를 표시할 수 있는 사용자 인터페이스를 가지고 이를 이미지에 포함하고 있는 타깃 시스템의 경우, 오픈소스 라이선스의 준수에 대한 제공을 상당히 간단하게 한다. 임베디드 타깃이 사용자 인터페이스를 가지고 있지 않거나 라이선스 매니페스트와 텍스트를 보유하기에 충분한 공간을 갖고 있지 않은 경우, 정보를 출력해주거나 조직의 웹사이트 페이지로 안내하는 등의 대체 방식으로 정보를 제공해야 한다.

12.2 소스 코드 관리

일부 오픈소스 라이선스들은 타깃 시스템을 위한 소프트웨어 스택을 빌드하는 데 사용한 소스 코드를 시스템 최종 사용자에게 제공해야 한다. 소스 코드 제공은 행해야 하는 규정 준수 관리 활동의 일환이며, 타깃 시스템의 최종 이미지를 생성하기 전에 반드시 해야 하는 임무다.

소스 코드를 제공하는 가장 간단한 방법은 DL_DIR 디렉터리 전체를 다운로드하는 것이다. 그러나 이 방식에는 몇 가지 이슈가 있다.

- 전체 다운로드 디렉터리의 크기가 좀 더 클 수 있다. 툴체인toolchain 소스처럼 일반적인 릴리스 이미지로 배포되지 않는 패키지들의 소스를 포함하고 있기도 하다. 다운로드 디렉터리에는 절대 배포하지 않는 *.done이라는 이름의 파일이 있다. 이 파일은 소스 패키지가 성공적으로 다운로드됐는지 여부를 나타낸다. 또한 다운로드 디렉터리에는 소스 제어 관리SCM, source control management 시스템에서 직접 검색한 소스들의 압축이 해제된 리파지토리를 포함한 하위 디렉터리들이 있다.

- 다운로드 디렉터리는 레시피를 통해 제공되는 어떠한 패치도 포함하고 있지 않다. 최종 사용자가 바이너리 빌드에 사용할 수 있는 소스를 제공하기 위해서는 이 패치를 수동으로 포함시켜야 한다.

- 가장 중요한 점은 다운로드 디렉터리에는 최종 사용자에게 릴리스하지 않으려는 폐쇄적 소스, 상업 소프트웨어 패키지의 소스 패키지들, 리파지토리가 있다는 것이다.

소스 코드를 제공하는 더 나은 방식은 제공하고 싶은 소스 코드와 그 형태를 관리하기에 좋은 archiver 클래스를 이용하는 것이다. 빌드 환경 설정의 conf/local.conf 파일에서 INHERIT 변수를 클래스에 추가함으로써 archiver 클래스를 이용해 소스 파일을 보관할 수 있다.

```
INHERIT += "archiver"
```

몇 개의 변수 및 변수 플래그를 설정해 archiver 클래스 동작 대상과 방식을 제어한다.

- ARCHIVER_MODE[src]는 소스 코드가 보관되는 방식을 제어하는 플래그다.

  □ ARCHIVER_MODE[src] = "original"은 소스 패키지와 패치를 별도로 보관한다.

  □ ARCHIVER_MODE[src] = "patched"는 소스 패키지를 적용된 패치와 함께 보관한다.

  □ ARCHIVER_MODE[src] = "configured"는 소스 패키지를 적용되고 환경 설정된 패치와 함께 보관한다.

- ARCHIVER_MODE[diff] = "1"은 do_unpack과 do_patch 작업 사이의 패치를 보관한다.

- ARCHIVER_MODE[diff-exclude]는 공백으로 구분된 ARCHIVER_MODE[diff]로 배제하려는 패치들에 대한 파일 및 디렉터리 목록이다. 기본 설정은 ARCHIVER_MODE[diff-exclude] = ".pc autom4te.cache patches"다.

- ARCHIVER_MODE[dumpdata] = "1"은 bitbake -e <recipe>와 유사하게, 특정 패키지를 위한 환경 설정 데이터를 가진 파일을 포함한다. 기본 설정은 ARCHIVER_MODE[dumpdata] = "0"이다.

- ARCHIVER_MODE[recipe] = "1"은 레시피(.bbappend를 포함한 .bb 파일)와 모든 인클루드^{include} 파일을 포함한다. 기본 설정은 ARCHIVER_MODE[recipe] = "0"이다.

- ARCHIVER_MODE[srpm] = "1"은 압축된 타르^{tar} 아카이브에 소스 RPM(SRPM) 파일처럼 소스를 출력한다. ARCHIVER_MODE[src] 플래그는 SRPM에도 적용된다. 기본 설정은 ARCHIVER_MODE[srpm] = "0"이다.

다양한 ARCHIVER_MODE 플래그에 더해, archiver 클래스는 라이선스와 패키지 소스가 보관하는 레시피 타입에 따라 필터링을 허용한다.

- COPYLEFT_LICENSE_INCLUDE는 공백으로 구분된 소스 코드를 보관하는 라이선스 목록이며, 라이선스 지정을 위한 와일드카드를 허용한다. 예를 들면, COPYLEFT_LICENSE_INCLUDE = "GPL* LGPL*"은 모든 버전의 GPL과 LGPL에 의해 라이선스된 모든 패키지들을 위한 소스를 포함한다는 의미다. 기본 설정은 COPYLEFT_LICENSE_INCLUDE = ""이다.

- COPYLEFT_LICENSE_EXCLUDE는 공백으로 구분된 소스 보관을 명시적으로 배제하고 싶은 라이선스 목록이다. 예를 들면 COPYLEFT_LICENSE_EXCLUDE = "CLOSED Proprietary"는 명시적으로 클로즈드closed 또는 소유자가 있는 라이선스된 모든 소프트웨어 패키지들을 소스 보관에서 제외시킨다는 의미다. 기본 설정은 COPYLEFT_LICENSE_EXCLUDE = ""이다.

- COPYLEFT_TARGET_TYPES는 공백으로 구분된 소스 보관을 허용한 레시피 타입 목록이다. 가능한 레시피 타입은 다음과 같다.
  - target: 타깃에 빌드된 모든 패키지의 소스 보관
  - native: 빌드 호스트에 빌드된 모든 패키지의 소스 보관
  - nativesdk: 호스트 SDK에 빌드된 모든 패키지의 소스 보관
  - cross: 모든 크로스 빌드 패키지의 소스 보관
  - crossskd: 모든 크로스 빌드 SDK 패키지의 소스 보관
  - cross-canadian: 모든 크로스 캐내디언 패키지의 소스 보관

기본 설정은 위의 모든 레시피 타입을 포함하는 것이다.

COPYLEFT_LICENSE_INCLUDE와 COPYLEFT_LICENSE_EXCLUDE 모두 기본적으로 빈 문자열로 설정되기 때문에 archiver 클래스는 어떤 라이선스도 필터링하지 않는다. 최소한으로, 상업 소프트웨어 패키지를 제외시키기 위해 COPYLEFT_LICENSE_EXCLUDE를 설정할 수도 있다. 빌드 환경 설정의 conf/local.conf 파일에 설정하기보다 커스텀 레이어custom layer의 conf/distro/mydistro.conf 같은 배포 정책 파일에 설정할 것을 추천한다. 그리고 archiver 클래스를 활용하면 기본적으로 타깃 배포를 빌드할 때 상업 소프트웨어 패키지를 배제시킬 수 있다.

소스 배포의 크기를 더 제한하기 위해 conf/local.conf 파일이나 배포 정책 환경 설정 파일에 COPYLEFT_TARGET_TYPES = "target"을 설정한다.

archiver 클래스는 ${TMPDIR}/deploy/sources 디렉터리에 생성된 소스 패키지 결과를 복사한다. 아키텍처 및 패키지 이름에 따라 하위 디렉터리에 패키지를 정리한다. DEPLOY_DIR_SRC 변수를 설정하면 기본적으로 생성된 디렉터리를 재구성할 수 있다.

12.3 요약

각 라이선스들의 라이선스 요구 조건에 따라 오픈소스 소프트웨어 패키지들을 위한 규정 관리는 시스템 구축 관련자가 수행해야 하는 중요한 임무다. 리눅스와 임베디드 장치용 오픈소스, 그리고 일반적인 소프트웨어 제품들은 이미 인기를 얻고 있으므로 자유 소프트웨어 재단Free Software Foundation[5]과 소프트웨어 자유 단체Software Freedom Conwervancy[6] 같은 여러 조직들은 오픈소스 소프트웨어 제품을 내놓은 회사들이 다양한 오픈소스 라이선스, 특히 GPL의 규정 요구 사항을 잘 지키고 있는지 활발하게 감독하고 있다. 이 조직들은 라이선스 요구 사항을 준수하지 않는 회사를 발견하는 경우, 상황을 바로잡을 것을 회사에 요청하고, 회사가 어떠한 조치도 취하지 않는 경우 해당 소프트웨어 패키지 작성자를 대신해 회사를 상대로 소송을 제기하기도 한다.

오픈소스 라이선스가 허용하는 만큼, 법적 구속력이 있는 문서며 법 집행이 가능하다. 따라서 규정 사항을 준수하고 제품을 출하하기 전에 라이선스 텍스트와 소스 코드의 적절한 배포를 계획해 이러한 문제들을 피하는 것이 가장 좋다.

12장에서 논했던 내용은 다음과 같다.

- 레시피를 이용한 라이선스를 추적하고, 상업적으로 허용된 패키지와 각각의 레시피들을 생성하고, 라이선스 정보를 수집해 배포함으로써 이뤄지는 라이선스 관리
- archiver 클래스를 이용한 소스 코드 관리. archiver 클래스는 라이선스와 레시피 타입에 맞춰 소스 코드 압축을 관리하기에 편리한 방식을 제공한다.

---

5 www.fsf.org

6 https://sfconservancy.org

12.4 참조

욕토 프로젝트 개발 매뉴얼, www.yoctoproject.org/docs/1.8/dev-manual/dev-manual.
html

13

더 깊은 주제

13장에서는 팀과 제품 환경 구축에 욕토 프로젝트가 어떻게 도움이 되는지 그 주제를 선정해 논하고자 한다. 욕토 프로젝트 빌드 시스템의 강점 중 하나는 소프트웨어의 개발 시스템 및 빌드 엔지니어별로 쉽게 배포될 수 있다는 것이다. 13장에서는 빌드 시스템의 한계, 리소스 공유, 빌드 결과의 추적 등으로 그 특징을 더 넓혀본다. 이들은 제품 환경에서의 재현 가능성, 일관성, 반복성, 팀 개발을 위해 필요하다.

13.1 토스터

토스터Toaster는 빌드 시스템의 그래픽 사용자 인터페이스다. 기존의 애플리케이션인 홉Hob과 달리, 토스터는 웹 브라우저를 통해 접근하는 웹 인터페이스이므로 빌드팜build farm이나 클라우드 서비스의 원거리 시스템에 배포하는 데 적합하다.

홉과 유사하게 토스터는 빌드의 환경 설정, 구동, 모니터링이 가능하다. 토스터는 또한 검색 기능과 빌드에 메타데이터 레이어 및 레시피 추가 기능을 제공한다. 욕토 프로젝트 버전 1.8 피도Fido 이후에 홉은 더 이상 욕토 프로젝트 팀에서 공식적으로 사용을 권장하지 않게 됐으며, 그 개발은 토스터로 인해 중단됐다.

토스터의 이용은 웹 서버 환경 설정 추가로 인해 홉에 비해 좀 더 복잡하다. 토스터는 장고 Django[1] 웹 프레임워크를 이용한다. 장고는 파이썬으로 거의 대부분 만들어진 고수준의 웹 프레임워크다. 장고는 데이터베이스 기반의 객체 저장소를 이용하기 위해 객체 관계 매핑 ORM, Object-relational mapping을 쓴다. 토스터는 빌드들 간에 쉽게 비교하려고 데이터베이스에 빌드 통계 자료와 그 밖의 데이터를 저장하는 데 ORM을 사용한다. 데이터베이스 시스템은 장고가 지원하는 관계형 데이터베이스 관리 시스템RDBMS이 될 수 있다. 일반적으로, 로컬 사용자를 위해 토스터는 간편한 SQLite를 사용한다. 원격 빌드 서버에 배포하려면 MySQL, MariaDB, PostgreSQL 같은 실제 RDBMS의 사용을 추천한다.

다음 단락에서는 토스터의 두 가지 선택적 모드에 대해 설명하고, 로컬 개발을 위한 두 모드 설정, 토스터 환경 설정, 토스터를 이용한 제품 빌드 시스템 설정에 대해 알아본다.

13.1.1 토스터 동작 모드

토스터는 분석 모드나 빌드 모드로 운영할 수 있다.

분석 모드

분석 모드Analysis Mode에서 토스터는 앞서 `oe-init-build-env`로 생성된 빌드 환경을 접목시킨다. 이 모드에서는 `bitbake` 명령을 직접 사용해 빌드 이미지를 시작한다. 그리고 토스터는 빌드 통계 및 그 밖의 정보를 수집하고 데이터베이스에 저장한 후 웹 인터페이스를 통해 출력할 수 있도록 만든다. 비트베이크를 통해 빌드를 시작하기 전에 먼저 토스터를 시작해야 한다.

분석 모드에서 토스터는 다음과 같은 기능을 제공한다.

- 레시피와 패키지를 포함한 채로 빌드된 이미지에 대한 상세 정보

- 이미지 내에 설치된 패키지 목록

- 이미지의 디렉터리 구조를 탐색하는 기능

- 여러 설정을 포함하는 빌드 환경 설정

---

1 https://www.djangoproject.com

- 실용적인 디버깅을 위한 에러, 경고, 로그 메시지 검사
- 작업 실행 및 공유 상태^{shared state} 사용에 대한 정보
- 의존성 탐색
- 빌드 시간, 작업당 소요 시간, CPU 사용률 등의 성능 정보

빌드 모드

빌드 모드^{Build Mode}에서 토스터는 빌드 환경을 생성하고 환경 설정, 비트베이크 실행 및 데이터 수집 분석 모드의 분석 작업을 관리한다. 토스터는 웹 인터페이스만을 통해 상호 작용할 수 있다. 이미지를 선택하고 타깃 머신과 빌드의 기타 사항에 대한 환경 설정을 하며, 토스터 인터페이스를 통해 빌드를 시작한다. 빌드 모드의 토스터는 분석 모드 때처럼 비트베이크와 직접적으로 상호 작용하지 않는다.

빌드 모드의 토스터는 분석 모드의 기능에 다음과 같은 기능을 더 제공한다.

- 빌드 환경 설정을 위한 레이어 검색 및 추가
- 대상 이미지, 대상 머신, 배포 정책 선택
- 환경 설정 변수 검색 및 설정
- 빌드 실행

빌드 모드에서 토스터는 홉과 같은 환경 설정 및 실행 기능을 제공한다. 패키지를 추가하는 방식으로 환경 설정하는 이미지는 토스터에서의 설정만큼 편하지 않다. 이는 토스터 사용자 인터페이스에서 IMAGE_INSTALL_append 변수를 수정해야 하기 때문이다. 홉을 이용하는 경우 체크박스에 체크만 하면 된다. 홉과 비교해볼 때, 토스터는 더 상세한 빌드 분석과 통계치를 제공한다.

13.1.2 토스터 구축

토스터는 장고 웹 프레임워크 기반이다. 따라서 사용하기 전에 추가적으로 파이썬 패키지를 설치해야 한다. 설치한 빌드 시스템의 루트 디렉터리, 예를 들면 /home/myname/poky에 있는 bitbake/toaster-requirements.txt 파일에서 패키지 목록을 찾아볼 수 있다. 필요한 파이썬 패키지를 설치하기 위해 이 파일을 직접 이용할 수 있다.

이러한 패키지들을 빌드 호스트의 파이썬 라이브러리 디렉터리에 직접적으로 설치하거나 파이썬 가상 환경^{Python virtual environment}을 이용해 설치할 수 있다. 파이썬 가상 환경은 빌드 호스트에 간단한 파이썬 기반의 샌드박스를 생성하며, 패키지 버전 충돌이 염려되는 경우에 특히 유용하다. 따라서 파이썬 가상 환경의 사용을 강력히 추천한다.

파이썬 가상 환경 구축

virtualenv 명령어를 이용해 모든 리눅스 배포판에 하나의 패키지로 제공된 파이썬 가상 환경을 구축할 수 있다. 빌드 호스트에 설치돼 있지 않다면 다음 명령어를 이용해 설치할 수 있다.

```
$ sudo dnf install python-virtualenv
```

페도라 또는 레드햇 시스템은 위 명령어를 이용한다.

```
$ sudo apt-get install python-virtualenv
```

우분투 시스템에서는 위와 같은 명령어를 이용한다.

파이썬 가상 환경을 생성할 수 있다.

```
$ virtualenv pvenv
```

이 명령어는 현재 위치에서 pvenv라는 디렉터리에 새로운 파이썬 가상 환경을 생성한다. 그 후, 모든 필수 파일을 새로운 가상 환경에서 빌드 호스트의 파이썬 환경으로 복사한다. 파이썬 가상 환경은 빌드 호스트의 어느 위치라도 상관없다.

파이썬 가상 환경을 사용하기 전에 다음 명령을 실행해야 한다.

```
$ source pvenv/bin/activate
(pvenv) $
```

파이썬 가상 환경에서 작업하고 있음을 나타내기 위해 괄호 안에 가상 환경의 이름이 예제 (pvenv)와 같이 들어간다.

활성화된 파이썬 가상 환경 내에서 필수 파이썬 패키지 설치를 포함해 토스터와 관련된 모든 동작을 수행해야 한다. 그렇지 않으면, 빌드 호스트는 기본적인 파이썬 환경을 사용한다.

파이썬 가상 환경에서 벗어나려면 다음과 같은 명령을 이용한다.

```
(pvenv) $ deactivate
```

위 명령은 파이썬 가상 환경 내에 있는 동안에만 가능한 명령이다.

토스터 요구 사항 설치

파이썬 가상 환경 내에서 다음을 실행하면,

```
(pvenv) $ pip install -r bitbake/toaster-requirements.txt
```

장고를 포함한 필수 파이썬 패키지를 파이썬 가상 환경 내에 설치한다.

이제 로컬 토스터 개발을 위한 빌드 호스트가 준비됐다.

13.1.3 로컬 토스터 개발

로컬 개발 모드에서 토스터는 외부 웹 서버를 이용하기보다 장고의 내장 웹 서버를 이용하며, RDBMS 대신 SQLite를 사용한다. 이들은 설치 및 환경 설정을 매우 쉽게 만들어준다. 그렇지만 워크그룹 사용 및 원거리 개발을 위한 확장이 불가하다. 확장 가능한 개발을 위해서는 토스터 제품의 설정을 사용하는 것을 고려해봐야 한다. 이에 대해서는 13.1.5절에서 설명하겠다.

빌드 모드에서 로컬 토스터 개발

활성화된 파이썬 가상 환경 내에 있는 동안에는 빌드 시스템 설치를 위한 루트 디렉터리를 변경할 수 있다. 예를 들면, 다음과 같다.

```
(pvenv) $ cd /home/myname/poky
```

그리고 토스터를 이용할 때,

```
(pvenv) $ bitbake/bin/toaster
```

처음으로 토스터가 실행되는 경우에는 데이터베이스를 초기화하고, 레이어와 빌드 시스템 환경 설정을 읽어들이고, 나머지 일련의 초기화 설정 작업을 수행한다. 일단 설치가 완료되면 토스터는 다음을 출력한다.

```
Starting webserver...
Webserver address: http://0.0.0.0:8000/
Starting browser...
Toaster is now running. You can stop it with Ctrl-C
```

빌드 호스트의 기본 웹 브라우저는 토스터 구동 페이지를 보이며 자동으로 시작돼야 한다. 만일 자동으로 웹 브라우저가 시작되지 않는다면, 선호하는 웹 브라우저를 열고 검색 창에 다음과 같이 입력한다.

```
http://localhost:8000
```

이제 토스터 프로젝트를 생성하고 환경 설정을 하고 빌드할 수 있다.

분석 모드에서 로컬 토스터 개발

기존 빌드 환경에 토스터를 사용하고 비트베이크를 호출해 직접 빌드 과정을 관리하고 싶다면, 먼저 파이썬 가상 환경 내에서 빌드 환경을 설정해야 한다.

```
(pvenv) $ source /home/myname/poky/oe-init-build-env tbuild
```

그리고 빌드 환경 내에서 토스터를 시작한다.

```
(pvenv) $ source /home/myname/poky/bitbake/bin/toaster
```

이제 비트베이크를 평소처럼 운영할 수 있다. 다음 예를 보자.

```
(pvenv) $ bitbake -k core-image-base
```

빌드 과정을 관찰하고 빌드가 완료된 다음 빌드 통계 자료를 검토하려면, 브라우저에서 다음과 같이 입력하면 된다.

```
http://localhost:8000
```

토스터를 멈추고 싶은 경우

```
(pvenv) $ source /home/myname/poky/bitbake/bin/toaster stop
```

모든 토스터 진행을 종료하는 위 명령을 파이썬 가상 환경에서 입력하면 된다.

13.1.4 토스터 환경 설정

토스터 동작은 명령어 옵션, 환경 설정 변수, 장고 관리자 인터페이스를 통해 설정되고 관리된다.

다른 포트 설정

기본적으로, 토스터는 빌드 호스트의 모든 네트워크 인터페이스에서 8000 포트를 통해 통신한다. 포트를 변경하려면 다음과 같이 webport 인자를 이용해 빌드 모드에서 토스터를 시작해야 한다.

```
(pvenv) $ /home/myname/poky/bitbake/bin/toaster webport=5000
```

다른 방식으로, webport 인자를 이용해 분석 모드로 토스터를 시작할 수도 있다.

```
(pvenv) $ source /home/myname/poky/bitbake/bin/toaster webport=5000
```

그러면 토스터는 모든 네트워크 인터페이스에서 제공된 포트로 통신하게 된다.[2]

빌드 모드를 위한 토스터 디렉터리 설정하기

빌드 모드에서 토스터는 빌드 환경을 저장하며, 환경 설정 변수 TOASTER_DIR이 정의하는 디렉터리에 원격 리파지토리로부터 추가된 레이어의 복사본을 저장한다. 그 디렉터리에 토스터가 복사된 레이어 _toaster_clones와 환경 설정 및 빌드 데이터를 저장하는 데이터베이스 toaster.sqlite를 포함해 빌드 환경 설정을 가진 build 디렉터리를 생성한다. 기본적으로 TOASTER_DIR은 토스터가 시작되는 현재 디렉터리로 설정된다.

토스터 디렉터리를 설정하기 위한 유일한 방법은 다른 디렉터리에서 토스터를 구동하는 것이다. 그리고 나서 토스트는 빌드 및 레이어 디렉터리와 함께 새 데이터베이스를 생성한다.

---

2 장고에 익숙하다면, 장고가 포트 설정뿐 아니라 네트워크 인터페이스 명시 또한 가능함을 알 것이다. 현재 토스터에서 후자는 불가능하다.

장고 프레임워크 관리

토스터가 빌드된 곳에서 장고 웹 프레임워크는 데이터베이스에 저장된 ORM에 직접 접근할 수 있도록 관리자 인터페이스를 제공한다. 사용자 인터페이스를 이용하려면 먼저 장고 슈퍼유저superuser를 생성해야 한다. 파이썬 가상 환경 내에서 다음과 같이 실행하면 된다.

```
(pvenv) $ /home/myname/poky/bitbake/lib/toaster/manage.py createsuperuser
```

이 명령은 장고 관리자용 유틸리티를 시작하게 해서 다음과 같은 항목으로 안내한다.

- 슈퍼유저의 사용자 이름(필수)

- 이메일 주소(선택)

- 비밀번호(필수, 확인을 위해 두 번 입력해야 한다.)

장고가 슈퍼유저를 생성한 후에는 일반적으로 다음과 같은 명령을 이용해 토스터를 시작할 수 있다.

```
(pvenv) $ /home/myname/poky/bitbake/bin/toaster
```

그리고 웹 브라우저의 검색 창에 다음과 같이 입력해 관리자 인터페이스에 접근한다.

http://localhost:8000/admin

관리자 인터페이스에서 토스터 ORM을 둘러보고 새로운 데이터베이스 엔트리를 추가하는 등의 일을 할 수 있다.

다른 디렉터리에서 토스터를 시작하려면, 디렉터리마다 자신의 `toaster.sqlite` 데이터베이스를 포함시켜야 한다. 각 토스터 환경마다 개별적으로 슈퍼유저를 생성해야 한다.

토스터 관리는 다음과 같은 분류로의 접근을 제공한다.

- Auth: 인증authentication은 사용자와 사용자 그룹을 나타낸다. 로컬 토스터 환경 설정은 슈퍼유저 외에는 이 기능을 사용하지 못하게 한다. 토스터 환경 설정은 접근 제어를 위해 원격 및 다수 사용자들이 이용하는 토스터 인스턴스들 간의 공유를 위해 이 기능을 사용한다.

- Bldcontrol: 빌드 제어build control는 토스터가 사용하는 빌드 환경 설정에 대한 정보를 가지고 있다. 하나의 토스터 인스턴스가 같은 빌드 호스트의, 또는 네트워크를

통한 다른 빌드 호스트의 여러 빌드 환경을 제어할 수도 있다. 로컬 개발의 경우, 보통 하나의 빌드 환경만 존재한다.

- Orm: 객체 관계 모델은^{object-relational model} 비트베이크 버전, 레이어 소스, 욕토 프로젝트 배포, 토스터 설정에 관한 정보를 가지고 있다. 그 밖에 토스터 사용자 인터페이스를 통해 Project Configuration 화면의 BitBake variables를 클릭함으로써 설정하는 다양한 비트베이크 변수들이 포함돼 있다.

일반적으로, ORM에 직접 접근할 필요는 없지만 환경 설정을 위해 토스터 사용자 인터페이스를 사용할 수는 있다.

13.1.5 토스터 제품 배포

토스터의 제품 배포는 다수 사용자뿐만 아니라 원격 사용자들이 이용하는 인스턴스 간 공유를 허용한다. 다수 사용자가 토스터 서비스에 접근하는 부하를 분산하기 위해 토스터는 장고 빌트인 웹 서버 대신 외부 웹 서버를, 그리고 SQLite 대신 RDBMS를 이용한다. 제품 배포는 또한 일반적으로 분석 모드가 아닌 빌드 모드로 설정돼 있다. 앞서 살펴봤듯이, 빌드 모드는 사용자가 토스터 프로젝트를 생성할 수 있게 하고 웹 사용자 인터페이스를 통해 직접 빌드를 시작할 수 있게 한다.

장고 제품 배포를 위해 선택한 웹 서버는 아파치^{Apache}다. RDBMS는 MySQL과 PostgreSQL 중에 선택하면 된다. 경험과 선호도에 따라 어느 것을 선택해도 무방하다. 예제로, MySQL을 선택해보자.

거의 모든 리눅스 배포판에는 MySQL 대신 MariaDB[3]가 있다. MariaDB는 MySQL의 원래 개발자들이 유지하고 있는 MySQL 대체제다. 리눅스 배포판의 패키지 관리자들이 여전히 패키지 이름을 mysql로 사용하고 있지만, 사실은 MariaDB를 설치하는 것이다.

제품 호스트 준비

제품 시스템에 토스터 설치를 준비하기 위해 다음과 같은 단계를 수행해야 한다.

1. 2장, '욕토 프로젝트'에서 설명했듯이, 욕토 프로젝트 빌드 시스템을 위해 선행 요소들을 설치한다.

---

3 https://mariadb.org

2. 개발자 라이브러리, 파이썬 가상 환경, 아파치 파이썬 모듈을 가진 아파치 웹 서버, MySQL(MariaDB)을 설치한다.

   a. 우분투 시스템에서는 다음과 같다.

```
$ sudo apt-get install apache2 libapache2-mod-wsgi mysql-server \
    virtualenv libmysqlclient-dev
```

   b. 페도라 또는 레드햇 시스템에서는 다음과 같다.

```
$ sudo dnf install httpd mod_wsgi python-virtualenv mysql-server \
    mysql mysql-devel
```

3. 아파치 웹 서버를 시작한다.

   a. 우분투 시스템에서는 다음과 같다.

```
$ sudo service apache2 start
```

   b. 페도라 또는 레드햇 시스템에서는 다음과 같다.

```
$ sudo systemctl start httpd
```

웹 서버가 브라우저가 제품 호스트를 알려주는 것으로 실행 중인지 아닌지 확인한다. 배포판에 따라 기본 웹 페이지가 보여야 한다.

4. 데이터베이스 서버를 시작한다.

   a. 우분투 시스템에서는 다음과 같다.

```
$ sudo service mysql start
```

   b. 페도라 또는 레드햇 시스템에서는 다음과 같다.

```
$ sudo systemctl start mariadb
```

5. 기본적으로, MySQL(MariaDB)은 루트 비밀번호가 설정돼 있지 않다. 먼저 루트 비밀번호를 설정하려면 다음과 같이 실행한다.

```
$ mysqladmin -u root password <rootpassword>
```

6. MySQL(MariaDB) 서버에 로그인할 수 있는지 확인한다.

```
$ mysql -u root -p
```

데이터베이스 서버는 앞서 설정했던 비밀번호를 입력받은 후 명령 프롬프트를 띄워야 한다.

7. 토스터를 위한 MySQL 데이터베이스를 준비한다.

```
$ mysql -u root -p
mysql> CREATE USER 'toaster'@'localhost' identified by 'password';
mysql> CREATE DATABASE toaster;
mysql> GRANT all on toaster.* to 'toaster'@'localhost';
mysql> exit
```

제품 호스트는 이제 토스터의 설치와 환경 설정을 위한 준비를 마쳤다.

토스터 설치 및 환경 설정

제품 환경 설정을 위해 포키 빌드 시스템의 일부인 토스터는 아파치 웹 서버의 도큐먼트 루트document root에 설치된다. 이 디렉터리를 통해 사용자는 애플리케이션에 접근할 수 있다. 보통 그 디렉터리는 /var/www다. 다른 디렉터리에 설치할 수도 있지만, 그런 경우 그에 따라 아파치 환경 설정도 적용시켜줘야 한다. 제품 호스트에 토스터를 설치하고 환경 설정을 하기 위해 다음과 같은 단계를 수행한다.

1. 웹 서버 도큐먼트 루트 디렉터리에 새 디렉터리를 생성하고 포키 빌드 시스템을 설치한다. 예제는 설치 디렉터리로 /var/www/toaster를 사용하고 포키 브랜치 Jethro를 사용한다.

```
$ sudo mkdir /var/www/toaster
$ cd /var/www/toaster
$ sudo git clone git://git.yoctoproject.org/poky
$ cd poky
$ sudo git checkout Jethro
```

2. 토스터와 MySQL 데이터베이스 접근을 위한 장고 웹 프레임워크에 필요한 파이썬 패키지를 설치한다. 제품 호스트의 파이썬 설치와 별도로 토스터 설치를 위해 다시 파이썬 가상 환경을 사용할 것을 권한다.

```
$ cd /var/www/toaster
```

```
$ sudo virtualenv pvenv
$ source pvenv/bin/activate
$ sudo pip install -r poky/bitbake/toaster-requirements.txt
$ sudo pip install mysql
$ sudo pip install MySQL-python
```

3. 파일 /var/www/toaster/poky/bitbake/lib/toaster/toastermain/settings.py에서 환경 설정 부분을 수정함으로써 다음과 같이 토스터 환경 설정을 한다.

   a. MySQL을 위해 DATABASES 부분을 수정한다.

   ```
   DATABASES = {
   'default': {
         'ENGINE': 'django.db.backends.mysql',
         'NAME': 'toaster',
         'USER': 'toaster',
         'PASSWORD': 'password',
         'HOST': 'localhost',
         'PORT': '3306',
      }
   }
   ```

   데이터베이스의 NAME, USER, PASSWORD며, 앞 단락 7번 단계의 값을 사용한다. MySQL 접근에 UNIX 도메인 소켓을 사용하기 위해 HOST와 PORT 설정을 삭제한다.

   b. SECRET_KEY를 유일한 키로 변경한다.

   ```
   SECRET_KEY = 'secretkey'
   ```

   임의 키를 생성하기 위해 OpendSSL을 사용할 수 있다. 다음 명령어는 16자 길이의 base64 암호 키를 생성한다.

   ```
   $ openssl rand -baes64 16
   ```

   c. STATIC_ROOT를 다음과 같이 변경한다.

   ```
   STATIC_ROOT = '/var/www/toaster/static/'
   ```

   장고와 토스터 모두 아파치 웹 서버에 의해 제공되는 HTML과 자바스크립트 같은 정적 파일들을 사용한다. 이 파일들이 위 디렉터리에 모아지고 복사된다.

d. `BUILD_MODE`를 변경해 빌드 모드를 활성화한다.

```
BUILD_MODE = True
```

4. 데이터베이스 스키마를 생성하고, 기본 데이터를 로드하며, 정적으로 제공되는 파일들을 모아둔다.

```
$ cd /var/www/toaster/poky
$ ./bitbake/lib/toaster/manage.py syncdb
$ ./bitbake/lib/toaster/manage.py migrate
$ TOASTER_DIR=`pwd` TOASTER_CONF=./meta-yocto/conf/toasterconf.json\
    ./bitbake/lib/toaster/manage.py checksettings
$ sudo ./bitbake/lib/toaster/manage.py collectstatic
```

위 단계와 관련해 고려해야 할 몇 가지 사항이 있다.

- `syncdb`와 `migrate` 명령은 데이터베이스 스키마를 생성한다. 또한 관리자 인터페이스에 접근하기 위해 슈퍼유저 생성을 원하는지 묻는 장고 인증 시스템을 설치한다. 이번에는 그대로 하길 권한다. 대신 앞 단락 '장고 프레임워크 관리'에서 설명했듯이, 다음에 슈퍼유저를 생성할 수 있다.

- `Checksettings` 명령은 파일 poky/meta-yocto/conf/toasterconf.json에서 토스터 환경 설정 데이터를 로드한다. 이 파일은 레이어 소스에 대한 정보뿐만 아니라 기본 환경 설정 정보도 포함하고 있다. `TOASTER_DIR` 환경 변수들이 토스터가 빌드 환경을 어디에 생성할지 결정해준다. 앞 예제처럼, `pwd`를 사용해 빌드 환경을 /var/www/toaster/poky 디렉터리로 배치한다. 빌드 환경 설정이 매우 커서 바람직하지 않을 수도 있으며, 다른 디렉터리를 사용할 수도 있다. 토스터 빌드를 실행하는 사용자가 디렉터리를 확인할 수 있고 쓰기가 가능하면 된다.

- `collectstatic` 명령은 앞서 설명했듯이 정적으로 제공되는 파일을 검색한다. 다른 명령어들과 달리, static 디렉터리의 권한을 변경하지 않았다면 루트 권한으로 `collectstatic`을 실행시켜야 한다.

웹 서버 환경 설정

이번 단계는 토스터와 아파치 웹 서버가 통합된 것이다. 제품 호스트의 아파치 환경 설정 디렉터리 내에 웹 서버 게이트웨이 인터페이스(WSGI) 환경 설정 파일이 필요하다.

우분투와 데비안 시스템에서 파일을 생성한다.

/etc/apache2/conf-available/toaster.conf

페도라와 레드햇 시스템에서 파일을 생성한다.

/etc/httpd/conf.d/toaster.conf

리스트 13-1과 같은 내용을 갖는다.

리스트 13-1 WSGI 환경 설정(toaster.conf)

```
Alias /static /var/www/toaster/static
    <Directory /var/www/toaster/static>
            Order allow,deny
            Allow from all
            Require all granted
    </Directory>
    WSGIDaemonProcess toaster_wsgi \
       python-path=/var/www/toaster/poky/bitbake/lib/toaster: \
       /var/www/toaster/pvenv/lib/python2.7/site-packages
    WSGIProcessGroup toaster_wsgi
    WSGIScriptAlias / \
       "/var/www/toaster/poky/bitbake/lib/toaster/toastermain/wsgi.py"
```

예제에서 포키 설치 위치나 파이썬 가상 환경의 위치를 변경하고 싶다면, WSGIDaemonProcess 설정에 맞춰 적용시킨다.

우분투와 데비안 시스템에서는 다음 명령을 이용해 확실하게 WSGI 모듈과 토스터 환경 설정을 활성화해야 한다.

```
$ sudo a2enmod wsgi
$ sudo a2enconf toaster
```

페도라와 레드햇 시스템에서는 위 단계가 필요하지 않다.

마지막으로, 아파치 웹 서버를 재시작해야 한다. 우분투와 데비안 시스템에서는 다음과 같은 명령을 사용한다.

```
$ sudo service apache2 restart
```

페도라와 레드햇 시스템에서는 다음 명령을 사용한다.

```
$ sudo systemctl restart httpd
```

이제 호스트 이름 또는 IP 주소를 제품 호스트의 웹 브라우저 내비게이션 바에 입력한다. 그러면 토스터 구동 페이지가 보여야 한다. 만일 에러 메시지가 출력됐다면, 에러의 근본적인 원인에 대한 자세한 정보를 얻기 위해 우분투와 데비안은 /var/log/apache2에서, 페도라와 레드햇 시스템은 /var/log/httpd에서 아파치 웹 서버의 로그 파일을 찾아봐야 한다.

빌드 러너 서비스 설치하기

빌드 러너 서비스는 빌드 수행을 위해 실행되고 있어야 한다. 서비스는 bblayers.conf와 local.conf용 환경 설정을 갖는 욕토 프로젝트 빌드 환경을 생성하고 제공된 이미지 타깃을 이용해 비트베이크^{BitBake}를 실행한다. 빌드 러너 서비스를 시작하기 위해 다음과 같은 명령을 사용한다.

```
$ source /var/www/toaster/pvenv/bin/activate
(pvenv) $ /var/www/toaster/poky/bitbake/lib/toaster/mangage.py runbuilds
```

리스트 13-2와 같이 간단한 셸 스크립트로 위 수행 내용을 간소화할 수 있다.

리스트 13-2 토스터 빌드 러너 셸 스크립트(toasterbuildrunner.sh)

```
#!/bin/sh
# 제품 호스트에서 토스터 빌드 러너 구동
pushd /var/www/toaster
source ./pvenv/bin/activate
./poky/bitbake/lib/toaster/manage.py runbuilds
```

빌드 러너 서비스는 루트로 실행하지 말라. 루트로 실행하면, 빌드 러너 서비스는 비트베이크를 실행하고 비트베이크는 루트 권한의 실행을 거부할 것이다. 토스터를 설치하고 환경을 설정할 때, 빌드 러너 서비스를 실행시키는 사용자가 TOASTER_DIR이라 명시된 디렉터리에 대한 모든 권한을 가질 수 있도록 해줘야 한다.

이제 토스터 웹 사용자 인터페이스에서 빌드를 시작할 수 있다.

토스터 제품 인스턴스 관리

토스터 제품 인스턴스를 항상 최신으로 유지하기 위해 규칙적으로 데이터베이스의 레이어 소스 정보를 갱신해야 한다. 이는 항상 최신의 레이어와 레시피가 사용되고 있음을 보장한다. 토스터 데이터베이스에 최신의 레이어 정보를 로드하기 위해 다음과 같은 명령을 사용한다.

```
$ /var/www/toaster/poky/bitbake/lib/toaster/manage.py lsupdates
```

토스터 제품 인스턴스를 욕토 프로젝트의 새 버전으로 업데이트하기 위해 다음과 같이 실행한다.

```
$ cd /var/www/toaster/poky
$ git pull
$ git checkout <branch>
$ TOASTER_DIR=`pwd` TOASTER_CONF=./meta-yocto/conf/toasterconf.json \
    ./bitbake/lib/toaster/manage.py checksettings
$ sudo ./bitbake/lib/toaster/manage.py collectstatic
```

checksettings를 실행하면 toasterconf.json 파일의 갱신된 릴리스와 레이어 정보로 데이터베이스를 채운다. collectstatic을 수행하면 사용자 인터페이스 업데이트를 웹 서버상에서 이용 가능하게 해준다. 업데이트 후에는 웹 서버를 재시작해야 한다.

13.1.6 토스터 웹 사용자 인터페이스

토스터 웹 사용자 인터페이스는 다음과 같은 기능을 제공한다.

- 프로젝트 관리Project Management: 토스터 프로젝트를 생성, 설정, 검토한다. 토스터 프로젝트는 oe-init-build-env를 기반으로 생성하는 빌드 환경 설정과 유사하다. 토스터는 빌드 환경 설정을 생성하고 관리한다. 어떠한 프로젝트든 간에 프로젝트 빌드에 맞는 욕토 프로젝트 릴리스를 선택하면 된다.

- 빌드 환경 설정^{Build Configuration}: 토스터 프로젝트 내에서 빌드 환경을 설정하는 과정
에서 conf/local.conf 파일을 수정함으로써 머신의 환경 설정, 배포 방식 등을 설정
할 수 있다. 토스터 사용자 인터페이스는 DISTRO, IMAGE_FSTYPES, IMAGE_INSTALL_
append, PACKAGE_CLASSES, SDKMACHINE과 같은 일반적인 환경 변수로의 직접 접근
을 허용한다. 그 밖에 원하는 변수를 추가할 수도 있다. 그렇지만 일부 변수들은 불
가능하다. 여기에는 빌드 호스트 환경 설정에 영향을 주는 변수들과 SSTATE_DIR과
TMPDIR처럼 빌드로 인한 결과물이 저장되기 위한 패스를 설정하는 변수 등이 있다.

- 레이어 관리^{Layer Management}: 토스터 사용자 인터페이스를 통해 프로젝트에 레이어를
추가하거나 삭제할 수 있다. 또한 이용 가능한 레이어 목록도 확인할 수 있다. 기본
적으로 meta, yocto, yocto-bsp라는 세 개의 레이어들이 프로젝트에 포함돼 있고 포
키 리파지토리를 통해 자동으로 확인된다. 오픈임베디드 레이어 색인의 레이어 정
보가 웹에 바로 포함돼 토스터 사용자 인터페이스에서 볼 수 있으며, 간단한 버튼
클릭으로 프로젝트에 레이어를 추가할 수 있다. 이 레이어들은 언제든지 오픈임베
디드 레이어 리파지토리에서 확인 가능하다. 게다가 깃 리파지토리에서 자신만의
레이어를 가져올 수 있다. 가져오기^{importing}하려는 레이어가 프로젝트를 위해 선택한
욕토 프로젝트 릴리스에 적합한 것인지 확인해야 한다.

- 이미지 타깃^{Image Targets}: 토스터는 여러 이용 가능한 레이어들로부터 이미지 타깃을
확인하고 목록화한다. 빌드 환경 설정을 통해 이미 포함된 레이어에서 쓸 수 있는
이미지 타깃이라면, 이미지 대상 옆에 있는 Build recipe 버튼을 클릭해 바로 빌드할
수 있다. 그렇지 않으면 빌드 환경 설정에서 레이어를 추가하기 위해 Add layer를 클
릭한다. 어떤 레이어가 다른 레이어들과 연관된다면, 토스터는 의존성에 대해 사용
자에게 알리고 자동으로 연관 관계를 수용한다.

- 패키지 레시피^{Package Recipes}: 토스터는 모든 레이어들의 레시피 목록을 빌드 포함 여
부에 관계없이 유지한다. 검색 기능은 특정 레시피 검색을 돕는다. 예를 들어, 검색
바에 jdk라고 입력하면 자바 JDK가 제공하는 모든 레시피 목록이 출력된다. 버튼
클릭으로 레시피가 포함된 레이어를 추가하고 빌드할 수 있다. 그러나 레시피 빌드
가 IMAGE_INSTALL에 그것을 자동으로 추가하지는 않는다. 비트베이크 변수 창에서
IMAGE_INSTALL_append 변수를 편집해 명확하게 해야 한다.

- 빌드 로그^{Build Log}: 토스터 사용자 인터페이스에서 추적, 경고, 에러 메시지를 직접 확
인하고 조사할 수 있다. 또한 토스터에서 로컬 머신으로 빌드 로그를 다운로드할 수

있다.

- 빌드 통계 및 성능 정보Build Statistics and Performance Information: 토스터는 전체 빌드 시간, 작업당 시간, CPU 사용률, 디스크 I/O 같은 빌드 통계 정보를 수집한다.

- 이미지 정보Image Information: 토스터는 소프트웨어 패키지가 이미지를 이용해 빌드하고 포함시킨 정보를 수집한 후 보여준다. 토스터 사용자 인터페이스를 통해 이미지 구조를 확인하고 레시피와 패키지들 간의 의존 관계를 살펴볼 수 있다.

토스터는 특정 레시피를 선택해 빌드하고 이미지에 그것을 포함시킬 수 있게 하지만, 어떤 레이어가 하나 이상의 레시피를 제공하는 경우 빌드를 위한 특정 버전의 레시피를 직접 선택하지 못하도록 돼 있다. 앞서 살펴봤듯이, 빌드 시스템은 가장 최신 버전의 레시피를 선택한다. 예를 들어 리눅스 욕토 커널의 가장 최신 버전은 4.1이지만, 버전 3.9를 빌드하고 싶은 경우 토스터 사용자 인터페이스의 환경 설정 변수에 다음과 같이 추가해야 한다.

```
PREFERRED_VERSION_linux-yocto = "3.9%"
```

욕토 프로젝트 토스터 팀은 토스터의 다양한 관점을 담은 일련의 교육 비디오를 제작했다. www.youtube.com에서 이 비디오를 찾아볼 수 있다. 간단히 유튜브YouTube 검색 바에 Yocto Project Toaster를 입력하면 된다.

13.2 빌드 히스토리

더 많은 레시피 모음과 빌드 시스템에 의해 처리된 환경 설정 파일이 소프트웨어 패키지의 빌드, 빌드 방식, 패키지 간 의존 관계, 빌드 완료 결과물 등을 결정한다. 결과물은 바이너리 패키지, 커널 및 루트 파일시스템 이미지, 소프트웨어 개발 킷(SDK)을 포함하며, 제한이 없다. 빌드에 영향을 미치는 많은 요소들을 이용해 반복성, 빌드들 간의 일관성, 변경 사항을 추적하고 검사하는 기능을 유지하는 것을 강력히 추천한다.

항상 최신 버전의 소프트웨어 패키지를 유지하라. 이때 꽤 간단해 보이는 작업이 때로는 심각한 결과를 가져올 수 있다. 서로 다른 소프트웨어 패키지들이 공유하는 새 버전의 라이브러리와 업그레이드하려는 소프트웨어 패키지 간에 의존 관계가 있다면 말이다. 이런 경우, 새로운 버전의 소프트웨어 패키지 빌드는 자동으로 새로운 버전의 라이브러리를 받는다. 즉, 라이브러리가 이전 버전 소프트웨어 패키지와 호환되지 않는다면 다른 소프트웨어 패키지에 문제가 될 수 있다.

빌드 시스템에는 패키지, 이미지, SDK 빌드의 핵심 정보를 기록함으로써 빌드 수준을 유지하기 위해 자동으로 지원되는 빌드 히스토리^{build history} 기능이 있다. 빌드 핵심 정보를 파일로 저장하고, 추적 가능한 히스토리를 만들기 위해 깃 리파지토리에 파일을 커밋한다. 빌드 히스토리는 일반적으로 모든 레시피들이 상속받는 buildhistory 클래스에 의해 구현된다. 이 동작은 몇 가지 환경 설정 변수에 의해 제어된다. 이 변수를 통해 빌드 히스토리가 저장되는 위치, 빌드 저작물이 정보를 수집하는 위치 등을 지정할 수 있다.

13.2.1 빌드 히스토리 활성화

빌드 히스토리는 기본적으로 활성화돼 있지 않다. 빌드 환경 설정을 위한 conf/local.conf 파일의 INHERIT 변수에 다음과 같이 추가해야 활성화된다.

```
INHERIT += "buildhistory"
BUILDHISTORY_COMMIT = "1"
```

첫 번째 문장은 buildhistory 클래스를 활성화한다. 모든 레시피들을 위한 빌드 정보를 수집하는 클래스다. 두 번째 문장은 깃 리파지토리에 빌드 히스토리의 모든 변경 사항을 커밋하도록 한다. 마지막 빌드 정보만을 수집하려면, BUILDHISTORY_COMMIT = "0"으로 설정해 깃 리파지토리에 커밋하지 않을 수 있다.

빌드 히스토리는 부가적이다. 즉 빌드 과정 동안 실행되는 작업과 레시피에서만 정보를 수집한다. 필요한 모든 것이 갖춰진 빌드 히스토리를 기대한다면, 처음 빌드를 시작하기 전에 빌드 환경 설정에서 그것을 활성화해둬야 한다.

13.2.2 빌드 히스토리 환경 설정

환경 설정 변수를 통해 빌드 히스토리의 동작을 조정할 수 있다.

- BUILDHISTORY_DIR: buildhistory 클래스가 빌드 히스토리 정보를 저장하는 디렉터리 경로를 명시하는 변수다. 기본적으로 BUILDHISTORY_DIR ?= "${TOPDIR}/buildhistory로 설정돼 있다. BUILDHISTORY_COMMIT가 활성화돼 있다면 buildhistory 클래스는 그 위치에 깃 디렉터리를 생성한다. 빌드 히스토리 정보 저장 위치를 변경하려면 이 변수를 사용하면 된다.

- BUILDHISTORY_COMMIT: 빌드 히스토리가 BUILDHISTORY_DIR에 있는 로컬 깃 리파지토리에 커밋할 것인지를 결정하는 변수다. 현재 디렉터리가 처음으로 사용된 경우, buildhistory 클래스는 BUILDHISTORY_DIR에 깃 리파지토리를 초기화한다. 매번 비트베이크 실행이 완료된 후, 빌드 히스토리 변경 사항을 리파지토리에 커밋한다. 빌드 히스토리의 변경 사항을 추적하려면, BUILDHISTORY_COMMIT ?= "1"로 설정해야 한다. 기본 설정 값은 BUILDHISTORY_COMMIT ?= "0"이다.

- BUILDHISTORY_COMMIT_AUTHOR: 시간의 흐름에 따라 빌드 히스토리 변경 사항을 추적하기 위해 깃 리파지토리를 사용하는 경우, 이 변수가 리파지토리에 커밋하기 위한 깃 사용자 이름을 제공한다. 깃은 name <email@domain>과 같은 형태의 변수 값을 필요로 한다. 변수의 기본 설정 값은 BUILDHISTORY_COMMIT_AUTHOR ?= "buildhistory <buildhistory@${DISTRO}다. 이 변수의 설정은 BUILDHISTORY_COMMIT이 "1"로 설정돼 있지 않은 경우, 아무런 영향이 없다.

- BUILDHISTORY_FEATURES: buildhistory 클래스는 카테고리를 나눠 분석 데이터를 수집한다.

  □ image: 설치된 패키지에 포함된 이미지 내용을 분석한 데이터

  □ package: 각 패키지의 내용을 분석한 데이터

  □ sdk: SDK 내용을 분석한 데이터

  띄워쓰기로 구분된 목록처럼 이들의 어떠한 조합으로 명시할 수 있다. 기본값은 BUILDHISTORY_FEATURES ?= "image package sdk"다.

- BUILDHISTORY_IMAGE_FILES: 이 변수는 루트 파일시스템 이미지에 설치된 파일에 대한 경로를 공백으로 구분된 목록으로 명시해 그 내용을 추적할 수 있게 한다. 이것은 특히 시스템과 애플리케이션 환경 설정 파일에 유용하다. 기본 설정 값은 BUILDHISTORY_IMAGE_FILES ?= "/etc/passwd/etc/group"으로, 사용자와 그룹 엔트리들에 대한 변경 사항을 추적 가능하게 한다. Buildhistory 클래스는 이미지 루트에서 빌드 히스토리 디렉터리로 파일을 복사하기 위해 cp 명령어를 사용한다. 변수에 단일 엔트리를 이용해 여러 파일을 복사하기 위해 경로의 마지막 세그먼트에 와일드카드를 사용할 수 있다. 예를 들어, BUILDHISTORY_IMAGE_FILES = ".etc/*"를 사용해 /etc에 모든 파일을 복사할 수 있지만 하위 디렉터리는 복사되지 않는다. 그러므로 명확하게 명시해줘야 한다.

- BUILDHISTORY_PUSH_REPO: 추천했던 변경 사항 추적을 위해 깃 리파지토리를 사용하는 경우에는 로컬 리파지토리에 커밋한 후 깃 리파지토리 서버에 빌드 히스토리를 푸시하기 위해 선택적으로 원거리 깃 리파지토리를 명시할 수 있다. BUILDHISTORY_PUSH_COMMIT이 동작하기 위해서는 변수 BUILDHISTORY_COMMIT이 1로 설정돼 있어야 한다. 변수의 기본 설정 값은 BUILDHISTORY_PUSH_REPO ?= ""이다.

13.2.3 깃 리파지토리 서버에 빌드 히스토리 푸시

빌드 호스트의 로컬 깃 리파지토리를 이용한 빌드 히스토리 추적뿐만 아니라, 깃 리파지토리에 모든 변경 사항을 푸시하는 것은 빌드의 질을 보장하고 히스토리를 유지하기 위한 중요한 도구다. 대체로 설정은 쉽지만, 몇 가지 고려해야 할 사항들이 있어서 이 단락을 뒀다.

설정 사항을 보여주기 위해 공개적인 깃허브^{GitHub} 리파지토리 서버[4]를 사용한다. 데모 목적으로 깃허브를 사용하는 것은 추천하지 않지만, 기능 테스트에는 간편하기 때문에 이를 이용한다. 또한 깃 리파지토리 서버를 설정하는 것은 이 책의 범위를 벗어나기 때문이기도 하다. 깃허브를 사용하기에 앞서 계정을 생성해야 한다. 공개적인 리파지토리만 호스팅하는 무료 계정이다. 깃허브 웹사이트에 이 과정이 잘 설명돼 있다. 그 후, 깃허브 웹 사용자 인터페이스를 이용해 비어있는 깃 리파지토리를 생성한다. 예제는 yp_buildhistory로 한다. 어떤 파일도 생성하지 않고, 리파지토리에 초기 커밋도 없다. 욕토 프로젝트 빌드로부터 첫 번째 커밋이 있을 것이다.

깃허브에서 어떤 공개 리파지토리든 볼 수 있고 클론할 수 있지만, 리파지토리에 변경 사항을 푸시하는 것은 인증이 필요하다. 빌드 시스템은 보안 셸^{SSH, Secure Shell}을 이용해서 로컬 빌드 히스토리 깃 리파지토리에 적용된 변경점을 깃 서버로 푸시한다. SSH를 사용하는 경우, 깃허브는 인증을 위해 공개 키 기반 구조^{PKI, public key infrastructure}를 요구한다. PKI는 공개 키와 개인(비공개) 키 쌍으로 구성된다. 빌드 호스트에서 키 쌍을 생성해 깃허브에 공개 키를 업로드한다. 깃허브는 해당 작업을 수행하기 위한 좋은 지침을 제공한다.[5] SSH 키를 생성할 때는 암호 문자열^{passphrase}을 이용해 개인(비공개) 키를 보호하기 위한 선택 항목이 있다. 욕토 프로젝트를 이용해 자동으로 빌드할 경우, 빌드 시스템이 실행을 멈추고 암호 문자열 입력을 요청하게 하지 않을 것을 추천한다.

---

4 https://github.com

5 https://help.github.com/articles/generating-ssh-keys

일단 깃허브 계정이 준비되고 계정에 SSH 공개 키가 추가되고 리파지토리가 생성되면, 빌드 환경 설정을 위한 빌드 히스토리를 설정해야 한다. 일반적으로, 리스트 13-3과 같이 환경 설정은 conf/local.conf에 변수들을 설정한다.

리스트 13-3 빌드 히스토리 환경 설정(conf/local.conf)

```
#
# 빌드 히스토리 환경 설정
#
INHERIT += "buildhistory"
BUILDHISTORY_COMMIT = "1"
BUILDHISTORY_COMMIT_AUTHOR = "Santa Claus <santa.claus@northpole.com>"
BUILDHISTORY_DIR = "${TOPDIR}/../../yocto/buildhistory"
BUILDHISTORY_IMAGE_FILES = "/etc/passwd /etc/group"
BUILDHISTORY_PUSH_REPO = "git@github.com:sclaus/yp_buildhistory.git master"
```

BUILDHISTORY_PUSH_REPO에 사용되는 URL은 물론 원격 리파지토리 설정에 따라 달라진다. 예제의 master처럼 브랜치를 명시하는 것은 선택 사항이지만, 그 브랜치가 원격 리파지토리에 이미 존재해야 하고 빈 리파지토리가 아니어야 한다. 같은 원격 리파지토리에 빌드 히스토리를 푸시하는 다중 빌드 환경 설정인 경우라면, 빌드 환경마다 다른 브랜치를 사용 가능하므로 브랜치를 사용하고 그것을 명확하게 명시할 것을 강력히 추천한다. 비트베이크 변수 확장은 다른 변수들처럼 BUILDHISTORY_PUSH_REPO에 적용된다. 즉, 브랜치를 명시하기 위해 ${DISTRO} 같은 변수를 사용할 수 있다는 의미다.

빌드 시스템이 마스터 브랜치를 통해 빌드 히스토리의 변경 사항을 커밋할 때는 항상 다음과 같은 명령어를 사용해서 로컬 빌드 히스토리 깃 리파지토리에 그 브랜치를 생성하고 전환해야 한다.

```
$ git checkout -b <branchname>
```

그 후, BUILDHISTORY_PUSH_REPO에 branchname을 사용할 수 있다.

13.2.4 빌드 히스토리 이해

빌드 히스토리는 디렉터리와 파일로 구성된 독특한 구조의 BUILDHISTORY_DIR 아래에 저장된다(리스트 13-4 참조).

리스트 13-4 빌드 히스토리 구조

```
$ tree -L 3 buildhistory
buildhistory/
├── metadata-revs
├── images
│   ├── qemux86_64
│   │   └── glibc
│   │       └── core-image-base
│   │           ├── build-id.txt
│   │           ├── depends.dot
│   │           ├── depends-nokernel.dot
│   │           ├── depends-nokernel-nolibc.dot
│   │           ├── depends-nokernel-nolibc-noupdate.dot
│   │           ├── depends-nokernel-nolibc-noupdate-nomodules.dot
│   │           ├── files-in-image.txt
│   │           ├── image-files
│   │           ├── image-info.txt
│   │           ├── installed-package-names.txt
│   │           ├── installed-package-sizes.txt
│   │           └── installed-packages.txt
│   └── ypbkiosk
│       └── glibc
│           ├── core-image-minimal-initramfs
│           │   ├── build-id.txt
│           │   ├── depends.dot
│           │   ├── depends-nokernel.dot
│           │   ├── depends-nokernel-nolibc.dot
│           │   ├── depends-nokernel-nolibc-noupdate.dot
│           │   ├── depends-nokernel-nolibc-noupdate-nomodules.dot
│           │   ├── files-in-image.txt
│           │   ├── image-files
│           │   ├── image-info.txt
│           │   ├── installed-package-names.txt
│           │   ├── installed-package-sizes.txt
│           │   └── installed-packages.txt
│           └── ypbkiosk-image-sato
│               ├── build-id.txt
│               ├── depends.dot
│               ├── depends-nokernel.dot
```

```
|                     ├── depends-nokernel-nolibc.dot
|                     ├── depends-nokernel-nolibc-noupdate.dot
|                     ├── depends-nokernel-nolibc-noupdate-nomodules.dot
|                     ├── files-in-image.txt
|                     ├── image-files
|                     ├── image-info.txt
|                     ├── installed-package-names.txt
|                     ├── installed-package-sizes.txt
|                     └── installed-packages.txt
├── metadata-revs
├── packages
|   ├── all-poky-linux
|   |   ├── adwaita-icon-theme
|   |   |   ├── adwaita-icon-theme
|   |   |   |   ├── latest
|   |   |   |   ├── latest.pkg_postinst
|   |   |   |   └── latest.pkg_postrm
|   |   |   ├── adwaita-icon-theme-cursors
|   |   |   |   ├── latest
|   |   |   |   ├── latest.pkg_postinst
|   |   |   |   └── latest.pkg_postrm
|   |   |   ├── adwaita-icon-theme-hires
|   |   |   |   ├── latest
|   |   |   |   ├── latest.pkg_postinst
|   |   |   |   └── latest.pkg_postrm
...
|   ├── core2-64-poky-linux
|   |   ├── acl
|   |   |   ├── acl
|   |   |   |   ├── files-in-package.txt
|   |   |   |   └── latest
|   |   |   ├── acl-dbg
|   |   |   |   ├── files-in-package.txt
|   |   |   |   └── latest
|   |   |   ├── acl-dev
|   |   |   |   ├── files-in-package.txt
|   |   |   |   └── latest
|   |   |   ├── acl-doc
|   |   |   |   ├── files-in-package.txt
|   |   |   |   └── latest
```

```
...
└─ sdk
   └─ poky-glibc-x86_64-hagw-image-base-corei7-64
      └─ hagw-image-base
         ├─ files-in-sdk.txt
         ├─ sdk-info.txt
         ├─ host
         │  ├─ depends.dot
         │  ├─ installed-package-names.txt
         │  ├─ installed-package-sizes.txt
         │  └─ installed-packages.txt
         └─ target
            ├─ depends.dot
            ├─ installed-package-names.txt
            ├─ installed-package-sizes.txt
            └─ installed-packages.txt
```

맨 위에는 BUILDHISTORY_FEATURES를 통해 활성화된 카테고리들을 위한 하위 디렉터리들이 있다. image와 package 요소들을 위한 하위 디렉터리들은 항상 빌드가 성공한 후에 보여진 다. SDK 요소를 위한 하위 디렉터리는 생성되고 나서 -c populate_sdk를 이용해 SDK가 빌드됐을 때만 덧붙여진다. 게다가 빌드 히스토리의 최상위 디렉터리는 파일 metadata-revs를 가지고 있다. 이 파일에는 빌드가 생성됐을 때 빌드 시스템에 의해 사용되는 메타데 이터 레이어들을 위한 변경 정보가 포함돼 있다.

빌드 히스토리 이미지 정보

빌드 히스토리 이미지 정보는 ${DEPLOY_DIR}/image 디렉터리에 있는 이미지에 따라 머 신별로 분류된다. 그 아래에는 사용되는 C 라이브러리 이름을 이용한 하위 디렉터리가 있 다. 다른 C 라이브러리를 이용해 빌드한 것이 아니라면, 하위 디렉터리의 이름은 glibc다. C 라이브러리 하위 디렉터리 내에서 빌드 시스템은 각 이미지 타깃을 위해 core-image-base 같은 하위 디렉터리를 생성한다. 이미지 대상 하위 디렉터리 내에는 여러 파일 및 이 미지에 대한 정보를 포함한 디렉터리들이 있다.

- build-id.txt: 사용된 빌드 환경 설정. 비트베이크 버전, 빌드 호스트, 메타데이터 레 이어 버전 등을 포함하고 있다.

- depends.dot: 텍스트 DOT 형식 표현의 완전한[full] 종속성 그래프. 그래프비즈[Graphviz]나 DOT 형식을 해석할 수 있는 기타 소프트웨어로 렌더링 가능하다.

- depends-nokernel.dot: 앞의 파일과 같지만 커널 종속성은 없다.

- depends-nokernel-nolibc.dot: 앞의 파일과 같지만 C 라이브러리가 없다.

- depends-nokernel-nolibc-noupdate.dot: 앞의 파일과 같지만 업데이트 종속성이 없다.

- depends-nokernel-nolibc-noupdate-nomodules.dot: 앞의 파일과 같지만 커널 모듈 종속성이 없다.

- files-in-image.txt: 이미지 내 모든 파일 목록. 기본적으로 루트 파일시스템에서 `find / ! -path . — printf "%M %-10u %-10g %10s %p\n"`의 결과를 보인다.

- image-files: `BUILDHISTORY_IMAGE-FILES`에 의해 명시된 파일들을 포함한 하위 디렉터리

- image-info.txt: 이미지의 내용과 크기에 직접적으로 영향을 미치는 변수들을 이용하는 변수 목록

- installed-package-names.txt: 이미지에 설치된 모든 패키지 이름을 알파벳 순서로 정렬한 목록

- installed-package-sizes.txt: 가장 큰 패키지부터 가장 작은 패키지까지 크기로 정렬한 이미지에 설치된 패키지 목록

- installed-packages.txt: 이미지에 설치된 모든 패키지들의 전체 파일명을 알파벳 순서대로 정렬한 목록

설정을 요약 검토하는 데 이용하는 image-info.txt 파일은 이미지 내용 변경 사항을 추적하는 데 유용한 시작점이 된다. 파일에 저장된 변수들 가운데 이미지를 생성하는 데 사용되는 클래스 목록을 가진 `IMAGE_CLASSES`가 있고, `IMAGE_INSTALL`, `IMAGE_FEATURES`, 그리고 루트 파일시스템의 내용 해석에 직접적으로 관련된 `ROOTFS_POSTPROCESS_COMMAND`가 있다.

빌드 히스토리 패키지 정보

패키지를 위한 빌드 히스토리는 아키텍처에 의해 하위 디렉터리들에 정리돼 있고 빌드 호

스트뿐만 아니라 타깃을 위해 생성된 패키지들을 포함하고 있다. 아키텍처 하위 디렉터리들은 ${BASE_WORKDIR} 내에서 사용되는 것과 같다.

각 패키지는 latest라는 이름의 파일을 포함한 자신만의 하위 디렉터리와 패키지 분할 과정package splitting process 중에 생성된 모든 설치 패키지들을 위한 하위 디렉터리를 가지고 있다. 패키지 최상위의 최신 파일에는 패키지 버전(PV)과 패키지 수정 사항(PR) 정보, 빌드 종속 목록(DEPENDS), 생성된 설치 패키지 목록(PACKAGES)이 있다. 패키지가 깃 같은 버전 관리 시스템에서 패치된 소스를 이용해 생성됐다면, 디렉터리에도 latest_srcrev 파일이 있을 것이다. 이 파일에는 사용된 브랜치의 소스 수정 정보를 가진 목록이 포함돼 있다.

각각의 설치 패키지 하위 디렉터리들에는 패키지에 대한 정보를 담은 하나 이상의 파일이 있다.

- latest: 변수 목록과 빌드 과정 동안 패키지 내용을 결정하는 변수의 값이다. 이 목록에는 PV, PR, RPROVIDES, RDENPENDS, FILES, 그리고 킬로바이트 단위의 전체 패키지 크기를 가진 항목 PKGSIZE가 포함돼 있다.

- files-in-package.txt: 패키지에 포함된 모든 파일 목록. 파일의 경로와 크기 정보를 가지고 있다.

- lastest.pkg_*: install, update, 또는 remove 같은 특정 명령의 수행 전후로 패키지 관리자에 의해 수행된 어떤 명령어들을 포함한 파일이다.

패키지의 latest_srcrev에 있는 소스 수정 정보는 리파지토리 브랜치에서 최신 개정판을 자동 검색하는 AUTOREV를 사용해 패키지 소스 버전을 수정하려고 할 때 중요하다. conf/local.conf 같은 환경 설정 파일이나 배포 정책 파일을 직접 사용하는 형태로 빌드 히스토리에서 소스 개정판을 수집하기 위해 buildhistory-collect-srcrevs 스크립트를 사용할 수 있다. 버전 관리 시스템 소스에서 얻을 수 있는 각 패키지들을 위해 다음과 같은 형태로 한 줄 스크립트를 만들 수 있다.

```
SRCREV_pn-<packagename> = "<versiontag>"
```

기본적으로, 스크립트는 호출됐을 때 명령어에 -a나 --report-all을 사용하지 않는 경우 AUTOREV를 사용하는 패키지만을 위한 결과를 만들어낸다.

환경 설정에 SRCREV__pn-<packagename>을 명시하는 것은 빌드 환경 설정에서 레시피나 다

른 곳에 파일을 덧붙임으로 인해 변수가 덮어 쓰여지는 것을 방지하기 위해서다. 이를 위해
forcevariable이 추가돼야 한다.

SRCREV_pn-<packagename>_forcevariable = "<versiontag>"

명령어에 -f나 –forcevariable을 추가하면, 스크립트는 자동으로 forcevariable을 추가
한다.

빌드 히스토리 SDK 정보

SDK 대상target이 빌드 시스템에 의해 처리될 때 빌드 히스토리가 SDK 내용에 대한 정보
를 수집한다. 다중 SDK는 배포 방식 및 이미지 대상에 의해 하위 디렉터리들로 분리된다.
SDK들은 빌드 호스트뿐만 아니라 대상을 위해 빌드되기 때문에 빌드 히스토리는 각각의
정보를 보유하게 된다. SDK를 위한 빌드 히스토리 디렉터리는 다음과 같은 파일을 가지고
있다.

- files-in-sdk.txt: SDK에 포함된 파일 목록. 이 목록은 빌드 호스트와 타깃을 위한
  것이다.
- sdk-info.txt: SDK 내용뿐 아니라 SDK의 항목별 크기를 결정하는 환경 설정 변수
  목록과 그 값들
  - DISTRO: 배포 정책
  - DISTRO_VERSION: 배포 버전 문자열
  - SDK_NAME: SDK 이름 문자열
  - SDK_VERSION: SDK 버전 문자열
  - SDKMACHINE: SDK 머신 정보
  - SDKIMAGE_FEATURES: SDK 루트 파일시스템을 빌드하기 위해 사용되는 이미지 특
    징 목록(일반적으로 dev-pkgs와 dbg-pkgs)
  - SDKSIZE: SDK 크기
- host와 target: 호스트와 타깃 SDK에 있는 정보를 갖는 파일을 포함하는 디렉터리
  들. 두 디렉터리에는 다음과 같은 파일들이 생성된다.

- depends.dot: 텍스트 DOT 형식 표현의 완전한[full] 종속성 그래프. 그래프비즈나 DOT 형식을 해석할 수 있는 기타 소프트웨어로 렌더링 가능하다.

- installed-package-names.txt: SDK에 설치된 패키지 이름을 알파벳 순서로 나열한 목록

- installed-package-sizes.txt: SDK에 설치된 패키지들의 이름과 크기를 가진 목록. 가장 큰 패키지부터 가장 작은 패키지 순서로 나열돼 있다.

- installed-packages.txt: SDK에 설치된 모든 패키지들의 전체 이름을 알파벳 순서로 나열한 목록

13.3 소스 미러

4장, '비트베이크 빌드 엔진'의 4.5절에서는 빌드 시스템이 소스에 접근하고 다운로드하는 방식과 미러 사이트를 이용해 레시피 내 SRC_URI를 수정하지 않고 대체 다운로드 위치를 설정하는 방법을 살펴봤다.

자신만의 미러 사이트를 설정하면 여러모로 좋다.

- 다수의 개발자들이 함께하는 팀을 위해 인터넷으로 수기가바이트의 소스 패키지를 다운로드하는 것을 피한다.
- 팀의 모든 개발자들이 일관성 및 반복성을 위해 같은 소스로 빌드하고 있음을 보장한다.
- 제품 배포를 위해 소스 패키지 버전을 관리한다.

13.3.1 소스 미러 사용

DL_DIR을 명시해 소스 패키지가 로컬 다운로드 디렉터리에서 이용 가능한지 검토한 후, 빌드 시스템은 먼저 소스 패키지로의 원거리 접근을 위해 변수 PREMIRRORS에 명시된 미러 사이트를 이용한다는 것을 알 수 있다. 변수에는 정규 표현식의 키와 SRC_URI 쌍들을 개행으로 구별해둔 목록이 있다. 각 키는 FTP, HTTP, HTTPS, 깃[Git] 등 특정 프로토콜을 위한 스킴[scheme]을 나타낸다. 물론 빌드 환경 설정을 위한 conf/local.conf 파일에 직접 PREMIRRORS 변수를 명시할 수 있다. 다만, 더 편리하게 own-mirros 클래스와 그 변수 SOURCE_MIRROR_

URL을 사용할 수도 있다. 리스트 13-5처럼 own-mirrors 클래스는 PREMIRRORS 변수에 값을 할당하는 것 외에는 아무것도 하지 않는다.

리스트 13-5 own-mirrors 클래스

```
PREMIRRORS() {
cvs://.*/.*       ${SOURCE_MIRROR_URL}
svn://.*/.*       ${SOURCE_MIRROR_URL}
git://.*/.*       ${SOURCE_MIRROR_URL}
gitsm://.*/.*     ${SOURCE_MIRROR_URL}
hg://.*/.*        ${SOURCE_MIRROR_URL}
bzr://.*/.*       ${SOURCE_MIRROR_URL}
p4://.*/.*        ${SOURCE_MIRROR_URL}
osc://.*/.*       ${SOURCE_MIRROR_URL}
https?$://.*/.*   ${SOURCE_MIRROR_URL}
ftp://.*/.*       ${SOURCE_MIRROR_URL}
}
```

클래스는 근본적으로 빌드 시스템의 페처로 지원되는 모든 프로토콜을 위해 변수 SOURCE_MIRROR_URL에 값을 할당하는 작업만 한다. 사용자가 해야 할 일은 own-mirrors 클래스를 상속받고 빌드 환경 설정을 위한 conf/local.conf 파일에 미러 사이트를 등록하기 위해 SOURCE_MIRROR_URL 변수를 설정하는 것이다.

```
SOURCE_MIRROR_URL ?= "file:///path/to/directory/"
INHERIT += "own-mirrors"
```

위 예제는 로컬 또는 네트워크 파일시스템(NFS) 같은 원격 파일시스템에 직접 접근하기 위한 file: 스킴을 사용한다. 그렇지 않으면 미러 사이트에 접근하는 빌드 시스템을 위해 ftp:, http:, https: 스킴을 사용할 수 있다. 팀 개발의 경우, 미러 설정을 위해 로컬 빌드 환경 설정보다 배포 정책을 사용하는 것이 좋다.

SOURCE_MIRROR_URL을 가진 own-mirrors 클래스를 사용하거나 PREMIRRORS를 설정하는 것은 빌드 시스템이 레시피의 SRC_URI나 MIRRORS에 의해 명시된 후미러postmirror 같은 다운로드 소스로 직접 접근하는 것을 막는다. 그렇지만 제품 개발을 위해 빌드 시스템이 관리되지 않는 위치의 어떤 소스 패키지를 부주의하게 받지fetch 못하도록 하는 것은 필수다. 후미러를 비활성화하는 것은 MIRRORS에 빈 문자열을 넣음으로써 간단히 해결된다. 그러나 레시피의 SRC_URI를 비활성화하는 것은 불가능하다.

다음은 PREMIRRORS에 의해 명시된 것을 비롯해, 다운로드 소스로 패치하기 위한 네트워크 접근을 비활성화하는 것이다.

```
BB_NO_NETWORK = "1"
```

이 작업은 미러 사이트를 위해 file: 스킴을 사용하고자 할 때 좋다. 그러나 자동화된 빌드와 품질 보증으로 팀 개발에 유용한 설정의 경우, 인터넷을 통해 소스 패키지를 가져오는 실수 없이 FTP, HTTP 또는 HTTPS를 사용해 제어된 미러 사이트로부터 가져올 수 있다. 다음과 같은 설정만으로 PREMIRRORS로 접근하는 것을 제한할 수 있다.

```
BB_FETCH_PREMIRRORONLY = "1"
```

추가적으로, 또는 대안으로 특정 호스트로의 네트워크 접근을 제한할 수 있다. 변수 BB_ALLOWED_NETWORKS는 빌드 시스템이 소스 패키지를 가져올 수 있는 공백으로 구분된 호스트 목록을 지정한다.

```
BB_ALLOWED_HOSTS = "server1.acme.com server2.acme.com"
```

이 예제는 acme.com 도메인에 속한 서버1과 서버2로부터 패치를 허용하며, 호스트 이름 시작 부분에 기본적인 와일드카드 매칭matching을 제공한다. 예를 들면, 다음은 acme.com 도메인에 속한 어떤 호스트로부터 패치를 허용한다.

```
BB_ALLOWED_HOSTS = "*.acme.com"
```

BB_ALLOWED_HOSTS를 사용하는 경우, 미러 변수 PREMIRRORS와 MIRRORS에 목록화된 호스트들은 간단히 건너뛰고 로그 기록만 남긴다. BB_ALLOWED_HOSTS에 포함되지 않은 호스트를 가진 SRC_URI로의 접근은 에러를 발생시킨다.

빌드 시스템이 BB_ALLOWED_HOSTS에 목록화되지 않은 다운로드 사이트로의 접근을 금지하면서, own-mirrors 클래스 및 SOURCE_MIRROR_URL과 함께 BB_ALLOWED_HOSTS를 사용하거나 PREMIRRORS와 함께 직접적으로 사용하는 것은 네트워크 프로토콜 스킴을 사용 가능하게 한다. SOURCE_MIRROR_URL이나 PREMIRRORS에 BB_ALLOWED_HOSTS에 목록화된 호스트를 추가하는 것은 소스가 허용된 호스트에서만 패치 가능하도록 한다. 소스 패키지가 미러 사이트에 없다면, 빌드 시스템은 레시피의 SRC_URI를 이용해 해당 패키지를 찾으려고 한다. 그 결과 SRC_URI의 업스트림 호스트가 BB_ALLOWED_HOSTS에 의해 목록화돼 있지 않으므로 오류가 발생한다. 이는 관리되지 않는 사이트로부터 소스에 접근하려는 시도를 알려주는 것이므로 정확하게 원하는 동작이 될 수 있다.

13.3.2 소스 미러 설정

소스 미러 설정 방식은 여러분이 결정할 일이다. 빌드 호스트의 소스 미러에서 내보내진export 파일시스템을 마운트할지, file: 스킴을 사용할지, 아니면 HTTP/HTTPS나 FTP 서버를 설정할지 결정해야 한다. 어떤 경우에도 일단 빌드 시스템을 사용한다면, 소스 패키지들을 다운로드해야 하고 미러 호스트의 DL_DIR을 명시해 다운로드 디렉터리로부터 패키지들을 복사해야 한다.

깃, 아파치 서브버전Apache Subversion(SVN), 퍼포스Perforce 등과 같은 원격 소스 리파지토리들에서 직접 체크아웃한 소스는 다운로드 디렉터리에 트리tree로 저장된다. 즉, 미러 사이트에 간단히 복사하는 것이 적합하지 않아 file:, ftp:, http:, 또는 https: 스킴을 사용해 접근할 수밖에 없다.

BB_GENERATE_MIRROR_TARBALLS = "1"

빌드 환경 설정을 위한 conf/local.conf 파일에 위와 같이 사용하면, 빌드 시스템이 다른 소스 패키지들과 함께 미러 사이트에 쉽게 복사할 수 있는 리파지토리 트리에서 타볼을 생성하게 할 수 있다. 성능상의 이유로, BB_GENERATE_MIRROR_TARBALLS는 보통 비활성화돼 있다.

다음의 간단한 과정을 통해 자신만의 소스 미러를 설정할 수 있다.

1. 빌드 환경 설정을 하고 BB_GENERATE_MIRROR_TARBALLS를 활성화한다.

2. bitbake -c fetchall <target>을 이용해 빌드를 시작한다. <target>은 core-image-sato 같은 일반적인 이미지 타깃이다.

3. 다운로드 디렉터리에 있는 모든 소스 타볼을 미러 호스트로 복사한다.

4. own-mirrors를 상속받기 위한 빌드 환경 설정을 하고, SOURCE_MIRROR_URL이 새로운 미러를 가리키게 한다. BB_GENERATE_MIRROR_TARBALLS는 비활성화할 수 있다.

5. 새로운 미러에서의 패치 테스트를 위해 빌드를 시작한다.

6. BB_NO_NETWORK나 BB_ALLOWED_HOSTS를 조건에 따라 설정하고 그 설정을 미세 조정

한다.

13.4 오토빌더

욕토 프로젝트 오토빌더^{Autobuilder}는 오픈소스 연속 통합 프레임워크인 빌드봇^{Buildbot}에 기반한 자동 빌드 시스템이다.[6] 빌드봇은 자동화 소프트웨어 빌드, 품질 보증, 배포 처리를 위해 확장 가능한 프레임워크다.

빌드봇은 트위스티드 파이썬^{Twisted Python}[7]이라는 이벤트 기반 네트워크 엔진을 이용해 파이썬으로 구현됐다. 빌드봇은 잡^{job} 스케줄링 시스템이다. 잡을 큐에 넣고, 실행에 필요한 자원^{resource}을 추적 관찰해서 이용 가능할 때 잡을 실행한 후 그 결과를 내보낸다.

빌드봇 배포는 보통 하나의 컨트롤러^{controller}와 워커^{worker} 집단으로 구성된다. 컨트롤러는 소스 코드 리파지토리들을 추적 관찰하고, 잡 스케줄링을 하고, 워커들을 조직화하고, 잡 실행 결과를 보고한다. 컨트롤러들은 시스템과 사용자의 상호 작용을 위해 웹 사용자 인터페이스를 제공한다. 워커들은 컨트롤러와 같은 시스템에, 또는 빌드봇을 분산 빌드 엔진으로 만드는 별도의 시스템에 배포된다. 컨트롤러들은 빌더^{builder}를 워커들에게 파견한다. 그러면 워커들은 빌더를 실행하고 그 결과를 컨트롤러에 돌려보낸다.

빌드봇 환경 설정은 환경 설정 변수를 설정하는 것만큼이나 간단한 파이썬 스크립트로 가능하다. 그렇지만 파이썬 코드로 환경 설정을 위한 동적 생성을 가능하게 하는 완벽한 파이썬 기능을 이용할 수 있다.

욕토 프로젝트 오토빌더는 욕토 프로젝트 타깃을 위한 표준 빌더 세트를 이용해 빌드봇을 확장한 것이다. 욕토 프로젝트 기반은 매일^{nightly} 빌드, 지속적인 통합^{integration}, 릴리스 빌드를 위해 오토빌더를 사용한다. https://autobuilder.yoctoproject.org 페이지를 통해 욕토 프로젝트 오토빌더를 이용할 수 있다. 욕토 프로젝트 오토빌더에 로그인하지 않는다면, 빌드를 스케줄링하고 실행할 수는 없지만 최신 빌드의 현재 상태와 빌드 히스토리는 볼 수 있다. 욕토 프로젝트 오토빌더의 공개 디렉터리[8]에서 다양한 시스템, 이클립스 플러그인, 기타 등등의 다양한 빌드 이미지를 다운로드할 수 있다.

---

6 http://buildbot.net

7 https://twistedmatrix.com/trac

8 http://autobuilder.yoctoproject.org/pub

욕토 프로젝트 빌드 팀은 자신의 시스템에서 오토빌더 인스턴스를 빠르게 실행시킬 수 있도록 하는 설치 및 실행 스크립트를 이용해 오토빌더 패키지를 만들었다.

13.4.1 오토빌더 설치

한 호스트에 하나의 컨트롤러와 하나의 워커를 가진 오토빌더의 기본적인 설치 및 환경 설정은 다음과 같은 세 단계로 간단히 이뤄진다.

```
$ git clone git://yoctoproject.org/yocto-autobuilder
$ cd yocto-autobuilder
$ source yocto-autobuilder-setup
```

설치 및 환경 설정은 이것으로 끝이다. yocto-autobuilder-setup 스크립트는 많은 결과물을 내놓는데, 그중 일부는 알아둬야 한다.

- 클라이언트-서버 패스워드Client-Server Password: 워커들이 컨트롤러 이용을 위해 스스로를 확인시켜주고자 사용하는 패스워드다. 이 패스워드는 컨트롤러 환경 설정 파일 yocto-controller/controller.cfg와 워커 환경 설정 파일 yocto-worker/buildbot.tac에서 사용된다.

- 사용자 이름 및 패스워드User Name and Password: 스크립트는 웹 사용자 인터페이스를 위한 사용자 이름과 패스워드를 생성하고 yocto-autobuilder/.htpasswd 파일에 저장한다. 패스워드는 암호 형태로 저장되므로, 사용자가 기억해둬야 한다. 만일 패스워드를 잊어버렸다면, 다음과 같은 명령어를 이용해 패스워드 파일에 새로운 패스워드를 생성한 후 기록한다.

  ```
  $ cd yocto-autobuilder
  $ ./bin/htpasswd -b .htpasswd <username> <password>
  ```

  시스템에 설치된 것이 아닌, 오토빌더가 제공하는 ./bin/htpasswd 명령을 사용해야 함을 알아두자.

- 환경 설정 변수Environment Variable: 스크립트는 환경 설정 변수 PYTHONPATH와 PATH에 오토빌더 경로를 추가하고, 변수 YOCTO_AB_CONFIG를 설정한다. 그리고 콘솔에 그 값들을 출력한다. .bashrc 파일의 설정을 복사해 붙일 수 있다. 또는 오토빌더를 이용하길 원할 때마다 스크립트를 지정할 수 있다. 환경 설정 및 패스워드 파일의 존재

여부 등 앞서 설정한 사항들을 검색하고, 덮어 쓰지는 않는다.

이제 다음 명령어를 사용해 오토빌더를 시작할 수 있다.

```
$ ./auto-start-autobuilder both
```

한 노드에서 컨트롤러와 워커를 시작한다. 스크립트는 다음과 같은 인자를 받는다.

- both: 컨트롤러와 워커 시작

- controller: 컨트롤러만 시작

- worker: 워커만 시작

오토빌더를 멈추려면, yocto-stop-autobuilder를 사용한다. 스크립트 시작 때처럼 같은 인자를 받는다.

오토빌더가 시작된 후에는 웹 브라우저를 통해 알 수 있다.

```
localhost:8010
```

이는 오토빌더 방문 페이지로 연결된다. 여기서부터 사용자 이름과 패스워드를 사용해 오토빌더에 로그인할 수 있다.

환경 설정된 모든 빌더 목록을 보여주는 Builders 링크를 클릭하자. nightly-x86-64 같은 것 하나를 클릭한다. 정해진 스케줄을 벗어나서 빌더를 시작시키기 위해 Force build 버튼을 클릭한다. 일단 빌더가 시작되면, waterfall 뷰에서 진행 상황을 지켜볼 수 있다.

13.4.2 오토빌더 환경 설정

오토빌더 환경 설정은 일련의 환경 설정 파일을 통해 이뤄진다. 환경 설정 파일들은 비트베이크 환경 설정 파일들이 아니다. 즉, 비트베이크 변수 확장 처리는 없었다는 것이다.

오토빌더 전역 환경 설정 파일

config/autobuilder.conf 파일은 오토빌더 전역 환경 설정 파일이다. 이 파일은 섹션section 들로 나뉜다. 각 섹션은 대괄호로 둘러싸인 섹션명으로 돼 있으며, 하나 이상의 환경 설정 변수를 가지고 있다. 섹션명과 변수명은 설명이 거의 필요 없다. 여기서는 가장 일반적으로 조정하는 파라미터(매개변수)에 대해 알아본다.

- **[GitSettings]**: 깃 리파지토리 관리

  - **OPTIMIZED_GIT_CLONE**: True로 설정하면, 오토빌더에서 삭제된다기보다 사용 후에 깃 리파지토리들은 임시 저장 위치로 옮겨진다. 빌드 처리는 빨라지지만 cronjob을 가진 오래된 디렉터리들을 정리해줘야 한다. 기본 설정은 True다. 그 렇지만 이 설정은 디스크 공간을 좀 더 빡빡하게 한다. 워커들은 디스크 공간이 부족할 경우 이 설정의 비활성화를 고려해봐야 한다.

  - **OGIT_TRASH_DIR**: 오래된 깃 리파지토리들이 옮겨지는 디렉터리

  - **OGIT_MIRROR_DIR**: 깃 리파지토리들을 클론^{clone}하는 디렉터리

  - **OGIT_TRASH_CRON_TIME**: 오래된 깃 리파지토리들을 정리하기 위한 cronjob 설정

  - **OGIT_TRASH_NICE_LEVEL**: 정리 작업을 위한 우선순위

- **[BuildHistorySettings]**: 오토빌더의 빌드 히스토리 수집 여부 및 저장 위치 설정

  - **BUILD_HISTORY_COLLECT**: True로 설정된 경우, 오토빌더는 빌드 히스토리를 수집 한다.

  - **BUILD_HISTORY_DIR**: 빌드 히스토리를 저장하는 디렉터리

  - **BUILD_HISTORY_REPO**: 빌드 히스토리를 위한 원격 리파지토리

- **[ErrorReportSettings]**: 오토빌더에 의해 발견된 오류 보고들을 수집하고, 저장하 고, 공개할 것인지 여부 설정

  - **ERROR_REPORT_COLLECT**: True로 설정하면, 오토빌더가 오류 보고를 수집한다.

  - **ERROR_REPORT_EMAIL**: 오류 보고를 전송하기 위한 이메일 주소

- **[PublishSettings]**: 빌드 결과물 공개 여부 및 위치 설정

  - **PUBLISH_BUILDS**: True로 설정하면, 오토빌더가 BUILD_PUBLISH_DIR의 하위 디 렉터리들인 MACHINE_PUBLISH_DIR, QEMU_PUBLISH_DIR, RPM_PUBLISH_DIR, DEB_ PUBLISH_DIR, IPK_PUBLISH_DIR에 이미지 및 패키지 피드를 게시한다.

  - **PUBLISH_SOURCE_MIRROR**: True로 설정하면, 오토빌더가 SOURCE_PUBLISH_DIR에 소 스 미러를 위해 사용될 소스 파일을 게시한다.

  - **PUBLISH_SSTATE**: True로 설정하면, 오토빌더는 SSTATE_PUBLISH_DIR에 공유 상태

캐시를 게시한다.

- [BuildSettings]: 워커들이 사용하는 빌드 환경 설정을 위한 conf/local.conf 파일
  설정
- [QAEmail]: 오토빌더가 빌드 결과를 전송해야 하는 이메일 주소

일반적으로, 빌드 결과물과 유지할 필요가 있는 데이터를 위해 디렉터리를 조정해야 할
수도 있다. 기본적인 설정은 시스템이 재시작되면 데이터를 잃어버리는 /tmp/yocto-
autobuilder에 모든 파일을 저장하는 것이다.

제어 환경 설정 파일

yocto-controller/controller.cfg 파일은 컨트롤러를 위한 환경 설정을 가지고 있다. 이 파
일은 파이썬 문법을 사용한다. 모든 환경 설정은 BuildmasterConfig 디렉터리에 저장된다.
이것은 http://docs.buildbot.net의 빌드봇 도큐먼트에 자세히 설명돼 있는 빌드봇 환경 설
정들이다. 여기서 가장 중요한 것들만 살펴보자.

- c['debugPassword']: 설정하면 컨트롤러에 연결된 빌드봇 디버그 클라이언트를 사
  용할 수 있다.
- c['title']: 오토빌더 웹 페이지 상단에 보이는 제목
- c['titleURL']: 제목에 의해 연결되는 URL(보통 c['buildbotURL']에 연결시킨다.)
- c['buildbotURL']: 오토빌더의 웹 서버가 접속 대기하고 있는 URL, 호스트, 포트
- c['workers']: 컨트롤러가 인지하고 있는 워커 목록. 각 워커는 컨트롤러에 스스로
  를 인증하는 데 사용하는 유일한 이름과 패스워드를 가지고 있어야 한다. 워커 이름
  과 패스워드는 워커 환경 설정의 개별 값과 일치해야 한다.
- c['workerPortnum']: 컨트롤러가 워커의 접속을 위해 대기하고 있는 TCP 포트 번
  호. 이 포트 번호는 워커 환경 설정의 포트 번호와 일치해야 한다.
- c['status']: 오토빌더가 빌드 상태 보고를 게시하기 위한 대상 목록. 빌드봇이 웹
  페이지, 이메일 전송자, IRC[Internet Relay Chat] 같은 다양한 대상을 제공한다. 빌드봇 도
  큐먼트에는 다양한 상태 대상을 설정하는 방식에 대한 자세한 설명이 있다.
- c['db']: 오토빌더가 상태 정보를 저장하는 데 사용하는 데이터베이스. 기본적으로

SQLite 데이터베이스를 사용한다. MySQL과 PostSQL을 포함한 다른 데이터베이스들은 환경 설정이 필요하며, 빌드봇 도큐먼트에 자세히 설명돼 있다. 성능상의 이유로, 제품 시스템을 위해 SQLite보다 RDBMS를 사용한다.

더 확장성 있는 빌드 팩토리를 생성하기 위한 다중 컨트롤러 사용을 허용하는 c['multiMaster'] 같은 다른 환경 설정 옵션도 파일에서 설정할 수 있다.

작업 환경 설정 파일

yocto-worker/buildbot.tac은 워커 환경 설정 파일이다. 이 파일 또한 파이썬 문법을 사용한다. 이는 분산 시스템 생성을 위해 조정할 필요가 있는 설정들이다.

- buildmaster_host: 컨트롤러가 실행 중인 호스트의 호스트 이름 또는 IP 주소
- port: 컨트롤러가 워커 접속을 대기하고 있는 포트 번호. 값은 컨트롤러 환경 설정의 c['workerPortnum']과 같아야 한다.
- workername: 워커의 유일한 이름. 이 값은 컨트롤러 환경 설정의 c['workers']에 있는 워커 이름과 같아야 한다.
- passwd: 컨트롤러에 인증하기 위한 패스워드. 이 값은 컨트롤러 환경 설정의 c['workers']에 있는 워커들이 사용하는 패스워드와 일치해야 한다.

빌드셋 환경 설정

오토빌더 루트 디렉터리에는 buildset-으로 시작되는 여러 디렉터리들이 있다. 빌드봇에서 빌드셋은 그것에 의해 정의된 순서로 실행되는 일련의 단계다. 리스트 13-6은 nightly x86_64 빌드를 위한 오토빌더 빌드셋이다.

리스트 13-6 빌드셋 nightly-x86-64(buildset-config/nightly-x86-64.conf)

```
[nightly-x86-64]
builders: 'example-worker'
repos: [{'poky':
            {'repourl':'git://git.yoctoproject.org/poky',
             'layerversion': {'core':'meta', 'yoctobsp':'meta-yocto-bsp'},
             'branch':'master'}}]
steps: [{'SetDest': {}},
```

```
{'CheckOutLayers': {}},
{'RunPreamble': {}},
{'GetDistroVersion': {'distro': 'poky'}},
{'CreateAutoConf': {'machine': 'qemux86-64', 'SDKMACHINE': 'i686',
                    'distro': 'poky', 'buildhistory': True}},
{'CreateBBLayersConf': {'buildprovider': 'yocto'}},
{'SyncPersistDB': {'distro': 'poky'}},
{'GetBitbakeVersion': {}},
{'BuildImages': {'images': 'core-image-sato core-image-sato-dev
                           core-image-sato-sdk core-image-minimal
                           core-image-minimal-dev'}},
{'RunSanityTests': {'images': 'core-image-minimal core-image-sato
                              core-image-sato-sdk'}},
{'CreateAutoConf': {'machine': 'genericx86-64',
                    'SDKMACHINE': 'i686',
                    'buildhistory': False, 'distro': 'poky'}},
{'BuildImages': {'images': 'core-image-sato core-image-sato-dev
                           core-image-sato-sdk core-image-minimal
                           core-image-minimal-dev'}},
{'CreateAutoConf': {'machine': 'qemux86-64',
                    'SDKMACHINE': 'i686',
                    'distro': 'poky', 'buildhistory': False}},
{'BuildToolchainImages': {}},
{'RunSDKSanityTests': {'images': 'core-image-sato'}},
{'CreateAutoConf': {'machine': 'qemux86-64',
                    'SDKMACHINE': 'x86_64',
                    'distro': 'poky', 'buildhistory': False}},
{'BuildToolchainImages': {}},
{'RunSDKSanityTests': {'images': 'core-image-sato'}},
{'SyncPersistDB': {'commit': True, 'distro':'poky'}},
{'PublishLayerTarballs': {}},
{'SendErrorReport': {}},
{'UploadToasterEventlog': {}},
{'PublishArtifacts': {'artifacts': ['qemux86-64', 'genericx86-64',
                      'ipk', 'toolchain', 'md5sums']}}]
```

일반적으로 빌드셋은 적어도 다음과 같은 요소들을 가지고 있다.

- Buildset Name: 대괄호로 둘러싸인 빌드셋 이름

- Repos: 추적 관찰을 위해 리파지토리들에 대한 설명을 가진 디렉터리 목록. 리파지토리 설명은 그 자체로 키 repourl, layerversion, branch를 가진 딕셔너리[dictionary] 형태다.

- Steps: 빌드셋을 가진 딕셔너리 목록. 빌드 단계는 오토빌더 루트 디렉터리에서 lib/python2.7/site-packages/autobuilder/buildsteps에 있는 파이썬 클래스다. 각 단계는 딕셔너리 형태의 인자를 받는다.

빌드봇 도큐먼트에는 빌드셋 및 빌드 단계 생성 방식에 대한 설명과 일반적인 예제가 있다. README-NEW-AUTOBUILDER는 오토빌더 빌드셋과 빌드 단계 환경 설정 방식을 설명하는 파일이다.

13.5 요약

이번 장에서는 개발 팀과 개발 환경을 위한 욕토 프로젝트 빌드 시스템 확장에 사용되는 도구와 기술을 설명했다.

- 토스터는 원격 배포와 빌드 자원 공유를 위해 웹 사용자 인터페이스로 빌드 시스템을 확장한다.

- 빌드 히스토리는 빌드 환경 설정과 빌드 결과물 추적을 제공한다. 이는 빌드 품질과 반복성을 유지시켜주는 중요한 도구다. 초기 빌드로 생성된 기준점에서부터, 환경 설정과 메타데이터 결과물 변경이 원인과 효과에 대한 매끄러운 히스토리를 생성하기 위해 깃 리파지토리에 저장된다.

- 소스 미러 사용으로 개발 팀은 소스 다운로드를 공유할 수 있고, 제품을 위한 소프트웨어 패키지 생성으로 제품 환경을 관리할 수 있다.

- 오토빌더는 욕토 프로젝트 빌드를 위해 자동 연속 빌드 및 통합 시스템을 제공하고 단시간 내에 배포할 준비가 된 완벽한 신개념 솔루션이다. 기본적인 빌드셋에는 모든 표준 욕토 프로젝트 빌드 타깃들이 포함된다. 이 타깃들은 사용자의 요구 조건에 적합하고 쉽게 확장시킬 수 있는 단단한 기반이 된다.

13.6 참조

빌드봇 도큐먼트, http://docs.buildbot.net

욕토 프로젝트 오토빌더, https://www.yoctoproject.org/tools-resources/projects/autobuilder

욕토 프로젝트 참조 매뉴얼, www.yoctoproject.org/docs/2.0/ref-manual/ref-manual.html

욕토 프로젝트 토스터 매뉴얼, www.yoctoproject.org/docs/2.0/toaster-manual/toaster-manual.html

오픈소스 라이선스

이 부록에서 다루는 내용

이 책의 원저에서는 가장 일반적인 오픈소스 라이선스를 소개하는 네 개의 원문을 부록으로 제공한다.[1]

오픈소스 라이선스는 그 종류가 꽤 많다. 오픈임베디드 빌드 시스템은 meta/files/common-licenses 디렉터리에서 사용되는 173개의 라이선스 관련 텍스트를 제공한다. 오픈소스 이니셔티브[OSI, Open Source Initiative][2]는 라이선스들을 분석하고 검토해 사용자, 개발자, 사업가, 오픈소스 라이선스와 관련된 일을 하는 정부 기관을 교육하려는 목적으로 승인된 오픈소스 라이선스 목록을 공표한다.

A.1 MIT License (MIT)

The MIT License (MIT)

Copyright (c) ⟨year⟩ ⟨copyright holders⟩

---

1 우리말로 구성된 라이선스 소개 자료는 https://olis.or.kr/license/licenseClassiFication.do에서 확인할 수 있다.

2 https://opensource.org

Permission is hereby granted, free of charge, to any person obtaining a copy of this software and associated documentation files (the "Software"), to deal in the Software without restriction, including without limitation the rights to use, copy, modify, merge, publish, distribute, sublicense, and/or sell copies of the Software, and to permit persons to whom the Software is furnished to do so, subject to the following conditions:

The above copyright notice and this permission notice shall be included in all copies or substantial portions of the Software.

THE SOFTWARE IS PROVIDED "AS IS", WITHOUT WARRANTY OF ANY KIND, EXPRESS OR IMPLIED, INCLUDING BUT NOT LIMITED TO THE WARRANTIES OF MERCHANTABILITY, FITNESS FOR A PARTICULAR PURPOSE AND NONINFRINGEMENT. IN NO EVENT SHALL THE AUTHORS OR COPYRIGHT HOLDERS BE LIABLE FOR ANY CLAIM, DAMAGES OR OTHER LIABILITY, WHETHER IN AN ACTION OF CONTRACT, TORT OR OTHERWISE, ARISING FROM, OUT OF OR IN CONNECTION WITH THE SOFTWARE OR THE USE OR OTHER DEALINGS IN THE SOFTWARE.

A.2 GNU General Public License (GPL) Version 2 ▬▬▬▬▬▬

GNU GENERAL PUBLIC LICENSE

Version 2, June 1991

Copyright (C) 1989, 1991 Free Software Foundation, Inc.

51 Franklin Street, Fifth Floor, Boston, MA 02110-1301 USA

Everyone is permitted to copy and distribute verbatim copies of this license document, but changing it is not allowed.

Preamble

The licenses for most software are designed to take away your freedom to share and change it. By contrast, the GNU General Public License is intended to guarantee your freedom to share and change free software—to make sure the software is free for all its users. This General Public License applies to most of the Free Software Foundation's software and to any other program whose authors commit to using it. (Some other Free Software Foundation software is covered by the GNU Library General Public License instead.) You can apply it to your programs, too.

When we speak of free software, we are referring to freedom, not price. Our General Public Licenses are designed to make sure that you have the freedom to distribute copies of free software (and charge for this service if you wish), that you receive source code or can get it if you want it, that you can change the software or use pieces of it in new free programs; and that you know you can do these things. To protect your rights, we need to make restrictions that forbid anyone to deny you these rights or to ask you to surrender the rights. These restrictions translate to certain responsibilities for you if you distribute copies of the software, or if you modify it.

For example, if you distribute copies of such a program, whether gratis or for a fee, you must give the recipients all the rights that you have. You must make sure that they, too, receive or can get the source code. And you must show them these terms so they know their rights.

We protect your rights with two steps: (1) copyright the software, and (2) offer you this license which gives you legal permission to copy, distribute and/or modify the software.

Also, for each author's protection and ours, we want to make certain that everyone understands that there is no warranty for this free software. If the software is modified by someone else and passed on, we want its recipients to know that what they have is not the original, so that any problems introduced by others will not ref lect on the original authors' reputations.

Finally, any free program is threatened constantly by software patents. We wish to avoid the danger that redistributors of a free program will individually obtain patent licenses, in effect making the program proprietary. To prevent this, we have made it clear that any patent must be licensed for everyone's free use or not licensed at all.

The precise terms and conditions for copying, distribution and modification follow.

Terms and Conditions for Copying, Distribution and Modification

0. This License applies to any program or other work which contains a notice placed by the copyright holder saying it may be distributed under the terms of this General Public License. The "Program", below, refers to any such program or work, and a "work based on the Program" means either the Program or any derivative work under copyright law: that is to say, a work containing the Program or a portion of it, either verbatim or with modifications and/or translated into another language. (Hereinafter, translation is included without limitation in the term "modification".) Each licensee is addressed as "you".

   Activities other than copying, distribution and modification are not covered by this License; they are outside its scope. The act of running the Program is not restricted, and the output from the Program is covered only if its contents constitute a work based on the Program (independent of having been made by running the Program). Whether that is true depends on what the Program does.

1. You may copy and distribute verbatim copies of the Program's source code as you receive it, in any medium, provided that you conspicuously and appropriately publish on each copy an appropriate copyright notice and disclaimer of warranty; keep intact all the notices that refer to this License and to the absence of any warranty; and give any other recipients of the Program a copy of this License along with the Program.

   You may charge a fee for the physical act of transferring a copy, and you may at your option offer warranty protection in exchange for a fee.

2. You may modify your copy or copies of the Program or any portion of it, thus forming a work based on the Program, and copy and distribute such modifications or work under the terms of Section 1 above, provided that you also meet all of these conditions:

   a. You must cause the modified files to carry prominent notices stating that you changed the files and the date of any change.

b. You must cause any work that you distribute or publish, that in whole or in part contains or is derived from the Program or any part thereof, to be licensed as a whole at no charge to all third parties under the terms of this License.

c. If the modified program normally reads commands interactively when run, you must cause it, when started running for such interactive use in the most ordinary way, to print or display an announcement including an appropriate copyright notice and a notice that there is no warranty (or else, saying that you provide a warranty) and that users may redistribute the program under these conditions, and telling the user how to view a copy of this License. (Exception: if the Program itself is interactive but does not normally print such an announcement, your work based on the Program is not required to print an announcement.)

These requirements apply to the modified work as a whole. If identifiable sections of that work are not derived from the Program, and can be reasonably considered independent and separate works in themselves, then this License, and its terms, do not apply to those sections when you distribute them as separate works. But when you distribute the same sections as part of a whole which is a work based on the Program, the distribution of the whole must be on the terms of this License, whose permissions for other licensees extend to the entire whole, and thus to each and every part regardless of who wrote it.

Thus, it is not the intent of this section to claim rights or contest your rights to work written entirely by you; rather, the intent is to exercise the right to control the distribution of derivative or collective works based on the Program.

In addition, mere aggregation of another work not based on the Program with the Program (or with a work based on the Program) on a volume of a storage or distribution medium does not bring the other work under the scope of this

License.

3. You may copy and distribute the Program (or a work based on it, under Section 2) in object code or executable form under the terms of Sections 1 and 2 above provided that you also do one of the following:

a. Accompany it with the complete corresponding machine-readable source code, which must be distributed under the terms of Sections 1 and 2 above on a medium customarily used for software interchange; or,

b. Accompany it with a written offer, valid for at least three years, to give any third party, for a charge no more than your cost of physically performing source distribution, a complete machine-readable copy of the corresponding source code, to be distributed under the terms of Sections 1 and 2 above on a medium customarily used for software interchange; or,

c. Accompany it with the information you received as to the offer to distribute corresponding source code. (This alternative is allowed only for noncommercial distribution and only if you received the program in object code or executable form with such an offer, in accord with Subsection b above.)

The source code for a work means the preferred form of the work for making modifications to it. For an executable work, complete source code means all the source code for all modules it contains, plus any associated interface definition files, plus the scripts used to control compilation and installation of the executable. However, as a special exception, the source code distributed need not include anything that is normally distributed (in either source or binary form) with the major components (compiler, kernel, and so on) of the operating system on which the executable runs, unless that component itself accompanies the executable.

If distribution of executable or object code is made by offering access to copy from a designated place, then offering equivalent access to copy the source code from the same place counts as distribution of the source code, even though third parties are not compelled to copy the source along with the object code.

4. You may not copy, modify, sublicense, or distribute the Program except as expressly provided under this License. Any attempt otherwise to copy, modify, sublicense or distribute the Program is void, and will automatically terminate your rights under this License. However, parties who have received copies, or rights, from you under this License will not have their licenses terminated so long as such parties remain in full compliance.

5. You are not required to accept this License, since you have not signed it. However, nothing else grants you permission to modify or distribute the Program or its derivative works. These actions are prohibited by law if you do not accept this License. Therefore, by modifying or distributing the Program (or any work based on the Program), you indicate your acceptance of this License to do so, and all its terms and conditions for copying, distributing or modifying the Program or works based on it.

6. Each time you redistribute the Program (or any work based on the Program), the recipient automatically receives a license from the original licensor to copy, distribute or modify the Program subject to these terms and conditions. You may not impose any further restrictions on the recipients' exercise of the rights granted herein. You are not responsible for enforcing compliance by third parties to this License.

7. If, as a consequence of a court judgment or allegation of patent infringement or for any other reason (not limited to patent issues), conditions are imposed on you (whether by court order, agreement or otherwise) that contradict the conditions of this License, they do not excuse you from the conditions of this License. If you cannot distribute so as to satisfy simultaneously your obligations under this License and any other pertinent obligations, then as a consequence you may not distribute the Program at all. For example, if a patent license would not permit royalty-free redistribution of the Program by all those who receive copies directly or indirectly through you, then the only way you could satisfy both it and this License would be to refrain entirely from distribution of the Program.

If any portion of this section is held invalid or unenforceable under any particular circumstance, the balance of the section is intended to apply and the section as a whole is intended to apply in other circumstances.

It is not the purpose of this section to induce you to infringe any patents or other property right claims or to contest validity of any such claims; this section has the sole purpose of protecting the integrity of the free software distribution system, which is implemented by public license practices. Many people have made generous contributions to the wide range of software distributed through that system in reliance on consistent application of that system; it is up to the author/ donor to decide if he or she is willing to distribute software through any other system and a licensee cannot impose that choice.

This section is intended to make thoroughly clear what is believed to be a consequence of the rest of this License.

8. If the distribution and/or use of the Program is restricted in certain countries either by patents or by copyrighted interfaces, the original copyright holder who places the Program under this License may add an explicit geographical distribution limitation excluding those countries, so that distribution is permitted only in or among countries not thus excluded. In such case, this License incorporates the limitation as if written in the body of this License.

9. The Free Software Foundation may publish revised and/or new versions of the General Public License from time to time. Such new versions will be similar in spirit to the present version, but may differ in detail to address new problems or concerns.

Each version is given a distinguishing version number. If the Program specifies a version number of this License which applies to it and "any later version," you have the option of following the terms and conditions either of that version or of any later version published by the Free Software Foundation. If the Program does not specify a version number of this License, you may choose any version ever published by the Free Software Foundation.

10. If you wish to incorporate parts of the Program into other free programs whose distribution conditions are different, write to the author to ask for permission. For software which is copyrighted by the Free Software Foundation, write to the Free Software Foundation; we sometimes make exceptions for this. Our decision will be guided by the two goals of preserving the free status of all derivatives of our free software and of promoting the sharing and reuse of software generally.

No Warranty

11. BECAUSE THE PROGRAM IS LICENSED FREE OF CHARGE, THERE IS NO WARRANTY FOR THE PROGRAM, TO THE EXTENT PERMITTED BY APPLICABLE LAW. EXCEPT WHEN OTHERWISE STATED IN WRITING THE COPYRIGHT HOLDERS AND/OR OTHER PARTIES PROVIDE THE PROGRAM "AS IS" WITHOUT WARRANTY OF ANY KIND, EITHER EXPRESSED OR IMPLIED, INCLUDING, BUT NOT LIMITED TO, THE IMPLIED WARRANTIES OF MERCHANTABILITY AND FITNESS FOR A PARTICULAR PURPOSE. THE ENTIRE RISK AS TO THE QUALITY AND PERFORMANCE OF THE PROGRAM IS WITH YOU. SHOULD THE PROGRAM PROVE DEFECTIVE, YOU ASSUME THE COST OF ALL NECESSARY SERVICING, REPAIR OR CORRECTION.

12. IN NO EVENT UNLESS REQUIRED BY APPLICABLE LAW OR AGREED TO IN WRITING WILL ANY COPYRIGHT HOLDER, OR ANY OTHER PARTY WHO MAY MODIFY AND/OR REDISTRIBUTE THE PROGRAM AS PERMITTED ABOVE, BE LIABLE TO YOU FOR DAMAGES, INCLUDING ANY GENERAL, SPECIAL, INCIDENTAL OR CONSEQUENTIAL DAMAGES ARISING OUT OF THE USE OR INABILITY TO USE THE PROGRAM (INCLUDING BUT NOT LIMITED TO LOSS OF DATA OR DATA BEING RENDERED INACCURATE OR LOSSES SUSTAINED BY YOU OR THIRD PARTIES OR A FAILURE OF THE PROGRAM TO OPERATE WITH ANY OTHER PROGRAMS), EVEN IF SUCH HOLDER OR OTHER PARTY HAS BEEN ADVISED OF THE POSSIBILITY OF SUCH DAMAGES.

END OF TERMS AND CONDITIONS

How to Apply These Terms to Your New Programs

If you develop a new program, and you want it to be of the greatest possible use to the public, the best way to achieve this is to make it free software which everyone can redistribute and change under these terms.

To do so, attach the following notices to the program. It is safest to attach them to the start of each source file to most effectively convey the exclusion of warranty; and each file should have at least the "copyright" line and a pointer to where the full notice is found.

One line to give the program's name and a brief idea of what it does.

> Copyright (C) ⟨year⟩ ⟨name of author⟩
>
> This program is free software; you can redistribute it and/or modify it under the terms of the GNU General Public License as published by the Free Software Foundation; either version 2 of the License, or (at your option) any later version.
>
> This program is distributed in the hope that it will be useful, but WITHOUT ANY WARRANTY; without even the implied warranty of MERCHANTABILITY or FITNESS FOR A PARTICULAR PURPOSE. See the GNU General Public License for more details.
>
> You should have received a copy of the GNU General Public License along with this program; if not, write to the Free Software Foundation, Inc., 59 Temple Place, Suite 330, Boston, MA 02111-1307 USA

Also add information on how to contact you by electronic and paper mail.

If the program is interactive, make it output a short notice like this when it starts in an interactive mode:

> Gnomovision version 69, Copyright (C) year name of author Gnomovision comes with ABSOLUTELY NO WARRANTY; for details type `show w'.This is free software, and you are welcome to redistribute it under certain conditions; type `show c' for details.

The hypothetical commands `show w' and `show c' should show the appropriate parts of the General Public License. Of course, the commands you use may be called something other than `show w' and `show c'; they could even be mouse-clicks or menu items—whatever suits your program.

You should also get your employer (if you work as a programmer) or your school, if any, to sign a "copyright disclaimer" for the program, if necessary. Here is a sample; alter the names:

> Yoyodyne, Inc., hereby disclaims all copyright interest in the program
> ` Gnomovision' (which makes passes at compilers) written by James Hacker.
> signature of Ty Coon, 1 April 1989
> Ty Coon, President of Vice

This General Public License does not permit incorporating your program into proprietary programs. If your program is a subroutine library, you may consider it moreuseful to permit linking proprietary applications with the library. If this is what you want to do, use the GNU Library General Public License instead of this License.

A.3 GNU General Public License (GPL) Version 3 ▪▪▪▪▪▪▪

GNU GENERAL PUBLIC LICENSE

Version 3, 29 June 2007

Copyright (C) 2007 Free Software Foundation, Inc. ⟨http://fsf.org/⟩

Everyone is permitted to copy and distribute verbatim copies of this license document, but changing it is not allowed.

Preamble

The GNU General Public License is a free, copyleft license for software and other kinds of works.

The licenses for most software and other practical works are designed to take away your freedom to share and change the works. By contrast, the GNU General Public License is intended to guarantee your freedom to share and change all versions of aprogram—to make sure it remains free software for all its users. We, the Free Software Foundation, use the GNU General Public License for most of our software; it applies also to any other work released this way by its authors. You can apply it to your programs, too.

When we speak of free software, we are referring to freedom, not price. Our General Public Licenses are designed to make sure that you have the freedom to distribute copies of free software (and charge for them if you wish), that you receive source code or can get it if you want it, that you can change the software or use pieces of it in new free programs, and that you know you can do these things.

To protect your rights, we need to prevent others from denying you these rights or asking you to surrender the rights. Therefore, you have certain responsibilities if you distribute copies of the software, or if you modify it: responsibilities to respect the freedom of others.

For example, if you distribute copies of such a program, whether gratis or for a fee, you must pass on to the recipients the same freedoms that you received. You must make sure that they, too, receive or can get the source code. And you must show them these terms so they know their rights.

Developers that use the GNU GPL protect your rights with two steps: (1) assert copyright on the software, and (2) offer you this License giving you legal permission to copy, distribute and/or modify it.

For the developers' and authors' protection, the GPL clearly explains that there is no warranty for this free software. For both users' and authors' sake, the GPL requires that modified versions be marked as changed, so that their problems will not be attributed erroneously to authors of previous versions.

Some devices are designed to deny users access to install or run modified versions of the software inside them, although the manufacturer can do so. This is fundamentally incompatible with the aim of protecting users' freedom to change the software. The systematic pattern of such abuse occurs in the area of products for individuals to use, which is precisely where it is most unacceptable. Therefore, we have designed this version of the GPL to prohibit the practice for those products. If such problems arise substantially in other domains, we stand ready to extend this provision to those domains in future versions of the GPL, as needed to protect the freedom of users.

Finally, every program is threatened constantly by software patents. States should not allow patents to restrict development and use of software on general-purpose computers, but in those that do, we wish to avoid the special danger that patents applied to a free program could make it effectively proprietary. To prevent this, the GPL assures that patents cannot be used to render the program non-free.

The precise terms and conditions for copying, distribution and modification follow.

Terms and Conditions

0. Def initions.

"This License" refers to version 3 of the GNU General Public License.

"Copyright" also means copyright-like laws that apply to other kinds of works, such as semiconductor masks.

"The Program" refers to any copyrightable work licensed under this License. Each licensee is addressed as "you". "Licensees" and "recipients" may be individuals or organizations.

To "modify" a work means to copy from or adapt all or part of the work in a fashion requiring copyright permission, other than the making of an exact copy. The resulting work is called a "modified version" of the earlier work or a work "based on" the earlier work.

A "covered work" means either the unmodified Program or a work based on the Program.

To "propagate" a work means to do anything with it that, without permission, would make you directly or secondarily liable for infringement under applicable copyright law, except executing it on a computer or modifying a private copy. Propagation includes copying, distribution (with or without modification), making available to the public, and in some countries other activities as well.

To "convey" a work means any kind of propagation that enables other parties to make or receive copies. Mere interaction with a user through a computer network, with no transfer of a copy, is not conveying.

An interactive user interface displays "Appropriate Legal Notices" to the extent that it includes a convenient and prominently visible feature that (1) displays an appropriate copyright notice, and (2) tells the user that there is no warranty for the work (except to the extent that warranties are provided), that licensees may convey the work under this License, and how to view a copy of this License. If the interface presents a list of user commands or options, such as a menu, a prominent item in the list meets this criterion.

1. Source Code.

The "source code" for a work means the preferred form of the work for making modifications to it. "Object code" means any non-source form of a work.

A "Standard Interface" means an interface that either is an official standard defined by a recognized standards body, or, in the case of interfaces specified for a particular programming language, one that is widely used among developers working in that language.

The "System Libraries" of an executable work include anything, other than the work as a whole, that (a) is included in the normal form of packaging a Major Component, but which is not part of that Major Component, and (b) serves only to enable use of the work with that Major Component, or to implement a Standard Interface for which an implementation is available to the public in source code form. A "Major Component", in this context, means a major essential component (kernel, window system, and so on) of the specific operating system (if any) on which the executable work runs, or a compiler used to produce the work, or an object code interpreter used to run it.

The "Corresponding Source" for a work in object code form means all the source code needed to generate, install, and (for an executable work) run the object code and to modify the work, including scripts to control those activities. However, it does not include the work's System Libraries, or general-purpose tools or generally available free programs which are used unmodified in performing those activities but which are not part of the work. For example, Corresponding Source includes interface definition files associated with source files for the work, and the source code for shared libraries and dynamically linked subprograms that the work is specifically designed to require, such as by intimate data communication or control f low between those subprograms and other parts of the work.

The Corresponding Source need not include anything that users can regenerate automatically from other parts of the Corresponding Source.

The Corresponding Source for a work in source code form is that same work.

2. Basic Permissions.

All rights granted under this License are granted for the term of copyright on the Program, and are irrevocable provided the stated conditions are met. This License explicitly affirms your unlimited permission to run the unmodified Program. The output from running a covered work is covered by this License only if the output, given its content, constitutes a covered work. This License acknowledges your rights of fair use or other equivalent, as provided by copyright law.

You may make, run and propagate covered works that you do not convey, without conditions so long as your license otherwise remains in force. You may convey covered works to others for the sole purpose of having them make modifications exclusively for you, or provide you with facilities for running those works, provided that you comply with the terms of this License in conveying all material for which you do not control copyright. Those thus making or running the covered works for you must do so exclusively on your behalf, under your direction and control, on terms that prohibit them from making any copies of your copyrighted material outside their relationship with you.

Conveying under any other circumstances is permitted solely under the conditions stated below. Sublicensing is not allowed; section 10 makes it unnecessary.

3. Protecting Users' Legal Rights From Anti-Circumvention Law.

No covered work shall be deemed part of an effective technological measure under any applicable law fulfilling obligations under article 11 of the WIPO copyright treaty adopted on 20 December 1996, or similar laws prohibiting or restricting circumvention of such measures.

When you convey a covered work, you waive any legal power to forbid circumvention of technological measures to the extent such circumvention is effected by exercising rights under this License with respect to the covered work, and you disclaim any intention to limit operation or modification of the work as a means of enforcing, against the work's users, your or third parties' legal rights to forbid circumvention of technological measures.

4. Conveying Verbatim Copies.

You may convey verbatim copies of the Program's source code as you receive it, in any medium, provided that you conspicuously and appropriately publish on each copy an appropriate copyright notice; keep intact all notices stating that this License and any non-permissive terms added in accord with section 7 apply to the code; keep intact all notices of the absence of any warranty; and give all recipients a copy of this License along with the Program.

You may charge any price or no price for each copy that you convey, and you may offer support or warranty protection for a fee.

5. Conveying Modif ied Source Versions.

You may convey a work based on the Program, or the modifications to produce it from the Program, in the form of source code under the terms of section 4, provided that you also meet all of these conditions:

a. The work must carry prominent notices stating that you modified it, and giving a relevant date.

b. The work must carry prominent notices stating that it is released under this License and any conditions added under section 7. This requirement modifies the requirement in section 4 to "keep intact all notices".

c. You must license the entire work, as a whole, under this License to anyone who comes into possession of a copy. This License will therefore apply, along with any applicable section 7 additional terms, to the whole of the work, and all its parts, regardless of how they are packaged. This License gives no permission to license the work in any other way, but it does not invalidate such permission if you have separately received it.

d. If the work has interactive user interfaces, each must display Appropriate Legal Notices; however, if the Program has interactive interfaces that do not display Appropriate Legal Notices, your work need not make them do so.

A compilation of a covered work with other separate and independent works, which are not by their nature extensions of the covered work, and which are not combined with it such as to form a larger program, in or on a volume of a storage or distribution medium, is called an "aggregate" if the compilation and its resulting copyright are not used to limit the access or legal rights of the compilation's users beyond what the individual works permit. Inclusion of a covered work in an aggregate does not cause this License to apply to the other parts of the aggregate.

6. Conveying Non-Source Forms.

You may convey a covered work in object code form under the terms of sections 4 and 5, provided that you also convey the machine-readable Corresponding Source under the terms of this License, in one of these ways:

a. Convey the object code in, or embodied in, a physical product (including a physical distribution medium), accompanied by the Corresponding Source fixed on a durable physical medium customarily used for software interchange.

b. Convey the object code in, or embodied in, a physical product (including a physical distribution medium), accompanied by a written offer, valid for at least three years and valid for as long as you offer spare parts or customer support for that product model, to give anyone who possesses the object code either (1) a copy of the Corresponding Source for all the software in the product that is covered by this License, on a durable physical medium customarily used for software interchange, for a price no more than your reasonable cost of physically performing this conveying of source, or (2) access to copy the Corresponding Source from a network server at no charge.

c. Convey individual copies of the object code with a copy of the written offer to provide the Corresponding Source. This alternative is allowed only occasionally and noncommercially, and only if you received the object code with such an offer, in accord with subsection 6b.

d. Convey the object code by offering access from a designated place (gratis or for a charge), and offer equivalent access to the Corresponding Source in the same way through the same place at no further charge. You need not require recipients to copy the Corresponding Source along with the object code. If the place to copy the object code is a network server, the Corresponding Source may be on a different server (operated by you or a third party) that supports equivalent copying facilities, provided you maintain clear directions next to the object code saying where to find the Corresponding Source. Regardless of what server hosts the Corresponding Source, you remain obligated to ensure that it is available for as long as needed to satisfy these requirements.

e. Convey the object code using peer-to-peer transmission, provided you inform other peers where the object code and Corresponding Source of the work are being offered to the general public at no charge under subsection 6d.

A separable portion of the object code, whose source code is excluded from the Corresponding Source as a System Library, need not be included in conveying the object code work.

A "User Product" is either (1) a "consumer product", which means any tangible personal property which is normally used for personal, family, or household purposes, or (2) anything designed or sold for incorporation into a dwelling. In determining whether a product is a consumer product, doubtful cases shall be resolved in favor of coverage. For a particular product received by a particular user, "normally used" refers to a typical or common use of that class of product, regardless of the status of the particular user or of the way in which the particular user actually uses, or expects or is expected to use, the product. A product is a consumer product regardless of whether the product has substantial commercial, industrial or non-consumer uses, unless such uses represent the only significant mode of use of the product.

"Installation Information" for a User Product means any methods, procedures, authorization keys, or other information required to install and execute modified versions of a covered work in that User Product from a modified version of its Corresponding Source. The information must suffice to ensure that the continued functioning of the modified object code is in no case prevented or interfered with solely because modification has been made.

If you convey an object code work under this section in, or with, or specifically for use in, a User Product, and the conveying occurs as part of a transaction in which the right of possession and use of the User Product is transferred to the recipient in perpetuity or for a fixed term (regardless of how the transaction is characterized), the Corresponding Source conveyed under this section must be accompanied by the Installation Information. But this requirement does not apply if neither you nor any third party retains the ability to install modified object code on the User Product (for example, the work has been installed in ROM).

The requirement to provide Installation Information does not include a requirement to continue to provide support service, warranty, or updates for a work that has been modified or installed by the recipient, or for the User Product in which it has been modified or installed. Access to a network may be denied when the modification itself materially and adversely affects the operation of the network or violates the rules and protocols for communication across the network.

Corresponding Source conveyed, and Installation Information provided, in accord with this section must be in a format that is publicly documented (and with an implementation available to the public in source code form), and must require no special password or key for unpacking, reading or copying.

7. Additional Terms.

"Additional permissions" are terms that supplement the terms of this License by making exceptions from one or more of its conditions. Additional permissions that are applicable to the entire Program shall be treated as though they were included in this License, to the extent that they are valid under applicable law. If additional permissions apply only to part of the Program, that part may be used separately under those permissions, but the entire Program remains governed by this License without regard to the additional permissions.

When you convey a copy of a covered work, you may at your option remove any additional permissions from that copy, or from any part of it. (Additional permissions may be written to require their own removal in certain cases when you modify the work.) You may place additional permissions on material, added by you to a covered work, for which you have or can give appropriate copyright permission.

Notwithstanding any other provision of this License, for material you add to a covered work, you may (if authorized by the copyright holders of that material) supplement the terms of this License with terms:

a. Disclaiming warranty or limiting liability differently from the terms of sections 15 and 16 of this License; or

b. Requiring preservation of specified reasonable legal notices or author attributions in that material or in the Appropriate Legal Notices displayed by works containing it; or

c. Prohibiting misrepresentation of the origin of that material, or requiring that modified versions of such material be marked in reasonable ways as different from the original version; or

d. Limiting the use for publicity purposes of names of licensors or authors of the material; or

e. Declining to grant rights under trademark law for use of some trade names, trademarks, or service marks; or

f. Requiring indemnification of licensors and authors of that material by anyone who conveys the material (or modified versions of it) with contractual assumptions of liability to the recipient, for any liability that these contractual assumptions directly impose on those licensors and authors.

All other non-permissive additional terms are considered "further restrictions" within the meaning of section 10. If the Program as you received it, or any part of it, contains a notice stating that it is governed by this License along with a term that is a further restriction, you may remove that term. If a license document contains a further restriction but permits relicensing or conveying under this License, you may add to a covered work material governed by the terms of that license document, provided that the further restriction does not survive such relicensing or conveying.

If you add terms to a covered work in accord with this section, you must place, in the relevant source files, a statement of the additional terms that apply to those files, or a notice indicating where to find the applicable terms.

Additional terms, permissive or non-permissive, may be stated in the form of a separately written license, or stated as exceptions; the above requirements apply either way.

8. Termination.

You may not propagate or modify a covered work except as expressly provided under this License. Any attempt otherwise to propagate or modify it is void, and will automatically terminate your rights under this License (including any patent licenses granted under the third paragraph of section 11).

However, if you cease all violation of this License, then your license from a particular copyright holder is reinstated (a) provisionally, unless and until the copyright holder explicitly and finally terminates your license, and (b) permanently, if the copyright holder fails to notify you of the violation by some reasonable means prior to 60 days after the cessation.

Moreover, your license from a particular copyright holder is reinstated permanently if the copyright holder notifies you of the violation by some reasonable means, this is the first time you have received notice of violation of this License (for any work) from that copyright holder, and you cure the violation prior to 30 days after your receipt of the notice.

Termination of your rights under this section does not terminate the licenses of parties who have received copies or rights from you under this License. If your rights have been terminated and not permanently reinstated, you do not qualify to receive new licenses for the same material under section 10.

9. Acceptance Not Required for Having Copies.

You are not required to accept this License in order to receive or run a copy of the Program. Ancillary propagation of a covered work occurring solely as a consequence of using peer-to-peer transmission to receive a copy likewise does not require acceptance. However, nothing other than this License grants you permission to propagate or modify any covered work. These actions infringe copyright if you do not accept this License. Therefore, by modifying or propagating a covered work, you indicate your acceptance of this License to do so.

10. Automatic Licensing of Downstream Recipients.

Each time you convey a covered work, the recipient automatically receives a license from the original licensors, to run, modify and propagate that work, subject to this License. You are not responsible for enforcing compliance by third parties with this License.

An "entity transaction" is a transaction transferring control of an organization, or substantially all assets of one, or subdividing an organization, or merging organizations. If propagation of a covered work results from an entity transaction, each party to that transaction who receives a copy of the work also receives whatever licenses to the work the party's predecessor in interest had or could give under the previous paragraph, plus a right to possession of the Corresponding Source of the work from the predecessor in interest, if the predecessor has it or can get it with reasonable efforts.

You may not impose any further restrictions on the exercise of the rights granted or affirmed under this License. For example, you may not impose a license fee, royalty, or other charge for exercise of rights granted under this License, and you may not initiate litigation (including a cross-claim or counterclaim in a lawsuit) alleging that any patent claim is infringed by making, using, selling, offering for sale, or importing the Program or any portion of it.

11. Patents.

A "contributor" is a copyright holder who authorizes use under this License of the Program or a work on which the Program is based. The work thus licensed is called the contributor's "contributor version".

A contributor's "essential patent claims" are all patent claims owned or controlled by the contributor, whether already acquired or hereafter acquired, that would be infringed by some manner, permitted by this License, of making, using, or selling its contributor version, but do not include claims that would be infringed only as a consequence of further modification of the contributor version. For purposes of this definition, "control" includes the right to grant patent sublicenses in a manner consistent with the requirements of this License.

Each contributor grants you a non-exclusive, worldwide, royalty-free patent license under the contributor's essential patent claims, to make, use, sell, offer for sale, import and otherwise run, modify and propagate the contents of its contributor version.

In the following three paragraphs, a "patent license" is any express agreement or commitment, however denominated, not to enforce a patent (such as an express permission to practice a patent or covenant not to sue for patent infringement). To "grant" such a patent license to a party means to make such an agreement or commitment not to enforce a patent against the party.

If you convey a covered work, knowingly relying on a patent license, and the Corresponding Source of the work is not available for anyone to copy, free of charge and under the terms of this License, through a publicly available network server or other readily accessible means, then you must either (1) cause the Corresponding Source to be so available, or (2) arrange to deprive yourself of the benefit of the patent license for this particular work, or (3) arrange, in a manner consistent with the requirements of this License, to extend the patent license to downstream recipients. "Knowingly relying" means you have actual knowledge that, but for the patent license, your conveying the covered work in a country, or your recipient's use of the covered work in a country, would infringe one or more identifiable patents in that country that you have reason to believe are valid.

If, pursuant to or in connection with a single transaction or arrangement, you convey, or propagate by procuring conveyance of, a covered work, and grant a patent license to some of the parties receiving the covered work authorizing them to use, propagate, modify or convey a specific copy of the covered work, then the patent license you grant is automatically extended to all recipients of the covered work and works based on it.

A patent license is "discriminatory" if it does not include within the scope of its coverage, prohibits the exercise of, or is conditioned on the non-exercise of one or more of the rights that are specifically granted under this License.

You may not convey a covered work if you are a party to an arrangement with a third party that is in the business of distributing software, under which you make payment to the third party based on the extent of your activity of conveying the work, and under which the third party grants, to any of the parties who would receive the covered work from you, a discriminatory patent license (a) in connection with copies of the covered work conveyed by you (or copies made from those copies), or (b) primarily for and in connection with specific products or compilations that contain the covered work, unless you entered into that arrangement, or that patent license was granted, prior to 28 March 2007.

Nothing in this License shall be construed as excluding or limiting any implied license or other defenses to infringement that may otherwise be available to you under applicable patent law.

12. No Surrender of Others' Freedom.

If conditions are imposed on you (whether by court order, agreement or otherwise) that contradict the conditions of this License, they do not excuse you from the conditions of this License. If you cannot convey a covered work so as to satisfy simultaneously your obligations under this License and any other pertinent obligations, then as a consequence you may not convey it at all. For example, if you agree to terms that obligate you to collect a royalty for further conveying from those to whom you convey the Program, the only way you could satisfy both those terms and this License would be to refrain entirely from conveying the Program.

13. Use with the GNU Affero General Public License.

Notwithstanding any other provision of this License, you have permission to link or combine any covered work with a work licensed under version 3 of the GNU Affero General Public License into a single combined work, and to convey the resulting work. The terms of this License will continue to apply to the part which is the covered work, but the special requirements of the GNU Affero General Public License, section 13, concerning interaction through a network will apply to the combination as such.

14. Revised Versions of this License.

The Free Software Foundation may publish revised and/or new versions of the GNU General Public License from time to time. Such new versions will be similar in spirit to the present version, but may differ in detail to address new problems or concerns.

Each version is given a distinguishing version number. If the Program specifies that a certain numbered version of the GNU General Public License "or any later version" applies to it, you have the option of following the terms and conditions either of that numbered version or of any later version published by the Free Software Foundation. If the Program does not specify a version number of the GNU General Public License, you may choose any version ever published by the Free Software Foundation.

If the Program specifies that a proxy can decide which future versions of the GNU General Public License can be used, that proxy's public statement of acceptance of a version permanently authorizes you to choose that version for the Program.

Later license versions may give you additional or different permissions. However, no additional obligations are imposed on any author or copyright holder as a result of your choosing to follow a later version.

15. Disclaimer of Warranty.

THERE IS NO WARRANTY FOR THE PROGRAM, TO THE EXTENT PERMITTED BY APPLICABLE LAW. EXCEPT WHEN OTHERWISE STATED IN WRITING THE COPYRIGHT HOLDERS AND/OR OTHER PARTIES PROVIDE THE PROGRAM "AS IS" WITHOUT WARRANTY OF ANY KIND, EITHER EXPRESSED OR IMPLIED, INCLUDING, BUT NOT LIMITED TO, THE IMPLIED WARRANTIES OF MERCHANTABILITY AND FITNESS FOR A PARTICULAR PURPOSE. THE ENTIRE RISK AS TO THE QUALITY AND PERFORMANCE OF THE PROGRAM IS WITH YOU. SHOULD THE PROGRAM PROVE DEFECTIVE,

YOU ASSUME THE COST OF ALL NECESSARY SERVICING, REPAIR OR CORRECTION.

16. Limitation of Liability.

IN NO EVENT UNLESS REQUIRED BY APPLICABLE LAW OR AGREED TO IN WRITING WILL ANY COPYRIGHT HOLDER, OR ANY OTHER PARTY WHO MODIFIES AND/OR CONVEYS THE PROGRAM AS PERMITTED ABOVE, BE LIABLE TO YOU FOR DAMAGES, INCLUDING ANY GENERAL, SPECIAL, INCIDENTAL OR CONSEQUENTIAL DAMAGES ARISING OUT OF THE USE OR INABILITY TO USE THE PROGRAM (INCLUDING BUT NOT LIMITED TO LOSS OF DATA OR DATA BEING RENDERED INACCURATE OR LOSSES SUSTAINED BY YOU OR THIRD PARTIES OR A FAILURE OF THE PROGRAM TO OPERATE WITH ANY OTHER PROGRAMS), EVEN IF SUCH HOLDER OR OTHER PARTY HAS BEEN ADVISED OF THE POSSIBILITY OF SUCH DAMAGES.

17. Interpretation of Sections 15 and 16.

If the disclaimer of warranty and limitation of liability provided above cannot be given local legal effect according to their terms, reviewing courts shall apply local law that most closely approximates an absolute waiver of all civil liability in connection with the Program, unless a warranty or assumption of liability accompanies a copy of the Program in return for a fee.

END OF TERMS AND CONDITIONS

How to Apply These Terms to Your New Programs

If you develop a new program, and you want it to be of the greatest possible use to the public, the best way to achieve this is to make it free software which everyone can redistribute and change under these terms.

To do so, attach the following notices to the program. It is safest to attach them to the start of each source file to most effectively state the exclusion of warranty; and each file should have at least the "copyright" line and a pointer to where the full notice is found.

> ⟨one line to give the program's name and a brief idea of what it does.⟩
>
> Copyright (C) ⟨year⟩ ⟨name of author⟩
>
>
> This program is free software: you can redistribute it and/or modify it under the terms of the GNU General Public License as published by the Free Software Foundation, either version 3 of the License, or (at your option) any later version.
>
> This program is distributed in the hope that it will be useful, but WITHOUT ANY WARRANTY; without even the implied warranty of MERCHANTABILITY or FITNESS FOR A PARTICULAR PURPOSE. See the GNUGeneral Public License for more details.
>
> You should have received a copy of the GNU General Public License along with this program. If not, see ⟨http://www.gnu.org/licenses/⟩.

Also add information on how to contact you by electronic and paper mail.

If the program does terminal interaction, make it output a short notice like this when it starts in an interactive mode:

> ⟨program⟩ Copyright (C) ⟨year⟩ ⟨name of author⟩
>
> This program comes with ABSOLUTELY NO WARRANTY; for details type `show w'.
>
> This is free software, and you are welcome to redistribute it under certain conditions; type `show c' for details.

The hypothetical commands `show w' and `show c' should show the appropriate parts of the General Public License. Of course, your program's commands might be different; for a GUI interface, you would use an "about box".

You should also get your employer (if you work as a programmer) or school, if any, to sign a "copyright disclaimer" for the program, if necessary. For more information on this, and how to apply and follow the GNU GPL, see ⟨http://www.gnu.org/licenses/⟩.

The GNU General Public License does not permit incorporating your program into proprietary programs. If your program is a subroutine library, you may consider it more useful to permit linking proprietary applications with the library. If this is what you want to do, use the GNU Lesser General Public License instead of this License. But first, please read ⟨http://www.gnu.org/philosophy/why-not-lgpl.html⟩.

A.4 Apache License Version 2.0

Apache License

Version 2.0, January 2004

http://www.apache.org/licenses/

TERMS AND CONDITIONS FOR USE, REPRODUCTION, AND DISTRIBUTION

1. Def initions.

   "License" shall mean the terms and conditions for use, reproduction, and distribution as defined by Sections 1 through 9 of this document.

   "Licensor" shall mean the copyright owner or entity authorized by the copyright owner that is granting the License.

   "Legal Entity" shall mean the union of the acting entity and all other entities that control, are controlled by, or are under common control with that entity. For the purposes of this definition, "control" means (i) the power, direct or indirect, to cause the direction or management of such entity, whether by contract or otherwise, or (ii) ownership of fifty percent (50%) or more of the outstanding shares, or (iii) beneficial ownership of such entity.

   "You" (or "Your") shall mean an individual or Legal Entity exercising permissions granted by this License.

"Source" form shall mean the preferred form for making modifications, including but not limited to software source code, documentation source, and configuration files.

"Object" form shall mean any form resulting from mechanical transformation or translation of a Source form, including but not limited to compiled object code, generated documentation, and conversions to other media types.

"Work" shall mean the work of authorship, whether in Source or Object form, made available under the License, as indicated by a copyright notice that is included in or attached to the work (an example is provided in the Appendix below).

"Derivative Works" shall mean any work, whether in Source or Object form, that is based on (or derived from) the Work and for which the editorial revisions, annotations, elaborations, or other modifications represent, as a whole, an original work of authorship. For the purposes of this License, Derivative Works shall not include works that remain separable from, or merely link (or bind by name) to the interfaces of, the Work and Derivative Works thereof.

"Contribution" shall mean any work of authorship, including the original version of the Work and any modifications or additions to that Work or Derivative Works thereof, that is intentionally submitted to Licensor for inclusion in the Work by the copyright owner or by an individual or Legal Entity authorized to submit on behalf of the copyright owner. For the purposes of this definition, "submitted" means any form of electronic, verbal, or written communication sent to the Licensor or its representatives, including but not limited to communication on electronic mailing lists, source code control systems, and issue tracking systems that are managed by, or on behalf of, the Licensor for the purpose of discussing and improving the Work, but excluding communication that is conspicuously marked or otherwise designated in writing by the copyright owner as "Not a Contribution."

"Contributor" shall mean Licensor and any individual or Legal Entity on behalf of whom a Contribution has been received by Licensor and subsequently incorporated within the Work.

2. Grant of Copyright License.

Subject to the terms and conditions of this License, each Contributor hereby grants to You a perpetual, worldwide, non-exclusive, no-charge, royalty-free, irrevocable copyright license to reproduce, prepare Derivative Works of, publicly display, publicly perform, sublicense, and distribute the Work and such Derivative Works in Source or Object form.

3. Grant of Patent License.

Subject to the terms and conditions of this License, each Contributor hereby grants to You a perpetual, worldwide, non-exclusive, no-charge, royalty-free, irrevocable (except as stated in this section) patent license to make, have made, use, offer to sell, sell, import, and otherwise transfer the Work, where such license applies only to those patent claims licensable by such Contributor that are necessarily infringed by their Contribution(s) alone or by combination of their Contribution(s) with the Work to which such Contribution(s) was submitted. If You institute patent litigation against any entity (including a cross-claim or counterclaim in a lawsuit) alleging that the Work or a Contribution incorporated within the Work constitutes direct or contributory patent infringement, then any patent licenses granted to You under this License for that Work shall terminate as of the date such litigation is filed.

4. Redistribution.

You may reproduce and distribute copies of the Work or Derivative Works thereof in any medium, with or without modifications, and in Source or Object form, provided that You meet the following conditions:

a. You must give any other recipients of the Work or Derivative Works a copy of this License; and

b. You must cause any modified files to carry prominent notices stating that You changed the files; and

c. You must retain, in the Source form of any Derivative Works that You distribute, all copyright, patent, trademark, and attribution notices from the Source form of the Work, excluding those notices that do not pertain to any part of the Derivative Works; and

d. If the Work includes a "NOTICE" text file as part of its distribution, then any Derivative Works that You distribute must include a readable copy of the attribution notices contained within such NOTICE file, excluding those notices that do not pertain to any part of the Derivative Works, in at least one of the following places: within a NOTICE text file distributed as part of the Derivative Works; within the Source form or documentation, if provided along with the Derivative Works; or, within a display generated by the Derivative Works, if and wherever such third-party notices normally appear. The contents of the NOTICE file are for informational purposes only and do not modify the License. You may add Your own attribution notices within Derivative Works that You distribute, alongside or as an addendum to the NOTICE text from the Work, provided that such additional attribution notices cannot be construed as modifying the License.

You may add Your own copyright statement to Your modifications and may provide additional or different license terms and conditions for use, reproduction, or distribution of Your modifications, or for any such Derivative Works as a whole, provided Your use, reproduction, and distribution of the Work otherwise complies with the conditions stated in this License.

5. Submission of Contributions.

Unless You explicitly state otherwise, any Contribution intentionally submitted for inclusion in the Work by You to the Licensor shall be under the terms and conditions of this License, without any additional terms or conditions. Notwithstanding the above, nothing herein shall supersede or modify the terms of any separate license agreement you may have executed with Licensor regarding such Contributions.

6. Trademarks.

This License does not grant permission to use the trade names, trademarks, service marks, or product names of the Licensor, except as required for reasonable and customary use in describing the origin of the Work and reproducing the content of the NOTICE file.

7. Disclaimer of Warranty.

Unless required by applicable law or agreed to in writing, Licensor provides the Work (and each Contributor provides its Contributions) on an "AS IS" BASIS, WITHOUT WARRANTIES OR CONDITIONS OF ANY KIND, either express or implied, including, without limitation, any warranties or conditions of TITLE, NON-INFRINGEMENT, MERCHANTABILITY, or FITNESS FOR A PARTICULAR PURPOSE. You are solely responsible for determining the appropriateness of using or redistributing the Work and assume any risks associated with Your exercise of permissions under this License.

8. Limitation of Liability.

In no event and under no legal theory, whether in tort (including negligence), contract, or otherwise, unless required by applicable law (such as deliberate and grossly negligent acts) or agreed to in writing, shall any Contributor be liable to You for damages, including any direct, indirect, special, incidental, or consequential damages of any character arising as a result of this License or out of the use or inability to use the Work (including but not limited to damages for loss of goodwill, work stoppage, computer failure or malfunction, or any and all other commercial damages or losses), even if such Contributor has been advised of the possibility of such damages.

9. Accepting Warranty or Additional Liability.

While redistributing the Work or Derivative Works thereof, You may choose to offer, and charge a fee for, acceptance of support, warranty, indemnity, or other liability obligations and/or rights consistent with this License. However, in accepting such obligations, You may act only on Your own behalf and on Your sole responsibility, not on behalf of any other Contributor, and only if You agree to indemnify, defend, and hold each Contributor harmless for any liability incurred by, or claims asserted against, such Contributor by reason of your accepting any such warranty or additional liability.

END OF TERMS AND CONDITIONS

APPENDIX: How to Apply the Apache License to Your Work

To apply the Apache License to your work, attach the following boilerplate notice, with the fields enclosed by brackets "[]" replaced with your own identifying information.

(Don't include the brackets!) The text should be enclosed in the appropriate comment syntax for the file format. We also recommend that a file or class name and description of purpose be included on the same "printed page" as the copyright notice for easier identification within third-party archives.

Copyright [yyyy] [name of copyright owner]

Licensed under the Apache License, Version 2.0 (the "License"); you may not use this file except in compliance with the License. You may obtain a copy of the License at

http://www.apache.org/licenses/LICENSE-2.0

Unless required by applicable law or agreed to in writing, software distributed under the License is distributed on an "AS IS" BASIS, WITHOUT WARRANTIES OR CONDITIONS OF ANY KIND, either express or implied.

See the License for the specific language governing permissions and limitations under the License.

부록 B

메타데이터 참조

레이어와 머신 각각을 나열한 표 B-1과 B-2가 있다. 이와 관련해 검색하려면, http://layers.openembedded.org/layerindex/branch/master/layers/를 방문하라.

표 B-1 레이어

레이어명	설명	타입	리파지토리
meta-oe	추가적인 공유 오픈임베디드(OE) 메타데이터	Base	git://git.openembedded.org/meta-openembedded
openembedded-core	코어 메타데이터	Base	git://git.openembedded.org/openembedded-core
e100-bsp	이투스(Ettus) E1XX 시리즈 보드 지원 패키지(BSP)	Machine (BSP)	git://github.com/EttusResearch/meta-ettus.git
e300-bsp	이투스(Ettus) E3XX 시리즈 BSP	Machine (BSP)	https://github.com/EttusResearch/meta-ettus.git
meta-aarch64	AArch64(64비트 ARM) 아키텍처 지원	Machine (BSP)	git://git.linaro.org/openembedded/meta-linaro.git
meta-acer	에이서(Acer) 머신 지원	Machine (BSP)	git://github.com/shr-distribution/meta-smartphone.git
meta-altera	알테라(Altera) SoC BSP 레이어	Machine (BSP)	https://github.com/kraj/meta-altera
meta-amd	AMD 보드 지원 공통 레이어(공식)	Machine (BSP)	git://git.yoctoproject.org/meta-amd
meta-asus	에이수스(Asus) 머신 지원	Machine (BSP)	git://github.com/shr-distribution/meta-smartphone.git
meta-atmel	아트멜(Atmel) SoC를 위한 공식적인 욕토 프로젝트 레이어	Machine (BSP)	git://github.com/linux4sam/meta-atmel.git
meta-baldeagle	AMD 볼드 이글(Bald Eagle) 플랫폼 BSP	Machine (BSP)	http://git.yoctoproject.org/cgit.cgi/meta-amd/
meta-beagleboard	beagleboard.org 장치를 위한 지원	Machine (BSP)	git://github.com/beagleboard/meta-beagleboard.git
meta-bug	버그랩스(BugLabs) bug20 머신 지원	Machine (BSP)	git://github.com/buglabs/meta-bug.git
meta-bytesatwork	바이츠앳워크(Bytesatwork) 기반 플랫폼을 위한 공식 BSP 레이어	Machine (BSP)	https://github.com/bytesatwork/meta-bytesatwork.git
meta-chip	CHIP 보드를 위한 욕토 BSP 레이어	Machine (BSP)	https://github.com/agherzan/meta-chip.git
meta-ci20	크리에이터(Creator) CI20 MIPS 보드 지원을 위한 메타 레이어	Machine (BSP)	https://github.com/akuster/meta-ci20
meta-crownbay	인텔 크라운 베이(Crown Bay) 플랫폼 BSP	Machine (BSP)	git://git.yoctoproject.org/meta-intel

메타데이터	설명	타입	저장소
meta-crystalforest	인텔 크리스탈 포레스트(Crystal Forest) 플랫폼 BSP	Machine (BSP)	git://git.yoctoproject.org/meta-intel
meta-cubox	솔리드런(SolidRun) 큐박스(CuBox) 플랫폼 BSP	Machine (BSP)	git://github.com/dv1/meta-cubox.git
meta-digi-arm	디지(Digi) 커넥트코어(ConnectCore)/커넥트카드(ConnectCard) 모듈 지원	Machine (BSP)	https://github.com/dgii/meta-digi.git
meta-dra7xx-evm	DRA7XX-EVM을 위한 타이젠(Tizen) BSP 레이어	Machine (BSP)	https://github.com/vitalyvch/meta-dra7xx-evm.git
meta-efikamx	제네시(Genesi) Efika MX 머신 지원	Machine (BSP)	git://github.com/kraj/meta-efikamx.git
meta-emenlow	인텔 eMenlow 플랫폼 BSP	Machine (BSP)	git://git.yoctoproject.org/meta-intel
meta-exynos	엑시노스(Exynos) 기반 머신을 위한 BSP 레이어	Machine (BSP)	https://github.com/slimlogic/meta-exynos.git
meta-fri2	쿤트론(Kontron) 피시 리버 아일랜드(Fish River Island) 2 BSP	Machine (BSP)	git://git.yoctoproject.org/meta-intel
meta-fsl-arm	프리스케일(Freescale) ARM 하드웨어 지원	Machine (BSP)	git://git.yoctoproject.org/meta-fsl-arm
meta-fsl-arm-extra	프리스케일(Freescale) ARM 하드웨어 지원 (추가 보드)	Machine (BSP)	git://github.com/Freescale/meta-fsl-arm-extra.git
meta-fsl-ppc	프리스케일 파워PC(Freescale PowerPC) 하드웨어 지원	Machine (BSP)	git://git.yoctoproject.org/meta-fsl-ppc
meta-geeksphone	긱스폰(Geeksphone) 장치 지원	Machine (BSP)	git://github.com/shr-distribution/meta-smartphone.git
meta-gumstix	검스틱스(Gumstix) 보드 지원(공식)	Machine (BSP)	git://github.com/gumstix/meta-gumstix.git
meta-gumstix-community	검스틱스(Gumstix) 보드 지원(비공식 커뮤니티 BSP)	Machine (BSP)	https://github.com/schnitzeltony/meta-gumstix-community.git
meta-gumstix-extras	검스틱스(Gumstix) 보드 지원 추가 기능(공식)	Machine (BSP)	https://github.com/gumstix/meta-gumstix-extras.git

(이어짐)

meta-handheld	과거 휴대 장치 지원(Zaurus, iPAQ 등)	Machine (BSP)	git://git.openembedded.org/meta-handheld
meta-hipos	DResearch Fahrzeugelektronik GmbH의 임베디드 장치용 BSP 및 관련 Distro	Machine (BSP)	git://github.com/DFE/meta-hipos.git
meta-htc	HTC 스마트폰 지원	Machine (BSP)	git://github.com/shr-distribution/meta-smartphone.git
meta-igep	IGEP 보드 지원	Machine (BSP)	git://github.com/ebutera/meta-igep.git
meta-intel	인텔 보드 지원 공용 레이어(공식)	Machine (BSP)	git://git.yoctoproject.org/meta-intel
meta-intel-edison-bsp	인텔 에디슨(Edison) 모듈 지원	Machine (BSP)	git://git.yoctoproject.org/meta-intel-edison
meta-intel-quark	인텔 쿼크(Quark) 플랫폼 지원	Machine (BSP)	git://git.yoctoproject.org/meta-intel-quark
meta-ivi-bsp	IVI 레퍼런스 하드웨어용 BSP 레이어	Machine (BSP)	git://git.yoctoproject.org/meta-ivi
meta-jasperforest	인텔 재스퍼 포레스트(Jasper Forest) 플랫폼 BSP	Machine (BSP)	git://git.yoctoproject.org/meta-intel
meta-iz-mips	인제닉(Ingenic) MIPS SoC가 있는 장치용 BSP	Machine (BSP)	https://github.com/leon-anavi/meta-iz-mips.git
meta-kirkwood	마벨(Marvell) 커크우드(Kirkwood) 기반 장치 지원	Machine (BSP)	git://github.com/kelvinlawson/meta-kirkwood.git
meta-lsi	LSI Axxia 통신 프로세서 플랫폼 BSP	Machine (BSP)	git://git.yoctoproject.org/meta-lsi
meta-minnow	미노우보드(MinnowBoard) BSP 레이어	Machine (BSP)	git://git.yoctoproject.org/meta-minnow
meta-nanopi	프렌들리암(FriendlyARM) 나노파이(NanoPi) 보드 지원	Machine (BSP)	git://git.kernelconcepts.de/meta-nanopi.git
meta-netbookpro	싸이온(Psion) 넷북 프로(NetBook Pro) 장치 지원	Machine (BSP)	git://github.com/twaraz/meta-netbookpro
meta-netmodule	다양한 보드를 위한 넷모듈(NetModule)의 BSP 레이어	Machine (BSP)	https://github.com/netmodule/meta-netmodule.git
meta-nokia	노키아(Nokia) N900 지원	Machine (BSP)	git://github.com/shr-distribution/meta-smartphone.git

meta-nslu2	링크시스(Linksys) NSLU2 장치 지원	Machine (BSP)	git://github.com/kraj/meta-nslu2
meta-nuc	인텔 NUC(Next Unit of Computing)용 BSP	Machine (BSP)	git://git.yoctoproject.org/meta-intel
meta-odroid	하드커널(Hardkernel)이 만든 오드로이드 (Odroid) 보드 시리즈 지원	Machine (BSP)	https://github.com/akuster/meta-odroid
meta-openmoko	오픈모코(OpenMoko) 장치 지원	Machine (BSP)	git://github.com/shr-distribution/meta-smartphone.git
meta-openpandora	오픈판도라(OpenPandora) 머신 지원	Machine (BSP)	git://github.com/openpandora/meta-openpandora.git
meta-ouya	오우아(Ouya) 게임 콘솔 지원	Machine (BSP)	https://github.com/pwgen/meta-ouya
meta-palm	팜(Palm) 프리(Pre) 머신 지원	Machine (BSP)	git://github.com/shr-distribution/meta-smartphone.git
meta-parallella	어댑테바(Adapteva)의 패러렐라(Parallella) 보드 지원	Machine (BSP)	https://github.com/nathanrossi/meta-parallella.git
meta-phytec	파이텍(Phytec) 보드 지원(공식)	Machine (BSP)	git://git.phytec.de/meta-phytec
meta-picosam9	피코샘9(Picosam9) 보드 지원	Machine (BSP)	https://gitorious.org/picopc-tools/meta-picosam9.git
meta-qemu-bsps	다른 QEMU 머신을 위한 레이어	Machine (BSP)	https://github.com/akuster/meta-qemu-bsps
meta-raspberrypi	라즈베리 파이(Raspberry Pi) 보드 지원	Machine (BSP)	git://git.yoctoproject.org/meta-raspberrypi
meta-renesas-rza1	르네사스(Renesas) RZ/A1 플래폼용 공식 BSP 레이어	Machine (BSP)	git://github.com/renesas-rz/meta-renesas-rza1
meta-rockchip	공식 락칩(Rockchip) 기반 개발 보드 및 제품을 지원하는 레이어	Machine (BSP)	git://git.yoctoproject.org/meta-rockchip
meta-romley	인텔 롬리(Romley) 플랫폼 BSP	Machine (BSP)	git://git.yoctoproject.org/meta-intel
meta-samsung	삼성 스마트폰 지원	Machine (BSP)	git://github.com/shr-distribution/meta-smartphone.git
meta-sugarbay	인텔 슈가 베이(Sugar Bay) 플랫폼 BSP	Machine (BSP)	git://git.yoctoproject.org/meta-intel
meta-sunxi	올위너(AllWinner) sunxi 보드 지원	Machine (BSP)	https://github.com/linux-sunxi/meta-sunxi

(이어짐)

이름	설명	유형	URL
meta-ti	텍사스 인스트루먼트(Texas Instruments) 보드 지원(공식)	Machine (BSP)	git://git.yoctoproject.org/meta-ti
meta-via-vab820-bsp	VIA VAB-820/AMOS-820 BSP 레이어	Machine (BSP)	git://github.com/viaembedded/meta-via-via-vab820-bsp.git
meta-xilinx	자일링스(Xilinx) 하드웨어 지원	Machine (BSP)	git://git.yoctoproject.org/meta-xilinx
meta-xilinx-community	추가 자일링스(Xilinx) 하드웨어 지원	Machine (BSP)	git://git.yoctoproject.org/meta-xilinx-community
meta-yocto-bsp	욕토 프로젝트 레퍼런스 하드웨어 BSP 레이어	Machine (BSP)	git://git.yoctoproject.org/meta-yocto
meta-yocto-bsp-old	이전 욕토 프로젝트 레퍼런스 BSP	Machine (BSP)	git://git.yoctoproject.org/meta-yocto-bsp-old
meta-angstrom	옹스트롬(Ångström) 배포	Distribution	git://github.com/Angstrom-distribution/meta-angstrom.git
meta-arago-distro	아라고(Arago)/TI-SDK 배포	Distribution	git://arago-project.org/git/meta-arago.git
meta-debian	비트베이크(BitBake) 이미지로 데비안(Debian) 소스 코드 사용	Distribution	git://github.com/meta-debian/meta-debian/meta-debian.git
meta-digi-dey	디지(Digi) 임베디드 리눅스 배포판 이미지 제공	Distribution	https://github.com/dgii/meta-digi
meta-eca	모바일 액세스 포인트	Distribution	git://git.yoctoproject.org/meta-eca
meta-eldk	덴스(Denx) ELDK 배포	Distribution	git://git.denx.de/eldk.git
meta-guacamayo	구아카마요(Guacamayo) 배포	Distribution	git://github.com/Guacamayo/meta-guacamayo.git
meta-intel-edison-distro	공식 인텔 에디슨 이미지용 Distro 레이어	Distribution	git://git.yoctoproject.org/meta-intel-edison
meta-intel-iot-devkit	인텔 IoT 개발자 킷을 위한 Distro 레이어	Distribution	git://git.yoctoproject.org/meta-intel-iot-devkit
meta-ivi	차량용 인포테인먼트 시스템과 관련된 소프트웨어 모음	Distribution	git://git.yoctoproject.org/meta-ivi
meta-luneos	룬OS(LuneOS)용 Distro 레이어	Distribution	https://github.com/webOS-ports/meta-webos-ports

meta-luv	리브OS(luvOS) 배포	Distribution	git://git.yoctoproject.org/meta-luv
meta-mel	멘토(Mentor) 임베디드 리눅스 배포(Mentor 그래픽스 사)	Distribution	https://github.com/MentorEmbedded/meta-mentor
meta-micro	마이크로(Micro) 배포	Distribution	git://git.openembedded.org/meta-micro
meta-mmmpi	라즈베리 파이(Raspberry Pi)를 위해 사용자 정의된 예제 Distro 레이어	Distribution	https://bitbucket.org/mmmpi/meta-mmmpi.git
meta-overc	모든 기능을 갖춘 컨테이너 기반 배포	Distribution	git://github.com/WindRiver-OpenSourceLabs/meta-overc.git
meta-shr-distro	SHR 배포	Distribution	git://github.com/shr-distribution/meta-smartphone.git
meta-slugos	슬러그OS(SlugOS) 배포	Distribution	git://github.com/kraj/meta-slugos
meta-tizen	욕토 프로젝트용 타이젠(Tizen) 레퍼런스	Distribution	git://review.tizen.org/scm/bb/meta-tizen
meta-webos	웹OS(WebOS) 배포(공식)	Distribution	git://github.com/openwebos/meta-webos
meta-webos-ports	룬OS(LuneOS)용 Distro 레이어	Distribution	https://github.com/webOS-ports/meta-webos-ports
meta-woce	웹OS(WebOS) 커뮤니티 수정 배포	Distribution	git://github.com/kraj/meta-woce
meta-yocto	욕토 프로젝트용 포키(Poky) 레퍼런스 배포	Distribution	git://git.yoctoproject.org/meta-yocto
meta-alt-desktop-extras	경량(레거시) X 데스크톱, 도구 및 레시피 확장	Miscellaneous	https://github.com/sarnold/meta-alt-desktop-extras
meta-axon	YP의 얼랭(Erlang) 사용	Miscellaneous	https://github.com/joaohf/meta-axon
meta-baryon	바룐(Baryon) 예제 NAS 배포	Miscellaneous	git://git.yoctoproject.org/meta-baryon
meta-cgl	캐리어 등급(Carrier Grade) 리눅스 컴플라이언스 패키지	Miscellaneous	git://git.yoctoproject.org/meta-cgl
meta-darwin	다윈(Darwin) 기반 SDK용 OE 메타 레이어	Miscellaneous	git://git.yoctoproject.org/meta-darwin
meta-gir	GObject Introspection 지원	Miscellaneous	git://github.com/meta-gir/meta-gir.git
meta-intel-galileo	인텔 갈릴레오(Galileo) 플랫폼 지원	Miscellaneous	git://git.yoctoproject.org/meta-intel-galileo

(이어짐)

meta-kernel-dev	커널 개발 추가	Miscellaneous	git://git.yoctoproject.org/meta-yocto-kernel-extras
meta-linaro	OE용 리나로(Linaro) 레이어	Miscellaneous	git://git.linaro.org/openembedded/meta-linaro.git
meta-mentor-staging	목토/OE를 위한 멘토(Mentor) 그래픽스 스테이징(staging) 레이어	Miscellaneous	https://github.com/MentorEmbedded/meta-mentor
meta-mingw	mingw 기반 SDK용 OE 메타 레이어	Miscellaneous	git://git.yoctoproject.org/meta-mingw
meta-pareon	이 레이어는 OE와 함께 패레온 베리파이(Pareon Verify) 사용을 자동화한다.	Miscellaneous	https://github.com/vectorfabrics/meta-pareon
meta-ro-rootfs	읽기 전용 루트 핸들링을 개선하기 위한 스테이징 영역	Miscellaneous	https://github.com/MentorEmbedded/meta-ro-rootfs
meta-security-isafw	이미지 보안 분석기(Image Security Analyser) FW 레이어	Miscellaneous	https://github.com/01org/meta-security-isafw
meta-security-rockwell	개발자가 데이지(Daisy) 배포판에 초점을 맞춘 목토가 빌드된 시스템을 강화하는 데 도움을 주는 OE 레이어	Miscellaneous	https://github.com/IrdetoServices/meta-security-rockwell.git
meta-tlk	시간 제한 커널 레이어	Miscellaneous	git://git.yoctoproject.org/meta-intel
meta-ada	에이다(Ada) 지원	Software	git://github.com/Lucretia/meta-ada.git
meta-android	안드로이드(Android) 특정 도구	Software	https://github.com/shr-distribution/meta-smartphone.git
meta-arago-extras	아라고(Arago)/TI 추가 앱	Software	git://arago-project.org/git/meta-arago.git
meta-aspnet	ASP.NET 5	Software	git://github.com/Tragetaschen/meta-aspnet.git
meta-audio	다양한 오디오 DSP 도구를 위한 레시피를 포함한다.	Software	https://github.com/errordeveloper/oe-meta-audio
meta-aurora	오로라 UI	Software	git://github.com/shr-distribution/meta-smartphone.git
meta-beagleboard-extras	비글보드(BeagleBoard) 추가	Software	git://github.com/beagleboard/meta-beagleboard
meta-browser	웹 브라우저(크롬, 파이어폭스 등)	Software	git://github.com/OSSystems/meta-browser.git

메타데이터	설명	유형	URL
meta-buglabs	버그랩스(BugLabs) 미들웨어 및 특정 OSGi 구성 요소	Software	git://github.com/buglabs/meta-buglabs.git
meta-chicken	치킨(Chicken) 통제인 지원	Software	git://github.com/OSSystems/meta-chicken
meta-ci	CI 관련 작업을 위한 OE/욕토 BSP 레이어	Software	https://github.com/koenkooi/meta-ci.git
meta-clang	C/C++ 크로스 컴파일용 gcc에 대한 Clang/LLVM 대체 컴파일러	Software	https://github.com/kraj/meta-clang
meta-cloud-services	클라우드 및 클러스터링 개발을 위한 일반 패키지 지원	Software	git://git.yoctoproject.org/meta-cloud-services
meta-clutter	쿠기(Cogi), 클러터(Clutter), 자매품을 위한 레시피	Software	git://github.com/Guacamayo/meta-clutter.git
meta-cpan	CPAN 작성자가 의미하는 CPAN 배포	Software	https://github.com/rehsack/meta-cpan.git
meta-crosswalk	야심적인 HTML5 애플리케이션을 위한 웹 런타임	Software	git://github.com/crosswalk-project/meta-crosswalk
meta-efl	인라이트먼트(Enlightenment) UI 지원	Software	git://git.openembedded.org/meta-openembedded
meta-erlang	얼랭(Erlang) 지원	Software	https://github.com/joaohf/meta-erlang
meta-filesystems	추가 파일시스템 지원	Software	git://git.openembedded.org/meta-openembedded
meta-fsl-demos	프리스케일의 데모 이자를 위한 OE/욕토 레이어	Software	https://github.com/Freescale/meta-fsl-demos.git
meta-fso	프리스마폰(Freesmarphone.org) 프레임워크 지원	Software	git://github.com/shr-distribution/meta-smartphone.git
meta-game-emulators	비디오 게임 시스템 애뮬레이터용 소프트웨어 레이어	Software	https://github.com/sergioprado/meta-game-emulators
meta-games	오픈소스 게임	Software	git://github.com/cazfi/meta-games.git
meta-gnome	그놈(GNOME) UI 지원	Software	git://git.openembedded.org/meta-openembedded

(이어짐)

meta-go	Go 언어로 작성된 프로그램 크로스 컴파일을 위한 지원	Software	https://github.com/errordeveloper/oe-meta-go
meta-gpe	GPE UI 지원(현재 최신)	Software	git://git.openembedded.org/meta-openembedded
meta-gstreamer10	GStreamer 1.0을 위한 OE 레이어	Software	git://github.com/dv1/meta-gstreamer1.0.git
meta-hamradio	햄(Ham) 라디오 관련 소프트웨어	Software	https://github.com/hambedded-linux/meta-hamradio.git
meta-initramfs	initramfs 도구	Software	git://git.openembedded.org/meta-openembedded
meta-intel-iot-middleware	인텔 IoT 플랫폼용 위한 공유 미들웨어 레시피	Software	git://git.yoctoproject.org/meta-intel-iot-middleware
meta-iot	사물 인터넷(Internet of Things) 장치 관리자 및 번역기 빌드를 위한 지원	Software	https://github.com/cablelabs/meta-iot
meta-ivi-demo	GENIVI 목토 데모 플랫폼	Software	git://git.yoctoproject.org/meta-ivi
meta-java	자바 지원	Software	git://git.yoctoproject.org/meta-java
meta-kali	칼리(Kali) 침투 테스트 도구	Software	https://github.com/akuster/meta-kali
meta-kde4	KDE 4/플라즈마 액티브(Plasma Active)	Software	https://bitbucket.org/gen_dev_sst/meta-kde4.git
meta-kf5	KDE 프레임워크 5	Software	https://github.com/e8johan/meta-kf5.git
meta-linaro-toolchain	리나로(Linaro) 툴체인 지원	Software	git://git.linaro.org/openembedded/meta-linaro.git
meta-luneui	룬OS(LuneOS) UI용 레시피	Software	https://github.com/webOS-ports/meta-webos-ports
meta-lxcbench	LXCBENCH 프로젝트를 위한 목토 레이어	Software	git://git.projects.genivi.org/lxcbench.git
meta-maker	제조사를 위한 OE 레시피	Software	http://git.yoctoproject.org/git/meta-maker
meta-measured	소프트웨어와 신뢰할 수 있는 컴퓨팅 측정에 관련된 도구 및 유틸리티	Software	https://github.com/flihp/meta-measured.git
meta-mel-support	목토/OE를 위한 멘토(Mentor) 임베디드 리눅스 지원 레이어	Software	https://github.com/MentorEmbedded/meta-mentor

meta-mono	모노(Mono)	Software	git://git.yoctoproject.org/meta-mono
meta-multimedia	멀티미디어 관련 소프트웨어	Software	git://git.openembedded.org/meta-openembedded
meta-musl	musl C 라이브러리 지원	Software	https://github.com/kraj/meta-musl.git
meta-netmodule-extras	넷모듈(NetModule)이 사용하는 추가 패킷	Software	https://github.com/netmodule/meta-netmodule-extras.git
meta-networking	네트워크 관련 소프트웨어	Software	git://git.openembedded.org/meta-openembedded
meta-office	공식 애플리케이션 및 라이브러리	Software	git://github.com/schnitzeltony/meta-office.git
meta-oic	오픈 인터커넥트 컨소시엄 아이오티비티(Open Interconnect Consortium Iotivity) 프레임워크 빌드 지원	Software	git://git.yoctoproject.org/meta-oic
meta-openclovis	SAFplus 미들웨어 구성 요소 지원을 위한 레이어	Software	https://github.com/joaohf/meta-openclovis
meta-openhab	오픈햅(openHAB, 홈 자동화 소프트웨어)을 제공하는 욕토 레이어	Software	https://github.com/ulfwin/meta-openhab
meta-openstack	오픈스택(OpenStack) 지원	Software	git://git.yoctoproject.org/meta-cloud-services
meta-openstack-compute-deploy	오픈스택 컴퓨트 노드 지원	Software	git://git.yoctoproject.org/meta-cloud-services
meta-openstack-controller-deploy	오픈스택 컨트롤러 노드 지원	Software	git://git.yoctoproject.org/meta-cloud-services
meta-openstack-qemu	오픈스택 QEMU 이미지 지원	Software	git://git.yoctoproject.org/meta-cloud-services
meta-openwrt	OpenWRT 패키지를 위한 OE 메타데이터	Software	https://github.com/kraj/meta-openwrt
meta-opie	오파이(Opie) UI 지원	Software	git://git.openembedded.org/meta-opie
meta-oracle-java	오라클 자바 지원	Software	git://git.yoctoproject.org/meta-oracle-java
meta-osmocombb	오스모컴BB(OsmocomBB) 지원	Software	git://github.com/shr-distribution/meta-smartphone.git

(이어짐)

이름	설명	타입	URL
meta-perl	추가 펄(Perl) 레시피	Software	git://git.openembedded.org/meta-openembedded
meta-pypy	크로스/임베디드 PyPy(https://bitbucket.org/pypy/pypy) 지원	Software	https://github.com/mzakharo/meta-pypy.git
meta-python	파이썬 지원	Software	git://git.openembedded.org/meta-openembedded
meta-qt3	Qt 3.x 지원	Software	git://git.yoctoproject.org/meta-qt3
meta-qt4	Qt 4.x 지원	Software	git://git.yoctoproject.org/meta-qt4
meta-qt5	Qt5 모듈	Software	git://github.com/meta-qt5/meta-qt5.git
meta-qt5-extra	Qt5 기반 데스크톱 환경 및 애플리케이션	Software	git://github.com/schnitzeltony/meta-qt5-extra.git
meta-realtime	추가 리얼타임 지원	Software	git://git.yoctoproject.org/meta-realtime
meta-ros	로봇 운영체제(ROS, Robot Operating System) 지원 레이어	Software	git://github.com/bmwcarit/meta-ros.git
meta-ruby	루비(Ruby) 지원	Software	git://git.openembedded.org/meta-openembedded
meta-rust	러스트(Rust) 컴파일러 및 패키지 관리자	Software	https://github.com/starlab-io/meta-rust.git
meta-sdr	SDR(Software-defined radio) 관련 레시피	Software	https://github.com/balister/meta-sdr.git
meta-security	인터넷 연결 장치를 위한 보안 도구	Software	git://git.yoctoproject.org/meta-security
meta-security-framework	고급 보안 미들웨어 및 도구 추가	Software	https://github.com/01org/meta-intel-iot-security.git
meta-security-smack	OE 배포판에 스맥(Smack) LSM 추가	Software	https://github.com/01org/meta-intel-iot-security.git
meta-selinux	SELinux 지원	Software	git://git.yoctoproject.org/meta-selinux
meta-shr	SHR 애플리케이션	Software	git://github.com/shr-distribution/meta-smartphone.git
meta-smalltalk	GNU 스몰토크(Smalltalk) 및 포트	Software	git://github.com/sysmocom/meta-smalltalk.git
meta-sourcery	멘토(Mentor) 그래픽스 사의 CodeSourcery 툴체인 지원 레이어	Software	git://github.com/MentorEmbedded/meta-sourcery.git

이름	설명	유형	저장소
meta-spec	SPEC(Simple PCIe FMC Carrier) 지원	Software	git://ohwr.org/fmc-projects/spec/spec-getting-started/meta-spec.git
meta-swupdate	swupdate를 통한 소프트웨어 업데이트 지원 레이어	Software	https://github.com/sbabic/meta-swupdate
meta-systemd	systemd 지원	Software	git://git.openembedded.org/meta-openembedded
meta-telephony	텔레포니(Telephony) 관련 소프트웨어	Software	https://github.com/sysmocom/meta-telephony
meta-telldus	텔스틱(TellStick) 지원 레이어	Software	https://github.com/maxinbjohn/meta-telldus
meta-tracing	소스 분석기(Sourcery Analyzer, lttng+systemtap 비트)에 필요한 에이전트 지원을 추가하기 위한 레이어	Software	git://github.com/MentorEmbedded/meta-tracing.git
meta-uav	무인 항공기(drone) 지원	Software	https://github.com/koenkooi/meta-uav.git
meta-virtualization	하이퍼바이저, 가상화 도구 스택 및 클라우드 지원	Software	git://git.yoctoproject.org/meta-virtualization
meta-web-kiosk	가상 키보드 지원을 통해 브라우저 기반 키오스크 장치를 활성화하는 레이어	Software	git://git.yoctoproject.org/meta-web-kiosk
meta-webkit	웹킷(WebKit) 엔진 및 브라우저: WebKitForWayland, WebKitGTK+	Software	https://github.com/Igalia/meta-webkit
meta-webserver	웹 서버 관련 소프트웨어	Software	git://git.openembedded.org/meta-openembedded
meta-wolfssl	경량의 이식 가능한 C 언어 기반 SSL/TLS 라이브러리	Software	https://github.com/wolfSSL/meta-wolfssl
meta-x10	x10 프로토콜 관련 소프트웨어	Software	git://github.com/baillaw/meta-x10.git
meta-xfce	XFCE UI 지원	Software	git://git.openembedded.org/meta-openembedded
toolchain-layer	이전/최신 툴체인	Software	git://git.openembedded.org/meta-openembedded

표 B-2 머신

머신명	설명	레이어
a500	에이서(Acer) 아이코나탭(IconiaTab) A500	meta-acer
akita	샤프 자우루스(Sharp Zaurus) SL-C1000 장치	meta-handheld
am180x-evm	TI AM180x EVM 보드	meta-ti
am335x-evm	TI AM335x EVM	meta-ti
am3517-evm	TI Sitara AM3517 EVM	meta-ti
am37x-evm	TI AM37x EVM	meta-ti
am437x-evm	TI AM437x EVM	meta-ti
am57xx-evm	TI DRA7xx EVM	meta-ti
apalis-imx6	토라덱스(Toradex) 에이팔리스(Apalis) iMX6 SOM	meta-fsl-arm-extra
arago	TI/Arago ARMv5 플랫폼을 위한 Unified/fake Arago 시스템 구성	meta-arago-distro
arago-armv5	TI/Arago ARMv5 플랫폼을 위한 Unified/fake Arago 시스템 구성	meta-arago-distro
arago-armv7	TI/Arago ARMv7 플랫폼을 위한 Unified/fake Arago 시스템 구성	meta-arago-distro
arndale	인데일(Arndale) 보드	meta-exynos
arndale-octa	인데일(Arndale) 옥타(Octa) 보드	meta-exynos
arria10	아리아(Arria) 10 SoC	meta-altera
arria5	아리아(Arria) V SoC	meta-altera
at91sam9m10g45ek	아트멜(Atmel) 평가 보드	meta-atmel
at91sam9rlek	아트멜(Atmel) 평가 보드	meta-atmel
at91sam9x5ek	아트멜(Atmel) 평가 보드	meta-atmel
axxiaarm	LSI Axxia ARM 시스템	meta-lsi

axxiapowerpc	LSI Axxia 파워PC(PowerPC) 시스템	meta-lsi
b4420qds	프리스케일(Freescale) QorIQ 컨버지(Qonverge) B4420	meta-fsl-ppc
b4420qds-64b	프리스케일(Freescale) QorIQ 컨버지(Qonverge) B4420	meta-fsl-ppc
b4860qds	프리스케일(Freescale) QorIQ 컨버지(Qonverge) B4860	meta-fsl-ppc
b4860qds-64b	프리스케일(Freescale) QorIQ 컨버지(Qonverge) B4860	meta-fsl-ppc
baldeagle	볼드 이글(Bald Eagle) 시스템	meta-baldeagle
balto	발토(Balto) 보드 RZ/A1H	meta-renesas-rza1
balto-xip	발토(Balto) 보드 RZ/A1H	meta-renesas-rza1
bananapi	올위너(Allwinner) A20 CPU 기반의 바나나 파이(Banana Pi, http://bananapi.org)	meta-sunxi
beagleboard	비글보드(BeagleBoard) 보드(http://beagleboard.org)	meta-ti
beagleboard	비글보드(BeagleBoard) 보드	meta-yocto-bsp-old
beaglebone	비글본(BeagleBone) 보드(http://beagleboard.org/bone)	meta-ti
beaglebone	비글본(BeagleBone)과 비글본(BeagleBone) 블랙 보드(http://beagleboard.org/black)	meta-yocto-bsp
beaglebone	비글본(BeagleBone) 보드	meta-beagleboard
ben-nanonote	Qi 하드웨어 Ben Nanonote	meta-handheld
bsc9131rdb	프리스케일(Freescale) QorIQ 컨버지(Qonverge) BSC9131	meta-fsl-ppc
bsc9132qds	프리스케일(Freescale) QorIQ 컨버지(Qonverge) BSC9132	meta-fsl-ppc
bug	BUG 1.x 보드(imx31 기반)	meta-bug
bug20	BUG 2.0 보드(OMAP3530 기반)	meta-bug
bytepanel	AG로 작업하는 바이트 단위 바이트패널(bytePANEL)	meta-bytesatwork
c293pcie	프리스케일(Freescale) C29x 암호 코프로세서	meta-fsl-ppc

(이어짐)

c7x0	샤프 자우루스(Sharp Zaurus) SL-C700, 샤프 자우루스 SL-C750, 샤프 자우루스 SL-C760, 샤프 자우루스 SL-C860 장치	meta-handheld
ccardimx28js	MX28 JSK용 디지 커넥트코어(Digi ConnectCore)	meta-digi-arm
ccimx51js	MX51 JSK용 디지 커넥트코어(Digi ConnectCore)	meta-digi-arm
ccimx53js	MX53 JSK용 디지 커넥트코어(Digi ConnectCore)	meta-digi-arm
cfa10036	CFA-10036	meta-fsl-arm-extra
cfa10037	CFA-10037	meta-fsl-arm-extra
cfa10049	CFA-10049	meta-fsl-arm-extra
cfa10055	CFA-10055	meta-fsl-arm-extra
cfa10056	CFA-10056	meta-fsl-arm-extra
cfa10057	CFA-920으로 불리는 CFA-10057	meta-fsl-arm-extra
cfa10058	CFA-921로 불리는 CFA-10058	meta-fsl-arm-extra
cgtqmx6	콩가텍(Congatec) QMX6 평가 보드	meta-fsl-arm-extra
chip	CHIP 보드	meta-chip
chromebook-snow	안데일(Arndale) 보드	meta-exynos
ci20	ci20 시스템	meta-ci20
cm-fx6	컴퓨랩(CompuLab) CM-FX6 시스템	meta-fsl-arm-extra
colibri-imx6	토라덱스(Toradex) 콜리브리(Colibri) iMX6 SOM	meta-fsl-arm-extra
colibri-vf	프리스케일(Freescale) 바이브리드(Vybrid) SoC가 탑재된 토라텍스(Toradex) 콜리브리(Colibri) VF50/VF61	meta-fsl-arm-extra
collie	SA1100 기반 샤프 자우루스(Sharp Zaurus) SL-5000 및 SL-5500 장치	meta-handheld
creator-ci20	MIPS 크리에이터(Creator) CI20	meta-jz-mips

식별자	설명	레이어
crespo	삼성 크레스포(Crespo)	meta-samsung
crownbay-noemgd	인텔 독점(Intel-proprietary) 그래픽 비트가 없는 크라운 베이(Crown Bay) 시스템	meta-crownbay
crystalforest	크리스탈(Crystal) 포레스트(Forest) 클래딘(Gladden) 시스템	meta-crystalforest
cubieboard	올위너(Allwinner) a10 CPU 기반의 큐비보드(Cubieboard, http://cubieboard.org)	meta-sunxi
cubieboard2	올위너(Allwinner) A20 CPU 기반의 큐비보드2(Cubieboard2)	meta-sunxi
cubietruck	올위너(Allwinner) A20 CPU 기반의 큐비트럭(Cubietruck, www.cubietruck.com)	meta-sunxi
cubox	www.solid-run.com/products/cubox	meta-cubox
cubox-i	솔리드런(SolidRun) 큐박스-i(CuBox-i) 및 허밍보드(HummingBoard) 기계	meta-fsl-arm-extra
cyclone5	사이클론(Cyclone) V SoC	meta-altera
dra7xx-evm	TI DRA7xx EVM	meta-ti
dra7xx-evm	TI DRA7xx EVM	meta-dra7xx-evm
duovero	검스틱스(Gumstix) 듀오베로(DuoVero)	meta-gumstix
edgerouter	에지라우터(Edgerouter)	meta-yocto-bsp
edison	에디슨(Edison) 시스템	meta-intel-edison-bsp
efikamx	EfiKA MX 개발 플랫폼(www.powerdeveloper.org/platforms/efikamx)	meta-efikamx
emenlow-noemgd	인텔 독점 그래픽 비트가 없는 eMenlow 기반 시스템(예: Web-2120 상자)	meta-emenlow
ep108-zynqmp	자일링스(Xilinx) EP108 ZynqMP 에뮬레이션 플랫폼	meta-xilinx
ettus-e1xx	USRP E1XX	e100-bsp
ettus-e300	이투스 리서치(Ettus Research) E3XX SDR	e300-bsp
example		meta-kernel-dev
forfun-q88db	A13 CPU가 장착된 포펀(Forfun) Q88DB 태블릿	meta-sunxi

(이어짐)

fri2-noemgd	인텔 독점 그래픽 비트가 없는 피시 리버 아일랜드 2(Fish River Island 2) 시스템	meta-fri2
gcw0	게임 콘솔즈 월드와이드 제로(Game Consoles Worldwide(GCW) Zero)	meta-handheld
geeksphone-one	긱스폰(Geeksphone) 원(One)	meta-geeksphone
generic-armv4t	ARMv4T 기반 보드	meta-eldk
generic-armv5te	ARMv5TE 기반 보드	meta-eldk
generic-armv6	ARMv6 기반 보드	meta-eldk
generic-armv7a	ARMv7a 기반 보드	meta-eldk
generic-armv7a-hf	ARMv7a 기반 보드	meta-eldk
generic-mips	MIPS 기반 보드	meta-eldk
generic-nios2	니오스(Nios) II 머신	meta-altera
generic-powerpc	FPU가 있는 일반 파워PC(PowerPC) 머신	meta-eldk
generic-powerpc-4xx	APM PPC4xx 기반 보드(FPU 포함)	meta-eldk
generic-powerpc-4xxsoftfloat	APM PPC4xx 기반 보드(FPU 없음)	meta-eldk
generic-powerpc-e500v2		meta-eldk
generic-powerpc-softfloat	FPU가 없는 일반 파워PC(PowerPC) 머신	meta-eldk
genericarmv7a	linaro-media-create에서 사용할 일반 머신	meta-linaro
genericarmv7ab	linaro-media-create에서 사용할 일반 머신	meta-linaro
genericarmv8	linaro-media-create에서 사용할 일반 머신	meta-aarch64
genericarmv8b	linaro-media-create에서 사용할 일반 머신	meta-aarch64
genericx86	일반 x86(32비트) PC. 일반적인 하드웨어에서 부팅하고 사용할 수 있는 적당한 범위의 드라이버를 지원한다.	meta-yocto-bsp

genericx86-64	일반 x86_64(64비트) PC 및 서버. 일반적인 하드웨어에에서 부팅하고 사용할 수 있는 적당한 범위의 드라이버를 지원한다.	meta-yocto-bsp
grouper	에이수스 그루퍼(Asus Grouper)	meta-asus
guruplug	ARM 기반 마벨(Marvell) 쉬바플러그(SheevaPlug)	meta-kirkwood
h1940	HP iPAQ h1930 및 h1940	meta-handheld
h3600	컴팩(Compaq) iPAQ 36xx, 컴팩 iPAQ 37xx, 컴팩 iPAQ 38xx 장치	meta-handheld
hpveer	HP Veer 핸드셋	meta-palm
htcdream	HTC 드림(Dream) 폰(일명 T-Mobile G1 및 Google ADP-1)	meta-htc
htcleo	HTC 레오(Leo) 스마트폰(일명 HTC HD2)	meta-htc
hx4700	PXA27x CPU가 장착된 hx4700 iPAQ	meta-handheld
i9300	삼성 갤럭시 S3	meta-samsung
igep0020	IGEPv2 AM/DM37x 프로세서 보드	meta-igep
igep0030	IGEP COM 모듈 AM/DM37x 프로세서 보드	meta-igep
igep0033	IGEP COM AQUILA AM335x 프로세서 보드	meta-igep
imx233-olinuxino-maxi	올리멕스(OLIMEX) iMX233-OLinuXino-Maxi	meta-fsl-arm-extra
imx233-olinuxino-micro	올리멕스(OLIMEX) iMX233-OLinuXino-Micro	meta-fsl-arm-extra
imx233-olinuxino-mini	올리멕스(OLIMEX) iMX233-OLinuXino-Mini	meta-fsl-arm-extra
imx233-olinuxino-nano	올리멕스(OLIMEX) iMX233-OLinuXino-Nano	meta-fsl-arm-extra
imx23evk	프리스케일(Freescale) i.MX23 EV 킷(EVK)	meta-fsl-arm
imx28evk	프리스케일(Freescale) i.MX28 EVK	meta-fsl-arm
imx51evk	프리스케일(Freescale) i.MX51 EVK	meta-fsl-arm

(이어짐)

imx53ard	프리스케일(Freescale) i.MX53 SABRE 자동차 보드	meta-fsl-arm
imx53qsb	프리스케일(Freescale) i.MX53 퀵 스타트 보드	meta-fsl-arm
imx6dl-riotboard	i.MX6S RIoTboard	meta-fsl-arm-extra
imx6dlsabreauto	프리스케일(Freescale) i.MX6DL SABRE 자동차	meta-fsl-arm
imx6dlsabresd	프리스케일(Freescale) i.MX6DL SABRE 스마트 장치	meta-fsl-arm
imx6qpsabreauto	프리스케일(Freescale) i.MX6QP SABRE 자동차	meta-fsl-arm
imx6qsabreauto	프리스케일(Freescale) i.MX6Q 세이버 자동차	meta-fsl-arm
imx6qsabrelite	바운더리 디바이스(Boundary Device) i.MX6Q SABRE Lite	meta-fsl-arm-extra
imx6qsabresd	프리스케일(Freescale) i.MX6Q 세이버 스마트 디바이스	meta-fsl-arm
imx6qvab820	VAB-820	meta-via-vab820-bsp
imx6sl-warp	i.MX6SL WaRP 보드	meta-fsl-arm-extra
imx6slevk	프리스케일(Freescale) i.MX6SL EVK	meta-fsl-arm
imx6solosabreauto	프리스케일(Freescale) i.MX6Solo SABRE 자동차	meta-fsl-arm
imx6solosabresd	프리스케일(Freescale) i.MX6Solo SABRE 스마트 디바이스	meta-fsl-arm
imx6sxsabreauto	프리스케일(Freescale) i.MX6SoloX 세이버 자동차	meta-fsl-arm
imx6sxsabresd	프리스케일(Freescale) i.MX6SoloX 세이버 스마트 디바이스	meta-fsl-arm
imx6ulevk	프리스케일(Freescale) i.MX6UL EVK	meta-fsl-arm
imx7dsabresd	프리스케일(Freescale) i.MX7D 세이버 스마트 디바이스	meta-fsl-arm
intel-core2-32	MMX, SSE, SSE2, SSE3, SSSE3 명령 세트를 이용해 32비트 인텔 코어(Intel Core) 2 CPU (이상) 지원. 일반적인 하드웨어에서 부팅하고 사용할 수 있는 작은한 범위의 드라이버를 지원한다.	meta-intel
intel-corei7-64	MMX, SSE, SSE2, SSE3, SSSE3 명령 세트를 이용해 64비트 인텔 코어(Intel Core) i7 CPU (이상) 지원. 일반적인 하드웨어에서 부팅하고 사용할 수 있는 작은한 범위의 드라이버를 지원한다.	meta-intel

	쿼크(Quark) 시스템	meta-intel
intel-quark		
jasperforest	재스퍼 포레스트 피켓 포스트(Jasper Forest Picket Post)	meta-jasperforest
k2e-evm	TI Keystone 2 K2E 평가 모듈(EVM)	meta-ti
k2g-evm	TI Keystone 2 K2G EVM	meta-ti
k2hk-evm	TI Keystone 2 K2HK EVM	meta-ti
k2l-evm	TI Keystone 2 K2L EVM	meta-ti
kc705-trd-microblazeel	자일링스(Xilinx) KC705 임베디드 킷 타깃 레퍼런스 디자인(TRD)을 위한 머신 지원	meta-xilinx
lng-rt-x86-64		meta-linaro
lng-x86-64		meta-linaro
ls1021atwr	32비트 모드의 LS1021ATWR	meta-fsl-arm
m28evk	덴스(DENX) M28 SoM EVK	meta-eldk
m28evk	덴스(DENX) M28 SoM EVK	meta-fsl-arm-extra
m53evk	덴스(DENX) M53 SoM EVK	meta-eldk
m53evk	덴스(DENX) M53 SoM EVK	meta-fsl-arm-extra
maguro	삼성 튜나(Tuna)	meta-samsung
mele	올위너(Allwinner) a10 CPU 기반 Mele a1000 및 a2000	meta-sunxi
meleg	올위너(Allwinner) a10 CPU 기반 Mele a1000g 및 a2000g	meta-sunxi
microzed-zynq7	마이크로지드(microZed, www.microzed.org)에 대한 머신 지원	meta-xilinx-community
microzed-zynq7	마이크로지드(microZed, www.microzed.org)에 대한 머신 지원	meta-xilinx
minnow	미노우보드(MinnowBoard) v1(Intel Atom E640T). 미노우보드 맥스(Intel Atom E38xx)의 경우 meta-intel intel-corei7-64 BSP(www.elinux.org/MinnowMaxYoctoProject)를 사용한다.	meta-minnow

(이어짐)

minnow-emgd	미노우보드(MinnowBoard) v1(Intel Atom E640T); 미노우보드 맥스(Intel Atom E38xx)의 경우 meta-intel intel-corei7-64 BSP(www.elinux.org/Minnowboard:MinnowMaxYoctoProject)를 사용한다.	meta-minnow
ml405-virtex4-ppc405	버텍스-4(Virtex-4) 파워PC 405 프로세서(APU FPU 포함)가 장착된 자일링스(Xilinx) ML405 FPGA 개발 플랫폼	meta-xilinx-community
ml507-virtex5-ppc440	버텍스-5Virtex-5 파워PC 440 프로세서(APU FPU 포함)가 장착된 자일링스(Xilinx) ML507 FPGA 개발 플랫폼	meta-xilinx-community
mpc5200		meta-eldk
mpc5200xenomai		meta-eldk
mpc8315e-rdb		meta-yocto-bsp
nanopi	프렌들리암 나노파이(FriendlyARM NanoPi) 보드	meta-nanopi
netbookpro	싸이온(Psion) Teklogix NetBook Pro	meta-netbookpro
netstora	ARM 기반 넷기어 스토라(Netgear Stora)	meta-kirkwood
nexusone	넥서스 원(Nexus One) 스마트폰	meta-htc
nitrogen6sx	바운더리 디바이스(Boundary Device) 니트로젠6SX(Nitrogen6SX)	meta-fsl-arm-extra
nitrogen6x	바운더리 디바이스(Boundary Device) 니트로젠6X(Nitrogen6X)	meta-fsl-arm-extra
nitrogen6x-lite	바운더리 디바이스(Boundary Device) 니트로젠6X 라이트(Nitrogen6X Lite)	meta-fsl-arm-extra
nokia900	노키아(Nokia) 900	meta-nokia
nslu2be	빅 엔디안 모드의 NSLU2	meta-nslu2
nslu2le	리틀 엔디안 모드의 NSLU2	meta-nslu2
nuc	인텔(Intel) NUC 모델 DC3217IYE	meta-nuc
odroid-c1	하드커널(Hardkernel)의 ODROID-C1	meta-odroid
odroid-u2	하드커널(Hardkernel)의 ODROID-U2	meta-odroid

odroid-ux3	오드로이드(ODROID)-UX3 시스템	meta-odroid
odroid-xu	하드커널(Hardkernel)의 ODROID-XU	meta-odroid
olinuxino-a10lime	올위니(Allwinner) A10 CPU 기반의 Olimex A10-OLinuXino Lime 보드	meta-sunxi
olinuxino-a10s	올위니(Allwinner) A10s CPU 기반의 Olimex A10S-OLinuXino-MICRO 보드	meta-sunxi
olinuxino-a13	올위니(Allwinner) A13 CPU 기반의 Olime A13-OLinuXino 보드	meta-sunxi
olinuxino-a13som	올위니(Allwinner) A13 CPU 기반의 Olimx A13-SOM 평가 보드	meta-sunxi
olinuxino-a20	올위니(Allwinner) A20 CPU 기반의 Olimex A20-OLinuXino 보드	meta-sunxi
olinuxino-a20lime	올위니(Allwinner) A20 CPU 기반의 Olimex A20-OLinuXino 라임 보드	meta-sunxi
olinuxino-a20lime2	올위니(Allwinner) A20 CPU 기반의 Olimex A20-OLinuXino 라임2 보드	meta-sunxi
olinuxino-a20som	올위니(Allwinner) A20 CPU 기반의 Olimex A20-SOM 평가 보드	meta-sunxi
om-gta01	OM Neo1973 GSM 전화기	meta-openmoko
om-gta02	오픈모코(Openmoko) 네오프리러너(NeoFreerunner) GSM 전화기	meta-openmoko
om-gta04	골드리코(Goldelico) GTA04 GSM 전화기	meta-openmoko
omap3evm	텍사스 인스트루먼트(Texas Instruments) OMAP3 EVM	meta-ti
omap5-evm	텍사스 인스트루먼트(Texas Instruments) OMAP5 uEVM	meta-ti
openpandora	판도라(Pandora) 핸드 헬드(handheld) 콘솔(www.openpandora.org)	meta-openpandora
ouya	에이수스(ASUS) tf201	meta-ouya
overo	검스틱스(Gumstix) 이상	meta-gumstix
overo	검스틱스(Gumstix) 이상	meta-gumstix-community
p1010rdb	프리스케일(Freescale) QorIQ P1010 레퍼런스	meta-fsl-ppc
p1020rdb	프리스케일(Freescale) QorIQ P1020 레퍼런스	meta-fsl-ppc

(이어짐)

p1021rdb	프리스케일(Freescale) QorIQ P1021 레퍼런스	meta-fsl-ppc
p1022ds	프리스케일(Freescale) QorIQ P1022 개발	meta-fsl-ppc
p1023rdb	프리스케일(Freescale) QorIQ P1023 레퍼런스	meta-fsl-ppc
p1025twr	프리스케일(Freescale) QorIQ P1025 MPU 타워	meta-fsl-ppc
p2020rdb	프리스케일(Freescale) QorIQ P2020 레퍼런스	meta-fsl-ppc
p2041rdb	프리스케일(Freescale) QorIQ P2041 레퍼런스	meta-fsl-ppc
p3041ds	프리스케일(Freescale) QorIQ P3041 개발	meta-fsl-ppc
p4080ds	프리스케일(Freescale) QorIQ P4080 개발	meta-fsl-ppc
p5020ds	프리스케일(Freescale) QorIQ P5020 개발	meta-fsl-ppc
p5020ds-64b	프리스케일(Freescale) QorIQ P5020 개발	meta-fsl-ppc
p5040ds	프리스케일(Freescale) QorIQ P5040 개발	meta-fsl-ppc
p5040ds-64b	프리스케일(Freescale) QorIQ P5040 개발	meta-fsl-ppc
palmpre	팜 프리(Palm Pre) 전화기	meta-palm
palmpre2	팜 프리(Palm Pre) 2 전화기	meta-palm
pandaboard	OMAP4430 Panda	meta-ti
parallella	어댑테바(Adapteva) 패러렐라(Parallella) 보드, 헤드리스(headless, HDMI 미지원)	meta-parallella
parallella-hdmi	HDMI 지원 어댑테바(Adapteva) 패러렐라(Parallella) 보드	meta-parallella
pcm052	파이텍(Phytec) 파이코어 바이브리드(phyCORE Vybrid) 개발 깃	meta-fsl-arm-extra
pepper	검스틱스(Gumstix) 페퍼(Pepper)	meta-gumstix
picosam9	피코샘9(Picosam9) 보드(http://arm.mini-box.com)	meta-picosam9
picozed-zynq7	피코제드(picoZed)에 대한 머신 지원(http://zedboard.org/product/picozed)	meta-xilinx

poodle	PXA250 기반 샤프 자우루스(Sharp Zaurus) SL-B500 및 샤프 자우루스 SL-5600 장치	meta-handheld
qemuarm	arm_versatile_926ejs	openembedded-core
qemuarm64	일반 ARMv8	openembedded-core
qemumicroblaze	마이크로블레이즈(MicroBlaze) QEMU 머신 지원(Petalogix-ml605 모델)	meta-xilinx
qemumicroblaze-s3adsp1800	마이크로블레이즈(MicroBlaze) QEMU 머신 지원(Petalogix-s3adsp1800 모델)	meta-xilinx
qemumips	mti_malta32_be	openembedded-core
qemumips64	mti-malta64-be	openembedded-core
qemuppc	QEMU 에뮬레이션의 PPC 시스템	openembedded-core
qemuppc64	QEMU 에뮬레이션의 PPC 시스템	meta-qemu-bsps
qemux86	일반적인 x86	openembedded-core
qemux86-64	일반적인 x86	openembedded-core
qemuzynq	징크(Zynq) QEMU 머신 지원(xilinx-zynq-a9 모델)	meta-xilinx
quark	쿼크(Quark) 시스템	meta-intel-quark
raspberrypi	라즈베리 파이(Raspberry Pi) 보드(www.raspberrypi.org)	meta-raspberrypi
raspberrypi0	라즈베리 파이(Raspberry Pi) 제로 보드(https://www.raspberrypi.org/blog/raspberry-pi-zero)	meta-raspberrypi
raspberrypi2	라즈베리 파이(Raspberry Pi) 2	meta-raspberrypi
rk3066a-marsboard	마스보드(Marsboard)-RK3066은 파워 듀얼 코어 ARM Cortex-A9 CPU와 쿼드 코어 Mali-400 MP4 GPU를 결합한 인기 있는 락칩(Rockchip) 듀얼 코어 SoC에 의해 작동된다.	meta-rockchip
rk3188-radxarock	Radxa Rock은 쿼드 코어 ARM Cortex-A9 프로세서, 80핀 헤더가 있는 단일 보드 컴퓨터로 다른 I/O 또는 GPIO를 쉽게 연결할 수 있다.	meta-rockchip
rk3288-firefly	파이어플라이(Firefly)-RK3288은 강력한 컴퓨팅 능력, 그래픽 처리, 비디오 디코딩 기능을 갖춘 고성능 플랫폼이다.	meta-rockchip

(이어짐)

romley	롬리(Romley) 시스템	meta-romley
romley-ivb	롬리(Romley) 시스템	meta-romley
routerstationpro	mti_malta32_be	meta-yocto-bsp-old
rskrza1	RSKRZA1 보드	meta-renesas-rza1
rskrza1-xip	RSKRZA1 보드	meta-renesas-rza1
sama5d2-xplained	아트멜(Atmel) 평가 보드	meta-atmel
sama5d3-xplained	아트멜(Atmel) 평가 보드	meta-atmel
sama5d3xek	아트멜(Atmel) 평가 보드	meta-atmel
sama5d4-xplained	아트멜(Atmel) 평가 보드	meta-atmel
sama5d4ek	아트멜(Atmel) 평가 보드	meta-atmel
sheevaplug	ARM 기반 마벨(Marvell) 쉬바플러그(SheevaPlug)	meta-kirkwood
spitz	샤프 자우르스(Sharp Zaurus) SL-C3000 장치	meta-handheld
sugarbay	슈거베이(Sugar Bay) 시스템	meta-sugarbay
t1023rdb	프리스케일(Freescale) QorIQ T1023 레퍼런스	meta-fsl-ppc
t1023rdb-64b	프리스케일(Freescale) QorIQ T1023 레퍼런스	meta-fsl-ppc
t1024rdb	프리스케일(Freescale) QorIQ T1024 레퍼런스	meta-fsl-ppc
t1024rdb-64b	프리스케일(Freescale) QorIQ T1024 레퍼런스	meta-fsl-ppc
t1040d4rdb	프리스케일(Freescale) QorIQ T1040D4 레퍼런스	meta-fsl-ppc
t1040d4rdb-64b	프리스케일(Freescale) QorIQ T1040D4 레퍼런스	meta-fsl-ppc
t1042d4rdb	프리스케일(Freescale) QorIQ T1040D4 레퍼런스	meta-fsl-ppc
t1042d4rdb-64b	프리스케일(Freescale) QorIQ T1040D4 레퍼런스	meta-fsl-ppc

t2080qds	프리스케일(Freescale) QorIQ T2080 개발	meta-fsl-ppc
t2080qds-64b	프리스케일(Freescale) QorIQ T2080 개발	meta-fsl-ppc
t2080rdb	프리스케일(Freescale) QorIQ T2080 레퍼런스	meta-fsl-ppc
t2080rdb-64b	프리스케일(Freescale) QorIQ T2080 레퍼런스	meta-fsl-ppc
t4160qds	프리스케일(Freescale) QorIQ T4160 개발	meta-fsl-ppc
t4160qds-64b	프리스케일(Freescale) QorIQ T4160 개발	meta-fsl-ppc
t4240qds	프리스케일(Freescale) QorIQ T4240 개발	meta-fsl-ppc
t4240qds-64b	프리스케일(Freescale) QorIQ T4240 개발	meta-fsl-ppc
t4240rdb	프리스케일(Freescale) QorIQ T4240 레퍼런스	meta-fsl-ppc
t4240rdb-64b	프리스케일(Freescale) QorIQ T4240 레퍼런스	meta-fsl-ppc
tilapia	에이수스(Asus) Tilapia	meta-asus
toro	삼성 토로(Toro)	meta-samsung
toroplus	삼성 토로(Toro) 플러스	meta-samsung
tosa	PXA255-기반 샤프 자우루스(Sharp Zaurus) SL-6000 장치	meta-handheld
twr-vf65gs10	프리스케일(Freescale) Vybrid TWR-VF65GS10	meta-fsl-arm
tx6q-10x0	Ka-Ro Electronics TX6Q Computer-on-module	meta-fsl-arm-extra
tx6q-11x0	Ka-Ro Electronics TX6Q Computer-on-module	meta-fsl-arm-extra
tx6s-8034	Ka-Ro Electronics TX6S Computer-on-module	meta-fsl-arm-extra
tx6s-8035	Ka-Ro Electronics TX6S Computer-on-module	meta-fsl-arm-extra
tx6u-8033	Ka-Ro Electronics TX6DL Computer-on-module	meta-fsl-arm-extra
tx6u-80x0	Ka-Ro Electronics TX6DL Computer-on-module	meta-fsl-arm-extra

(이어짐)

이름	설명	레이어
tx6u-81x0	Ka-Ro Electronics TX6DL Computer-on-module	meta-fsl-arm-extra
ventana	게이트웍스(Gateworks) 벤테나(Ventana) 보드	meta-fsl-arm-extra
vexpressa9	벡스프레스(Vexpress) A9 보드	meta-ivi-bsp
veyron-speedy	구글(Google) Veyron Speedy Rev 1+ 보드(공식적으로는 크롬북(Chromebook) 에이수스(Asus) C201로 알려져 있다.)	meta-rockchip
wandboard	i.MX6 완드보드 쿼드(Wandboard Quad)	meta-fsl-arm-extra
zc702-base-trd-zynq7	ZC702 Base TRD를 위한 머신 지원	meta-xilinx-community
zc702-zynq7	ZC702 평가 보드를 위한 머신 지원	meta-xilinx
zc706-pcie-trd-zynq7	ZC706 PCIe TRD를 위한 머신 지원	meta-xilinx-community
zc706-zynq7	ZC706 평가 보드를 위한 머신 지원	meta-xilinx
ze7000-zynq7	넷모듈(NetModule) 장치에서 ze7000에 대한 시스템 구성	meta-xilinx-community
zedboard-zynq7	지드보드(ZedBoard)에 대한 머신 지원(www.zedboard.org)	meta-xilinx
zx3-pm3-zynq7	엔클러스트라(Enclustra) PM3 평가 보드(ZX3 모듈 포함)	meta-xilinx-community
zybo-zynq7	ZYBO에 대한 머신 지원	meta-xilinx
zynq-ze7000	넷모듈(NetModule) AG(www.netmodule.com)에서 ZE7000(Z4E) 플랫폼용 포키(Poky) 이미지 생성	meta-netmodule
zynq-zx3-pm3	마스(Mars) ZX3 모듈(Module) + Mars용 넷모듈(NetModule) AG(www.netmodule.com)에 의해 생성된 포키(Poky) 이미지 엔클러스트라(Enclustra) AG(www.enclustra.com)의 PM3 개발 킷	meta-netmodule
zynq-zx3-starter	마스(Mars) ZX3 모듈(Module) + Mars용 넷모듈(NetModule) AG(www.netmodule.com)에 의해 생성된 포키(Poky) 이미지 엔클러스트라(Enclustra) AG(www.enclustra.com)의 초보자 개발 킷	meta-netmodule

| 찾아보기 |

기호

숫자

에이콘출판의 기틀을 마련하신 故 정완재 선생님 (1935-2004)

욕토 프로젝트로 시작하는 **임베디드 리눅스 시스템**

발 행 | 2018년 4월 23일

지은이 | 루돌프 스트라이프
옮긴이 | 김세영 · 정윤선

펴낸이 | 권 성 준
편집장 | 황 영 주
편 집 | 조 유 나
디자인 | 박 주 란

에이콘출판주식회사
서울특별시 양천구 국회대로 287 (목동)
전화 02-2653-7600, 팩스 02-2653-0433
www.acornpub.co.kr / editor@acornpub.co.kr

한국어판 ⓒ 에이콘출판주식회사, 2018, Printed in Korea.
ISBN 979-11-6175-143-6
ISBN 978-89-6077-091-1 (세트)
http://www.acornpub.co.kr/book/embedded-linux-yocto-project

이 도서의 국립중앙도서관 출판시도서목록(CIP)은 서지정보유통지원시스템 홈페이지(http://seoji.nl.go.kr)와
국가자료공동목록시스템(http://www.nl.go.kr/kolisnet)에서 이용하실 수 있습니다.(CIP제어번호: CIP2018011733)

책값은 뒤표지에 있습니다.